Arthur Herman
Propheten des Niedergangs

ARTHUR HERMAN

PROPHETEN DES NIEDERGANGS

Der Endzeitmythos
im westlichen Denken

PROPYLÄEN

Die Deutsche Bibliothek – CIP-Einheitsaufnahme

Herman, Arthur:
Propheten des Niedergangs : der Endzeitmythos im westlichen Denken / Arthur Herman. [Aus dem Amerikan. von Klaus-Dieter Schmidt]. – Dt. Ausg. – Berlin : Propyläen, 1998
Einheitssacht.: The idea of decline in western history <dt.>
ISBN 3-549-05609-5

Titel der amerikanischen Originalausgabe:
The Idea of Decline in Western History
Published by The Free Press, New York
© 1997 by Arthur Herman
Aus dem Amerikanischen von Klaus-Dieter Schmidt
Lektorat: Gregor Strick
Deutsche Ausgabe © 1998 by Ullstein Buchverlage GmbH & Co. KG,
Berlin
Propyläen Verlag
Alle Rechte vorbehalten
Satz: Utesch GmbH, Hamburg
Druck und Verarbeitung: Wiener Verlag, Himberg bei Wien
ISBN 3 549 05609 5
Printed in Austria 1998

Gedruckt auf alterungsbeständigem Papier
mit chlorfrei gebleichtem Zellstoff

INHALT

Einführung 7

TEIL I
DIE SPRACHE DES NIEDERGANGS 19
Fortschritt, Niedergang, Dekadenz 21
Auf einem schwimmenden Wrack
Gobineau und der rassische Pessimismus 60
Historischer und kultureller Pessimismus
Burckhardt und Nietzsche 96
Degeneration 137

TEIL II
PROPHEZEIUNGEN DES UNTERGANGS 183
Schwarz vor Weiß
W.E.B. Du Bois 185
Der Abschluß des deutschen Geistes
Spengler und der Untergang des Abendlandes 214
Willkommene Niederlage
Arnold Toynbee 257

TEIL III
DER TRIUMPH DES KULTURPESSIMISMUS 303
Die kritische Persönlichkeit
Die Frankfurter Schule 305
Die französischen Propheten
Sartre, Foucault, Fanon 347

Ökopessimismus
Der letzte Vorhang 394

Nachwort 448

Anmerkungen 463
Bibliographie 487
Personenregister 509

EINFÜHRUNG

Wenn ich Freunden oder Bekannten erzählte, daß ich ein Buch über den Untergang der westlichen Zivilisation schrieb, wurde ich fast unweigerlich gefragt: »Nun, geht sie unter oder nicht?« Ich mußte dann darauf hinweisen, daß es sich um eine Studie über die *Idee* des Niedergangs im modernen Denken handelte, nicht um eine Untersuchung darüber, ob die westliche Zivilisation zum Untergang verurteilt sei oder nicht. Westliche Intellektuelle hätten seit über hundertfünfzig Jahren den unmittelbar bevorstehenden Zusammenbruch der abendländischen Zivilisation prophezeit, während gleichzeitig deren Einfluß schneller wuchs als jemals zuvor. Westliche kulturelle Ideale und Institutionen genießen heute mehr Ansehen als auf dem Höhepunkt des europäischen Kolonialismus. Die wesentlichen Aspekte, die der Westen zur heutigen Welt beigetragen hat, sind die Rolle von Wissenschaft und Technik bei der Verbesserung des materiellen Lebens sowie der Glaube an Demokratie, Menschenrechte, Herrschaft des Gesetzes und die befreiende Wirkung des durch den freien Markt und das Privateigentum geprägten Kapitalismus. Kurz vor Beginn des 21. Jahrhunderts scheinen diese Grundsätze mehr denn je zu den unerschütterlichen Säulen der künftigen Welt zu gehören.

Doch wenn ich dies als Beweis dafür anführe, daß die Meldungen über das Ableben des Westens, um mit Mark Twain zu sprechen, gewaltig übertrieben sein könnten, stoße ich in der Regel auf Skepsis. Eine Umfrage unter den Hörern meiner Vorlesungen an der Smithsonian Institution ergäbe wahrscheinlich eine überwältigende Mehrheit für die Feststellung, daß die

Zivilisation – der moderne Westen – am Rand des Untergangs stehe. Wir leben in einer Zeit, in der Pessimismus eher die Norm als die Ausnahme ist. Vor zwanzig Jahren bemerkte John Kenneth Galbraith, jeder Verleger verlange von seinem Autor ein Buch zum Thema »Die Krise der amerikanischen Demokratie«, weil er wisse, daß es sich verkaufen werde. Diese Beobachtung scheint heute noch zutreffender zu sein. Eine lange Reihe von Krisenbüchern will uns auf das 21. Jahrhundert als eine Zeit der Erschütterung und Unsicherheit einstimmen, in der der Westen immer weniger in der Lage sein werde, die Entwicklung zu steuern. Amerika und Europa hätten ihre globale Dominanz verloren, wir sollten auf das Schlimmste gefaßt sein. Christopher Lasch diagnostizierte 1979, die bürgerliche Gesellschaft habe »Fähigkeit und Willen eingebüßt, den Schwierigkeiten, die sie zu überwältigen drohen, entgegenzutreten«. Die »politische Krise des Kapitalismus« spiegele »eine allgemeine Krise der westlichen Kultur wider«. Lasch zitiert den Historiker David H. Donald: »Das Zeitalter des Überflusses ist vorbei«; was folgt, sei die »Öde der neuen Ära«.[1]

Zehn Jahre später wurde die Welt Zeuge einer Wende hin zum freien Unternehmertum, zu den bürgerlichen Werten des Westens und zu einem neuen »Zeitalter des Überflusses«, während der Ölpreis fiel und die nichtwestlichen Länder sich nicht dem Sozialismus, sondern dem amerikanischen Kapitalismus zuwandten, um ihre Wirtschaft zu beleben. Noch 1987 hatte Paul Kennedy jedoch verkündet, Amerika ereile gegenwärtig das gleiche Schicksal wie Großbritannien am Ende des 19. Jahrhunderts: der Niedergang als Weltmacht. Die Vereinigten Staaten litten an »imperialer Überdehnung« und würden von denselben unerbittlichen Kräften bedrängt, welche die *Pax Britannica* zerstört und die beiden Weltkriege heraufbeschworen hätten. Angesichts der Last der militärischen Verpflichtungen des Kalten Krieges und der neuen ökonomischen Herausforderungen im Pazifikraum gehöre die weltbeherrschende

Stellung der USA der Vergangenheit an. »Die Aufgabe, der sich amerikanische Staatsmänner in den nächsten Jahrzehnten stellen müssen«, besteht laut Kennedy darin »zu erkennen, daß ... die amerikanische Politik in einer Weise ›gemanagt‹ werden muß, welche die relative Abschwächung der amerikanischen Position nicht durch falsche Maßnahmen, die nur kurzfristige Vorteile bringen, beschleunigt«.[2]

Die Feststellung einer »Überdehnung«, verursacht durch den Kalten Krieg, erwies sich als richtig – allerdings nicht für die Vereinigten Staaten, sondern für die Sowjetunion. Keine drei Jahre nach dem Erscheinen von Kennedys Buch verschwand das Sowjetreich von der Landkarte, während Amerika als einzige Supermacht übrigblieb. Natürlich beruhen historische Theorien nicht nur auf Fakten. Pessimismus und Optimismus sind Haltungen, mit denen der Gelehrte an seine Untersuchungen herangeht, und keine Schlußfolgerungen, die sich aus ihnen ergeben. Kennedys »imperiale Überdehnung« paßte nur zu gut zum vorherrschenden düsteren Bild des Schicksals der amerikanischen Gesellschaft am Ende des 20. Jahrhunderts. Der Politologe Kevin Phillips beruft sich auf Kennedy, wenn er Washington mit dem kaiserlichen Rom und dem London des 19. Jahrhunderts vergleicht und als »arrogante« Hauptstadt eines im Niedergang befindlichen Reichs beschreibt, das von einer »verschanzten korrupten Elite« beherrscht wird. »Vieles, was damals geschah, passiert wieder«, erklärt Phillips. Wirtschaftliche Polarisierung und ein zerfallender Mittelstand gehen einher mit einer »Zunahme von Luxus und moralischer Freizügigkeit«, mit dem »Verlust des alten Patriotismus« und »Klagen über den moralischen Verfall« – die Diagnose des Niedergangs gilt als dessen Beweis.[3]

Der Kritiker Cornel West nutzte Kennedys These vom Schwinden der US-Hegemonie in der Welt 1993 als Hintergrund für seine eigene Darstellung der Krankheitssymptome der amerikanischen Gesellschaft. Amerika, so West, erlebe eine

»stille Depression«, die von wegbrechenden industriellen Arbeitsplätzen, sinkenden Einkommen und dem Zusammenbruch der Gemeinschaft gekennzeichnet sei. »Kultureller Verfall in einem verfallenden Reich« habe »entwurzelte, träge Menschen« hervorgebracht und eine »machtlose Bevölkerung, zu der nicht nur die Armen gehören, sondern wir alle«.[4] Neben den Arbeiten von West und Phillips erschien in jüngster Zeit eine Reihe von Büchern mit so deprimierenden Titeln wie *The Twilight of Democracy* von Patrick Kennon (1995) oder *The Bankrupting of America* von David Calleo (1992). Trotz ihrer angeblichen Aktualität rufen viele dieser Niedergangsthesen ein Déjà-vu-Erlebnis hervor. Phillips' vernichtende Kritik der Reagan-Ära als »Jahrzehnt der Habgier« erinnert an die verbalen Attacken auf Amerikas »Vergoldetes Zeitalter« durch Intellektuelle wie Henry Adams, und Kennedys Voraussage, das 21. Jahrhundert werde erfüllt sein vom Kampf des »Westens gegen den Rest« mit »schnell wachsenden, jungen, ressourcenarmen, unterkapitalisierten und schlecht ausgebildeten Bevölkerungen« auf der einen Seite und »demographisch moribunden und zunehmend nervöser werdenden reichen Gesellschaften« auf der anderen, klingt sehr nach Arnold Toynbee, Oswald Spengler, Benjamin Kidd und den vielen anderen Untergangspropheten der ersten Jahrzehnte dieses Jahrhunderts.[5] Von diesen Autoren stammt im übrigen ein Begriff des Abendlandes, der eine ins Wanken geratene europäische Kultur bezeichnete, die, wie sie glaubten, dahinschwand wie ein grandioser Sonnenuntergang.

1994 entwarfen Charles Murray und Richard Herrnstein ein vielbeachtetes Bild der Zukunft Amerikas, das an die Schriften der Eugeniker und »Rassenwissenschaftler« des ausgehenden 19. Jahrhunderts erinnert, des Fin de siècle, in dem die Vorstellung vom Niedergang erstmals schärfere Kontur gewann. Nach Murrays und Herrnsteins Ansicht ist die hypermobile amerikanische Gesellschaft dabei, entlang einer vom Intelligenzquotienten und von den kognitiven Fähigkeiten gezogenen Linie in zwei Teile zu zerfallen. In den Vereinigten Staaten entstünden »zwei Nationen« – eine distanzierte und kulturell isolierte Elite, die über den Großteil der ökonomischen und sozialen Ressourcen verfügt, und eine zunehmend abgestumpfte Unterschicht, die unfähig ist, sich um sich selbst zu kümmern. Laut Murray und Herrnstein wird diese Zweiteilung immer totalitärere politische Maßnahmen nötig machen; die Polizeibefugnisse werden ausgeweitet und die persönlichen Freiheiten eingeschränkt, während sich eine »wesentliche Minderheit der Bevölkerung« in eine »verschwenderische High-Tech-Version der Indianerreservate« zurückzieht. Wenn dieser Trend weitergehe, werde »so etwas Ähnliches wie eine Kastengesellschaft« entstehen. Daß ihre Darstellung wie andere »apokalyptische Visionen« pessimistisch ist, geben die Autoren zu, »vielleicht zu pessimistisch. Andererseits hat man allen Grund, pessimistisch zu sein.«[6]

Zu den Gründen gehören vor allem Befürchtungen im Zusammenhang mit der Umweltzerstörung und ihren Folgen für das Überleben der modernen westlichen Gesellschaft sowie des gesamten Planeten. Einen Höhepunkt erreichte diese Stimmung 1992 mit Albert Gores Buch *Wege zum Gleichgewicht*. Wenn wir nicht die Rettung der Umwelt zum »zentralen Organisationsprinzip unserer Zivilisation« machen, so Gore, stehe in Frage, »ob Überleben überhaupt noch möglich ist«. Treibhauseffekt, Ozonloch, Artensterben, Zerstörung der Regenwälder, Luft- und Wasserverschmutzung stellen tödliche Bedrohungen dar, die zur Vernichtung unserer Existenz führen können. In dieser Situation »ziehen wir uns auf die verführerischen Hilfsmittel und Technologien der industriellen Zivilisation zurück, aber das schafft nur neue Probleme, weil wir uns immer mehr voneinander isolieren und immer weniger mit unseren Wurzeln verbunden sind«. Statt dessen sollte »jeder einzelne von uns ... das gewohnte Denken und Handeln einer kritischen Prüfung unterziehen«, die beide »diese schwere Krise widerspiegeln und zu ihr geführt haben«.[7]

Eine dieser Gewohnheiten sei der moderne gewinnorientierte Kapitalismus, der die Zerstörung der Umwelt ignoriere. Hinzu komme das »mittlerweile erstaunlich komplexe« Gebäude der technologischen Zivilisation selbst; »doch je kunstvoller es wird, um so weiter fühlen wir uns von unseren natürlichen Wurzeln in der Erde entfremdet. In gewissem Sinne ist die Zivilisation selbst auf einer Reise von ihrem Ursprung in der Natur zu einer immer künstlicheren und durchorganisierteren Welt, hergestellt nach unseren eigenen nachahmenden, manchmal arroganten Entwürfen.« Die Zivilisation sehe sich mit einer »kollektiven Identitätskrise« konfrontiert, und die Beweise häuften sich, daß es »eine spirituelle Krise in der modernen Zivilisation« gebe, »die in ihrem Zentrum anscheinend nur aus Leere besteht und der ein größeres spirituelles Ziel fehlt«. Angesichts der Größe der sich anbahnenden Katastrophe fühle man sich, so Gore, »überfordert und völlig außerstande, irgendeine Veränderung zu bewirken«. Einige wenige allerdings seien bereit, die Herausforderung anzunehmen.[8]

Am 21. April 1995 explodierte in Sacramento im US-Bundesstaat Kalifornien in einer Holzfabrik eine Bombe, die den Angestellten Gilbert Murray tötete. Die Spur des Anschlags führte zum sogenannten Unabomber, der in einem Ein-Mann-Guerillakrieg gegen den »Unternehmerstaat« bereits drei Menschen getötet und dreiundzwanzig verletzt hatte. Diesmal ließ er dem Mord ein Manifest von fünfunddreißigtausend Worten folgen. Es trug den Titel »Die Industriegesellschaft und ihre Zukunft« und führte buchstäblich jeden pessimistischen Gedanken über die Zukunft der modernen Gesellschaft an, der in den letzten Jahrzehnten geäußert worden ist. Es begann mit der Feststellung: »Die industrielle Revolution und ihre Folgen sind eine Katastrophe für die menschliche Rasse gewesen.« Sie habe »die Gesellschaft destabilisiert, das Leben unbefriedigend gemacht, die Menschen Demütigungen und psychologischen Beschädigungen ausgesetzt und der natürlichen Welt schweren Schaden zugefügt«. Hauptübeltäter seien Technologie, Kapitalismus und Wissenschaft, die die Menschen ihrer persönlichen Autonomie beraubt und ihre Verbindungen zum sogenannten Machtprozeß gestört hätten, zur Erfahrung ihres Platzes und Zwecks in der Welt. Die Folge sei, daß die wahre Freiheit verschwunden ist. Statt dessen führten die Menschen in der modernen Gesellschaft das Leben von »dekadenten, müßigen Aristokraten«; sie seien »gelangweilt, hedonistisch und demoralisiert«. Dem Unabomber schwebte nicht weniger als eine Weltrevolution vor, »nicht um Regierungen, sondern um das ökonomische und technologische Fundament der gegenwärtigen Gesellschaft zu stürzen«. Danach werde eine neue Ideologie die Herrschaft antreten, »die Technologie und Industriegesellschaft ablehnt ..., so daß, wenn das System zusammenbricht, die Überreste unrettbar zerschmettert sind und das System nicht wieder aufgebaut werden kann«. Die radikale Ökologie hielt er für eine solche Ideologie. Tatsächlich fand man bei seiner Verhaftung ein zerlesenes Exemplar von Gores *Wege zum Gleichgewicht* in seiner Hütte.[9]

Manche reden über den Niedergang der Zivilisation, andere leben ihn. Im vorliegenden Buch werden Ursprung und Entwicklungsstränge einer intellektuellen Tradition beleuchtet, der Idee vom Untergang des Abendlandes. Bildete sie im 19. Jahrhundert noch die dunkle Rückseite des europäischen Denkens, so wurde sie im 20. zum vorherrschenden und einflußreichsten Einzelthema von Kultur und Politik. Sie hat nicht nur in unerwarteter Weise das Leben von Völkern in Mitleidenschaft gezogen, sondern ist möglicherweise auch untrennbar mit der Idee der Zivilisation verbunden. Doch es gibt zwei Arten des Niedergangsdenkens. Während Intellektuelle wie Arnold Toynbee und Paul Kennedy dem Zusammenbruch der Gesellschaft mit Schrecken entgegensehen, scheinen sich andere darauf zu freuen. Seit fast drei Jahrzehnten malen herausragende amerikanische Denker und Gesellschaftskritiker – von Norman Mailer über Christopher Lasch, Susan Sontag und Noam Chomsky bis zu Albert Gore und dem Unabomber – ein Bild der amerikanischen Gesellschaft, das weit erschreckender ist als alles, was Pessimisten wie Charles Murray und Kevin Phillips aufbieten. Als Kritik der westlichen Industriegesellschaft reicht dieses Denken ins 19. Jahrhundert zurück. In seinem Licht erscheint die moderne Gesellschaft als materialistisch, geistig bankrott und bar menschlicher Werte. Moderne Menschen sind demnach stets entwurzelt, seelisch zerstört, voneinander isoliert und, mit dem Wort des Unabombers, »demoralisiert«. Die Schlüsselfrage lautet in diesem Zusammenhang nicht, ob die westliche Zivilisation gerettet werden kann, sondern ob sie es wert ist, gerettet zu werden.

Diese radikaleren, in dunkleren Tönen gehaltenen Vorstellungen vom Niedergang sollen hier als »Kulturpessimismus« bezeichnet werden. Der Kulturpessimismus umfaßt eine besondere Sicht der modernen Geschichte, für die exemplarisch Oswald Spenglers *Untergang des Abendlandes* steht. Nach Ansicht des Kulturpessimisten durchlaufen die moderne Welt und der moderne Mensch einen Prozeß des Niedergangs, der zur Erschöpfung und zum unvermeidlichen Zusammenbruch führt. Eine Hauptquelle des kulturpessimistischen Denkens ist die Philosophie Friedrich Nietzsches, der die europäische Gesellschaft seiner Zeit als krank und dekadent verdammte. »Grundsatz: es giebt etwas von Verfall in allem, was den modernen Menschen anzeigt«, schrieb er 1885.[10] Von Nietzsche und seinen Schülern Martin Heidegger und Herbert Marcuse führt eine direkte Linie zum Unabomber und über ihn hinaus. Grundlegend für diese Tradition ist das Bild, das sie von der westlichen Zivilisation entwirft. Marcuse beschreibt es so: »Eine komfortable, reibungslose, vernünftige, demokratische Unfreiheit herrscht in der fortgeschrittenen industriellen Zivilisation, ein Zeichen technischen Fortschritts.«[11] Für den Kulturpessimisten besteht die entscheidende Frage nicht darin, ob die westliche Zivilisation überleben, sondern darin, was an ihre Stelle treten wird.

In seinem ursprünglichen europäischen Kontext reichte der Kulturpessimismus über alle politischen und ideologischen Grenzen hinweg. Marcuse war Marxist; Heidegger und Spengler wandten sich Hitler zu, der eine mit Begeisterung, der andere mit Vorbehalten; Nietzsche verachtete alle herkömmlichen politischen Etikettierungen. Kulturpessimismus ist ein Angriff auf die moderne westliche Kultur, der vor jedem politischen Glaubensbekenntnis rangiert und dieses transzendiert. Während die führenden Stimmen des antimodernen Chors im heutigen Amerika von der Linken kommen, haben Gestalten wie T. S. Eliot, William Faulkner, Evelyn Waugh, Malcolm Muggeridge, Alexander Solschenizyn und Thomas Molnar die Stimme der Rechten nicht verstummen lassen.

Trotz unterschiedlicher Nationalität, Lebenszeit und politischer Überzeugung teilen alle diese Autoren dieselbe prophetische Vision: Die kapitalistische bürgerliche Gesellschaft ihrer Zeit – ob nun 1846 oder 1886, 1946 oder 1996 – ist zur Selbstzerstörung verurteilt. Nicht nur, daß der Kapitalismus für jene, denen seine Segnungen vorenthalten sind, schmerzlich oder schwer erträglich ist, daß er ein enormes Vernichtungspotential besitzt, Ausbrüche von Dummheit und Vulgarität mit sich bringt und geistige Traditionen in Vergessenheit geraten läßt; die zivilisierte Gesellschaft westlicher Prägung – als auf rationalen, wissenschaftlichen Prinzipien beruhende kapitalistische oder »kommerzielle« Gesellschaft mit demokratischen politischen Institutionen, selbstbewußter »moderner« Kultur und sozialem Verhalten – steuert auch auf eine säkulare Apokalypse zu. Auf ihren Erzeugnissen und Errungenschaften lastet der Schatten des unausweichlichen Verhängnisses. Wir haben, um mit Spengler zu sprechen, mit den »Tatsachen eines späten Lebens zu rechnen«.[12] Der moderne Mensch lebt demnach in einer Welt, die immer tiefer im Sumpf der Verzweiflung versinkt, bis eine neue erlösende Ordnung erscheint.

Diese kulturpessimistische Tradition hat unsere Selbstbilder als Individuen und Kollektive entscheidend geprägt, obwohl uns dies kaum bewußt ist. Die Ideen des Unabombers, von Dritte-Welt-Revolutionären, afrozentristischen Gelehrten, Vizepräsident Gore, von Greenpeace bis hin zu Madonna reflektieren in unterschiedlicher Weise die Überzeugungen und Annahmen dieser Tradition. Von der mit Besessenheit verfolgten Frage nach »Identität« und »Vielfalt« über die moderne Psychoanalyse bis zur sogenannten Therapiegesellschaft verdanken wir dem Kulturpessimismus ein reichhaltiges und anregendes, letztlich aber verworrenes und beschränktes Verständnis von Modernität und Veränderung. Im Kern dieser Tradition findet sich ein faszinierendes Paradox. Einerseits verkündet sie eine düstere Botschaft von Verfall und Untergang: Die moderne Gesellschaft zerstört sich selbst. Andererseits enthält sie verblüffenderweise eine Botschaft der Hoffnung. Wie seine marxistischen Kollegen versichert der Kulturpessimist, an die Stelle unserer verdorbenen modernen Gesellschaft werde etwas Besseres treten, sobald diese sich selbst ruiniert hat und verschwunden ist. Diese neue Ordnung wird primär weder ökonomisch noch politisch sein, sondern die Zerstörung der westlichen Kultur als einer *Totalität* beinhalten.

Die neue Ordnung könnte die Gestalt der radikalen Ökoutopie des Unabombers annehmen. Sie könnte auch von Nietzsches Übermensch bestimmt sein oder von Hitlers arischem Nationalsozialismus, von Marcuses utopischer Verschmelzung von Technik und Eros oder von Frantz Fanons revolutionären *fellahin*. Sie könnte getragen werden von ökologischen »Freunden der Erde«, von multikulturellen »farbigen Menschen«, radikalfeministischen »Neuen Amazonen« oder dem »Neuen Mann«. Die Gestalt dieser neuen Ordnung hängt vom persönlichen Geschmack ab; ihr Grundzug jedoch wird auf jeden Fall eine totale nicht- oder sogar antiwestliche Einstellung sein. Für den Kulturpessimisten zählt weniger, was geschaffen, als vielmehr, was zerstört werden soll — nämlich unsere »kranke« moderne Gesellschaft. Schlechte Nachrichten sind für ihn daher gute Nachrichten. Er begrüßt Wirtschaftskrisen, Arbeitslosigkeit, Weltkriege und Umweltkatastrophen mit kaum verhohlener Freude, sind diese Ereignisse doch allesamt Vorzeichen der endgültigen Zerstörung der modernen Zivilisation. Wie die biblischen Propheten wissen die modernen Verkünder des Pessimismus, daß die Dinge um so besser werden, je schlechter sie stehen.[13]

TEIL I

DIE SPRACHE DES NIEDERGANGS

FORTSCHRITT, NIEDERGANG, DEKADENZ

Die Idee des Niedergangs ist wie die Fortschrittsidee im Grunde eine Theorie über das Wesen und die Bedeutung der Zeit. Ebenso die Fortschrittsidee. Bei den Intellektuellen, insbesondere den Historikern, steht der Gedanke eines historischen Fortschritts heute in Mißkredit. Statt dessen debattiert man über Ursprung und Geschichte der Fortschrittsidee und über deren Rolle als mächtiger kultureller Mythos im westlichen Denken. Ursprung und Bedeutung des Niedergangsmythos dagegen haben weniger Aufmerksamkeit gefunden. Dabei sind beide Ideen zwei Seiten derselben Medaille. Jede Theorie des Fortschritts enthält eine Theorie des Niedergangs, denn »unausweichliche« historische Gesetze können ebenso leicht rückwärts wie vorwärts wirken. Umgekehrt darf man erwarten, daß sich in einer Theorie über den Niedergang der westlichen Zivilisation eine Theorie des Fortschritts versteckt.

Buchstäblich in jeder vergangenen und jeder gegenwärtigen Kultur findet sich die Überzeugung, die Menschen würden den Maßstäben ihrer Eltern und Ahnen nicht gerecht. Schon in der frühen griechischen Literatur, in Homers *Ilias*, findet sich eine Stelle, wo Ajax mit *einer* Hand einen Felsblock stemmt, den »mit beiden Händen nur mühsam ein Mensch von heute, selbst blühenden Alters«, hätte anheben können.[1] Etwa hundert Jahre später, im 7. Jahrhundert v. Chr., meinte der Dichter Hesiod, der gesamte Kosmos sei von Generation zu Generation in einem Prozeß des Verfalls begriffen, beginnend mit dem Goldenen Zeitalter, in dem die Götter regierten und die Menschen in Frieden und Eintracht lebten, über das silberne und bronzene bis zum eisernen Zeitalter, in dem die Menschen gezwungen sind, ihr Leben im Schweiß ihres Angesichts zu erhalten und ihr Schicksal zu erleiden. Die Ähnlichkeit zu der Legende von der Vertreibung aus dem Paradies ist verblüffend; doch Hesiods eisernes Zeitalter hat auch eine Parallele im *Kali-yuga* der hinduistischen und vedischen Religion, also der letzten und schlimmsten aller Epochen, in der die Macht »nur noch in den Starken, Schlauen, Kühnen und Rücksichtslosen« wohnt.[2] Ähnliche Mythen gab es im konfuzianischen China, bei Azteken, Zoroaster-Anhängern, Lappen und einigen amerikanischen Indianerstämmen; auch in isländischen und irischen Sagen finden sie sich, von der Bibel ganz zu schweigen.

Warum ist dieser Eindruck des Niedergangs allen Kulturen gemeinsam? Möglicherweise spiegelt sich darin die Erfahrung der physischen Veränderungen von der Kindheit über das Erwachsensein zum unvermeidbaren Verfall der körperlichen und geistigen Fähigkeiten im Alter. In der kollektiven Erinnerung scheint die Vergangenheit mit Kräften ausgestattet zu sein, die in der Gegenwart verloren sind. Tatsächlich scheint der Verlust solcher Vorzüge die wichtigsten Phasen der menschlichen Existenz zu prägen, etwa Shakespeares sieben Menschenalter. Das Genie der Griechen äußerte sich in dem Kunstgriff, die grundlegende physische Erfahrung in eine Philosophie des Wesens von Zeit und Veränderung zu verwandeln. Für die Griechen war Zeit Veränderung: Was wir sind und was wir haben – ob gut, schlecht oder indifferent, wohl aber besonders das Gute – vergeht. Nach Ansicht des Philosophen Heraklit wird der Kosmos von einem einzigen Gesetz regiert: »Alles fließt, nichts besteht.« Auch Sophokles' Ödipus wußte dies: »Nur den Göttern / Kommt weder Alter jemals oder Tod / Das andre alles macht zunichte / Die allgewaltige Zeit«, unter deren Einfluß Land und Leib vergehen, und »Die Treue stirbt, Untreue kommt herauf«.[3] An das griechische Wort für Zeit – *chronos* –

klingt zugleich der Name des deshalb als Gott der Zeit betrachteten Titanen Kronos an, der seine Kinder verschlang.

Sowohl die griechische als auch die römische Literatur sind von dem Gefühl der Vergänglichkeit der menschlichen Existenz durchzogen. Es lag dem Mythos von Arkadien, dem imaginären ländlichen Paradies, in dem Schäfer und Schäferinnen ein Leben ohne Sorgen genossen, ebenso zugrunde wie der Maxime *carpe diem*, nutze den Tag. Das Leben war zu kurz und das Glück zu flüchtig, um aufgeschoben zu werden, denn »der allein führt fröhlich als freier Mann / sein Leben, der tagtäglich sich sagen darf: / ›Ich habe gelebt!‹ Und hüllt den Himmel / morgen in schwarzes Gewölk der Vater, / läßt er die Sonne strahlen: Vergangenes kann niemals er vereiteln, nicht ungeschehen machen oder ändern ...«[4]

Doch zum antiken Verständnis der Zeit gehörte auch die Überzeugung, daß die Ereignisse nicht zufällig, sondern gemäß einem sich wiederholenden Kreislauf von Geburt, Leben, Verfall, Tod und Wiedergeburt geschehen. Der griechische Begriff für diesen Kreislauf oder Umlauf lautet *anakyklosis*. Nach Platon waren die griechischen Stadtstaaten in einem wiederkehrenden Kreislauf befangen, und nach der Theorie des griechischen Historikers Polybios unterlagen die politischen Systeme einer Reihe von Umwälzungen, beginnend mit der Monarchie, die zur Tyrannei verfiel und zur Adelsherrschaft führte, die ihrerseits zur Oligarchie verkam, was die Demokratie nach sich zog, der wiederum die Anarchie folgte, die die Wiederherstellung der Herrschaft eines einzigen oder der Monarchie nötig machte.[5] Die mittelalterliche Version dieses Kreislaufs war das Schicksalsrad. Der Mensch befand sich demzufolge in den Händen des Schicksals wie der Faden auf einem Spinnrad. Wenn sich das Rad drehte, wurden einige Menschen zu Königen, Helden und Päpsten erhoben, um bei der nächsten Drehung in den Abgrund geschleudert zu werden. Ihr Ruhm war rein zufällig, ohne Sinn oder Zweck.[6]

Gegenüber dem Schicksal und den Umständen konnte der Mensch allein seine Tugend ins Feld führen. Ursprünglich bedeutete *virtus* Mut in der Schlacht, doch im Lauf der Zeit umfaßte dieser Begriff die Mannhaftigkeit in allen Lebensbereichen. Die Tugend war die innere Stärke, die man brauchte, um, wie Shakespeare es ausdrückt, »die Pfeil' und Schleudern des wütenden Geschicks« zu erdulden und Herr seines Schicksals zu werden. Das Tugendvorbild schlechthin war Herkules, der Heros und Bezwinger von Ungeheuern, der aufgrund seiner Körperkraft in der Lage war, die außergewöhnlichsten Situationen zu bestehen. Als Symbol der Hoffnung, dem blinden Schicksal die Bestimmung seines eigenen Lebens abringen zu können, war er sowohl in der Antike als auch in der Renaissance der bei weitem beliebteste (Halb-)Gott.[7] Im Mittelalter erhielt der Tugendbegriff einen christlichen Oberton, und das Schicksal wurde mit der Sünde identifiziert, dem Reich des sündhaften Fleischs und des Teufels. In der Renaissance belebte Machiavelli den Gegensatz von Tugend und Schicksal mit heidnischer Bildlichkeit wieder. »Fortuna ist ein Weib«, erklärt er. Um sie zu zähmen, brauche es einen starken Mann. »Daher ist das Schicksal wie das Weib der Jugend hold, weil sie ihm weniger vorsichtig, wilder und kühner ihren Willen aufzwingt.«[8]

Tugend kontra Schicksal oder Verdorbenheit und später Kultur kontra Zivilisation: in jedem Fall wird die Geschichte von einem unvermeidbaren Konflikt zwischen menschlicher Natur und unpersönlichem Fatum bestimmt. Die alten Griechen glaubten, dieser Konflikt wirke sich förderlich auf Wissen und Künste aus, während der Mensch wie Prometheus gegen seine ursprüngliche Natur und die ihn umgebende Dunkelheit ankämpfe. In ähnlicher Weise focht Platons Philosoph bei seinem Aufstieg aus der verschatteten Höhle der Illusionen zum reinen Reich der Ideen gegen die Kräfte von Unwissenheit und Vorurteil. Den gleichen Kampf meinte der Historiker Thukydides bei der Entwicklung Griechenlands von der Barbarei zum

Stadtstaat, der Polis, zu sehen.[9] Letzten Endes aber konnte man dem Schicksal nicht entfliehen. Sogar die Götter mußten sich seinem Ratschluß beugen: Am Ende mußte alles in die ursprüngliche Dunkelheit, ins *kaos,* zurückkehren und von neuem beginnen – bis eines Tages jemand erscheint, der so tugendhaft ist – und den einstimmigen Segen der Götter besitzt –, daß es ihm gelingt, den rastlosen Kreislauf des Vergehens anzuhalten und umzukehren, um das Goldene Zeitalter neu zu errichten.

In der antiken Welt galt Rom als Stätte des Goldenen Zeitalters und Augustus als der Erlöser, »mit dem die eiserne Weltzeit gleich sich endet und rings in der Welt eine goldene aufsteigt«.[10] Das Schicksal, so glaubte Vergil, war der Menschheit nicht mehr feindlich gesonnen, sondern stand auf ihrer Seite, und da das zerstörerische Schicksalsrad gestoppt worden war, gab es für das Reich keine Grenzen mehr, weder im Raum noch in der Zeit. Der Kreislauf von Schicksal und Geschichte wandelte sich zur *translatio imperii,* zur Übertragung des Reichs, der Sonne folgend, von Ost nach West, von den Reichen des Orients über die Griechen zu Augustus und seinen Nachfolgern.

Vom Mythos des Weltreichs lebte die imperiale römische Propaganda bis in die Zeit Justinians, der den Herrschern eine neue Rolle zuwies: ihr Reich nicht auf Eroberungen zu gründen, nicht einmal auf die heroische Tugend, sondern auf universale Harmonie, in der die humanen Künste und Wissenschaften gedeihen und die frei von Konflikten und Niedergangstendenzen ist. Damals hatten die Worte Reich und Reichsbildung oder Imperialismus einen positiven Klang, und die Nachfolger und Nachahmer des kaiserlichen Rom machten sich dessen Mission zueigen, ein dauerhaftes, harmonisches Weltreich zu begründen. Auch die zentrale christliche Vorstellung von Christus' Rolle beim Jüngsten Gericht war davon bestimmt, die Vorstellung vom König aller Könige, in dessen Reich alle vorherigen aufgehen würden. Für spätantike Christen war das Römische Reich eine Präfiguration der katholischen Kirche – der universalen

Kirche. Im Mittelalter strebten Karl der Große und die römischdeutschen Kaiser danach, dieses christliche Reich zu erschaffen, und auch im Zeitalter des Absolutismus berief sich eine Reihe von Herrschern, von Elisabeth I. von England bis zum »Sonnenkönig« Ludwig XIV., auf dieses umfassende irenische Ideal.[11]

In der heidnischen Welt konnte man angesichts der Macht des Schicksals allenfalls auf Stabilität in der Endlichkeit hoffen. Das Weltreich war eine Art historisches Patt: Es versprach, daß die Zukunft nichts Schlechtes bringen würde, aber auch nichts Neues. Vom Christentum wurde es in eine andere, von seinen hebräischen Vorläufern stammende Perspektive gerückt. Nicht das Schicksal beherrschte die Zeit, sondern der Wille Jahwes. An die Stelle der zyklischen Bewegung der Geschichte trat ein linearer Verlauf nach Gottes Absicht, der von der Genesis zum Jüngsten Gericht führte. »Ich bin das A und das O«, verkündet der Herr zuversichtlich, »der Erste und der Letzte, der Anfang und das Ende.« In der neuen, linearen Sicht wird die Zukunft wichtiger als die Vergangenheit, weil die Menschheit unaufhaltsam der Wiederkunft Christi entgegenschreite. Ein zukünftiges Ereignis und ein Endzweck — das von Christus regierte universale Tausendjährige Reich — bestimmen in dieser Vorstellung die gesamte Geschichte und alle unsere Handlungen.[12]

Der Haupttext der millenarischen Lehre ist die Offenbarung des Johannes, die *Apokalypse*. Aus apokalyptischer Sicht sind die Dinge nie, was sie zu sein scheinen. Das Tier mit den sieben Köpfen und zehn Hörnern, Symbol für das Römische Reich unter Nero, scheint mächtig und unsterblich zu sein. Alle »beteten das Tier an und sprachen: Wer ist dem Tier gleich, und wer kann wider es streiten?« (Offb 13,4) Tatsächlich aber ist das Tier schwach und unbedeutend, denn es hat keinen Platz in Gottes letztem Plan. »Das Tier, das du gesehen hast«, erklärt einer der sieben Engel, »ist gewesen und ist nicht und wird wieder emporsteigen aus dem Abgrund und wird fahren in die Verdammnis, und es werden sich verwundern, die auf Erden wohnen ...« (Offb 17,8) Zerstört wird das Reich des Tiers und der in Purpur und Scharlach gekleideten Frau, die auf ihm sitzt, vom Lamm und seinen Anhängern, der damals noch winzigen christlichen Sekte. Doch die Angehörigen dieser kleinen Gemeinde sind Gesalbte des Herrn: »Sie werden streiten wider das Lamm und das Lamm wird sie überwinden, denn es ist der Herr aller Herren und der König aller Könige, und die mit ihm sind, sind Berufene und Auserwählte und Gläubige« (Offb 17,14). Der apokalyptische Prophet bringt den Bedrückten und Erniedrigten Zuversicht, indem er Gottes Urteil über die Welt verkündet und ihnen zeigt, was deren Platz einnehmen wird.

Ihre erste Anwendung fand diese Anschauung Anno Domini 410, als der heilige Augustinus, Bischof von Hippo, erfuhr, daß Rom den westgotischen Barbaren in die Hände gefallen war. Er erklärte seinen entsetzten Gemeindemitgliedern, dies sei nicht das Ende der Welt, sondern ein glorreicher Neuanfang. Roms Niederlage eröffne den Weg zum Aufbau einer christlichen Weltordnung, die das korrupte, irdische Babylon ersetzen werde. Die zukünftige ewige Stadt sei das Neue Jerusalem, in dem alle Gläubigen ein für allemal mit Gott vereinigt sein würden.

Augustinus' *Über den Gottesstaat*, entstanden zwischen 413 und 426, wurde zum Fundament der mittelalterlichen christlichen Theologie. Die katholische Kirche, deren Mittelpunkt bereits in Rom lag, identifizierte sich rasch mit dem Neuen Jerusalem, und der Gedanke, das päpstliche Rom sei die ewige Stadt, wurde zu einem unveräußerlichen Teil des christlichen Selbstverständnisses. Das gesamte Mittelalter über standen sich indes die etablierte Kirche, die sich als das neue Weltreich betrachtete, und das irdische Reich, verstanden als apokalyptische Identifikation mit dem Antichristen, in spannungsvollem Verhältnis gegenüber. Eine ganze Reihe von Propheten und Rebellen – Joachim von Fiore, John von Wycliffe, Jan Hus und Girolamo Savonarola – beharrte darauf, daß die römisch-apostolische Kirche das Zeichen des Tiers trug. Meistens endeten diese

Rebellen auf dem Scheiterhaufen, und der Machtanspruch der Kirche blieb unangetastet. Doch dann gelang es einem von ihnen, den Verfolgern zu entkommen und seine eigene »wahre reformierte Kirche« zu schaffen. Für Martin Luther war die katholische Kirche nichts anderes als Babylon, und es »wäre nit wunder«, wie er 1520 schrieb, »daß Gott vom Himmel Schwebel und hellisch Feuer regnet und Rom in Abgrund versenkt, wie er vorzeiten Sodoma und Gomorren tät« – einschließlich des Papstes, denn »ist das nit der Endchrist, so sag ein ander, wer er sein mugge«.[13]

Sowohl Protestanten als auch Katholiken legten sich die Religionskriege des 16. und 17. Jahrhunderts in Begriffen der Apokalypse und des Kampfs gegen den Antichristen zurecht. Die Rettung schien die Zerstörung alles Bisherigen vorauszusetzen; Massaker und Greuel häuften sich auf beiden Seiten. Erst mit dem Abklingen der sektiererischen Leidenschaften bot sich in Gestalt einer neuen, weniger katastrophischen Vision der Geschichte ein Ausweg an: die Fortschrittsidee.

Fortschritt und Zivilisation

An der Schwelle zur Neuzeit wurde also auf verschiedenste Art über Veränderung, Zeit und Geschichte nachgedacht. Zum einen gab es den Mythos vom Goldenen Zeitalter, der die Erinnerung an die »süße Zeit des ersten Lebensalters«, wie der Dichter Francesco Petrarca es ausgedrückt hat, und das Bewußtsein des unaufhaltsamen Ablaufs der Zeit einschloß. Zum anderen wurde die zyklische *anakyklosis* der Griechen als Widerstreit von Schicksal und Tugend und später von Tugend und Verderbnis wiederbelebt. Schließlich gab es, insbesondere seitens der Fürsten, die Anrufung des Weltreichs und, seitens ihrer Gegner, des Tausendjährigen Reichs. Doch trotz der großen Unterschiede waren alle diese Theorien der Zeit im Grunde pessimistisch. Die wahre Hoffnung, so ihre Schlußfolgerung, lag im Reich des Geistes, bei Gott und dem Gesetz der Ewigkeit. In der Renaissance kam die Ansicht auf, die Welt des Fleisches unterliege eigenen gottgegebenen Naturgesetzen. Der Begriff des Naturgesetzes besagte, daß die alltäglichen Angelegenheiten des Menschen durch die göttliche Vorsehung bestimmt wären, durch die ein wohlmeinender und aus der Ferne beobachtender Gott die Geschicke aller seiner Geschöpfe lenke. Die großen Philosophen der Naturgesetzlichkeit – Hugo Grotius, John Locke, Samuel Pufendorf und Giambattista Vico – vertraten allesamt Varianten eines einfachen Grundgedankens, der Idee nämlich, daß die das menschliche Verhalten bestimmenden Naturgesetze auch Gesetze Gottes sind, und da Gottes Wille stets Gutes bewirke, müsse dies auch für die Gesetze gelten, die dem individuellen Verhalten und, was wichtiger ist, der kollektiven Geschichte zugrunde liegen. Der neapolitanische Geistliche Giambattista Vico vertrat in seinen 1725 und 1730 in zwei Fassungen erschienenen *Grundzügen einer neuen Wissenschaft über die gemeinsame Natur der Völker* die Theorie, die Geschichte laufe unter der Leitung der göttlichen Vorsehung in drei wiederkehrenden Zyklen – *corsi* – ab. Vico begründete auch die Gewohnheit, die Geschichte in einzelne Zivilisationen aufzuteilen, die seine christianisierte *anakyklosis* illustrierten. Jedes historische Volk begann seiner Ansicht nach mit einem archaischen Zeitalter der Götter voller primitiver Mythen, dem ein Zeitalter der Heroen voller epischer Kämpfe folgte, das zu einem Zeitalter der Menschen mit allgemeinen Gesetzen und einem universalen Reich führte. Schließlich breche dieses Reich zusammen und verfalle der Barbarei, und ein neuer Zyklus beginne. Vicos empirischer historischer Ansatz war ungewöhnlich, seine Vorliebe für vergleichende Kulturbetrachtung indes, die der Konstruktion einer »Universalgeschichte« diente, ist typisch für die Aufklärung. Auch Vicos zweite Grundannahme, die menschliche Gesellschaft sei Teil einer umfassenderen gütigen Naturordnung, fand Eingang ins aufklärerische Gedankengut.

Thomas Hobbes hatte aufgrund der Erfahrung der Religionskriege noch den Schluß gezogen, die natürlichen Instinkte des Menschen führten zu einem »Krieg aller gegen alle«. Ein halbes Jahrhundert später meinte der Naturrechtsphilosoph Francis Hutcheson, die Gesellschaft erwachse aus der dem Menschen eingeborenen Gemeinschaftlichkeit, aus dem Wunsch, mit anderen zusammenzusein – den »natürlichen Banden der Wohltätigkeit und Menschlichkeit in allen«. Er wurde damit zum Mentor einer ganzen Generation von Aufklärern, unter anderem von David Hume und Adam Smith, die zwar die Aussichten der Humanität skeptischer einschätzten als ihr großer Lehrer, seine fundamentale These aber unangetastet ließen. Dieser zufolge gehen alle historischen menschlichen Gemeinschaften auf ein und denselben Satz natürlicher Grundanschauungen zurück, obwohl sie im Verlauf der Geschichte nach einem gleichbleibenden Muster immer komplexere Formen annehmen: von der Familie über Stamm und Clan zu Gemeinde und Reich. Es war die erste säkulare Theorie des Fortschritts oder der »Zivilisation«.

Zivilisiert zu sein hatte ursprünglich bedeutet, unter dem römischen oder »zivilen« Recht zu leben. Zu Beginn der Renaissance bezeichnete der Begriff allgemein eine Art des Lebens und des Rechts, die sich von der Barbarei unterschied. Sie umfaßte das Verbot von Mord, Inzest und Kannibalismus, den Glauben an eine transzendente schöpferische Gottheit, die Beachtung des Eigentums und der rechtlichen Verträge und den Respekt vor grundlegenden gesellschaftlichen Institutionen wie Ehe, Freundschaft und Familie. Erlernt wurden diese Maßstäbe mit Hilfe der kollektiven Vernunft, denn es handelte sich dabei nicht um aufgezwungene, sondern um unmittelbar aus dem täglichen Umgang mit anderen Menschen hervorgegangene Gesetze. Diese Gesetze wurden als »natürlich« bezeichnet; zivilisiert zu sein hieß mithin, in Übereinstimmung mit dem Naturgesetz zu leben und nicht bloß nach Instinkt oder Gewohnheit.

Das Wort »Zivilisation« kam in Frankreich auf. Ursprünglich bedeutete *civilisé*, gut zu regieren oder Gegenstand einer guten Politik zu sein. Bald jedoch dehnte sich der Bedeutungsumfang aus; *civilisation* meinte einen Prozeß, in dem als primitiv betrachtete Sitten, Institutionen und materielle Bedingungen verfeinert, zivilisiert wurden. Die Zivilisation beruhte auf einem historischen Vorgang, der einen Anfang und ein Ende hatte und einerseits zwar größere Unterschiede zwischen den Menschen schuf, sie andererseits aber auch besser machte, als sie es im primitiven oder wilden Zustand gewesen waren. Vier Perioden waren in dem Prozeß von der Barbarei zur modernen, zivilisierten Gesellschaft zu durchlaufen: Im vorsozialen, einsamen Naturzustand war der Mensch allein und hilflos. Dann bildete er primitive nomadische Gemeinschaften. Die dritte Stufe war die seßhafte agrarische Welt, die schließlich zur zivilen oder kommerziellen Gesellschaft führte, in der sich der Schwerpunkt des sozialen und ökonomischen Lebens vom Dorf in die Stadt verlagerte.

Dieser Fortschritt ist vor allem wirtschaftlich von Vorteil, denn die Menschen werden zunehmend produktiver, wenn sie sich vom Jagen und Sammeln zunächst auf die Viehzucht, dann auf den Ackerbau und schließlich auf Handel und Industrie verlegen. Gleichzeitig stellt dieser Prozeß eine kulturelle Höherentwicklung dar. Der Mensch tritt auf wechselseitig nützliche und immer komplexere Art mit immer mehr Menschen in Verbindung. Andere Menschen sind nicht mehr nur Konkurrenten im Kampf ums Dasein, sondern Familienangehörige und Freunde, Kunden und Kollegen, Mitbürger in einem gemeinsamen Projekt, in dem jeder das Beste seiner selbst wiederfindet. Der rationale Teil der Persönlichkeit entdeckt immer neue aufregende Betätigungsfelder. Dies bringt einen Aufschwung von Künsten und Wissenschaften, Literatur und Poesie mit sich. »Je größere Fortschritte diese feinen Künste machen«, schrieb der Philosoph David Hume, »desto geselliger werden die Menschen.«[14]

Die zivilisierte Gesellschaft oder moderne Zivilisation hat eine Veränderung des Menschen herbeigeführt, die von Denkern der Aufklärung in den vier Schlagworten der Theorie der zivilisierten Gesellschaft zusammengefaßt wurden. Das erste dieser Schlagworte ist die Verfeinerung des Benehmens. Manieren bilden demnach den kollektiven Charakter oder die Tugend einer Gesellschaft. »Manieren«, erklärte Edmund Burke, seien für die Fundierung der menschlichen Gesellschaft »wichtiger als Gesetze. Sie fördern die Moral, ersetzen sie oder zerstören sie völlig.«[15] Voltaire sah in ihnen den Hauptgegenstand der Geschichte selbst. Während der Mensch rationaler wird und sich die Horizonte der Gesellschaft erweitern, verlieren die Manieren ihre Spießigkeit, und der literarische und künstlerische Geschmack wird, kurz gesagt, zivilisierter. Mit der Verfeinerung der Manieren geht die Toleranz für andere politische und religiöse Ansichten einher; die Inquisition hat ausgedient, und Religionskriege gehören der Vergangenheit an. Die Menschen verlangen nicht mehr nach mythischen, sondern nach rationalen, wissenschaftlichen Erklärungen der Natur. Außerdem bewirkt die Verfeinerung eine mitfühlendere Einschätzung des inneren Werts anderer Menschen, insbesondere der Frauen, die nach übereinstimmender Ansicht der Aufklärer bei der Verbesserung von Benehmen und Moral eine bedeutende Rolle spielten.[16]

Verfeinerte Manieren waren eng mit der zweiten wichtigen Tugend der Zivilisation verknüpft, der Höflichkeit oder Geselligkeit. Der dritte Earl of Shaftesbury, englischer Moralist und Philosoph des frühen 18. Jahrhunderts, wandte diesen Begriff sowohl auf Menschen als auch auf Dinge an. Für ihn war die Höflichkeit das begrüßenswerte Resultat des modernen urbanen Lebens: »Wir verfeinern einer den andern und schleifen unsre Ecken und Rauhigkeiten durch eine Art von freundschaftlicher Zusammenstoßung hinweg.« Aus diesen vielfältigen Kontakten lernen die Menschen, daß sie andere mit Respekt – zivilisiert – behandeln müssen und ihre Interessen ebenso zu berücksichtigen haben wie die eigenen.[17] Höflichkeit ist dann mehr als nur eine Frage guten Benehmens; sie erschließt die wahre Natur des Menschen als rationales, gesellschaftliches und moralisches Wesen.

Verfeinerung und Höflichkeit waren allerdings nur Symptome eines dritten Phänomens, das als zentrales Mittel der menschlichen Verbesserung fungierte: des Wachstums von Handel und Industrie. Die moderne zivilisierte Gesellschaft ist vor allem ein Produkt der Wirtschaft. Durch den systematischen Tausch von Waren und Dienstleistungen wurde eine Dimension des rationalen Geistes eröffnet, die unter primitiveren wirtschaftlichen Bedingungen verschlossen blieb. »Der Handel«, schrieb der Historiker William Robertson 1769, »neigt dazu, die von der Trennung und Feindseligkeit der Nationen hervorgerufenen Vorurteile wegzuschwemmen. Er mildert und verfeinert das Betragen der Menschen. Er vereint sie durch eines der stärksten Bande: den Wunsch, ihre jeweiligen Bedürfnisse zu befriedigen.«[18]

Damals wurde zum Gemeinplatz, was uns heute vollends geläufig ist: daß die Marktwirtschaft von Menschen getragen wird, die ihre eigenen Interessen verfolgen. Aber für einen Beobachter wie Adam Smith bedeutete Eigeninteresse weder Habsucht noch Gier. Diese waren vielmehr die typischen antisozialen Haltungen einer primitiveren Entwicklungsstufe von Wirtschaft und Gesellschaft, auf der die Furcht vor materiellem Mangel noch begründet war. In einer zivilisierten, »höflichen« Gesellschaft besteht das Eigeninteresse in dem rationalen Wunsch, Waren und Dienstleistungen mit einem Gewinn an einen ebenso seinem Eigeninteresse nachgehenden Konsumenten zu veräußern. Für das 18. Jahrhundert lagen Handel und Industrie nicht nur dem »Wohlstand der Nation« zugrunde; sie waren auch das wichtigste Mittel, um die Humanität zu fördern und Menschen in zivilisierte Wesen zu verwandeln. 1803 identifizierte der liberale Wirtschaftswissenschaftler Francis Jeffrey den Mittelstand oder die »mittleren Ränge« als die gesellschaftliche Gruppe, in der dieser Fortschritt stattfand. Das vernünftige, ernsthafte, höfliche und geschäftige Benehmen der Mittelschicht – *la bourgeoisie*, wie sie in Frankreich genannt wird – bildet hier die Speerspitze der moralischen, ökonomischen und sozialen Verbesserung der Zivilisation, die mittelbar auch den anderen »Rängen« zugute kommt.[19]

Schließlich besitzt die zivilisierte, handeltreibende Gesellschaft in dieser Sicht einen letzten entscheidenden Vorteil: die Fähigkeit zur Selbstregierung, zur politischen Freiheit. In den vorherigen Perioden des Zivilisationsprozesses waren gleichfalls angemessene Regierungsformen entwickelt worden, vom gänzlichen Fehlen der Herrschaft im Naturzustand über den patriarchalen Häuptling oder Clanchef bis zum Feudalherrn und König des Mittelalters. In der handeltreibenden Gesellschaft jedoch wird der Mensch nicht nur im wirtschaftlichen und kulturellen Bereich zu autonomem und verantwortlichem Handeln angeregt, sondern auch in der Politik, wobei er die »sklavische Abhängigkeit vom Grund- und Dienstherrn« abwirft.[20] Abhängigkeit, insbesondere von politischen und religiösen Autoritäten, ist ein Erkennungszeichen der primitiven, barbarischen Gesellschaft; die moderne, zivilisierte ist von Autonomie und Freiheit geprägt. Adam Smith und seine Zeitgenossen betrachteten die britische Verfassung und ihren amerikanischen Ableger als Produkte der »modernen Freiheit« und des im Gang befindlichen politischen Fortschritts der zivilisierten Gesellschaft. Für den liberalen französischen Historiker François Guizot war die Französische Revolution, wie er 1828 in seiner *Histoire de la civilisation en Europe* schrieb, die

Übermittlerin dieses Fortschritts, da es der Bourgeoisie damals endlich gelungen sei, die politische Rolle zu übernehmen, die ihrer Bedeutung im europäischen Wirtschaftsleben entsprach. Zu denen, die diese Einschätzung teilten, gehörte Karl Marx. Vom Standpunkt der Theorie der zivilisierten Gesellschaft gesehen, bestand die Geschichte aus einer allgemeinen Bewegung in Richtung des modernen Wohlstands, während die Menschen gleichzeitig vom unwissenden Wilden zum modernen Londoner oder Pariser aufstiegen. In Guizots Augen war die Fortschrittsidee untrennbar mit der Idee der Zivilisation verbunden. Dem Fortschritt war es zu verdanken, daß der moderne europäische Stadtbewohner einen Sinn für Kunst und Musik, ein wissenschaftlich-rationales Verständnis der Welt und eine instinktive Verachtung von Gewalt, Grausamkeit, Aberglauben und Despotismus besaß. Dieser »Vorwärtsmarsch« war, wie es der britische Philosoph und Staatsmann Arthur Balfour ausdrückte, »seit über tausend Jahren charakteristisch für die westliche Zivilisation«.[21]

Der französische Philosoph Anne Robert Jacques Turgot vertrat erstmals die Meinung, der Zivilisationsprozeß habe im modernen Europa seinen Höhepunkt erreicht. Turgot zufolge war es der europäischen Kultur mehr als jeder anderen in der Geschichte gelungen, den wilden, barbarischen Teil der kollektiven Persönlichkeit zu bändigen. Als Beweis dieses Erfolges galt der vorherrschende rationale und wissenschaftliche Charakter Europas. Dies sollte allerdings nicht heißen, der Fortschritt sei eine exklusiv europäische Angelegenheit. Turgot und sein Schüler Condorcet freuten sich auf den Tag, an dem dank der »Umwälzung«, welche die Aufklärung auf unserem Planeten bewirke, »die Sonne hienieden nur noch auf freie Menschen scheint, Menschen, die nichts über sich anerkennen als ihre Vernunft; da es Tyrannen und Sklaven, Priester und ihre stumpfsinnigen oder heuchlerischen Werkzeuge nur noch in den Geschichtsbüchern und auf dem Theater geben wird«.[22]

Immerhin, so Turgots Freund Baron d'Holbach, haben der »Wilde und der Gebildete; der weisse, der rothe, der schwarze Mensch ... ein und dieselbe Natur: die Differenzen, welche man unter ihnen findet, sind nur Modificationen dieser einen und selben Natur, hervorgebracht durch das Klima, durch die Regierung, durch die Erziehung, durch die Meinungen und durch die verschiedenen Ursachen, welche auf sie einwirken«.[23] Nach Ansicht Johann Gottlieb Fichtes stammten »die kultiviertesten Völker der Neuen Welt ... selbst von Wilden ab«; ebenso würden die heutigen primitiven Völker in Zukunft ihrerseits zivilisiert werden: »Es ist die Bestimmung unseres Geschlechts, sich zu einem einigen, in allen seinen Teilen durchgängig mit sich selbst bekannten und allenthalben auf die gleiche Weise ausgebildeten Körper zu vereinigen.«[24]

Das von der Aufklärung vertretene Bild der europäischen Zivilisation war widersprüchlich. Einerseits sollte sie ihren Ursprung in bestimmten einmaligen historischen Prozessen haben; andererseits sollte sie einen universalen Maßstab zum Nutzen der gesamten Menschheit darstellen. Der Ausweg war eine Art natürlicher Konvergenz des menschlichen Fortschritts und der dominierenden Rolle Europas in der Welt. Ist »der menschliche Geist aufgeklärt«, so Turgot, dann »wird das Benehmen gemildert, und isolierte Nationen werden einander nähergebracht. Schließlich vereinigen kommerzielle und politische Verbindungen alle Teile des Erdballs, und die ganze menschliche Rasse ... schreitet, wie immer langsam, zu größerer Vollkommenheit voran. ... Am Ende sind alle Schatten zerstreut, und welch ein Licht scheint auf allen Seiten! Welche Menge großer Männer in jeder Sphäre! Welche Vollkommenheit der menschlichen Vernunft!«[25]

Der Fortschritt der Zivilisation entwickelte eine eigene Schwungkraft und existierte wie Augustinus' Gottesstaat unabhängig von menschlichen Wünschen.[26] Man kann ihn nicht stoppen. Der englische Philosoph und Schriftsteller William

Godwin schrieb 1798: »Wenn lange Zeit unablässig Verbesserungen stattgefunden haben, gibt es keine andere Möglichkeit als die, daß sie weitergehen.« Gleichzeitig war man sich bewußt, daß diese Verbesserungen einen transformativen und kumulativen Prozeß darstellten, der auf jeder Stufe des Fortschritts der Zivilisation die Zerstörung der vorherigen erforderte. Edward Gibbon hat dies zum Hauptthema des berühmtesten Werks der aufklärerischen Geschichtsschreibung gemacht, der *Geschichte des Verfalls und Untergangs des Römischen Reiches* (1776–1788).

Gibbon unternahm eine Neudeutung der zentralen Episode des apokalyptischen augustinischen Geschichtsbildes, des Untergangs des Römischen Reichs. In einer Hinsicht gab er Augustinus allerdings recht: Der Aufstieg des modernen Europa erforderte die Zerstörung des korrupten antiken Vorgängers. Doch Gibbons Geschichtsauffassung war durch und durch säkular. Roms Dekadenz erweist sich bei ihm als ökonomische und politische Krise, nicht als moralische. Die römische Weltherrschaft hatte eine verkommene Herrschaftsschicht, eine verarmte Bauernschaft, ein anmaßendes und selbstherrliches Heer und ein zum Spielzeug von Verrückten und Entarteten abgesunkenes Kaisertum hervorgebracht. Nach Gibbons Meinung sollten wir, »statt zu fragen *warum* das Römische Reich zerstört wurde, ... vielmehr staunen, daß es so lange bestand«. Das riesige, labile und schlecht organisierte Reich litt unter unlösbaren Problemen, die es für Angriffe anfällig machten, nicht nur der barbarischen Goten, Vandalen und Hunnen, sondern auch der Christen: »... das Sinken Roms war die natürliche und unvermeidliche Wirkung übermäßiger Größe.«[27]

Gibbons Deutungsmuster des durch den eigenen Erfolg zur Selbstzerstörung verdammten Römischen Reichs hatte enormen Einfluß auf das moderne Geschichtsbild, dem zufolge alle großen Reiche und Völker einen Endpunkt erreichen, an dem es keine Umkehr mehr gibt und sie etwas anderem weichen müssen. Dieser »Gang des Reichs« bestand daher aus einem

Kreislauf von Wachstum, Niedergang und Zerstörung. Mit den Worten des englischen Historikers James Anthony Froude: »Tugend und Wahrheit brachten Stärke hervor, Stärke Herrschaft, Herrschaft Reichtum, Reichtum Luxus und Luxus Schwäche und Zusammenbruch – eine fatale Folge von Erscheinungen, die sich so oft wiederholt hat.« Die Möglichkeit, daß die moderne Zivilisation trotz ihrer materiellen und politischen Leistungen eines Tages verschwinden könnte, bedrückte das späte 18. Jahrhundert; ihre Erwägung bedeutete eine scharfe Abkehr von der früheren optimistischen Sicht der europäischen Zukunft.[28]

Natürlich verschwindet keine Kultur völlig. Selbst die entlegenste und archaischste läßt in Form von Ruinen Zeugnisse ihrer Existenz zurück. Die späte Aufklärung war fasziniert von antiken Ruinen. Archäologische Entdeckungen in Athen, Pompeji und Ägypten lösten Spekulationen über das Schicksal von Reichen und Kulturen aus. Die Idee für den *Verfall und Untergang des Römischen Reiches* kam Gibbon in den Ruinen des Forum Romanum, steinernen Mahnungen auch für unsere Welt, die wie die alte unaufhaltsam ihrem Untergang entgegenzugehen schien.

Einer der großen Bucherfolge des späten 18. Jahrhunderts war Constantin-François de Volneys 1791 erschienenes dichterisches Traktat *Die Ruinen*. Es veranlaßte Napoleon sogar, den Autor 1798/99 auf seine ägyptische Expedition mitzunehmen. Volneys »Betrachtungen über die Revolutionen der Reiche«, wie sie der Untertitel nennt, sind eines der bedeutendsten Dokumente der Frühromantik, eine Phantasie über die Zerbrechlichkeit der Zivilisation: »Hier, sagte ich zu mir selbst, hier blühte ehemals eine begüterte Stadt; hier war der Sitz eines mächtigen Reichs. ... Und was bleibt jetzt von dieser mächtigen Stadt? – ein trauriges Skelett! ... Der blühende Wohlstand einer Handelsstadt hat sich in schreckliche Armuth verwandelt. Die Paläste der Könige sind der Wohnsitz wilder Thiere geworden ... Ach, welcher Glanz ist verdunkelt! – welche Arbeiten sind vernichtet! – Gehen so die Werke der Menschen zu Grunde? Verschwinden so Reiche und Nationen?«[29] Volney wandte das alte Motiv der Zerstörungskraft der Zeit gegen die zivilisierte Gesellschaft selbst. Als der Schweizer Historiker Karl Vollgraff den Zustand des »Menschenreichs« später als ein »kolossales Ruinenfeld« beschrieb,[30] gab er demselben melancholischen Fatalismus Ausdruck, den Volney in die romantische Vorstellungswelt eingeführt hatte.

Der Fortschritt hatte also seinen Preis. Ende des 18. Jahrhunderts fragte sich der Geistliche Thomas Robert Malthus besorgt, ob der vom wirtschaftlichen Aufschwung geschaffene Wohlstand und das mit ihm einhergehende Bevölkerungswachstum nicht schließlich die Fähigkeit der Gesellschaft, sich zu ernähren, überfordern müßten. Die Folgen wären Hunger, Elend und Zusammenbruch. Es stelle sich die Frage, ob »der Mensch weiterhin mit beschleunigter Geschwindigkeit auf das Unbegrenzte, die bisher unvorstellbare Vervollkommnung zustreben wird, oder ob er zu einem unablässigen Auf und Ab von Glück und Elend verurteilt ist und trotz aller Anstrengung dem ersehnten Ziel nicht näher kommt«.[31] Malthus schuf das beunruhigende Bild einer Gesellschaft, die mit »beschleunigter Geschwindigkeit« von immer neuen Fortschritten herumgewirbelt wird, was für jene, die darin gefangen sind, sowohl erregend als auch desorientierend ist. Der lineare Fortschritt begann gewissermaßen den schnellen Umdrehungen des Schicksalsrads zu gleichen.

Die Summe der spätaufklärerischen Sicht von Zivilisation und Barbarei zog Jean-Jacques Rousseau. Im republikanischen Genf geboren, kritisierte der selbsternannte Verkünder der politischen Freiheit buchstäblich jeden progressiven Aspekt seines Jahrhunderts. Für ihn war alles, was seine Vorläufer am Zivilisationsprozeß gepriesen hatten, Gegenstand scharfer Kritik. Verfeinerung der Künste und Wissenschaften, Höflichkeit im gesellschaftlichen Umgang, Handel und moderne Regierung waren laut Rousseau nicht geeignet, die Moral zu verbes-

sern, sondern verschlechterten sie zunehmend. Luxus, Habgier, Eitelkeit, Selbstliebe, Eigeninteresse waren die furchtbaren Nebenprodukte der Zivilisation. »Der Mensch ist frei geboren«, beginnt er das erste Kapitel seiner 1762 erschienenen Schrift *Vom Gesellschaftsvertrag*, um fortzufahren: »und überall liegt er in Ketten« — den Ketten der zivilisierten Gesellschaft.[32]
Rousseau kehrte die Pole Zivilisation und Barbarei um. Seine Lobeshymnen galten dem primitiven Menschen, dem — obwohl nicht er diesen Begriff geprägt hat — »edlen Wilden«, der in anstrengungsloser Harmonie mit Natur und Mitmenschen lebt. Angriffsziele dieses Gegenbildes waren seine Pariser Zeitgenossen, aber auch die Idee eines historischen Fortschritts: Alle dem »wahrhaften Jugendalter der Welt« folgenden »Fortschritte waren ebensoviel Schritte scheinbar zur Vervollkommnung des Einzelmenschen, in Wirklichkeit aber zum Verfall der Gattung«. Aus dem Grundeigentum erwuchsen Wettbewerb und Ausbeutung, und komplizierte gesellschaftliche Interaktionen brachten Stolz und Neid hervor. Die Künste verweichlichten die Menschen, schwächten sie körperlich, machten sie unglücklich, überspannten ihre Nerven. Am schlimmsten aber war, daß die Fortschritte der Zivilisation nicht zur politischen Freiheit führten; sie vernichteten im Gegenteil »unwiederbringlich die natürliche Freiheit, legten das Eigentum und die Ungleichheit für immer als Gesetz fest ... und verdammten zum Vorteil einiger Ehrgeiziger die gesamte Menschheit zur Arbeit, zur Knechtschaft und zum Elend«.[33] Angesichts der ihnen übermittelten aufgeklärten Philosophien läßt Rousseau die kommenden Jahrhunderte die Hände über dem Kopf zusammenschlagen und in das Stoßgebet ausbrechen: »Allmächtiger Gott, der du die Geister in deinen Händen hältst, erlöse uns von den Lehren und den unheilvollen Künsten unserer Väter und gib uns die Unwissenheit, die Unschuld und die Armut zurück, die einzigen Güter, die uns glücklich machen können und die vor dir Geltung haben.«[34]

Rousseau war der erste große Kritiker des Kapitalismus und Prophet des Scheiterns der zivilisierten Gesellschaft, obwohl schon Adam Smith keine Illusionen über die nachteiligen Folgen von Handelsgeist und Arbeitsteilung gehegt hatte. Am Vorabend der Französischen Revolution verkündeten Rousseaus Anhänger jedoch, wahres Glück bestehe nicht in gesellschaftlicher Integration, sondern darin, von ihr befreit zu sein. Aus dem Zusammentreffen von Rousseaus Diktum vom frei geborenen, aber in Ketten liegenden Menschen und der Idee des Volkstums oder der Nation als einer historisch verwurzelten Gemeinschaft, die älter und stärker ist als die handeltreibende Gesellschaft, entstand der romantische Liberalismus, der Persönlichkeiten wie Robespierre und Napoleon inspirierte und später Dichter wie Byron, Shelley und Mazzini beeinflußte. Der romantische Liberalismus sah die persönliche Freiheit als Ziel des menschlichen Fortschritts an und die demokratische Revolution als das Mittel, dieses Ziel zu erreichen. Um 1800 war die aufklärerische Theorie der zivilisierten Gesellschaft zwar nicht diskreditiert, aber gespalten. Sozialer Fortschritt und moralische Vervollkommnung entwickelten sich gegenläufig. Tugend und angeborenes Freiheitsstreben des Menschen hatten gegen die Kräfte der Korruption anzukämpfen, zu denen auch die soziopolitische Ordnung – die Zivilisation – selbst gehörte.

Triumphierender Fortschritt

Das 19. Jahrhundert trat ein zwiespältiges Erbe an. Auf der einen Seite stand die Theorie der zivilisierten Gesellschaft, die lehrte, daß die Gesellschaft den Menschen besser mache, auf der anderen Rousseaus Behauptung, daß sie ihn schlechter mache. Obwohl die großen Fortschrittspropheten des 19. Jahrhunderts wie Georg Wilhelm Friedrich Hegel, Auguste Comte und Herbert Spencer ihren Bewunderern selbstsicher erscheinen, waren sie in Wirklichkeit verzweifelt bemüht, diese beiden Seiten des aufklärerischen Erbes zu versöhnen. Ihr großes Ziel war der Ausschluß jedes Widerspruchs zwischen dem Fortschritt der menschlichen Institutionen im Sinne der Theorie der zivilisierten Gesellschaft und den natürlichen Bestrebungen des Menschen, wie sie Rousseau auffaßte. Die Fortschrittspropheten verkündeten, daß das, was wir sein müssen – zeitgebundene gesellschaftliche Wesen –, und das, was wir sein wollen – glücklich und frei –, eines Tages zusammenfallen werde. Sowohl die politische Anarchie der romantischen Revolution als auch die »geistige Anarchie« der selbstsüchtigen Marktwirtschaft wurden zurückgewiesen. Die Zukunft, die zudem historisch vorbestimmt war, würde anders aussehen.

Gleichzeitig kam in der Fortschrittsidee des 19. Jahrhunderts ein Thema zum Tragen, das in der Aufklärung nur implizit behandelt worden war: der Gedanke, daß der einzelne kaum eine Wahl hat. Die sozialen und ökonomischen Prozesse, die die zivilisierte Gesellschaft ausmachen, sind umfassend, komplex und unerbittlich und werden ihrerseits von versteckten, aber unabweisbaren Gesetzen bestimmt. Das zivilisierte Individuum ist deren Produkt, nicht umgekehrt, und es kann nicht außerhalb dieser Prozesse bleiben, indem es sich in einen edlen Wilden oder einen Perikles verwandelt oder versucht, die verlorenen Tugenden einer früheren Epoche wiederzubeleben. Die Menschen sind zu Bestandteilen der unaufhaltsam sich vorwärtsdrehenden Räder der Geschichte geworden. Von den Fortschrittspropheten des 19. Jahrhunderts erhielten sie den Rat, die Fahrt zu genießen. Doch es gab noch einen zweiten, erschreckenderen Gedanken, denn wenn sich diese Räder über einen optimalen Punkt hinaus drehten und die Geschichte sich nicht mehr vorwärts, sondern abwärts bewegte, wie im Fall der großen Kulturen der Vergangenheit, dann war der Mensch dem Niedergang genauso hilflos ausgeliefert wie dem Fortschritt. Wie im Mittelalter, als das Schicksalsrad ihn mit sich nahm, saß er ohne Zukunft und Ausweg in der Falle.

Von solchen Sorgen wurden die Begründer der großen Fortschrittstheorien des 19. Jahrhunderts allerdings noch nicht geplagt. Hegel hielt die beiden Aspekte der aufklärerischen Ansicht über das gesellschaftliche Schicksal des Menschen mittels seiner Dialektik im Gleichgewicht. In dialektischer Perspektive sind Dinge, die im Widerspruch zu stehen scheinen, nur frühere Stadien einer am Ende erreichten Versöhnung oder Synthese. In der Geschichte entwickeln sich laut Hegel sowohl der gesellschaftliche Fortschritt als auch die menschliche Freiheit. Die Menschheit verwirklicht dabei ihre innere Idee der Freiheit, die selbstbestimmte Existenz aller, denn »wenn ich abhängig bin, so beziehe ich mich auf ein anderes, das ich nicht bin, und kann nicht ohne solch ein Äußeres sein. Frei bin ich, wenn ich bei mir selbst bin.« Dem Individuum werden von der zivilisierten Gesellschaft mithin keine Ketten angelegt, wie Rousseau behauptet, sondern es streift sie Stück für Stück ab, während es seine unabhängigen kreativen Fähigkeiten zu nutzen lernt. Kunst, Literatur, Religion, Naturwissenschaften und Philosophie unterliegen allesamt demselben historischen Prozeß, dem vom »unendlichen Trieb« und »unwiderstehlichen Drang« des Weltgeistes angetriebenen Fortschritt. Um zu verstehen, wie der Fortschrittsgeist jede Gesellschaft und jeden Kontinent des Erdballs erreicht, müsse man erkennen, »daß die Weltgeschichte nichts anderes darstellt als den Plan der Vorsehung ..., und ihre Voraussetzung ist, daß das Ideal sich vollbringt, daß nur das Wirklichkeit hat, was der [göttlichen] Idee gemäß ist«.[35]

Als »erste Gestalt« des sich verwirklichenden Weltgeistes und »Kindesalter der Geschichte« betrachtete Hegel die »orientalische Welt«, wo man zuerst die rationale Natur des Universums erkannte, systematische Religionen schuf und die Idee des Staates einführte. Die Griechen, deren Geschichtsperiode »mit dem Jünglingsalter verglichen werden« könne, entdeckten die Idee des freien Individuums. In ihnen »ist erst das

Bewußtsein der Freiheit aufgegangen, und darum sind sie frei gewesen; aber sie, wie auch die Römer, wußten nur, daß *Einige* frei sind, nicht der Mensch als solcher ...; darum haben die Griechen ... Sklaven gehabt«. Die Römer stellten das »Mannesalter der Geschichte« dar, in dem diese freien Individuen – und ihre Sklaven – ein großes materielles und politisches Reich aufbauten. Schließlich kam die germanische oder europäische Welt: »Wenn man auch hier den Geist mit dem Individuum vergleichen könnte, so würde dieses Zeitalter das Greisenalter des Geistes heißen müssen.« Doch während es in der Natur Schwäche sei, bedeute das Greisenalter des Geistes seine »vollkommene Reife« und »unendliche Kraft«. Weil sie die Freiheit in jedem verwirkliche, stelle die moderne Zivilisation den Höhepunkt des Fortschritts dar. »Europa ist schlechthin das Ende der Weltgeschichte«, verkündete Hegel, denn die ganze Weltgeschichte sei nichts als »die Entwicklung des Begriffs der Freiheit«.[36]

Nach Hegel war im modernen Europa zu beobachten, wie sich der Fortschritt des Menschen sowohl als *Subjekt* – als autonomes, rationales und ethisches Wesen – als auch in seinen *objektiven* Beziehungen zu anderen in der zivilisierten Gesellschaft vollzog. Beide Fortschrittslinien kulminierten bei Hegel im aufkommenden Nationalstaat. Einem prominenten Kritiker zufolge war Hegel nicht nur der Vater der historischen Theorie der Nation, sondern auch der des historischen Fortschritts.[37] Hegel glaubte, daß noch verbliebene Widersprüche in der kommerziellen Gesellschaft – all die Fragen über ungleiche Verteilung des Reichtums, übermäßige Selbstsucht und Verlust der menschlichen Dimension, die Rousseau, Malthus und andere beunruhigt hatten – im Nationalstaat endgültig gelöst werden würden: »Die Staatsmacht ist ... das allgemeine *Werk*, – die absolute *Sache* selbst, worin den Individuen ihr *Wesen* ausgesprochen und ihre Einzelheit schlechthin nur Bewußtsein ihrer *Allgemeinheit* ist ...«[38] Habgier und Armut verschwinden. Die

Menschen werden Angehörige eines durch die Ausdehnung der Staatsmacht und ihrer professionellen und aufgeklärten Dienerschaft geschaffenen stabilen Reichs der Sittlichkeit, in dem Freiheit und Vernunft nicht unvereinbar sind, wie Rousseau warnend festgestellt hatte, sondern in eins fallen: »In dieser Identität des allgemeinen und besonderen Willens« hat der Mensch »durch das Sittliche insofern Rechte, als er Pflichten, und Pflichten, insofern er Rechte hat«. In Hegels exaltierter Sicht ist dies die von der Vernunft bestätigte und vom Staat verwirklichte Lehre der Geschichte.[39]

Diese Version des Fortschrittsgedankens rückte nicht nur die Rolle des Staats – den »Gang Gottes auf Erden«, wie Hegel sich euphorisch ausdrückte – in den Mittelpunkt des politischen Denkens, sondern verlieh auch der Vorstellung neue Kraft, der zufolge die Menschheit ihre Erlösung selbst mit rationalen Mitteln erreichen könne. Des Menschen letztes Glück sei kein ferner Traum, versichert Hegel, es sei jetzt und hier vorhanden, hervorgezaubert von der unwiderstehlichen Sogkraft des Fortschritts sowohl der menschlichen Institutionen als auch der menschlichen Bestrebungen. Einer von denen, die sich von diesem Ansatz inspirieren ließen, war Karl Marx, der mit Fug und Recht als einer der einflußreichsten Fortschrittspropheten des 19. Jahrhunderts bezeichnet werden kann. Seine Geschichtstheorie ruht auf denselben Fundamenten wie Hegels: dem unaufhaltsamen Marsch der menschlichen Freiheit. Als Schlüssel des Fortschritts betrachtete Marx allerdings weniger die Politik, sondern vielmehr die Ökonomie, und als Mittel, das ihn voranbringt, den Klassenkampf. Im Unterschied zu Hegel bestritt Marx, daß die kommerzielle Gesellschaft die letzte Entwicklungsstufe der ökonomischen Beziehungen des Menschen darstellt. Nach dem Kapitalismus folge eine weitere Stufe: der Sozialismus. Für Marx und seinen Mitstreiter Friedrich Engels »schläft ... die politische Autorität des Staats ein«, weil in einer klassenlosen Gesellschaft kein Zwang nötig sei, um zu bekommen, was man will. »Die Menschen«, schreibt Engels, »endlich Herren ihrer eignen Art der Vergesellschaftung, werden damit zugleich Herren der Natur, Herren ihrer selbst – frei.«[40] Wie Hegels Nationalstaat ist Marx' Kommunismus die endgültige Erfüllung der Wünsche des Menschen und seiner gesellschaftlichen Beziehungen. Der Kapitalismus müsse mit einem »Jüngsten Tag« rechnen. Elend und Ausbeutung, warnte Marx, würden so weit zunehmen, daß die Revolution unvermeidbar wäre. Die bürgerliche Gesellschaft war, um Gibbons Ausdruck zu benutzen, durch »übermäßige Größe« zum Untergang verurteilt. Doch unter der Diktatur des Proletariats würde ein neues Paradies an ihre Stelle treten. In den letzten Sätzen des *Kommunistischen Manifests* klingen sowohl Rousseau als auch der romantische Liberalismus nach: »Die Proletarier haben nichts zu verlieren als ihre Ketten. Sie haben eine Welt zu gewinnen.«[41] Sowohl Hegel als auch Marx nahmen also an, der historische Fortschritt werde einen Endpunkt erreichen.

Bei Hegels Zeitgenossen Henri de Saint-Simon traten Wissenschaft und Technik als Instrumente einer humanen Existenz an die Stelle der Geschichte. Anfangs ein Anhänger der Französischen Revolution, bewirkten deren radikale Auswüchse seine Desillusionierung und Abkehr von der Politik. Er gelangte zu der Überzeugung, der moderne wissenschaftliche Verstand sei in der Lage, eine neue geistige Gemeinschaft hervorzubringen, in der alle Konflikte und alles Unglück beseitigt sind. Wie bei Hegel sollte eine aufgeklärte bürokratische Elite diese vollkommene Gesellschaft aufbauen. Im Gegensatz zu diesem bewegte sich Saint-Simon jedoch völlig im Reich der abstrakten Vernunft und Naturwissenschaft. Deren leitendes Prinzip ist das unausweichliche und unfehlbare »Fortschrittsgesetz«, das die menschlichen Angelegenheiten ebenso determiniert wie die Schwerkraft die Natur. »Alles, was wir tun können«, meinte Saint-Simon, »ist, diesem Gesetz mit Verständnis zu gehorchen und den Weg, den es uns weist, in Rechnung zu ziehen, statt blind von ihm getrieben zu werden.«[42]

Bürokratie und Technologie sollten später zu anrüchigen Begriffen werden. Für Saint-Simon und seinen intellektuellen Erben Auguste Comte enthielten sie jedoch das Versprechen eines neuen humanen Fortschritts und eines rationalen Verständnisses der Welt, das fast einer Religion gleichkam. Comtes positive Philosophie übermittelt eine an Hegel erinnernde Erlösungsbotschaft: Unsere Natur und der gesellschaftliche Fortschritt stehen nicht im Widerspruch, sondern fallen zusammen. Jeglicher Fortschritt, ob politischer, moralischer oder intellektueller Art, war Comte überzeugt, ist von materiellem Fortschreiten nicht zu trennen, womit er die Weiterentwicklung von Industrie und Wissenschaft meinte. Die Prinzipien der fortschreitenden sozialen Entwicklung faßte er unter dem Begriff »soziale Physik«, deren Entwicklung er als Teil des stetigen Wachstums einer rationalen Ordnung im Universum sah, die am Ende für einen Zustand des Gleichgewichts und der Harmonie in Natur wie Gesellschaft bürgen könne. Die Ideen von Ordnung und Fortschritt, so führte er aus, sind in der »sozialen Physik« so strikt verbunden wie die Ideen des Organismus und des Lebens in der Biologie.[43]

Nach Comte war die Vervollkommnung des Menschen durch die moderne Gesellschaft mehr als nur ein utopisches Ideal. Da jeder Existenz ein unaufhörlicher Vorwärtsdrang innewohne, sei die Vervollkommnung unvermeidlich. Comtes englisches Gegenstück, Herbert Spencer, pflichtete dem bei: »Die endgültige Entwicklung des idealen Menschen ist logisch gewiß.«[44] Für englische Denker in der Mitte des 19. Jahrhunderts wie Spencer war der Fortschritt kein strittiges Thema mehr. Er war vielmehr zu einer metaphysischen Gewißheit geworden. Die Historiker Thomas B. Macaulay und William Edward H. Lecky, die Philosophen Jeremy Bentham und John Stuart Mill und die Politökonomen David Ricardo und Nassau W. Senior – die

Gründerväter des klassischen Liberalismus des 19. Jahrhunderts – bezogen allesamt Inspiration und Bestätigung aus dieser Gewißheit.

Personifiziert wurde dieses Vertrauen in den Fortschritt und die damit verbundene optimistische Zukunftsperspektive von Herbert Spencer, der als gelernter Ingenieur das moderne industrialisierte Großbritannien als Vorreiter des Fortschritts betrachtete. Seine Version des Zivilisationsprozesses war ein bewußter evolutionärer Vorgang, in dem individuelle Freiheit und soziale Solidarität Stück für Stück zur vollkommenen liberalen Gesellschaft verschmolzen. Laut Spencer hat der Mensch »die Freiheit, alles zu tun, was er will, vorausgesetzt, er verletzt nicht die gleiche Freiheit eines anderen«.[45] Der Fortschritt ist eine organische Evolution von der »Homogenität« zur Differenzierung und »Heterogenität«. Diese Entwicklung, so glaubte Spencer, umfaßt Biologie, Psychologie, Chemie und Geologie ebenso wie die beiden Wissenschaftsgebiete, die mehr und mehr in den Mittelpunkt der Aufmerksamkeit der Fortschrittsgläubigen rückten: Politische Ökonomie und Soziologie. Wie Comte war auch Spencer der Ansicht, daß der Fortschritt nicht nur die menschliche Geschichte bestimmt, sondern das gesamte Universum.

Als Charles Darwin 1859 mit der Schrift *Die Entstehung der Arten* seine Evolutionstheorie an die Öffentlichkeit brachte, sah Spencer darin sofort einen Beweis seiner eigenen Theorie. Seine Ideen über die organische Evolution der Gesellschaft stammten schon aus der Zeit vor Darwin. Das Wort vom »Überleben der Tauglichsten« ist von Spencer geprägt worden, nicht von Darwin, und er war es auch, der als erster den Schluß zog, für den Menschen wie für andere Lebewesen sei eine schrittweise Vervollkommnung möglich. Wie bei Darwin stand der Mensch in der Natur, nicht über ihr. Für Spencer war die Natur jedoch nicht blutrünstig wie für spätere, pessimistischere Darwinisten. Sie war vielmehr ein Reich unerschöpflicher Energien und

Möglichkeiten, in dem die Kräfte des Menschen im Umgang mit dem wuchsen, was in den Bereich seiner Erfahrung kam, bis er schließlich frei und glücklich sein würde.

Hegelianer und Marxisten verachteten Spencer wegen seiner vom Laissez-faire bestimmten Sicht des 19. Jahrhunderts mit dem staunenerregenden Wachstum materiellen Reichtums und bürgerlicher Freiheit. Deshalb ist es verblüffend, wie ähnlich sich Spencer und Marx in ihren Erwartungen an den menschlichen Fortschritt und im dogmatischen Beharren auf seine Dynamik waren. Am Ende, so glaubte Spencer, müßten alle Unvollkommenheiten der Gesellschaft verschwinden. Für ihn war die Existenz des Bösen, der Grausamkeit und Brutalität – wie für Marx – nur ein Überrest früherer gesellschaftlicher Mängel. Die Menschheit war wie ein zerknittertes Hemd: Ein paar Striche mit dem Bügeleisen der modernen Zivilisation, und die Unvollkommenheiten würden verschwinden.

Unter Spencers und Comtes Einfluß trat eine Reihe »wissenschaftlicher« Historiker hervor, die zu zeigen versprachen, wie sich das Fortschrittsgesetz in der Geschichte der Zivilisation ausgewirkt habe. Henry Thomas Buckle, ein englischer Schüler Comtes, bezog die gesamte europäische und britische Geschichte auf den sich entfaltenden Fortschritt, der sich nach festen und unbezweifelbaren Gesetzen entwickelte. Zur selben Zeit, als Spencer die »Evolution vom Einfachen zum Komplizierten« zum universalen Gesetz von Gesellschaft, Regierung, Wirtschaft, Sprache, Literatur, Wissenschaft und Kunst erklärte, veröffentlichte Buckle den ersten Band seiner *Geschichte der Zivilisation in England* (1857–1861). Seiner Ansicht nach war der Fortschritt, den Europa von der Barbarei zur Zivilisation gemacht hatte, der Zunahme des Wissens und der Weltbeherrschung, also letzten Endes Wissenschaft und Technik zu verdanken. Früher reklamierte Kennzeichen des Fortschritts, wie die Verfeinerung der Sitten und die Höflichkeit, wurden ignoriert. Fortschritt besteht für Buckle zuerst und vor allem in der

Erlangung rationaler Herrschaft über die materielle Umwelt. Die Betätigung der menschlichen Fähigkeiten in Wissenschaft und Technik gewinnt im Lauf der Geschichte das Übergewicht über alle anderen Formen der Rationalität und wird zum Charakteristikum der europäischen Art der Zivilisation.⁴⁶

Weit davon entfernt, eine vergleichende Perspektive auf die Stärken und Schwächen der europäischen Zivilisation als bedrohlich zu empfinden, griffen Buckle und seine Zeitgenossen mit Vorliebe zum Vergleich. Dafür standen ihnen vielfältige neue Informationen zur Verfügung, etwa die jüngsten archäologischen Entdeckungen von Heinrich Schliemann (Troja), Austen Henry Layard (Ninive), Arthur Evans (das minoische Kreta) und Lord Carnarvon (Ägypten). Daneben erschienen bahnbrechende Studien über primitive Völker und Institutionen, die eine klare Unterscheidung zwischen »zivilisierten« und »wilden« Gesellschaften zu treffen halfen. Trotz ihrer Vielfalt und der überraschenden Erkenntnisse schienen all diese Informationen nie die Grundsatzvorstellung zu erschüttern: die immanente Überlegenheit der europäischen Zivilisation über ihre Vorläufer und Zeitgenossen. Ob man die wissenschaftlichen Leistungen betrachtete, die enorme Produktivität von Wirtschaft und Industrie, die Regierungsformen oder einfach die bemerkenswerte Entwicklung, die der Kontinent seit seiner eigenen wilden Vergangenheit durchlaufen hatte, stets wurde Europa eine unübertroffene, fast vorbestimmte weltweite Überlegenheit zugesprochen. Es wurde sogar üblich, die Begriffe »Zivilisation« und »modernes Europa« synonym zu gebrauchen, als wären alle anderen Kulturen nur Vorläufer oder schwache Nachahmungen des Originals. 1853 kam der englische Theologe und spätere Kardinal John Henry Newman zu dem Schluß, die europäische Zivilisation sei »von so eigenem und leuchtendem Gepräge, so herrschgewaltig in ihrer Ausdehnung, von so eindrucksvoller Dauer und so gänzlich ohnegleichen auf dem Erdkreis«, daß sie »mit Recht den Namen

›menschliche Gesellschaft‹ und für ihre Kultur den Begriff ›Kultur‹ schlechthin in Anspruch nehmen darf«.[47]

Das Problem der Historiker war nicht, die Vorherrschaft Europas zu erklären, sondern darzulegen, warum die anderen Kulturen allesamt gescheitert und dem Verfall preisgegeben seien. Europäische und amerikanische Gelehrte legten eine verwirrende Vielzahl möglicher Erklärungen vor. Manche führten Unterschiede von Klima und Geographie an, andere rassische Unterlegenheit und physiologische Degeneration. Wieder andere verwiesen auf Unterschiede in der kollektiven Psychologie und die Rolle religiöser und kultureller Glaubenssätze. Verglichen mit China, Persien, der ottomanischen Türkei und einst großen, jetzt aber verfallenen Zentren der europäischen Kultur wie Griechenland und Italien oder mit noch in entlegenen Dschungelgebieten lebenden primitiven Stämmen schienen nur die Westeuropäer eine Ebene von materiellem und moralischem Fortschritt erreicht zu haben, auf der erst wahre Zivilisation möglich ist.

Wer hätte geahnt, daß am Ende des Jahrhunderts Intellektuelle dieselben Begriffe – Dekadenz, Verfall und Degeneration – auf Europa anwenden würden. Dennoch war es weniger überraschend, als man denken sollte. Denn wenn alle Kulturen gemäß wissenschaftlich gesicherter historischer Gesetze aufsteigen und verfallen, dann mußte dies auch für Europa gelten. Man kann sich Herbert Spencers Unbehagen vorstellen, als er sich 1858 sagen lassen mußte, der Zweite Hauptsatz der Thermodynamik, der sogenannte Entropiesatz, schließe immerwährenden Fortschritt aus, da alle Energie des Universums am Ende umgewandelt sein würde und das Leben enden müßte. »Ich erinnere mich, daß ich noch einige Tage danach durcheinander war«, schrieb er an seinen Gewährsmann. »Ihre Aussage, daß das Leben verlöschen werde, wenn das [letzte] Gleichgewicht erreicht ist, hat mich erschüttert ... Ich fühle mich immer noch unsicher.«[48] Offenbar konnte sich das Fortschrittsgesetz umkehren.

Dementsprechend fügte der amerikanische Historiker John W. Draper, wie Buckle Anhänger von Comte, der Geschichte des Fortschritts ein letztes Stadium des Verfalls hinzu, in dem die Kräfte, die Mensch und Gesellschaft vorwärtstreiben, plötzlich nachlassen und in umgekehrter Richtung wirken. In seiner 1863 erschienenen *History of the Intellectual Development of Europe* warnte er davor, daß allzu selbstgefällige Vergleiche mit nichtwestlichen Gesellschaften der Nachprüfung möglicherweise nicht standhalten würden. »Europa«, prophezeite er, »beeilt sich zu werden, was China ist. An diesem können wir sehen, was wir sein werden, wenn wir alt sind.«[49] In Gestalt der künstlerischen und literarischen Romantik hatte sich bereits die Gegenstimme zu Wort gemeldet.

Der romantische Bruch

Der Pessimismus der Romantik war überwiegend ein Nachhall der Französischen Revolution. So hatte der englische Dichter William Wordsworth ihren Ausbruch noch begeistert begrüßt: »... 's war / Ein Fest, in diesem Aufgang einer neuen Zeit / Zu leben. Und dabei noch jung zu sein, / War wie der Himmel«, um später zu beklagen, daß »in diesen jüngsten Tagen / Der schlimmen Wende für die ganze Menschheit« eine »Sonne, die so strahlend aufging, / ... kitschig untergeht«.[50] Die Hoffnung auf eine Rückkehr zu Rousseaus Welt der Unschuld und Freiheit zerstob unter der Schreckensherrschaft von 1793/94 und Napoleons Militärdiktatur, einer neuen, grotesken Form des Despotismus unter dem Deckmantel der Errichtung eines Weltreichs. Wordsworth, der Maler und Dichter William Blake, der Landschaftsmaler William Turner und Adam Smith' Schüler James Mackintosh hatten ebenfalls zuerst enthusiastisch reagiert, dann aber den Irrtum erkannt.[51] Ein anderer Erbe der Theorie der zivilisierten Gesellschaft, Edmund Burke, verfaßte mit den *Betrachtungen über die Französische Revolution* (1790) die Bibel nicht nur der englischen Liberalen, sondern auch der romantischen Konservativen des 19. Jahrhunderts.

Friedrich Schillers hochgestimmter Hymne »An die Freude« von 1785 folgte 1801 dies: »Das Jahrhundert ist im Sturm geschieden, / Und das neue öffnet sich mit Mord.«[52] Die deutschen Romantiker waren besonders schwer getroffen. Friedrich Schlegel befürchtete, daß die Französische Revolution und die Schreckensherrschaft eine furchtbare neue Epoche »selbstloser Verbrechen« eingeläutet hatten, in der die Grausamkeiten nicht aus Liebe zum Bösen, sondern aus Liebe zur Tugend begangen würden. In der Vorstellungswelt des 19. Jahrhunderts nahm die Französische Revolution den Platz ein, den im 20. der Holocaust ausfüllt: den eines Symbols des wissentlichen Verrats an der höchsten Natur und den Idealen des Menschen. Ähnlich wie Theodor W. Adorno erklärt hat, nach Auschwitz könne kein Gedicht mehr geschrieben werden, argwöhnte Friedrich Schlegel hundertfünfzig Jahre vorher, die Greuel der Schreckensherrschaft könnten bedeuten, daß sich das »Drama der Menschengeschichte« seinem Ende nähere. 1818 schlug ein Schweizer Gelehrter ernsthaft vor, Island in ein Museum der europäischen Kultur zu verwandeln, bevor die Zivilisation völlig verschwinde.[53]

Wie die vom Stalinschen Kommunismus enttäuschten radikalen Intellektuellen der dreißiger und vierziger Jahre des 20. Jahrhunderts begannen die Romantiker Tugenden zu schätzen, die sie nach ihrem bisherigen politischen Bekenntnis verdammt hatten. Die Folge war, daß eine neue Generation konservativer Romantiker entstand, die den von der Aufklärung und der Französischen Revolution attackierten Institutionen – katholische Kirche, Monarchie, Adel – neuen Respekt entgegenbrachte. Sie erschienen jetzt als bedeutende Wahrzeichen eines älteren und edleren kulturellen Erbes, für die sowohl die Französische als auch die industrielle Revolution eine Gefahr darstellten. Deshalb dürfte die Bezeichnung »Reaktionär« für diese Romantiker zutreffen – in Reaktion auf die Fortschrittsidee insgesamt. Mit dem Verlust an Zukunftsglauben wuchsen zugleich nostalgische Gefühle für die vormoderne Vergangenheit. Nach dem Verständnis der Romantiker war Geschichte nicht die des Fortschritts, sondern die Erzählung der Vergangenheit und ihres verblaßten Ruhms. Es ist kein Zufall, daß der mit der deutschen Romantik vertraute Walter Scott der beliebteste Romancier der ersten Hälfte des 19. Jahrhunderts war. 1814 erschien sein erster Bestseller, der historische Roman *Waverley oder Es ist sechzig Jahre her.* Die Idee, die Geschichte im schottischen Hochland des Mittelalters anzusiedeln und »barbarische« Gestalten wie Kreuzritter, Mönche und Clanchefs auftreten zu lassen, wäre Scotts aufgeklärten Vorgängern lächerlich erschienen. Doch Scott schuf aus dem Genre des historischen Romans eine Massenware, und eine lange Reihe von Nachahmern trat in seine Fußstapfen, unter ihnen Alexandre Dumas, Victor Hugo und Jules Verne.

Seinen Wohnsitz verwandelte Scott in ein wahrhaftes Museum der schottischen und englischen Geschichte; die Sammlung repräsentierte die Werte der Tugend und des Heroismus, die im Industriezeitalter verlorengegangen waren. Zur gleichen Zeit wurde England von einer neugotischen Architekturmode erfaßt, die das von der modernen kommerziellen Gesellschaft zerstörte mittelalterliche Gefühl für die Gemeinschaft und das Heilige visuell wiedererwecken wollte. Als besonders erschreckend empfanden die Romantiker die jüngste Inkarnation der kommerziellen Gesellschaft, die Industrialisierung. Blake sprach von »Teufelsmühlen«, Thomas Gray von »Dämonen am Werk« und Robert Southey von »infernalischem Krach und infernalischen Beschäftigungen« in der Fabrik.[54] In scharfem Kontrast zu dem Bild, das die Aufklärung von der Stadt als dem Zentrum der urbanen Höflichkeit und Zivilisation gemalt hatte, schrieb Blake über das frühindustrielle London am Ende des 18. Jahrhunderts: »In jedem Antlitz sehe ich / Spuren von Gram und von Verdruß. / ... In jedem Fluch ich hören kann / Vom Geist geschmiedet Fesseln klirren.«[55] Wordsworth ergänzte kurz nach der Jahrhundertwende: »Ach, gar zuviel gilt uns die Welt; wir leben, / Erwerbend und verschwendend, ohne Wert: / Sehn wenig in der Flur, was uns gehört, und haben, faules Gut, die Herzen fortgegeben.«[56]

Southey stellt der neuen Ära des Materialismus und der Habgier die früheren Zeiten gegenüber, in denen »der wohlmeinende Herr seine Pächter um das knisternde Feuer zusammenrief« und jeder gemäß seiner Stellung am Gewinn beteiligt wurde. Es war eine Welt, in der die Menschen durch Tradition, Religion und Gemeinschaftssinn vereint gewesen seien. Doch dann habe der Handelsgeist nach und nach »das rohe, aber freundlichere Prinzip des Feudalsystems« verdrängt; »Gewinn und Verlust wurden zum Maßstab des Verhaltens; Berechnung kam hinzu, und das Gefühl verlor sich«.[57] Dies sollte das dauerhafteste romantische Erbe werden: die Entfremdung von der eigenen Zeit und Welt. Die mittelständischen Macher der modernen Zivilisation, so lehrte die Romantik, mochten anständige, hart arbeitende und achtenswerte Menschen sein, aber sie waren zu Spießbürgern geworden. Andere sahen in dem, was als größte Leistung der Zivilisation gepriesen worden war, die Milderung und Verfeinerung des menschlichen Betragens, etwas, das gleichfalls zweifelhaft war – ein Zeichen der Dekadenz. Hauptziel dieser Befürchtungen war ironischerweise die Romantik selbst.

Dekadenz bedeutet wörtlich »herabfallen« und wurde im Sinne von »tief sinken« benutzt, um den Verlust ehemals fester Normen und Maßstäbe der literarischen Qualität zu bezeichnen. Die Dekadenz wurde zu einem untrennbaren Bestandteil des Bildes vom Niedergang des Römischen Reichs. Er war und ist ein pejorativer und kein analytischer Begriff. Doch Dekadenz implizierte auch, daß der Verfall der intellektuellen und moralischen Maßstäbe mit umfassenderen gesellschaftlichen und wirtschaftlichen Veränderungen verbunden war. Sie beginnt an der Spitze, wenn die Elite den Willen verliert, die alte Ordnung aufrechtzuerhalten. Statt sich dem drohenden Zusammenbruch entgegenzustemmen, akzeptieren dekadente Politiker, Künstler und Aristokraten das Verhängnis, sie begrüßen es sogar. Arthur Balfour drückte es 1903 so aus: »Wenn sich in einem alten und immer noch mächtigen Staat eine Stimmung tiefer Entmutigung verbreitet, wenn die Reaktion auf wiederkehrende Übel schwächer wird, der Unternehmungsgeist nachläßt und die Vitalität abebbt, dann, denke ich, findet ein Prozeß der gesellschaftlichen Degeneration statt«, der auch Dekadenz genannt werden kann.[58]

Im 19. Jahrhundert wurde Dekadenz zu einem Schlagwort, das die konservative Reaktion gegen die Auswüchse der Romantik ins Feld führte. Der romantische Rückgriff auf starke Gefühle und das Bizarre und Irrationale stieß Menschen ab, die an gesetztere Maßstäbe gewöhnt waren. Der alte Goethe hatte verkündet, das Klassische sei das Gesunde, und das Romantische sei das Kranke. Zwei Jahre nach Goethes Tod versuchte Desiré Nisard in seinen *Études de moeurs et de critique sur les poètes latins de la décadence* nachzuweisen, daß die bizarre Dekadenz der modernen romantischen Literatur lediglich die umfassendere Dekadenz der moralischen und sozialen Werte der modernen Gesellschaft spiegele. Bald darauf war das Wort in aller Munde. Ein Pariser Beamter schrieb 1845 an seine Vorgesetzten: »Ich glaube, unsere Gesellschaft leidet unter einer tiefgehenden Krankheit.« Die romantische Literatur habe »den schlimmsten Instinkten Vorschub geleistet«. Es sei überall das gleiche: »sofortige Befriedigung der Gelüste, Sucht nach Vergnügungen, monströser Egoismus ... Wenn wir so weitermachen, ... wird die Zeit der römischen Dekadenz wiederkehren.«[59]

Zwei Jahre später präsentierte Thomas Couture der Öffentlichkeit sein Gemälde »Die Römer der Verfallszeit«, das eine heftige Kontroverse und eine Flut von Kommentaren auslöste. Es zeigt eine römische Orgie in einem prächtigen Palast mit allem Luxus und aller Delikatesse des Reichtums. Doch auf den Gesichtern der Dargestellten lag Langeweile; geistig waren sie tot, trotz aller Sinnlichkeit, der sie sich hingaben. Der materielle Wohlstand hatte ihnen Kreativität und Lebendigkeit genommen. Als Untertitel des Bildes hatte Couture eine Passage aus Juvenals *Sechster Satire* gewählt: »... grausamer als die Waffen hat uns der Luxus überkommen und rächt die besiegte Welt«.[60] Der Erfolg der zivilisierten Gesellschaft stellt einer Bevölkerung, die nicht mehr ums Überleben zu kämpfen braucht und verweichlicht und »effeminiert« ist, ein Übermaß an Annehmlichkeiten zur Verfügung, ganz so, wie es fast ein Jahrhundert früher Rousseau beklagt hatte: Einerseits »wird der wahre Mut schwächer«, andererseits zieht »die Lockerung der Sitten ... den Niedergang des Geschmacks nach sich«.[61]

Hinter dieser moralischen Kritik verbirgt sich eine Kritik der orthodoxen Prinzipien der Politischen Ökonomie. Während die unaufhaltsame Dynamik der Arbeitsteilung die Spezialisierung vorantreibt, erreicht die Zivilisation ihre höchste, »späte« Entwicklungsstufe. Sowohl der dekadente Künstler als auch der spießige Geschäftsmann sind Beispiele einer Persönlichkeit, die auf ihre schmalste und niedrigste Basis zusammengeschrumpft ist und Ziele verfolgt, die jetzt, unter Ausschluß alles anderen, ohne weiteres zu haben sind: Geld beim einen, Anerkennung beim anderen. In beiden Fällen nimmt die kreative Energie ab, und das Materielle triumphiert über den Geist. »Das Ganze lebt überhaupt nicht mehr«, so Nietzsches Diagnose. »Überall Lähmung, Mühsal, Erstarrung oder Feindschaft und Chaos ...« In der dekadenten Gesellschaft ist wie in der dekadenten Kunst alles nur »zusammengesetzt, gerechnet, künstlich, ein Artefakt«.[62]

Scheinbar positive Entwicklungen wie das Wachstum von Wohlstand und Industrie, die Verbreitung der Selbstregierung, der Aufstieg der Technik und der Niedergang der Religion werden so zu Vorboten der »letzten Stunden der Zivilisation«. Europa war, dem fünfundzwanzigjährigen Victor Hugo zufolge, in ein »beeindruckendes Greisenalter« eingetreten. Seine Kultur war jetzt »altertümlich«, wie andere französische Romantiker meinten; es war »verbraucht«, »im Verfall begriffen«, »senil«, ja lag sogar im Sterben.[63] Der Fortschritt nahm eine bitter ironische Bedeutung an; so schrieb Théophile Gautier im Vorwort zu seinem Roman *Mademoiselle de Maupin* voller Verachtung: »Vor einigen Jahrhunderten hatten wir Raffael und Michelangelo, jetzt haben wir Herrn Paul Delaroche, und das nur, weil wir fortschreiten.«

Doch indem sie den Fortschritt ins Lächerliche zogen, offenbarten Hugo und Gautier noch dieselben Grundannahmen wie Comte und Spencer, nach denen Gesellschaften und Kulturen eine begrenzte Lebensdauer haben und wie ein biologischer Organismus funktionieren. »Die menschliche Rasse als Ganzes«, bemerkte Hugo, um ihn vollständig zu zitieren, »ist gewachsen, hat sich entwickelt, ist erwachsen geworden wie einer von uns. Einst war sie ein Kind, einst ein Mann, und jetzt schauen wir auf ihr beeindruckendes Greisenalter.« Hier äußert sich eine organizistische Tradition, die auf Vico – dessen Schriften damals in den Pariser literarischen Zirkeln *en vogue* waren – und letzten Endes bis auf Platon und andere antike Griechen zurückgeht. Knapp zwei Jahrzehnte zuvor hatte John Draper davor gewarnt, daß Europa das Schicksal Chinas ereilen werde, und sowohl die Romantiker als auch ihre Gegner waren der Ansicht, dies sei schon geschehen. Europa galt beiderseits des Atlantiks bereits als die Alte Welt. Sogar die unangefochtene Macht und der Einfluß Europas rund um die Welt wurden suspekt, denn sie bestätigten in dieser Sicht nur, daß die Zeit des dynamischen Wachstums vorüber war. Die einzige mögliche Zukunft schien der Übergang vom Erwachsenenalter in Überreife und Verfall zu sein.

In einem tieferen Sinn reflektierte die Furcht vor der Dekadenz die Furcht des 19. Jahrhunderts vor dem eigenen Erfolg. Die beeindruckende Macht der europäischen Zivilisation bekam den Beigeschmack des »Allzuviel«; es gab ein Übermaß an leicht zu erringendem Wohlstand, sozialer Mobilität, Komfort und Selbstzufriedenheit – ebenso wie ein Übermaß an Veränderung und Zerstörung des vorher Existierenden. Durch den Fortschritt, schrieb Charles Baudelaire, werde »unsere ganze Geistigkeit so sehr atrophiert«, daß nichts mit seinen »positiven Resultaten verglichen werden kann«.[64] Dieselben Auswüchse, die Romantiker wie Gautier abschreckten, zogen auch den Abscheu ihrer konservativen Gegner auf sich. 1853, sechs Jahre, nachdem Coutures Gemälde enthüllt worden war, gab einer von ihnen, Joseph Arthur Comte de Gobineau, dem Angriff auf den Fortschritt eine grundlegend neue, verblüffende Wendung.

AUF EINEM SCHWIMMENDEN WRACK

Gobineau und der rassische Pessimismus

Zwei Dinge verachtete Gobineau von Anfang an: die Revolution und die Bourgeoisie. Seine Geburt am 14. Juli 1816, dem Jahrestag des Sturms auf die Bastille, kommentierte er später mit der verbissen witzigen Bemerkung, Gegensätze zögen sich an. Die großen Lieben seines Lebens waren die Bücher, besonders die schöne Literatur, und er selbst – das heißt seine aristokratische Herkunft. Mit Vorliebe sah er sich als den letzten Abkömmling einer alten normannischen Adelsfamilie. Er fertigte einen Stammbaum an, um nachzuweisen, daß die Gobineaus direkte Nachfahren der Wikinger waren, die einst die Normandie erobert hatten, also dieselben Ahnen hatten wie Wilhelm der Eroberer. In ähnlicher Weise zählte seine Mutter einen illegitimen Sohn Ludwigs XV. zu ihren Vorfahren, was zu Gobineaus lebenslanger Obsession für Herkunft und Rasse sowie seiner Abneigung gegen die Epoche, in die er hineingeboren worden war, beigetragen haben mag. Die Wirklichkeit sah anders aus: Die Gobineaus waren eine prosperierende Kaufmannsfamilie aus Bordeaux, die im 18. Jahrhundert geadelt wurde. Mit anderen Worten, die Comtes de Gobineau waren ein Beweis für den Wert der sozialen Mobilität, jener Eigenschaft der modernen kommerziellen Gesellschaft, die Gobineau am meisten verachtete.

Arthurs Vater, Louis de Gobineau, hatte in der Französischen Revolution treu auf der Seite der Royalisten gekämpft und unter Napoleon im Gefängnis gesessen. Daß er von den zurückgekehrten Bourbonen weder eine Pension noch sonst eine Anerkennung erhielt, verbitterte ihn zutiefst. Er lebte als Armeeoffizier außer Dienst und mit halbem Sold praktisch von der Hand in den Mund und gab seine Verbitterung an seinen Sohn weiter. »Meine eigene Situation ist die eines Geschlagenen«, schrieb Louis de Gobineau in seinen für den jugendlichen Sohn verfaßten und von Selbstrechtfertigungen wimmelnden Memoiren. »Meine Demütigung ist, wenn die Menschen sehen, daß mir mein Schwert aus Gehorsam für meinen Fürsten entrissen worden ist.«[1] Als sein Sohn neunzehn Jahre alt war, beschloß er, dort erfolgreich zu sein, wo sein Vater gescheitert war. Er würde das Schicksal der Familie wenden, nicht indem er seinem Vater in die Armee folgte, sondern als Dichter, Dramatiker und Literat – als ein französischer Goethe. Die Metapher seines Vaters aufgreifend, schrieb er 1834 an seine Schwester: »Das Schwert, das dieses Zeitalter zerbrochen hat, wird durch meine Feder ersetzt werden. ... In dem Wissen, wie ich meine Unabhängigkeit um jeden Preis bewahren kann, werde ich alle Welt Lügen strafen – und ich werde erfolgreich sein.« Bei anderer Gelegenheit fügte er hinzu: »Ich muß erfolgreich sein oder sterben.«[2]

Als Gobineau 1835 die heimatliche Normandie verließ und nach Paris ging, um eine literarische Karriere zu beginnen, war er wie sein Vater politisch ein konservativer katholischer Royalist, in poetischen und künstlerischen Fragen aber modern bis in die Fingerspitzen. Sein Lehrer hatte ihm die Werke zeitgenössischer deutscher Dichter wie Hölderlin und Novalis nahegebracht, und er hatte ein glühendes Interesse an dem entwickelt, was später Avantgarde genannt werden sollte.[3] Damals war die Kombination von konservativer Politik und modernem Geschmack nicht ungewöhnlich. Neben politisch radikalen Bohemiens wie George Sand oder Théophile Gautier traf man in Paris genauso viele, die wie Chateaubriand als Minister den Bourbonen dienten, und im ultraroyalistischen Salon der Herzogin von Cayla begegneten sich Alfred de Vigny und der junge Victor Hugo.[4] Trotz ihrer politischen Differenzen waren sich

Bohemiens und konservative Romantiker in der Verachtung der modernen französischen Gesellschaft einig. Im Gefolge der politischen und industriellen Revolution war in Frankreich eine neue herrschende Klasse aus Kaufleuten, Bankiers und Industriellen hervorgetreten, die im Unterschied zu ihren Vorgängern aus dem Ancien régime für die schönen Künste weder Zeit noch Interesse aufzubringen schien. Bei deutschen Dichtern hießen die Angehörigen dieses angeblich beschränkten, antiintellektuellen Mittelstands Philister oder Spießbürger. Den französischen Romantikern genügte das Wort *bourgeois*.

Dennoch waren auch die französischen Bourgeois, was Hölderlin den deutschen Bürgern nachsagte: »Barbaren« – zwar »durch Fleiß und Wissenschaft« ausgezeichnet, doch »tiefunfähig jedes göttlichen Gefühls«.[5] Charles Baudelaire betrachtete die französische Gesellschaft als Hort der Dummheit und der Gemeinheit. »Der Handel«, erklärte er, »ist aus seinem Wesen satanisch.«[6] Nicht nur Gobineau, sondern auch viele andere, Radikale wie Reaktionäre, hätten ihm zugestimmt. Eines von Gobineaus literarischen Vorbildern, Stendhal, hatte für Geschäftsleute, Anwälte und Modeärzte nur ätzende Verachtung übrig.[7] Gustave Flaubert verhöhnte das, was er als das bourgeoise Credo ansah: »Der Mensch ist zum Arbeiten geboren.« Das Credo des Künstlers dagegen wurde Gautiers Roman *Mademoiselle de Maupin* entnommen, der 1835 erschien, in dem Jahr, als Gobineau nach Paris ging: *l'art pour l'art*, Kunst um der Kunst willen.[8] Künstler oder Schriftsteller zu sein bedeutete per Definition antibürgerlich zu sein oder, um einen anderen berühmten Ausspruch Gautiers zu zitieren: Die Aufgabe des Künstlers bestehe im *épater le bourgeois* – also darin, den Bürger beziehungsweise Spießer vor den Kopf zu stoßen. Der Künstler stand wie der Aristokrat abseits und über der kleinlichen Welt der modernen kommerziellen Gesellschaft.

Der romantische Künstler sah sich anderswo nach Inspiration und Geistesverwandten um: im nostalgischen Rückblick auf das von der Aufklärung als Zeitalter des Aberglaubens und der Tyrannei verachtete Mittelalter oder im geographischen Fernblick, in den nichtwestlichen Kulturen des Nahen Ostens, Indiens und Ostasiens. Seit Gelehrte 1798 im Troß Napoleons nach Ägypten gelangt waren und der französische Ägyptologe Jean-François Champollion 1822 die Inschrift auf dem Stein von Rosette entziffert hatte, war Paris mit der ebenfalls 1822 gegründeten Asiatischen Gesellschaft ein führender Studienort der Orientalistik, deren Erkenntnisse in den künstlerischen und intellektuellen Kreisen der Stadt regen Widerhall fanden. Andere Zentren der Erforschung und Übersetzung nichteuropäischer Texte waren die Londoner Königliche Asiatische Gesellschaft (1823 gegründet) und die Amerikanische Orientgesellschaft (1842). Gleichzeitig wirkte das Flair des Orientalischen anregend auf die Phantasie der romantischen Künstler. Die führenden Köpfe der französischen Romantik – Chateaubriand, Gautier, Gérard de Nerval – waren allesamt von den Übersetzungen der hinduistischen *Upanischaden*, des indischen Dramas *Shakuntala*, des persischen Epos *Schah-Name* sowie vieler chinesischer und arabischer Klassiker beeinflußt. Friedrich Schlegel, der 1801 nach Paris reiste, um dort orientalistische Studien zu treiben, verkündete: »Im Orient müssen wir das höchste Romantische suchen.«[9]

Der romantische Orientalismus fügte dem alten Glauben an die Westwanderung der Zivilisation einen weiteren Aspekt hinzu: eine neue Hochachtung für die Vorgänger der enttäuschenden modernen europäischen Zivilisation. Was die Anhänger des Orientalismus – etwa den Maler Eugène Delacroix und später auch Gobineau – frappierte, war die Beobachtung, daß der Westen zwar »fortschrittlicher« war als die »dekadenten« Kulturen des Ostens, diese aber geistige Werte bewahrt hatten, die ihrer eigenen Gesellschaft verlorengegangen zu sein schienen. Delacroix hatte Paris ein Jahr, bevor Gobineau dort eintraf, verlassen und war auf der Suche nach neuen ästhetischen Reizen nach

Marokko gereist, so wie Gobineau selbst nach Persien und später Paul Gauguin nach Tahiti reisen sollten. Die außereuropäischen Völker schienen wie die vormodernen Europäer eine Vitalität zu besitzen, die der modernen Zivilisation abhanden gekommen war. Für Baudelaire gab es nur »drei respektable Typen: Priester, Krieger, Dichter«, und drei Tätigkeiten: »Wissen, Töten und Schaffen«. Doch aus dem modernen Leben waren sie verschwunden. Dessen Kennzeichen war den Romantikern zufolge der *ennui*, die Lethargie oder der »schläfrige Ekel«, der aus dem modernen Lebensstil resultierte. Coutures »Römer der Verfallszeit« litten darunter, ebenso die kalten, gelangweilten jungen Männer Balzacs. Der *ennui* war das Gegenteil dessen, was die deutschen Romantiker »Lebensgefühl« nannten, und der Feind der künstlerischen Schaffenskraft. Bei Baudelaire wird die Dichotomie von modernem und primitivem Leben so formuliert: »Nomaden-, Hirten-, Jäger-, Ackervölker, ja sogar Anthropophagen können durch die Energie, durch die persönliche Würde unsern okzidentalen Rassen überlegen sein.«[10] Oder mit Gautiers Worten: »Lieber Barbarei als Langeweile!« Gobineau sollte aus diesem Gefühl heraus eine neue Theorie der Geschichte entwickeln.

Der Geschichte wandte Gobineau sich hauptsächlich zu, um sich zu erklären, warum seine literarische Karriere gescheitert war. Als er in Paris ankam, war er nur einer unter Tausenden von jungen Männern mit literarischem Ehrgeiz, und da er nicht über die nötigen Beziehungen verfügte, fanden seine Theaterstücke und Dichtungen kein Publikum. Er war gezwungen, eine Büroarbeit in einem Gasunternehmen anzunehmen. Wütend und gedemütigt, griff er in seinen Briefen nach Hause ein vertrautes Thema auf: »Unser armes Land liegt in römischer Dekadenz. Wir sind ohne Rückgrat und moralische Energie. Ich glaube an nichts mehr.« Aber er wußte, wo er die Schuld zu suchen hatte, und deshalb schrieb er es in großen Buchstaben auf: »DAS GELD HAT ALLES GETÖTET.« Wie Balzac, den er bewunderte, sah er die Stadt von zwei Kräften beherrscht: »Gold und Vergnügen«. In einem Brief an seine Schwester machte er seiner Frustration Luft: »Geld ist das Prinzip von Macht und Ehre geworden. Geld beherrscht das Geschäft; Geld lenkt die Bevölkerung; Geld regiert; ... Geld ist das Kriterium für die den Menschen zukommende Wertschätzung.« Frankreich sei ein »Königreich von Bankiers« geworden. »Wie verzweifelt stimmt mich eine Gesellschaft, welche ... kein Herz mehr besitzt.«[11]

Zwei Ereignisse bestärkten Gobineau in seinem Pessimismus. 1843 gelang es ihm durch Vermittlung deutscher Freunde, einem der führenden liberalen Intellektuellen vorgestellt zu werden: Alexis de Tocqueville, der ihn als Assistenten für ein umfangreiches Forschungsprojekt über die Ursprünge der Sitten und Moral im modernen Europa einstellte. Tocqueville hoffte zeigen zu können, daß der Liberalismus trotz seiner säkularen Natur weiterhin auf den moralischen Lehren des Christentums gründete. Die Gleichheit der Menschen vor Gott, die Pflicht, den Bedürftigen zu helfen, und der innere Wert des Individuums waren nach seiner Überzeugung die leitenden Prinzipien der liberalen Gesellschaft.[12] Während Gobineau nun seine Tage damit verbrachte, die führenden Philosophen seiner Zeit zu studieren – Jeremy Bentham, Joseph Priestley, William Godwin, Charles Fourier, Kant, Hegel und Fichte –, gelangte er zu einer Schlußfolgerung, die der seines Arbeitgebers diametral entgegengesetzt war. Das traditionelle Christentum, klagte er, sei offenbar gescheitert. Habgier, Eigensucht, Falschheit und materieller Gewinn seien die beherrschenden Kräfte, und die Schuld an diesem moralischen Bankrott lastete er dem Christentum an. Statt wie die Antike Stärke, Tapferkeit und Opfergeist zu betonen, erkläre es ausdrücklich, »daß es die Kleinen und Demütigen den Starken vorzieht«.[13] Auf Kosten der aktiven und vitalen Prinzipien habe dadurch im Hauptstrom der europäischen Kultur eine gewisse geistige Schwäche um sich gegriffen und ziehe eine Spur der Mittelmäßigkeit nach sich.

Das andere Ereignis war die revolutionäre Welle, die 1848 über Europa hereinbrach. Im Februar stürzten demonstrierende Studenten und Arbeiter den Bürgerkönig Louis Philippe. Wenig später war der revolutionäre Funke nach Deutschland und Österreich übergesprungen, und im November wurden in Rom der Papst und seine Regierung vertrieben und eine neue Römische Republik ausgerufen. Doch die revolutionären Hoffnungen auf eine von nationaler Selbstbestimmung und Freiheit geprägte Weltordnung wurden enttäuscht. Die Mittelschichtliberalen erkannten, daß die von der Revolution auf die Straßen gespülten Potentiale der sozialen Unzufriedenheit nur mit Gewalt zu beruhigen waren. Die demokratischen Versuche schlugen einer nach dem anderen fehl, und die alten Mächte kehrten auf die Throne zurück, um Recht und Ordnung wiederherzustellen. In Frankreich wich die Zweite Republik freiwillig der Diktatur von Louis Napoléon, dem späteren Napoleon III., einem Neffen des großen Napoleon, während die im Land ausgebrochenen Arbeiter- und Bauernaufstände blutig niedergeschlagen wurden.

1848 sollte – wie später 1968 – die politische Haltung einer ganzen Generation prägen. Mit den Worten des Politikers Odilon Barrot: »Nie haben die zivilisierte Welt edlere Leidenschaften bewegt, und doch mußte all dies als Fehlschlag enden.«[14] Gemäßigte Liberale wie Tocqueville, die selbstbewußten Erben der Zivilisations- und Fortschrittsideale der Aufklärung, waren tief erschüttert angesichts der gewalttätigen Aufstände. Auf der anderen Seite waren Radikale wie Karl Marx und Friedrich Engels der Meinung, die Gewalt sei nicht weit genug gegangen. Wahre Freiheit und wirklicher Fortschritt erforderten die völlige Zerstörung sowohl des Kapitalismus als auch des politischen Status quo: »Mögen die herrschenden Klassen vor einer kommunistischen Revolution zittern. Die Proletarier ... haben eine Welt zu gewinnen.«[15]

Die Revolutionen von 1848 bedeuteten auch das Ende der liberalen Bestrebungen der Romantik. Dichter wie Baudelaire und Lamartine, der an der Gründung der Zweiten Republik mitgewirkt hatte, Historiker wie Jules Michelet, der 1845 unter dem Titel *Du Peuple* einen glühenden Lobgesang auf die französische Einigkeit und Brüderlichkeit veröffentlicht hatte, Musiker wie der junge Direktor der Dresdner Oper, Richard Wagner, und viele andere Intellektuelle hatten für Freiheit und Gleichheit ihre Stimmen erhoben. Doch die Ergebnisse stießen sie ab. »Jetzt hätte ich *Le Peuple* nie geschrieben«, erklärte Michelet. Wagner war als Revolutionär gezwungen, ins Exil zu gehen, und wollte danach nie wieder etwas mit Politik zu tun haben.

Was Gobineau betraf, so bewirkten die Revolutionen von 1848 seine endgültige gesellschaftliche Entfremdung. Die revolutionären Massen waren nicht nur in seinen Augen Barbaren. Doch während Tocqueville und andere Liberale die »barbarischen« Unruhen und die »wilde« Gewalt als Rückfall in eine frühere, unzivilisierte Phase betrachteten, sah Gobineau darin etwas spezifisch Modernes. Die Ereignisse veranlaßten ihn, sein 1842 begonnenes Versdrama *Manfredine* vollständig umzuarbeiten. Heldin des 1647 spielenden Stücks ist die sizilianische Gräfin Manfredine, die eine Revolte gegen die spanische Herrschaft anzettelt, und zwar nicht, um die Massen zu befreien, für die sie nur Verachtung übrig hat, sondern um ihren von den Spaniern ermordeten Bruder zu rächen. Am Ende tritt jedoch der Demagoge Masaniello an die Spitze der Revolte, und sie entartet zu einer sozialistischen *jacquerie*. Masaniello und die Aufständischen werden von Gobineau mit antidemokratischem Vokabular porträtiert, aber auch alle anderen Figuren zeichnen sich durch gedankenlose Brutalität und Unzuverlässigkeit aus. Ob reich oder arm, spanischer Adliger oder sizilianischer Bauer, alle sind verdorbene Produkte einer Gesellschaft, die nicht mehr zu retten ist.

Nur die Gräfin entgeht dem allgemeinen Verfall. Sie ist,

was Gobineau zu sein vorgab: eine Nachfahrin der Normannen, die Sizilien im Mittelalter eroberten, und der »barbarischen« Wikingerfreibeuter, die ihre Werte und ihre Vitalität über Generationen weitergegeben haben. Kurz, sie ist die letzte Repräsentantin einer tugendhaften Rasse, und ihre angeborene Überlegenheit schützt sie vor der unvermeidlichen Degeneration ihres Zeitalters – wie es Gobineau für sich selbst in Anspruch nahm. Zu der Zeit, als er *Manfredine* vollendete, war er überzeugt, daß seine adlige Herkunft und seine Fremdheit in der bürgerlichen Gesellschaft eng zusammenhingen. Das Blut von Frankreichs alter *noblesse de race*, das, wie er glauben wollte, in seinen Adern floß, bilde einen natürlichen Schutz gegen die geldgierige Dekadenz seiner Epoche. »Ich entdeckte«, erklärte er Jahre später, »daß nicht ich es war, der alt wurde und degenerierte, sondern die Gesellschaft um mich herum.«[16]

Seine Absicht war, diese Einsicht in eine allgemeinere historische Form zu bringen. Er würde zeigen, daß die deutschen Eroberer des Römischen Reichs die wahren Begründer der Größe Europas gewesen waren. Vandalen, Westgoten, Franken und Wikinger hatten die römische Dekadenz ausgerottet und einer alten, erschöpften Welt Adel und Lebenskraft zurückgegeben. Er würde allen vor Augen führen, wie der alte europäische Adel aus der modernen Welt verschwand und Vitalität und Stärke mit sich nahm. Die Recherchen, die er für Tocqueville erledigt hatte, bildeten zusammen mit eigenen orientalistischen Studien eine solide Grundlage, auf der sich die umfassende These, die er im Sinn hatte, entwickeln ließ. Im Februar 1851 erwähnte er in einem Brief an seine Schwester ein »großes Buch«, das er über die menschlichen Rassen schreibe.[17] Zwei Jahre später trat er mit den ersten beiden Bänden seines »großen Buchs«, *Die Ungleichheit der Menschenrassen*, an die Öffentlichkeit.

Rasse und arischer Mythos

1853 war die Idee der Rasse noch relativ neu. Erst zu Anfang des 19. Jahrhunderts hatten die Naturforscher Johann Friedrich Blumenbach und Georges Cuvier eine Dreiteilung der Menschheit in die orientalische oder mongolische, die negroide oder äthiopische und die weiße oder kaukasische Rasse ins Gespräch gebracht. Die Wissenschaft, die sie schufen, die Anthropologie, untersuchte die Ursprünge der physischen Unterschiede und versuchte die Frage zu beantworten, ob die Rassen getrennte Arten oder nur Variationen ein und desselben Menschentyps waren. Bald jedoch begann man, rassische oder physiologische Differenzen für die Erklärung kultureller Verschiedenheit heranzuziehen. Die Abstammung von der einen oder anderen Rasse bedeutete, so meinte man, den Erwerb der geistigen und moralischen Eigenschaften dieser Rasse, wie sie sich in deren kulturellen Aktivitäten äußerten. Damit erhielt die Zivilisation, der Vorwärtsmarsch von der Barbarei zur modernen zivilisierten Gesellschaft, eine neue empirische Basis – die Rasse. Im frühen 19. Jahrhundert betrachteten die Rassentheoretiker ihr Fach allerdings nur als eine wissenschaftliche Erweiterung der aufklärerischen Universalgeschichte der Menschheit, deren glanzvoller Fortschritt jetzt auf eine einzige Ursache zurückgeführt werden konnte. Schon lange vor Darwin verfocht die Rassentheorie die Ansicht, das Grundgesetz des Fortschritts sei nicht politischer oder ökonomischer, sondern biologischer Natur.

Vor Gobineau hatten alle Rassentheorien die menschlichen Rassen hierarchisch klassifiziert, mit der weißen Rasse an der Spitze und der schwarzen am unteren Ende. Der Arzt, Naturforscher, Philosoph und Maler Carl Gustav Carus, dessen Ideen großen Einfluß auf Gobineau hatten, sah in der Tatsache, daß die Europäer dem klassischen Schönheitsideal der Antike näherkamen als Nichteuropäer, ein Zeichen ihrer vorbestimmten

Überlegenheit über andere, »häßlichere« Völker. Sie seien »Tag-Völker«, deren helle Haut das lebensspendende Licht der Sonne widerspiegele, während die Schwarzen »Nacht-Völker« seien, deren dunkle Haut ihre finstere, zurückgebliebene Natur verrate.[18] Obwohl die Annahme der angeborenen Überlegenheit der weißen Rasse im 20. Jahrhundert zum hervorstechenden Merkmal der Rassentheorie werden sollte, war sie im 19. durchaus nicht der bedeutendste oder am meisten interessierende Aspekt des Rassedenkens. Was die Vorstellungskraft des 19. Jahrhunderts fesselte, war der Gedanke, die Naturgeschichte der Menschheit als biologischer Art habe auch die kulturelle Geschichte der Menschen als sozialer und schöpferischer Wesen hervorgebracht. Die rassische Klassifikation schien die Geheimnisse des Zivilisationsprozesses zu lüften, da sie eine Erklärung dafür anbot, warum manche Gesellschaften leichter und schneller voranschritten als andere.

Zwischen 1842 und 1853 veröffentlichte der Anthropologe Gustav Friedrich Klemm eine zehnbändige *Allgemeine Kulturgeschichte der Menschheit*, in der er die These darlegte, alle kulturellen Erscheinungen der Geschichte seien in der Verbreitung und Entwicklung unterschiedlicher Rassentypen begründet. Der grundlegende Unterschied zwischen den Rassen war laut Klemm nicht die Hautfarbe, sondern ihr aktiver oder passiver Charakter. Ein aktiver Rassentyp zeige in seinen frühen Entwicklungsphasen Stärke und Willenskraft; diese setze er ein, um Hindernisse zu überwinden und andere, passivere und daher minderwertige Rassen zu unterwerfen. Aus der Unterwerfung folge unausweichlich rassische Vermischung, da die Eroberer sich niederlassen und ihre kämpferische Unabhängigkeit und Willenskraft verlören, so daß die ursprünglich dominierende Gruppe verschwinde und ein neuer Rassentyp entstehe, dem eine neue Stufe der Zivilisation entspreche.[19] Für Klemm und Carus bestand die Geschichte aus rassischer Vermischung. Doch diese Vermischung war ihrer Ansicht nach gut, nicht schlecht. Die aufklärerische Idee des universalen kulturellen Fortschritts aufnehmend, glaubte Klemm, der stetige Aufstieg der Europäer von der Wildheit zur Freiheit sei auf entsprechend aufsteigende Stufen der rassischen Entwicklung zurückzuführen. Er stieß damit nicht nur auf Zustimmung, aber die Rassentheoretiker waren sich einig, daß die Rassengeschichte eine des Fortschritts, der steten Zunahme der weißen Dominanz und der Verbreitung der politischen Freiheit für alle Weißen – zumindest die männlichen –, also des europäischen Rassenmodells war.

Der Hauptzug des Rassismus des 19. Jahrhunderts bestand daher in einer politisch progressiven und sogar liberalen Botschaft. Wenn alle Weißen rassisch gleich waren, gab es bei ihnen keine Entschuldigung für soziale oder ökonomische Diskriminierung. Die Rassentheorie zerschlug den Anspruch einer aristokratischen Klasse auf Privilegien und Autorität. Statt dessen, so war zu hören, besaßen alle Franzosen oder Engländer oder Deutsche unabhängig von ihrer sozialen Stellung von Geburt an dieselbe kulturelle Begabung. Und so, wie die europäische Gesellschaft sich in dieser glücklichen, egalitären Richtung fortentwickelte, mußte die kulturelle Macht der Weißen natürlich auch in die nichtweiße Welt ausgedehnt werden. Kurz gesagt, das europäische Rassedenken war von einem liberalen, egalitären Optimismus und sogar von Selbstzufriedenheit geprägt.

In Gobineaus Schriften war das Wort »Rasse« bis 1849 nur ein einziges Mal aufgetaucht.[20] Als er das Thema dann aufgriff, stützte er sich stark auf seine deutschen Vorläufer, insbesondere auf Klemm, Carus und den Indologen Christian Lassen, der in Paris mit vielen der Orientalisten zusammen studiert hatte, die Gobineau jetzt kennen- und bewundern lernte. Er übernahm die hierarchische Einteilung in Weiße, Gelbe und Schwarze und die Gleichsetzung von Rassen- und Kulturgeschichte. Doch als er seine Gedanken zu Papier brachte, traten seine romantische Verzweiflung und seine gesellschaftliche Entfremdung in den Vordergrund, ganz zu schweigen von seinem Sinn für aristokratische Exklusivität. Er sah Europa nicht als Gipfel des biologischen Fortschritts des Menschen, sondern charakterisierte es als Herd rassischer Degeneration. Damit gab er dem europäischen Rassedenken gewissermaßen über Nacht eine völlig neue Richtung.

Auch für Gobineau sind die weißen Europäer den schwarzen oder gelben Völkern überlegen. Seiner Ansicht nach zeichnet sich die weiße Rasse durch eine größere Harmonie von physischer Kraft, Intelligenz und moralischen Skrupeln aus. Von allen existierenden Rassen sei sie die vitalste, und diese Vitalität, eine über die Generationen weitergegebene Lebenskraft oder Essenz, betrachtete Gobineau als Ursprung aller menschlichen Schöpferkraft und Zivilisation.[21] Träger dieser organischen Vitalität seien die Urahnen der europäischen weißen Rasse gewesen, die Gobineau »Arier« nannte. Der Begriff kam aus der Orientalistik und hatte seinerseits eine interessante Geschichte. 1788 fielen Sir William Jones, einem Juristen und Orientalisten, die grammatischen Ähnlichkeiten zwischen Latein, Griechisch, Persisch und Sanskrit sowie den germanischen und keltischen Sprachen auf. Er vermutete, daß alle diese Völker ursprünglich die gleiche Sprache gesprochen und vielleicht auch andere kulturelle Eigenschaften geteilt hatten.[22] Friedrich Schlegel ging noch einen Schritt weiter; er nahm an, das Sanskrit sei ursprünglich die Sprache aller westlichen wie östlichen Kulturen gewesen, und seine historischen Sprecher, die in Indien eingefallenen arischen Nomaden, seien als die wahren Vorfahren der Griechen, Römer und anderen Begründer der europäischen Kultur anzusehen.

Er hatte unrecht. Doch die Vorstellung, alle Kulturen hätten einmal eine Einheit gebildet, faszinierte Orientalisten und Philosophen überall in Europa. Die Idee einer untergegangenen vollkommenen Rasse mit umfassendem Wissen reicht zurück bis ins antike Griechenland und zur Sage von Atlantis, einer Variante des Mythos vom Goldenen Zeitalter. 1803, als Schlegel sich in Paris aufhielt, hatte das Interesse für das alte Ägypten und den »Primitivismus« – die Annahme, daß einst eine überlegene Rasse von Philosophen, Erfindern und Künstlern die Erde bewohnt und eine verschwundene Superzivilisation geschaffen hatte – einen Höhepunkt erreicht. Der Primitivismus hatte zur Zeit Rousseaus ernsthafte akademische Debatten ausgelöst und übte eine Faszination aus, die unter anderem zur Entdeckung von neolithischen Monumenten wie Stonehenge führte.[23] Schlegel war als Orientalist wie als Romantiker eine intellektuelle Größe in Europa, und seine Arier-These traf auf fruchtbaren Boden. Die Arier erschienen – noch vor den Griechen, Römern und Ägyptern – als die Begründer der Zivilisation. Als Bezeichnung der arischen Vorfahren, einem rastlosen, abenteuerlustigen Volk, das seine Heimat verließ, um eine historische Mission zu erfüllen, setzte sich der Begriff »Indoeuropäer« durch. Diese hätten auf ihrer Wanderung von Osten nach Westen ihre kulturellen Fertigkeiten weitergegeben, denn der »Gang der Kultur ist im Großen stets dem Laufe der Sonne gefolgt«.[24]

Für Christian Lassen, der an der Berliner Universität wirkte, zeigten die wandernden Arier alle Tugenden des dahingegangenen vorbürgerlichen Europa: Sie besaßen große körperliche Schönheit und Tapferkeit, bewiesen einen starken Sinn für persönliche Ehre – *arya* bedeutet im Sanskrit »Mann der Ehre« – und drückten die Vornehmheit ihres Geistes und ihre Vitalität in Heldengedichten aus, von Homers Epen über *Beowulf* bis zum *Mahabharata*. Große intellektuelle Gaben seien ihnen ebenso eigen gewesen wie die Fähigkeit, Phantasie und Vernunft im Gleichgewicht zu halten, wozu die minderwertigen Völker, die sie unterwarfen, etwa die Dravida im alten Indien und die semitischen Völker im Nahen Osten, nicht in der Lage gewesen wären. Vor allem aber seien die Arier erdgebundene

Menschen, die emotional tief im Land verwurzelt waren, nicht in großen urbanen Zentren und im Handel. Kurz, die Arier waren das Gegenteil des »höflichen« Menschen der Aufklärung, verkörperten vielmehr, unberührt von Verdorbenheit und falschen Werten, die Rousseauschen Tugenden. Dies stellte sowohl ihr Geburtsrecht als auch das Erbe ihrer Nachfahren dar.

An diesem Punkt verschmolz die arische oder »indogermanische« Theorie mit der Rassentheorie. Die wandernden Arier waren das erste Beispiel für Klemms aktive Rassen. Und den Annahmen des rassischen Vitalismus folgend, verkündeten Lassen und andere Vertreter der Ariertheorie, jene arischen Völker, die der ursprünglichen Blutlinie am nächsten gewesen waren, hätten ihre Vitalität und ihren Heroismus am reinsten bewahrt. Perser, Hethiter, homerische Griechen und vedische Hindus im Altertum, germanische Stämme und Wikinger in neuerer Zeit hätten weit von deren Ursprüngen entfernt eine heroische Kultur am Leben erhalten. Im romantischen Ariermythos wurde anstelle der zivilisierten Gegenwart eine grandiose heroische Vergangenheit zum Maßstab des Werts von Rassen und Zivilisationen.

Die Vermischung von Arier- und Rassentheorie erlaubte Gobineau die Behauptung, alle europäischen Kulturen seien von einem einzigen biologischen Typ geschaffen worden, dem weißen Arier oder Indogermanen. Und das galt nicht nur für Europa. Laut Gobineau zeigt uns die Geschichte, »daß alle Zivilisationen von der weißen Rasse stammen, daß keine ohne Mitwirkung dieser Rasse bestehen kann«. Der Umfang der von Ariern geprägten Kulturen, die er in den letzten drei Büchern seines Werks über die *Ungleichheit der Menschenrassen* beschreibt, ist atemberaubend. Er leitet zehn historische Großkulturen von den arischen Kriegshorden ab. Der Rest der Völker aus »der Fülle von Nationen, welche über die Erde hingeschritten sind oder noch auf ihr leben, ... versammelt sich in mehr oder weniger großer Abhängigkeit um sie wie die Planeten um die Sonne«. Die erste Zivilisation sei Indien gewesen, die Heimat der arischen Kultur; es folgten Ägypten und Assyrien, einschließlich Persiens, dessen Kulturen angeblich von einem einzigen arischen Stamm begründet worden waren, der die eingeborenen semitischen Völker unterwarf und kolonisierte. Als nächste kamen das antike Griechenland, Rom, die germanischen Eroberer, die das westliche Christentum schufen, und schließlich drei amerikanische Kulturen, die der »Alleghanier, der Mexikaner und Peruaner«.[25]

Zu den »weißen« Zivilisationen zählte Gobineau auch China, dessen Kultur angeblich von einer Kolonie arischer Krieger aus Indien fundiert worden war. Sogar die präkolumbianischen Kulturen Amerikas sollen auf den arischen Kolonisierungsgeist zurückzuführen sein. Für Gobineau war der rassische Vitalismus evident: Wo immer eine Kultur zu finden ist, könne man auf die Anwesenheit des weißen Mannes schließen, denn »*Geschichte ergibt sich nur aus der gegenseitigen Berührung weißer Rassen*«. Nachdem sie ihre kulturellen Fähigkeiten weitergegeben hätten, seien die arischen Horden sukzessive verschwunden. Zurück blieben nur ihre Sprache und eine gewisse biologische Erhöhung der von ihnen eroberten Völker. Aus diesem rassischen Erbe habe sich die Aristokratie der verschiedenen Zivilisationen entwickelt, vom zoroastrischen Adel Persiens über die heroischen Achaier des homerischen Griechenlands bis zu den fränkischen Kriegern im Europa Karls des Großen. Nach Gobineaus Ansicht wurde eine herrschende Klasse durch die Rasse bestimmt, nicht durch die Ökonomie. Aus der Geschichte ergebe sich, »daß die Größe und der Glanz jeder menschlichen Gemeinschaft nur so lange bestehen, als sich der edlere Bestandteil, der sie schuf, in ihr erhält«.[26]

Letztlich war der rassische Ariermythos für Gobineau die ins Große gesteigerte Phantasie seiner eigenen aristokratischen Abstammung. In der *Ungleichheit der Menschenrassen* zeichnete er einen idealisierten, von Revolution und Handel unbefleckten französischen Adel mit universaler Rolle. Aus demselben Grund wurde es für ihn später so wichtig, seinen Stammbaum auf Otto-Jarl zurückzuführen, den halb mythischen Wikingereroberer der Normandie. Wie die fiktive Gräfin Manfredine hob sich auch Gobineau durch seine arische Abstammung von den Spießbürgern und ihrer degenerierten, rassisch gemischten Gesellschaft ab. Seiner Ansicht nach war die »ursprüngliche weiße Rasse ... vom Angesicht der Erde verschwunden«. Sie war schon »zur Zeit, als Christus geboren wurde, nirgends mehr reinrassig« gewesen. Die arische Vitalität war »befleckt, erschöpft, verdorben«. Ihren letzten Ausdruck habe sie bei den germanischen Stämmen und den Wikingern gefunden. Seither lebe die Zivilisation mit geborgter Zeit – und geborgter Lebenskaft.[27]

Während die arische Rasse, so Gobineau, ihr Herrschaftsgebiet durch Kriege und Eroberungszüge – die noch Zeichen von rassischer Vitalität waren – ausdehnte, nahm ihre relative Anzahl und Macht in den weit voneinander entfernten Eroberungen ab, und sie wurde saturiert und zivilisiert. Im engen Umgang von Eroberern und Eroberten verlor sich nach und nach die »wesenhafte gegenseitige Abstoßung« unterschiedlicher Rassen, bis die Unterworfenen ihre Häßlichkeit verloren. Wie für Nietzsche gehören auch für Gobineau moralische und ästhetische Unterscheidungen und Vereinnahmungen gleichermaßen zum werteschaffenden Prozeß. Es kommt zur rassischen Vermischung, und »mit dem gleichen Tage beginnt die ursprünglich siegreiche, gestaltende, zivilisierte Nation zu verschwinden: Ihr Blut hat sich verströmt an das aller Zuflüsse, welche sie an sich herangezogen hatte.«[28]

Der Zivilisationsprozeß war für Gobineau eine durch rassische Vermischung symbolisierte Folge von »Herabwürdigungen«. Die Fähigkeit, eine stabile politische und soziale Ordnung zu schaffen, wird den Eroberern zum Verhängnis. Dies ist der »Samen des unvermeidlichen Todes«, den Gobineau am meisten fürchtete; es ist der Fluch der Zivilisation. Die in einer komplexen Gesellschaft unvermeidbare Vermischung ist für ihn einerseits eine Quelle der Kreativität, andererseits aber eine Ursache von Instabilität. Zivilisationen versuchen, ihr Dasein zu festigen, indem sie Reiche aufbauen und unterschiedliche Völker und Kulturen zu einem einheitlichen Ganzen verschmelzen. Aber die fusionierten Gebilde können nicht überleben, sie markieren das Ende. Gobineaus Lieblingsbeispiele sind die Griechen und die Perser der hellenistischen Zeit, die trotz Alexanders Anstrengungen nach seinem Tod getrennte Wege gingen. Das Rassenschicksal erklärt laut Gobineau auch, warum Wilde selbst nach langem Kontakt mit überlegenen, zivilisierten Menschen Wilde bleiben. Der historische Prozeß allein kann Barbaren nicht in Zivilisierte verwandeln, noch kann er letztere in den Zustand der Wildheit zurückversetzen. Das kann nur die Rasse.[29]

Die Rasse, so Gobineau, »zwingt den Völkern ihre Lebensform auf«. Sie »schreibt ihnen die Grundgedanken ihrer Gesetze vor, ... beherrscht ihre Willensäußerungen, ... beeinflußt ihre Liebe und entfacht ihren Haß«. Wie »blinde Sklaven« führt sie die Völker zu ihren größten Siegen und in ihre größten Katastrophen.[30] Da die herrschende Rasse ihr Blut mit dem der minderwertigen vermischt und verdünnt, verlieren ihre Nachkommen die Fähigkeit, die Dinge unter Kontrolle zu behalten. Zivilisationen brechen zusammen, weil sie buchstäblich nicht mehr in denselben Händen sind. »Dieses Übel ist unabwendbar und unvermeidlich. Menschliche Weisheit kann nur vorbeugen, nicht mehr. Vollendetste Klugheit ist nicht fähig, auch nur für einen Augenblick die unwandelbaren Gesetze des Weltgeschehens zu ändern.« Einen linearen Fortschritt kann Gobineau in der europäischen Zivilisation nicht entdecken, nur Kreisbewegungen. In seiner Version der griechischen *anakyklosis* besteht Geschichte aus einem endlosen Zyklus von Krieg, rassischer Vermischung und Eroberung, und sie kennt keine Gewinner, nur – auf lange Sicht – Verlierer: »Unsere Zivilisation ist den sporadisch auftauchenden Inselchen vergleichbar, die durch die Gewalt unterseeischer Vulkane aus dem Meere herausgestoßen werden. Der zerstörerischen Kraft der Strömungen preisgegeben und losgetrennt von der Kraft, die sie schuf, werden sie eines Tages vergehen und ihre Trümmer auf die siegreichen Wogen verstreuen. Eine traurige Aussicht«, wie Gobineau zugibt, aber dieses Ende habe »schon sehr viele bedeutende Rassen vor uns« ereilt. Es ist das unausweichliche Schicksal der modernen, gemischtrassigen europäischen Bevölkerung, dieser ignoranten, unedlen Erben einstiger rassischer Größe.[31]

Im frühen Mittelalter sei Europa nach den arisch-germanischen Invasionen mit einer rassisch homogenen Herrschaftsschicht gesegnet gewesen. Der germanische Krieger, ein »Mensch mit blondem Haar ..., von breiten Schultern, groß gewachsen, kraftvoll wie Alkibiades«, der »seinen Verstand aus den Kräften einer ernsten und tiefsinnigen Religion, einer scharfsichtigen Politik und einer ruhmreichen Geschichte genährt« hatte, bewahrte Europa eine Zeitlang die Vitalität der ursprünglichen Arier.[32] Doch dann begann die katholische Kirche, »den Sinn der Germanen geschmeidiger zu machen und ihm Vernunftgründe für Geselligkeit zu liefern«,[33] und diese Geselligkeit – im Sinne der Höflichkeit der Aufklärung – habe sich als tödlich erwiesen. Statt zu kämpfen und ihre Untertanen zu regieren, seien die Eroberer dazu übergegangen, sie zu heiraten. Germanen, Latiner und Gallier vermischten sich, und Europas herrschende Klasse versank in den unaufhaltbaren Kreislauf von rassischer Verderbnis und Verfall.

Gegen Ende des Mittelalters sei eine neue Klasse entstanden: der städtische Mittelstand, der sich seinen Lebensunterhalt mit Handel und nicht mit Krieg oder Ackerbau verdiente. Gleichzeitig sei es ein Mittelstand auch im Sinne der rassischen Vermischung von Eroberer und Erobertem gewesen. Die nachfolgende europäische Geschichte mündete mithin in den Kampf zwischen den Überresten der ursprünglichen arisch-germanischen Aristokratie und dem aufstrebenden Bürgertum, den letzteres dank seiner Gerissenheit und überlegenen Zahl schließlich für sich entschied. Aus Gobineaus Perspektive markierte die Französische Revolution die endgültige Niederlage der rassischen Exklusivität. Die bürgerliche Forderung nach Freiheit und das »liberale Dogma der menschlichen Brüderschaft« hatten sich als übermächtig erwiesen. Die einst heilige Ordnung von Adel, Krone und Altar war geschlagen und ruiniert – wie im Fall von Gobineaus eigener Familie.

Es mag sonderbar erscheinen, die Französische Revolution als rassischen Konflikt zu deuten, doch der Historiker Augustin Thierry hatte dies in seinen *Lettres sur l'histoire de France* bereits zwanzig Jahre vor Gobineau getan. Nach seiner Theorie gipfelte in der Französischen Revolution ein jahrhundertealter Kampf zwischen zwei Rassen oder Völkern, Galliern und Franken, in dem die gallische Mehrheit den Sieg davontrug, als sie sich 1789 ihrer fränkischen Unterdrücker entledigte. Thierry sah die Rassengeschichte also im Rahmen der Fortschrittsidee als Triumph von Freiheit und Gleichheit. Bei Gobineau dagegen fällt das Happy-End weg, während die rassischen Aspekte des Kampfs den Beteiligten verborgen bleiben und Jakobiner, Royalisten, Bonapartisten und andere Degenerierte zwischen den von ihren vitaleren Vorgängern zurückgelassenen Ruinen blind aufeinander einschlagen. Gobineau spricht ständig von Ruinen, Überresten und Trümmern. Er sah in ihnen die sichtbaren Spuren eines Volks, das uns zwar überlegen war, weil es vor uns lebte, aber sein Schicksal genausowenig vorausgeahnt hatte wie wir: »Jede der uns vorausgehenden Zivilisationen glaubte gleich uns ... an ihre Unsterblichkeit. Die Familien der Inka ... waren sicherlich von der Ewigkeit ihrer Errungenschaften durchdrungen. Ein Flügelschlag der Zeit stürzte ihr Reich, nach so vielen anderen, in das Nichts.«[34]

Gobineaus rassischer Pessimismus ist weniger eine Theorie der Geschichte als vielmehr ein romantisches Kunstwerk. In seiner Zeit gab es keine Klassen und Völker mehr, wie er meinte, »sondern nur bestimmte Individuen, die wie Trümmer auf der Flut dahintreiben« – wie er selbst. Doch während die Bourgeoisie triumphiert, tauchen aus dem ländlichen Dunkel neue Horden rassisch gemischter Massen auf, um sich über die Städte zu ergießen. Das unweigerliche Resultat war aus dieser Perspektive die Februarrevolution von 1848, und Schlimmeres sollte folgen. Amerika, das Optimisten wie Tocqueville als neuen Fackelträger der Zivilisation betrachteten, repräsentierte in Gobineaus Augen den Bodensatz des rassischen Abfalls vieler Nationen und Völker. Amerika sei »die letzte heute mögliche Form der Kultur«. Während das alte arische Blut weiter verdünnt werde, würden selbst diese mischrassigen Massen am Ende noch aufgesogen: »Die ursprüngliche weiße Rasse ist vom Angesicht der Erde verschwunden.« Andere Rassen – gelbe, braune und rote – würden ihren Platz einnehmen und die Erinnerung an sie auslöschen. Doch die schöpferische Phase der Menschheit werde vorüber sein. Sie werde nicht gänzlich verschwunden, aber »bereits vollständig erniedrigt« sein, »von Kraft, Schönheit und Intelligenz entkleidet«. Gobineaus düstere Schlußfolgerung lautet: »Vielleicht würde uns aber auch diese unseren Nachkommen drohende Schande unberührt lassen, wenn wir nicht mit stillem Schauer die Hand des räuberischen Schicksals auf unserem eigenen Haupte fühlten.«[35]

Die Doktrin
des rassischen Pessimismus

Als *Die Ungleichheit der Menschenrassen* erschien, wurde das Buch kaum beachtet. Zumindest hatte Gobineau diesen Eindruck. Zu seiner Enttäuschung löste es nicht den von ihm erhofften Sturm aus, und sei es auch nur den der Entrüstung. Die französischen Anthropologen und Rassentheoretiker reagierten lau, und selbst Autoren, auf die er sich berufen hatte – wie Carus und August Pott –, lehnten sein Werk als inkompetent und verschroben ab.[36] Solche Kritik ließ sich allerdings als voraussehbar abtun. Zu einem Vertrauten sagte er: »Ich habe nie angenommen, daß ich den Menschen heute sagen kann: ›Ihr befindet euch im Zustand völliger Dekadenz, eure Zivilisation ist ein Sumpf, eure Intelligenz nur ein glimmendes Feuer, ihr seid auf dem halben Weg zum Grab‹, ohne auf Widerspruch zu stoßen.«[37]

Gobineau hielt sein Buch für eine streng wissenschaftliche Arbeit, die auf ihre Weise ebenso revolutionär war wie Kopernikus' Entdeckung, daß die Sonne, nicht die Erde den Mittelpunkt des Sonnensystems bildet. Immerhin hatte er, wie er meinte, die rassischen Grundprinzipien der Geschichte aufgedeckt, was die Menschen zwingen sollte, alles, was sie über Aufstieg und Niedergang von Zivilisationen wußten oder zu wissen glaubten, neu zu überdenken. »Wir müssen Geschichte nach der Methode der Naturwissenschaften betreiben« und »ihr die Genauigkeit dieser Wissenschaften geben«, sagte er. Die Parallele zwischen Gobineau und Marx, der in dieser Zeit im Britischen Museum in London am ersten Entwurf des *Kapitals* arbeitete, ist frappierend: Wenn Geschichtsschreibung von irgendwelchem Wert sein soll, dann muß sie eine Wissenschaft und in der Lage sein, die Ereignisse nicht nur zu analysieren, sondern auch vorauszusagen.[38] Gobineaus ehemaligen Arbeitgeber, Tocqueville, konnten die vorgebliche prophetische Kraft und universale Wissenschaftlichkeit indessen nicht beeindrucken.

Tocquevilles aristokratischer Hintergrund unterschied sich grundlegend von dem Gobineaus. Seine Familie war tatsächlich von altem normannischen Adel. Der Stammbaum der Tocquevilles reichte ins 12. Jahrhundert zurück. Seit mehr als siebenhundert Jahren hatten sie dem französischen König Waffendienste geleistet. Nicht ärmlicher Dünkel und bittere Erinnerungen hatten das Milieu geprägt, in dem er aufgewachsen war, sondern praktische Verantwortung und Dienst für den Staat. Politisch war Tocqueville ein Liberaler, aber sein Liberalismus wurde wie der seines Vaters im Sinne Edmund Burkes durch den Respekt für Sitte und Tradition gemäßigt. In seinem 1835 und 1840 in zwei Teilen erschienenen Buch *Über die Demokratie in Amerika* hatte er zwar eingeräumt, daß die Kräfte des sozialen und ökonomischen Fortschritts zerstörerisch wirken können, aber hinzugefügt, durch gespannte Aufmerksamkeit und energische Reformen sei es möglich, das Beste aus der Vergangenheit zu retten. Im Gegensatz zu Gobineaus ichbezogenem und theatralischem Romantizismus stand Tocqueville auf seiten der Aufklärung: rational, skeptisch, manchmal sardonisch, aber für die Zukunft hoffnungsvoll. Wie er Gobineau Jahre später schrieb, mochte er an der Menschheit verzweifeln, würde aber nie den Glauben aufgeben, daß die demokratische Gesellschaft in der Lage sei, die Freiheit zu erhalten.[39]

Gobineau hatte ihm sein Buch geschickt, obwohl er gewußt haben muß, welche Antwort er erhalten würde. »Zwischen unseren Auffassungen liegt eine ganze Welt«, erwiderte Tocqueville. Darin lag mehr Wahrheit, als er wissen konnte. Gobineaus Werk und Tocquevilles Reaktion darauf markierten in der europäischen Geistesgeschichte die Trennlinie zwischen der aufklärerischen Tradition des rationalen Liberalismus, die sich jetzt in der Defensive wiederfand, und einer neuen Weltsicht, in der Gobineaus rassischer Pessimismus zunehmend an Gewicht gewinnen sollte. Tocqueville stieß vor allem die rassistische Perspektive seines ehemaligen Assistenten ab, die er – mit Recht – als Verstoß gegen die grundlegende Gleichheit aller Menschen wertete. Außerdem sah er, daß rassische Überlegenheit nicht die Ursache, sondern eine Folge bestimmter historischer Umstände war: »Ich bin sicher, daß Julius Cäsar, wenn er Zeit dafür gehabt hätte, bereitwillig ein Buch geschrieben hätte, um zu beweisen, daß die Wilden, die er in Britannien kennengelernt hatte, nicht derselben Rasse angehörten wie die Römer und daß letztere von der Natur dazu bestimmt waren, die Welt zu beherrschen, während erstere dazu bestimmt waren, in einem ihrer Winkel dahinzuvegetieren...«[40] Zweitausend Jahre später hatte sich die Lage umgekehrt: Das industrialisierte England beherrschte den europäischen Kontinent und einen Großteil der Welt.

Ein anderer Kritikpunkt war Gobineaus fatalistische Untergangsstimmung. Insbesondere nach den Ereignissen von 1848 befürchtete Tocqueville, Hoffnungslosigkeit in bezug auf die Zukunft der Zivilisation könne zu einer *selffulfilling prophecy* werden. Vielleicht hatte das vorangegangene Jahrhundert, wie Tocqueville zugestand, zuviel Vertrauen in den Fortschritt gesetzt, doch das Scheitern der Revolution von 1848 habe zu einer extremen Reaktion geführt: »Nachdem wir übermäßigen Stolz hatten, sind wir jetzt in übermäßiges Selbstmitleid verfallen; wir glaubten, wir könnten alles tun, und jetzt glauben wir, nichts tun zu können.« Pessimismus sei »die große Krankheit unseres Zeitalters«. Tocqueville befürchtete, daß Gobineau mit seiner rassischen Erklärung des Niedergangs Europas einen Fatalismus förderte, der den Menschen Kraft, Selbstvertrauen und Leistungswillen nahm. »Wenn eines Morgens mein Arzt käme und sagte: ›Mein lieber Herr, ich hab die Ehre, Ihnen zu verkünden, daß sie todkrank sind und ... daß es absolut keine Chance für eine Heilung gibt‹«, führte Tocqueville aus, »wüßte ich nichts Besseres zu tun, als den Kopf zwischen die Laken zu legen und ... mich aufs ewige Leben vorzubereiten. Aber für Gesellschaften gibt es kein ewiges Leben.«[41]

Besonders zweifelhaft fand Tocqueville Gobineaus rassischen Determinismus, der jede menschliche Freiheit ausschloß. Angesichts der »unwandelbaren Gesetze« der Rassengeschichte und der rohen Natur, die das Schicksal des Menschen diktierten und ihn zum »blinden Sklaven« machten, schnitt das Individuum bei Gobineau tatsächlich nicht gut ab. Seiner Ansicht nach war das organische Leben einer Gesellschaft oder Zivilisation völlig von den in ihr lebenden Menschen getrennt. Der einzelne spielt weder bei der Schaffung einer Gesellschaft noch bei ihrer Erhaltung eine bewußte Rolle, und da er dem historischen Schema hilflos ausgeliefert ist, kann ihm auch die unvermeidliche Katastrophe nicht angelastet werden. Das historische Geschehen ist für Gobineau »vor allem etwas Bewirktes, das der Mensch weder hervorbringen noch verhindern kann«; deshalb »ist er dafür auch nicht verantwortlich«.[42] Tocqueville fand beide Annahmen schockierend. »Für mich«, schrieb er, »erhalten menschliche Gesellschaften wie Personen nur durch ihren Gebrauch der Freiheit einen Wert.« Freiheit im Sinne der individuellen moralischen Verantwortlichkeit für das, was mit einem selbst und den anderen geschieht, war die große Errungenschaft der zivilisierten Gesellschaft, und diese Freiheit hatte Gobineau mit seinem biologischen Determinismus radikal bestritten. Als Grund dieser Negation vermutete Tocqueville, daß Gobineau sich vor der Freiheit fürchtete.[43]

Gobineau erwiderte scharf: »Ich sage den Leuten nicht: ›Ihr seid entlastet‹, oder: ›Ihr seid verdammt.‹ Ich sage ihnen vielmehr: ›Ihr sterbt.‹ Was ich sage ist: Ihr habt eure Jugend hinter euch und das Alter des Verfalls erreicht. ... Man mag Königreiche, Dynastien, Republiken errichten, was immer man will: Diese Dinge sind möglich und sogar unvermeidbar. ... Aber letzten Endes häufen sich die Ursachen für die Entkräftung. ... Und niemand auf der Welt wird einen ersetzen, wenn die Degeneration vollendet ist.« Dann fügte er hinzu: »Wenn ich unrecht habe, wird nichts von meinen vier Bänden bleiben. Wenn ich recht habe, lassen sich die Tatsachen nicht durch den Wunsch derjenigen unterdrücken, die sich ihnen nicht stellen wollen.«[44]

Gobineau wollte nicht die Welt verändern. Seine Werke stellen Akte romantischer Rebellion dar, Gesten der Verachtung für eine bürgerliche Gesellschaft, die ihn zurückgewiesen hatte. Dennoch hatte er eine in Tocquevilles Augen fatale Unterscheidung getroffen: die zwischen den sozialen Talenten des Menschen, den kollektiven psychologischen Kräften, die sie in die Lage versetzen, große Zivilisationen aufzubauen, und den Eigenschaften, welche der moralischen Wahrheit zum Recht verhelfen – Ehrlichkeit, Integrität, Mitleid und ein Gefühl für Recht und Unrecht. Die sozialen Fähigkeiten beruhen laut Gobineau auf der von Blut und Rasse weitergegebenen Macht der Vitalität, während die moralischen Eigenschaften willkürlich, konventionell und letztlich entbehrlich sind. In seinem Geschichtsbild besitzt die moralische Haltung keinerlei Bedeutung für den großen historischen Prozeß. Eine Gesellschaft oder Zivilisation hat keine Moralität, sie ist »kein sittlicher Wert an sich ... sie ist weder weise noch töricht, *sie besteht*«.[45]

Gobineau negierte nicht einfach nur jede notwendige Verbindung zwischen zweckgerichtetem öffentlichen Handeln und den Grundsätzen der Alltagsmoral, die Machiavelli zweihundert Jahre zuvor immerhin noch anerkannt hatte; er erklärte darüber hinaus, öffentliches Handeln und Machtausübung besäßen keinerlei moralischen Bezug. Ihnen lägen vielmehr Blut, Rasse und Biologie zugrunde. Vitalität und Wert einer Zivilisation hingen allein von ihrer Fähigkeit ab, die nötigen Macht- und Herrschaftsstrukturen zu entwickeln, die von zimperlichen moralischen Erwägungen nur gestört würden. Wenn das Diktat der Macht nicht beachtet wurde, sei es bei der Bewahrung der eigenen rassischen Identität oder der Tötung eines gefangenen Feindes, war es ein Zeichen dafür, daß die vitalen Grundlagen einer Gesellschaft verrottet waren.

Aus Gobineaus Sicht stellten moralische Prinzipien das Gegenteil von Vitalität und Schöpferkraft – gleichsam von Nietzsches Willen zur Macht – dar. Auch in seinen späteren Schriften, insbesondere in den 1877 erschienenen historischen Szenen mit dem Titel *Die Renaissance,* schiebt echte Schöpferkraft moralische Bedenken stets beseite. Gobineau sah in der Renaissance den letzten Triumph der europäischen arischen Aristokratie über die gegen sie aufbegehrenden bürgerlichen Kräfte. Das Ergebnis war ein finaler Ausbruch der Vitalität nicht nur in der Kunst – mit Michelangelo, Leonardo, Raffael –, sondern auch in der von Cesare Borgia wie von Niccolò Machiavelli repräsentierten Politik. Gobineaus kultureller Held war völlig amoralisch. Konventionelle Maßstäbe, ob ästhetischer oder moralischer Art, galten allenfalls für die Schwachen und Ängstlichen: »Geht Euren geraden Weg. Tut nur das, was Euch gefällt, vorausgesetzt, daß es Euch nützt.« Skrupel waren etwas für die kleinen Leute.[46] »Macht ist alles«, schrieb Gobineau später an Richard Wagner, »der Hauptschlüssel. Sie zerstört alles auf ihrem Weg und läßt nichts zurück.«[47]

Gobineau starb am 13. Oktober 1882 in Turin. Am Ende seines Lebens schien ihn die Aussicht auf den apokalyptischen Zusammenbruch der Zivilisation mit makabrer romantischer Schadenfreude zu erfüllen. Im Vorwort zur zweiten Auflage der *Ungleichheit der Menschenrassen* hatte er geschrieben: »Eine Lawine von Chinesen und Slawen, vermischt mit Tataren und Baltendeutschen, wird den Dummheiten und der ganzen Zivilisation eine Ende bereiten. ... Ich sah diese merkwürdigen Erscheinungen voraus und prophezeite sie vor einigen Jahren. ... Aber ich muß zugeben, ich habe nicht erwartet, daß diese Dinge so bald kommen würden.«

Gobineaus Wirkung in Deutschland

Die vernichtende Niederlage, die Frankreich 1871 erlitt, und der nachfolgende Aufstand der Pariser Kommune lösten eine Welle von beunruhigenden Erwägungen über die nationale Degeneration aus, die Gobineaus Thesen zu bestätigen schienen. Dennoch wurde er in Frankreich als Rassentheoretiker nicht wahrgenommen, und die Rede von der Degeneration wurde nicht mit einer spezifisch Gobineauschen Perspektive verknüpft. Ihre Wurzeln lagen anderswo: in jenen »wissenschaftlichen«, positivistischen liberalen Rassentheorien, die Gobineau abgelehnt hatte. Als er sich über die ausbleibende Resonanz auf *Die Ungleichheit der Menschenrassen* beklagte, hatte ihn Tocqueville mit der Voraussage getröstet, in Deutschland werde er mehr Widerhall finden. Er sollte recht behalten.

Gobineaus Erfolg in Deutschland war einem einzigen Mann zu verdanken: Richard Wagner, der 1876 während der Vorbereitungen der ersten Bayreuther Aufführung auf Gobineaus Bücher stieß. Bald darauf lernte er den Autor persönlich kennen, und sie wurden gute Freunde. Wagner nannte Gobineau gegenüber seiner Frau Cosima einmal seinen »einzigen wahren Zeitgenossen«.[48] Gobineaus Rassenideen kamen zwar zu spät, um Wagners Opern zu beeinflussen, doch der Komponist verbreitete sie unermüdlich in seinem Bayreuther Hofstaat aus jungen Künstlern, Musikern und Intellektuellen. Besonders zwei von ihnen sprangen darauf an: Ludwig Schemann und Houston Stewart Chamberlain, die dem künstlerischen Evangelium des Wagnerianertums ein aus Gobineaus Gedanken gewonnenes politisches Evangelium für das zukünftige Deutschland an die Seite stellten. Schemann war siebenunddreißig Jahre alt, als er *Die Renaissance* las. Diese Lektüre führte ihn zur *Ungleichheit der Menschenrassen,* die, wie er jedem offenbarte, sein Leben veränderte. Überrascht war er insbesondere über die Verwandtschaft zwischen Gobineaus Ideen und dem Denken der Schlüsselfigur der ultranationalistischen deutschvölkischen Bewegung, Paul Anton Bötticher, bekannter unter seinem französisch klingenden Pseudonym Paul de Lagarde.

Lagardes Ideen bestanden aus einem Gemisch einiger Gedanken Herders, Fichtes, der Brüder Grimm und der deutschen romantischen Lebensphilosophie, die auch Gobineau beeinflußt hatte. »Der Kern des Menschen«, schrieb er, »ist nicht der

Verstand, sondern der Wille ..., und dessen Flügel heißen Empfindung und Phantasie, seine Schwungkraft Liebe.« Auch die Nation habe einen Willen, dessen Ausdruck die Seele sei, und diese werde von Materialismus, Mittelstandsgier und Industrialisierung zerstört. Als sich das deutsche Kaiserreich nach der Einigung der modernen Entwicklung anpaßte, klagte Lagarde, das wahre, in ländlichen Sitten und Volkstraditionen verwurzelte Deutschland werde zuschanden gemacht. Dies führe zu einer Kulturkrise, die das deutsche Volk seiner einzigartigen Überlieferung und Identität berauben werde. Die Zukunft war für ihn wie für Gobineau in düstere Farben getaucht. Werde der eingeschlagene Weg weiterverfolgt, »werden wir alle bald in Nichts versinken ..., und wir stehen vor dem Bankerotte«. Darin spiegelte sich die Verbitterung der kulturell konservativen Nachfolger der deutschen Romantik wider, die den Fortschritt als Trojanisches Pferd einer seelenlosen Bourgeoisie ansahen. Mechanisierung, Spießertum, Sozialismus und Liberalismus gehörten in ihren Augen zusammen. Um geistig gesund sein zu können, müsse man sich ihrem Einfluß entziehen. Wie Lagarde es sah, lag die wahre deutsche Kultur unter Beschuß – von Liberalen, die auf Kosten der völkischen Solidarität auf den Individualismus pochten, und von Juden, katholischer Kirche, Industriellen und anderen »undeutschen« Elementen. In »diesem neuen Deutschland«, schrieb er, »das so liberal, mächtig und so gänzlich undeutsch ist, beten wir fremde Götter an: das ist unser Unglück«.[49]

Schemann begriff sofort, daß Gobineau in rassische Terminologie gefaßt hatte, was Lagarde und andere in kulturellen und nationalistischen Begriffen auszudrücken versuchten. Lagardes deutschnationale Seele war in Wirklichkeit ihre arische Identität, deren Tradition in die Wälder und Sümpfe Nordeuropas zurückreicht und in den ländlichen Gemeinden des deutschen Volks am Leben erhalten wurde. Die Idee fesselte Schemann; er wurde, wie er selbst sagte, zu einem »Instrument höherer Mächte«. Obwohl er Gobineau nie persönlich kennengelernt hatte, verfaßte er eine zweibändige affirmative Biographie seines Helden – wie später auch von Lagarde –, gab dessen unveröffentlichte Essays heraus und gründete in Straßburg ein Gobineau-Archiv mit über sechstausend Bänden zum Thema Rasse. 1894 versammelte er eine Gruppe von Enthusiasten in der Universität von Straßburg, um eine Gobineau-Gesellschaft zu gründen und Subskriptionen für eine Neuübersetzung der *Ungleichheit der Menschenrassen* zu sammeln. Auch den Alldeutschen Verband machte er mit Gobineaus Lehre des rassischen Arianismus bekannt, der daraufhin Exemplare der *Ungleichheit der Menschenrassen* an Bibliotheken verteilte.[50]

Wenngleich die Gobineau-Gesellschaft nie viele Mitglieder besaß – 1914 waren es gerade mal dreihundertsechzig –, erregte sie doch das Interesse von Politikern und Intellektuellen. Ihr Einfluß in kulturellen Fragen war erheblich, und sie verlieh dem alldeutschen Nationalismus eine neue, rassische Note. Schemann und andere Anhänger Gobineaus verbreiteten die Ansicht, Deutschland – und nur Deutschland – stehe gegen den kulturellen, sozialen und rassischen Verfall Europas. Deutsche Volkskultur sei das letzte noch vorhandene Zeugnis der ursprünglichen arischen Völker und das deutsche Volk deren letzter Nachfahre und Erbe. Als Angehörige des Bayreuther Kreises und Bewunderer Wagners betrachteten die Gobineau-Adepten dessen Opern, insbesondere den *Ring*, als authentische Neuschöpfungen des arischen Mythos. Bayreuth wurde, mit den Worten des Indologen Leopold Schröder, zu einem Ort, an dem die zerstreuten »arischen Völker« alljährlich »Zeuge ihrer Urmysterien« werden, ihre Kultur wiederentdecken und ihre geistige Gesundheit wiedererlangen könnten.[51]

Das Thema der Verjüngung wurde zu einem Kernpunkt der Gedankenwelt der Gobineau-Anhänger. In der Zurichtung Schemanns und seines einflußreichen Nachfolgers Houston Stewart Chamberlain erlebte der arische Mythos ein glückliches Ende: Die blonden, breitschultrigen Arier verschwinden nicht, sondern werden zu »Teutonen«, zu den modernen Nachfahren der alten germanischen Stämme. Natürlich bleibt die moderne Kultur in der Krise. Lagardes – und Gobineaus – Befürchtung, alles von Wert befinde sich im Niedergang, war rhetorisch zu wirkungsvoll, um aufgegeben zu werden. Aber die degenerativen und seelenzerstörenden Prozesse der modernen Zivilisation hatten jetzt ein Gegengewicht: die Bewahrung der rassischen Reinheit.

Um Gobineau zu einer Hauptfigur im alldeutschen Pantheon machen zu können, mußten allerdings einige unpassende Punkte bereinigt werden. So kam Gobineaus Verzweiflung über sein Vaterland Frankreich nur noch seine Verachtung für Preußen und Deutschland gleich. Die modernen Deutschen beschrieb er für gewöhnlich als humorlose Spießbürger, und das in demselben ätzenden Tonfall, den später Nietzsche anschlagen sollte. Den Gedanken, daß im Wilhelminischen Deutschland Tugend und Vitalität der antiken Arier überlebten, hätte er lächerlich gefunden, und doch sollten Schemann und die Alldeutschen genau dies behaupten.[52] Auch die historische Perspektive Gobineaus wurde von seinen deutschen Anhängern verkleinert, indem sie die aus seinen orientalistischen Studien gewonnenen vergleichenden Elemente fallenließen. Das arische Erbe gehörte jetzt allein Europa, besonders Westeuropa und Skandinavien. Sogar der Begriff »arisch« mit seinen allzu offensichtlichen Assoziationen zum vedischen Indien wurde durch »nordisch« oder »indogermanisch« ersetzt.[53] Gobineaus Spekulationen über den arischen Ursprung der chinesischen und der amerikanischen präkolumbianischen Kulturen taten sowohl Schemann als auch Chamberlain als Phantasieprodukte ab. Die Vorgänger der Zivilisation waren entschieden und ausschließlich weiße Europäer, besonders germanische.

Während Schemanns Schriften nur wenige Leser fanden, erreichte Chamberlain ein breiteres Publikum. Chamberlain, ein englischer Germanophiler, der mit Wagners Tochter verheiratet war, wurde zum einflußreichsten Angehörigen des Bayreuther Kreises und wirkungsträchtigsten Gobineau-Anhänger. 1899 erschienen seine *Grundlagen des XIX. Jahrhunderts*, ein weitschweifiger Parforceritt durch die europäische Geschichte mit der Absicht, wie der Autor selbst es ausdrückte, die Vergangenheit zur Gegenwart zu machen. Dabei stützte er sich in vieler Hinsicht auf Gobineaus *Ungleichheit der Menschenrassen*. Dennoch überwogen die Unterschiede die Ähnlichkeiten bei weitem. Für Chamberlain ist die gesamte europäische Zivilisation ein Produkt der arischen Rasse, die nun als Teutonen oder moderne ethnische Deutsche identifiziert wurden. Außerdem haben die ursprünglichen Arier hier den Adel und die Exklusivität verloren, die ihnen Gobineau beigemessen hatte. Statt dessen besitzen sie zwei herausragende Tugenden – »Freiheit und Treue«, einer aus dem Instinkt für die Bewahrung der rassischen Identität und Autonomie geborenen Treue sowohl zu sich selbst als auch zu anderen. Ausgezeichnet durch »körperliche Gesundheit und Kraft, große Intelligenz, blühende Phantasie, unermüdlichen Schaffensdrang«, erschienen die germanischen Völker am Ende des Römischen Reichs wie Siegfried am Beginn seiner Rheinfahrt in Wagners *Götterdämmerung* – »jugendfrisch, frei, zu allem Höchsten befähigt«.[54]

»Zwar nicht als ein Barbar«, so Chamberlain, »wohl aber als ein Kind war der Germane in die Weltgeschichte eingetreten«. Doch sein überlegenes Selbstbewußtsein und seine naive Unschuld erwiesen sich als sein Verhängnis: »Alles wurde ja in Bewegung gesetzt, um ihn zu bethören« wie »ein Kind, das alten erfahrenen Wüstlingen in die Hände fällt«.[55] Alte Europäer – Latiner, Gallier, Griechen und Juden – hätten sich gegen die germanischen Neuankömmlinge verschworen, und im Lauf der Zeit seien die Eroberer verleitet worden, sich mit ihren größten Todfeinden einzulassen und ihr reines Blut zu verwässern. Zu Beginn der Aufklärung habe für das ursprüngliche teutonische Blut des deutschen Volks die akute Gefahr bestanden, restlos verdünnt und kraftlos zu werden, weshalb die europäische Kultur am seidenen Faden gehangen habe. Das alles klingt sehr nach Gobineau, doch Chamberlain führte ein neues Element der Verderbnis ein, den Hauptschurken, der hinter der Vernichtung der teutonischen Vitalität steckte: den Juden. In Gobineaus Gedankengebäude spielt der Antisemitismus keine Rolle.

Chamberlains Antisemitismus stammte von Wagner und völkischen Ideologen wie Lagarde. Wagner verachtete die europäischen Juden als Vertreter der seelenlosen kommerziellen Gesellschaft. Der hakennasige Alberich in seinem *Ring des Nibelungen*, der Liebe und Schönheit der Gier nach Gold unterordnet, wurde zur Symbolfigur des unnatürlichen, ungeistigen Juden. In Wagners Bayreuther Kreis, zu dem ironischerweise auch einige Juden gehörten, fanden seine Ansichten viel Widerhall; sie wurden zu einem Eckpfeiler der auf Gobineau fußenden Rassentheorie. Für Chamberlain waren die Juden eine asiatische Mischrasse. Wie der nach Gobineau führende Rassentheoretiker Frankreichs, Georges Vacher de Lapouge, definierte Chamberlain die »jüdische Rasse« als Resultat der Rassenvermischung von Beduinen, Hethitern, Syrern und arischen Amoritern. Ihr Dasein sei »ein Verbrechen gegen die heiligen Gesetze des Lebens«. Deshalb verkörperten sie das Gegenteil von »Lebensgefühl« und Vitalität. Juden seien »geborene Rationalisten«; »das schöpferische Element, das eigentlich innere Leben fehlte hier fast gänzlich«. Verglichen mit dem »so unendlich reichen religiösen Leben der Arier« war die jüdische Religion »spärlich«, »starr«, »reduziert«. Juden besaßen, kurz gesagt, keine Seele.[56]

Die Juden wurden für die deutschen Neogobinianer das, was für ihr Vorbild die modernen Europäer gewesen waren: eine verdorbene Rasse. Im Bewußtsein des auf ihnen liegenden Fluchs würden sie bewußt versuchen, die Zivilisation, die ihre teutonischen Herrscher aufgebaut hatten, zu verseuchen. Kapitalismus, liberaler Humanismus und sterile Wissenschaft – »jüdische Wissenschaft«, wie Chamberlain sie in Anspielung auf Albert Einstein und andere Vertreter der Relativitätstheorie nannte – wurden zu Zeichen der rassischen Verseuchung, dem modernen Instrument der jüdischen Rache. Die europäische Geschichte war bei Chamberlain kein Zyklus von Eroberung, Verderbnis und Neueroberung mehr, sondern ein apokalyptischer Machtkampf zwischen arischen Teutonen und ihren jüdischen Widersachern. Sein Buch war, wie ein zeitgenössischer englischer Kritiker es ausdrückte, »die Iliade von Ariern gegen Juden«, ein gewaltiges Epos des Rassenkonflikts mit strahlenden arischen Helden – etwa Luther, Dante und Jesus Christus, von dem Chamberlain »beweist«, daß er kein Jude war, sondern Arier – und einer gemischten Gesellschaft antiarischer Schurken wie dem Gründer des Jesuitenordens, Ignatius von Loyola, den er als degenerierten Basken bezeichnet.

Wo Energie, Vitalität, Schöpferkraft und Innovation zu finden seien, etwa beim mittelalterlichen Christentum oder in der Renaissance, stoße man auf die rassisch-historische Kraft des Teutonen. Fehle sie, sähe man die traurigen Folgen rassischer und kultureller Anarchie, ein »Völkerchaos«. Dieser Begriff weist zurück auf Gobineaus Vorstellung der rassischen Degeneration, die »eines Tages ... Sieger und Besiegte an den Abgrund« zerrt, wo »nur ein neuer Vorgang im Rasseleben« verhindern kann, »daß sie ins Unendliche abstürzen«.[57] In Chamberlains Darstellung gibt es jedoch einen Ausweg. Bei ihm tritt die Zivilisation zuletzt in ein Stadium der Regeneration ein, in einen Prozeß der inneren Wiedergeburt, in dem die grundlegende Natur des Menschen aus dem Tod in Leben umgewandelt wird. Rassische Reinheit ist mithin sowohl eine Frage der persönlichen Verjüngung als auch eine der kollektiven Erlösung.

Chamberlain konnte diese abwegige Behauptung aufstellen,

weil er die Rasse nicht mehr allein durch die Erbfolge erklärte, sondern den geistigen Aspekt betonte und die Rasse als komplexe Einheit physischer, geistiger und vitalistischer Eigenschaften definierte. Zu einer Rasse zu gehören, bedeutete »eine besondere Art zu fühlen und zu denken«. Man mußte somit nicht als Jude geboren werden, um Jude zu sein; man »braucht nur fleissig bei Juden zu verkehren, jüdische Zeitungen zu lesen und sich an jüdische Lebensauffassung, Literatur und Kunst zu gewöhnen«. Angesichts dieser kulturellen Vergiftung ergab sich für Chamberlain »die Berechtigung und die Verpflichtung, den Juden als ein besonderes und zwar als ein fremdes Element in unserer Mitte zu erkennen«, und wo der Kampf der Rassen »nicht mit Kanonenkugeln geführt wird, findet er geräuschlos im Herzen der Gesellschaft statt, durch Ehen, ... durch die verschiedene Resistenzkraft und Beharrlichkeit der verschiedenen Menschentypen, durch die Verschiebung der Vermögensverhältnisse, durch das Auftauchen neuer Einflüsse und das Verschwinden alter ... Mehr als andere ist gerade dieser stumme Kampf ein Kampf auf Leben und Tod.«[58]

In den zwanziger Jahren begegnete Chamberlain dem Mann, der diesen Kampf auf Leben und Tod aufnehmen sollte. Adolf Hitler war mit einer österreichischen Version des alldeutschen Nationalismus aufgewachsen, die tiefe antisemitische und antiklerikale Züge aufwies. Zur selben Zeit verbreiteten die Gobineau-Anhänger ihre Ansichten in der deutschsprachigen Welt. Chamberlains *Grundlagen des XIX. Jahrhunderts* gehörte in Preußen zum Lehrstoff der Schulen, und die Gobineau-Gesellschaft verteilte *Die Renaissance* an deutsche Soldaten, die wie der junge Hitler in den Ersten Weltkrieg marschierten.[59] Hitler hat Gobineau allerdings nie gelesen. Nach dem Krieg machten ihn aber Alfred Rosenberg und Dietrich Eckart mit den von Chamberlain und anderen vertretenen arischen Rassentheorien bekannt, und während seiner Festungshaft nach dem gescheiterten Putschversuch von 1923 wurden die Ideen der Neogobinianer zu einem festen Bestandteil seiner Weltanschauung. In *Mein Kampf* stellte er kategorisch fest: »Was wir heute an menschlicher Kultur, an Ergebnissen von Kunst, Wissenschaft und Technik vor uns sehen, ist nahezu ausschließlich schöpferisches Produkt des Ariers.« Beinah Originalton Gobineau ist dann die Behauptung, alle großen Kulturen der Vergangenheit seien nur zugrunde gegangen, »weil die ursprünglich schöpferische Rasse an Blutsvergiftung abstarb«.[60]

Doch Hitler teilte Chamberlains wagnerianische Hoffnung auf Erlösung. Deutschland könne durch Reinhaltung des Blutes und Verjüngung der kollektiven Seele ein neues Rassenschicksal gewinnen. 1923 endlich lernte Hitler seinen neuen intellektuellen Mentor, Chamberlain, kennen. Für Joseph Goebbels, der dem Treffen beiwohnte, war es eine »erschütternde Szene«. Der alte Mann, der seit einem Schlaganfall schon eine Reihe von Jahren an den Rollstuhl gefesselt war, ergriff Hitlers Hand, und dieser sprach ihn als seinen »geistigen Vater« an. Einige Tage später schrieb Chamberlain an Hitler: »Sie haben den Zustand meiner Seele mit einem Schlage umgewandelt. Daß Deutschland in der Stunde seiner höchsten Not sich einen Hitler gebiert, das bezeugt sein Lebendigsein ... Ich durfte billig einschlafen und hätte auch nicht nötig gehabt, wieder zu erwachen. Gottes Schutz sei bei Ihnen!«[61] Chamberlain lebte nicht lange genug, um Hitlers Machtantritt zu erleben. Aber Ludwig Schemann, der an seinem fünfundachtzigsten Geburtstag vom Dritten Reich die Goethe-Medaille für Wissenschaft und Kunst verliehen bekam.

HISTORISCHER UND KULTURELLER PESSIMISMUS
Burckhardt und Nietzsche

In Basel gingen die Uhren traditionell eine Stunde langsamer als im restlichen Europa. Im 18. Jahrhundert versuchten mehrere Reformer die Bürger der Stadt wachzurütteln, scheiterten aber. Doch dann wurde Basel 1797 in den Strudel der Französischen Revolution gerissen. Französische Truppen marschierten in die Schweiz ein und gründeten mit Hilfe führender Liberaler aus Städten wie Bern und Basel die Helvetische Republik. Die Revolutionäre stellten die Basler Uhren vor, und als die alte Herrschaftsschicht 1814 nach Napoleons Sturz die Macht zurückerlangte, beschloß man, zumindest dies nicht zu ändern. Dennoch wurde Jacob Burckhardt vier Jahre später in eine durch und durch konservative, auf ihre Unabhängigkeit bedachte Stadt hineingeboren, die sich nur widerstrebend dem modernen Europa anschloß.[1]

Basel war eine prosperierende und wirtschaftlich lebendige Stadt, von den Härten der Industrialisierung und demokratischer Veränderungen aber verschont geblieben. Regiert wurde sie immer noch von alten Patrizierfamilien wie den Burckhardts, die seit dem 16. Jahrhundert Basler Pastoren und Universitätsprofessoren gestellt hatten. Jacob Burckhardt wuchs in einer geordneten, gottesfürchtigen Welt auf, in der geistige Traditionen von Generation zu Generation weitergetragen wurden. Der junge Burckhardt hätte wie Edmund Burke sagen können, es gebe eine Ordnung, »welche die Dinge fest an ihrem Platz hält. Sie ist für uns gemacht, und wir sind für sie gemacht.«

Es wurde allgemein erwartet, daß Burckhardt wie sein Vater

und Großvater Geistlicher werden würde. Doch der Protestantismus befand sich überall in Aufruhr. Die alten, soliden Glaubensbekenntnisse, lutherisches wie kalvinistisches, wurden durch die aufklärerische Betonung der säkularisierenden Macht der Vernunft und die sogenannte höhere Kritik erschüttert. Bei genauerem Studium von Altem und Neuem Testament waren enorme Lücken und Unstimmigkeiten zutage getreten, die die Behauptung erschütterten, die Bibel sei im buchstäblichen Sinn das Wort Gottes. Der höheren Kritik zufolge war die Bibel ein historisches Dokument wie jeder andere antike Text und damit Gegenstand derselben interpretativen Freiheit. 1835 veröffentlichte David Friedrich Strauß, den Nietzsche später in seiner ersten *Unzeitgemäßen Betrachtung* unter Beschuß nehmen sollte, sein umstrittenes Buch *Das Leben Jesu,* in dem er die These vertrat, der größte Teil der Evangelien bestehe wie die Gründungsmythen anderer Religionen aus Mythen und Legenden.

Von diesen Schlägen sollte sich Burckhardts christlicher Glaube nie wieder erholen. Er wurde allerdings weder Atheist noch Agnostiker; den Glauben an Gott gab er nie auf, und vor seinen Eltern hielt er seine Zweifel stets geheim. Er schloß sich der wachsenden Zahl universitär ausgebildeter Intellektueller an, die im Christentum – oder Judentum – nicht mehr die geoffenbarte Wahrheit zu sehen vermochten. Zu ihnen gehörten unter anderen der englische Dichter Matthew Arnold, der französische Soziologe Emile Durkheim – dessen Vater ein orthodoxer Rabbi war –, der dänische Philosoph Søren Kierkegaard sowie Friedrich Nietzsche, Wilhelm Dilthey und später auch Martin Heidegger. Sie alle hatten den Zusammenbruch der religiösen und moralischen Gewißheiten ihrer Kindheit als tiefe Erschütterung erlebt und suchten nach einem neuen Glauben. Die einen fanden ihn in der Philosophie Kants und Hegels – oder später in der Lehre von Marx –, andere in den anerkannten Fächern der modernen Universität. Sie setzten die wissenschaftliche Wahrheit an die Stelle der von Gott geoffenbarten. Bei Durkheim war diese Disziplin die Soziologie, bei Nietzsche die Philologie, bei Burckhardt die Geschichte.

1839 begab sich Burckhardt nach Berlin, wo zwei Professoren, Johann Gustav Droysen und Leopold von Ranke, die Geschichtsschreibung erneuerten. Burckhardt war begeistert: »Ich sah, es war mir bisher ergangen, wie jenen Rittern im Don Quixotte mit ihren Damen, ich hatte meine Wissenschaft auf Hörensagen hin geliebt, und nun trat sie plötzlich in gigantischer Größe vor mich ... Jetzt erst bin ich fest entschlossen, ihr mein Leben zu widmen.«[2] Seine Lehrer waren in Stil und Haltung völlig verschieden. Droysen stand stellvertretend für die »progressiven« Historiker seiner Zeit. Die europäische Geschichte war für ihn die der Herausbildung des Nationalstaats und der politischen Freiheit. Wie Hegel betrachtete er sie als einen Prozeß, in dem die Bestrebungen des Menschen am Ende restlos mit dem Schicksal versöhnt werden würden. Glaube und Liebe zum Vaterland gaben seiner Ansicht nach die Gewißheit, daß Gottes Hand alles Geschehen leite, sowohl große wie kleine Dinge. Die Geschichtswissenschaft habe keine höhere Aufgabe, als diesen Glauben zu rechtfertigen.[3] Droysen gehörte zu der Art von Historikern, die Burckhardt später ablehnte, weil sie dem Irrtum verfallen waren, »unsere Zeit sei die Erfüllung aller Zeiten ... und alles Dagewesene sei als auf uns berechnet zu betrachten«.[4]

Anders Ranke. Parteinahme und Gegenwartsbezogenheit waren für ihn die Grundübel der Geschichtsschreibung. Die Idee eines geradlinigen Fortschritts wies er genauso zurück wie die Annahme historischer Gesetzmäßigkeiten, ob nun nach Hegelschem Verständnis oder in positivistischer Lesart. Großen philosophischen Systemen, die der Vergangenheit einen Endzweck und eine bestimmte Zielrichtung unterstellten, stand er skeptisch gegenüber. Er unterschied deutlich zwischen der Aussage, in vergangenen Geschehnissen ein Muster zu erkennen, und der Behauptung, ein zugrundeliegendes Gesetz entdeckt zu haben. Statt nach Gesetzen zu suchen, wies er dem Historiker die Aufgabe zu, das »eigentliche Gewesensein« zu enthüllen – eine Formulierung, die zum Markenzeichen der von ihm begründeten historischen Schule wurde.

Auch ist für Ranke die »oft so zweifelhafte Förderung der Kultur« nicht der einzige Inhalt der Geschichtswissenschaft: »Es sind Kräfte, und zwar geistige, Leben hervorbringende, schöpferische Kräfte, selber Leben, es sind moralische Energien, die wir in ihrer Entwicklung erblicken ...; in ihrer Wechselwirkung und Aufeinanderfolge, in ihrem Leben, ihrem Vergehen oder ihrer Wiederbelebung ... liegt das Geheimnis der Weltgeschichte.«[5] Und der Ort, an dem der Historiker das Wechselspiel dieser Kräfte am deutlichsten beobachten kann, ist laut Ranke die Politik. Gelehrte, die aktuelle politische Diskussionen und Leidenschaften in die Geschichtsschreibung einfließen ließen, verachtete er. Ranke war ein konservativer Historiker, der Sympathie für die Ziele der Französischen Revolution hegte, und ein Protestant, der Verständnis für die Bestrebungen und Befürchtungen der mittelalterlichen Päpste aufbrachte. Aufgabe des Historikers war es seiner Ansicht nach, die Vergangenheit zu studieren und zu analysieren, nicht, sie zu beurteilen. Diese Haltung machte tiefen Eindruck auf den jungen Burckhardt, der später erklärte, der Historiker müsse einen »archimedischen Punkt außerhalb der Vorgänge« gewinnen und der Geschichte beschauend gegenübertreten.[6]

Andererseits stimmten Ranke und Burckhardt auch darin überein, daß der Mensch unabhängig vom Ort und von der Kultur dieselbe Natur besitzt. Der Historiker findet in jeder Epoche denselben Unwillen, die Vernunft über die Leidenschaften zu stellen, dasselbe Gewirr von Hoffnungen und Ängsten. Seine Studien hatten Ranke in der Überzeugung bestärkt, daß Religion und Politik notwendige Systeme des Glaubens und der Ordnung darstellten, die es den Menschen ermöglichten, durch zeit- und ortsspezifische Institutionen Zusammenhalt und in ihrem kollektiven Leben ein stabiles Gleichgewicht zu finden. Der Historiker mußte begreifen, daß das historische Schicksal des Menschen viele Gesichter hat: »So viele gesonderte, irdischgeistige Gemeinschaften, von Genius und moralischer Energie hervorgerufen, in unaufhaltsamer Entwicklung begriffen, ... eine jede auf ihre Weise. Schaue sie an, diese Gestirne, in ihren Bahnen, ihrer Wechselwirkung, ihrem Systeme!«[7]

In Rankes organizistischer Sicht von Geschichte und Gesellschaft ist die Nation kein abstraktes Prinzip, sondern etwas Lebendiges: »Es gibt etwas, wodurch jeder Staat nicht eine Abteilung des Allgemeinen, sondern wodurch er Leben ist, Individuum, er selber.« Gleichzeitig wies er den romantischen Vitalismus zurück. Im Unterschied zu Gobineau, dessen Schriften er verachtete, sah er den organischen gesellschaftlichen Wandel nicht in den grausamen biologischen Imperativen einer mysteriösen Lebenskraft begründet. Vielmehr betrachtete er die Gesellschaft als rationales Ganzes, dessen Teile auf ausgewogene, geordnete Art und Weise in einem »schöpferischen, vereinigenden Sinn« ineinandergreifen und sich entwickeln.[8] Damit stieß er allerdings auf eine große Schwierigkeit. Wie jedes lebende organische System kann der geordnete gesellschaftliche Entwicklungsprozeß scheitern. Unter bestimmten Bedingungen kann das heikle Gleichgewicht zwischen Teil und Ganzem gestört werden. Wenn die Mitglieder der Gesellschaft dann nicht in der Lage sind, ihre geistigen Kräfte zu mobilisieren, um das Gleichgewicht wiederherzustellen, wird Unordnung entstehen und ein Energiestrom abfließen, und zwar nicht in schöpferischem, vereinigendem Sinne, sondern als Medium der Auflösung. Genau dies war laut Ranke an bestimmten Schnittstellen der europäischen Geschichte geschehen, etwa am Ende des Römischen Reichs und am Vorabend der Reformation.[9]

Was aber ist, wenn sich in der Gegenwart Anzeichen für Auflösung und Zusammenbruch bemerkbar machen? Zeitgenössische Trends erhalten dann plötzlich eine neue, schreckliche Bedeutung. Was die meisten, ohne nachzudenken, als normal hinnehmen, wird vom erfahrenen Beobachter als Warnzeichen des nahenden Untergangs erkannt. So gesehen, folgt aus Rankes organizistischer Sicht von Gesellschaft und Geschichte eine besondere Art des Zukunftspessimismus, die man als »historischen Pessimismus« bezeichnen könnte. In den Augen des historischen Pessimisten zerstört die Gegenwart systematisch die Leistungen einer schöpferischen und geordneten Vergangenheit. Einst harmonisch in sich ruhende Institutionen verlieren ihr Gleichgewicht, gesellschaftliche Entwicklungen werden chaotisch und zerstörerisch, und der einzelne ist außerstande, die hereinbrechende Katastrophe aufzuhalten. Wenn es dem System nicht irgendwie gelingt, sich selbst zu reparieren, so die Schlußfolgerung des historischen Pessimisten, dann ist sein Niedergang unvermeidlich. Pessimismus schlägt auf diese Weise in Fatalismus um, Resignation wird zur einzig plausiblen Haltung.

Während seines Aufenthalts in Berlin war Burckhardt ein leidenschaftlicher Anhänger des deutschen liberalen Nationalismus gewesen. Doch eine Welle politischer Gewalt und demokratischer Unruhen, von der sein geliebtes Basel und andere Kantone der Schweiz in den vierziger Jahren des 19. Jahrhunderts heimgesucht wurden, und das revolutionäre Debakel von 1848 dämpften seine Begeisterung. Einer seiner engsten Freunde, Gottfried Kinkel, wurde im Zuge der Abstrafung der Revolutionäre vor Gericht gestellt und zu lebenslänglicher Festungshaft verurteilt. Auf diese Weise mitbetroffen, wandte sich Burckhardt mit Abscheu gegen den romantischen Idealismus, der ihn und ganz Europa an den Rand der Katastrophe gebracht hatte: »... ich habe aller politischen Wirksamkeit auf ewig entsagt«, schrieb er einem deutschen Freund, »das ganze Zeug ist mir zuwider.« In einem weiteren Brief, geschrieben vor einer Italienreise, fügte er hinzu, er sei mit »dieser heillosen Zeit ...

komplett ... überworfen und entweiche ihr deshalb in den schönen faulen Süden ... Ja, ich will ihnen allen entweichen, den Radikalen, Kommunisten, Industriellen, Hochgebildeten, Anspruchsvollen, Reflektierenden, Abstrakten, Absoluten, Philosophen, Sophisten, Staatsfanatikern, Idealisten, aner und iten aller Art ...«[10]

Für Gobineau lag der gewalttätige Beginn der Moderne in der Zeit der Vätergeneration, das heißt in der Französischen Revolution. Für ihn war es ein mythisches Ereignis, etwa wie Adams Sündenfall. Burckhardt erlebte dieses Ereignis unmittelbar. Die stabile, sichere Welt, die er gekannt hatte, veränderte sich vor seinen Augen zum Schlechteren, und er blieb verängstigt und desillusioniert zurück. »Von der Zukunft hoffe ich gar nichts«, schrieb er an einen Freund, »möglich, daß uns noch ein paar und halb erträgliche Jahrzehnte vergönnt sind, so ein Genre römischer Kaiserzeiten.«[11] Er zog sich in mönchische Einsamkeit zurück und suchte Zuflucht in der Liebe zu Kunst und Geschichte. Nach der Italienreise, auf der ihn vor allem die Meisterwerke Michelangelos, Raffaels und Tizians begeistert hatten, schrieb er ein Buch über die Kunst Italiens – den *Cicerone* – und nahm an der Basler Universität eine Professur für Geschichte an. Von 1858 bis zu seinem Tod neununddreißig Jahre später verließ er seine Heimatstadt nur, um in seinem geliebten Italien Urlaub zu machen. Bescheiden lebend, stets schwarz gekleidet und vorzeitig ergraut, hätte man ihn leicht für einen Priester halten können, der er vermutlich geworden wäre, wenn er nicht den Glauben an die Religion verloren hätte. Auch als sein Ruhm als Historiker wuchs, weigerte er sich, ins Ausland zu reisen. 1872 bot ihm die Berliner Universität den Lehrstuhl an, den einst sein bewunderter Lehrer Leopold von Ranke innegehabt hatte. Doch er lehnte ab.[12]

Im intellektuellen Elfenbeinturm zwischen seinen Büchern und Manuskripten lebend, versuchte Burckhardt die Ereignisse von 1848 in den breiteren historischen Zusammenhang der europäischen Zivilisation zu stellen. Wie Gobineau, Tocqueville und viele andere glaubte er, die Revolutionen und die gewalttätige Reaktion des Mittelstandes bezeichneten den Aufstieg einer modernen Barbarei. Aber er setzte sich auch von Vitalisten wie Gobineau oder dem Schweizer Geschichtsphilosophen Ernst von Lasaulx ab, die zwischen einer alten Barbarei, die Ausdruck kraftvoller, überlegener Klassen wie den germanischen Stämmen und den Wikingern gewesen sei, und einer modernen oder dekadenten Barbarei unterschieden, in der sich die Lebenskraft erschöpft habe. Nach Burckhardt bestimmt nicht die Vitalität eines Volks oder einer Rasse die Gesundheit einer Gesellschaft, sondern umgekehrt diese die Lebenskraft. Ein primitives Volk kann genauso erschöpft und steril sein wie ein modernes. Was zählt, ist der Zustand der sozialen Ordnung, die Frage, ob sie sich noch weiterentwickelt oder bereits überreif geworden ist, »durch innere Abnahme, durch Ausleben«, die das Ende des Alten und den Anfang des Neuen anzeigen.[13]

Burckhardt zufolge bilden alle Gesellschaften und Zivilisationen ein dynamisches Gleichgewicht dreier sozialer Elemente oder »Potenzen«. Zwei von ihnen, Religion und Staat, hatte schon Ranke beschrieben. Die dritte Potenz war die Kultur – oder, mit dem Begriff der Aufklärung, das gesellige Benehmen –, »derjenige millionengestaltige Prozeß, durch welchen sich das naive und rassenmäßige Tun in reflektiertes Können umwandelt«. Jede Potenz durchläuft einen Prozeß von »Werden, Blühen, ... Vergehen«, während im Lauf der Zeit neue soziale Gruppen und Kräfte kommen und gehen. Auf alle Fälle aber »existiert in Zeiten hoher Kultur immer alles auf allen Stufen des Bedingens und der Bedingtheit gleichzeitig«. Geraten die Potenzen miteinander in Konflikt, verursacht dies eine »Krisis des ganzen allgemeinen Zustandes bis zur kolossalsten Ausdehnung über ganze Zeitalter und alle oder viele Völker desselben Bildungskreises«. In einer Krise gerät der Weltprozeß »plötzlich in furchtbare Schnelligkeit; Entwicklungen, die sonst Jahrhunderte brauchen, scheinen in Monaten und Wochen wie flüchtige Phantome vorüberzugehen und damit erledigt zu sein«.[14]

Der Untergang des Römischen Reichs war eine solche Krise. In seiner ersten längeren historischen Studie, *Die Zeit Konstantins des Großen* (1853), zeigte Burckhardt, daß sich die Macht des römischen Staates auf Kosten anderer gesellschaftlicher Institutionen ausgedehnt hatte, bis die Zivilisation daran zerbrach. Nicht der Ansturm der Barbaren, so Burckhardt, habe den Untergang des Römischen Reichs bewirkt, sondern eine innere Krise, die diese nur ausnutzten. Als die Germanen durch die verletzliche Reichsgrenze eindrangen, habe eine Reihe rücksichtsloser Kriegskaiser die Macht ergriffen, und während diese Herrscher mit ihren Legionen das riesige, wankende Reich abzustützen versuchten, hätten sie gleichzeitig das zivile Leben der antiken Welt zerstört. Die Folge war, daß eine andere Macht, die Religion, aufstieg und den Platz des Staates einnahm. Als die Kirche ihre Autorität mißbrauchte und ihrerseits das System aus dem Gleichgewicht brachte, trat die Reformation auf den Plan. Eine neue historische Kraft entstand, welche die Macht der Kirche stürzte: die Nation. Wie Burckhardt glaubte, erlebte die europäische Zivilisation seiner Zeit eine ähnliche Krise, diesmal eine kulturelle, in der die im 19. Jahrhundert entfesselten nationalen Bewegungen und Ideale ihre eigene Zukunft zerstörten.

Demokratie, Individualismus und europäische Krise bei Burckhardt

Als eine der selbstzerstörerischen Kräfte betrachtete Burckhardt die moderne Demokratie. Die Französische Revolution hatte das Prinzip durchgesetzt, daß die Herrschaft des Volkes die einzige legitime Form der politischen Macht darstellt, ein Prinzip, das aus Burckhardts Sicht mittels der öffentlichen Meinung den städtischen und ländlichen Pöbel aktivierte und zum

Bestandteil der politischen Landschaft machte. Gleichzeitig verstärke es gesellschaftliche Vorurteile und Forderungen nach sozialer und ökonomischer Nivellierung. Dies errege in den Menschen die Hoffnung, »durch Umreißen und Neubau vom Boden auf nach abstrakten Idealen das Heil schaffen« zu können, wodurch die radikalen und sozialistischen Revolten von 1848 ausgelöst worden seien. Nach deren Niederschlagung hätten Politiker und Institutionen gelernt, sich zu beugen. Die Staatsmänner, stellte Burckhardt 1873 fest, »suchen die ›Demokratie‹ jetzt nicht mehr zu bekämpfen, sondern irgendwie mit ihr zu rechnen« und ihre gewaltige Macht für ihre Zwecke zu nutzen.[15]

Es würde jedoch auch weiterhin gefordert, das Alte zu zerstören. Die Massen verstärkten die dynamische Kraft der kommerziellen Gesellschaft. Während die Wirtschaft sich an den Staat wende, um ihre Interessen auszuweiten und Protektion zu erhalten, verlangten die Massen vom Staat, was sie nicht selbst erreichen könnten. Der Staat »soll alles mögliche *können*, aber nichts mehr *dürfen*«, klagte Burckhardt, »und schließlich möchte man doch vor allem wieder an seiner Machtübung teilhaben«. Am Ende »meinen die Völker, wenn die Staatsmacht völlig in ihren Händen wäre, damit ein neues Dasein herstellen zu können«. Unter diesem doppelten Druck würden sich der allmächtige moderne Staat und eine neue Art von Machthabern herausbilden. In Napoleon III. sah Burckhardt den typischen Herrscher der Zukunft verkörpert, den »schrecklichen Vereinfacher«, wie er ihn nannte, einen Militärdiktator, der die fragile Komplexität der menschlichen Erfahrung auf eine einzige Realität, die Macht, reduziert. Die Massen würden lernen, sich zu fügen. Die »Massen wollen Ruhe und Verdienst«, schrieb Burckhardt süffisant, und die würden sie von jedem akzeptieren, der sie ihnen bietet, selbst von den »erbärmlichsten Regierungen«.[16]

Burckhardts Behauptung, die Demokratie müsse unweigerlich der Diktatur weichen, war nicht neu. Sie reichte bis zu Platon und Aristoteles zurück. Aber er fügte den alten antidemokratischen Vorwürfen einen neuen hinzu, der zum Grundbaustein jeder nachfolgenden Kritik an der Massengesellschaft werden sollte: die Vorhaltung, die Volksherrschaft gefährde das kulturelle Leben einer Gesellschaft. »Das entscheidende Neue, was durch die französische Revolution in die Welt gekommen« sei, erklärte er, »ist das Ändern-dürfen«, einfach weil die Masse es wünsche. Indem die ungebildete Masse, von der nun die gesellschaftlichen Prioritäten gesetzt würden, ihr politisches Übergewicht nutze, drücke sie allem menschlichen Handeln den Stempel ihrer eigenen Mittelmäßigkeit auf. Dies war für Burckhardt der eigentliche Despotismus, ausgelöst von der Französischen Revolution, die »alle Leidenschaft und Selbstsucht« entfesselt habe.[17]

Die Ereignisse von 1848 und der anschließende Aufstieg des Nationalismus bewiesen in Burckhardts Augen diesen umfassenderen Trend. Der neue demokratische Despotismus stelle »ein Vorbild aller Despotismen in Ewigkeit« dar. Da die politischen, moralischen und intellektuellen Maßstäbe verlorengingen und eine aufstrebende Klasse von Bürokraten Freiheit und Autonomie für sich allein beanspruche, werde die Gesellschaft nicht in der Lage sein, den rücksichtslosen, ehrgeizigen Machthabern der modernen Militärmacht zu widerstehen. Die Gesellschaft laufe Gefahr, »vom Militarismus erdrückt« zu werden. Die Massen würden in große, zerstörerische Armeen gepreßt, und ihre Herrscher organisierten den Massentod wie die Industrie die Massenproduktion und die Presse die Massenpropaganda.[18]

Burckhardt war nicht nur der erste Prophet des totalitären Staats und des militärisch-industriellen Komplexes; er beschrieb auch als erster den Sieg einer wertlosen, die gesamte Gesellschaft beherrschenden Massenkultur, die die soziale Ordnung mit ihrem traditionellen, organischen Gleichgewicht von Institutionen und Idealen destabilisiert. Die moderne Demokratie zerstörte mithin eine europäische Zivilisation, die in seinen Augen dekadent war und ihre *raison d'être* verloren hatte, war sie doch unfähig, etwas Konstruktives an ihre Stelle zu setzen. Dieser Zustand war tatsächlich eine »rein negative und zerstörende Barbarei«.[19] In einer Demokratie lernen die Menschen, die Rollen zurückzuweisen, die im Rahmen des systematischen Ganzen für sie vorgesehen sind, und dieser Individualismus trägt dazu bei, Gesellschaft und Kultur zu zersetzen. Der moderne Mensch will die Regeln brechen, während wahre Freiheit nach Burckhardts Verständnis darin besteht, mit ihnen zu leben – so wie er selbst und seine Familie es seit Generationen getan hatten.

Ironischerweise mußte er jedoch zugeben, daß gerade die Regelverletzung einen der Höhepunkte der europäischen Kultur hervorgebracht hatte, die Renaissance. In seinem berühmtesten Werk, *Die Kultur der Renaissance in Italien* (1859), schildert er, wie das Subjektive sich in dieser Epoche herausbildete: »... der Mensch wird geistiges *Individuum* und erkennt sich als solches«. Dies habe das menschliche Handeln von den Einschränkungen durch die mittelalterlichen Ideale und Traditionen befreit, mit augenscheinlich positiven Resultaten: großen Kunstwerken, der Wiederentdeckung der Werte der Antike und der auflebenden Leidenschaft für die politische Freiheit. In der Renaissance sei das moderne Prinzip aufgestellt worden, daß es nicht auf die Geburt ankomme, sondern auf die Leistung. Aber sie offenbarte auch die negative Seite des Individualismus. Burckhardt war kein vorbehaltloser Bewunderer der Renaissance. Persönlich bevorzugte er das Mittelalter mit seinem Sinn für organische Einheit und geistige Gemeinschaft. Die Renaissance dagegen habe der schamlosen Anbetung der Macht Vorschub geleistet. In ihren politischen Gestaltungen »erscheint der moderne europäische Staatsgeist zum erstenmal frei seinen eigenen Antrieben hingegeben; sie zeigen oft genug die fessellose Selbstsucht in ihren furchtbarsten Zügen, jedes Recht verhöhnend, jede gesunde Bildung im Keim erstickend«. Verantwortlich dafür waren Herrscher wie die Borgias. Wo »das Individuelle in jeder Weise kulminiert«, erscheinen »einige Menschen von absoluter Ruchlosigkeit, bei welchen das Verbrechen auftritt um seiner selbst willen«.[20]

Die Renaissance Michelangelos war auch die Machiavellis. Diese dunkle Seite war der Fluch der Renaissance und, wie Burckhardt glaubte, der des modernen Europa. Sein Buch sei »ein Kind der Sorge«, erklärte er einem Freund. Eine Grundfrage blieb jedoch offen: Was war, wenn die beiden Seiten des Individualismus, die schöpferische und die zerstörerische, untrennbar zusammengehörten? In Gobineaus *Renaissance* stellt sich diese Frage gar nicht erst. Blut ist die Antwort auf alles: Wo eine rassische Elite handelt, wie grausam und wild auch immer, finden sich auch Vitalität und Gesundheit: »Geht Euren geraden Weg. Tut nur das, was Euch gefällt, vorausgesetzt, daß es Euch nützt. Überlaßt Skrupel und Hemmungen den kleinen Geistern, der Masse der Untergeordneten.«[21]

Eine derart monströse Schlußfolgerung war für Burckhardt unannehmbar. Trotz seines Pessimismus blieb er wie Tocqueville ein Nachfahre der Aufklärung. Er war überzeugt, daß der Unterschied zwischen Gut und Böse mehr bedeutete als nur eine persönliche Laune; irgendwie mußte er in der Natur des Menschen verankert sein. Aber wenn auch Zivilisation und Fortschritt die moralische Natur des Menschen nicht notwendigerweise zerstören, wie es Rousseau und die Romantiker behaupteten, so räumte Burckhardt doch ein, daß sie auch nichts leisteten, um sie zu stärken.[22] Wieder einmal existieren Gesellschaften und Nationen als Selbstzweck, weit oberhalb und getrennt von den moralischen Fragen, die ihre einzelnen Mitglieder beunruhigen. Wo also ist der Unterschied zwischen Gut und Böse zu finden, wenn es ihn überhaupt gibt? Burckhardt vermochte diese Frage nicht zu beantworten oder sich ihr auch nur zu stellen. Auf die Spitze treiben sollte sie einer seiner jungen Kollegen: Friedrich Wilhelm Nietzsche.

Nietzsche, Schopenhauer und Wagner

Als ein Beispiel für das Vordringen des modernen Lebens verwies Burckhardt gern auf die Eisenbahn. Die erste Bahnlinie, die Basel mit Berlin und dem Rest Deutschlands verband, wurde 1844 in Betrieb genommen. Am 19. April 1869 brachte ein Zug aus Deutschland einen neuen Professor für klassische Philologie nach Basel, den vierundzwanzigjährigen akademischen Senkrechtstarter Friedrich Nietzsche. Angesichts seines schlichten Anzugs, der dicken Brillengläser und des schüchternen Verhaltens wäre niemand auf den Gedanken gekommen, daß er eine Revolution auslösen würde, die Europa stärker erschüttern sollte als die Ereignisse von 1848. Nietzsches Vater war wie der von Burckhardt lutherischer Pfarrer. Er starb, als Nietzsche vier Jahre alt war. Die prägenden Jahre seines Sohnes sollten durch eine Reihe intensiver, aber ambivalenter Beziehungen zu herausragenden älteren Vaterfiguren gekennzeichnet sein. Seine Familie hatte erwartet, daß der zurückhaltende Bücherwurm Friedrich in die Fußstapfen seines Vaters treten würde. In Schulpforta, einem der vornehmsten Internate Preußens, das unter anderen Klopstock, Fichte und Ranke besucht hatten, erhielt Nietzsche eine gründliche Ausbildung in Griechisch und Latein. Aber sein christlicher Glaube war zum Zeitpunkt seiner Immatrikulation an der Bonner Universität schon erloschen, so daß er sich wie der junge Burckhardt für seine intellektuelle Energie ein anderes Feld suchen mußte. Er entschied sich für die von wissenschaftlicher Strenge gekennzeichnete klassische Philologie, den Hauptpfeiler der humanistischen Bildung im 19. Jahrhundert. Als brillanter, frühreifer Doktorand an der Leipziger Universität erhielt er – noch vor

Abschluß seiner Promotion – den Ruf nach Basel, der ihn zum jüngsten Professor der deutschsprachigen Welt machte. Seine Antrittsrede vom 28. Mai war eine eindringliche Verteidigung des Werts der Philologie als Instrument zur Erschließung der antiken griechischen und lateinischen Literatur.[23]

Die Worte täuschten jedoch über seine Vorbehalte hinweg. Insgeheim war er bereits zu dem Schluß gelangt, daß er trotz seiner Begabung nicht zum klassischen Gelehrten geschaffen war. Um den Lehrverpflichtungen nachkommen zu können, würde er sein wachsendes Interesse für Philosophie, vergleichende Philologie und Musik zügeln müssen, und obwohl er sich als beliebter Lehrer erwies, war er unglücklich. Er hatte das Gefühl, seine Zeit zu vergeuden. Das Universitätsleben schien nicht mehr zu sein als müßiges Ausharren, als Wartezeit auf die große innere Erweckung, die ihn aus seiner Lethargie reißen würde.[24] Ein schmaler Lichtstrahl fiel jedoch in seine Langeweile und Ruhelosigkeit: die enger werdende Freundschaft mit Jacob Burckhardt. Obwohl durch einen Altersunterschied von dreißig Jahren getrennt, verstanden sie sich auf Anhieb. Sie besuchten gegenseitig ihre Vorlesungen und planten sogar ein gemeinsames Buch über die Kultur der griechischen Antike.

Das leitende Prinzip des modernen Zeitalters, hörte Nietzsche in Burckhardts Vorlesungen, war die Gleichheit: »Völlige Gleichheit vor dem Gesetz, auch mehr oder weniger gleiche Ämterfähigkeit, Besteuerung und Erbteilung« waren von ebensolchem demokratischen Wert wie gleiche Eigentumschancen und Wohlstand. Doch trotz aller Vorteile der modernen Welt – Gleichheit, Reichtum, schnelle Kommunikation und, in Gestalt der Presse, ein »hoher Einfluß der öffentlichen Meinung auf alles Geschehende« – erscheine es »fraglich, ob die Welt deshalb durchschnittlich glücklicher geworden ist«. Der Kapitalismus mit seiner Anbetung des »unbedingten, rücksichtslosen *Erwerbes und Verkehrs*« habe durch Verwahrlosung und Ausbeutung der industriellen Arbeit neues Elend geschaffen. In einer Welt, in der Geld der »große Maßstab der Dinge« und »Armut die größte Untugend« sei, befänden sich Hochkultur und Schöpferkraft in Gefahr. »Vor allem« aber, so Burckhardt, »hat unser jetziger Moment ... gar keiner vergangenen Zeit nötig den Prozeß zu machen«, auch nicht dem Mittelalter, das bei all seinen Fehlern ohne »beständige oder beständig drohende Nationalkriege« gewesen sei, »ohne Zwangs- und Massenindustrie mit tödlicher Konkurrenz, ohne Kredit und Kapitalismus«.[25]

»Eile und Sorge verderben das Leben«, bedauerte Burckhardt. »Alles ist durch die Allkonkurrenz auf die höchste Schnelligkeit und auf Kampf um Minimaldifferenzen angewiesen.« Unter dieser »starken Veränderung des Pulsschlags« des 19. Jahrhunderts sah er den »großen *optimistischen Willen*« der Aufklärung wirken, einen »blinden Willen der Veränderung«. Doch in dem Maße, wie die Menschen erkennen würden, daß ihre Hoffnungen auf Reichtum und Glück sich nicht erfüllen, werde dieser Optimismus vergehen. Burckhardt hielt es jedoch für denkbar, daß in nächster Zukunft »ein Umschlag jenes Optimismus in Pessimismus erfolge, wie dies am Ende der antiken Welt schon vorgekommen«.[26]

»Gestern Abend hatte ich einen Genuß, den ich Dir vor allem gegönnt hätte«, berichtete Nietzsche einem Freund. »Jacob Burckhardt hielt eine freie Rede über ›historische Größe‹... Ich höre bei ihm ein wöchentlich einstündiges Colleg über das Studium der Geschichte und glaube der Einzige seiner 60 Zuhörer zu sein, der die tiefen Gedankengänge ... begreift. Zum ersten Male habe ich ein Vergnügen an einer Vorlesung, dafür ist sie auch derart, daß ich sie, wenn ich älter wäre, halten könnte.«[27] Obwohl er einer anderen Generation angehörte als Burckhardt, teilte Nietzsche dessen desillusionierte Sicht des nach 1848 entstandenen Europa. Hinzu kam, daß auch er den Philosophen Eduard von Hartmann gelesen hatte, der eine materiell reiche, aber geistig arme Welt kommen sah.[28] Zwischen dem Industriekapitalismus und seiner sozialistischen Alternative bestand dabei nach Nietzsches Ansicht nur eine Differenz ohne Unterschied, da beide materialistisch waren und nach einem allmächtigen Staat verlangten. Außerdem teilte er Burckhardts Ablehnung des modernen Militarismus. Ein Reitunfall hatte seine Dienstzeit als Einjähriger bei der preußischen Armee verkürzt und bei ihm einen lebenslangen Abscheu gegen alles Militärische verursacht. Er ging sogar so weit, seine preußische Staatsbürgerschaft aufzugeben, als er die Professur in Basel antrat. Dennoch meldete er sich bei Ausbruch des Deutsch-Französischen Krieges freiwillig zum Dienst als Krankenpfleger. Aber die Erfahrungen, die er während der Belagerung von Metz in einem Feldhospital machte, waren nicht geeignet, seine geringe Meinung von Krieg und Soldatenwesen zu ändern.

An Burckhardts düsteren Prophezeiungen orientierten sich Nietzsches Überlegungen zur Zukunft der modernen europäischen Zivilisation, insbesondere in politischer Hinsicht. Doch während Burckhardt im Sieg des demokratischen Nationalismus »nur« den endgültigen Zusammenbruch der Freiheit sah, bedeutete er für Nietzsche das Ende der Politik überhaupt. Weit davon entfernt, einen neuen Sinn für Einigkeit und Solidarität hervorzurufen, vollende der Nationalstaat vielmehr die das gesamte moderne Zeitalter kennzeichnende Trennung von einzelnem und Gemeinschaft. Demokratie mache ein beständiges ziviles Leben unmöglich. Nietzsches Zarathustra wandte folgerichtig den Herrschenden den Rücken, als er sah, »was sie jetzt Herrschen nennen: schachern und markten um Macht – mit dem Gesindel«.[29] Der sozialistische Irrglaube sei die *reductio ad absurdum* der Demokratie. Angesichts des Zusammenbruchs der traditionellen Ordnung und der »Abwesenheit der höheren Form« bringe die »berüchtigte Fabricanten-Vulgarität mit rothen, feisten Händen« den gemeinen Mann auf den Gedanken, auch er solle eine Chance haben, den Staat zu führen.[30] Demokratie, Nationalismus und Sozialismus bilden für Nietzsche ein

Kontinuum von Ausdrucksformen einer sinnleeren, verkommenen Moderne. Seine Werke teilen zahlreiche Seitenhiebe auf das moderne Deutschland und seine Führung aus, besonders auf Bismarck und den Kaiser, die dann von anderen vor der Veröffentlichung herausgestrichen wurden. Im Gegensatz zu Burckhardt, der die Hoffnung aufgegeben hatte, blieb Nietzsche jedoch optimistisch. Er glaubte, die europäische Zivilisation könne gerettet werden, allerdings nicht unter den Bedingungen, die Burckhardt und anderen altmodischen aufklärerischen Liberalen geläufig waren. Seiner Ansicht nach war eine Revolution nötig, um die Entwicklung des 19. Jahrhunderts umzukehren, indem sowohl die Bourgeoisie als auch die Masse einer neuen Elite untergeordnet wurden – und er hatte soeben den Mann kennengelernt, der sie anführen konnte.

Bereits als Jugendlicher hatte Nietzsche die emotionale Kraft der Musik Richard Wagners gespürt. Zum Wagnerianer wurde er aber erst 1868 nach einer Aufführung der Ouvertüren zu *Die Meistersinger* und *Tristan und Isolde:* »... jede Faser, jeder Nerv zuckt an mir«, schrieb er an einen Freund, »und ich habe lange nicht ein solches andauerndes Gefühl der Entrücktheit gehabt als bei letztgenannter Ouvertüre«, der zu den *Meistersingern*. Später im selben Jahr bekam er Gelegenheit, im Hause der in Leipzig lebenden Schwester Wagners an einem Abendessen mit dem Meister teilzunehmen, der übrigens im selben Jahr wie Nietzsches Vater geboren war.[31] Wagner, der an seinem Opus magnum, dem *Ring des Nibelungen,* arbeitete, fand Gefallen an dem jungen Philologen und lud ihn nach Tribschen ein. Sein Haushalt war, wie man damals gesagt hätte, bohemehaft: Er lebte mit Cosima von Bülow zusammen, der Frau seines Freundes Hans von Bülow, die zu dieser Zeit ein Kind von Wagner erwartete. Die Kraft seiner Persönlichkeit war jedoch so groß, daß Bülow ein ergebener, um nicht zu sagen abhängiger Jünger Wagners blieb und vor einem zunehmend von Bewunderung erfüllten Publikum weiterhin dessen Werke aufführte. Seine

Opern hatten Wagner bereits zum Helden einer ganzen Generation von deutschen und französischen Spätromantikern gemacht, und er stand kurz davor, mit Goethe und Shakespeare auf gleicher Ebene zu einem Symbol künstlerischer Schaffenskraft und philosophischer Tiefe erhoben zu werden.

Der angehende Philosoph war hingerissen von Wagners überschwenglicher Persönlichkeit und auftrumpfender Selbstsicherheit, die den vollkommenen Gegensatz sowohl zu seiner eigenen Schüchternheit als auch zu der Selbstironie und Melancholie seines anderen Mentors, Jacob Burckhardt, bildete. Richard und Cosima Wagner eröffneten ihm eine neue Welt, in der er trotz seiner Eigenheiten und Introvertiertheit willkommen war und akzeptiert wurde. Umgekehrt wußte Wagner die bewundernde Aufmerksamkeit des brillanten jungen Universitätsprofessors zu schätzen. Er glaubte, einen willfährigen Anhänger gewonnen zu haben, der seine Werke verteidigen und seine ästhetische Theorie in respektabler akademischer Sprache propagieren würde. Kern dieser Theorie war die Gedankenwelt des wichtigsten philosophischen Fortschrittskritikers des 19. Jahrhunderts, Arthur Schopenhauer. Dessen Entwicklung ist ein gutes Beispiel dafür, wie der Zauber des Orientalismus im frühen 19. Jahrhundert einen Denker verändern konnte. Als junger Philosophiestudent war Schopenhauer eine französische Übersetzung der indischen *Upanischaden* in die Hände gefallen, und die hinduistische und buddhistische Lehre der Entsagung sollte ihn nicht mehr loslassen. In seinem Hauptwerk, *Die Welt als Wille und Vorstellung* (1819), stellte er dem aufklärerischen Vertrauen in Vernunft, Wissenschaft und Zivilisation die mystische östliche Weisheit gegenüber.

Die Welt, die wir wahrnehmen, ist laut Schopenhauer Vorstellung, eine Schöpfung unseres Ego, eine Illusion, in der sich unsere Hoffnungen und Ängste widerspiegeln. Mit den deutschen romantischen Philosophen stimmte er insofern überein, als auch für ihn die einzige Wirklichkeit die des menschlichen

Willens war. Die fernöstlichen Einflüsse führten ihn aber zu einer radikaleren Position als andere. Seiner Lehre zufolge ist der subjektive menschliche Wille die Quelle alles Strebens nach Geld, Liebe oder Macht und die Ursache aller Angst. Man muß lernen, ihn aufzugeben, um dem zu entkommen, was Schopenhauer als Krankheit unseres Lebens diagnostizierte. Letztes Ziel des Weisen sei das Nirwana, das »Nichts«, in dem es keinen Willen und kein Verlangen mehr gebe. Das Leben, so wird Schopenhauer oft zitiert, ist etwas, das besser nicht wäre, das heißt, das säkulare europäische Leben, die westliche Tradition sollte es besser nicht geben.

Schopenhauers Philosophie der radikalen Entsagung richtet sich gegen zwei Hauptgegner: gegen die Aufklärung mit ihrem falschen Optimismus und leeren Vernunft- und Fortschrittsglauben, wie sie von Hegels Philosophie repräsentiert wurden, und gegen das Christentum oder, genauer gesagt, die jüdisch-christliche Tradition. Bei den meisten Romantikern stehen sich Aufklärung und organisierte Religion feindlich gegenüber. Schopenhauer jedoch betrachtete sie als Verbündete. Beide feuerten den Menschen an, nach Erlösung in dieser Welt zu suchen, ob nun durch wissenschaftlichen Rationalismus, den Nationalstaat oder die Befolgung religiöser Vorschriften. In dieser Hinsicht beschuldigte er insbesondere das Judentum. Dieses habe das Christentum dauerhaft mit der Illusion des »Willens als Vorstellung« infiziert, dem Bestreben, die Welt zu verändern, um sie religiösen und moralischen Forderungen anzupassen, die erst von den Juden und dann von den Christen als Gesetze Gottes bezeichnet wurden. Die einzigen Aspekte des Christentums, die von bleibendem Wert seien, die selbstverleugnende Askese und der Pessimismus in bezug auf die Welt des Fleisches, stammten aus dem hinduistischen Indien. Jesus, erklärte Schopenhauer, sei nach der Flucht nach Ägypten von Priestern, »deren Religion indischen Ursprungs gewesen ist«, erzogen worden und habe dabei deren Lehre von Entsagung und geistiger Befreiung in sich aufgesogen. Wie die Doktrin eines anderen großen geistigen Lehrers, Gautama Buddha, sei die Christuslehre »aus indischer Weisheit entsprungen« und dem »alten, ihr ganz heterogenen Stamm des rohen Judenthums überzogen« worden.[32]

Es bleibe nur ein Weg zur Befreiung, die Kunst, insbesondere die Musik. Die Kunst stelle eine andere Art des Wissens dar, die immun sei gegen die ruhelosen Wünsche des Ego und der »Welt als Willen«. In der ästhetischen Erfahrung werde die Welt anders erlebt, es gelinge zugleich für einen Augenblick die Befreiung aus dem Gefängnis des Verlangens. Kunst und Musik würden Momente der reinen Kontemplation bieten, die dem rohen Materialismus, der uns umgebe, enthoben seien. Und sie müßten es bleiben, um »wahre Philosophie« zu sein. Schopenhauers Hauptwerk wurde allerdings vierzig Jahre lang kaum beachtet, bis die Enttäuschung nach 1848 ihm ein neues, geneigtes Publikum zuführte. Einer der neuen Anhänger war Burckhardt, ein anderer Eduard von Hartmann, der in seiner *Philosophie des Unbewußten* (1869) Schopenhauers rastlosen menschlichen Willen als Unbewußtes auffaßte, ein Konzept, das Freud später aufnahm und abwandelte. Unterdessen hatte der junge Nietzsche 1865 in einem Leipziger Antiquariat ein Exemplar der *Welt als Wille und Vorstellung* entdeckt, und die gemeinsame Bewunderung für Schopenhauers Philosophie sollte zum Anknüpfungspunkt seiner Freundschaft mit Burckhardt werden, für den Schopenhauer stets nur »der Philosoph« war.[33]

Ein weiterer Verehrer des Philosophen war Wagner. *Der fliegende Holländer, Tannhäuser* und *Tristan und Isolde* drehen sich allesamt um Schopenhauers zentralen Gedanken, die Welt des menschlichen Handelns sei eine Welt des Leidens, aus der sich die Seele hinwegsehne. Unter dem Eindruck Schopenhauers plante Wagner sogar eine Oper über das Leben Buddhas.[34] Als Nietzsche im Mai 1869 zum ersten Mal Tribschen besuchte, klangen ihm durch ein offenes Fenster kräftige Klavierakkorde entgegen. Wagner arbeitete an diesem Morgen an der letzten Szene des *Rings*, dem Selbstmord von Brünnhilde, die durch die Annahme ihres Schicksals sich selbst und die Welt vom endlosen Kreislauf von Wiedergeburt, Verlangen und Tod befreit. Die Szene ist reiner Schopenhauer. Wie er Nietzsche sagte, glaubte Wagner, daß seine Opern den unablässigen Griff des Willens länger zu lösen vermochten, als die nur vorübergehende Ruhepause währe, die Schopenhauer der Musik zutraute. Der *Ring des Nibelungen* würde die Oper in eine neue revolutionäre Kunstform verwandeln, die Musik, Drama, Poesie und die plastischen Künste zu einem Gesamtkunstwerk vereine. Das Gesamtkunstwerk sei durch die Vermengung von emotionaler Katharsis, transzendenter musikalischer Erfahrung und mythischem Ritual imstande, die korrupte Moderne zu erlösen.

Das Gegenstück dieser anmaßenden Vision war der ebenso großspurige Plan, ein riesiges Theater zu bauen und die Aufführung des *Rings* zu einem alljährlichen Ereignis zu machen, teils Kunstfest, teils Gottesdienst. Es sollte auf deutschem Boden entstehen, im oberfränkischen Bayreuth. Einen Verbündeten bei seinem Vorhaben, einen Neubeginn von Kunst und Humanität zu initiieren, fand Wagner in Nietzsche, mit dem ihn eine zunehmend engere Freundschaft verband. In den nächsten beiden Jahren – 1870 und 1871 – stürzte sich der junge Philologieprofessor neben seiner Lehrtätigkeit mit Eifer in das neue, weitaus bedeutsamere Unternehmen: die literarische Rettung Europas durch Wagners Musik. Ein Jahr darauf erschien *Die Geburt der Tragödie*. Vordergründig von Theater und Religion des antiken Griechenland handelnd, feierte das Buch in Wirklichkeit Wagners Vorstellung von der Beziehung zwischen Kunst und Gesellschaft. Darüber hinaus stellte es die erste, vorläufige Antwort auf die Frage dar, die Nietzsche nicht mehr losließ: Wie konnte der Verfall der modernen Zivilisation verhindert werden?

Alle nach 1870 erschienenen Schriften Nietzsches, einschließlich der *Geburt der Tragödie* und *der Unzeitgemäßen Betrachtungen*, standen in der Perspektive von Schopenhauers Lehre der Vergeblichkeit des menschlichen Wollens und Burckhardts trostlosem Bild des modernen Industriezeitalters. »Die Gewässer der Religion fluthen ab und lassen Sümpfe oder Weiher zurück«, schrieb er in »Schopenhauer als Erzieher«. Während ein großer Krieg Europa zu zerstören drohe, werden »die gebildeten Stände und Staaten ... von einer grossartig verächtlichen Geldwirthschaft fortgerissen. Niemals war die Welt mehr Welt, nie ärmer an Liebe und Güte.« Statt »Leuchtthürme oder Asyle inmitten aller dieser Unruhe der Verweltlichung« zu sein, verschlechterten die Gebildeten die Lage noch, indem sie die Illusion des Fortschritts verbreiteten und die Masse in dem Glauben an eine zukünftige Verbesserung der Menschheit wiegten. Im Ton Burckhardts schlußfolgert Nietzsche: »Alles dient der kommenden Barbarei, die jetzige Kunst und Wissenschaft einbegriffen. ... Es liegt ein Wintertag auf uns, und am hohen Gebirge wohnen wir, gefährlich und in Dürftigkeit.«[35]

Rousseaus primitivistische Lösung lehnt Nietzsche ab. Eine Rückkehr zur Natur ist für ihn eine Rückkehr zu Armut und Hoffnungslosigkeit. Geschichte schreitet immer voran, auch wenn sie sich auf begrenzte Horizonte zubewegt. Gesellschaftliches Leben und Zivilisationsprozeß sind hier kein Zeichen der höheren Natur des Menschen, sondern Ausdruck seiner grundlegenden Tierhaftigkeit, ein gleichbleibendes Kontinuum eintöniger Erfahrung, das nicht verbessert, sondern, wie schon bei Schopenhauer, nur transzendiert werden kann.[36] Während Nietzsche also Burckhardts Entwurf der zum Untergang verurteilten, von Dekadenz und Schwäche gekennzeichneten modernen Zivilisation übernahm, modifizierte er dessen umfassendere These, die Gesellschaft als Ganzes durchlaufe eine regelmäßige organische Entwicklung. Aber auch für ihn ist, wie schon für Burckhardt, jede Nation oder Zivilisation eine dynamische Einheit von Kräften und Gegenkräften, die im Lauf der Zeit ein Gleichgewicht finden oder einander ersetzen.[37] Folglich ist die Gegenwart eine unumkehrbare Entfaltung der Vergangenheit: »Wir bringen es im besten Falle zu einem Widerstreite der ererbten, angestammten Natur und unserer Erkenntnis, ... wir pflanzen eine neue Gewöhnung, einen neuen Instinct, eine zweite Natur an, so daß die erste Natur abdorrt.« Seine Treue zu Schopenhauer gab ihm den Satz ein, jede Vergangenheit sei »werth verurtheilt zu werden – denn so steht es nun einmal mit den menschlichen Dingen«.[38]

An diesem Punkt trennten sich Nietzsches und Burckhardts gedankliche Wege. Letzterer hatte die Ursachen erkannt, die den Verfall und Zusammenbruch der alten Ordnung bewirkten, was Nietzsche ihm durchaus zugute hielt. Aber er ging über ihn hinaus und suchte die Ursache nicht in einzelnen Aspekten, sondern in der Schwäche der alten Ordnung insgesamt – der europäischen Zivilisation in ihrer traditionellen, jüdisch-christlichen Form. Burckhardt betete noch im Schrein der alten Gesellschaft und hoffte weiterhin, die »höflichen« Konventionen des Benehmens und der Moral seiner Basler Mitbürger sowie ihr Vertrauen in einen guten und gerechten Gott retten zu können. Seine Blindheit war die Blindheit des 19. Jahrhunderts. Es »versteht eben allein Leben zu *bewahren*, nicht zu zeugen«, so »als ob ihr Wahlspruch wäre: lasst die Todten die Lebendigen begraben«. Die moderne Bildung war »eben deshalb nichts Lebendiges«.[39] In Nietzsches Augen hatte das moderne Europa den vitalen Funken der Größe verloren – der ihm genaugenommen nie innegewohnt hatte. Um sich von dieser sterbenden Welt zu befreien, müsse der Mensch eine neue Kultur mit neuen Gewohnheiten und einem »neuen Instinct« schaffen.

Nietzsches Gegenmittel zu Burckhardts historischem Pessimismus bestand in romantischem Heroismus, der die »erlösenden Menschen« auszeichnete – Philosophen, Künstler und Heilige, auserwählte Menschen, deren Bestimmung es sei, große Werke zu schaffen. Er prophezeite das Hervortreten einer neuen Kulturelite aus »Schopenhauerischen Menschen«, die sich von dem in der modernen Zivilisation vorherrschenden Materialismus abwenden und eine »Genialen-Republik« schaffen würden, in der »ein Riese ... dem anderen durch die öden Zwischenräume der Zeiten« zuruft »und ungestört durch muthwilliges lärmendes Gezwerge, welches unter ihnen wegkriecht, ... das hohe Geistergespräch« fortführt.[40] *Ein* solcher Mensch, gab Nietzsche seinen Lesern zu verstehen, lebe bereits unter ihnen: Richard Wagner. Dessen Opern würden die Kultur erneuern und die großen vitalen Instinkte des Menschen freisetzen, indem sie die der europäischen Kultur zugrundeliegende verhängnisvolle Spaltung überwänden.

In der *Geburt der Tragödie* traf Nietzsche die berühmt gewordene Unterscheidung zwischen dem Dionysischen, dem ungezähmten Geist von Kunst und Schöpferkraft, und dem Apollinischen, dem Geist von Vernunft und Selbstkontrolle.[41] Darin inbegriffen war die Vorstellung, die Geschichte nicht nur der griechischen, sondern aller Kulturen bestehe aus einem schrittweisen Sieg des Apollinischen über das Dionysische; letzteres überlebe nur im Mythos, in Poesie, Musik und Drama. Sokrates und Platon hatten die Illusionen der Kunst als unwirklich verworfen und das heikle kulturelle Gleichgewicht gekippt, indem sie nur noch dem kritischen, rationalen und kontrollierenden Bewußtsein Wert beimaßen, während die vitalen Instinke als irrational und minderwertig verunglimpft wurden. Das Ergebnis dieser Abspaltung war der alexandrinische Mensch, der zivilisierte und verfeinerte griechische Bürger des »sinkenden Altertums«, der zwar über das größte Wissen verfügte, aber die Quellen der Schöpferkraft verschüttet hatte.[42]

Der moderne Europäer, für Thomas Buckle oder Auguste Comte die Verkörperung der Zivilisation, war ein direkter

Nachfahre dieses alexandrinischen Menschen. Sein Glaube, die Realität allein mit dem Verstand erfassen zu können, habe dazu geführt, daß »jener optimistische Geist zur Herrschaft gekommen ist, den wir als den Vernichtungskeim unserer Gesellschaft« und ihres Glaubens an die Glück und Freiheit garantierende Macht von Wissenschaft und Institutionen bezeichnen können.[43] Wagners Opern erlaubten nach Nietzsches Überzeugung eine zeitweilige Wiederherstellung der ursprünglichen Ganzheit des Europäers, eine Rückkehr in die »tragische Cultur«, welche die Hilflosigkeit des Menschen wie seinen Triumph, das Sublime wie das Monströse akzeptiere. Mit hundert solcher Männer wäre »die ganze lärmende Afterbildung dieser Zeit zum ewigen Schweigen zu bringen«; Seele und Geist wären wieder eins.[44]

Am 22. Mai 1872 versammelte sich in Bayreuth trotz strömenden Regens eine große Menschenmenge, um die Grundsteinlegung von Wagners Festspielhaus mitzuerleben. Nietzsche und Wagner, ein Mann, der »ideellen Spekulationen lebt in einer Zeit, da die Börsenspekulation die Welt regiert«,[45] fuhren in derselben Kutsche den Hügel hinauf. Nietzsche beobachtete Wagner: »... er schwieg und sah dabei mit einem Blick lange in sich hinein, der mit einem Worte nicht zu bezeichnen wäre. ... alles Bisherige war die Vorbereitung auf diesen Moment.« Beide, Nietzsche wie Wagner, glaubten sich am Beginn eines neuen Zeitalters.[46]

Nietzsche und der Kulturpessimismus

»Also nur der, welcher sein Herz an irgend einen grossen Menschen gehängt hat, empfängt damit die *erste Weihe der Kultur*«[47] – unglücklicherweise regten sich bei Nietzsche, kaum hatten in Bayreuth die Bauarbeiten begonnen, erste Zweifel an Wagner. Zunächst blieben deren Äußerungen jedoch auf seine Notizbücher beschränkt. Wagners Kunst, so heißt es dort, rede »eine *theatralische* Sprache ... Es ist eine Volksrede, und die läßt sich ohne eine starke Vergröberung selbst des Edelsten nicht denken.« Wagner sei ein »versetzter Schauspieler«. Später fährt er fort: »Keiner unserer grossen Musiker war in seinem 28ten Jahr ein noch so schlechter Musiker wie Wagner«, und dann das Verdammungsurteil: »Die Musik ist nicht viel werth, die Poesie auch [nicht], das Drama auch nicht, die Schauspielkunst ist oft nur Rhetorik ...«[48]

Bei den ersten Bayreuther Festspielen 1876 bestätigten sich Nietzsches schlimmste Befürchtungen. Das Publikum bestand aus der eleganten Gesellschaft, dem »ganzen müssiggängerischen Gesindel« aus Bürgertum und Adel, das er verabscheute und das, wie er geglaubt hatte, auch Wagner verachtete. Wagners größter Publicitycoup war die Anwesenheit Kaiser Wilhelms I. Nietzsche hörte, wie der Kaiser, während er applaudierte, seinem Adjutanten zurief: »Scheußlich! Scheußlich!«[49] Das brachte das Faß zum Überlaufen. Wagner hatte sich verkauft. Bayreuth war zu einer Bühne der flachen, bürgerlichen patriotischen Gefühle geworden, die Nietzsche am meisten haßte – obwohl es genau diese Gefühle waren, die Schemann, Chamberlain, Bernhard Förster – Nietzsches zukünftiger Schwager – und andere in Wagners Dunstkreis zogen. Ein erster öffentlicher Widerschein von Nietzsches Sinneswandel war der Titel seines nächsten Werkes: *Menschliches, Allzumenschliches. Ein Buch für freie Geister.*

Unterdessen hatte Burckhardt begonnen, sich Sorgen über seinen jungen Freund zu machen. Am 5. April 1879 dankte er Nietzsche für die Zusendung der »Vermischten Meinungen und Sprüche« aus *Menschliches, Allzumenschliches* und lobte die »freie Fülle« seines Geistes. Anderen gegenüber äußerte er sich jedoch besorgt über den sich verschlechternden physischen und psychischen Zustand Nietzsches, dessen »Befinden (gänzliche Augenschwäche und ewiger Kopfschmerz mit heftigen

Crisen alle paar Tage) keineswegs die Veranlassung« zu dem optimistischeren Ton von *Menschliches, Allzumenschliches* sein könne. Sein Gesundheitszustand verschlechterte sich so sehr, daß er im Sommer gezwungen war, Urlaub zu nehmen. Er sollte nicht wieder an die Universität zurückkehren.[50]

Das Ende von Nietzsches Vater-Sohn-Beziehung zu Wagner zog eine peinliche Selbstbefragung nach sich – wie hatte er sich nur derart in Wagner irren können? – und markierte den Beginn seiner zukünftigen philosophischen Reise. Nach seiner Neueinschätzung litt Wagners Kunst an derselben Krankheit wie der alexandrinische Mensch und die gesamte moderne Gesellschaft: an Dekadenz. »Womit kennzeichnet sich ... décadence?« fragte er sich und antwortete: »Damit, dass das Leben nicht mehr im Ganzen wohnt. ... die Vibration und Exuberanz in die kleinsten Gebilde zurückgedrängt ... Das Ganze lebt überhaupt nicht mehr: es ist zusammengesetzt, gerechnet, künstlich, ein Artefakt.«[51] Damit schloß sich Nietzsche an die vierzig Jahre alte Kritik von Nisard, Couture und anderen an. Vor allem aber fehlte dem dekadenten Kunstwerk wie dem dekadenten Menschen die »Echtheit«: »keiner wagt mehr seine Person daran, sondern maskiert sich« als gebildeter Mann, als Gelehrter, als Dichter, als Politiker« – oder als Musiker.[52] Zum Beweis seiner Diagnose brauchte Nietzsche nur auf Wagners Popularität zu verweisen, die nach dem Tod des Komponisten 1883 ungeahnte Höhen erreichte. An Wagner ließe sich ablesen, »dass in Niedergangs-Culturen, dass überall, wo den Massen die Entscheidung in die Hände fällt, die Echtheit überflüssig, nachtheilig, zurücksetzend wird. Nur der Schauspieler weckt noch die *grosse* Begeisterung.«[53]

Nietzsches einflußreiche spätere Schriften – *Die fröhliche Wissenschaft* (1882), *Jenseits von Gut und Böse* (1886), *Zur Genealogie der Moral* (1887) und die epische Parabel *Also sprach Zarathustra* (1883–1885) – stellten in tieferem Sinn Stationen auf der Suche nach den Ursprüngen der Dekadenz der europäischen Kultur dar. Wie Burckhardt erstaunt bemerkte, betrieb Nietzsche weniger Philosophie als vielmehr Geschichte.[54] Nietzsche teilte mit Burckhardt den Ausgangspunkt: die Annahme, der Aufstieg des massendemokratischen kapitalistischen Zeitalters sei das Vorzeichen des Zusammenbruchs der europäischen Gesellschaft und ihrer Werte. Doch er gelangte zu einem anderen Schluß, der eher dem Gobineaus glich: Das moderne Europa hatte die Lebenskraft verloren, die nötig war, um die Werte und die Manifestationen einer wahrhaft starken Kultur zu schaffen. Als Ursache der Lebensschwäche der Moderne betrachtete Nietzsche allerdings nicht die Rassenmischung – obwohl er sie als mitwirkenden Faktor nicht ausschloß –, sondern die Moralität. Deshalb war seine Philosophie, wie er es später selbst ausdrückte, ein »Feldzug gegen die *Moral*« – und eine Feier des Willens zur Macht.[55]

Der Wille zur Macht umfaßte laut Nietzsche mehr als nur den Wunsch, andere zu beherrschen, wie etwa in der Politik oder der Herr-Knecht-Beziehung. Dies waren bloße aspekthafte Lebensäußerungen. Mit den Worten von Richard Schacht ist der Wille zur Macht »die grundlegende Tendenz aller Kräfte und Konfigurationen von Kräften« – im Menschen wie in Gesellschaft und Natur –, »ihren Einfluß zu vergrößern und andere zu beherrschen«. Diese Kräfte »konstituieren zusammen die Wirklichkeit der Welt, wie sie aktuell vorhanden ist«. Der Wille zur Macht ist der Ursprung alles Existierenden und allen menschlichen Handelns, von der feinsinnigsten Kunstproduktion bis zum brutalsten Verbrechen.[56] Dem gesunden, vitalen Individuum ist dieser Wille zur Macht ebenso bewußt wie der gesunden Gesellschaft. Er verleiht ihm ein »Gefühl der Fülle, der *aufgestauten Kraft* (aus dem es erlaubt ist Vieles muthig und wohlgemuth entgegenzunehmen, vor dem der Schwächling *schaudert*)«.[57] Im Gegensatz dazu schreckten Krankheit und Dekadenz vor dem Instinkt für Leben und Macht zurück und mieden ihn. Leben und Vitalität seien »in die kleinsten Gebilde zurückgedrängt«, das größere Ganze verliere Energie, »die Kraft des Geistes ermüdet, *erschöpft«* sich, und ein »müder Nihilismus« trete in den Vordergrund. »Wo in irgend welcher Form der Wille zur Macht niedergeht, giebt es jedes Mal auch einen physiologischen Rückgang, eine décadence.«[58]

Für Nietzsche ist die gesamte Geschichte ein metaphysischer Kampf zwischen zwei Gruppen: jener, die den Willen zur Macht und die Lebensinstinkte ausdrückt, und jener, die dies nicht tut. »Der Arme an Leben der Schwache verarmt« das kulturelle Leben, »der Reiche an Leben der Starke bereichert es«.[59] Laut Nietzsche ist die Zivilisation das Werk von »Raubmenschen«, die »noch im Besitz ungebrochner Willenskräfte und Macht-Begierden« gewesen seien und sich »auf schwächere, gesittetere, friedlichere ... oder auf alte mürbe Culturen« geworfen hätten, »in denen eben die letzte Lebenskraft in glänzenden Feuerwerken von Geist und Verderbniss verflackerte«. Diese Raubmenschen, die zur herrschenden Schicht der neuen Gesellschaft werden sollten, bezeichnete Nietzsche mit Gobineaus Begriff als Arier. »Die vornehme Kaste war im Anfang immer die Barbaren-Kaste«, weil sie im Vergleich mit den übersättigten, verfeinerten Verstandesmenschen, die sie unterwarf, aus den lebendigeren und *»ganzeren* Menschen« bestanden habe.[60]

Der Vitalismus von Nietzsches Ariern wäre Gobineau nur allzu bekannt vorgekommen. Tatsächlich ist Gobineaus Einfluß auf Nietzsche, so indirekt er gewesen sein mag, überdeutlich. Wie der Franzose betrachtete auch Nietzsche den Aristokraten als Urbild vitaler gesellschaftlicher Lebenskraft. »Jede Erhöhung des Typus ›Mensch‹« war seiner Ansicht nach »bisher das Werk einer aristokratischen Gesellschaft – und so wird es immer wieder sein«.[61] An die Stelle der früheren Schopenhauerischen Kultur der Genies und der Kontemplation war die vitale, spontane Welt der japanischen Samurai und der homerischen Helden, der frühen Germanen und der skandinavischen Wikinger getreten, in der Stärke, Ehre und Verachtung für niedere Formen des Lebens den Ton angaben. Dennoch ist Nietzsches »blonde Bestie« kein Rassentyp, sondern eine kulturelle Figur. Ihr Hauptmerkmal ist die spontane Fähigkeit, für sich und ihre Gesellschaft Werte zu setzen. Eine starke Aristokratie bestimmt selbst, was sie unter Ehre, Pflicht und Schönheit verstehen will und schafft ihren eigenen Kodex von Gut und Böse, Wahrheit und Lüge. Die Eroberer zwingen diese Werte dann den Unterlegenen auf, so wie sie im Laufe des Krieges Land und Eigentum usurpieren. Nietzsche lehnt die Gewalt der historischen Eroberungen nicht ab. Im Gegenteil, er bewundert sie, denn »Leben selbst ist *wesentlich* Aneignung, Verletzung, Überwältigung des Fremden und Schwächeren«: »›Ausbeutung‹ gehört nicht einer verderbten oder unvollkommnen und primitiven Gesellschaft an: sie gehört in's *Wesen* des Lebendigen, als organische Grundfunktion, sie ist eine Folge des eigentlichen Willens zur Macht, der eben der Wille des Lebens ist.«[62]

Vitalität und Schöpferkraft, einschließlich der Fähigkeit, Werte zu setzen, sind das Vorrecht der Starken, das heißt der Eroberer, der Aristokraten und, wie Nietzsche hinzufügt, der Künstler. Die Moral dagegen ist das Produkt der Unterklasse, die sich damit an ihren vitalen Herren räche. Als Muster eines vitalen Individuums in der europäischen Geschichte nennt Nietzsche, wie schon Gobineau, Cesare Borgia. Er verherrlicht ihn und alle Borgias, gerade weil sie Opfer forderten und von späteren Generationen als Verbrecher verurteilt wurden. Ihm bedeuteten diese Etiketten nichts; je vitaler jemand ist, desto mehr wird er die träge Mehrheit schockieren. In aristokratischen Gesellschaften wie dem Japan der Samurai oder dem homerischen Griechenland werden die Taten und Morde des Kriegers gefeiert und in Kunstwerken wie der *Ilias* oder dem *Nibelungenlied* festgehalten. In dekadenten oder demokratischen Gesellschaften dagegen wird er als Monster geschmäht. Die arischen Krieger gehen aus »einer scheusslichen Abfolge von Mord, Niederbrennung, Schändung, Folterung mit einem Übermuthe und seelischen Gleichgewichte« hervor, »so als ob nur ein Studentenstreich vollbracht sei«, selbst wenn ihre aufgebrachten Opfer und Untertanen sich verschworen haben, sie zu stürzen.[63] Da sie auf dem Schlachtfeld nicht siegen könnten, versuchten sie es durch die Kultur, indem sie herausbildeten, was die Aufklärung Höflichkeit und Geselligkeit nannte und was Nietzsche als »Sklaven-Moral« bezeichnet.

Ihr gegenüber stehe die »Herren-Moral« der aristokratischen Kriegerkaste, welche die »erhobenen stolzen Zustände der Seele« sanktioniert, die vor allem durch »Krieg, Abenteuer, Jagd, Tanz, Kampfspiele und Alles überhaupt, was starkes, freies, wohlgemuthes Handeln in sich schließt«, erreicht würden. In der Herren-Moral spiegelt sich eine Weltsicht wider, die notwendigerweise selbstbezogen ist: »eine solche Moral ist Selbstverherrlichung«. Die Sklaven-Moral dagegen ist aus dem Ressentiment jener geboren, die von ihren natürlichen, vitalen Herren ausgebeutet und beherrscht werden. »Dass die Lämmer den grossen Raubvögeln gram sind, das befremdet nicht«, räumt Nietzsche ein, doch sie behaupten darüber hinaus, das Glück der Aristokraten sei nicht wahrhaftig. Wirkliches Glück und echte Tugend lägen nur in der Hilfe für die Unterdrückten: »... hier kommt das Mitleiden, die gefällige hülfbereite Hand, das warme Herz, die Geduld, der Fleiss, die Demuth, die Freundlichkeit zu Ehren«, denn dies seien die einzigen Mittel, mit denen die arischen »blonden Bestien« von ihren Opfern »zu Schanden gemacht und überwältigt« werden können.[64]

In scharfem Kontrast zur Herren-Moral ist die der Sklaven »wesentlich Nützlichkeits-Moral«, mit besonderer Betonung der Nützlichkeit. Nietzsche zufolge beruht jeder materielle und ökonomische Fortschritt der Zivilisation, einschließlich des Mittelstandes, auf der Sklaven-Moral als der Überhöhung der »Heerden-Maximen«. Der »Heerdenmensch« gebe sich »heute ... in Europa das Ansehn, als sei er die einzig erlaubte Art

Mensch, und verherrlicht seine Eigenschaften, vermöge deren er zahm, verträglich und der Heerde nützlich ist«. Zu den gesellschaftlich anerkannten Werten würden jetzt Nächstenliebe, Selbstverleugnung, Konformität und Mittelmäßigkeit: »Alles, was den Einzelnen über die Heerde hinaushebt und dem Nächsten Furcht macht, heisst von nun an *böse* ...« Aus Nietzsches Sicht stellt der gesamte Zivilisationsprozeß einen Sieg der schwachen Mehrheit über die vitale Minderheit dar, durch den die aristokratische Vollkommenheit dem »niederen Menschen« geopfert wird. Nietzsche muß nicht wie Gobineau auf die Rassenvermischung zurückgreifen, um diesen Prozeß des Niedergangs zu erklären. Ihm genügt die Darstellung des Herdenmenschen, der die kulturellen Werte absichtlich verwässert und verunreinigt. Dafür hat die Gesellschaft allerdings einen hohen Preis zu zahlen, denn mit der Zivilisierung ihrer aristokratischen Elite werde »als Auflösungs- und Verfalls-Princip« der »Wille zur *Verneinung* des Lebens« eingeführt.[65]

Schuld an diesem »Sklavenaufstand in der Moral« hatte nach Nietzsche das Christentum. Wie Gobineau befand er, das Christentum sei »die *antiarische* Religion par excellence«,[66] jedoch wiederum nicht aus rassischen Gründen. Statt dessen identifizierte er wie sein Vorbild Schopenhauer den Geist des Christentums mit dem Fortschrittsglauben der Aufklärung, dem »Nützlichkeits-Calcul«[67]. Beide schränken den menschlichen Willen ein, statt seine schöpferische Energie zu nutzen und neue Werte zu schaffen; beide wenden den menschlichen Willen gegen sich selbst und rufen Gefühle von Schuld und Scham hervor: »Der christliche Entschluss, die Welt hässlich und schlecht zu finden, hat die Welt hässlich und schlecht gemacht.« Dies zeige sich unter anderem darin, »daß nur *die Mittelmäßigsten* ... gedeihen, die höhere Art mißräth« und »der Einzelne Angesichts dieser ungeheuren Maschinerie« der »sogenannten ›Civilisation‹ ... *verzagt* und sich *unterwirft*.«[68]

Nietzsches Schlußfolgerung – »alle Moral *verneint* das Leben«[69] – ist nicht nur ethischer oder philosophischer, sondern auch historischer Natur. In seinen Augen ist der Zusammenbruch der Zivilisation kein Rückschritt in einen wilden Anfangszustand – Burckhardts Barbarei –, sondern eine Bewegung nach vorn in Dekadenz und Sinnlosigkeit. »Wir sehen heute Nichts, das grösser werden will, wir ahnen, dass es immer noch abwärts, abwärts geht, in's Dünnere, Gutmüthigere, Klügere, Behaglichere, Mittelmässigere, Gleichgültigere, Chinesischere, Christlichere – der Mensch, es ist kein Zweifel, wird immer ›besser‹ ...« Und der »Gang dieser Vergiftung, durch den ganzen Leib der Menschheit hindurch, scheint unaufhaltsam«, da die Masse diese Unterdrückung der Lebensinstinkte als Fortschritt betrachte.[70] Durch die Hingabe an Christentum, Wissenschaft und liberalen Humanismus habe Europa die Zerstörung seiner Kultur heraufbeschworen: »Unsere ganze europäische Cultur bewegt sich seit langem schon mit einer Tortur der Spannung, die von Jahrzehnt zu Jahrzehnt wächst, wie auf eine Katastrophe los: unruhig, gewaltsam, überstürzt; wie ein Strom, der *ans Ende* will ...« Der moderne Westen ist im Wortsinne *krank*. »Irren wir nicht wie durch ein unendliches Nichts? Haucht uns nicht der leere Raum an? Ist es nicht kälter geworden? Kommt nicht immerfort die Nacht und mehr Nacht?«[71]

Als er die Schrift *Zur Genealogie der Moral* 1887 beendete, brach seine eigene Krankheit aus, die, wie er genau wußte, nicht nur seinen Körper, sondern auch seinen Geist zerstörte. Hatte er eben noch fieberhaft über die »erhobenen stolzen Zustände« einer verschwundenen arischen Aristokratie und deren Jagd- und Kriegsfreuden geschrieben, war er für die kommenden drei Tage mit lähmenden Kopfschmerzen und ständigem Brechreiz ans Bett gefesselt. Aber er sah immer noch einen Ausweg für Kultur und Menschheit: Man mußte die Dekadenz der modernen Zivilisation auf die Spitze treiben und in die Tiefen von Sinnlosigkeit und Nihilismus hinabsteigen. Der Menschheit letzte Hoffnung seien die Feinde der konventionellen Werte, »die Gotteslästerer, die *Immoralisten*, die Freizügigen jeder Art, die Artisten, die Juden, die Spielleute — im Grunde alle *verrufenen* Menschenklassen ... - wir *Immoralisten* sind heute die *stärkste Macht* ...« Nihilisten und Immoralisten würden die falsche Fassade von Gut und Böse durchbrechen. Der totale Unglaube werde zum »Ideal der *höchsten Mächtigkeit* des Geistes, des überreichsten Lebens ... *Insofern könnte Nihilism, als Leugnung einer wahrhaften* Welt, eines *Seins, eine göttliche Denkweise sein* ...«[72]

Dann werde ein neuer Morgen dämmern, wie Nietzsche in seinem bekanntesten Buch prophezeite. *Also sprach Zarathustra* ist eine Parabel auf das Ende der modernen Zivilisation, die den Tod des »letzten Menschen«, des abendländischen, beschreibt, so wie Wagner in seinem *Ring* den Untergang der Götter und den Beginn der Herrschaft des Menschen dargestellt hatte. Die Parallelen zwischen beiden Werken sind verblüffend. Es hat sogar den Anschein, als hätte Nietzsche gehofft, sein Buch würde zum Gegenstand alljährlicher ritueller, mit Bühnenbild und Musik ausgestatteter Aufführungen an einem Wallfahrtsort wie Bayreuth werden. Das Vorbild des Zarathustra, der altiranische Religionsstifter Zoroaster, hatte das Universum dualistisch betrachtet, zweigeteilt in Licht und Dunkelheit, Leben und Tod. Für Nietzsche war er ein Symbol des Vitalismus der alten arischen Religion — und ein Sprachrohr seiner selbst. Nach zehnjährigem Einsiedlerleben im Gebirge kehrt Zarathustra — wie Nietzsche zehn Jahre nach seinen Besuchen in Tribschen — in die Welt der Menschen zurück, um zu verkünden, »dass *Gott todt* ist«.[73] Rationalität und Wissenschaft haben ihn getötet. Die moderne Kultur ruht auf Unglauben, und mit dem Glauben hat der moderne Mensch die Fähigkeit verloren, Wertmaßstäbe anzulegen und neue Werte zu setzen, die den toten christlichen Mythos ersetzen könnten.

Auf seiner Reise begegnet Zarathustra dem letzten Menschen, dem ungeheuerlichen Endprodukt der dekadenten bürgerlichen Gesellschaft. Im Vergleich zu seinen Vorläufern ist er ein Insekt – ein »Erdfloh« –, doch »der letzte Mensch lebt am längsten«, dank der Beherrschung der materiellen Welt und der Doktrin des Fortschritts. Zarathustra kommt auf einen Markt – das Symbol der Sinnlosigkeit und der leeren Werte des modernen Menschen. »Kein Hirt und Eine Heerde!« stellt er fest. »Jeder will das Gleiche, Jeder ist gleich: wer anders fühlt, geht freiwillig in's Irrenhaus.« Obwohl die letzten Menschen behaupten, sie hätten »das Glück erfunden«, haben sie es in Wirklichkeit zerstört, indem sie den Willen zur Macht verdammten. Im Verlauf der Reise kreuzen auch Nietzsches frühere Vaterfiguren, Schopenhauer und Wagner, in Gestalt kultureller Archetypen Zarathustras Weg. Der Zauberer (Wagner) klagt ihm sein Leid, bis er erkennt, daß der alte Mann ihm etwas vorgaukelt. »Halt ein! schrie er ihm zu, mit ingrimmigem Lachen, halt ein, du Schauspieler! Du Falschmünzer! Du Lügner aus dem Grunde!« Der Anklang an die Charakterisierung Wagners als »versetzter Schauspieler« könnte nicht deutlicher sein. Wenig später eröffnet der Zauberer dem Fremden, er warte auf Zarathustra. Er sucht jemanden, der ihm sagen kann, wie man in einer Welt ohne Gott, das heißt ohne moralische Gewißheiten leben soll.[74]

Der Wahrsager (Schopenhauer) verkündet die »grosse Müdigkeit«. »Alles ist gleich«, lautet seine Lehre, »es lohnt sich Nichts, Welt ist ohne Sinn, Wissen würgt«, und sein Nihilismus ist berechtigt. In der modernen Gesellschaft ist die Welt klein geworden, und bewirkt hat dies der letzte Mensch, »der Alles klein macht«. Doch damit wird Schluß sein. Zarathustra prophezeit das Ende des letzten Menschen und die Geburt des Übermenschen. Die letzten Menschen meinen, es gebe keine »höheren Menschen«, denn »vor Gott – sind wir Alle gleich«. Von Zarathustra hören sie jetzt jedoch die schreckliche Wahrheit: »Vor Gott! – Nun aber starb dieser Gott.« Die Modernität hat alles Zutrauen in ihre eigenen Prinzipien zerstört; was einst ein Grund zum Verzweifeln war, ist zur Quelle der Erlösung geworden: »Ihr höheren Menschen, dieser Gott war eure grösste Gefahr. Seit er im Grabe liegt, seid ihr erst wieder auferstanden. Nun erst kommt der grosse Mittag, nun erst wird der höhere Mensch – Herr!«[75]

Was den höheren Menschen als Übermenschen auszeichnet, ist die Fähigkeit, in sich zu überwinden, was ihn an die Zeit bindet und zu einem ohnmächtigen Teil des endlosen Auf und Ab der Geschichte und der Animalität macht, die Nietzsche in seinen frühen Schriften mit solchem Abscheu beschrieben hatte. Der Übermensch triumphiert über die dekadente Gesellschaft, allerdings nicht im physischen Sinn der Eroberungen der frühen Arier, sondern psychologisch und kulturell. Er überwindet das Chaos seiner Leidenschaften, wie es Nietzsche von Goethe sagt: »er disciplinirte sich zur Ganzheit, er *schuf* sich«. Als Schöpfer seiner eigenen Werte, seiner eigenen Herren-Moral – denn die Moral der bürgerlichen Welt hat sich als Täuschung entpuppt – ist er der *totale* Mensch, ein *»freigewordner Geist«*.[76] Befreit hat sich der Übermensch vor allem von den Einschränkungen und Pflichten der zivilisierten Gesellschaft, die er als Produkte der Geschichte und daher als sinnlos und leer erkannt hat.

Der Übermensch hat begriffen, daß Geschichte keine Bedeutung mehr hat, da sie vom Gesetz der ewigen Wiederkunft beherrscht wird. Manche haben die ewige Wiederkunft als Mythos bezeichnet. Tatsächlich aber ist sie weder ein Mythos noch eine »edle Lüge«, wie Nietzsche gesellschaftlich nützliche Glaubenssätze gelegentlich nennt. Für ihn ist diese Vorstellung eine wissenschaftliche Wahrheit. Die einzige bedeutsame Veränderung in der menschlichen Gesellschaft ist die Entwicklung von der Vitalität, einem Überfluß an Willen zur Macht und Energie, zur Dekadenz, dem Abfließen dieser Energie, und da die Gesamtsumme der Energie im Universum gleich bleibt, so Nietzsches Schlußfolgerung, muß diese Bewegung zyklisch verlaufen. Das Gesetz der ewigen Wiederkunft ist Nietzsches vitalistische Version der griechischen *anakyklosis*. Es besagt, mit Walter Kaufmanns Worten, »daß sich alle Ereignisse endlos wiederholen, daß es weder Plan noch Ziel gibt, die der Geschichte oder dem Leben einen Sinn geben könnten ... Die ewige Wiederkehr ist die Kurzfassung ›eines Märchens ... erzählt von einem Blöden, voller Klang und Wut, das nichts bedeutet‹«.[77] Der wirkliche Übermensch hat sich mit dieser trostlosen Wahrheit abgefunden, wie Zarathustra, der seinen Tieren zufolge sagen würde: »Ich komme wieder, mit dieser Sonne, mit dieser Erde ... – *nicht* zu einem neuen Leben oder besseren Leben oder ähnlichen Leben: – ich komme ewig wieder zu diesem gleichen und selbigen Leben ...«[78] Daher gibt es kein letztes Ziel, nur die persönliche Wahl, »die Frage bei Allem und Jedem ›willst du dies noch einmal und noch unzählige Male?‹«.[79]

An einen Freund schrieb Nietzsche im Herbst 1888: »... es ist meine große *Erntezeit*«, und in einem anderen Brief vom selben Tag heißt es: »Ich bin, in Fragen der décadence, die höchste Instanz, die es auf Erden giebt ...« Im Sommer war er nach Turin gegangen, in die Stadt, in der sechs Jahre zuvor, wie Nietzsche wußte, Gobineau gestorben war.[80] Nach dem endgültigen Ausbruch seiner Krankheit verlor Nietzsche jeden Realitätsbezug. In einem der letzten Werke, die er für den Druck vorbereitete, dem erstmals 1895 erschienenen *Antichrist*, ging sein Angriff auf das Christentum ins Extrem: Er heiße es »den Einen unsterblichen Schandfleck der Menschheit«, »aus jedem Werth« habe es »einen Unwerth, aus jeder Wahrheit eine Lüge« gemacht. Schließlich erklärte er sich sogar selbst zum Antichrist, und »nach dem der alte Gott abgedankt ist, werde *ich* von nun an die Welt regieren.«[81]

Am 15. Oktober 1888 feierte Nietzsche seinen vierundvierzigsten Geburtstag. »Es gab nie einen wichtigeren Augenblick in der Geschichte«, schrieb er an einen Freund, und in einem anderen Brief fügte er hinzu: »Ich werde mit jedem Blick wie ein Fürst behandelt, – es giebt eine extreme Distinktion in der

Art, wie man mir die Thür aufmacht, eine Speise vorsetzt.«[82] In Wirklichkeit führte er in Turin ein einsames Leben; er hielt sich stundenlang allein im Gesellschaftszimmer seiner Pension auf und spielte Klavier, meistens Wagner, wie die Tochter seines Wirts berichtete.

Auf seiner langen, qualvollen geistigen Expedition hatte sich Nietzsche von zwei Vorbildern entschieden abgewandt: Wagner und Schopenhauer. Die Beziehung zur dritten großen Vatergestalt, Burckhardt, ließ er jedoch nie abbrechen. Er schickte weiterhin Exemplare seiner Bücher nach Basel, obwohl Burckhardt die nihilistische Philosophie der Spätwerke nicht nachzuvollziehen vermochte und seinen jungen Freund kaum noch darin wiedererkannte. Im Begleitbrief zum letzten Werk, das Nietzsche ihm übersandte, *Der Fall Wagner* (1888), schrieb er ebenso drängend wie pathetisch: »... ein einziges Wort von Ihnen würde mich glücklich machen.« Doch Burckhardt fühlte sich außerstande, darauf einzugehen. Im vorletzten Brief an seinen väterlichen Freund, geschrieben nach dem Zusammenbruch im Januar 1889, gestand Nietzsche: »Nun sind Sie – bist du – unser grosser grösster Lehrer ...«[83]

Die Gestalt Nietzsches überragt das Denken des 20. Jahrhunderts. Er wurde zum großen Propheten des Kulturpessimismus, der in vieler Hinsicht von Burckhardt abhing, dessen historischer Pessimismus wiederum auf Rankes organizistisches Bild der Gesellschaft zurückgeht, dem zufolge die Gesellschaft wie jeden anderen Organismus Niedergang und Tod erwarten. In den neuen, ungewohnten Kräften des 19. Jahrhunderts – Demokratie, Industriekapitalismus, Nationalstaat – sah Burckhardt Signale des Zusammenbruchs früherer gesellschaftlicher Harmonie. Etwas anderes schien das 19. Jahrhundert auch in Zukunft nicht erwarten zu lassen, wenngleich die Entwicklung kaum abzusehen war. So war es Vorbote künftiger Unordnung. Nach Auffassung des historischen Pessimisten vernichtet eine verfallende oder dekadente Gegenwart systematisch die Errungenschaften der Vergangenheit. Für den Kulturpessimisten à la Nietzsche dagegen ist die Gegenwart nur eine Verlängerung der ebenso sinnlosen und verdorbenen Vergangenheit. Wahre Gesundheit erfordere die Überwindung beider. Der Zusammenbruch einer dekadenten Zivilisation ist demnach keine Tragödie, sondern ein Grund zum Feiern. Er macht den Weg frei für etwas beispiellos Neues, für eine Verjüngung der kulturellen Ordnung auf der Grundlage eines völlig neuen Prinzips.

Dieses Prinzip kann rassischer Art sein. Immerhin geht Nietzsche von denselben vitalistischen Annahmen aus wie Gobineau. Nach Ansicht beider greift jede Zivilisation, um zu existieren, auf ein Reservoir an organischer Lebenskraft oder Willen zur Macht zurück. Doch den größten Einfluß übte Nietzsche nicht auf Rassentheoretiker aus, sondern auf Kulturkritiker und Künstler, in denen er das Bewußtsein erzeugte, Gegengewichte zur dekadenten Gesellschaft zu sein. Der moderne Künstler warf sich nicht mehr in die Pose des Retters – es gab nichts, das es wert gewesen wäre, gerettet zu werden; er hielt sich vielmehr an Nietzsches Gedanken, bereits der Angriff auf die westliche Kultur und Moraltradition sei Ausdruck von Gesundheit und Erneuerung. Kritisches Denken war für Nietzsche die erste Stufe der »Umwerthung aller Werthe«, und die das Bestehende angreifenden Kritiker, Künstler und »Immoralisten« bildeten – und bilden – eine neue vitalistische Aristokratie der Moderne. Voraussetzung für deren Entstehen war allerdings, daß der historische Pessimist die alte Tradition für tot, zumindest aber für todkrank erklärte, wie Burckhardt es getan hatte, als er – zwanzig Jahre vor Nietzsche – die Heraufkunft des letzten Menschen prophezeite. Burckhardt war wie Nietzsche und spätere Kulturpessimisten der Überzeugung, die moderne Demokratie beruhe auf einem künstlichen Konsens, und die Masse sei bloß das Werkzeug mächtiger Kräfte wie Industrieunternehmen und Militärdiktatoren. Daß Beteiligung am politischen Prozeß und wachsender Wohlstand eine Barriere gegen das Aufkommen des Totalitarismus bilden könnten, kam Burckhardt nie in den Sinn.

Nietzsche wandte sich gegen dieselben Trends wie sein Schweizer Mentor, doch diesem schien die Philosophie des Willens zur Macht und der Herren-Moral paradoxerweise genau in deren Richtung zu weisen, in die von Gewalt und Despotismus. Daß Nietzsche seine von dem Historiker Friedrich Christoph Schlosser übernommene Einschätzung, daß »Macht an sich böse« sei, in einen positiven Grundsatz ummünzte, stieß ihn ab.[84] Abgesehen von der vorsichtigen brieflichen Bemerkung, die in der *Fröhlichen Wissenschaft* enthaltene Sentenz, zur Größe gehöre die Bereitschaft, »grosse Schmerzen *zuzufügen*«, verrate eine »Anlage zu eventueller Tyrannei«, hielt er Nietzsche diesen Punkt jedoch nie direkt vor.[85] Das Schicksal der Zivilisation hing Nietzsche zufolge von Lebenskräften ab, die »jenseits von Gut und Böse« lagen. Dagegen glaubte Burckhardt wie Tocqueville immer noch an die Notwendigkeit sozialer Regeln und Konventionen, an die Unabdingbarkeit des Gewissens und der Einsicht in moralische Beschränkungen und an den freien Willen.

Angesichts der Richtung, in die sich die moderne Zivilisation entwickelte, konnte Burckhardt nur zum Rückzug ins Private raten. An seiner Universität genoß er ein geruhsames Leben, das durch äußere Ereignisse oder Aufregungen nicht gestört wurde. Dennoch beunruhigten ihn die Entwicklungen vor der Tür seines Elfenbeinturms, denen gegenüber er sich machtlos fühlte. Einem Freund gestand er: »Aber ich wenigstens sage mir täglich: dieß kann einmal von Stund an aufhören.« Seine einzige Hoffnung war, daß irgendwann einmal menschliche Wesen die humanistische Kultur wiederentdecken würden, die im alten Europa geblüht hatte, das ein »Herd vielartigen Lebens« gewesen sei, eine »Stätte der Entstehung der reichsten Gestaltungen« und »Heimat aller Gegensätze, die in *der* einzigen Einheit aufgehen, daß eben hier alles Geistige zum Wort und zum Ausdruck kommt«.[86]

DEGENERATION

Im November 1870 bereitete sich ein junger Arzt namens Cesare Lombroso in einem Krankenhaus in Pavia auf eine Autopsie vor. Es war kein gewöhnlicher Fall, denn vor ihm lag die Leiche des berüchtigten Briganten Villela, des italienischen Jack the Ripper, der jahrzehntelang die Behörden düpiert und die Bevölkerung in Angst und Schrecken versetzt hatte. Für Lombroso war die Autopsie von mehr als beiläufigem Interesse, denn er suchte nach Verbindungen zwischen kriminellem Verhalten und Physiognomie. Ihm war aufgefallen, daß viele Gewalttäter große Tätowierungen trugen, häufig mit »unanständigen Dingen«, und bei einem sadistischen Mörder hatte er Anzeichen von Kannibalismus festgestellt.

Jetzt bemerkte er noch etwas anderes. Villelas Hinterhauptbein wies in der Nähe des Rückgrats eine deutliche Vertiefung auf, wie man sie bei »niederen Tieren« fand. »Beim Anblick dieses Schädels«, berichtet Lombroso selbst, »schien es mir, als sehe ich plötzlich wie eine weite Ebene erhellt von einem flammenden Himmel das Problem der Natur des Verbrechers vor mir liegen – eines atavistischen Wesens, das in seiner Person die wilden Instinkte der primitiven Menschen und der niederen Tiere reproduziert«. An der Leiche Villelas entdeckte er die Merkmale von »Verbrechern, Wilden und Affen«; zu diesen Charakteristika zählte er unter anderem große Kiefer, vorstehende Wangenknochen, Schmerzunempfindlichkeit, extreme Sehschärfe, Tätowierungen sowie »übertriebenen Müßiggang, die Vorliebe für Orgien und die verantwortungslose Sucht nach dem Bösen um des Bösen willen«.[1]

Lombroso war überzeugt, den Schlüssel zu einem Problem gefunden zu haben, das auch andere Mediziner beunruhigte: die »Degeneration«, die Möglichkeit, daß die Bevölkerung Europas physisch nicht mehr fähig sein könnte, die Anforderungen des zivilisierten Lebens zu erfüllen. Gobineau hatte diesen Begriff benutzt, um das Ergebnis rassischer Vermischung zu benennen. Doch die neue Furcht vor der Degeneration verbreitete sich in denselben liberalen Kreisen, die Gobineaus bizarre Rassentheorie zurückgewiesen hatten. Plötzlich schienen die ökonomischen und sozialen Vorteile des 19. Jahrhunderts nicht mehr für, sondern gegen den menschlichen Fortschritt zu arbeiten. Die Degenerationstheorie zeichnete ein pessimistisches Bild der Zukunft der modernen Zivilisation, das mehr Einfluß erlangen sollte als alles, was Gobineau, Nietzsche und ihre Anhänger propagiert hatten. Zur Jahrhundertwende hatte die Degenerationstheorie den liberalen Zukunftsglauben in den Grundfesten erschüttert und den Angriffen seiner Feinde ausgeliefert.

Degeneration wurde verstanden als morbide Abweichung von einem ursprünglichen Typ. »Wenn unter dem Einflusse von Schädlichkeiten aller Art ein Organismus geschwächt wird«, heißt es in Max Nordaus einflußreicher Schrift *Entartung*, »so werden seine Nachkommen nicht dem gesunden, normalen und entwickelungsfähigen Typus der Gattung ähnlich, sondern bilden eine neue Abart, welche ... die Fähigkeit besitzt, ihre Eigenthümlichkeiten ... in fortwährender Steigerung den eigenen Abkömmlingen zu vererben«.[2] Konnte dieses Mißgeschick unter bestimmten Bedingungen auch den modernen Menschen ereilen? Ärzte, Biologen, Zoologen und Anthropologen – die führenden Vertreter der neuen wissenschaftlichen Fächer – schlugen als erste Alarm. Bis 1890 hatte sich in weiten Kreisen die Meinung verbreitet, das industrialisierte Europa sei von einer Welle der Degeneration erfaßt worden, die eine Reihe von krankhaften Störungen mit sich gebracht habe – Armut, Alkoholismus, moralische Perversion, politische Gewalt und so weiter. Von wenigen Ausnahmen abgesehen, vertraten die meisten der Wissenschaftler, die vor der Degeneration warnten, fortschrittliche, wenn nicht sogar sozialistische Ansichten. Sie waren keineswegs die konservativen Verteidiger des Bestehenden, als die sie bei manchen Historikern erscheinen. Lombroso zum Beispiel war eine Zeitlang Mitglied der Sozialistischen Partei Italiens und hatte sich zu Beginn seiner Laufbahn dem Kampf gegen Elend und Unterernährung der armen Landbevölkerung gewidmet, was ihm die nachhaltige Feindschaft von Adel und Großgrundbesitzern einbrachte. Die Gegner seiner Theorie der Vererbung von sozialem Verhalten kamen nicht von der Linken, sondern von der religiösen Rechten, wie man sie heute nennen würde, von der katholischen Kirche und ihren traditionalistischen Verbündeten.

Der ungarische Arzt und Journalist Max Nordau war überzeugter Demokrat und bewunderte die Französische Revolution. Adel, gesellschaftlichen Hochmut, Religion und ererbten Reichtum verachtete er; seine Liebe galt Wissenschaft und Vernunft. Dasselbe läßt sich von den führenden Eugenikern sagen, die sich auf die Degenerationstheorie beriefen. Ernst Haeckel war Gründungsmitglied sowohl der Deutschen Gesellschaft für Rassenhygiene als auch der Deutschen Friedensgesellschaft, während Karl Pearson, der Direktor des Londoner Galton-Laboratoriums für Nationaleugenik, Sozialist war. Was die Bedrohung durch die Degeneration betraf, konnten sich Sozialisten, Radikale und Liberale des ausgehenden 19. Jahrhunderts mühelos miteinander verständigen. Sie vereinte die Sorge, die moderne Industriegesellschaft könne neue Barbaren hervorbringen. Die Liberalen waren gezwungen, einen ähnlichen Schluß zu ziehen wie die Sozialisten: Die sozialen und ökonomischen Veränderungen der modernen Gesellschaft führten nicht mehr zum Fortschritt, sondern zu dessen Gegenteil. Ohne das massive Eingreifen der Wissenschaft – und des bürokratischen Staats – würde die moderne Gesellschaft nicht überleben.

Darwin:
Fortschritt kontra Niedergang

Diese Schlußfolgerung scheint auf den ersten Blick im Widerspruch zur bedeutendsten und charakteristischsten biologischen Theorie des 19. Jahrhunderts zu stehen, Charles Darwins Evolutionstheorie, der zufolge sich alle Arten, einschließlich des Menschen, durch natürliche Auslese entwickeln, die nur jene Exemplare überleben, die der Umwelt am besten angepaßt sind. Durch die Weitergabe der angepaßten Eigenschaften an die Nachkommen entsteht der fortschreitende Entwicklungsprozeß, in dem aus niederen, einfachen Arten höhere Lebewesen entstehen. Die Analogie zwischen Evolution und Zivilisation als unaufhörlicher Verbesserung im klassischen liberalen Sinn lag auf der Hand. Doch Darwins Theorie hat auch einen kritischeren Aspekt, der heute manchmal übersehen wird, Darwins Zeitgenossen aber sofort ins Auge fiel. Evolution bedeutete, daß die Naturgeschichte, einschließlich der des Homo sapiens, nicht mehr starr und unwandelbar war. Beim Studium der Evolution konnte man nicht nur den Aufstieg der Arten nachvollziehen, sondern auch – wie bei den antiken Reichen und Kulturen – ihren Niedergang. Es war also möglich, daß eine Art im Verlauf ihrer Geschichte einer besser angepaßten weichen mußte oder daß die äußeren Umstände sich drastisch änderten und die bisherigen Anpassungsmuster obsolet wurden.

Die Untersuchungen von Dinosaurierknochen und der Fund des Neandertaler-Skeletts im Jahr 1856 demonstrierten solche Entwicklungsmöglichkeiten. Saurier wie Neanderthaler waren offenbar starke Lebewesen, die auf ihre Weise Herren der Schöpfung gewesen waren, und doch waren beide ausgestorben. Die heutige Saurier-Faszination hat mit dem Darwinismus begonnen. Die Entwicklungsgeschichte der Saurier wurde – als zoologisches Äquivalent zum Fall des Römischen Reichs – ein warnendes Exempel, das der modernen Zivilisation vor Augen hielt, daß übermäßige Größe zu Verfall und Auslöschung führte. Der Darwin-Schüler Thomas Huxley gelangte aufgrund seiner bahnbrechenden Saurierforschungen zu dem Schluß: »Es ist ein Fehler, sich vorzustellen, daß Evolution eine ständige Tendenz zu erhöhter Vollkommenheit bedeutet. ... Rückentwicklung ist ebenso möglich wie fortschreitende Metamorphose.«[3] Der Mechanismus hinter dieser Metamorphose war natürlich die Auslese, der unaufhörliche Kampf ums Dasein, in dessen Verlauf sich eine an ihre Umwelt angepaßte Art herausbildet. Dieser Prozeß konnte als ständige Verbesserung interpretiert werden, sofern man den optimistischen Standpunkt einnahm, der in der Regel mit einer sozialdarwinistischen Einstellung einherging, der zufolge die besten Exemplare der Rasse sich durchsetzten und sich auf diese Weise eine immer vollkommenere Menschheit herausbildete.

In der darwinistischen Evolution verbessert die Umwelt die Arten allerdings nicht direkt. Es hängt vielmehr alles von den angeborenen Eigenschaften der Individuen ab, die, wenn sie überleben, diese Züge an ihre Nachkommen weitergeben. Andererseits kann die Umwelt schwere Schäden verursachen, indem sie in den normalen Kampf um Ressourcen oder wünschbare Geschlechtspartner eingreift oder auf andere Art verhindert, daß die besten Vertreter einer Spezies zum Zuge kommen. Besonders traf dies für die vom Menschen geschaffene Umwelt zu, die neue künstliche Elemente in die Evolutionsgleichung einführte. In der späteren Schrift *Die Abstammung des Menschen* (1871) mutmaßte Darwin selbst, der Fortschritt der Zivilisation könnte die natürliche Auslese untergraben.[4]

Darüber hinaus war auch die Vererbung keine feste Größe. Sie entwickelte sich ebenfalls. Schon vor Gregor Mendel wußte jeder Student der Genetik, daß die Reproduktion ein komplexer Prozeß war, in dem neben Ähnlichkeit – weiße Schwäne bringen weiße Schwäne hervor – auch Verschiedenheit entstehen konnte – schwarze Schwäne. In bezug auf den Menschen wurde das Wechselspiel von Ähnlichkeit und Verschiedenheit nach Ansicht der Darwinisten allerdings von der Tatsache dominiert, daß alle Menschen, ungeachtet ihrer Rasse oder ihres kulturellen Status, vom Affen abstammten. Damit war die Möglichkeit eröffnet, daß physische und geistige Eigenschaften, durch die sich der Mensch einer wilden Umgebung angepaßt hatte – ob als Neandertaler oder als zeitgenössischer Watussikrieger –, an seine modernen zivilisierten Nachfahren weitergegeben worden waren. Der darwinistische Zoologe Henry Maudsley verband diese Erkenntnis mit der bedrückenden Beobachtung, im menschlichen Gehirn sei »wahrhaftig ein rohes« enthalten, das es ermögliche, »in der Zivilisation Wildheit aufzuspüren, so wie wir in der Wildheit Animalismus entdecken können«.[5]

Die Biologen des 19. Jahrhunderts nannten diese unzivilisierte Erbschaft »Atavismus«, nach dem lateinischen *atavus*, der Urahn. Nach dieser Theorie besaß jeder Organismus »verlorene« Eigenschaften, die unter Umständen wieder hervortreten konnten und dann an die Nachkommen weitergegeben wurden. Diese Vorstellung war schon vor Darwin verbreitet gewesen, doch seine Evolutionstheorie schien sie neuerlich zu bestätigen, ebenso wie später Mendels Entdeckungen. Der Atavismus bildete den Grundbaustein der Degenerationstheorie, war also mehr als das Schreckbild von der gesunden bürgerlichen Familie, die plötzlich ein atavistisches Kind bekam, wie im Mythos vom Wechselbalg; Heathecliffe in Emily Brontës *Sturmhöhe* und Roman Polanskis *Rosemaries Baby* sind moderne Variationen dieses Themas. Die meisten Wissenschaftler stimmten darin überein, ein Atavismus dieser Art sei äußerst selten. Der italienische Anthropologe Morselli, ein Zeitgenosse Lombrosos, schätzte die Wahrscheinlichkeit auf unter eins zu acht Millionen.[6] Wenn nun aber besondere Umstände eintraten und die verlorenen Eigenschaften bei der gesamten Art wieder auftraten, die sie dann unvermeidlicherweise an ihre Nachkommen weitergeben würde? Die Vererbung könnte plötzlich unerklärlicherweise gegen die Interessen der Art wirken. Dann würde die natürliche Auslese zur Falle, und das Schlechteste würde in einem atavistischen Schmelztiegel der menschlichen Rasse wahllos das Schlechteste hervorbringen, was Chamberlains Völkerchaos sehr nahekam.

Tatsächlich spielte Gobineaus rassischer Pessimismus in der Degenerationstheorie keine Rolle, zumindest am Anfang nicht. Zusammen mit dem Darwinismus machte sie indessen endgültig Schluß mit der Vorstellung, die Zivilisation sei ein Verfeinerungs- und Verbesserungsprozeß der Spezies Mensch. Letztlich hätten die formellen Institutionen des zivilisierten Lebens keine Bedeutung für die Gestaltung des menschlichen Schicksals; das werde vielmehr durch den biologischen Prozeß bestimmt. In Lombrosos Worten: »Wir stehen unter stummen, unabänderlichen Gesetzen, welchen die Gesellschaft mehr gehorcht, als den geschriebenen.«[7] Der Westen ist mit der Möglichkeit konfrontiert, daß sich unter seiner glänzenden zivilisierten Oberfläche eine explosive Mischung aus Barbarei und Grausamkeit verbirgt. Die liberale Gedankenwelt wurde von einem mächtigen Alp heimgesucht: daß in jedem Menschen eine Bestie schlafe, die, wenn die Lage brenzlig wird, plötzlich aus ihrer Höhle ins Tageslicht springt.

Die lombrosianische Revolution

Lombroso behauptete, der Rückfall in die Wildheit habe beim modernen Kriminellen bereits stattgefunden. Nach Villelas Autopsie dehnte er seine Untersuchungen rasch auf Hunderte von Gefängnisinsassen und Rekruten der italienischen Armee aus. Zum Standardinstrumentarium der Kriminologie à la Lombroso gehörten die neuesten Geräte für anthropologische und rassische Studien: von Kraniometern und Greifzirkeln zur Messung des so überaus wichtigen Kranialindex über Ästhetometer und Algometer zum Testen der Empfindlichkeit bis zu einem Vorgänger des Polygraphen und anderen Apparaten mit hochwissenschaftlich klingenden Namen.⁸ Neben den anatomischen Studien gab sich Lombroso einem fast magischen Glauben an Zahlen hin. Er und seine Schüler glaubten durch die quantitative Erfassung bestimmter Merkmale herausfinden zu können, warum sie auftraten. Die Masse der angeführten Zahlen, Graphiken und Indizes war der beeindruckendste und für oberflächliche Leser überzeugendste Teil seiner Schriften. Darin spiegelte sich die neue Faszination wider, die Ende des 19. Jahrhunderts Zahlen auf die Sozialwissenschaften ausübten, auf die Ökonomie ebenso wie auf die Soziologie – man denke nur an Emile Durkheims *Der Selbstmord* von 1897 – und später auch auf die Eugenik und die »Rassenkunde«.

Lombroso ging von derselben These aus wie die Rassenanthropologen: daß an physischen Merkmalen wie der Länge und Form des Schädels und den Gesichtszügen kulturelle oder psychologische Unterschiede abzulesen seien. Wie andere Wissenschaftler seiner Zeit nahm Lombroso außerdem an, Weiße seien Nichtweißen durch Vererbung überlegen. Zur Erklärung der rassischen Unterschiede griff er jedoch nicht auf diffusionistische oder Gobineausche Thesen zurück, sondern auf ein darwinistisches Evolutionsmodell, dem zufolge Afrikaner die ursprünglichen Menschen waren, die sich dann aber stetig aufwärtsentwickelt hätten, von Schwarz über Braun und Gelb zu Weiß. Parallel zur rassischen Entwicklung habe sich ein zivilisatorischer Prozeß vom Primitiven zum Modernen vollzogen. Evolutionärer Höhepunkt der menschlichen Rasse und Verkörperung ihrer intellektuellen und moralischen Fähigkeiten seien die weißen Europäer. »Nur wir Weißen haben die letzte Symmetrie der Körperformen erreicht«, schrieb Lombroso ähnlich wie Gustav Klemm, der dreißig Jahre zuvor erklärt hatte: »Nur wir ehren das Menschenrecht auf Leben, den Respekt für Alter, Frauen und Schwache«.⁹ Diese zivilisierten Fertigkeiten würden jedoch durch biologische Rückentwicklung gefährdet. Ab und zu tauchten in der Bevölkerung atavistische Individuen auf, deren wildes und irrationales Verhalten sie von der evolutionären Norm unterscheide. Diese Abweichung würde sie in der zivilisierten Gesellschaft zu Kriminellen stempeln, während sie in wilden Gesellschaften kaum aufgefallen wären.

In der zivilisierten Gesellschaft stellte Kriminalität also einen Anachronismus dar, ein Wiederaufleben der Sitten eines primitiveren Zeitalters. Der Kriminelle wies demnach bestimmte pathologische Symptome auf, die Lombroso und spätere Degenerationstheoretiker als »antisoziales« Verhalten bezeichneten, weil es Struktur und Zwänge der modernen zivilisierten Gesellschaft untergrub. Der »geborene Verbrecher« war vom entwickelten modernen Menschen sehr weit entfernt, etwa so weit wie ein Kopfjäger auf Borneo. Beide stellten Rückfälle in eine frühere Phase der menschlichen Evolution dar, oder, wie A. Bordier, ein Anhänger Lombrosos, schrieb: »... wir können davon ausgehen, daß er [der Kriminelle] als Verbrecher geboren wurde, weil er als Wilder geboren wurde«, und das war wörtlich gemeint.[10]

Wie kann man diese Wilden erkennen? Lombroso verwies auf bestimmte physische Merkmale oder »Stigmen«, die dem geübten Auge den Atavismus des geborenen Verbrechers und »moralisch Irren« enthüllten: fliehende Stirn, harte, unstete Augen, große, henkelförmige Ohren, flache oder nach oben zeigende Nase, vorspringendes Kinn, große Schneidezähne, spärlicher Bartwuchs, Kahlheit und anderes. Hinzu kamen die bereits erwähnte Schmerzunempfindlichkeit und eine Neigung zu Rachsucht, Faulheit und Treulosigkeit. Der geborene Verbrecher lege dem Leben gegenüber eine zynische Haltung an den Tag und besitze wenig Verstand. Lombroso verband sogar einzelne körperliche Merkmale mit bestimmten Verbrechen: Diebe hätten gebogene oder flache »negroide« Nasen, Mörder dagegen spitze Habichtsnasen. An Mördern und Vergewaltigern fielen ihm buschige Augenbrauen auf, während kleine

Augen, eine große Nase und ein gleichbleibend freundlicher Gesichtsausdruck auf einen Fälscher schließen ließen.[11]

Viele seiner Zeitgenossen betrachteten Lombroso nicht als ernsthaften Wissenschaftler.[12] Dennoch traf sein 1876 erschienenes Hauptwerk *Der Verbrecher* in fortschrittlichen intellektuellen und politischen Kreisen im In- und Ausland auf ein aufnahmebereites Publikum. In *Der Verbrecher* wurde dem degenerierten Kriminellen ein idealisierter »normaler« europäischer Mann gegenübergestellt, der als stolzes Produkt des liberalen Fortschritts mitten unter Menschen lebte, die noch die Zeichen einer zurückgebliebenen, grausamen Vergangenheit trugen. Lombroso hatte im verarmten Süden Italiens gearbeitet und war sich schmerzlich bewußt, welche Kluft zwischen dem Bauern des Südens und dem Turiner Geschäftsmann oder dem Mailänder Rechtsanwalt im industrialisierten Norden klaffte. Manche seiner Zeitgenossen sahen in den Bewohnern der sizilianischen oder neapolitanischen Elendsviertel sogar das rassische Gegenstück zum afrikanischen Neger.[13]

Lombroso und seine Zeitgenossen empfanden die Unterscheidung zwischen Normalität und Abweichung keineswegs als gehässig und willkürlich. Ihrem Verständnis nach gründete sie in den Kräften der historischen Entwicklung. Der moderne zivilisierte Mensch stehe am Schnittpunkt zweier unumkehrbarer evolutionärer Prozesse: seines biologischen Aufstiegs vom Affen und seines Fortschritts als eines gesellschaftlichen Wesens von der Barbarei zur Zivilisation. Den Kern der Degenerationstheorie bildete die große Debatte des 19. Jahrhunderts über das Verhältnis von Natur und Erziehung, aber niemand behauptete im Ernst, der Einfluß der einen schließe den der anderen aus. Zu sehr waren sich die Anthropologen und Biologen der Bedeutung der Geschichte bewußt – und der Tatsache, daß der Mensch ihr evolutionäres Produkt war. Eine einfache Antwort verbot sich deshalb von selbst.

Als strenger Positivist und Fortschrittsgläubiger hielt Lombroso die Wechselwirkung zwischen dem Menschen und seiner modernen Umwelt für zuträglich. Seine Theorie des angeborenen Verbrechertums schloß den Einfluß der vom Menschen geschaffenen Umwelt nicht aus. Er erörterte, wie eine zerbrochene Familie, uneheliche Geburt und Armut das Verbrechen begünstigten, schränkte allerdings ein, daß die Rolle der Armut übertrieben werde. Besonders besorgt war er über den Alkoholismus als Auslöser von Regression und Kriminalität. Dennoch betonte er, es seien bessere Ergebnisse zu erzielen, wenn man sich mehr auf die Natur als auf die Erziehung konzentriere.

Degeneration war für Lombroso etwas Feststehendes und Begrenztes. Wie das Verbrechen könne sie durch die Anwendung moderner wissenschaftlicher Methoden eines Tages zum Verschwinden gebracht werden. Die geborenen Verbrecher, die atavistischen, moralisch irren Individuen, machten nur ein Drittel der Kriminellen aus. Der Rest bestünde aus »Kriminaloiden«, aus Menschen, die sich physisch nicht von der Normalbevölkerung unterschieden, bei denen aber durch eine Reihe von Umweltfaktoren eine atavistische Reaktion ausgelöst werden könne. Gegen den wahren geborenen Verbrecher konnte nach Lombrosos Ansicht nur drakonische Bestrafung etwas ausrichten: »Die Züge des Verbrechens sind zu tief in das Buch des Menschengeschicks eingegraben, als dass wir hoffen könnten, sie zum Verschwinden zu bringen, aber wenn andere unerschütterliche Gesetze wie das Selektionsgesetz [die Todesstrafe] unfehlbar sind, so können wir mit diesen Massnahmen hoffen, ihren Wirkungen zu steuern und eine weitere Verbreitung zu verhindern«. Menschliches Mitgefühl sei unangebracht: »Die Thatsache, dass es zum Bösen geschaffene Wesen giebt, wie die geborenen Verbrecher, rückschlägige Wiedererscheinungen nicht blos der wildesten Menschen, sondern auch der reissendsten Tiere, wappnet uns ... gegen jedes Mitleid, denn unsere Tierfreundlichkeit geht nicht soweit, dass wir unser Leben für sie opfern, wie die indischen Fakire.«[14] Im Fall des Gelegenheitsverbrechers sei eine humanere wissenschaftliche Behandlung möglich. Die in den achtziger und neunziger Jahren des 19. Jahrhunderts von Lombroso betriebene Strafrechtsreformbewegung sprach sich bei geringfügigen Delikten und bei Verbrechen aus Leidenschaft gegen eine Gefängnisstrafe aus und verlangte ein Bewährungssystem, das die Rehabilitation stärker betonte als die Strafe. Er forderte auch besondere Rücksichtnahme für weibliche Straftäter, ein gesondertes Jugendstrafsystem und eine vom Gericht bestellte Verteidigung für mittellose Angeklagte – in der Tat alles Ziele der fortschrittlichen Strafrechtsreformen der folgenden hundert Jahre.

In Westeuropa und den USA fiel Lombrosos Theorie bei progressiven Politikern und Intellektuellen auf fruchtbaren Boden. Die Verbindung zwischen Vererbung und Kriminalität sollte die Sozialwissenschaftler noch über ein halbes Jahrhundert beschäftigen. Immer unter Berufung auf Lombroso wurde der Bereich des vererbbaren antisozialen oder atavistischen Verhaltens rasch ausgedehnt, so daß er bald auch Impotenz, Masturbation, Homosexualität und sogar Nervenkrankheiten umfaßte. Nach Lombrosos Lehre stellten all diese Formen abweichenden Sozialverhaltens allerdings Krankheiten dar, die eine Behandlung erforderten, keine Bestrafung. Der Impuls, den Übeltäter zu bestrafen, war selbst eine primitive Reaktion, die in einer aufgeklärten, zivilisierten Gemeinschaft keinen Platz hatte. Lombroso starb 1909 und erlebte nicht mehr mit, wie seine Theorie direkt in die Rechtspraxis umgesetzt wurde. Aber sein Assistent Enrico Ferri sollte eine bedeutende Rolle bei der unter Benito Mussolini in Angriff genommenen Neufassung des italienischen Gesetzbuchs spielen. Das faschistische Gesetzbuch von 1930 mit seiner lombrosianischen Betonung von Behandlung und Rehabilitation gehörte zu den meistbewunderten und fortschrittlichsten Reformen Mussolinis.[15] Letzten Endes sei das Verhalten von Kriminellen und anderen Perversen nicht von diesen selbst verschuldet. 1884 argumentierte einer von Lombrosos Anhängern, daß dank der neuen Kriminalanthropologie »die moralische Verantwortung ... aus der Strafrechtswissenschaft verschwindet«.[16] An ihre Stelle traten eine kräftige Dosis Determinismus und eine neue therapeutische Herangehensweise an die sozialen Übel, die nicht ohne Rückwirkungen auf andere Bereiche des modernen Lebens blieb.

Degeneration und Industriegesellschaft

Anfangs wurde das lombrosianische Vokabular der evolutionären Degenerationstheorie nur auf die Unterwelt angewandt, doch bald begannen Anthropologen, Kriminologen und Soziologen, es auch für die Beschreibung anderer Gruppen zu nutzen. Am Ende des Jahrhunderts sahen manche nicht nur Kriminelle und andere Unangepaßte von Lombrosos atavistischer und antisozialer Degeneration gezeichnet, sondern den modernen Menschen überhaupt. Diese frühen Sozialwissenschaftler nahmen allesamt an, Vererbung und soziale Entwicklung würden in vorhersehbarer Weise aufeinander einwirken. Wer auf einer primitiven Entwicklungsstufe lebte wie die afrikanischen Hottentotten oder die Indianer von Feuerland, einem bevorzugten Forschungsgebiet der frühen vergleichenden Anthropologie, der war ein Wilder, ungeachtet dessen, ob er ein starkes oder schwaches biologisches Individuum war. Als »normal« galt der Mensch, der in einer fortgeschrittenen zivilisierten Gesellschaft lebte und gesunder Abkunft war. Hatte er ein morbides oder regressives Erbgut mitbekommen, wurde er zum Degenerierten oder Rückfälligen, der diese Anlage mit zunehmender Häufigkeit an seine Nachkommen weitergab. Letzteres behauptete zumindest der Begründer der sogenannten französischen Schule der Degenerationstheorie, Benedict Augustin Morel, der die Wechselwirkung von Degeneration und moderner Umwelt in einem weit weniger günstigen Licht sah als Lombroso. In seinen Augen war sie eine potentielle Gefahr und schuf Probleme, die das zivilisierte Leben selbst bedrohten.

Lombroso hatte seinerseits Morels Untersuchungen über den Kretinismus aus den fünfziger Jahren des 19. Jahrhunderts verarbeitet, doch Morel gab der Atavismustheorie eine dunklere Klangfarbe. Mit seinen Auffassungen stand er in vielerlei Hinsicht Gobineau nahe, dessen letzter Band der *Ungleichheit der Menschenrassen* zwei Jahre vor dem *Traité des dégénéresçences physiques, intellectuelles et morales de l'espèce humaine* erschienen war. Außerdem hatten beide viel deutsche Literatur gelesen und kannten die Schriften deutscher Rassentheoretiker wie Blumenbach und Carus; beide fühlten sich durch die Ereignisse von 1848 abgestoßen, und beide betrachteten die Welt aus einer Perspektive, die man als ultrakatholischen Antimodernismus beschreiben könnte. Degeneration verstand Morel im Gegensatz zu Lombroso nicht als isoliertes und auf bestimmte Familien beschränktes Phänomen, sondern als Teil eines größeren Prozesses, als Symptom der Morbidität, die sich in der modernen Industriegesellschaft ausbreite. Für die Auslösung des Degenerationsprozesses, der vorwiegend in der Unterschicht ablaufe, konnten Morel zufolge Umweltfaktoren wichtiger sein als das Erbgut. Arbeiter, Arme, Arbeitslose – die Marx das Proletariat nannte und die französischen Liberalen als »gefährliche Klasse« bezeichneten – waren hier die Träger der Stigmata des Fortschritts, die »Invaliden der Zivilisation«, die in wachsender Zahl die Gesellschaft zu überfluten drohten.[17]

Die schnelle, vollständige Niederlage im Deutsch-Französischen Krieg, der Bürgerkrieg und die Zerstörung von Paris durch die revolutionären Arbeiter der Kommune empörten und erschreckten die intellektuelle Elite Frankreichs. Zur Beschreibung der Ereignisse benutzte sie dieselben apokalyptischen Begriffe, mit denen Gobineaus Generation die Revolution von 1848 charakterisiert hatte. Zur Erklärung der Geschehnisse griffen sie jedoch eher zur Sprache der Wissenschaften als zu der von vitalistischen Machtphilosophien und Rassenmythen. Die Furcht vor *la France dégénerée*, so der Titel eines anonymen Pamphlets von 1872, war in allen öffentlichen Debatten zu spüren, ob es nun um sozialpolitische Themen wie Alkoholismus, uneheliche Geburt, Kriminalität und niedrige Geburtenraten oder um politische Korruption ging. Die Folge war eine Welle von nationalen Selbstbefragungen, in denen sowohl Morels als auch Lombrosos Theorien angewandt wurden, um zu erklären, warum Frankreich am Rand des moralischen und kulturellen Zusammenbruchs stehe.[18]

Der Historiker Hippolyte Taine zum Beispiel war ein großer Bewunderer Lombrosos. In seinem umfangreichen Werk *Die Entstehung des modernen Frankreich* (1876–1894) vertrat er die Ansicht, im gesamten 19. Jahrhundert, von der Revolution bis zur Kommune, seien die Kräfte physiologischer Degeneration tätig gewesen und hätten die kulturelle und politische Gesundheit des Landes zersetzt. Die zerstörerischen »Keime« seien 1789 durch die revolutionären Massen in das französische Blut eingedrungen und hätten »Fieber, Delirium und revolutionäre Konvulsionen« verursacht. Seither befände sich Frankreich in einem chronischen Zustand von politischer Instabilität und sozialer Krise.[19] Ein anderer Konservativer, Charles Féré, griff in seiner Schrift *Dégénérescence et criminalité* (1888) die Morelsche These auf, für die sozialen Abweichungen seien Umweltfaktoren verantwortlich. Das moderne städtische Leben mit seinen ungesunden Bedingungen, dem hektischen Tempo und den komplexen Anforderungen überfordere die Nerven der geistig Schwachen und der Unterschicht. Es erschöpfe sie und fördere ihre Neigung, irrationale Handlungen zu begehen, einschließlich Verbrechen. Féré meinte, die Industriegesellschaft produziere eine Abraumhalde von »pathologischem Kapital«, so wie Kohlegruben Schlacke anhäufen. »Der Impotente, der Verrückte, Verbrecher und Dekadente jeder Art müssen als Abfall der Anpassung betrachtet werden, als Invalide der Zivilisation«, die irgendwie unter Kontrolle gehalten oder unschädlich gemacht werden müßten, bevor sie ihre produktiven Zeitgenossen überwältigten.[20]

Am anderen Ende des politischen Spektrums unternahm der Radikale Émile Zola in Form einer zwanzigbändigen Romanreihe eine Untersuchung über die Degeneration und die Wechselwirkung von Umwelt und Vererbung. Anhand der fiktiven Familie Rougon-Macquart zeigte Zola, wie Lombrosos degenerative »Stigmen« über die Generationen hinweg verfolgt werden können, bis zum politischen und sozialen »Zusammenbruch« von 1870/71 im gleichnamigen letzten Roman der Reihe. Aus Zolas Sicht wurde das »Barbarische« der französischen Bauern und Industriearbeiter durch den raubgierigen »Kannibalismus« ihrer kapitalistisch-bourgeoisen Unterdrücker und den physiologischen und psychischen Verfall der herrschenden Klasse mehr als aufgewogen. Degeneration war insofern eine kollektive Katastrophe, von der die gesamte Gesellschaft heimgesucht wurde. 1870 regierte in Frankreich in Gestalt Napoleons III. ein klinischer Degenerierter, den Zola als einen Mann mit einem »leichenhaften Gesicht in letzter Todesangst..., mit matten Augen, verzerrten Zügen, ausgeblichenem Schnurrbart« beschrieb. Und die Niederlage, die Frankreich unter seiner Herrschaft erlitt, war ebensosehr medizinisch-physiologischer wie militärisch-strategischer Art: »Wie viele tapfere Leute sollten durch seine Schuld sterben, und welche Umwälzung des ganzen Seins bei diesem Kranken, diesem empfindsamen Träumer, der schweigsam war in der düsteren Erwartung des Schicksals.«[21]

Jenseits des Ärmelkanals entstanden aus den Vorstellungen von Degeneration und Atavismus zwei neue literarische Genres, der Detektivroman und die Horrorgeschichte. Robert Louis Stevenson erzählte in *Dr. Jekyll und Mr. Hyde* (1886) auf lebendige Weise von der Dualität des modernen Menschen, indem er dessen zivilisiertes, sozial nützliches Selbst (Dr. Jekyll) mit dem atavistischen Selbst (Mr. Hyde) konfrontierte. Hydes lombrosianisch stigmatisierte affenartige Gesichtszüge, haarige Hände und barbarische Gelüste kennzeichnen ihn als Schreckgestalt. »Gott schütze mich«, denkt eine der Figuren der Erzählung, »der Mann hatte kaum etwas Menschliches an sich! Etwas von einem Troglodyten, könnte man fast sagen ...« Jekyll selbst begreift es als »Fluch der Menschheit, ... daß in dem qualdurchzuckten Schoße des Bewußtseins diese einander feindlichen Zwillinge ständig im Kampfe liegen mußten«. Sein Schluß lautet, die Zivilisation sei auf der Unterdrückung des inneren Tieres aufgebaut: »Der so lange in meinem Innern eingesperrte Satan brach brüllend hervor.« Einige Jahre später sollte Sigmund Freud zu einer ähnlichen Schlußfolgerung gelangen.[22]

Ein anderer Kenner Lombrosos war Sherlock Holmes. Wie sein Schöpfer Arthur Conan Doyle ist Holmes gelernter Pathologe, also jemand, der nach physischen Anzeichen der Krankheit sucht, wie Lombroso nach Merkmalen des Verbrechens. Diese Suche nach Stigmata, nach sichtbaren Spuren bildet den Kern von Holmes' detektivischer Technik. Außerdem präsentiert auch die Detektivgeschichte als Grundmuster eine Jekyll- und-Hyde-Dualität: die rückschrittliche Verwandlung einer »normalen« Umwelt, wie die Landhäuser bei Agatha Christie oder das London Conan Doyles, durch den plötzlichen pathologischen Ausbruch in Gestalt eines Mörders oder, in der klassischen Horrorgeschichte, eines Monsters.

In Doyles Erzählung »Der kriechende Mann« wird Sherlock Holmes die dunkle Seite der evolutionären Natur des Menschen vor Augen geführt. Als ein Wissenschaftler den Versuch unternimmt, das Alter abzuwehren, indem er sich ein Affenserum spritzt, regrediert er zu einem abscheulichen affenähnlichen Wesen. Holmes bemerkt nach der Entdeckung des Geheimnisses: »Die höchste Ausprägung des Menschen kann sich zum Tier zurückentwickeln, wenn sie die gerade Straße der Bestimmung verläßt.« Und die Macht der modernen Wissenschaft, in diese Bestimmung einzugreifen, indem sie den »natürlichen« Tod verhindert und das »unnatürliche« Leben verlängert, läßt ihn beunruhigt fortfahren: »Die Gefahr bleibt – eine sehr reale Gefahr für die Menschheit. Überlegen Sie, Watson, alle materiell eingestellten, sinnlichen, eigennützigen Menschen wollten ihr unwürdiges Leben verlängern! ... Es würde das Überleben des Untauglichsten bedeuten. Was für eine Kloake würde wohl aus unserer armen Welt werden?«[23]

Am dramatischsten erscheint die Verwandlung des Menschen aus einem Dr. Jekyll in einen Mr. Hyde in den Fin-de-siècle-Kunstgestalten des Werwolfs und des Vampirs. *Dracula*, Bram Stokers klassischer Vampirroman, erschien 1897, kurz nachdem Nordau mit seiner Schrift *Entartung* Lombrosos Degenerationstheorie einem breiten Publikum nahegebracht hatte. Graf Dracula ist das letzte Glied einer langen aristokratischen Generationenkette; wenn man davon absieht, daß seine Ahnen nicht mit dem Mal des Heldentums, sondern mit dem der Degeneration gezeichnet sind, könnte er das Alter ego des Comte de Gobineau sein. Stokers genaue Beschreibung von Draculas »sehr ausdrucksvoller Physiognomie« folgt bis ins kleinste Lombrosos Darstellung des regressiven Typs, von der hohen, gewölbten Stirn über die »auffallend geformten Nasenrücken« und die spitzen Ohren bis zu den buschigen, über der Nase zusammengewachsenen Augenbrauen. Auch die scharfen, vorstehenden Zähne waren ein lombrosianisches Stigma für Draculas vorzeitliche Abkunft und kannibalistische Lust auf Blut.[24]

Der Vampirgraf ist nicht von einer dämonischen oder übernatürlichen Kraft besessen, sondern wie Lombrosos Dieb und Fälscher das von der Norm abweichende Produkt einer amoralischen Natur. »Der Graf ist ein Verbrecher«, erklärt eine der Romanfiguren, »und zwar ein Verbrechertypus. Nordau sowohl als Lombroso würden ihn so klassifizieren ...« Darüber hinaus ist er ein Parasit wie Férés »Invaliden der Zivilisation«. Doktor

Van Helsing, Draculas Jäger und Gegentyp, weist darauf hin, daß es in allen großen alten Kulturen Vampire gegeben habe, in Athen und Rom ebenso wie in China. Im »wissenschaftlichen, skeptischen, nüchternen neunzehnten Jahrhundert« ging von Dracula jedoch eine besondere Gefahr aus, da er sein Versteck in Transsylvanien verlassen hatte und in die große, von Menschen wimmelnde Industriemetropole London gereist war, wo er im Herzen der zivilisierten Welt ein Königreich der Untoten errichten konnte. Die menschlichen Figuren in Stokers Roman führen einen Feldzug für die Zivilisation, in dem sie zur Anwendung extremer und brutaler Mittel gezwungen sind. Es ist ein Krieg, den sie sowohl gewinnen als auch verlieren: Bevor sie Dracula töten können, verlieren sie die Heroine des Buchs, Lucy Westenraa, deren Name auch als »Licht des Westens« gelesen werden kann. Lucys erschreckender Auftritt als Vampir mit blutbefleckten Lippen – ihre »Lieblichkeit schien sich in diamanthart, herzlose Grausamkeit und ihre Reinheit in wollüstige Ausgelassenheit verwandelt zu haben« – ist Stokers Parabel darauf, wie der Degenerationsprozeß die vermeintlich sicheren Bastionen des modernen zivilisierten Lebens zerstört.[25]

Die Furcht vor Degeneration veränderte das Image der großen Industriestädte wie London und Paris, die jetzt nicht mehr als Stätten der Mobilität und der Aufstiegschancen erschienen, sondern als gefährliche Orte voller Verbrecher, Armer und Entwurzelter, als eine Welt der Draculas und Jack the Rippers. Zivilisiertes, »höfliches« städtisches Leben war auf wenige Viertel beschränkt, wo Reichtum und Exklusivität noch der Flut der Degeneration standzuhalten vermochten. In *The Lancet*, der wichtigsten medizinischen Zeitschrift Englands, konnte man 1880 lesen: »Wer in einer noch völlig robusten und aktiven Nation die Zentren des Verfalls finden will, muß sie an den Punkten der sozialen Spannung suchen. Dort sind die Zeugnisse von Not, Hunger und Atrophie, von Laster und roher Rückbildung und deren Folgen zu finden.«[26] Das Selbstbild des 19. Jahrhunderts begann sich zu wandeln, und das von Gobineau beschworene Grauen angesichts der Geschichte hatte den Mittelstand selbst ergriffen.

Degeneration und Kultur

Um 1890 wurde die Degeneration nicht mehr als Anomalie betrachtet, sondern als unvermeidlicher Teil des modernen Lebens, so wie bei Féré die Unterschicht das natürliche Produkt der Industriegesellschaft war. Nordaus zweibändiges Werk *Entartung*, das 1892 erschien und Lombroso gewidmet war, wurde zu einem internationalen Bestseller. Nordau hatte die Analyse seines Widmungsträgers erweitert, um zu zeigen, daß Entartete »nicht immer Verbrecher, Prostituirte, Anarchisten und erklärte Wahnsinnige« seien: »Sie sind manchmal Schriftsteller und Künstler.« Charles Baudelaire und die französischen *décadents*, Oscar Wilde – Stokers ursprüngliches Vorbild für den Grafen Dracula –, Manet und die Impressionisten, Henrik Ibsen, Leo Tolstoi, Émile Zola, auch Wagner und Nietzsche – sämtliche führenden Köpfe der Kultur des Fin de siècle wurden von Nordau kritisch unter die Lupe genommen, und er kam zu dem Schluß, sie alle seien Opfer einer »Hirnschwäche«. Dem modernen degenerierten Künstler mangele es wie seinem kriminellen Gegenstück am Moralgefühl; seine Kennzeichen seien »Willensschwäche, Unaufmerksamkeit, Vorherrschaft der Emotion, Mangel an Erkenntnis, Abwesenheit von Mitgefühl, fehlende Antheilnahme an Welt und Menschheit, Verkümmerung des Begriffes von Pflicht und Sittlichkeit«. Aufgrund ihrer geschwächten Nerven seien ihre Ansichten und ihre Werke von Empfindsamkeit und Hysterie sowie der alten romantischen Krankheit, dem *ennui*, geprägt: »Die Degenerirten und Irren sind die vorbestimmte Gemeinde von Schopenhauer.«[27]

Wie Tocqueville vierzig Jahre vor ihm befand auch Nordau, »Pessimismus, Lüge und Selbstsucht« seien die Kennzeichen der »Zivilisation von heute«. Bei Denkern wie Gobineau und Nietzsche spürte er einen tiefen Widerwillen gegen die Veränderungen, die das späte 19. Jahrhundert mit sich gebracht hatte. Ähnlich wie der konservative katholische Antisemitismus seiner österreichisch-ungarischen Heimat – Nordau war Jude – hatten diese Intellektuellen für die wissenschaftlichen Leistungen, den wirtschaftlichen Aufschwung und die demokratischen Bestrebungen des Jahrhunderts nur Hohn und Spott übrig. Dagegen kämpfte Nordau aus seinem medizinischen Labor heraus an, indem er die Behauptung aufstellte, der Pessimismus sei die Folge eines umfassenderen physiologischen Niedergangs in der modernen Gesellschaft. Die künstlerische und intellektuelle Elite Europas sei durch die Evolution gezwungen, »entartete Kunst« hervorzubringen, eine Begriffsbildung, die Nordau zu unglücklichem Ruhm verhelfen sollte. Hoffnung sah er nur noch in den arbeitenden Klassen. Für Geburts- und Geldadel gab es keine mehr, denn die »Degenerirten finden sich hauptsächlich in den höheren Klassen«. An ihrer Stelle würden Bauern, Arbeiter und Kleinbürger, die sich ihren Lebensunterhalt mit ihrer Hände Arbeit verdienten, sowohl die Lebenskraft der Art als auch das Gefühl für die traditionellen moralischen Werte bewahren. Nordaus letzte Schlußfolgerung besagte, daß der europäische Wohlstand Lebenskraft und Selbstvertrauen ruiniere und eine lange Reihe nervöser Wracks und moralisch Degenerierter hervorgebracht habe. Doch ein aktives Leben und physische Arbeit würden eine »Zivilisation der Wahrheit, der Nächstenliebe, des Frohmuthes« hervorbringen.[28]

Nordaus Lob der körperlichen Arbeit gehörte in den Rahmen einer im späten 19. Jahrhundert ausgelösten Kampagne für sportliche Betätigung und körperliche Fitneß. Körperliche Übungen in freier Luft, so die Meinung von Ärzten, Lehrern, Philanthropen und sogar Politikern, könnten die gefährlichen Kräfte der Degeneration bannen. Die physischen Auswirkungen der Körperübungen würden das moralische Wohlbefinden heben und den rassischen Bestand neu beleben. Die Folge war eine Welle der Sportbegeisterung. Überall in Deutschland wurden Sportklubs gegründet, und die deutsche Jugendbewegung wurde zu einem Synonym für Wanderungen und Zeltlager in Wäldern und Gebirgen. Die französische Begeisterung für Fahrradrennen, die englische für Rugby und Fußball und die amerikanische für Nationalparks und Baseball entsprangen demselben Verlangen nach einer Gesellschaft von Männern und Frauen, die – als »Genies der Lebenskraft« oder »Muskelgenies«, um Nordaus Begriffe zu benutzen – imstande waren, »anhaltend die härtesten Arbeiten zu verrichten, allen Unbilden des Wetters ausgesetzt zu bleiben, des Schlafes beraubt, unzureichend genährt, mangelhaft bekleidet zu sein« und dabei an ihrer Gesundheit keinen Schaden zu leiden.[29] Nordau selbst war Mitbegründer der *Jüdische Turnzeitung* und forderte ein »Muskeljudentum«, um dem Vorwurf zu begegnen, Juden seien eine Rasse von physisch Degenerierten.[30]

Er fügte der Diskussion über die Frage, in welchem Verhältnis die biologische Evolution des Menschen und die historische Evolution der Gesellschaft stehen, eine neue Facette hinzu. Eine weitere beunruhigende Möglichkeit tat sich auf: Wenn nicht korrigierend eingegriffen wurde, konnte sogar der in einer fortgeschrittenen Gesellschaft lebende gesunde Mensch zu einem minderwertigen physischen und moralischen Typ degenerieren. Nordau blieb allerdings wie Lombroso optimistisch für die Zukunft, doch die Anlässe für diesen Optimismus schwanden. Die Degenerationstheorie zwang viele zu der Annahme, die moderne Industriegesellschaft habe eine Ebene des »Fortschritts« erreicht, auf welcher der Mensch mit der Entwicklung nicht mehr Schritt zu halten vermöchte. In den neunziger Jahren des 19. Jahrhunderts trat eine ganze Reihe von Denkern mit der These hervor, die moderne Zivilisation würde von verdeckten Kräften gesteuert, die von der normalen sozialen und politischen Ordnung nicht mehr beherrscht werden könnten. Lombrosos Auffassung, daß die Menschen unter »stummen, unabänderlichen Gesetzen« stünden, »welchen die Gesellschaft mehr gehorcht, als den geschriebenen«, erhielt durch die Werke von Gustave Le Bon, Emile Durkheim und Max Weber eine neue Bedeutung.

1895 erschien Le Bons enorm einflußreiches Buch *Psychologie der Massen*. Le Bon war Arzt und Anhänger des französischen Neurologen und Experten in Sachen Degeneration Jean-Martin Charcot, einem Mentor Sigmund Freuds. In frühen physiologischen Untersuchungen des Schädels und der Hirngröße hatte Le Bon »nachgewiesen«, daß das Gehirn des modernen Mannes tendenziell wuchs – was er als Zeichen zunehmender intellektueller Fähigkeiten interpretierte –, während das von Frauen schrumpfte.[31] Danach legte er seine Kraniometer und Greifzirkel beiseite und wandte sich dem kollektiven Verhalten in der Industriegesellschaft zu, insbesondere dem der Massen. Seiner Ansicht nach lösen Menschen, wenn sie auf der Straße oder bei einer politischen Versammlung zusammenkommen, untereinander einen Rückfall in einen primitiven Zustand aus. »Allein durch die Tatsache, Glied einer Masse zu sein«, so Le Bon, »steigt der Mensch also mehrere Stufen von der Leiter der Kultur hinab. Als Einzelner war er vielleicht ein gebildetes Individuum, in der Masse ist er ein Triebwesen, also ein Barbar« und kann nun jene irrationalen und brutalen Taten begehen, von denen Aufruhr und Chaos gekennzeichnet sind: »Er hat die Unberechenbarkeit, die Heftigkeit, die Wildheit, aber auch die Begeisterung und den Heldenmut ursprünglicher Wesen ...« Da das moderne städtische Leben und das demokratische System viele Gelegenheiten für diese Art von Massenatavismus boten, war die europäische Industriegesellschaft gewaltigen Gefahren ausgesetzt. Le Bons Tonfall erinnert an Burckhardt, wenn er bemerkt: »Vielleicht bedeutet der Aufstieg der Massen eine der letzten Etappen der Kulturen des Abendlandes ...« Schon jetzt sei die Kultur »ohne jede Festigkeit und allen Zufällen preisgegeben. Der Pöbel herrscht, und die Barbaren dringen vor.«[32]

Deshalb hielt Le Bon eine neues politisches System für nötig. Traditionelle parlamentarische und rechtliche Institutionen seien nicht in der Lage, die Massen zu beherrschen. Die Massen warteten in ihrer atavistischen Weise auf einen Führer, eine machtvolle Gestalt, die ihre irrationalen Energien in konstruktive Bahnen leite. Was den geborenen Führer auszeichnet, nannte Le Bon »Nimbus (prestige)«, Max Weber nannte es »Charisma«. Weber brachte der Degenerationstheorie kein großes Interesse entgegen. Seine Gedanken formten sich in einem völlig anderen Kontext als dem der Debatten zwischen italienischen Kriminologen und französischen Medizinern. Dennoch existieren viele Berührungspunkte zwischen der Degenerationstheorie und seiner Philosophie des Charismas mit dem berühmt gewordenen Gegensatz zwischen den primitiven schöpferischen Kräften des Charismas und den auf Rationalität aufgebauten Institutionen. Weber zufolge ist die moderne Zivilisation durch rationalisierte (und schwächende) Abläufe geprägt. Für das Individuum jedoch kann sie so einengend sein wie eine primitive Gesellschaft und sich als »stahlhartes Gehäuse« herausstellen.[33]

Durkheim dagegen interessierte sich sehr für die Thesen der Degenerationstheorie und die Auswirkungen dessen, was er die »Überzivilisation« des modernen Menschen nannte. Er befürchtete, die Zivilisation könnte ihre eigenen Grundlagen vernichten, indem sie das Gleichgewicht der Lebenskräfte stört, die den sozialen Organismus erhalten. Sei der Gesellschaftskörper stark, verfügten die einzelnen über »mehr Frische, mehr Widerstandskraft« gegen das Trauma der sozialen Veränderung. Gerate das soziale Ganze aus dem Gleichgewicht, habe dies Auswirkungen auf die psychische und physische Gesundheit jedes einzelnen. Kurz, die Menschen werden krank, weil ihre Gesellschaft krank ist. »Organische Ursachen«, behauptete er, »sind oft transformierte und im Körper manifestierte soziale Ursachen«, die überall in der Gesellschaft ungesunde Entwicklungen hervorriefen, etwa einen Rückgang der Geburtenrate oder einen Anstieg der Zahl der Selbstmorde.[34]

Durkheims bahnbrechende Studie *Der Selbstmord* (1897) ist ein direkter Abkömmling der Degenerationstheorie. Wie Lombroso betrachtete Durkheim das Pathologische und das Normale nicht als einander ausschließende Gegensätze. Der Selbstmord bilde wie das Verbrechen einen extremen Pol der gleitenden Skala von Reaktionen auf die moderne Industriegesellschaft. Zuerst komme die Neurasthenie: »In einer Gesellschaft, deren Organisation festgelegt ist, kann sich das Individuum nur mit Hilfe einer geistigen und moralischen Konstitution behaupten, die ebenso festgelegt ist wie diese. Gerade daran fehlt es aber dem Neuropathen.« Es folge die Depression, und schließlich trete die »Anomie« ein, ein Gefühl der Entfremdung und Verzweiflung, das zum Selbstmord führe, dem »Tribut an die Zivilisation«, wie Durkheim ihn nennt: »Die Überzivilisation, in deren Gefolge wir die Tendenz zur Anomie und die Tendenz zum Egoismus finden, bewirkt auch eine Verfeinerung des Nervensystems und macht es für den Exzeß empfindlich. Dann verliert es die Fähigkeit, sich konsequent mit einem bestimmten Objekt zu befassen, es ist weniger bereit, sich einer Disziplin zu unterwerfen und wird für überstarke Reize wie übertriebene Niedergeschlagenheit zugänglich.«[35]

In Durkheims Augen fehlt der Zivilisation im klassischen Sinn, also der durch ökonomischen Fortschritt, wissenschaftliches und technisches Wissen sowie künstlerische Weiterentwicklung geprägten Gesellschaft, jeder moralische Halt. Die alten Kategorien der Aufklärung – Höflichkeit, Geselligkeit und Verfeinerung der Sitten – gälten nicht mehr. Ordnungsprinzip der kommerziellen und industriellen Gesellschaft sei die Befriedigung psychischer und materieller Bedürfnisse, doch dies »dient dem Fortschritt der Moral durchaus nicht; vielmehr sind die Verbrechen und die Selbstmorde gerade in den großen Industriezentren am häufigsten«. Die Arbeit und ihre Teilung zwängen den Menschen harte Disziplin auf und brächten eine Uniformität in ihr Leben, die primitiveren Gemeinschaften fremd sei. Sie würden vom materiellen Fortschritt mitgerissen, ohne daß ihnen eine andere Wahl bliebe: »Sie schreiten voran, weil sie es müssen.«[36]

Durkheims Mittel gegen die schwächenden Auswirkungen der Industriegesellschaft ist nicht individueller, sondern kollektiver Natur. Da die alten Grundlagen moralischen Handelns wie moralische Kritik, Selbstbeschränkung und Religion durch die moderne Gesellschaft zerstört oder verwässert wurden, sei eine neue Form der Gruppensolidarität an ihre Stelle getreten. Familie, Firma, Gewerkschaft, Staat: dies seien die Stufen einer aufsteigenden Ordnung von durch die moderne Gesellschaft geschaffenen sozialen Organismen, in welchen der einzelne eine organische Verbindung zu anderen aufnehmen und seine Bedürfnisse als gesellschaftliches Wesen befriedigen könne, statt sich einsam und verlassen zu fühlen.

Worte wie Einheit, Solidarität und Gemeinschaft symbolisierten die Hoffnung von Intellektuellen wie Durkheim, Nordau, Weber und Lombroso. Wie sie glaubten viele, die kollektiven sozialen Tugenden könnten heilen, was die moderne Industriegesellschaft zerstöre: den Menschen selbst. Lombroso vertrat leidenschaftlich die Auffassung, wahre nationale Einheit würde in Italien die ökonomischen Unterschiede ebenso beseitigen wie Degeneration und Kriminalität. Nach Nordaus Überzeugung bestand wahrer moralischer Fortschritt in der ständigen Ausdehnung der Gruppensolidarität: Am Ende würde die gesamte Menschheit eine »höhere Einheit, von der du eine Zelle bist. Du lebst das große Leben der Menschheit mit, ihre Lebenskraft bringt dich hervor und erhält dich bis zu deinem Tode, ihr Aufstieg nimmt dich mit in die Höhe, ihre Genugthuungen sind deine Freuden.«[37] Durkheim wies jedoch darauf hin, daß die notwendige Verbundenheit nicht von allein entstand. Die vereinigende Funktion für den durch die Arbeitsteilung fragmentierten sozialen Organismus sollte der Staat übernehmen. Auguste Comte zitierend, erklärte Durkheim, allein der Staat besitze die Fähigkeit, »bei der gewöhnlichen Erfüllung aller verschiedenen Sonderfunktionen der sozialen Ökonomie entsprechend einzugreifen, um unaufhörlich den Gedanken an das Ganze und das Bewußtsein der gemeinsamen Solidarität darin wachzuerhalten«.[38]

Die Furcht vor der Degeneration hatte den Horizont des Liberalismus des 19. Jahrhunderts verändert. Fortschritt im klassischen Sinn der ständigen Weiterentwicklung von Wirtschaft und Wissenschaft reichte nicht mehr aus, um eine stabile, sichere Gesellschaft zu gewährleisten. Um 1880 war deutlich geworden, daß der klassische Liberalismus in der Krise steckte; seine individualistischen Ziele waren in ganz Westeuropa aus der Mode gekommen, und ein Hauptpunkt der »postliberalen Überzeugungen« bestand eben in der Furcht vor Degeneration. Die Annahme, daß die moderne Zivilisation unter psychischer Schwäche leide, wurde ebenso zu einem geläufigen Axiom der Sozialwissenschaften wie die Behauptung, unter dem von der modernen Zivilisation selbst hervorgerufenen Niedergang laure der primitive, rückwärtsgewandte Teil der menschlichen Seele. 1892 war in *Blackwood's Magazine* zu lesen: »Wir sehen, wie dünn und zerbrechlich die Wand ist, die uns von den Elementen der Gewalt trennt, die jeder zivilisierten Gesellschaft zugrunde liegen.«[39] Die moderne Zivilisation schien sich selbst zum Untergang verurteilt zu haben. Obwohl die Liberalen des Fin de siècle vulgäre Rassentheorien à la Gobineau ebenso ablehnten wie Nietzscheanischen Nihilismus, festigte sich bei ihnen doch die Überzeugung, die Krise sei nur durch Lösungen beizulegen, die den Laissez-faire-Liberalismus ergänzten, wenn nicht gar ersetzten.

Die Eugenik und der Staat

Eine dieser Lösungen war die Eugenik. Postliberale Soziologen, Ökonomen und Philosophen wie Durkheim in Frankreich, Gustav von Schmoller in Deutschland und Thomas Hill Green in England versuchten die schicksalhafte Wechselwirkung von moderner Gesellschaft und modernem Menschen von der sozialen Seite her neu zu fassen. Ihnen ging es um die Frage, wie eine Veränderung der sozialen Umstände einen grundlegenden Wandel aller Mitglieder der Gesellschaft herbeiführen und letztlich die Zivilisation vor sich selbst retten könne. Die Eugenik betrachtet das Problem von der anderen Seite, indem sie untersucht, wie das biologische Potential des Menschen verändert werden muß, damit er in der modernen Gesellschaft leben und gedeihen kann.

Bekanntheit erlangte die Eugenik vor allem durch ihre Verknüpfung mit dem Nationalsozialismus. Dank Hitlers Endlösung hat der Begriff »Rassenhygiene« heute einen entsetzlichen Klang. Dabei begann die eugenische Bewegung bescheiden genug als humanes, progressives Korrektiv der Europa und Amerika angeblich bedrohenden physiologischen Verschlechterung. Sie gehörte zu jenen Bestrebungen, die aufzubauen versuchten, was liberale Geister in den sechziger Jahren des 19. Jahrhunderts eine »soziale Ökonomie« genannt hatten, eine harmonische Gesellschaft, in der die vom modernen Industriekapitalismus geschaffene Ungleichheit überwunden wäre. Die gesamte europäische und amerikanische Reformbewegung, ob sie nun für Hygiene in den Elendsvierteln, für Alkoholabstinenz oder für die Emanzipation der Frauen eintrat, war eng mit der Eugenik verbunden und ging von denselben postliberalen Annahmen aus wie sie.[40]

Geburtsort der Eugenik war das England Darwins, genauer gesagt Darwins Familie. Der Begriff wurde 1883 von seinem Cousin Francis Galton als Bezeichnung der Wissenschaft von der Zucht der »Wohlgeborenen« geprägt. Wie Galton beharrlich betonte, war seine Lehre nur die praktische Seite des theoretischen Darwinismus. Mit anderen Darwinisten wie Thomas Huxley teilte er die Sorge betreffs der dunklen, atavistischen Seite des Evolutionsprozesses, doch seine Befürchtungen waren konkreter und sozial begründet. Ihn beunruhigte, daß die geistigen Fähigkeiten, die den zivilisatorischen Fortschritt voranbrachten, in der modernen Gesellschaft sehr ungleich verteilt und durch das Wachstum der städtischen Bevölkerung bedroht waren. War der Aufstieg des »Massenmenschen« für Burckhardt nur der Triumph der kulturellen Mittelmäßigkeit gewesen, so betrachtete ihn Galton auch als Sieg der biologischen Mittelmäßigkeit.

Die Verteilung der Intelligenz stellte Galton mit Hilfe einer glockenförmigen Kurve dar. Genialität und Idiotie waren nur an den äußersten Enden der Kurve zu finden. Nach seiner Rechnung besaß unter tausend Menschen nur einer die Fähigkeit, die Zivilisation voranzubringen. Die Mehrheit verfüge bestenfalls über eine mittelmäßige Intelligenz, und wenn die Angehörigen der Gruppe der Hochbegabten sich nicht in genügender Zahl fortpflanzten, würde eine soziale Katastrophe folgen.[41] Mit der Sorge über krasse Intelligenzunterschiede waren Befürchtungen über die zerrüttenden Wirkungen der modernen Gesellschaft verknüpft. Durkheims Begriff der Überzivilisation vorwegnehmend, meinte Galton, das industrialisierte England dehne sich zu schnell aus und werde zu komplex für den Menschen: »Der durchschnittliche Bürger steht zu niedrig für die alltägliche Arbeit der modernen Gesellschaft.«[42] Die moderne gesellschaftliche Umwelt prüfe die Kräfte des menschlichen evolutionären Materials über Gebühr; alles deute darauf hin, daß nicht die Besten sich regenerierten, sondern die Mittelmäßigen und die Niedrigsten.

Aus der Sicht Galtons und anderer Eugeniker war das normale Bevölkerungswachstum zu einer Art negativer natürlicher

Auslese geworden.⁴³ Wie Edwin Lankester, ein gleichfalls von dieser Sorge umgetriebener darwinistischer Zoologe, befand, wurde die Gesellschaft von der »exzessiven Reproduktion der Rücksichtslosen und Hoffnungslosen, der Ärmsten, am wenigsten Befähigten und am wenigsten wünschenswerten Mitglieder der Gemeinschaft« bedroht. Die Unterschicht wurde so zu einer parasitären Masse, gewissermaßen zu einer Klasse proletarischer Draculas, die das soziale Gewebe der Industriegesellschaft angriffen.⁴⁴ Da bot sich die Eugenik als Ausweg an. Deren Plan war einfach genug: »Wenn Generation auf Generation begabte Männer mit begabten Frauen vermählt werden, können wir eine hochstehende Rasse hervorbringen« und das Risiko des atavistischen Rückfalls ausschließen. Die Eugenik hatte den unschätzbaren Vorteil, die Degeneration des Westens durch eine Methode anzugehen, die sowohl wissenschaftlich als auch human zu sein schien. Indem sie sicherstelle, »daß die Menschheit von den fähigsten Exemplaren repräsentiert wird«, arbeite sie »mit den Kräften der Natur zusammen«, versicherte Galton: »Was die Natur blind, langsam und mitleidlos tut, kann der Mensch vorausblickend, schnell und barmherzig tun.«⁴⁵

Aber nicht zufällig. Galton entwickelte ein kompliziertes System, um auf der Grundlage beobachtbarer Merkmale, die gesammelt, verglichen und archiviert werden konnten, die begabtesten und unbegabtesten Personen zu erkennen. Dafür stürzte er sich mit wahrer Begeisterung in physiologische Studien à la Lombroso und begann, Fotografien von »Stereotypen«, idealen Menschentypen, zusammenzusetzen, die Kriminalität, Begabung und Dummheit, aber auch das Jüdische charakterisieren sollten. Darüber hinaus wollte er eine »Schönheitskarte« von Großbritannien erstellen, indem er das Auftreten angenehmer Gesichtszüge quantitativ zu erfassen versuchte. Er wollte sogar einen Maßstab für die Langeweile entwerfen. Seine Forschungen, so ein moderner Gelehrter, »trieben die physische Erklärung der Kultur an ihre Grenze«.⁴⁶

Anfangs fanden Galtons Forschungen kaum Widerhall. Später gewann die Eugenik aufgrund der Degenerationsbefürchtungen jedoch Anhänger unter Radikalen und Sozialisten, etwa bei George Bernard Shaw, H. G. Wells, Sidney und Beatrice Webb von der Fabian Society, dem Sexualwissenschaftler Havelock Ellis und der amerikanischen Feministin Margaret Sanger. Die heftigste Kritik kam von religiösen Konservativen und Katholiken. In den Augen der Eugeniker war die traditionelle christliche Botschaft des »Seid fruchtbar und mehret euch« völlig unzeitgemäß und in einer von Degeneration bedrohten Welt sogar gefährlich. Wie es später die Verfechter der Geburtenkontrolle mit ihrer Theorie unternahmen, ließ sich die Eugenik als Gegenmittel für antiquierte und irreführende Ideen über die menschliche Fortpflanzung anpreisen.

Ein für Radikale anziehender Aspekt von Galtons Lehre war die Tatsache, daß er die Hochbegabten nicht mit den Hochgeborenen gleichsetzte. Im Gegenteil schloß er sie ausdrücklich aus deren Reihen aus. »Ohne Anstrengung und in absoluter Sicherheit erworbener Rang und Reichtum«, erklärte einer seiner Kollegen, »neigen dazu, entkräftete und unintelligente Nachkommen hervorzubringen.«[47] Wie in Nordaus Muskelpopulismus galten Aristokraten in Galtons Eugenik als latente Degenerierte. Sie mochten nicht gerade Graf Dracula sein, paßten aber gewiß ins Oscar-Wilde-Stereotyp: Ein Adliger war ein von Geburt an träges, von nervösen Leiden befallenes Geschöpf mit dem dekadenten Geschmack eines Ästheten. Später sollte er zu einem hirnlosen Wesen mit schmalen Schultern und fliehendem Kinn mutieren. In den Augen der Eugeniker war die durch Erbschaft herrschende Klasse ebenso ein Produkt des genetischen Bankrotts wie die geistig Zurückgebliebenen, die »mongoloiden Idioten«.

In ihrer großen Zeit gewann die Eugenik weitere unerwartete Anhänger. Einer von ihnen war William Ralph Inge, der Dekan der St. Paul's Cathedral, ein anderer H. G. Wells. 1912 organisierte Galtons Schüler und Nachfolger Karl Pearson den ersten internationalen Eugenikkongreß, dessen Vorsitz Darwins Sohn Leonard übernahm. Zu der Vielzahl bekannter Persönlichkeiten, die an ihm teilnahmen, gehörte auch ein junger liberaler Abgeordneter namens Winston Churchill. Auf Gebieten wie dem der Zwangssterilisation von Geisteskranken konnten die Eugeniker sowohl in England als auch in den Vereinigten Staaten einige Erfolge verbuchen, bevor die Begeisterung und wissenschaftliche Unterstützung für sie nachließ. Den Todesstoß erhielt sie jedoch erst durch die Diskreditierung der Rassentheorie als unverläßlicher Grundlage der Sozialwissenschaften. Als der Zweite Weltkrieg begann, hatte sie in der englischsprachigen Welt ihren wissenschaftlichen und politisch fortschrittlichen Beiklang verloren und war ganz vom rassischen Pessimismus à la Gobineau aufgesogen worden.

Auf dem europäischen Kontinent war dieser Vorgang bereits vorher zu beobachten gewesen. Dort war die Eugenik Einflüssen ausgesetzt, die sich stark von dem liberalen Positivismus unterschieden, von dem Galton geprägt worden war. Während die britischen und amerikanischen Eugeniker die »sanfte« Seite der Eugenik vertraten – die staatliche Aufforderung zu selektiver Fortpflanzung –, neigten ihre kontinentaleuropäischen Kollegen eher der »harten« Seite zu, deren Mittel Abtreibung, Sterilisation und Euthanasie waren.[48] Vacher de Lapouge, der stark von Gobineau beeinflußt war und zu den führenden Mitgliedern der französischen Gesellschaft für Eugenik gehörte, vertrat in seiner Schrift *Les séléctions sociales* von 1896 eine besonders kompromißlose Version der natürlichen Auslese, einschließlich Euthanasie und Infantizid.[49] Ludwig Woltmann, der durch Darwins Theorie vom doktrinären Marxismus zur radikalen Eugenik bekehrt worden war, fügte hinzu, mittels staatlich organisierter Auslese könne soziale Gerechtigkeit geschaffen und die arische rassische Überlegenheit gestärkt werden. Sowohl Lapouge als auch Woltmann waren über den kulturellen Niedergang und die Degeneration des Westens besorgt. Beide waren entschiedene Verfechter des Staatssozialismus als der Regierungsform, die am ehesten in der Lage sei, jene Zwangsmaßnahmen zu ergreifen, die für ein ernsthaftes eugenisches Programm erforderlich sein würden, und beide betrachteten die europäischen Juden als eine der wichtigsten Zielgruppen eines solchen Programms zur Bekämpfung der Degeneration.

Nach 1880 und besonders nach dem Dreyfusprozeß von 1894 galten die Juden in zunehmendem Maß als die exemplarischen Degenerierten. Den Theorien der degenerativen Morbidität zufolge besaßen sie angeborene Anlagen für alle Krankheiten des modernen Lebens, etwa Hysterie, Neurasthenie und Syphilis. Manche sahen in ihnen sogar die »Neger« Europas. Als diese Anwürfe lauter wurden, sah sich Lombroso, der selbst Jude war, gezwungen, ihnen öffentlich entgegenzutreten. Der Antisemitismus, so erklärte er, sei selbst eine Form der Degeneration.[50] Leider ließ sich durch dieses Argument niemand von seinen Vorurteilen abbringen. In Deutschland, Frankreich und Österreich entstanden antisemitische Parteien.

Um solchen Behauptungen den Wind aus den Segeln zu nehmen, führte Rudolf Virchow, unter anderem Mitbegründer der Deutschen Gesellschaft für Anthropologie, Ethnologie und Urgeschichte, eine umfangreiche Untersuchung der Schädel von Schulkindern durch, wobei sorgfältig festgehalten wurde, ob das jeweilige Kind jüdischer Herkunft war oder nicht. Das 1886 veröffentlichte Ergebnis zeigte, daß zwischen Juden und Nichtjuden keine physiologischen Unterschiede bestanden und daß der angebliche germanische Rassentyp – blond und blauäugig – weniger als ein Drittel der Bevölkerung des Deutschen Reichs ausmachte, darunter viele Juden. Virchow, ein überzeugter Liberaler der alten Schule, glaubte, den Mythos von einer arischen oder teutonischen Rasse damit ein für allemal aus der Welt geschafft zu haben. Doch statt dessen wurde seine Untersuchung zum Gegenstand wütender Angriffe, einschließlich der Unterstellung, Virchow sei selbst Jude (was er nicht war). Zur Jahrhundertwende hatten seine antirassistischen Ansichten unter deutschen Anthropologen und Biologen weitgehend an Boden verloren.

An Virchows Stelle trat sein Hauptgegner Ernst Haeckel; er wurde zur Leitfigur sowohl der deutschen Eugenik als auch der Rassenbiologie. Der 1834 geborene Haeckel lehrte Zoologie an der Universität Jena, als er Darwins Theorie in Deutschland bekanntmachte. In seinen Schriften herrscht allerdings weniger die Atmosphäre von Gobineaus Lehren oder der *Götterdämmerung* als vielmehr die intellektuelle Kühle Lombrosos. Die Thesen seines Hauptwerks, der *Welträtsel* (1899), lautet, die moderne Zivilisation habe mit ihren enormen wissenschaftlichen und technischen Fortschritten einen völlig neuen evolutionären Charakter angenommen. In sozialer und moralischer Hinsicht seien dagegen keinerlei Fortschritte zu verzeichnen. Immer noch bestünden dieselben überholten Institutionen und Meinungen, vor allem die Religion – die Haeckel besonders verabscheute –, die individualistische Moral und sexuelle Tabus. Die Folge sei, daß statt »Recht und Vernunft ... Aberglaube und Verdummung« regierten, woraus »nicht nur ein unbehagliches Gefühl innerer Zerrissenheit und Unwahrheit« entsprungen sei, »sondern auch die Gefahr schwerer Katastrophen auf politischem und sozialem Gebiet«. Letzte Ursache dieses Unbehagens und aller Übel der traditionellen europäischen Kultur war laut Haeckel die »anthropistische Weltanschauung«, die den Menschen für etwas Besonderes erkläre, das aus der Natur herausrage: »Diese grenzenlose Selbstüberhebung des eiteln Menschen hat ihn dazu verführt, sich als ›Ebenbild Gottes‹ zu betrachten, für seine unvergängliche Person ein ›ewiges Leben‹ in Anspruch zu nehmen und sich einzubilden, daß er unbeschränkte ›Freiheit des Willens‹ besitzt.« Erst wenn der moderne Mensch diesen »unhaltbaren Größenwahn« aufgebe, könne er sein wahres Schicksal verwirklichen.[51]

Haeckels neuer Mensch ist ganz eins mit der Natur und lebt gemäß der Ökologie – ein Begriff, den er eingeführt hat. Aus seiner Sicht ist die Geschichte der westlichen Zivilisation nicht mehr als ein Teil der Stammesgeschichte der Wirbeltiere, die er in sechsundzwanzig Evolutionsstufen von der Bildung der Kohlemoleküle bis zum *Homo erectus* auffächert. Darwin hatte die biologische Evolution zu einer Funktion der natürlichen Auslese als dem Grundmechanismus der Veränderung in der Natur erklärt. Laut Haeckel geschieht genau das Gegenteil. Bei ihm werden die natürliche Auslese und der Kampf ums Dasein zu einer Funktion der Evolution, eines allumfassenden Systems organischen Wachstums, das er »Monismus« nennt. Obwohl er den älteren romantischen Vitalismus ablehnt, ist seine Auffassung von Natur und Gesellschaft von ihm durchtränkt. Haeckels Monismus ist ein streng deterministischer Vitalismus, dem zufolge alle Kräfte, einschließlich der menschlichen, auf eine einzige Totalität hinwirken.

Von den *Welträtseln* wurden im ersten Jahr nach Erscheinen hunderttausend Exemplare verkauft. Bis zum Ende des Ersten Weltkriegs kamen zehn Auflagen und fünfundzwanzig Übersetzungen heraus. 1906 gründete Haeckel den Monistenbund, der das Evangelium der Evolution und der natürlichen Auslese in der deutschen Mittelschicht und Arbeiterklasse verbreiten sollte. Außerdem wurde er zu einem eifrigen Fürsprecher der Eugenik als dem Schlüssel zu einer neuen, vereinten und biologisch leistungsfähigen Menschheit. Wissenschaftliche Auslese, Euthanasie und Abwehr degenerierter Elemente wie Juden und Schwarze wurden zu sozialen Imperativen, denen der moderne Staat Folge zu leisten hatte, wenn er die Zivilisation retten wollte.[52]

Liberale Gegner wie Virchow warfen Haeckels deterministisch-vitalistischer Eugenik vor, sie weise in Richtung einer sozialistischen Diktatur. Haeckel stritt dies energisch ab, und seine Ansichten waren tatsächlich weder totalitär noch gar präfaschistisch. Für Autoren wie Houston Stewart Chamberlain, dessen *Grundlagen des XIX. Jahrhunderts* im selben Jahr wie die *Welträtsel* erschienen waren, hatte er nur Verachtung übrig. Umgekehrt ignorierten die Neogobinianer in ihren Schriften den Monismus ebenso wie den Darwinismus. Als der Rüstungsmagnat Alfred Krupp 1900 einen Essaywettbewerb mit der Frage veranstaltete, wie der Darwinismus für die heimische politische Entwicklung anwendbar sei, betonten die meisten Einsender die wachsende Bedeutung des Staats für das physiologische Schicksal der deutschen Rasse. Andernfalls, so ein Teilnehmer, würden alle wie die Juden werden. Vier Jahre später wurde mit Haeckel als Ehrenvorsitzendem die Deutsche Gesellschaft für Rassenhygiene gegründet, der 1907 in Deutschland bereits über hundert lokale Gruppen angehörten. Nach dem Ersten Weltkrieg schlossen sich viele Eugeniker und Rassenbiologen der verbreiteten Ansicht an, Deutschlands politische Zukunft hänge von einem irgendwie gearteten Staatssozialismus ab. Als eine Priorität des künftigen Staats betrachteten sie eine auf Eugenik und kontrollierte Auslese gestützte Politik, mit dem Ziel, die deutsche Rasse zu retten.

Aber nicht alle Deutschen waren Antisemiten. Alfred Ploetz zum Beispiel, der Gründer der Gesellschaft für Rassenhygiene, betrachtete die Juden als Arier. Als Mittel, die Art voranzubringen, ohne genetische Katastrophen – einschließlich der Degeneration – fürchten zu müssen, schlug er die kontrollierte Auslese vor.[53] Der größte Teil der öffentlichen Meinung tendierte jedoch in eine radikalere Richtung, wie der Erfolg von Chamberlains *Grundlagen* und das politische Gewicht von Vereinigungen wie dem Alldeutschen Verband anzeigten. Obwohl sich die Wissenschaftler, die über die angebliche physiologische Degeneration der Juden besorgt waren, in der Regel von der in ihren Augen vulgären Rassenpropaganda distanzierten, pries ein führendes Mitglied der Gesellschaft für Rassenhygiene, Eugen Fischer, Ludwig Schemanns 1910 erschienenes Buch über

Gobineaus Rassentheorie. Schemann trat der Gesellschaft bei und wurde zum enthusiastischen Eugeniker. Andere Rassenforscher und Anthropologen schlossen sich zum Ring der Norda zusammen, der die mystischen Obertöne von Bayreuth mit der Propagierung von Gesundheit und Sport verband. Wissenschaftliche Spekulationen über die rassische Gesundheit vermischten sich mit Gobineauschem Pessimismus, wenn zum Beispiel Ploetz erklärte, der überlegene nordische Typ sei durch Rassenmischung, Krieg und Geburtenrückgang der Gefahr der Entartung ausgesetzt, weshalb er die Gesellschaft »nicht vor dem schließlichen Herabsinken retten« könne. Einen solchen Prozeß habe »die Geschichte ... schon mehrere Male gesehen, so bei den alten Griechen und Römern«. Ihm entgegenzuwirken, sei »Sache der Rassenhygiene«.[54]

Völkischer Nationalismus, Gobineauscher Vitalismus und rassische Eugenik überlappten sich auf vielfältige Weise. Rassenhygiene war einerseits ein ernstes Bemühen um die öffentliche Gesundheit und andererseits ein Ausdruck kultureller Vitalität und Macht. Die Ariosophen, die kurz vor dem Ersten Weltkrieg die Szene betraten und die Sache der Eugenik verfochten, waren neogobinianische Mystiker. In Max Sebaldt von Werths vielbändiger *Genesis* (1898–1903) wird arische Rassenreinheit mit einem fast pornographischen Interesse für eugenische Fortpflanzung verknüpft, und in der 1905 erschienenen *Theozoologie* des Orientalisten und ehemaligen Zisterziensermönchs Jörg Lanz von Liebenfels, der zum fanatischen Anhänger von Ludwig Woltmanns radikalem rassischen Darwinismus konvertiert war, wird dargelegt, das auserwählte Volk der Bibel seien in Wirklichkeit die Arier beziehungsweise Teutonen gewesen. Der Fall Adams ist für Liebenfels eine Parabel auf die verunreinigende Rassenmischung der Arier. Wie er versichert, stellt das gesamte Alte Testament eine Geschichte von rassischer Vermischung dar, in der sich die semitischen Völker von Palästina in sexuellen Orgien mit mesopotamischen »Buhlzwergen« einlassen. Ergebnis dieser Mischung sei der moderne europäische Mensch. Durch rigorose eugenische Maßnahmen hält es Liebenfels allerdings für möglich, den modernen Menschen (»Anthropozoa«) in den Gottmenschen (»Theozoa«) zurückzuverwandeln, der überlegene Seh- und Hörfähigkeiten besitzt, Telepathie benutzt und über die elektrische Energie des Kosmos verfügt. Wie bizarr solche Theorien den ernsthaften Wissenschaftlern der damaligen Zeit auch erschienen sein mochten, die Ariosophen beeinflußten den Hofphilosophen der Nazis, Alfred Rosenberg, und von ihrem visionären eugenischen Programm führt ein direkter Weg zu Himmlers »Lebensborn«, der mit der Aufzucht reinrassigen arischen Nachwuchses für die SS-Elite beauftragt war.[55]

Die führenden Vertreter der wissenschaftlichen Eugenik und der Gesellschaft für Rassenhygiene standen der Nazipartei zunächst neutral gegenüber, wurden dann aber zu ihren Anhängern. Ploetz, der einst verkündet hatte, Juden seien Arier, und unter der Sonne der wissenschaftlichen Forschung werde der Antisemitismus verschwinden, unterstützte den antijüdischen Feldzug der Nazis und befürwortete das Gesetz zur Verhütung erbkranken Nachwuchses von 1933, das unter anderem die Zwangssterilisation ermöglichte. Eugen Fischer, der einmal für rassische Vermischung eingetreten war, geriet als Direktor des Kaiser-Wilhelm-Instituts für Anthropologie, menschliche Erblehre und Eugenik in die Schußlinie der Nazis. Als er sah, in welche Richtung der Wind blies, förderte er an seinem Institut Forschungen, die den wissenschaftlichen Beweis dafür erbringen sollten, daß die Juden — wie Schwarze und Orientalen — eine minderwertige Rasse seien.[56]

Die Entwicklung der deutschen Eugenik und Rassenforschung illustriert, wie die Furcht vor Degeneration und die Forderung nach staatlichen Lösungen fortschrittliche Praktiker in die Arme jener treiben konnte, die bereit waren, alle Mittel des Staates aufzubieten, um die Zivilisation zu »retten« — koste es, was es wolle. Daß diese Anfälligkeit nicht auf Deutschland beschränkt war, zeigt das Beispiel Karl Pearsons, der zu einem Bewunderer der Nazis wurde, und des 1912 gegründeten US-amerikanischen Büros für eugenische Akten, das in enger Verbindung mit der Deutschen Gesellschaft für Rassenhygiene stand und die praktische Anregung für das Sterilisationsgesetz von 1933 lieferte. Vor dem Staat, der das Programm der Eugeniker erfüllen wollte, lag eine Vielzahl von Aufgaben: Er mußte die »höheren« und »niederen« Menschentypen definieren, die für die Züchtung geeigneten Individuen auswählen, die Schwachen und Gebrechlichen sterilisieren und ausrotten und jene in die Schranken weisen, die sich aus religiösen oder moralischen Gründen weigerten zu kooperieren. Die nötigen Mittel besaß der postliberale Staat der Zukunft, und zumindest im Fall Nazideutschlands war er auch bereit, sie anzuwenden.

Zivilisation und Degeneration bei Sigmund Freud

Um 1900 hatte ein großer Teil der Intellektuellen das Vertrauen in die Selbsterneuerungskräfte der westlichen Zivilisation verloren. Das soziale Gefüge der modernen Gesellschaft schien für die menschliche Rasse keinen Schutz mehr zu bieten. Im Gegenteil, es wurde allgemein angenommen, die komplizierten Mechanismen der Zivilisation würden eines Tages eine Wende zum Schlechteren bringen, den Abstieg in ein Chaos, das schrecklicher sein werde als jede vorzivilisatorische Wildheit. Selbst die zuversichtlichsten Darwinisten betrachteten die evolutionäre Vergangenheit als Erblast, die der Menschheit eine Vielzahl wilder und irrationaler Eigenschaften hinterlassen hatte, welche von der Wissenschaft mittels Eugenik oder anderer Instrumente sorgfältig ausgemerzt und zurechtgestutzt werden mußten, wenn die menschliche Rasse überleben wollte. »Die Zukunft«, schrieb Le Bon, »ist in der Tat in uns und von uns selbst gewoben. Da sie nicht fest ist wie die Vergangenheit, kann sie durch unsere Anstrengung verändert werden.«[57] Die alternative Perspektive einzunehmen, in der die Vergangenheit keine Last, sondern eine notwendige Voraussetzung des zivilisierten Lebens ist, scheint keinem dieser Denker eingefallen zu sein.

Dieser Mangel ist zum Teil Freud anzulasten. Wie Nordau bedeutete ihm als Juden im Vielvölkerstaat Österreich-Ungarn der Liberalismus Schutz vor traditionellen Formen der Verfolgung und Diskriminierung sowie Befreiung von den einengenden Zügen des orthodoxen Judentums. Die für den liberalen Positivisten typische Bevorzugung der wissenschaftlichen Rationalität und die Ablehnung der Religion und anderer Formen des »Aberglaubens« blieben bis zu seinem Tod feste Bestandteile seiner Haltung. In die Kategorie des Aberglaubens gehörte auch der Antisemitismus: Freud bekämpfte seit seinem Studium die zunehmende Konzentration der Degenerationstheorie auf die »Judenfrage« in Österreich und andernorts. Vermutlich war es die Verknüpfung von Antisemitismus und Degenerationsfurcht, die Freud veranlaßte, diesen Ansatz links liegenzulassen und eine eigene, verblüffend originelle Richtung einzuschlagen.

Freud studierte ein Fach, das für die Degenerationstheorie von entscheidender Bedeutung war – Neurologie. 1885 ging er nach Paris, wo er sich an denselben Debatten beteiligte und bei denselben Professoren studierte wie ein Jahrzehnt zuvor Max Nordau. 1886 wechselte er nach Berlin, um die Neuropathologie des Kindes zu studieren. Doch er gab es schließlich auf, degenerative Störungen auf physiologisch-organische Ursachen zurückführen zu wollen. Er zog wie später die meisten Mediziner den Schluß, die Bezeichnung »Degenerierter« stelle für Menschen, die unter Neurosen oder Hysterie leiden, »eigentlich ein Werturteil, eine Verurteilung anstatt einer Erklärung« dar.[58] Dennoch fand die Degenerationstheorie mit ihrem impliziten Gegensatz von Zivilisation und Gesundheit unvermeidlicherweise Eingang in Freuds Theorie. Sein erstes epochemachendes Werk, *Die Traumdeutung*, ist zwar mit dem Erscheinungsdatum des neuen Jahrhunderts versehen, aber schon 1899 ausgeliefert worden, also im selben Jahr erschienen wie Haeckels *Welträtsel* und Chamberlains *Grundlagen des XIX. Jahrhunderts* und nur zwei Jahre nach Durkheims *Der Selbstmord* und Stokers *Dracula*. Freud sieht den Menschen in der Spannung von Ich, Über-Ich und deren primitivem Widersacher, dem Es, das wie Stevensons Mr. Hyde in der normalen gesunden Persönlichkeit verborgen oder unterdrückt wird. »Das Ich repräsentiert, was man Vernunft und Besonnenheit nennen kann«, schrieb Freud in einer späteren Schrift, »im Gegensatz zum Es, welches die Leidenschaften enthält.«[59]

Das Es umfaßt den versteckten Bereich des Unbewußten, eine lombrosianische Unterwelt von Phantasie und Traum, Mythos und Primärbedürfnissen, die Freuds Schüler C. G. Jung das Reich der Archetypen genannt hat. Beim Neurotiker ist dieses versteckte Reich in die normale psychische Umwelt eingedrungen – er ist regrediert, so wie Lombrosos Verbrecher eine Form der Regression darstellte. Freuds Theorie der *psychischen* Regression ersetzte indes jene der *physiologischen* Degeneration als Erklärung der Verwandlung von Vernunft und Ordnung in Irrationalität und Unordnung. Regression ereile das Individuum wie die Gesellschaft. Jedes Kind durchlaufe in seinem Werden die psychische Entwicklung der gesamten Menschheit vom Irrationalen und Einfachen zum Rationalen und Komplexen. Umgekehrt wirkten in der Gesellschaft dieselben psychologischen Prinzipien wie im normalen Individuum oder auch im Neurotiker, wie Freud in *Totem und Tabu* (1912/13) und *Der Mann Moses und die monotheistische Religion* (1937–1939) darlegte. Wie das Individuum aus der frühen Kindheit, der Beziehung zu den Eltern und anderen traumatischen Erfahrungen psychische Narben davontrage, so sei das psychische Leben der

Gesellschaft von Narben gezeichnet, die zurückreichen bis zum Augenblick ihrer Gründung.

Wie Nietzsche fand Freud den fatalen Bruch am Ursprung der Zivilisation. Für ihn bestand er im Vatermord. Dieser erste Akt wilder Roheit und die aus ihm erwachsende kollektive Schuld lebten in der Religion und in gesellschaftlichen Konventionen wie den Tabus fort. Deshalb sei der Nachfolger der primitiven Gesellschaft, die moderne, nicht immun gegen das Wilde und Irrationale. Die frühen Triebe und Verbrechen überlebten im kollektiven Gedächtnis und in den Institutionen, die dem gesellschaftlichen Leben Form und Bedeutung gäben. Mit Freuds Worten: »... das primitive Seelische ist im vollsten Sinne unvergänglich.«[60] In der individuellen Psyche bleibe es in Gestalt des Es erhalten, und da der Mensch ein gesellschaftliches Wesen sei, werde darin der Instinkt der Urhorde überliefert, der, wie Le Bon gezeigt hat, erst in den modernen demokratischen Institutionen voll zutage tritt. Kurz gesagt: Die kulturelle Entwicklung des Menschen widerlegt nach Freuds Verständnis die Behauptung, die Zivilisation habe sich völlig von der Barbarei gelöst, denn ihre psychischen Grundstrukturen sind dieselben.

Bereits der schottische Anthropologe James Frazer hatte in *Der goldene Zweig* (1890), einer umfangreichen vergleichenden Studie über primitive Religionen – die starken Einfluß auf Freud ausübte –, darauf hingewiesen, daß Mythen und irrationale Rituale nicht aus den zivilisierten Gesellschaften verschwunden sind. Als die Rassentheorie die Zustimmung der Liberalen verlor, griff man zur Unterscheidung von primitiven und zivilisierten Kulturen zu Freuds Theorie. Eine neue Generation von Anthropologen – Franz Boas, Margaret Mead, Ruth Benedict – widmete sich der Aufgabe, die primitiven Gesellschaften im Vergleich mit ihren »fortgeschrittenen« Gegenstücken – die Anführungszeichen stammen aus ihrer Feder – aufzuwerten. Ihre Forschungen enthüllten die Ähnlichkeit und Verwandtschaft zwischen beiden Entwicklungsstufen und behaupteten in der Tradition des romantischen Orientalismus, primitive Völker hätten oftmals die Vitalität und geistige Gesundheit bewahrt, die der Westen verloren habe, am besten nachzulesen in Meads *Kindheit und Jugend in Samoa* (1928).[61]

Freuds *Unbehagen in der Kultur* war sein Nachruf auf die aufgeklärte liberale Gesellschaft, in der er geboren und aufgewachsen war. 1930 veröffentlicht, schloß die Schrift eine Epoche des Denkens ab, in der Geschichte als Zivilisationsprozeß verstanden und über die Folgen des Fortschritts für den modernen Menschen nachgedacht wurde. Es dürfte kaum überraschen, daß die erste fesselnde Metapher von Freuds Essay die der Ruinen des antiken Rom ist. Das Forum Romanum repräsentierte für ihn die historische Entwicklung, in der jede Epoche von der nächsten abgelöst und ausgelöscht wird. Ein Archäologe könne allenfalls noch die Stellen angeben, wo die Tempel und öffentlichen Gebäude der früheren Zeit gestanden hatten. Aber die Ruinen, auf die er weist, sind nicht die des originalen Bauwerks, sondern die »ihrer Erneuerungen aus späterer Zeit nach Bränden und Zerstörungen«. Darüber hinaus sind sie nur »Einsprengungen in das Gewirre einer Großstadt aus den letzten Jahrhunderten seit der Renaissance«. Wenn man nun, so Freud weiter, die phantastische Annahme mache, »Rom sei nicht eine menschliche Wohnstätte, sondern ein psychisches Wesen von ähnlich langer und reichhaltiger Vergangenheit«, dann würde man entdecken, daß »nichts, was einmal zustande gekommen war, untergegangen ist«. Nicht nur würden »auf dem Palatin die Kaiserpaläste ... sich noch zur alten Höhe erheben« und die schönen Statuen tragen, »mit denen sie bis zur Gotenbelagerung geschmückt« waren, sondern in christlichen Basiliken und in Renaissancepalästen würden antike Tempel stehen: »Und dabei brauchte es vielleicht nur eine Änderung der Blickrichtung oder des Standpunktes von seiten des Beobachters«, um entweder die antike Stadt oder ihre Nachfolger bis in die Moderne zu sehen.[62]

Als materieller Prozeß verwandele und verändere die Zivilisation alles Bisherige; als psychischer Prozeß, als »Zivilisierungsprozeß«, tue er es nicht und könne er es nicht tun. Nach Freud behält der zivilisierte Mensch die Grundinstinkte seiner früheren wilden Existenz. Positiv gesehen, gelangt der Mensch aufgrund seiner gesellschaftlichen Evolution zu Reife und Unabhängigkeit. Er überwinde das infantile Gefühl der Hilflosigkeit sowie das Verlangen nach schützenden Vaterfiguren wie Gott, Papst und König. Die Zivilisation statte das Individuum mit einem Gefühl für die eigene Autonomie und seinen Platz in einer größeren, von Ordnung und moralischer Pflicht geprägten Gemeinschaft aus. Aber dieser Prozeß führe zu Konflikten mit den lebenspendenden primitiven Instinkten. Es sei »unmöglich zu übersehen, in welchem Ausmaß die Kultur auf Triebverzicht aufgebaut ist, wie sehr sie gerade die Nichtbefriedigung ... von mächtigen Trieben zur Voraussetzung hat. Diese ›Kulturversagung‹ ... ist die Ursache der Feindseligkeit, gegen die alle Kulturen zu kämpfen haben.« Tatsächlich könne diese Selbstunterdrückung so weit gehen, daß die Lebenskraft verlösche. Der Mensch und der soziale Fortschritt seien an einem schicksalhaften Punkt angelangt, an dem die Überwältigung der eigenen Vitalität durch die Zivilisation derart unerträglich werde, daß schließlich der innere Barbar zum Vorschein komme – eine »Wiederkehr des Verdrängten«. Dazu komme es, wenn das Individuum oder, noch erschreckender, die Gesellschaft insgesamt in den brutalen, aggressiven vorzivilisierten Zustand zurückfällt, in dem nur der Stärkere herrscht, ohne eine andere Richtschnur als seine eigenen Interessen und Triebregungen.[63]

Als *Das Unbehagen in der Kultur* erschien, waren die humanen und liberalen Werte überall in Europa in Gefahr. Der schlimmste Alptraum des Degenerationstheoretikers – ein Aufstand der verrohten, kriminalisierten Masse, der Triumph von primitiver Verblendung und Triebhaftigkeit über die Vernunft –

schien unmittelbar bevorzustehen. »Die Schicksalsfrage der Menschenart«, so Freud, »scheint mir zu sein, ob und in welchem Maße es ihrer Kulturentwicklung gelingen wird, der Störung des Zusammenlebens durch den menschlichen Aggressions- und Selbstvernichtungstrieb Herr zu werden.« Ein Jahr später fügte er als neuen Schlußsatz hinzu: »Aber wer kann den Erfolg und Ausgang voraussehen?«[64] Wiederum zwei Jahre darauf wurde Hitler Reichskanzler.

TEIL II

PROPHEZEIUNGEN DES UNTERGANGS

SCHWARZ VOR WEISS
W. E. B. Du Bois

1889 traf ein junger Student in Harvard ein, ein kleiner, eleganter Mann mit aristokratischen Manieren, der nicht nur Latein und Griechisch beherrschte, sondern auch Deutsch. Sein Vorbild war Otto von Bismarck, der demonstriert hatte, »was ein Mann erreichen kann, wenn er es will«. An Selbstzweifeln litt der junge Mann nicht: Einem seiner Professoren vertraute er an, er habe sich für Harvard entschieden, da »solche Disziplin am besten zu meinem Leben paßt. ... Auch wenn es vielleicht dumm ist, glaube ich ernsthaft, daß ich der Welt etwas zu sagen habe.«[1] Das einzige, was diesen William Edward Burghardt Du Bois von den anderen Studenten auf dem Campus von Harvard unterschied, war die Farbe seiner Haut: Sie war schwarz.

Du Bois markiert den Beginn des heutigen Urteilens über Rasse und Kultur. Trotz der Leistungen eines Martin Luther King bleibt Du Bois das Urbild des afroamerikanischen Intellektuellen. Allein schon die Verwendung des Begriffs »afroamerikanisch« spiegelt seinen Einfluß wider. Unermüdlich als Soziologe, Historiker und Journalist tätig, verwandelte er das amerikanische »Negerproblem« von einer Randfrage des Bürgerkriegs und Partikularismus in das zentrale Paradigma der Interpretation nicht nur der amerikanischen Geschichte, sondern der Geschichte der westlichen Zivilisation überhaupt. Damit schuf er gleichzeitig eine neue säkulare kulturelle Identität für die in direktem Gegensatz zum modernen Westen stehende nichtwestliche Welt. 1903 sagte er voraus, daß »das Problem des 20. Jahrhunderts ... das Problem der Farbgrenze sein« werde. Was ihn zu dieser Prophezeiung veranlaßte, war neben anderem der unter den westlichen Intellektuellen wachsende Pessimismus bezüglich des Schicksals des Westens. Die westliche Zivilisation, so lernte er von seinen Professoren in Harvard und Berlin, umschloß eine Gesellschaft, die sich im Krieg mit ihrer Seele befand.

Angesichts der Furcht vor Degeneration und sozialem Verfall suchten europäische und amerikanische Denker gleichermaßen neuen Halt. Brooks und Henry Adams in Amerika, Durkheim und Le Bon in Frankreich, Galton und Kidd in England, Schmoller und Adolph Wagner – die beide entscheidenden Einfluß auf Du Bois ausüben sollten – in Deutschland und viele andere Wissenschaftler und Intellektuelle beschäftigten sich mit den Grenzen und humanen Problemen der Industriegesellschaft oder »Überzivilisation«, wie Durkheim sie genannt hatte. Sie suchten nach einer Erklärung des Geschehens und nach einer Lösung. Die Rassentheorie, sowohl die neogobinianische als auch die »wissenschaftliche«, bot beides. Du Bois schrieb seine einflußreichsten Werke in einer Zeit, da Eugenik und Rassenlehre Europa und Amerika im Sturm eroberten. Die Hautfarbe wurde zum Erkennungszeichen von Zivilisation – oder von deren Abwesenheit. Immer mehr anerkannte Wissenschaftler übernahmen die These, weiße Haut zeige innere Vitalität und die Fähigkeit an, trotz des unvermeidlichen Sogs der Degeneration die Zivilisation voranzubringen. Schwarze oder »farbige« Haut – die manche auch bei den europäischen Juden bemerken wollten – sei dagegen ein Zeichen für das Fehlen oder sogar eine aktive Bedrohung dieser Vorzüge.

Du Bois drehte diese Wertung in mehreren Stufen und mit unterschiedlichen Strategien um und verlegte die Rassenschranke neu. Ob er sie in die Theorie des schwarzen »begabten Zehntels«, in die Form des panafrikanischen Nationalismus, wie nach 1911, oder wie in den dreißiger Jahren in die Hoffnung auf einen marxistischen Umsturz kleidete, seine Grundthesen blieben dieselben: Afrikaner, Asiaten, Indianer und andere »farbige Menschen« besäßen eine künstlerische und kulturelle Schöpferkraft, die sich von der ihrer weißen Gegenspieler und Unterdrücker unterscheide oder ihr sogar überlegen sei. Sie zeigten eine tiefere innere Vitalität und Humanität, das heißt das, was Du Bois' deutsche Lehrer »Seelenleben« nannten und er selbst als »Seele« übersetzte. Wie eine Gestalt aus seinem Roman *Dark Princess* erklärt, sind »schwarze Menschen ... die besten – der natürliche Adel, die Schöpfer von Kunst, Religion, Philosophie, Leben, von allem«, bezeichnenderweise nur von einem nicht: »der Maschine«.

Du Bois' Gedanken zu Rassenfragen waren jedoch komplexer, als dieser Ausbruch romantischen Orientalismus vermuten läßt, obwohl er diesem mehr verdankt, als manche heutige Bewunderer zugeben wollen. Das Fundament seiner Theorie war seine Reaktion auf das Vorurteil der weißen Überlegenheit und dessen, wie er fand, schwerwiegendste Folge: das Wachstum der europäischen Kolonialreiche. Für Du Bois war der Imperialismus das charakteristischste Produkt des Westens, die natürliche Folge der Eigenheiten der europäischen Zivilisation. Und deren Übel waren jetzt die Übel des Westens, einschließlich der Vereinigten Staaten, die auf der Vorgängerinstitution des Imperialismus – der Sklaverei – beruhten. 1914 lebten Du Bois und andere nichteuropäische Nationalisten wie Mohandas Gandhi oder der junge Marcus Garvey in einer Welt, deren Landmasse zu achtzig Prozent von Europäern oder deren Abkömmlingen beherrscht wurde. Die Aussicht auf Freiheit war düster. Was aber, wenn die weiße Vorherrschaft und der Imperialismus selbst nicht die Zeichen des Aufstiegs der westlichen Zivilisation trugen, sondern die ihres Niedergangs? Dies war die Frage, die Du Bois stellte, und mit seiner Antwort gab er dem rassischen Pessimismus eine völlig neue Bedeutung.

Rasse und Zivilisation
in Amerika

Du Bois war Neuengländer, geboren 1868 in Great Barrington, Massachusetts, wo die Familie seiner Mutter seit der amerikanischen Revolution als »freie Schwarze« gelebt hatte. Vor dem Bürgerkrieg machten freie Schwarze zwölf Prozent der afroamerikanischen Bevölkerung der Vereinigten Staaten aus. Obwohl sie diskriminiert wurden und in einigen Staaten nicht wählen durften, kamen viele freie Schwarze zu Wohlstand und waren in Großstädten wie Boston und New York und auch in Kleinstädten wie Great Barrington ein fester Bestandteil des städtischen Lebens. Der eine von Du Bois' Großvätern war ein wohlhabender Landbesitzer, und der andere hatte sich als ehemaliger Kaufmann in New Bedford zur Ruhe gesetzt. Die aristokratische Haltung von Alexander Du Bois und sein prächtiges Haus in New Badford mit den funkelnden Silbertellern, Kristallgläsern und spitzenbesetzten Tischdecken blieb für seinen Enkel immer ein glänzendes Symbol dafür, was erfolgreiche Schwarze in Amerika zu erreichen vermochten.

Der Kern der Rassenfrage und des Südstaatenproblems war im Amerika des 19. Jahrhunderts das komplizierte Thema der weißen Überlegenheit – eine soziale Lehre, die von der Minstrelfigur Jim Crow symbolisiert und perpetuiert wurde. Zu Du Bois' Zeiten gab es vier Richtungen rassischer Anschauungen, die jeweils ihre eigenen Ursachen und sozialen Konsequenzen hatten. Im Mittelpunkt der ersten stand die Rassenschranke, das heißt eine in allen Sklavenhaltergesellschaften, nicht nur im Süden Nordamerikas, sondern auch in der Karibik und in Lateinamerika anzutreffende Hierarchie der Hautfarbe, welche die soziale Stellung bestimmte und von einer Vielzahl von Traditionen und Tabus gestützt wurde. Diesem System übergestülpt wurde die zweite Richtung des Rassendenkens, die »Rassenwissenschaft«, wie sie in den vierziger und fünfziger Jahren des 19. Jahrhunderts Robert Knox und James Hunt in England und Josiah Nott und George Glidden in Amerika propagierten. Diese Rassentheoretiker behaupteten, beweisen zu können, daß Weiße und Schwarze und daher auch Herr und Sklave unterschiedlichen Arten angehörten, die einander so eindeutig überlegen beziehungsweise unterlegen waren wie Mensch und Affe. Einen echten Bezug zu den Realitäten der Sklavenhaltergesellschaft hatte dieser prädarwinistische »Beweis« allerdings nicht. Notts 1859 kurz vor dem Bürgerkrieg erschienene Übersetzung von Gobineaus *Ungleichheit der Menschenrassen* fand keinen Widerhall. Die Argumente blieben jedoch zur späteren Verwendung verfügbar.

Der dritte Typ des Rassendenkens waren die nach Amerika verpflanzten europäischen Theorien von Eroberung und Expansion, die Nationen oder Rassen – weiße wie nichtweiße – mittels der Kategorien von Stärke und Schwäche sowie Überlegenheit und Minderwertigkeit einteilten. Es ist viel vom romantischen Nationalismus als Grundlage des Rassismus im modernen Amerika gesprochen worden. Sein leitendes Prinzip war jedoch, auch in den chauvinistischsten Ausprägungen, immer historischer, nicht biologischer Art. Das Schicksal von »Gründerrassen« wie den Angelsachsen oder den Teutonen und die ethnischen Kämpfe, in denen sie sich entwickeln – Franken gegen Gallier, Normannen gegen Angelsachsen, Angelsachsen gegen Kelten, Germanen gegen Slawen –, wurden stets in der Arena politischer Institutionen und geopolitischer Konflikte ausgetragen. Verglichen mit Ereignissen von solcher Größenordnung war der durch physische Unterschiede definierte Status zu gering und zu unsicher, um von Bedeutung zu sein. Nach Ansicht des romantischen Nationalisten gehorchte die Hautfarbe den historischen Gesetzen, nicht umgekehrt.

In einem wichtigen Punkt wirkte sich diese Art des romantischen Rassendenkens allerdings auf die konkreten Rassenfragen aus: Es führte die Angehörigen der Nation als Gleiche zusammen, indem es die untersten Schichten über die traditionellen sozialen Schranken hob und eine neue demokratische Solidarität schuf. Gleichzeitig wurden gegenüber Fremden neue Schranken aufgerichtet. Rousseau hatte diese Entwicklung vorausgesehen und als Teil seiner freien – und antiaufklärerischen – Idealrepublik sogar begrüßt. »Der Patriot ist hart gegen den Fremden«, schrieb er in *Emile*. »Nach außen hin war der Spartaner ehrgeizig, geizig, ungerecht. Aber Uneigennutz, Rechtlichkeit und Eintracht herrschten innerhalb seiner Mauern.«[2]

Damit war die Tür für die vierte und abstoßendste Form des Rassendenkens geöffnet, einen von Gobineau und seinen deutschen Anhängern hergeleiteten sowie durch Darwinismus und Degenerationstheorie aufgeladenen rassischen Pessimismus. Am Ende des 19. Jahrhunderts hatte dieses europäische Rassendenken durch die gegen Einwanderer und Juden gerichtete Ressentiments seinen Weg ins öffentliche Leben der Vereinigten Staaten gefunden, schilderte es doch in düsteren Farben die Gefahren, die aus einer multiethnischen Gesellschaft erwuchsen. Obwohl in Amerika relativ neu, sollte der rassische Pessimismus in den neunziger Jahren sowohl im Süden als auch im Norden die traditionellen Ansichten zur Rassenfrage neuerlich bestärken und virulent werden lassen. Danach galten Schwarze nicht mehr nur als minderwertig, sondern als eine direkte Gefahr für das Überleben der Zivilisation.

Rassischer Nationalismus und die Berufung auf das Ariertum bezogen sich auf eine entfernte, hypothetische Vergangenheit; rassischer Pessimismus dagegen bezog sich auf das, was jeder mit eigenen Augen sehen konnte. Themen wie die rassische Vermischung oder das Wahlrecht für freie Schwarze erhielten plötzlich eine ungeahnte Bedeutung. Mulatten waren nicht mehr hellhäutige Neger, sondern degenerierte, von schwarzem Blut verdorbene Weiße. Sobald diese Sichtweise frühere Auffassungen zu Rassenfragen ersetzte, schuf sie in Europa, besonders aber in Amerika eine kulturelle Perspektive, die rassistischer war als alles, was man vorher gekannt hatte. Thomas Dixons Bestsellerromane, in denen der Ku-Klux-Klan romantisiert wird, und die Faszination, die von David W. Griffith' Monumentalfilm *Birth of Nation* von 1915 ausging, spiegelten die grassierende Angst vor einem »Rassenselbstmord« wider.

Du Bois erhielt seine Schulbildung gerade zu der Zeit, als diese rassistische Sichtweise ihren Höhepunkt erreichte. In seiner High-School in Great Barrington lernte er vom Direktor, Frank Hosmer, die arisch-angelsächsische Version der amerikanischen Geschichte, und an der Universität von Fiske, einer führenden Bildungseinrichtung für Schwarze, traf er mit den Söhnen und Töchtern wohlhabender Mulattenfamilien zusammen, die eine humanistische Bildung erhielten und sich ebenso als Angehörige einer gesellschaftlichen Elite fühlten wie die Sprößlinge des Bostoner oder New Yorker Geldadels. 1889 war im *Fiske Herald* zu lesen: »Wir sind nicht der Neger, der vor einem Vierteljahrhundert seine Ketten verlor. Wir haben gelernt, was die Privilegien und Verantwortlichkeiten der Bürgerschaft sind.«[3] Im selben Jahr wurde in Florida das erste Jim-Crow-Gesetz verabschiedet, und bald darauf erließen auch die anderen Staaten der früheren Konföderation Gesetze zur Rassentrennung. Sie sollten die in Fiske geförderte schwarze Aristokratie, zu der Du Bois gehörte, zerschlagen und ihre Angehörigen zu Bürgern zweiter Klasse machen, die den Beschlüssen der armen weißen Wähler und dem weißen Mob ausgeliefert waren. Du Bois vergaß diesen Schlag nie und kam immer wieder darauf zu sprechen. Ein öfter wiederkehrendes Bild in seinen späteren Schriften ist die Demütigung der getrennten Eisenbahnwaggons, in denen wohlhabende Schwarze wie er selbst in Schmutz und Enge ausharren mußten, während der ärmste weiße Landarbeiter komfortabel reisen konnte. Der Schwarze in Amerika, so faßte er später zusammen, war »die Person, die dritter Klasse reist«.

Du Bois behielt sein elitäres Selbstbild bei, als er mit Hilfe eines Stipendiums in Harvard studierte. Steif und förmlich präsentierte er sich als einen kultivierten Gentleman aus der, wie sein Lehrer George Santayana sie nannte, vornehmen Tradition. Politisch war er konservativ, in Rassenfragen dagegen ebenso empfindlich wie leidenschaftlich. Die automatische Verknüpfung von Antirassismus und linker politischer Einstellung gab es damals noch nicht. In den Augen Du Bois' und anderer Intellektueller mit aufgeklärten Ansichten in der »Negerfrage« waren heftige Ressentiments gegen Schwarze mit dem Populismus demagogischer Politiker wie Tom Watson und »Pitchfork Ben« (Mistgabel-Ben) Benjamin Tillman verbunden. Angehörige einer schwarzen Aristokratie konnten leicht zu dem Schluß kommen, die »vulgäre Demokratie« zeige in den Jim-Crow-Gesetzen und in den brutalen, irrationalen Aktionen des Lynchmobs ihr wahres Gesicht.[4] An Du Bois' Ansichten zu diesen und anderen Themen vermochte Harvard nichts zu ändern. Seine intellektuelle Wandlung und die radikale Umformung seines Bildes der Beziehungen zwischen Rasse und Zivilisation fanden anderswo statt – im Deutschland des Fin de siècle.

Du Bois in Deutschland
(1892–1894)

Du Bois traf zu einem kritischen Zeitpunkt der Geschichte der erst zwanzig Jahre zuvor vereinigten Nation als Stipendiat in Deutschland ein. Wilhelm II. hatte Du Bois' altes Idol, Bismarck, entlassen und den liberalen Grafen von Caprivi zum Reichskanzler ernannt. Dieser strich die Landwirtschaftszölle, drängte die deutsche Wirtschaft in Richtung Freihandel und experimentierte mit dem, was man heute Industriepolitik nennen würde, sowie mit sozialpolitischen Maßnahmen wie der Arbeitsunfall- und einer Arbeitslosenversicherung. In der Haltung, mit der das kaiserliche Deutschland an innen- und außenpolitische Fragen heranging, drückte sich das neue postliberale

Vertrauen in die Fähigkeit des Nationalstaats aus, die Industriegesellschaft umzuformen und neu zu organisieren.

Du Bois wurde zu einem großen Bewunderer der postliberalen Ausrichtung Deutschlands. Er ließ sich sogar einen Kaiser-Wilhelm-Bart wachsen, und er »erschauderte beim Anblick« des Kaisers bei Paraden Unter den Linden. Außerdem bemerkte er, daß er in Deutschland nicht mit der rassischen Diskriminierung und den kleinen Demütigungen zu kämpfen hatte, die ihn zu Hause belasteten. Er wurde überall als der begrüßt, der er sein wollte: als ernsthafter, brillanter junger Gelehrter mit ausgezeichneten Manieren und beeindruckend männlichem Aussehen. Von der »harten eisernen Hand« der amerikanischen Rassenvorurteile befreit, entdeckte er in sich selbst das aufwühlende Gefühl von Autonomie und persönlicher Vorsehung. Im Februar 1893 vertraute er seinem Tagebuch an: »Ist es Egoismus – ist es Selbstvertrauen – oder ist es der stille Ruf des Weltgeistes, der mir das Gefühl gibt, daß ich königlich bin und daß sich eine Welt der Könige unter meinem Zepter beugen wird? Das heiße dunkle Blut jenes Vorfahren – des geborenen Königs der Menschen – schlägt in meinem Herzen – ich bin entweder ein Genie oder ein Narr.«[5] Dieses neue Gefühl der inneren Freiheit mag ihn noch empfänglicher gemacht haben für die erregenden Ideen, die von seinen Professoren an der Berliner Universität diskutiert wurden, besonders von zweien, die mitgeholfen hatten, Deutschlands neue postliberale Ausrichtung zu formen: die Volkswirtschaftler Gustav von Schmoller und Adolph Wagner.

Schmoller und Wagner, die 1872 den Verein für Socialpolitik gegründet hatten, führten eine Gruppe sogenannter Kathedersozialisten an, die den Laissez-faire-Liberalismus ablehnten und eine »ethische« Ökonomie verlangten. Den rein unternehmerischen Kapitalismus verurteilten sie als unmoralisches Streben nach Mammon, dem jegliches Gefühl für soziale Verantwortung und moralische Besserung fehle.[6] Wie die Neuen Liberalen in England und die Progressiven in Amerika beunruhigte sie die wachsende Kluft zwischen Arm und Reich. Sie verglichen die modernen Industriearbeiter regelmäßig mit Sklaven, was bei Du Bois zweifelsohne auf Verständnis stieß. »... der Hunger ersetzt fast völlig die Peitsche«, schrieb 1875 der Nationalökonom Johann Karl Rodbertus-Jagetzow. »Was früher Futter hiess, heisst jetzt nur Lohn.«[7] Wenn man dem Bankier oder Stahlfabrikanten freie Hand lasse, so argumentierten die Kathedersozialisten, würde sein Profitstreben die anderen sozialen Klassen dazu treiben, sich erneut der Revolution und dem Extremismus zuzuwenden. Ein Korrektiv sei vonnöten, und dies könne nur der moderne Staat sein.

Adolph Wagner setzte sich für die vollständige Verstaatlichung der Schlüsselindustrien ein. Privates Unternehmertum gab es seiner Ansicht nach nicht, da alle Formen der Wirtschaftstätigkeit den Einsatz öffentlicher Macht erforderten und daher der öffentlichen Überwachung und Kontrolle bedurften. Schmoller, der Du Bois' Hauptmentor in Berlin wurde, war weniger davon überzeugt, daß staatliches Eingreifen die richtige Lösung war. Aber auch er glaubte, die Zeit des freien Markts sei vorüber.[8] Weit davon entfernt, die universellen Wünsche und Bedürfnisse der Menschen widerzuspiegeln, nahm die Marktwirtschaft laut Schmoller nur einen kleinen, begrenzten Platz im Gesamtbild der Geschichte ein: »Die Vorstellung, als ob das wirthschaftliche Leben jemals ein überwiegend individueller, weil technischer, auf individueller Bedürfnisbefriedigung gerichteter Prozeß gewesen sei, ist für alle Stadien der menschlichen Kultur falsch ...« Ein Alternativmodell für das gegenwärtige Wirtschaftsleben sei dringend erforderlich. Durch die rasche Entwicklung der Volkswirtschaft, schrieb Schmoller 1870, seien »viele und schwere Mißstände« entstanden, »hauptsächlich die täglich steigende Ungleichheit der Vermögens- und Einkommensvertheilung«. Man müsse einsehen, daß »zur Ergänzung des totalen Umschwungs in unserem äußeren wirthschaftlichen Leben ein gleicher Umschwung unserer Sitten und Gewohnheiten, unseres Rechts- und Sittlichkeitsbewußtseins gehörte«.[9]

Du Bois war von Schmollers Bild des zur Selbstzerstörung verurteilten Laissez-faire-Kapitalismus und von den glänzenden Idealen der Kathedersozialisten – Planwirtschaft und »wissenschaftliche Kontrolle« der Industrie – zutiefst beeindruckt, wie übrigens auch eine nur wenig jüngere Generation deutscher Studenten, darunter der spätere Untergangsprophet Oswald Spengler. Beide, Spengler wie Du Bois, begriffen darüber hinaus, daß die Einwände gegen den Kapitalismus nicht ausschließlich und nicht einmal prinzipiell ökonomischer Natur waren. Jeder wußte, daß die freie Marktwirtschaft mehr materiellen Reichtum, mehr Güter und Dienstleistungen produzierte als jede Ökonomie zuvor. Die wichtigsten Einwände gegen den Kapitalismus waren sozialer und kultureller Natur. Schmoller und Wagner befürchteten, die schnelle Industrialisierung würde das kulturelle Zentrum der deutschen Gesellschaft, die Bauern und Handwerker, verdrängen. Auf diese Weise fanden sich Du Bois' Lehrer, insbesondere Adolph Wagner, nach einer merkwürdigen Volte trotz ihrer fortschrittlichen Ansichten an der Seite von reaktionären völkischen Ideologen wie Ludwig Schemann wieder.[10] Möglich wurde diese unwahrscheinliche Allianz durch einen tieferliegenden Konsens unter den deutschen Intellektuellen über den Widerspruch von Kultur und Zivilisation. Ohne dieses für die deutsche akademische Tradition so bedeutsame Gegensatzpaar sind Du Bois' Ideen nicht zu verstehen.

In vielerlei Hinsicht war es eine aktualisierte Gestalt des alten Gegensatzes von Tugend und Glück oder Tugend und Korruption. Der Begriff der *Zivilisation* bezeichnete die Welt der Höflichkeit und Raffinesse, aber auch des Geschäfts und der urbanen Gesellschaft. Diese Welt war materialistisch und oberflächlich – wofür die Franzosen als Schöpfer des Worts *civilisa-*

tion das beste Beispiel abgaben –, und sie befand sich ständig im Wandel. *Kultur* dagegen war beständig und geistig fundiert. Einer von Schmollers ehemaligen Studenten, der Soziologe Georg Simmel, drückte es so aus: »Offenbar nämlich sprechen wir von Kultur, wenn die schöpferische Bewegung des Lebens gewisse Gebilde hervorgebracht hat, an denen sie ihre Äußerung, die Formen ihrer Verwirklichung findet, und die ihrerseits die Flutungen des nachkommenden Lebens in sich aufnehmen und ihnen Inhalt und Form, Spielraum und Ordnung geben.« Dies galt gleichermaßen für die »sozialen Verfassungen und die Kunstwerke, die Religionen und die wissenschaftlichen Erkenntnisse«.[11] Wenn Burckhardt von Kultur sprach, meinte er es exakt in diesem Sinn. Aber das Wort Kultur konnte auch im anthropologischen Sinn verwendet werden, um die künstlerischen und materiellen Traditionen eines Volks zu bezeichnen. Nach Auffassung früher deutscher Romantiker wie auch Johann Gottfried Herders hatte das Volk eine lebendige Volkskultur geschaffen, die trotz ihrer ungelenken Anfänge unter Bauern und Handwerkern die wahre deutsche Kunst repräsentierte und die Keime des Volksgeistes enthielt.

Extreme Nationalisten wie Paul de Lagarde griffen diese Vorstellung auf und verknüpften die Zivilisation mit den Juden und unerwünschten ausländischen Einflüssen. Sogar nüchterne Wissenschaftler wie Schmoller, Adolph Wagner, der Geograph und Ethnologe Friedrich Ratzel und etwas später Georg Simmel sowie der Theologe, Philosoph und Historiker Ernst Troeltsch vertraten einhellig die Meinung, das moderne Zeitalter stelle den Triumph der oberflächlichen Zivilisation über eine organische, transzendente Kultur dar. In Simmels Augen bedeutete das gesamte 19. Jahrhundert eine »Auflösung und Abirrung der kulturellen Existenz«,[12] und Ferdinand Tönnies stellte 1887 in seiner bahnbrechenden soziologischen Abhandlung über *Gemeinschaft und Gesellschaft* die auf gemeinsamen Zielen und natürlicher Verbundenheit fußende *Gemeinschaft* der von individuellem Eigeninteresse und Zweckdenken geprägten *Gesellschaft* gegenüber. Aus Tönnies' Sicht ließ sich die moderne Geschichte des Westens als Vormarsch der durch das Industrieunternehmen symbolisierten Gesellschaft auf Kosten der Gemeinschaft – jener ländlichen und kleinstädtischen Welt, die der Ursprungsort der *Kultur* war – zusammenfassen.

Eine andere, in Leipzig lehrende Gruppe deutscher Professoren, die Du Bois stark beeinflußte, vertrat ebenfalls diese Niedergangsversion der Kulturgeschichte. Nach Ansicht dieser Gruppe, zu der neben Friedrich Ratzel unter anderen der Psychologe und Philosoph Wilhelm Wundt sowie der Ethnologe und Kulturphilosoph Leo Frobenius gehörten, nahm die Modernität dem Volk die natürliche Verbundenheit, die Volksseele. Ratzel behauptete, der Bauer und ländliche Handwerker übe mannigfaltige Tätigkeiten aus, die es ihm ermöglichten, zu einer vielseitigen Persönlichkeit zu werden, während der Arbeiter in einer Stuttgarter Fabrik oder einer schlesischen Kohlegrube an das »monotone, sich wiederholende Drehen des Zahnrads« der Maschine gekettet sei.[13] Diese industrielle Variante des Schicksalsrades degradierte den Menschen zu einem abgestumpften Automaten. Von seiner Heimat getrennt und von den sozialen Kräften abgeschnitten, die kulturelle Gesundheit gewährleisten würden, sei der Mensch in der Industriegesellschaft allein mit seiner Angst.

Auf seine Art hat sich Du Bois diese Gedanken angeeignet und zu Hause in die Diskussion über Rassenfragen eingebracht. Von Schmoller ermutigt, widmete er sich der »wissenschaftlichen« Untersuchung der Rassenbeziehungen. Das Ergebnis war 1899 sein erstes bedeutendes Werk: *The Philadelphia Negro*. Auch *The Souls of Black Folk* (1903) lag der Gegensatz von Kultur und Zivilisation zugrunde, wenngleich Du Bois auf Ratzels Theorie zurückgriff, um die Erfahrungen von Schwarzen in einer weißen Gesellschaft zu erklären. Nach seiner Rückkehr in die Vereinigten Staaten lenkte er das intellektuelle Leben der schwarzen Amerikaner in eine neue, völkische Richtung. 1897 erklärte er in einer Rede mit dem Titel »The Conservation of the Races« (Die Bewahrung der Rassen), die Weltgeschichte handle von acht großen Rassen, »von denen jede auf ihre Weise bestrebt ist, für die Zivilisation ihre eigene Botschaft, ihre besonderen Ideale zu entwickeln«. Die amerikanischen Schwarzen dienten als »Vorhut« der Negerrasse, »einer gewaltigen historischen Rasse, die seit Beginn der Schöpfung geschlafen hat, in den dunklen Wäldern des afrikanischen Vaterlandes aber halb erwacht ist«.[14]

Im Gegensatz zu Deutschland, wo neogobinianische Ideen gegen die moderne Zivilisation gerichtet waren, stellte Du Bois Rassenlehre und Modernität als Verbündete vor. Seiner Überzeugung nach konnten die Ideen von Volksgeist und rassischer Solidarität für die nichtweißen Völker nützliche Gegengewichte für »die Weißheit des teutonischen Heute« darstellen und den Weg zu einem neuen, schwarzen Nationalismus weisen.

Schwarzer Nationalismus

Die dominierende Gestalt der schwarzen nationalistischen Szene in den USA war Reverend Alexander Crummell. Als freier Schwarzer in New York geboren, hatte er in Yale und Cambridge studiert, bevor er für fast vier Jahrzehnte die herausragende Einzelstimme im Chor jener schwarzen Intellektuellen wurde, die sich für die Rückkehr der schwarzen Amerikaner nach Afrika aussprachen, um sowohl sich selbst als auch dem sogenannten dunklen Kontinent eine ruhmreiche Zukunft zu eröffnen. Obwohl die erhoffte große Auswanderungswelle ausblieb, machten sich viele junge schwarze Intellektuelle die Vision eines Afrika zueigen, das den Schwarzen gehörte und so mächtig – oder noch mächtiger – sein sollte wie die moderne europäische Zivilisation. Darin äußerte sich der gleiche optimistische liberale Nationalismus, der vor 1848 in Europa und

Amerika in intellektuellen Kreisen gediehen war. Crummell sagte voraus, vom freien Staat Liberia aus werde eine Rasse von »waghalsigen, unternehmerischen farbigen Menschen« dem gesamten afrikanischen Kontinent »Religion und die großen Ziele der Zivilisation« nahebringen.[15] Auf seiner Skala der zivilisierten Werte schnitt das ursprüngliche Afrika nicht sehr gut ab. Sein Ziel war es daher, die Massen des afrikanischen Kontinents auf die Ebene des zivilisierten Bewußtseins zu heben. Aber dafür benötigte er mächtige Hilfe von außen, und so sehr er den europäischen Imperialismus verabscheute, zog er ihn doch den primitiven Bedingungen vor, die vor der Ankunft der Weißen in Afrika geherrscht hatten. Bischof Henry Turner betrachtete die Sklaverei sogar als einen verdeckten Segen, denn schließlich hatte sie die Schwarzen aus der Wildnis in die moderne Welt gebracht.[16]

Crummells letzte Rede, die er 1897 in der Negro Academy in Washington hielt – mit Du Bois als einem seiner Zuhörer –, trug den bezeichnenden Titel »Zivilisation, das Haupterfordernis der Rasse«. Die Schwarzen, so schärfte er seinem Publikum ein, müßten die Kräfte des Fortschritts für sich nutzen, um die Stufe ihrer früheren weißen Herren zu erklimmen. Andernfalls würden sie ihren Platz »in der Welt von Kultur und Aufklärung« verlieren.[17] Du Bois nahm sich Crummels Bemerkung, die schwarzen Amerikaner seien »eine in diesem Land ausgeklammerte Nation«, zu Herzen.[18] Seine optimistische »zivilisationistische« Haltung vermochte er aufgrund seiner deutschen Perspektive jedoch nicht nachzuvollziehen. Crummell schien die Zivilisation in ihrer oberflächlichsten Form anzubeten. In der modernen Zivilisation, erklärte Du Bois später, sei der Mensch »unter materiellem Reichtum begraben ... Wahre Kultur hängt von der Qualität ab, nicht von der Quantität.«[19] Doch ebenso wie die Hoffnung, in einem von weißen Kolonialmächten beherrschten Afrika ein rassisches Heimatland schaffen zu können, war auch Du Bois' Forderung, die schwarzen Amerikaner – zumindest das begabte Zehntel unter ihnen – müßten die bleibenden Werte der *Kultur* annehmen, realitätsfern. Ihm schwebte vor, daß sie sich gegen den von der amerikanischen Unabhängigkeitserklärung, von Adam Smith und einer »verrückten, geldgierigen Plutokratie« repräsentierten Laissez-faire-Individualismus mit »den besten Gedanken, dem uneigennützigsten Handeln und den höchsten Idealen« wappnen sollten.[20]

Diese Haltung berührte auch die berühmte Auseinandersetzung mit Booker T. Washington, mit dem er bis zu dessen Tod im Jahr 1915 über die Zukunft der Negerbewegung stritt. Letzten Endes betrachtete Washington das »Negerproblem« mit den optimistischen Augen des Amerikaners, Du Bois mit denen eines Europäers des Fin de siècle. Ersterer sah eine Nation schwarzer Horatio Algers, die sich durch »Ruhm und Ehre gemeinschaftlicher Arbeit« und die Befolgung des kapitalistischen Ethos still und ruhig den Weg von einer mühseligen Existenz, wie er sie selbst gekannt hatte, nach oben kämpften. Die Politik der Rassentrennung würde sich von selbst erledigen, sobald die ihr zugrundeliegende Realität eine andere geworden war, und das würde sie, denn der ökonomische Fortschritt stellte die Schwarzen unaufhaltsam mit dem Rest der amerikanischen Gesellschaft gleich. Aus Du Bois' Sicht wurden die Schwarzen durch die Betonung des materiellen Aufstiegs nur zu einem Teil des seelenzerstörenden Kapitalismus. Washington warf er vor, er habe sich von »Sprache und Denken des triumphierenden Handelsgeists« täuschen lassen und sich an »die Ideale des materiellen Wohlstands« verkauft.[21]

Washington, so fand Du Bois, mißachtete die Bedeutung der Rasse als Quelle der Gruppenidentität. Rasse sei *die* zentrale Tatsache der Weltgeschichte, verkündete er 1897, und »wer die Rassenidee in der menschlichen Geschichte ignoriert oder übergeht, ignoriert oder übergeht den Hauptgedanken aller Geschichte«. Statt sich den sozialen und ökonomischen Anforderungen der weißen Zivilisation zu beugen, würde der afrikanische Volksgeist über sie siegen.[22] Der Notwendigkeit, die schwarze Kultur von der weißen abzusondern, war Du Bois' einflußreichstes Werk gewidmet, *The Souls of Black Folk*. 1903 veröffentlicht, als der Streit mit Booker T. Washington kulminierte, präsentierte das Buch die amerikanischen Schwarzen als ein *Volk* im deutschen Sinn, und mit den »Souls« des Titels ist eben die Volksseele gemeint, die laut Wilhelm Wundt den historischen Charakter einer Nation bestimmt. Sie umfaßt ein kollektives Gedächtnis an Fragmente vergangener Mythen und Erfahrungen, die von einem Volk aufbewahrt und an die Nachkommen weitergegeben werden.[23]

Die Wurzel der Volksseele der schwarzen Amerikaner war nach Ansicht von Du Bois das Negro Spiritual, das wie das *Nibelungenlied* der Deutschen und die *Odyssee* der Griechen ein archaisches poetisches Idiom der Wünsche der Volksseele darstellte und eine innere Stärke enthüllte, die über Sklaverei und Verfolgung hinweggerettet worden war. Von diesem kulturellen Erbe würden die Hände und Füße der modernen Neger in Bewegung versetzt. »Die Seele des sich abplackenden, schwitzenden schwarzen Mannes« wurde laut Du Bois »vom Schatten einer großen Verzweiflung verdunkelt«. Doch »in den Wäldern seiner Mühen erhob sich seine Seele vor ihm, und er sah in sich selbst einige schwache Zeichen seiner Macht und seiner Mission«. In Wirklichkeit hätten die schwarzen Amerikaner zwei Seelen, eine amerikanische oder zivilisierte, die modern sei und sich den Veränderungen der Welt anpasse, und eine negroide, die vital und beständig sei. Schwarzes Blut zu haben bedeute, einer schwarzen Kultur anzugehören, die sich von der weißen unterscheide und gleichzeitig schön sei. Kurz, die Seele war für Du Bois, was der emphatische Kulturbegriff für die Deutschen war: ein ewiger Quell vitaler religiöser, gesellschaftlicher und politischer Strukturen, die in die Zukunft weisen – und fort von der künstlichen, heuchlerischen europäischen Zivilisation.[24]

Du Bois faßte diese neue Auffassung der schwarzen Kultur 1915 in dem Buch *The Negro* zusammen. In der Tradition der frühen romantischen Nationalisten behandelte er Afrika darin als kulturelle und historische Einheit, ohne die gewaltigen geographischen und ethnographischen Unterschiede oder die linguistischen Grenzen der fast zweitausend Sprachen und Dialekte des Kontinents zu beachten. Für ihn war Afrika »der zugleich romantischste und tragischste Kontinent«, ersteres wegen der vitalen und schöpferischen Völker, die ihn bewohnten, und letzteres wegen des Schicksals, das ihnen die europäischen Sklavenhändler bereitet hatten. Der Afrikaner war laut *The Negro* »eine der ältesten, dauerhaftesten und am weitesten verbreiteten Rassen der Menschheit«, deren typischer Vertreter nicht der von der weißen Propaganda gezeichnete »schwarze, häßliche und kraushaarige Neger« sei, sondern der hellhäutige Mulatte, wie Du Bois selbst einer war. Afrika sei dank der ständigen Rassen- und Völkervermischung kreuz und quer über den Kontinent »vor allem das Land der Mulatten«. Für Du Bois bildeten die Afrikaner nicht trotz, sondern gerade wegen der Rassenmischung eine vitale Aristokratie. Er folgte damit Anthropologen wie Franz Boas und Melville Herskovitz, die der rassischen Klassifikation jede biologische Bedeutung abgesprochen hatten, und wies der Rasse statt dessen eine stärker kulturell bestimmte Rolle zu. Die Haltung vorwegnehmend, die Spengler nur drei Jahre später im *Untergang des Abendlandes* einnehmen sollte, stellte er fest, die Rasse sei »ein dynamischer und kein statischer Begriff«. Sie verändere und entwickle sich im Lauf der Geschichte, bilde aber dennoch »eine Masse, eine soziale Gruppe, die sich in Geschichte, Erscheinung und bis zu einem gewissen Grad *in ihren geistigen Anlagen* unterscheidet«. Nach Ansicht von Du Bois waren die Neger die Grundrasse aller großen Kulturen sowohl des Nahen und Mittleren Ostens als auch Europas. *The Negro* bietet gewissermaßen spiegelverkehrten Gobineau.[25]

Wie in Gobineaus arischem Mythos wird bei Du Bois das urzeitliche vitale Zentrum, in diesem Fall der afrikanische Kontinent, durch die historischen Kräfte der Korruption verdorben. Zuerst zerfiel demzufolge die Einheit der afrikanischen Kultur, dann drangen arabische und europäische Sklavenhändler in das von Überbevölkerung und politischen Unruhen geschüttelte Land ein. Die afrikanische Sklaverei, vorher nur eine örtliche Institution, sei in die internationale Wirtschaft Europas einbezogen worden, und Menschen wurden zum wertvollsten Gut, das Afrika zu bieten hatte. Unter solchen Umständen, klagte Du Bois, konnte es »nur ein Ende geben: die restlose Ausrottung der afrikanischen Kultur, so daß nur verschwommene Erinnerungen an die Ruinen in den Bräuchen und der Arbeit der Menschen zurückbleiben«. Nach vierhundert Jahren Sklaverei und Kolonialherrschaft befand sich Afrika im eisernen Griff von Weißen, die entschlossen waren, »die Organisation, das Land und die Menschen zu benutzen, nicht zu deren Nutzen, sondern zu dem des weißen Europa«. Dennoch verspürte Du Bois einen Hauch von Hoffnung auf Veränderung: »Langsam entwickelt sich nicht nur eine merkwürdig starke Brüderschaft des Negerblutes, sondern auch die gemeinsame Sache der dunklen Rassen gegen die untragbaren Vorurteile und Beleidigungen der Europäer ... Die meisten Menschen auf der Welt sind farbig. Der Glaube an die Menschheit bedeutet den Glauben an farbige Menschen. Aller vernünftigen Voraussicht nach wird die Welt der Zukunft sein, was die farbigen Menschen aus ihr machen.«[26]

Das Ende des Westens

Als Du Bois 1915 *The Negro* veröffentlichte, war er in afroamerikanischen Kreisen bereits eine bekannte Figur. Er war 1906 an der Gründung der Nationalen Gesellschaft zur Förderung farbiger Menschen (NAACP) beteiligt gewesen und fungierte als Chefredakteur ihrer Monatszeitschrift, deren Titel – *The Crisis: A Record of the Darker Races* – eine neue Richtung seines Denkens symbolisierte. In den nächsten anderthalb Jahrzehnten löste er sich von der ausschließlichen Konzentration auf Amerika und nahm einen globaleren, welthistorischen Standpunkt ein. Die Möglichkeit, daß farbige Menschen – nicht nur Schwarze, sondern auch Braune, Gelbe und Rote – sich zusammenschließen könnten, um der herrschenden europäischen und amerikanischen Ordnung entgegenzutreten, schien kurz vor der Realisierung zu stehen.

Ermutigt wurde Du Bois von drei Ereignissen. Das erste war 1915 der Tod von Booker T. Washington, durch den er zum unangefochtenen Führer der Bürgerrechtsbewegung der schwarzen Amerikaner wurde. Das zweite war der Erste Weltkrieg, der die weltweite Vorherrschaft Europas erschütterte. Du Bois sah ihn aus der Perspektive des schwarzen Nationalismus. In *The Negro* bezeichnete er als seine wahre Ursache die imperialistische Auseinandersetzung um Afrika, »den eifersüchtigen, habgierigen Kampf um den größten Anteil an der Ausbeutung der dunklen Rassen«. Als Deutschland aufgrund des Versailler Vertrages seine Kolonien abtreten mußte, begrüßte Du Bois dies als weitere Chance für den nichtweißen Nationalismus aller Art. Er berief sogar den ersten Panafrikanischen Kongreß 1919 nach Paris ein, um zeitgleich mit den Friedensverhandlungen über die Frage der Selbstbestimmung aller Völker, weißer wie nichtweißer, zu debattieren. »Aus diesem Chaos«, schrieb er, »könnte das große Erwachen unserer Rasse entstehen.« Das dritte Ereignis mit nachhaltigem Einfluß auf Du Bois' Denken war der Sieg des Kommunismus in Rußland, der ihn veranlaßte, sich intensiver mit den Schriften von Karl Marx zu beschäftigen und das marxistische Geschichtsbild in sein Weltbild einzubeziehen.

Die Welt von 1919 unterschied sich in vieler Hinsicht von jener von 1914, und Du Bois paßte seine Hoffnungen und Pläne den neuen Umständen an. Die Zeit der Vorherrschaft weißer Teutonen und Angelsachsen war vorüber; jetzt waren die Sklaven an der Reihe.²⁷ Wie seine deutschen Lehrer beschrieb Du Bois den Reichtum der Industriegesellschaft nicht in ökonomischen Begriffen als Ergebnis erhöhter Produktivität, sondern als gesellschaftlichen Prozeß der Zerstörung von Kreativität und Glück. Der Schwarze war so, wie der Bauer der deutschen völkischen Ideologen, durch Welten von den Werten des westlichen Kapitalismus getrennt, auch dann, wenn er gezwungen war, sich ihnen zu beugen. Die Verteilung der kulturellen Macht war klar: Während Ägypten der Welt Astronomie und Wissenschaften geschenkt hatte, China die Kunst und Mesopotamien die Religion, bestand der Beitrag der nordischen Zivilisation nur in einem: der Fabrik. »Als System der Kultur«, verkündete Du Bois, führe die weiße Zivilisation »hauptsächlich zu phantastischen Erfindungen, um die vielen zu versklaven, die wenigen zu bereichern und beide zu ermorden«.²⁸ Herausragendes Beispiel der korrupten weißen Zivilisation war der Kolonialismus des 19. Jahrhunderts, der für Du Bois mehr bedeutete als nur ein politisches und ökonomisches System der Ausbeutung. Vielmehr sei er Ausdruck eines marodierenden Instinkts, eines bösartigen Reflexes als Antwort auf die Umwelt, der die gesamte westliche Kultur durchzog. Spätere multikulturelle Theoretiker sollten ihn die »Negation des anderen« nennen. Du Bois jedoch stellte ihn in einen geopolitischen Zusammenhang. Er glaubte, der Westen müsse wachsen oder sterben.²⁹

Die Ironie dabei ist, daß Du Bois zwar die weißen rassistischen Vorurteile über Schwarze anprangerte, aber stets bereit war zu akzeptieren, was dieselben rassischen Pessimisten über die Weißen sagten.³⁰ Sein Bild der weißen Zivilisation mit ihrem ruhelosen Streben nach Eroberung und Dominanz und dem »mit der Herrschaft der Macht gekoppelten Individualismus« war teutonisch, fast Nietzscheanisch geprägt.³¹ Die weißen Europäer hätten »die Welt überrannt und nicht nur die moderne Zivilisation und Technik mitgebracht, sondern auch Ausbeutung, Sklaverei und Erniedrigung der Mehrzahl der

Menschen«. Im Zuge dieser Entwicklung sei die Menschheit in zwei entgegengesetzte Teile aufgespalten worden. Der eine sei »jenes riesige dunkle Meer menschlicher Arbeit in China und Indien, in der Südsee und in ganz Afrika, in Westindien und Mittelamerika und in den Vereinigten Staaten«, in dem die Mehrheit der Menschheit lebt, »geschunden, geschlagen, eingesperrt und versklavt in allem, bis auf den Namen«. Der andere Teil sei die europäische Welt, der Sitz von »Weltmacht, universaler Herrschaft und bewaffneter Arroganz«.[32]

Einst sei der marodierende imperialistische Instinkt die Hauptstärke des Westens gewesen. Er habe ihn befähigt, die Errungenschaften früherer Zivilisationen zu usurpieren und auf ihnen aufzubauen. Nach 1919 jedoch, davon war Du Bois überzeugt, würde sich herausstellen, daß der Imperialismus die größte Schwäche des Westens darstellte. Der Erste Weltkrieg hatte mit dem Streit um Afrika begonnen und mit den Blutbädern von Verdun und an der Somme geendet. »Dies ist weder eine Verirrung noch eine Krankheit«, erklärte Du Bois, »dies *ist* Europa, und dieses scheinbar Schreckliche ist die wahre Seele der weißen Kultur.« Die Welt der Farbigen werde sich »ihrer gegenwärtigen Behandlung nur solange unterwerfen, wie sie muß, und keinen Augenblick länger«.[33] Wenn sich die europäische Zivilisation nicht verändere, würden die farbigen Völker der Welt sich erheben, »und der Krieg der Rassenschranke an wilder Unmenschlichkeit jeden Krieg übertreffen, den die Welt bisher gesehen hat«. Dennoch glaube der farbige Mensch, ob im Frieden oder im Krieg, an die Humanität: »Wenn die Besserung der Menschheit vom Menschen bewirkt werden muß, dann liegt das Schicksal der Welt letzten Endes in den Händen der dunklen Nationen.« Die postkoloniale Welt des 20. Jahrhunderts werde unweigerlich postwestlich sein, denn der Zusammenbruch der Weltreiche werde den Zusammenbruch der gesamten westlichen Zivilisation nach sich ziehen.

Du Bois kam zur selben Zeit wie Oswald Spengler zum selben Schluß wie dieser: Der Imperialismus habe das Ende der modernen Zivilisation eingeläutet. Wie Joseph Conrad glaubte Du Bois, der Imperialismus habe das Herz des Europäers der Dunkelheit ausgesetzt, und wie Spenglers Vision bedeutete sein Zukunftsbild einer postkolonialen, postwestlichen Welt die Rückkehr zur vitalen Kultur im emphatischen Sinn. Du Bois' Panafrikanismus war wie sein alldeutsches Gegenstück aus dem Wunsch geboren, der tödlichen Umarmung einer sterbenden Welt zu entfliehen. Seit Anfang der zwanziger Jahre rief er seine Leser auf, zu dem zurückzukehren, was man ihre »Wurzeln« nennen sollte. Er hatte allerdings keinen physischen Exodus im Sinn wie Crummell und andere schwarze Nationalisten, sondern eine psychische Ablösung, welche die Seele reinigen und alle Spuren der Verdorbenheit der todgeweihten weißen Zivilisation beseitigen sollte.

1928, kurz bevor sich der Panafrikanismus mit Stalins Kommunismus verbündete, veröffentlichte Du Bois sein persönlichstes Buch, *Dark Princess*. Es war gewissermaßen sein *Zarathustra*: eine allegorische Phantasie, einerseits poetische Autobiographie, andererseits apokalyptische Vision des Todes der ihn umgebenden korrupten Gesellschaft.[34] Ein begabter afroamerikanischer Medizinstudent, Matthew Towns, wird durch den weißen Rassismus in »einen Mann mit einem Herzen aus Haß« verwandelt. Er reist nach Europa und schützt in London eine elegante farbige Frau vor den Beschimpfungen eines weißen amerikanischen Touristen. Wie sich herausstellt, ist sie eine Hinduprinzessin, deren Herkunft und natürliche Vornehmheit ihre Überlegenheit über die künstliche Zivilisation des Westens anzeigen. Sie führt Matthew in den Großrat der farbigen Völker – eine Geheimgesellschaft nichtweißer Exilanten – ein, die für die Zeit nach dem Zusammenbruch des weißen Imperialismus und seiner Institutionen die helle Zukunft des Planeten planen.

Nach der Rückkehr in die Vereinigten Staaten versucht

Matthew für die Rassengerechtigkeit zu kämpfen, verfängt sich aber in den Fallstricken des amerikanischen Lebens. Gerettet wird er von zwei Menschen, zum einen von seiner alten Mutter, einer ehemaligen Sklavin und knorrigen, aber vitalen und mächtigen Repräsentantin der afrikanischen Seele. »Sie ist Kali, die Schwarze Eine«, erklärt die Hinduprinzessin, »Mutter der Welt!« Die zweite Retterin ist die Prinzessin selbst, die Matthew in einer Art New-Age-Zeremonie heiratet, die Elemente aus allen möglichen Religionen enthält, hinduistische, buddhistische, jüdische, moslemische – nur keine christlichen. Eine neue farbige Elite entstehe, um eine »wirkliche, dunkle Welt« hervorzubringen: »Die Welt, die war und sein soll.« Die weiße Zivilisation, die politische und ökonomische Realität, in der Du Bois lebte, erscheint in dieser Vision als alleinige Schöpfung von Weißen für Weiße, und als solche nehme ihre Bedeutung ständig ab. Das ist kaum überraschend, wenn Vererbung alles sein und der Vitalismus einer alten Rasse alle Quellen wahrhafter Kultur und Kreativität enthalten soll. So fand sich der Panafrikanist Du Bois in Übereinstimmung mit weißen Neogobinianern wieder, die ebenfalls glaubten, die liberale Gesellschaft nach westlichem Muster zerstöre die Integrität von Rasse und Tugend. Ob durch rassische Vermischung, atavistische Degeneration oder Sklaverei und Imperialismus, war letztlich gleich.

Diese Zerstörungsfurcht leitete Du Bois' Ansichten über das schwarze Amerika. Sie führte dazu, daß er 1934 die Verbindungen zur NAACP abbrach, weil deren Mitglieder anstelle seiner rassischen Utopie die Beseitigung der Rassentrennung anstrebten. Auch als er zunehmend von der Bürgerrechtsbewegung abgeschnitten wurde, blieb er unnachgiebig. Das schwarze *Volk* müsse getrennt von den Weißen leben, weil deren Weltanschauung seelenzerstörend sei. Sogar nachdem den Schwarzen Bürgerrechte und politische Gleichheit zugebilligt worden waren, erklärte er 1960 in einem Vortrag, sie dürften nicht die

Ideale der Weißen übernehmen. »Dies würde bedeuten, daß wir aufhören, Neger zu sein, und praktisch zu Weißen würden ...« Es würde die physische Integration, das heißt die Rassenvermischung fördern und jeden »physischen Hinweis auf Farbe und Rassentyp« auslöschen, so daß schließlich die Erinnerung an die Negergeschichte verlorenginge.[35] Dies sind Du Bois' Worte, ihr Geist jedoch stammt von Houston Chamberlain und Gobineau. Tatsächlich bestand die Haupttugend der schwarzen Kultur laut Du Bois in ihrer Gegensätzlichkeit zum bürgerlichen Liberalismus sowohl in Afrika als auch im schwarzen Amerika. 1926 schrieb er: »Wir sind die Übermenschen, die müßig dasitzen und lachend auf die Zivilisation schauen. Wir, die wir rundheraus den Körper unserer Partnerin verlangen und nicht rot werden auf unseren Bronzewangen, wenn wir sie besitzen.« Der Sinn des Schwarzen für Humor, seine Lässigkeit und seine Weigerung zu arbeiten waren zu stolzen Gesten kulturellen Widerstandes geworden.[36]

Der Einfluß des Kommunismus

In den dreißiger Jahren wandte sich Du Bois dem Kommunismus zu. Während seines Aufenthalts in Deutschland von 1892 bis 1894 und auf einer Reise in die Sowjetunion 1924 hatte er viel über Marx und seine Lehre gelernt. Mit seiner eigenen Analyse des Imperialismus hatte er Lenins Schrift *Der Imperialismus als höchstes Stadium des Kapitalismus* (1917) vorweggenommen, in der dieser behauptete, der Kampf um Afrika sei dem Überschußkapital zu verdanken, und der Spätkapitalismus könne seine Profite nur noch aus den sich ausdehnenden Kolonialreichen ziehen. Nach dem Zweiten Weltkrieg befürchtete Du Bois eine Zeitlang, die kapitalistische Welt würde in ihren letzten Todeszuckungen vollends die Befreiung der nichtweißen Völker hintertreiben. Dann entließ England Indien in die

Unabhängigkeit, die Vereinigten Staaten zwangen die Niederlande zum Abzug aus Indonesien, und auch die anderen europäischen Mächte begannen sich aus ihren Kolonien zurückzuziehen – und gediehen trotzdem. Du Bois mußte erkennen, daß der westliche Kapitalismus auch ohne Kolonialreiche sehr gut zurechtkam. Im Grunde faszinierte ihn am Marxismus, was in den zwanziger Jahren viele Intellektuelle anzog: die kulturelle Befreiung, die er versprach. Der Sieg des Marxismus schien eine moralische Reinigung der modernen Welt bewirken zu können, da er mit seinem revolutionären Blutstrom die Verdorbenheit der bürgerlichen Zivilisation wegspülte. Mitte der dreißiger Jahre war Du Bois überzeugt, der sowjetische Kommunismus werde die letzten Überreste des sklerotischen Westens zerstören und eine neue, nichtwestliche Kulturordnung aufbauen.

1947 vertrat er in *The World and Africa* die Ansicht, die europäische Dekadenz sei eine direkte Folge von Imperialismus und Kolonialherrschaft. Multikulturelle Theoretiker der siebziger und achtziger Jahre vorwegnehmend, führte er aus, die gesamte politische Kultur sei nur eine Fassade für die Greuel des Imperialismus, die eine »sorgfältig ausbalancierte Literatur hervorbringt, welche die intellektuellen Probleme der Reichen und Wohlgeborenen behandelt« und »die schwerwiegenderen Fragen von Gesetz, Barmherzigkeit, Gerechtigkeit und Wahrheit« außer acht läßt. Diese künstliche Zivilisation verhehle den Europäern, wieviel »Schweiß, Blut und Verzweiflung« ihre Bequemlichkeit und ihr Luxus die farbigen Völker der Welt kosten. Außerdem würden alle Probleme, die den Degenerationstheoretikern Sorgen bereitet hatten, als Du Bois Student gewesen war, auf das Konto des Imperialismus gehen: der entkräftete Adel, der seinen Lebensunterhalt nicht mehr mit ehrlicher Arbeit verdienen mußte, schreckliche, häßliche Industriestädte voller Verbrechen, Krankheiten und Arbeiterunruhen sowie der Niedergang der intellektuellen Maßstäbe. »Dies«, schließt Du Bois vernichtend, »ist ein gerechtes Bild der Dekadenz jenes Europa, das die menschliche Zivilisation während des 19. Jahrhunderts angeführt hat«.[37]

Obwohl er erst 1961, kurz vor seinem Tod, Mitglied der Kommunistischen Partei wurde, war er doch schon lange vorher deren Sympathisant und Propagandist. Stalin feierte er als »großen, einfachen Mann«, und selbst Chruschtschows Enthüllungen von 1956 konnten seine Überzeugung, Stalin sei »einer der großen Männer des zwanzigsten Jahrhunderts« und sein Regime »ein ruhmreicher Sieg für die Besserung der Menschheit« gewesen, nicht erschüttern.[38] Im Kalten Krieg erblickte er eine kapitalistisch-imperialistische Verschwörung, um die farbigen Völker und die weißen Arbeiter im Zaum zu halten und einen weiteren Weltkrieg anzuzetteln. »Das organisierte Bemühen der amerikanischen Industrie, die Herrschaft an sich zu reißen«, schrieb er 1954, »übertrifft alles in der modernen Geschichte Dagewesene, sogar Adolf Hitler, von dem sie es gelernt hat.«[39] 1959 besuchte er die Sowjetunion, wo ihm der Internationale Leninpreis verliehen wurde, und das kommunistische China, wo er in Radio Peking eine Reihe von Vorträgen hielt, in denen er die neuen afrikanischen Staaten aufforderte, sich vom westlichen Kapitalismus abzuwenden und sich statt dessen China und die Sowjetunion zum Vorbild zu nehmen. »Ich habe die Welt gesehen«, erklärte er, »aber noch nie ein so gewaltiges, ruhmreiches Rätsel wie China.« Gesprochen am Ende von Maos »Großem Sprung«, während dem zehn bis zwölf Millionen Bauern verhungert waren.

Ein führender Politiker Afrikas, Kwame Nkrumah, hörte den Ruf und lud Du Bois im nächsten Jahr ein, als sein Berater nach Ghana zu kommen. Die beiden Männer hatten sich 1955 in Indonesien auf der Bandung-Konferenz kennengelernt, auf der wichtige Weichenstellungen der postkolonialen Geschichte vorgenommen worden waren. In Bandung war auch der Begriff »Dritte Welt« zur Bezeichnung der jungen unabhängigen Staaten von Afrika und Asien eingeführt worden, also der dunklen Nationen, wie sie Du Bois dreißig Jahre zuvor genannt hatte. Neben Nkrumah hatten Gamal Abd el-Nasser aus Ägypten, Jawaharlal Nehru aus Indien, Prinz Sihanouk aus Kambodscha, Sukarno aus Indonesien und Adam Clayton Powell jr. aus Harlem teilgenommen. Du Bois hätte die Eröffnungsrede halten sollen, aber das US-Außenministerium zog aufgrund seiner kommunistischen Verbindungen seinen Reisepaß ein. In der Rede, die er in Bandung verlesen ließ, sprach er noch einmal die großen Themen an, die sich durch seine Werke zogen, seit er 1894 aus Berlin zurückgekehrt war: »Wir, das farbige Volk von Amerika, haben wie ihr, die gelben, braunen und schwarzen Völker der Welt, lange unter der unerträglichen Arroganz und den Vorurteilen der weißen Rasse gelebt. ... Wir machen hiermit die Welt darauf aufmerksam, daß Afrika nicht mehr als Faustpfand, Sklave und Eigentum von Europäern, Amerikanern und anderen Völkern betrachtet werden kann.« Auch auf den Slogan »Afrika den Afrikanern«, den er 1922 geprägt hatte, kam er zurück: »In Zukunft wird es nicht mehr von Macht, von einfallenden Armeen oder der Polizei regiert, sondern vom Geist aller seiner Götter und der Weisheit seiner Propheten.«[40]

Nkrumah war ein typischer Vertreter der im postkolonialen Afrika an die Macht kommenden neuen Führer. Während seines Studiums in London hatte er gelernt, daß der kapitalistische Westen, wie das britische Empire, das er stützte, zur Selbstzerstörung verdammt war. Als er 1957 Präsident von Ghana wurde, gab er sich selbst den Titel *Osagyefo*, der Erlöser, und machte sich zum führenden Fürsprecher der afrikanischen Einheit. Seine Ziele für Ghana waren ebenso praktisch wie symbolisch: »In jedem Fall sind wir entschlossen, der destruktiven Kräfte ... Herr zu werden und in Afrika eine ghanesische Nation zu schmieden, die vor allen Ländern dieser Erde als ein strahlendes Vorbild erstehen soll dafür, wie Afrika imstande ist, sich selbst zu verwalten.«[41]

Als Du Bois die Einladung, nach Ghana zu ziehen, annahm, war er zweiundneunzig Jahre alt. Er hatte eine Ära überlebt und eine andere vorhergesagt. In Amerika, das sowohl für Weiße als auch für Schwarze in einem endlosen Niedergang begriffen sei, setzte er keine Hoffnungen mehr. Seine völkisch-rassistische Haltung war durch Martin Luther Kings Bürgerrechtsbewegung obsolet geworden, und in der NAACP hatte er sich mit seinem Stalinismus keine Freunde gemacht. So war es kein Wunder, daß Du Bois, der Stalin unbefleckte Tugend bescheinigt, Harry Truman dagegen den größten Massenmörder seit Hitler genannt hatte,[42] in dem »Erlöser« Nkrumah seinen neuen Helden fand. Er setzte sich umgehend an das Riesenprojekt einer afrikanischen Enzyklopädie, die das große intellektuelle und historische Archiv der neuen panafrikanischen Zivilisation sein sollte. Gleichzeitig diente er als Nkrumahs bekanntester Apologet – vielleicht aber auch als sein vornehmster Narr.

Du Bois schuf ein Muster, das in den nächsten zwanzig Jahren vertraut werden sollte: das des westlichen Intellektuellen, der in der marxistischen Diktatur eines entlegenen Landes das Vorbild einer neuen egalitären Gesellschaft entdeckt.[43] In Du Bois' Augen waren die afrikanische Seele und der Marxismus in Ghana eine glückliche Ehe eingegangen. Eine seiner letzten schriftstellerischen Äußerungen war ein Loblied auf Nkrumah in Form eines Negro Spiritual. Du Bois starb am 27. August 1963. Drei Jahre später hatte das ghanaische Militär genug von der Inkompetenz, mit der Nkrumah die Wirtschaft des Landes zerstört und den Lebensstandard heruntergedrückt hatte. Es stürzte den Erlöser.

DER ABSCHLUSS DES DEUTSCHEN GEISTES

Spengler und der Untergang des Abendlandes

Als Nietzsche am 3. Januar 1889 seine Pension in Turin verließ, sah er einen Droschkenkutscher ein Pferd schlagen. Er eilte hinzu, um das Pferd zu schützen, und brach dann plötzlich zusammen. Nachdem ihn Passanten in seine Pension getragen hatten, begann er laut zu schreien und hieb auf das Klavier ein, auf dem er einen Tag zuvor noch Melodien aus Wagners Opern gespielt hatte. Ein Freund wurde herbeigerufen, der ihn nach Basel zurückbrachte, wo ihn ein Arzt untersuchte. Die Diagnose lautete auf »geistige Degeneration« – eine bittere Ironie für einen Mann, der geschrieben hatte: »Sagt mir, meine Brüder: was gilt uns als Schlechtes und Schlechtestes? Ist es nicht die *Entartung?*«[1]

Zwei Wochen später wurde Nietzsche der Obhut seiner Mutter übergeben, die ihren Sohn gegen den Rat von Arzt und Freund nach Jena mitnahm, wo sie wohnte. Dort kam Nietzsche zur psychologischen Beobachtung in eine Klinik. Sein Verhalten wechselte zwischen größenwahnsinnigen Halluzinationen – er hielt sich für den Kaiser – und schreiender Rage. Er war überzeugt, daß Bismarck seine Haft veranlaßt habe, und zerschlug bei einem Fluchtversuch ein Fenster. Nach und nach verfiel er jedoch immer mehr in Lethargie und Katatonie. Von seiner Entlassung ein Jahr später bis zu seinem Tod im Jahr 1900 lebte er in geistiger Umnachtung, zunächst von seiner Mutter und nach deren Tod von seiner Schwester Elisabeth gepflegt.

Im Unterschied zu ihrer Mutter interessierte sich Elisabeth Förster-Nietzsche, die mit Bernhard Förster, einem Intellektuellen aus dem Wagner-Kreis, verheiratet war, für die Philosophie ihres Bruders. Förster hatte die phantastische, an Gobineau gemahnende Idee gehabt, in Südamerika eine Kolonie arisch-germanischer Siedler namens Neu-Germania zu gründen. Wie eine Figur aus einem Film von Werner Herzog war er 1887 mit Elisabeth und einer kleinen Schar von Gefolgsleuten in den Dschungel von Paraguay gezogen, um die Neue Welt mit robusten, rassereinen nordischen Siedlern neu zu kolonisieren. Es wurde ein Fiasko. Förster wurde vorgeworfen, die Siedler betrogen zu haben, und beging Selbstmord. Elisabeth kehrte erst 1893 nach Deutschland zurück, um sich um ihren Bruder zu kümmern, dessen ständige Krankenschwester und Wächterin sie wurde.

Darüber hinaus war sie entschlossen, seine Philosophie nicht in Vergessenheit geraten zu lassen. Trotz seiner Krankheit war sie überzeugt, daß es in Deutschland einen Markt für seine Schriften gab, und sie bemühte sich, die alleinige Kontrolle über die veröffentlichten Werke und die unveröffentlichten Papiere zu erlangen. Im Dezember 1895 zwang sie ihre Mutter, einen Abtretungsvertrag zu unterschreiben. Danach verlor sie keine Zeit. Sie gründete im Erdgeschoß des Hauses ein Nietzsche-Archiv und schrieb eine zweibändige Hagiographie ihres Bruders, in der sie unter anderem aus dem noch unveröffentlichten *Ecce homo* zitierte. Das Haus wurde zu einem Tempel, in dem Nietzsche, der inzwischen völlig apathisch geworden war, dem nicht abreißenden Besucherstrom vorgeführt wurde wie ein Ausstellungsstück. Nach seinem Tod blieben die für die Forschung wertvollen unveröffentlichten Notizbücher und Manuskripte weiterhin unter Elisabeths Kontrolle.[2]

Ihr Ziel war es, ihrem Bruder als größtem Genie seit Goethe Anerkennung zu verschaffen. Zu diesem Zweck bearbeitete oder strich sie in dem von ihr herausgegebenen Material politisch heikle Aussagen und herabwürdigende Verweise auf die Monarchie und Bismarck. Daß Nietzsche das kaiserliche

Deutschland als Musterbeispiel der modernen Dekadenz betrachtet und Bewunderung für Frankreich geäußert hatte, war diesen Veröffentlichungen nicht mehr zu entnehmen. Trotz seiner extrem antichristlichen Haltung wurde ihm in Anwesenheit einiger Anhänger und Würdenträger ein protestantisches Begräbnis mit einem Kreuz auf dem Sarg zuteil. Auch mit Bayreuth söhnte sich Förster-Nietzsche nach zwanzigjährigem verbitterten Schweigen aus. Nietzsches Philosophie wurde wieder mit Richard Wagner verbunden, Deutschlands neuestem Kulturheros. 1900 überragten zwei große Tempel die kulturelle Landschaft Deutschlands, die beide von einer allmächtigen Hohepriesterin gehütet wurden: Bayreuth, wo Cosima Wagner herrschte, und das Nietzsche-Archiv in Weimar, in dem Elisabeth Förster-Nietzsche das Zepter schwang.

Nach dreißig Jahren politischer Einheit und Industrialisierung hatte das Deutsche Reich den Status einer modernen europäischen Macht erlangt. Im restlichen Europa galt es als Symbol für den Sieg von Wissenschaft und Technik sowie für ökonomische und politische Dynamik. Die preußische Militärtradition, der erprobte und effektive öffentliche Dienst sowie das Bildungssystem wurden von so verschiedenen Intellektuellen wie Émile Zola und dem amerikanischen Historiker Brooks Adams bewundert. Aber der Erfolg Deutschlands hatte auch Unbehagen hervorgerufen. Die Belebung von Nietzsches Philosophie indessen traf bei vielen deutschen Künstlern und Intellektuellen wie später in ganz Europa den Nerv der Zeit.

Du Bois hatte Berlin 1894 verlassen, ohne mit Nietzsches Denken in Berührung gekommen zu sein. Wäre er zwei Jahre länger geblieben, hätte er dies kaum umgehen können. 1896 erklärte Georg Simmel, Nietzsches Philosophie sei eine ebenso bedeutsame Revolution wie Kopernikus' Theorie des Sonnensystems. Für den Historiker Kurt Breysig war Nietzsche eine mit Buddha, Jesus Christus und – was nahelag – Zarathustra vergleichbare historische Figur, und während altmodische Liberale wie Max Nordau in Nietzsches Krankheit einen Beweis für die Zweifelhaftigkeit seiner Philosophie sahen, verkündeten Nietzsches Anhänger, sein Wahnsinn sei in Wirklichkeit ein Zustand geistiger Transzendenz, in den er eingetreten sei, weil er eine Wahrheit empfangen habe, die jenseits der Rationalität und der bürgerlichen Maßstäbe des Alltagsverstandes liege.³ Ebenfalls 1896 wurde in Frankfurt am Main die Tondichtung *Also sprach Zarathustra* von Richard Strauss uraufgeführt, die binnen zehn Monaten auch in Paris, London, New York und Chicago zu hören war. Die berühmten einleitenden Trompetentöne, welche die Ankunft des Übermenschen ankündigen, machten aus Nietzsche den bekanntesten Philosophen der Musikwelt. Im selben Jahr vollendete Gustav Mahler seine dritte Symphonie, die ursprünglich den Titel *Die fröhliche Wissenschaft* erhalten sollte. Gleichzeitig nahm die schreibende Zunft Begriffe wie Übermensch, Wille zur Macht, Herren- und Sklavenmoral, Umwertung aller Werte und blonde Bestie in ihr Standardvokabular auf.

Alles in allem war dies eine erstaunliche Wendung. Ein Angehöriger des Kreises um Elisabeth Förster-Nietzsche und das Nietzsche-Archiv, Harry Graf Kessler, beschrieb den Eindruck, den der Philosoph machte, so: »Die Wüste, die zu jedem Messias gehört, war in unseren Herzen; und plötzlich erschien über ihr wie ein Meteor Nietzsche ...«⁴ Nach 1900 gehörten seine Schriften in Deutschland zum Grundstock aller ideologischen Lager. Die Sozialisten machten sich seine Attacken auf das Bürgertum und die christliche Kirche zunutze, die Alldeutschen jene auf das Judentum. Da Elisabeth Förster-Nietzsche selbst antisemitisch eingestellt war, wurde ihr Bruder – gegen seinen Willen – zum Verkünder des antisemitischen Ariertums. Andererseits war ein Porträt des konvaleszenten Nietzsche mit dem buschigen Schnurrbart und dem intensiven Blick – der die völlige Leere seines Geistes kaschierte – ein beliebter Wandschmuck nichtpolitischer Avantgardeschriftsteller wie Hermann Hesse und Stefan George.

Nietzsches Einfluß blieb nicht auf Deutschland beschränkt. In London publizierte George Bernard Shaw, den Spengler später als Vollender Nietzsches pries,[5] 1903 sein Theaterstück *Mensch und Übermensch.* In Amerika übte Nietzsche starken Einfluß auf den Journalisten und Schriftsteller Henry Louis Mencken aus, der ein Buch über seine Philosophie verfaßte. In Frankreich inspirierte er den Anarchisten Georges Sorel, über den sowohl Marxisten als auch Mussolinis Faschisten mit Nietzsches Gedankenwelt in Kontakt kamen, und in Spanien löste er einen Aufschwung der Philosophie aus, der sich in den Schriften von Miguel de Unamuno und José Ortega y Gasset niederschlug.[6] Nietzsche wurde zu *dem* antiliberalen Philosophen des 20. Jahrhunderts. In dieser Hinsicht hatte er mehr Bedeutung als Marx, dessen Theorie nach 1917 allzu eng mit dem Schicksal der kommunistischen Parteien verknüpft war, während Nietzsche eine kulturelle Leitfigur sowohl der Rechten als auch der Linken blieb. Besonders traf dies auf die Vertreter der beginnenden künstlerischen Moderne und des Expressionismus zu, etwa auf Stefan George und Gottfried Benn, die glaubten, der zukünftige Umsturz der heuchlerischen bürgerlichen Ordnung würde von einer künstlerisch-geistigen Elite angeführt werden. Rudolf Pannwitz, ein Mitglied des George-Kreises, beschrieb dessen Verhältnis zu Nietzsche in Georgescher Kleinschreibung mit den Worten: »er ist kein prophet fürs volk sondern ein prophet für die propheten«.[7]

Der »prophet« Nietzsche war es, der Oswald Spenglers pessimistische Ansichten über das Schicksal Deutschlands und Westeuropas, niedergeschrieben in seinem Hauptwerk *Der Untergang des Abendlandes,* geprägt hat. Spengler blendete bei Nietzsche allerdings entscheidende Punkte aus. Nietzsche war ohne sein Wissen und seine Zustimmung zum Sprecher des radikalen deutschen Nationalismus gemacht und mit einer weiteren antiliberalen Tradition in Verbindung gebracht worden: dem völkischen Rassenpessimismus. Der Glaube an den Willen zur Macht diente diesen Denkschulen zur Rechtfertigung einer autoritären Ordnung im Innern und der militärischen Aggression nach außen, während Nietzsches Herrenmoral, für die er die verschwundene Aristokratie des feudalen Europa und Japans zum Vorbild genommen hatte, mit dem Bild des teutonischen Deutschen als dem neuen Übermenschen des postbourgeoisen Europa verschmolzen wurde. Spenglers Vision war insofern kein Ausdruck der Verzweiflung, sondern wie die Einleitung von Strauss' Tondichtung die Ankündigung eines neuen Morgens. Das Bild, das er von der seelenzerstörenden westlichen Zivilisation zeichnete, hätte von Du Bois stammen können. Nach Spenglers Überzeugung würde aus ihrem Zusammenbruch ein neues Europa erstehen, dessen Zentrum nicht mehr die alten dekadenten Mächte des 19. Jahrhunderts – Frankreich und Großbritannien – bilden würden, sondern Deutschland. Die Kombination von deutscher Kultur, militärischer Disziplin und Nietzscheanischem Willen zur Macht würde »Führernaturen« hervorbringen, die eine neue Welt schaffen würden. Es würde schwer werden, denn es »muß noch viel Blut fließen«, wie er kurz nach dem Ersten Weltkrieg schrieb. Aber auch nach der deutschen Niederlage glaubte er zuversichtlich, die »Herrenrasse« sei der neuen Aufgabe, vor der sie stand, gewachsen.[8]

Die kulturelle Identität Deutschlands

Spengler war 1880 in Blankenburg geboren worden, wo ihm seine kühlen, distanzierten Eltern eine unglückliche Mittelstandskindheit bereiteten. Ähnlich wie Gobineau zog er sich aus Selbstschutz in eine Welt der Phantasie und der intellektuellen Rebellion zurück. Wie viele gebildete Mittelschichtjugendliche im Wilhelminischen Deutschland verehrte er die Väter der Moderne, die Führer dessen, was einer seiner Zeitgenossen den »großen Befreiungskrieg von bürgerlicher Dumpfheit,

Prüderie und Heuchelei« genannt hat – von der Welt also, die für Spengler die seiner Eltern war. Er bewunderte den norwegischen Dramatiker Henrik Ibsen, dessen Stücke das in ihnen geschmähte bürgerliche Publikum ebenso erschreckten wie faszinierten. Zu seinen Helden zählten daneben Richard Wagner und Ernst Haeckel, dessen Einordnung der menschlichen Geschichte in eine organische Totalität sein späteres Denken stark beeinflußte.[9]

Das andere große Vorbild war Nietzsche. Spengler verschlang dessen Schriften bereits als Schüler und fand in ihnen, was auch der junge Romancier Thomas Mann in ihnen entdeckt hatte: ein Moment der Selbstüberwindung. Das zweite Element, das Spengler sich aneignete, war Nietzsches Pessimismus. 1901, im Todesjahr von Spenglers Vater, erschien unter dem Titel *Der Wille zur Macht* eine Auswahl aus Nietzsches nachgelassenen Notizen, die fünf Jahre später in der zweiten Fassung noch einmal erheblich erweitert wurde. Obwohl von Nietzsches Schwester und ihren Gehilfen sorgfältig bearbeitet und geglättet, war die beißende Kritik der bürgerlichen Gesellschaft nicht auszumerzen gewesen. Grimmig erklärte Nietzsche, eine pessimistische Denkweise könne dem Philosphen als »mächtiger ... Hammer« dienen, »mit dem er entartende und aussterbende Rassen zerbricht und aus dem Wege schafft, [um] für eine neue Ordnung des Lebens Bahn zu machen«. In Ergänzung dazu bedürfe es »einer Lehre, stark genug, um *züchtend* zu wirken: stärkend für die Starken, lähmend und zerbrechend für die Weltmüden. Die Vernichtung der verfallenden Rassen. ... Die Herrschaft über die Erde, als Mittel zur Erzeugung eines höheren Typus.« Um dies zu erreichen, vermochte der Nietzscheanische Nihilist »dem, was entartet und absterben will, das Verlangen zum Ende einzugeben«. Mit anderen Worten, der Untergang der Gesellschaft ließ sich beschleunigen, indem man ihr die Idee des Untergangs einpflanzte.[10]

Spenglers Generation versuchte, die steife bürgerliche Konvention zu überwinden und eine neue Wirklichkeit zu erobern. Es wurde Mode, die Kluft zwischen den Generationen hervorzuheben: Um die Welt zu retten, schrieb ein junger Nietzscheaner, sei ein Aufstand der Söhne gegen die Väter nötig, eine Vorstellung, die Walter Hasenclever zu einem Theaterstück über einen Sohn inspirierte, der seinen Vater ermordet – ein großer Erfolg. An der Berliner Universität erklärte Georg Simmel den Studenten, revolutionäre geschichtliche Wandlungen seien schon immer durch die Jugend getragen worden. Während Erwachsene sich »bei ermattender Vitalität« auf materielle und soziale Bequemlichkeit konzentrierten, komme es »der Jugend vor allem auf den *Prozeß* des Lebens an, sie will nur dessen Kräfte und Kraftüberschuß ausleben«, ohne Rücksicht auf hergebrachte Wertbegriffe. Der Nietzsche-Bewunderer Simmel sagte der deutschen Jugend, es sei ihr Schicksal, einer Bewegung anzuhängen, »die nur das Leben selbst und seine gegen alle Form beinahe verächtliche Äußerung inthronisiert«.[11] Nietzsche selbst hatte die Befreiung des Lebens als die »Mission jener *Jugend*« erkannt, »jenes ersten Geschlechtes von Kämpfern und Schlangentödtern, das einer glücklicheren und schöneren Bildung und Menschlichkeit voranzieht«. Jugend wurde zum Symbol von Kreativität und kultureller Wiedergeburt, und eine Reihe von Intellektuellen betrachtete sich immer noch als Repräsentant der deutschen Jugend, obwohl man bereits die Vierzig überschritten hatte.[12]

Trotz aller Klagen über die Unterdrückung durch die Elterngeneration bildeten die deutschen Studenten in Wirklichkeit eine privilegierte Elite. 1880, als das Deutsche Reich über siebenundvierzig Millionen Einwohner zählte, erhielt weniger als ein Prozent der Bevölkerung eine über die Grundschule hinausgehende Bildung, und aus dieser kleinen Gruppe hatte wiederum nur jeder Zehnte die Chance zu studieren. Die Professoren genossen enormes Ansehen und gehörten ebenso zur herrschenden Schicht wie die Mitglieder des Reichstages. Dennoch hatte die Unruhe auch sie erfaßt. Die deutschen Universitäten hatten sich stets als Hüter der höheren geistigen Werte und der Kultivierung des individuellen Verstandes begriffen. Ihr Bildungsideal entstammte der klassischen, humanistischen Vergangenheit und hatte, obwohl Goethe und Kant als die größten Geistesheroen galten, weniger mit rationaler Aufklärung zu tun als vielmehr mit spirituellen und ästhetischen Fragen. Das bloß Praktische, Technische und Nützliche sowie das Geldverdienen wurden verachtet. Denen, die diese Interessen verfolgten – also die meisten –, fehle es an »Tiefe«. Insofern waren Nietzsches Angriffe auf die Philister kein Dissens, sondern Ausdruck eines verbreiteten universitären Snobismus und Elitedenkens.

Die geistige Festung der Universitäten stand allerdings unter Belagerung. Bildungsreformer und Radikale aus dem Mittelstand forderten die Einrichtung neuer technischer Hochschulen und verlangten, Studenten an praktische Probleme heranzuführen, statt sie Latein und Griechisch zu lehren. Zusammen mit der Ausdehnung der industriellen Basis des Reichs schien dieser Gesinnungswandel eine kulturelle Krise der gesamten deutschen Gesellschaft anzukündigen.[13] Als erste schlugen 1872 Du Bois' Lehrer – die Kathedersozialisten – Alarm. Bis 1914 sollte jedes Jahrzehnt als *das* kritische Jahrzehnt beschrieben werden, in dem die deutsche Nation gezwungen sei, zwischen kultureller Integrität und Gesundheit einerseits und der Zerstörung durch die Modernität andererseits zu wählen. Die akademische Kulturkritik beruhte auf der alten Unterscheidung von Kultur und Zivilisation,[14] die durch den plötzlichen Erfolg von Nietzsches Philosophie eine neue Dimension erhalten hatte. Im *Willen zur Macht* wird der Gegensatz von vitaler Kultur und künstlicher Zivilisation durch das Thema der Dekadenz illustriert. »Civilisation will etwas Anderes als Cultur will«, notierte sich Nietzsche, »vielleicht etwas Umgekehrtes ...« Die Epochen der Zivilisation, der »gewollten und erzwungenen *Thierzähmung«*, seien »Zeiten der Unduldsamkeit für die geistigsten und kühnsten Naturen«. Kultur andererseits habe ihre Höhepunkte in Epochen, die, »moralisch geredet, Zeiten der Corruption« gewesen seien.[15]

Eine Zivilisation im Niedergang war daher sowohl eine Tragödie als auch eine Chance, nicht nur für Du Bois' farbige Völker, sondern auch für das starke Individuum, das sich aus der tödlichen zivilisatorischen Umarmung lösen konnte. War die herkömmliche Kultur durch große Gestalten wie Martin Luther oder Hans Sachs personifiziert worden, so wurde Ende des 19. Jahrhunderts Zarathustra, der einsame, willensstarke Prophet, der aus der Wildnis heraus seine eigene Ordnung schuf, zum Symbol der Nietzscheanischen Kultur. Zum Symbol der Zivilisation wurde das Venedig aus Thomas Manns *Der Tod in Venedig:* glänzend und vornehm, aber verdorben, verfallend und den Geruch der Auflösung verströmend.

Eine weitere Herausforderung der deutschen Kultur war die Technik. 1911 vertrat der Soziologe Werner Sombart in einem Essay mit dem Titel »Technik und Kultur« die Auffassung, die mechanische und die menschliche Dimension des Lebens stünden in einem unauflöslichen Konflikt. Maschinen und mechanische Geräte seien die Feinde des Organischen und Geistigen. Der Mensch werde durch den Drang nach technischen Veränderungen über die Grenzen der »organisierenden, lebendigen Natur« hinausgetrieben. Als Dienerin des Kapitalismus sei die Maschine ein Ausdruck von kaltem, berechnendem Rationalismus. Der Sieg der Technik werde eine »Schlammflut des Kommerzialismus« und die Massenproduktion von »harten, kalten, lieblosen«, nur dem Profit dienenden Dingen nach sich ziehen.[16]

Aus Sicht der deutschen Kulturkritik ist die mechanisierte Industrie kein Zeichen des Fortschritts, sondern eines von Entfremdung und Erniedrigung. Wie bei Du Bois die Sklaverei den Sklaven, so habe die moderne Technologie den Arbeiter von seinem höheren schöpferischen Selbst getrennt. Der Arbeiter sei mehr mit der Maschine verbunden als mit der organischen Gemeinschaft, der wahren Quelle seiner schöpferischen Kraft. Durch den technischen Fortschritt sei es soweit gekommen, daß die »Zivilisation ... selbst eine Maschine geworden« ist.[17] Die eindrucksvollen Bilder von symbolisch Industriemaschinen geopferten Menschen in Fritz Langs Film *Metropolis* spiegelten die Furcht wider, daß die Technik eines Tages den Menschen kontrolliert und nicht umgekehrt.

Die dritte Bedrohung der kulturellen Vitalität schien vom Liberalismus auszugehen, von dem auf Tocqueville, Mill und Herbert Spencer zurückgehenden Glauben an die Beschränkung der Regierungsgewalt und die Rechte des einzelnen. Kulturkritiker von links wie von rechts verurteilten den Laissez-faire-Liberalismus als Gefahr für die tiefsten deutschen Kulturwerte, so wie Schmoller und Adolph Wagner den Laissez-faire-Kapitalismus als Feind organischer Gemeinschaft und ländlichen Lebens abgelehnt hatten. Wie Arthur Moeller van den Bruck später schrieb, fühlten sich die Liberalen »als Einzelwesen, die Niemandem verpflichtet sind, und am wenigsten dem Volke. ... Sie suchen nur die Vorteile ihrer eigenen Gegenwart.« Für Sombart war der Liberalismus eine Ideologie von Materialisten und Geschäftemachern. Er rechtfertige die »niedrigsten Instinkte im Menschen: sein Behagen am unbehinderten Genuß, den Sinn für Komfort und Wohlleben« und schaffe ein moralisches Universum aus Lug und Trug.[18] Nach Simmels Ansicht nahm er den Menschen allen tieferen Lebenssinn.[19] »Liberalismus hat Kulturen untergraben«, postulierte Moeller. »Er hat Religionen vernichtet. Er hat Vaterländer zerstört. Er war die Selbstauflösung der Menschheit.«[20]

Am stärksten mit der zerstörerischen liberalen Weltanschauung identifiziert wurden England und die USA. Wenn ersteres als »Nation von *shopkeepers*« bezeichnet wurde, war dies nicht schmeichelhaft gemeint. In den Augen der Konservativen bedeutete der englische Liberalismus den Triumph der demokratischen Mittelmäßigkeit.[21] Ernst Troeltsch zufolge hatten Engländer und Amerikaner die Freiheit rein negativ als Abwesenheit von Beschränkungen und Verantwortung definiert. Auch ihr gesellschaftliches Ziel sei im Sinne der Maxime »Leben und leben lassen« im wesentlichen negativ, statt auf den Aufbau einer starken, lebensprühenden Gemeinschaft zu orientieren. In der Anfangsphase des Ersten Weltkrieges veröffentlichte Werner Sombart eine einflußreiche Schrift mit dem Titel *Händler und Helden*, in der er behauptete, diese beiden Typen seien die großen gegensätzlichen Gestalten der menschlichen Geschichte, in denen sich der Konflikt von Kultur und Zivilisation verkörpere, der wiederum von Deutschland und England repräsentiert werde. »Der Händler« tritt laut Sombart »an das Leben heran mit der Frage: was kannst du Leben mir geben; ... der Held tritt ins Leben mit der Frage: was kann ich dir Leben geben?«[22] Der Held opfere sich für die anderen auf und betrachte die Welt im Licht der Verpflichtungen gegenüber der Gemeinschaft, dem Volk, während der Händler nur nach Gelegenheiten für seinen persönlichen Profit suche und allein das Geschäft respektiere. Schon Nietzsche hatte für das 20. Jahrhundert eine »Cultur der Handeltreibenden« prophezeit und deren vorherrschendem Typus bescheinigt, er frage »bei Allem, was geschaffen wird, nach Angebot und Nachfrage, *um für sich den Werth einer Sache festzusetzen«*. Erstrebenswert ist das Gegenteil: »*Sich nicht auf den Handel verstehen ist vornehm.«* Einige Jahre später notierte er sich beifällig Baudelaires Bonmot, der Handel sei seinem Wesen nach satanisch.[23]

In der wahrhaften Kultur ist der Händler also ein Fremder, über den Georg Simmel den berühmten Exkurs in seiner *Soziologie* (1908) geschrieben hat. Die Lebenswelt des Fremden ist die anonyme, technologisch erschlossene »Weltstadt«, wie Spengler sie nannte, das »große steinerne Sinnbild des Formlosen«: »Hier feiern Geist und Geld ihre höchsten und letzten Siege.«[24] Sombart meinte, durch das Stadtleben seien »für einen immer größeren Teil der Menschheit die uralten seelisch-gemütlichen Bande zwischen Mensch und Natur zerrissen«, denn: »Das Stadtkind ... kennt nicht mehr den Sang der Vögel, es hat nie ein Vogelnest ausgenommen. Es weiß nicht, was der Flug der Wolken am Himmel bedeutet, es vernimmt nicht mehr die Stimmen des Sturmes oder des Donners. ... Dieses neue Geschlecht lebt ein künstliches Leben, ... ein verwickeltes Gemisch von Schulunterricht, Taschenuhren, Zeitungen, Regenschirmen, Büchern, Kanalisation, Politik und elektrischem Strom.«[25] Im Gegensatz dazu bewahre die deutsche Kultur, was im restlichen Europa und in Amerika zerstört wurde..

Antimodernismus und Zukunftsangst dominierten um die Jahrhundertwende auch in anderen Ländern die vorherrschende Stimmung. Sogar Amerikaner wie Henry und Brooks Adams und Briten wie der Künstler und Sozialpolitiker William Morris und der Literaturkritiker Leslie Stephen wurden von dem Pessimismus ergriffen, dem Jacob Burckhardt Jahrzehnte zuvor Ausdruck gegeben hatte. Ungewöhnlich war jedoch, in welchem Ausmaß sich Deutschland vor dem Ersten Weltkrieg als außerhalb der europäischen Zivilisation stehend betrachtete. Thomas Mann befand, in »Deutschlands Seele« würden »die geistigen Gegensätze *Europas* ausgetragen«. Die Zivilisation des 19. Jahrhunderts umfasse einen fremden, ausländischen Wertekanon. »Wessen Bestreben es wäre«, fuhr Thomas Mann fort, »aus Deutschland einfach eine bürgerliche Demokratie im römisch-westlichen Sinn und Geiste zu machen, der würde ihm sein Bestes und Schwerstes, seine Problematik nehmen wollen.« Seine Besonderheit sei Deutschlands Rettung und »seine eigentliche nationale Bestimmung«.[26] Wie Sombart 1911 ausführte, würde Deutschland dem Rest von Europa bald zeigen, wie man mit den Massen zu verfahren hat und wie die menschliche Natur vor der Technik zu retten ist.

Enttäuschung und Chance

Spengler hatte unterdessen einen schweren persönlichen Schlag hinnehmen müssen. Nachdem er Mathematik und Naturwissenschaften studiert hatte, versuchte er 1903 in Halle, das Rigorosum abzulegen. Doch seine Dissertation wurde abgelehnt. Im folgenden Jahr bestand er die Prüfung, aber es blieb dennoch ein furchtbarer Rückschlag. Der Königsweg zu einer Stellung an einer führenden Universität war ihm für immer versperrt. 1905 erlitt er anläßlich des bevorstehenden Seminarjahres einen Nervenzusammenbruch. Doch schließlich blieb ihm nichts anderes übrig, als die Tätigkeit des Gymnasiallehrers aufzunehmen und von Schule zu Schule zu ziehen, zu immer neuen mittelmäßigen Kollegen und Schülern, die mehr am Leben als an der Lebensphilosophie interessiert waren. Diese Welt von frustrierten Gelehrten und Zeilenschindern war nicht die seine. Außeruniversitäre deutsche Intellektuelle waren bekannt dafür, daß sie ihre Kollegen an den Hochschulen mit Neid und Mißgunst verfolgten, aber auch dafür, daß sie deren Haltungen und Meinungen übernahmen. Während die Ordinarien im universitären Elfenbeinturm die Furcht vor dem kulturellen Niedergang pflegten, blühte unter ihnen eine Subkultur von Schriftstellern, Intellektuellen und Lohnschreibern auf, die für ein wachsendes Lesepublikum radikalere geistige Ware verfertigten.

In diesem Umfeld nahmen das Thema der kulturellen Krise Deutschlands und die Fragen, welche die universitären Meisterdenker beschäftigten – die nach den Verbindungen zwischen Kultur, Geist und Volk –, noch extremere und esoterischere Formen an. Es war die Zeit, als der Monistenbund der Arbeiterklasse den vitalistischen Darwinismus nahebrachte und die Alldeutschen den Mythos der arischen Überlegenheit in die deutsche Politik einführten. Von letzteren erhielt der Begriff des Volksgeistes seine rassistischen, gobineauschen Obertöne. Als 1899 Houston Chamberlains *Grundlagen des XIX. Jahrhunderts* erschienen, wurden sie von den universitären Akademikern zwar weithin ignoriert, von der allgemeinen Öffentlichkeit aber begierig gelesen, und wie zwanzig Jahre später Spenglers *Untergang des Abendlandes* wurden sie in viele Sprachen übersetzt, während ernsthafte Denker wie Tönnies und Troeltsch keine ausländischen Verleger fanden.

1911, nach sechs unbefriedigenden Jahren im Lehramt, beschloß Spengler, sich als freier Schriftsteller in München niederzulassen, obwohl er keine Ahnung hatte, was er schreiben sollte. Die bayerische Hauptstadt war damals das Zentrum des außeruniversitären intellektuellen Lebens in Deutschland, und es wimmelte nur so von literarisch und kulturell Unzufriedenen. Chamberlains Verlag, die Verlagsanstalt F. Bruckmann, saß in München. Durch Stefan George und seinen Kreis war in den Münchner Kaffeehäusern eine neue Nietzschewelle ausgelöst worden, während ein anderer Nietzscheaner, Thomas Mann, gerade eine Novelle mit dem Titel *Tod in Venedig* vollendete. Ein paar Häuser weiter arbeiteten mit Franz Marc und Paul Klee zwei führende Maler des Expressionismus, und zwei Jahre später sollte ein weiterer Maler in der Stadt sein Glück versuchen – Adolf Hitler.

In München lebte auch der antisemitische Journalist und Schriftsteller Dietrich Eckart, ein Mitglied der alldeutschen Thule-Gesellschaft. Eckart, wie Spengler ein Bewunderer Nietzsches und Ibsens, gab nach dem Krieg das nationalistische Skandalblatt *Auf gut deutsch* heraus, für das er einen anderen Antisemiten, Alfred Rosenberg, als Autor gewann, der ihn bald darauf mit Hitler bekannt machte.[27] Hitlers Buch *Mein Kampf* war ein typisches Produkt dieser untersten Schicht der außeruniversitären intellektuellen Kultur. Wie seine akademischen Kollegen schrieb Hitler von der schleichenden Krankheit und vom Verfall der Nation und lamentierte über die Zeichen einer niedergehenden Kultur und des allgemeinen Zusammenbruchs. Seine Generation war die erste, die mit dem Kulturpessimismus aufgewachsen war, und sie kultivierte denselben Haß auf Industriekapitalismus, seelenlosen Liberalismus und Kulturverfall wie die Akademiker und verfolgte in vielen Punkten dieselben Ziele wie diese, mit einem gravierenden Unterschied: Radikale wie Eckart, Rosenberg und Hitler waren bereit zu handeln, um das, was sie als kranke Zivilisation betrachteten, tatsächlich zu stürzen.

Einig waren sie sich mit den Akademikern in einem anderen wesentlichen Punkt: der Notwendigkeit, Deutschland auf der internationalen Bühne zu stärken. Der Nationalismus war offenbar ihre letzte bürgerliche Illusion; manche hielten sogar Kaiser Wilhelm II. für einen Übermenschen nach Nietzsches Muster. Doch die nationalistischen Bestrebungen galten einem anderen Zweck als der konventionelle Patriotismus von Beamten und Professoren, die sich Gruppen wie dem Marinebund und dem Alldeutschen Verband anschlossen.[28] Was für die Radikalen zählte, war weniger eine geopolitische Zielsetzung als vielmehr der Kampf selbst. Der Kampf war – am prominentesten in Hitlers *Mein Kampf* – ein ständig wiederkehrendes Thema, eine Prüfung der Lebenskräfte, in der laut Troeltsch »eine ganz andere Menschheitsidee« zum Tragen kam: »nicht die endliche Vereinigung der grundsätzlich gleichen Menschen in einer rational organisierten Gesamtmenschheit, sondern die Fülle kämpfender und im Kampf ihre höchsten geistigen Kräfte entfaltender Nationalgeister«.[29] Kampf und Leben waren, wie Spengler schrieb, »in der Tiefe eins«, und mit dem Kämpfenwollen erlösche auch das Sein.[30] Thomas Mann zufolge war Deutschland ständig in einen »fürchterlichen, halsbrecherischen und im großartigsten Sinn unvernünftigen Kampf gegen die Weltentente der Zivilisation« verstrickt.[31] Wie in Haeckels Darwinismus vollzog sich in diesem Kampf die Auslese des Vitalen und Schöpferischen und die Vernichtung des Schwachen – das heißt des bürgerlichen Westens. Jahre vorher hatte Nietzsche die militärische Entwicklung und die »inneren anarchistischen Zustände« im Europa der Großmächte begrüßt, für die ein allgemeiner Krieg eine mögliche Lösung wäre. »Alles Glück auf Erden, / Freunde, giebt der Kampf!« lautete sein Motto: »Der Barbar ist in Jedem von uns *bejaht,* auch das wilde Thier.«[32] Der Autor des Satzes, der Krieg sei der Vater aller Dinge, Heraklit, war nicht nur Nietzsches Lieblingsphilosoph, sondern auch der Gegenstand von Spenglers Dissertation.

Die Krise trat 1911 ein, in dem Jahr, in dem Spengler nach München zog. Im Mai war der deutsche Panzerkreuzer *Panther* in den Hafen von Agadir eingelaufen, um zu verhindern, daß Frankreich Marokko einnahm. Europa taumelte am Rand des Krieges, bis die französische Regierung mit aktiver britischer Unterstützung die Deutschen zum Nachgeben zwang. Es war eine nationale Demütigung, und Reichskanzler und Außenminister bekamen den Unmut der Öffentlichkeit zu spüren. Der Vorsitzende des Alldeutschen Verbandes, Heinrich Claß, verbreitete ein Pamphlet mit dem Titel *Wenn ich der Kaiser wäre,* in dem er den Kaiser aufforderte, die Regierung aufzulösen und eine absolute Diktatur zu errichten. Ähnliche Äußerungen waren aus dem gesamten Reich und natürlich auch aus München zu hören.[33]

Für Spengler war die Marokkokrise eine Offenbarung. Wie er es sah, hatten die Deutschen eine »historische Zeitenwende« im heraklitischen Fluß der nationalen Geschicke miterlebt.[34] Die von rationaler Wissenschaft und Aufklärung geschaffene und von Frankreich und England repräsentierte europäische Zivilisation brach auseinander. Deutschland mochte eine Schlacht verloren haben, aber seine Bestimmung war es, den Krieg zu gewinnen, der mit Sicherheit kommen würde – den Kampf zwischen kulturellem Leben und zivilisiertem Tod, das heißt zwischen Deutschland und dem liberalen Westen. Spengler begann fieberhaft zu arbeiten und seine Einsicht in einer umfangreichen Studie darzulegen, die nichts Geringeres sein sollte als eine Nietzscheanische Umwertung der gesamten Geschichte. Der erste Arbeitstitel des Buchs lautete *Konservativ und liberal*. Doch dann sah Spengler im Schaufenster einer Münchner Buchhandlung eine *Geschichte des Untergangs der antiken Welt*. Damit stand der Titel fest: *Der Untergang des Abendlandes*. Spengler war inzwischen zu der Auffassung gelangt, die Geschichte sei ein von menschlichen Zwecken und Wünschen unbeeinflußter, unerbittlicher Naturprozeß. Das Schicksal ließ das Abendland hinter sich, und eine kalte dunkle Nacht würde sich auf seine Institutionen und Denkmäler niedersenken.

Das Gefühl, Europa stehe am Rand einer Katastrophe, und die Sehnsucht nach einem Neuanfang waren in europäischen Zusammenhängen weit verbreitet. Im Oktober 1913 forderten die Anführer der deutschen Jugendbewegung bei einem Treffen auf dem Hohen Meißner eine »geistige Verjüngung« des Landes, und in Frankreich verlangten Studenten, die sich »die Generation von 1912« nannten, eine nationale Erneuerung, die einen Wandel der dekadenten französischen Gesellschaft herbeiführen sollte. Der dreiundzwanzigjährige Dichter Georg Heym klagte in seinem Tagebuch: »Es ist immer das gleiche, so langweilig, langweilig, langweilig. Es geschieht nichts, nichts, nichts. Wenn doch einmal etwas geschehen wollte, ... sei es auch nur, daß man einen Krieg begänne, er kann ungerecht sein.«[35] Ein anderer junger Nietzscheaner fand, »der ewige Frieden wäre nicht zu tragen – eine Langeweile, ein Gähnen, das uns nur den Philister gäbe«.[36] Nach Kriegsbeginn schrieb Spengler seinem Freund Hans Klöres: »Aber ich beneide die Leute, die das können [sich als Freiwillige melden] und deshalb den Krieg *erleben*.«[37] Von Nietzsches Empfehlung inspiriert, den eigenen Willen zur Macht durch starke Gefühle und Berührungen mit dem Elementaren zu erproben, war das persönliche Erlebnis zum Dreh- und Angelpunkt der Erneuerungsvorstellungen geworden. Kurz nach Ausbruch des Krieges fragte

Thomas Mann seinen Bruder Heinrich: »Muß man nicht dankbar sein für das vollkommen Unerwartete, so große Dinge erleben zu dürfen?«[38] Andere bemerkten, durch die Härten des Krieges sei die Last der Einsamkeit in einer bürgerlichen Gesellschaft von der Jugend genommen und durch ein Gefühl von Sinnhaftigkeit und Einheit ersetzt worden.[39]

Was die Älteren betraf, zeitigte die langanhaltende Sorge über Niedergang, Dekadenz und Degeneration nun Folgen. Der Krieg, so glaubten sie, würde einer kranken Gesellschaft den ersehnten Tod bringen. Reichskanzler Theobald von Bethmann Hollweg hatte Nordaus *Degeneration* gelesen und fand »das Bestehende sehr überlebt, ideenlos«. Vom Krieg erwartete er, wie aus einem Tagebucheintrag seines Sekretärs Kurt Riezler vom 7. Juli 1914 hervorgeht, »eine Umwälzung alles Bestehenden«.[40] Der Volkswirtschaftler Johann Plenge feierte 1914 als das absolute Ende des aus den Fugen geratenen 19. Jahrhunderts. »In uns ist das 20. Jahrhundert«, rief er aus, und das habe als großes Abenteuer begonnen.[41] Von Simmel erfuhren die Studenten, die Weltkrise sei Teil des Kampfs gegen alte, verfallene Formen, die das Leben einzuengen versuchten. Im Krieg sei das zu erleben, »was man eine absolute Situation nennen kann«. Die Lebensentscheidungen in der bürgerlichen Gesellschaft hätten »etwas Relatives« und Provisorisches an sich. Jetzt stehe man vor der scharfen Nietzscheanischen Wahl zwischen Altem und Neuem, Leben und Tod.[42]

All diese Hoffnungen und Erwartungen trieben Spengler an, sein Opus magnum zu vollenden. Wie er im ersten Vorwort von 1917 erklärte, stellte es einen »Kommentar zu der großen Epoche« des nahenden Weltkriegs dar. Im zweiten von 1922 fügte er hinzu: »Aber was ich im Sturm und Drang jener Jahre schrieb«, enthalte »einen neuen Blick *allein auf die Geschichte, eine Philosophie des Schicksals* und zwar die erste ihrer Art«.[43]

Organische Geschichtsschreibung

In Wirklichkeit war der *Untergang des Abendlandes* keineswegs so originell, wie sein Autor und viele Leser glaubten. Spengler faßte ein halbes Jahrhundert geschichts- und kulturpessimistischen Denkens zusammen, wobei er sich stark auf die Tradition der Kulturkritik stützte, von der er das Vokabular und das metaphysische Konzept übernahm. Außerdem bediente er sich aus dem Fundus der organizistischen Historik des 19. Jahrhunderts, die er mit dem von Nietzsche entlehnten vitalistischen Gedankengut auflud und neu belebte. Seiner Auffassung nach bildete jede historische Kultur eine Ganzheit, die innere Lebenskräfte besaß. Diese verbänden sie mit der »unermeßlichen Fülle, Tiefe und Bewegtheit des Lebendigen« und bestimmten das Schicksal der jeweiligen Kultur. Spengler behauptet, eine neue Stufe der Geschichtsschreibung erklommen zu haben, auf der die Zivilisationen nicht nur beschrieben wurden, sondern auch ihre Zukunft vorausgesagt werden konnte: »In diesem Buche wird zum ersten Mal der Versuch gewagt, Geschichte vorauszubestimmen. Es handelt sich darum, das Schicksal einer Kultur und zwar der einzigen, die heute auf diesem Planeten in Vollendung begriffen ist, der westeuropäisch-amerikanischen, in den noch nicht abgelaufenen Stadien zu verfolgen.«[44]

Spengler unterschied acht Weltkulturen: die babylonische, ägyptische, chinesische, indische, präkolumbianisch-mexikanische, antike, abendländische und »magische«, zu der er die arabische, jüdische und byzantinische Kultur zählte. Am Ende hatte er nicht die Zeit oder den Wunsch, nichtwestlichen Kulturen wie den chinesischen und indischen in seinem Werk größeren Raum zu widmen. Dennoch kam ihnen im Gesamtschema eine entscheidende Rolle zu, da Spengler die Absicht hatte, eine Universalgeschichte zu verfassen, in der sich Westeuropa in der umfassenden Geschichte der Menschheit zum ersten Mal mit einer untergeordneten Rolle begnügen mußte.

Er wollte ein neues Weltbild liefern, in dem »Antike und Abendland neben Indien, Babylon, China, Ägypten, der arabischen und mexikanischen Kultur ... eine in keiner Weise bevorzugte Stellung einnehmen«. Dies machte eine rassische und kulturelle Umwertung nötig, die sich Du Bois nicht besser hätte wünschen können. Als »Einzelwelten des Werdens« wogen die nichtwestlichen Kulturen »im Gesamtbilde der Geschichte ebenso schwer« wie die Antike und das Abendland oder übertrafen sie sogar »an Großartigkeit der seelischen Konzeption« und »an Gewalt des Aufstiegs«. Dem Westen eine über seine »sehr engen Grenzen« hinausgehende Bedeutung zu geben wäre eurozentrisch gewesen, obwohl Spengler diesen Begriff nicht benutzte.[45]

Zivilisationen, einschließlich der westlichen, seien die Vollendung von Kulturen, die wie Organismen wachsen, blühen und vergehen würden: »Jede Kultur hat ihre neuen Möglichkeiten des Ausdrucks, die erscheinen, reifen, verwelken und nie wiederkehren.« Ein Ziel gebe es nicht. Jede Kultur messe den Dingen, der Zeit und dem Raum einen anderen Wert und ein anderes Gewicht bei. Einen inneren Sinn besäßen nur die Lebenskraft und die organische Logik. Statt Kontinuität und Fortschritt gebe es in der Geschichte nur Brüche und plötzliche Sprünge in einer »unübersehbaren Masse menschlicher Wesen, einem uferlosen Strom«, aus dem von Zeit zu Zeit eine selbstbewußte Kultur emporsteige. Deren »lebendiges Dasein« bestehe über die Jahrhunderte hinweg aus einem »tiefinnerlichen, leidenschaftlichen Kampf um die Behauptung der Ideen gegen die Mächte des Chaos nach außen, gegen das Unbewußte nach innen«. Habe sie sich ganz verwirklicht, »*erstarrt* die Kultur plötzlich, sie stirbt ab, ihr Blut gerinnt, ihre Kräfte brechen – sie wird zur *Zivilisation*«. Wie für seine deutschen Vorgänger war die Zivilisation auch für Spengler das Altertum der Kultur. Vor diesem Hintergrund zog er die berühmte Analogie zwischen der Geschichte von Kulturen und den Lebensaltern des Menschen: »Jede Kultur ... hat ihre Kindheit, ihre Jugend, ihre Männlichkeit und ihr Greisentum.«[46]

Im frühen Stadium – dem »Frühling« – vereine die Kultur die einzelnen zu einer Gemeinschaft, deren Geist das »innere Erlebnis des ›Wir‹« ausmache. Wie bei Du Bois ist der Geist hier jedoch eher eine Sache des Gefühls als der Vernunft: »Je tiefer dieses Gefühl, desto stärker ist die Lebenskraft des Verbandes.« Die Gefühlstiefe wiederum hänge von Wurzeln ab, die durch das *Dorf* verkörpert würden. Laut Spengler haben alle großen Völker als Dorfbewohner begonnen, mit einem dem Land angepaßten kollektiven Leben und dem Wissen um die engen Verflechtungen mit der Natur. Die zweite Wurzel sei die *Rasse*. Weltgeschichte ist hier nicht mehr die lineare Geschichte der Zivilisation, wie man sie seit der Aufklärung kannte, sondern à la Gobineau die von Aufstieg und Fall von Nationen und Rassen. Gobineaus Behauptung, jeder kulturelle Fortschritt bringe die Verwässerung der Rassentypen mit sich, weist Spengler jedoch wie Du Bois zurück: »Eine Rasse wandert nicht. Die Menschen wandern ...« Für ihn ist Rasse vielmehr eine Frage des Gefühls, eines durch Kommunikation geformten »gemeinsamen Weltgefühls«, das die Generationen einer Rasse zu einem Ganzen verschweiße.[47]

Am Beginn würden großen Kulturen wie die antike griechische oder die altiranische streng, beherrscht, intensiv bleiben, weil ihre Lebenskraft die vitale Seele sei. Im nächsten Stadium – dem »Sommer« – verbreite sich das kulturelle Bewußtsein von der herrschenden Schicht – den homerischen Helden und den arischen Kriegern des vedischen Indien zum Beispiel – auf den Rest der Bevölkerung. Die Entstehung urbaner Zentren wie der griechischen Stadtstaaten oder der italienischen Renaissancestädte bringe einen Aufschwung der Kunst sowie die Kritik an den alten, »klassischen« Formen mit sich. Aber auch erste Zeichen des künftigen Niedergangs würden dann sichtbar. Im Bild der von Mauern umgebenen Städte des Mittelalters kündige sich bereits die kosmopolitische Weltstadt an: »Wer von einem Turm auf das Häusermeer herabsieht, erkennt in dieser steingewordenen Geschichte ... genau die Epoche, wo das organische Wachstum endet und die anorganische und deshalb unbegrenzte, alle Horizonte überschreitende Häufung beginnt.« In einem Schlagwort zusammengefaßt: »*Weltgeschichte ist Stadtgeschichte.*«[48]

In dem Stadium, das wir Zivilisation nennen würden – dem »Herbst« –, ziehe die Kultur noch Form und Kraft aus dem Bestand der in geistigem Sinn definierten Rasse, besitze aber kein eigenes Leben mehr: »Die *reine* Zivilisation als historischer Vorgang besteht in einem stufenweisen *Abbau* anorganisch gewordener, erstorbener Formen.« Wie in den hellenistischen Königreichen des 4. Jahrhunderts v. Chr. oder im Umajjaden-Reich »erlischt das Feuer der Seele«. Die Kultur aber bestehe weiter und könne wie »ein verwitterter Baumriese im Urwald, noch Jahrhunderte und Jahrtausende hindurch die morschen Äste emporstrecken«, so geschehen bei alten, erstarrten Zivilisationen wie der ägyptischen, indischen und chinesischen.[49]

Die reife Zivilisation – der »Winter« – sei durch und durch ein Parasit geworden, der sich von den einst lebendigen Wurzeln der Kultur nähre. Sie sei ein Abschluß und folge »dem Werdenden als das Gewordene, dem Leben als dem Tod, der Entwicklung als die Starrheit«. Ihre Verkörperung sei die »steinerne, versteinerte Weltstadt«. Die vitale Quelle der Kultur liege in der Versöhnung zwischen Mensch und Natur, Individuum und Volk, Individuum und Gemeinschaft. Dagegen sei die Zivilisation im reifen Stadium nicht von Harmonie, sondern von Spannung geprägt. Sie verleugne die Existenz des Heiligen in der Gesellschaft, indem sie deren Verbindungen mit der Natur zerstöre. War der geistige Kern der Kultur die Religion, so werde dieser Platz jetzt, bei entsprechender Verlagerung von Werten und Identität, von der »Irreligion« eingenommen. Was Nietzsche als Kennzeichen des niedergehenden Westens betrachtete, die Umwertung aller Werte, sei tatsächlich ein Hauptmerkmal aller späten Zivilisationen, vom buddhistischen Indien über das hellenistische Griechenland bis zum taoistischen China: eine willentliche Erschütterung dessen, was einst fest und harmonisch war. Die Leistungen solcher Zivilisationen könnten grandios und hochentwickelt sein, aber sie stünden am Rand der Neurose.[50]

Westeuropa befand sich laut Spengler seit dem 19. Jahrhundert in diesem sterilen winterlichen Zustand, und seine Leistungen seien nur die letzten Irrtümer einer sterbenden Welt: »Es ist bisher eine Unsumme von Geist und Kraft auf falschen Wegen verschwendet worden.« Um den Niedergang zu verschleiern, habe man zu oberflächlichen, optimistischen Philosophien wie denen von Comte, Spencer und Marx gegriffen, die jedoch von pessimistischen Denkern wie Schopenhauer, Wagner und Nietzsche widerlegt worden seien. Man habe »mit den harten und kalten Tatsachen eines *späten* Lebens zu rechnen ... Von einer großen Malerei und Musik wird für den westeuropäischen Menschen nicht mehr die Rede sein.« Spengler benutzt zwar das Attribut »degeneriert« nicht, aber es faßt seine Darstellung des zivilisierten Menschen gut zusammen, sei er doch »ein Parasit, der Großstadtbewohner, der reine, in traditionslos fluktuierender Masse auftretende Tatsachenmensch, irreligiös, intelligent, unfruchtbar«. Diese »amorphen, entseelten Menschenmassen« streiften als »verbrauchter Stoff einer großen Geschichte«, ohne jede Verbindung zu einer Gemeinschaft oder zum Boden, zur »Landschaft«, ziellos durch Weltstädte wie London, Paris und New York.[51] Kurz, Spenglers vitalistische Kritik der Zivilisation verschmolz mit den Klischees der Degenerationstheorie zu einem grellen Bild der am Rand des Abgrunds stehenden modernen Gesellschaft.

Spengler nennt die moderne Kultur nicht arisch oder teutonisch, sondern faustisch. Wie Goethes Held strebe sie rastlos nach Wissen und Veränderung. Ihr Hauptprodukt, die Wissenschaft, sei nur die Konkretisierung des unbezähmbaren westlichen Willens, der sich gleichzeitig mehr mechanisch als organisch auf den Rest der Welt richte. Nach Spenglers Ansicht steht das westliche mechanistische Verständnis von Zeit, Natur und Geschichte im Widerspruch zur organischen Realität. Es führe zu der illusionären Vorstellung grenzenloser Ausdehnung und Verbesserung in der Zeit, deren Symbole die Uhr und die Newtonsche Physik seien und in der sich der »unstillbare Drang in die Ferne« ausdrücke, von dem der westliche Mensch erfüllt sei. Bis zum Ende des 18. Jahrhunderts habe die faustische Kultur nach Ausdehnung der inneren Grenzen des Wissens durch Kunst, Literatur und die Entwicklung des Staates gestrebt. Nach 1800 jedoch, als im Westen der »Winter der vollen Zivilisation« begonnen habe, setzte in Gestalt des Kapitalismus mit seinem ständigen Wachstum der Märkte und technologischen Prozesse der ruhelose Drang nach äußerer Ausdehnung ein, der schließlich zur Schaffung von Weltreichen geführt habe.[52]

Mit dem Diktum »Imperialismus ist reine Zivilisation«[53] sprach Spengler nicht nur Du Bois aus der Seele, sondern auch Thomas Mann, der einen den deutschen Geist einkreisenden, bedrohlichen »Imperialismus der Zivilisation« am Werk sah.[54] Doch während vergangene Reiche durch Eroberung und Einverleibung fremder Völker aufgebaut wurden, glaubte Spengler, die europäischen Reiche würden durch räumliche Ausdehnung in Form von Märkten entstehen. Wie Du Bois, Lenin und John Atkins Hobson, dessen *Imperialism, a Study* (1902) Lenin beeinflußt hatte, sah er im Imperialismus vor allem einen Auswuchs der Wirtschaft. Das hektische faustische Streben etwa von Cecil Rhodes, der mit der Eisenbahn den Dschungel und die Savannen Afrikas erschloß und Kohlen- und Diamantminen grub, sei nur »das Vorspiel einer uns noch vorbehaltenen Zukunft« gewesen, prophezeite Spengler düster: »Die expansive Tendenz ist ein Verhängnis, etwas Dämonisches und Ungeheures, das den späten Menschen des Weltstadtstadiums packt, in seinen Dienst zwingt und verbraucht, ob er will oder nicht, ob er es weiß oder nicht.«[55]

Die Geschichte der Moderne war, so gesehen, zu Ende, ihre kulturelle Lebenskraft verbraucht. Die »harten und kalten Tatsachen« des späten Lebens zogen eiserne Grenzen um das Mögliche, weshalb das Wort Freiheit »bedenklich« war, denn es »steht ... uns nicht mehr frei, dieses oder jenes zu verwirklichen, sondern *das Notwendige oder nichts*«. Wenn nichts getan werde, warnte Spengler, würde Deutschland vom Untergang des Westens mitgerissen werden. Sind die Lebenskräfte erloschen, bleibe nur noch »der Kampf um die bloße Macht, um den animalischen Vorteil an sich«. Das Bild, das er von der postwestlichen Welt zeichnete, zeigte eine frostige, wilde Landschaft, in der zwischen entwurzelten Nationen und Klassen ein atavistischer Kampf ums Dasein tobte. In späten Zivilisationen sei »selbst der überzeugendste Schein einer Idee nur die Maske für rein zoologische Fragen«.[56]

Aber es gab eine Rettungsmöglichkeit. Der heraklitische Fluß der Geschichte tritt ständig über die Ufer und schwemmt im Lauf der Zeit alle Dinge stromabwärts. Doch in bestimmten Momenten ist es möglich, das Glück zu versuchen und mit Hilfe des Willens zum Kampf aus dem umgebenden Chaos eine neue Kultur zu schöpfen. Nach Spenglers Ansicht hatte es in der Geschichte schon häufig solche entscheidenden Augenblicke gegeben, etwa nach Napoleons Tod oder am Ende der römischen Republik im julianischen und augusteischen Zeitalter. In letzterem wurde das Römische Imperium, in ersterem das britische Empire geboren. Diese Epochen »hinterließen *beide* eine in ihren Tiefen umgewandelte Welt«, und in der Gegenwart, so glaubte Spengler, war Deutschland an der Reihe: »Zu einem Goethe werden wir Deutschen es nicht wieder bringen, aber zu einem Cäsar.«[57]

Weimar:
Krieg, Politik und Demokratie

Das Manuskript des *Untergangs des Abendlandes* war 1914 in Umrissen fertiggestellt, doch der Krieg verzögerte die Beendung. »So, wie wohl für jeden Deutschen«, schrieb Hitler später über den August 1914, »begann nun auch für mich die unvergeßlichste und größte Zeit meines irdischen Lebens. Gegenüber den Ereignissen dieses gewaltigsten Ringens fiel alles Vergangene in ein schales Nichts zurück.«[58] Wegen seiner schlechten Augen und eines schwachen Herzens war Spengler der Eintritt ins Heer versagt, aber er wurde zum beteiligten Zuschauer. Am 25. Oktober schrieb er an Klöres: »Ich bin auch durchaus Optimist. Wir werden siegen ...« Sorgen bereitete ihm nur, daß im siegreichen Deutschland, »das durch technische Intelligenz, Geld und den Blick für Tatsachen seine Weltstellung befestigt hat«, derselbe »vollkommen seelenlose Amerikanismus« zur Herrschaft gelangen könnte wie in der restlichen westlichen Welt.[59] Als der erste Band des *Untergangs des Abendlandes* schließlich im April 1918 erschien, war gerade die letzte deutsche Großoffensive im Gang. Die deutschen Armeen schienen kurz vor einem Erfolg zu stehen, was Spengler in der Überzeugung bestärkte, Deutschland werde auf den Ruinen des dekadenten Kontinents ein gewaltiges Reich errichten und seine Macht bis zum Ural ausdehnen. Doch dann folgten Schlag auf Schlag die Enttäuschungen.

Ludendorffs Offensive brach unter den Gegenangriffen der Entente zusammen. Deutschlands Verbündete, die Türkei, Österreich und Bulgarien, schlossen Waffenstillstand, und die britischen, französischen und amerikanischen Truppen näherten sich von Westen und Süden der deutschen Grenze. Am 3. November, dem Tag, an dem der Waffenstillstand mit Österreich in Kraft trat, breitete sich der Aufstand der Kieler Matrosen auf ganz Deutschland aus, am 9. dankte der Kaiser ab, und am 11. stoppte der Waffenstillstand den unaufhaltsamen Vormarsch der Entente. Nach dem raschen Kollaps der Staatsmacht sprang der revolutionäre Funke von Rußland nach Deutschland über. Nach sowjetischem Vorbild wurden Arbeiter- und Soldatenräte gebildet. Von Anfang Dezember an befanden sich die großen Städte in der Hand der Revolutionäre. Die Regierung hatte aufgehört zu existieren, und bei den Friedensverhandlungen von Versailles hatten die deutschen Vertreter keine andere Wahl, als den siegreichen Westmächten ein Zugeständnis nach dem anderen zu machen. Schließlich war die Sozialdemokratische Partei als neue staatstragende Kraft gezwungen, das ungeliebte Militär zu rufen, um die Ordnung wiederherzustellen. Von Januar bis Mai 1919 schlugen reguläre Einheiten und sogenannte Freikorps die Aufstände in Berlin, München und anderen Städten nieder. Tausende von Menschen wurden getötet, viele von ihnen ohne Not.

Spengler hatte die gesamte unerfreuliche Episode in München selbst miterlebt: »Nichts als Hunger, Plünderungen, Schmutz, Lebensgefahr und eine Trottelei ohnegleichen.« Seine erste Reaktion auf den »Zusammenbruch alles dessen, was mir innerlich teuer und wert gewesen ist«, war Verzweiflung: »Warum mußte uns dieses Schicksal treffen?« Die alte politische Ordnung der Wilhelminischen Ära mit ihren preußischen Tugenden war in den Schützengräben zugrunde gegangen. Mit der Zeit vermochte Spengler jedoch einen Silberstreifen am Horizont zu entdecken: »Ich sehe in der Revolution ein Mittel, das uns nützen kann, wenn diejenigen, welche für die Gestaltung unserer Zukunft in Betracht kommen, sie zu nützen verstehen.« Es war der gewalttätigste und blutigste Umsturzversuch gewesen, den Deutschland jemals erlebt hatte. Die Zerstörungen und der Blutzoll konnten mit denen der Pariser Kommune oder sogar, wie Spengler es tat, mit denen der Französischen Revolution von 1789 verglichen werden. Die Bauherrn der Zukunft, die Spengler im Sinn hatte, waren die Kämpfer, die Deutschland vor dem

Bolschewismus gerettet hatten und jetzt, wie nicht nur er glaubte, das Zentrum von »Disziplin, Organisationskraft und Energie« bildeten.⁶⁰

Die heimkehrenden Soldaten schienen von einer reinigenden Kraft durchdrungen zu sein. Noch nie, schrieb einer von ihnen, Ernst Jünger, sei eine »Generation aus einem Tor so dunkel und gewaltig wie aus dem dieses Krieges in das lichte Leben« zurückgetreten. Der Krieg, »aller Dinge Vater, ist auch der unsere; er hat uns gehämmert, gemeißelt und gehärtet zu dem, was wir sind«.⁶¹ So hatte das Vorkriegsideal der jugendlichen Rebellion überlebt. Alle anderen Institutionen der Gesellschaft waren durch die Niederlage diskreditiert, und die Weimarer Verfassung war von vornherein suspekt: ein »englischer Konfektionsanzug«, wie Spengler mit einer Spitze gegen den falschen ausländischen Liberalismus bemerkte.⁶² Die Universitäten, offiziell Stützen der neuen Republik, waren tief gespalten. Inzwischen hatte der radikale Kulturpessimismus auch in sie Eingang gefunden, und die Seminare wurden zum Schlachtfeld eines neuen Kulturkampfs zwischen jenen, die etwas aus den Trümmern retten wollten, und jenen, für die der unvermeidliche Triumph der Kultur über die Zivilisation durch den deutschen Zusammenbruch nur aufgeschoben worden war.

Auch der Marxismus hatte sich als untaugliches Instrument der Zerstörung und der Erneuerung erwiesen. Der Spartakusaufstand von 1919 kostete die Kommunisten die Unterstützung der wichtigsten Wählergruppe, der ehemaligen Frontsoldaten, die halfen, ihn niederzuschlagen. Nach Ansicht der Kriegsgeneration von universitär geprägten Intellektuellen wie Carl Schmitt, Hans Freyer, Martin Heidegger und Arthur Moeller van den Bruck, aber auch Oswald Spengler, mußte die Erneuerung Deutschlands durch eine Revolution nicht von Links, sondern von Rechts, durch eine »konservative Revolution« geschehen. Deren Träger würde nicht der alte Konservatismus des Kaiserreichs sein, sondern eine neue, von den Katastrophen von

1918 und 1919 wachgerüttelte radikale Rechte, die sich ihre Anregungen von Idolen des Kulturpessimismus wie Lagarde, Nietzsche und jetzt auch Spengler holte.

Für die künftige politische Entwicklung Deutschlands bedeutete die unmittelbare Nachkriegszeit eine Katastrophe, für Spengler dagegen den Moment, in dem er seine intellektuelle Reputation begründete. In einem Brief an seinen Freund Klöres hatte er vorausgesagt, sein Buch werde »wie ein Bergrutsch in einen flachen Teich in die Gegenwartsliteratur fahren«,[63] und er sollte recht behalten, wenn auch nicht ganz so, wie er es erwartet hatte. Es mußte bald eine zweite Auflage gedruckt werden, obwohl die alten Universitätsgelehrten erwartungsgemäß ablehnend reagiert hatten. Jüngere wie Hans Freyer standen Spenglers Methode und seinem Ziel aufgeschlossener gegenüber. Für Thomas Mann wurde der *Untergang des Abendlandes* zu einem ähnlich intensiven Leseerlebnis wie die erste Lektüre Schopenhauers. »Das wichtigste Buch!« notierte er in seinem Tagebuch. Es bestärkte ihn in seiner pessimistischen Sicht der nächsten Zukunft: »Was nun kommt, ist die angelsächsische Weltherrschaft, d.h. die vollendete Civilisation.«[64]

Der österreichische Philosoph Ludwig Wittgenstein war überwältigt von Spenglers Werk, und es hat möglicherweise dazu beigetragen, daß er sich vom logischen Positivismus abwandte und einen völlig neuen philosophischen Weg einschlug.[65] Auf Max Weber machte es weniger Eindruck. Er hielt Spengler für einen einfallsreichen Dilettanten, lud ihn aber trotzdem ein, in seinem soziologischen Seminar in München zu sprechen. Spengler nahm an, und so entspann sich im Dezember 1919 eine anderthalbtägige Debatte zwischen ihm und dem akademischen Nachwuchs. Weber hielt sich höflich zurück, nicht aber seine Studenten, die einen Stein nach dem anderen aus Spenglers Konstrukt herausbrachen. Spengler nahm es gelassen. In den Kreisen, die er erreichen wollte, war sein Buch ein *succès de célèbre*.[66]

Ende 1919 las Elisabeth Förster-Nietzsche den *Untergang des Abendlandes* und war derart hingerissen, daß sie dem Autor den renommierten Lassenpreis der Stiftung des Nietzsche-Archivs zuerkennen ließ. Spengler war jetzt eine Gestalt des öffentlichen Lebens, was derart viele Besucher anzog, daß er eine dreitägige Warteliste anlegen mußte. Wichtiger aber war, daß er seinen Ruf einsetzen konnte, um die neue politische Landschaft mitzugestalten. 1921 ging er in einem Artikel mit dem Titel »Pessimismus?« auf Kritiker wie Moeller van den Bruck ein, die ihm vorgeworfen hatten, er verbreite nur eine modische Niedergangsstimmung. Im Gegenteil, entgegnete Spengler, er sei ein Prophet der nationalen Erneuerung – und damit der Ausmerzung der Reste des korrupten Westens, einschließlich der Weimarer Republik. Moellers Ansichten unterschieden sich im Grunde kaum von denen Spenglers. 1922 veröffentlichte er seine eigene Vision der Zukunft Deutschlands als mitteleuropäischem Großreich, in dem die sozialen Klassen und die Widersprüche der deutschen Geschichte versöhnt würden. Belebende Kraft dieses nach dem mittelalterlichen und dem hohenzollerschen dritten deutschen Reichs sollte die junge Kriegsgeneration sein: »Sie haben Darwin und Nietzsche auf ihrer Seite.« Bis 1932 wurde der Begriff des Dritten Reichs nicht mit Hitler, sondern mit Moeller van den Bruck verbunden.

Nach dem Erfolg des *Untergangs des Abendlandes* wandte sich Spengler dem politischen Kommentar zu. Das Ergebnis war die 1919 erschienene Schrift *Preußentum und Sozialismus*, mit der Spengler zu einem der herausragenden Apologeten der konservativen Revolution wurde. Wie Moeller den deutschen Nationalismus von der alten bismarckischen Tradition befreien wollte, so versuchte Spengler, dem Marxismus den Sozialismus zu entwinden. Seiner Ansicht nach konnte nur eine Kommandowirtschaft die moderne Gesellschaft retten. Er hoffte, die »anständige Arbeiterschaft«, einschließlich der Kriegsveteranen, für die Vision eines Nietzscheanisch gefärbten Nationalismus gewinnen zu können. Zusammen könnten Arbeiter, Soldaten, Techniker und rechte Intellektuelle die internationalen Finanziers ebenso im Zaum halten wie den Mob.[67] Sie würden die herrschende »Diktatur des Geldes« durch eine »Diktatur der Organisation« ersetzen.

Was die konservativen Revolutionäre am marxistischen Sozialismus abstieß, war nicht, daß er für die Arbeiterklasse die Macht anstrebte und Großwirtschaft und Hochfinanz zerschmettern wollte; das hatten sie selbst auch vor. Sie lehnten den Marxismus vielmehr ab, weil sie ihn als Teil einer sterbenden Zivilisation betrachteten. Die Gesellschaft mit Begriffen wie Proletariat, Bourgeoisie und Klassenkampf fassen zu wollen, galt als antiquiert: Es war nicht nur für Hans Freyer ein »Schema von vorgestern«. Eine neue Gesellschaft und eine neue Kultur brauchten neue politische Kategorien, und Spengler bot sie in *Preußentum und Sozialismus* an. Er unterschied am Liberalismus, dem Leitethos der modernen Gesellschaft, hauptsächlich den Wunsch nach Gleichheit und das Verlangen nach Freiheit. Freiheit war eine Sackgasse, die nur zu kultureller Dekadenz und zum Verlust der Vitalität führte, wie in England und Amerika. Gleichheit dagegen entsprang direkt der preußischen Militärtradition. *»Friedrich Wilhelm I.«*, verkündete er, *»und nicht Marx ist in diesem Sinne der erste bewußte Sozialist gewesen.«*[68] Mit preußischer Disziplin und Selbstaufopferung konnte eine moderne, einige Gemeinschaft von Gleichen aufgebaut werden, welche die Menschen durch Gehorsam, Dienen und Instinkt zusammenschweißte. Dieser wahre Sozialismus würde Kapitalismus und Marxismus gleichermaßen überwinden, da beide falsche, degenerierte Ideologien der Vergangenheit waren.

Die vitale Energie der Menschen sollte zu einer totalen organischen Einheit verschmelzen, womit ein alter Traum der deutschen Intellektuellen verwirklicht gewesen wäre. In einer solchen Gemeinschaft »ist etwas unendlich Starkes und Freies, das *kein* nicht Zugehöriger versteht«. Die Menschen würden lernen, die »englische *praktische* Freiheit« gegen eine »*innere* Freiheit in einem großen Sinne« einzutauschen, die »*libertas oboedientiae*«, die »Freiheit im Gehorsam« gegenüber dem organischen Ganzen. Ziel des preußischen Sozialismus sei die »Organisation der Produktion, des Verkehrs durch den Staat«, in dessen Dienst jeder stehen würde: »Jeder erhält seinen Platz. Es wird befohlen und gehorcht.« Im Gegensatz zum Liberalismus »steht nicht jeder für sich, sondern alle für alle«. Verwirklichen sollte diesen Umschwung eine neue Elite, jener »Teil unserer Jugend, der tief genug ist, um hinter dem gemeinen Tun, dem platten Reden, dem wertlosen Plänemachen das Starke und *Unbesiegte* zu fühlen, das seinen Weg vorwärts geht, trotz allem«.[69]

Spenglers Vorstellung eines preußischen Sozialismus war fast so einflußreich wie sein *Untergang des Abendlandes*. Er selbst bemerkte in einem Brief, unter jüngeren Politikern und Industriellen habe sie starken Eindruck gemacht.[70] Moeller van den Bruck bediente sich ausgiebig aus Spenglers Schrift – so wie dieser Moellers Arbeit *Der preußische Stil* benutzt hatte – und schlug in dieselbe Kerbe, wenn er behauptete, das dritte Deutsche Reich müsse sozialistisch sein, und zwar genau in Spenglers Sinn einer selbstlosen organischen Einheit und der Feindschaft gegen den dekadenten Kapitalismus. Ein militanter und militärischer Sozialismus schien der große Wegweiser in die deutsche Zukunft zu sein. Ernst Jünger schrieb ein politisches Traktat mit dem marxistisch anmutenden Titel *Der Arbeiter*, in dem er die Ähnlichkeiten zwischen Arbeitern und Soldaten als gemeinschaftlicher Erbauer der Zukunft hervorhob. Spengler war entzückt von dem Buch, und bald war der starke, rechtschaffene Arbeiter nicht mehr die zentrale Symbolfigur der Linken, sondern die der radikalen Rechten.

In deren Händen verschmolz das Bild des freien, aber verwurzelten Arbeiters mit dem des arisch-teutonischen Kriegers des neogobinianischen Mythos. Der *Untergang des Abendlandes* fand in einem anderen Münchner, Dietrich Eckart, einen empfänglichen Leser. Im Januar 1919 hatten Eckart und andere Mitglieder der Thule-Gesellschaft, obwohl sie im Hintergrund blieben, die Gründung einer neuen rechten Partei betrieben, der Deutschen Arbeiterpartei (DAP). Dadurch war das Emblem der Thule-Gesellschaft, die den arischen Vitalismus verkörpernde Swastika, zu einem offen politischen Symbol geworden. Als Alfred Rosenberg im Mai in die DAP eintrat, brachte er seinen Freund Adolf Hitler mit, der bald zum dominierenden Sprecher der Partei wurde. Rosenberg war außerdem ein Anhänger Spenglers, und sowohl er als auch Eckart überzeugten Hitler von der Bedeutung Spenglers als einem der »wahren« deutschen Denker wie Gobineau und Houston Chamberlain. 1920 fügte Hitler dem Namen der Deutschen Arbeiterpartei das Attribut nationalsozialistisch hinzu, das die beiden Hauptthemen der konservativen Revolutionäre in sich vereinigte: den völkischen Nationalismus und Spenglers preußischen Sozialismus.

Im Mai 1922, während eines Putschversuchs und politischer Unruhen in Deutschland, erschien der zweite Band des *Untergangs des Abendlandes,* der politisch noch direkter ausfiel als der erste. Das Angriffsziel, der Liberalismus, wird als überholte, bankrotte Ideologie einer sterbenden Zivilisation und ihres gefährdeten Repräsentanten, des kommerziell eingestellten Bürgertums, gebrandmarkt. Die bürgerliche Demokratie arbeite »mit schamlosem Lob der Anwesenden, wahnwitzigen Lügen über den Gegner, ... mit Spielen und Geschenken, mit Drohungen und Schlägen, vor allem aber mit Geld«. Wahlen sänken zu einer Komödie herab, denn das Geld »organisiert den Vorgang im Interesse derer, die es besitzen, und die Wahlhandlung wird ein verabredetes Spiel, das als Selbstbestimmung des Volkes inszeniert ist«. Bot der erste Band eine Geschichte von Völkern und Nationen, so geht es im zweiten um eine Zukunft, in welcher der »Kampf nicht von Grundsätzen, sondern von Menschen, nicht von Idealen, sondern von Rassezügen um die ausübende Macht ... das erste und letzte« ist. Napoleon, Cäsar, Alexander gelten Spengler nicht nur als Könige oder Befehlshaber von Armeen, sondern als Schöpfer von Völkern. Deren Souveränität »ist nichts als ein Wort dafür, daß die herrschende Gewalt den Titel Volksverführer statt König angenommen hat«, und aus der umgekehrten Perspektive: »*Politische Begabung einer Menge ist nichts als Vertrauen auf die Führung.*« Nicht Verfassungen, sondern Diktatoren gäben im neuen Zeitalter politisch den Ton an. Die Macht des modernen Staats gehe in die Hände von »Abenteurern über, mögen sie Cäsaren, abtrünnige Heerführer oder Barbarenkönige heißen«, für die Volk und Nation »zuletzt nichts als ein Bestandteil der Landschaft« seien. In Leo Trotzki sah Spengler bereits eine solche Gestalt. »Für die germanische Welt werden die Geister Alarichs und Theoderichs wieder erwachen« und die »Diktatur des Geldes und ihrer politischen Waffe, der Demokratie«, zerbrechen: »Das Schwert siegt über das Geld.«[71]

Die Fortsetzung des *Untergangs des Abendlandes* rief gemischte Reaktionen hervor. Der Historiker Eduard Meyer meldete Zweifel an Spenglers Methode und Belegen an, stimmte aber mit den wichtigsten Schlußfolgerungen des Buchs überein. Mehr noch, er sehe »vielleicht trüber in die Zukunft unseres Volkes als er«.[72] Andere Bewunderer, die wie Thomas Mann erstmals Spenglers autoritäre politische Ausrichtung erkannten, fühlten sich abgestoßen. Mann nannte ihn jetzt Nietzsches »klugen Affen«.[73] Ihm war offenbar klar geworden, daß Spengler mit dem *Untergang des Abendlandes* die Absicht verfolgte, sich als Nachfolger Nietzsches, das heißt als Verkünder des Nihilismus, zu stilisieren. Die Geschichte selbst wurde Spengler zum »mächtigen Hammer«, mit dem er, wie Nietzsche gesagt hätte, »für eine neue Ordnung des Lebens Bahn ... machen«

konnte. In dieser Hinsicht hatte sein Buch, zumindest seiner eigenen Beobachtung nach, »denjenigen Eindruck gemacht, den ich erhoffte«.[74]

Der nationale Sozialismus, dessen Entstehen er erwartete, reichte weit über ein politisches Bündnis zwischen Kriegsveteranen und Arbeitern hinaus. »Jeder echte Deutsche ist Arbeiter«, heißt es in *Preußentum und Sozialismus*. »Das gehört zum Stil seines Lebens.« Dies umschloß Offiziere ebenso wie Handwerker, Industrielle und sogar Beamte und Selbständige, die aus ihrem kleinen, stereotypen bürgerlichen Dasein heraustreten und zu unabkömmlichen Managern der Maschinerie von Staat und Industrie werden sollten.[75] In dieser Vision der zukünftigen sozialistischen Nation führte eine disziplinierte technokratische Elite Deutschland heraus aus seiner feudal-agrarischen Enge. Angesichts der überwältigenden Autorität der historischen Unausweichlichkeit, mit der Spengler sein Geschichtsbild ausgestattet hatte, erschien Widerstand sinnlos, denn die von ihm prophezeite Zukunft war schicksalhaft vorherbestimmt. Dies um so mehr, als in seiner Elite der unerbittliche Rhythmus von Nietzsches Willen zur Macht hämmerte. Er war davon überzeugt, daß die vollständige Umstellung der Gesellschaft auf preußisch-sozialistische Prinzipien eine wahrhafte Umwertung aller Werte mit sich brächte, in der alles, Mensch, Maschine und Staat, in eine einzige *Totalität* übergehen würde. »Wir brauchen keine Ideologen mehr«, verkündete er. »Wir brauchen Härte, wir brauchen tapfere Skepsis, wir brauchen eine Klasse von sozialistischen Herrennaturen.« Denn »der Sozialismus bedeutet Macht, Macht und immer wieder Macht«.[76]

Spengler versuchte, sozialistische Gleichheitsidee und völkischen Nationalismus zu versöhnen. »Linke« NSDAP-Mitglieder wie Gregor Strasser und Joseph Goebbels beeindruckte dies nachhaltig. Im Sommer 1925 schrieb Strasser zwei Briefe an Spengler, in denen er auf die Ähnlichkeiten zwischen dessen

Ideen und denen der Nazis hinwies. Auch die Nazis, erklärte er, wollten »eine deutsche Revolution durch einen deutschen Sozialismus« und fügte dann trotz des Fehlschlags des Münchner Putschs von 1923 und der Verurteilung Hitlers hinzu: »... die große politische Idee des nationalen Sozialismus ist nicht nur nicht gescheitert, sondern sie beginnt erst«.[77] Spengler hatte da seine Zweifel. Wie Moeller van den Bruck und andere radikale Nationalisten hielt er anfangs nicht viel von Hitler und seiner Partei. »Der Pfadfinder«, höhnte er öffentlich, »muß ein Held sein, kein Heldentenor.«[78] Seine Hoffnungen lagen auf verschiedenen Generalen und auf Franz Seldte, dem Vorsitzenden des Stahlhelms, der Vereinigung der Teilnehmer des Ersten Weltkriegs. Hitler schien schwach und unentschieden zu sein. Die Nazis, klagte Spengler, könnten sich nicht entscheiden, ob sie Linke oder Rechte sein wollten.[79]

Auch in der Rassenfrage vertrat er andere Ansichten als die Nazis. Er sprach zwar häufig von Herrenrasse und Blut, aber letztlich war die Rassenidee bei ihm dem Kulturideal untergeordnet. Darin ähnelte er einem anderen Zögling der deutschen Universitäten: W. E. B. Du Bois. Beide betrachteten die Rasse als organische Zugehörigkeit zur geistigen Realität des Volks – zu seiner Seele. Sie war daher mehr eine geistige als eine biologische Angelegenheit. Anderen war diese akademische Unterscheidung allerdings zu fein. Hitler, Rosenberg und die anderen Naziführer hingen einem gegen die Juden gerichteten neogobinianischen Rassenpessimismus an. Ihre Betonung der rassischen Reinheit und der arischen Abstammung stand in scharfem Gegensatz zu der Haltung zum Beispiel von Spenglers Freund Seldte, der in einer Rede erklärt hatte: »Wir pfeifen auf Rang und Stand. ... Wir pfeifen auf alles, allein auf den Mann sehen wir. Nur der Charakter soll Geltung haben.«[80]

In Spenglers Abneigung gegen Hitler, den aus kleinen Verhältnissen kommenden Bohemien, schwang auch ein gewisses Maß an Snobismus mit. Hitlers Entgegnung ließ an Direktheit nichts zu wünschen übrig: »Sie halten mich für ungebildet, für einen Barbaren«, sagte er zu einem Anhänger. »Ja! Wir sind Barbaren. Wir *wollen* es sein. Es ist ein Ehrentitel.«[81] Doch was Spengler wohl vor allem an Hitler störte, war die nationalsozialistische Vorstellung der Erneuerung auf dem Wege einer Massenbewegung, die seinem von Nietzsche übernommenen Sinn für historischen Relativismus widersprach. Als intensiver Leser von *Zur Genealogie der Moral* und *Also sprach Zarathustra* konnte er der Möglichkeit, daß die politisch begeisterte Masse den Spruch des Schicksals abändern könnte, nur skeptisch gegenüberstehen. 1924 hielt er an der Universität Würzburg einen Vortrag über »Politische Pflichten der deutschen Jugend«, in dem er warnend darauf hinwies, daß nationale Politik »in Deutschland seit dem Kriege als eine Art Rausch« verstanden worden sei. Das ernsthafte Nachdenken über die deutsche Zukunft sei durch Musik und Umzüge ersetzt worden, wobei ohne Zweifel die Gefühle befriedigt würden, »aber Politik ist etwas anderes«. Große Politik erschöpfe sich nicht im Organisieren und Agitieren: »Trommler sind ... keine Feldherren.«[82]

Als die Wirtschaftskrise über Deutschland hereingebrochen war und bis 1932 ein Drittel der Werktätigen arbeitslos waren, wechselten Spengler und andere Zweifler angesichts der sich immer deutlicher abzeichnenden Alternative zwischen Kommunisten und Nationalsozialisten ins Lager der letzteren über. Ein Jahr zuvor hatte der Journalist Ferdinand Fried, ein Mitarbeiter der konservativen Kulturzeitschrift *Die Tat*, ein erfolgreiches Buch über das *Ende des Kapitalismus* veröffentlicht, in dem er in Spenglerschem Tonfall referierte, das kapitalistische System habe sich erschöpft und werde von der Gesellschaft durch deren Agenten, den Staat, wieder aufgesogen werden müssen. Laut Werner Sombart war man sich allgemein darüber einig, daß Europa im 19. Jahrhundert eine Periode des Niedergangs durchgemacht habe – eine Ansicht, die zuerst von Burckhardt und Nietzsche vertreten worden sei. »Nur wer an die Macht des

Teufels glaubt«, schloß Sombart düster, »kann verstehen, was sich in den letzten anderthalb Jahrhunderten in Westeuropa und Amerika zugetragen hat.«[83] Für viele war Hitler die einzige Hoffnung. Dieser selbst ließ keine Zweifel daran aufkommen, daß er willens war, das Werk der Zerstörung in Gang zu setzen, um die »schleichende Krankheit« des Zeitalters zu stoppen: »Allein auch dabei kann es sich nicht um halbe Maßnahmen handeln, sondern auch hier wird man zu den schwersten und einschneidendsten Entschlüssen kommen müssen.«[84]

Bei den Wahlen von 1932 überwand sich Spengler, Hitler zu wählen und die Hakenkreuzfahne aus dem Fenster zu hängen. Er hielt Hitler zwar immer noch für einen »Dummkopf«, aber »die Bewegung muß man unterstützen«.[85] Ein Jahr später, nach Hitlers Machtübernahme, schrieb der begeisterte Nazianhänger Hans Freyer, Chef des Instituts für historische Forschung an der Leipziger Universität, Spengler einen Brief, in dem er ihm den Lehrstuhl für Kultur- und Universalgeschichte anbot. Spenglers größter Traum, eine Universitätsprofessur, war zum Greifen nah. Doch er mußte ablehnen, um die Abgeschiedenheit zu bewahren, die er zum Arbeiten brauche, wie er dem Volksbildungsminister von Sachsen, Wilhelm Hartnacke, mitteilte, aber auch, wie man vermuten darf, um seine Unabhängigkeit vor der sich rasch gleichschaltenden intellektuellen Welt zu bewahren.[86] Die Nazis waren entschlossen, die renommierten deutschen Universitäten unter ihre Kontrolle zu bringen, wobei ihnen inneruniversitäre Bestrebungen entgegenkamen. Erste Erfolge hatten die Nazis unter den Studenten verbuchen können, die schon vor 1933 den Nationalsozialistischen Deutschen Studentenbund gegründet hatten.

Doch auch unter den Professoren hielt sich die Sorge in Grenzen, zumindest am Anfang. Der Philosoph, Psychologe und Pädagoge Eduard Spranger hielt die »Bewegung der nationalen Studenten noch im Kern für echt, nur in der Form für undiszipliniert«.[87] Obwohl die neue Regierung den nationalsozialistischen Studenten das von ihnen geforderte Recht verwehrte, Professoren einzustellen und zu entlassen, hing deren Anstellung von der Ideologietreue ab. Über siebenhundert Wissenschaftler wurden als Pazifisten und Linke entlassen, und Disziplinen, die den Nazis praxisfern oder unpolitisch zu sein schienen, erhielten keine Mittel und kein Personal mehr. Der berühmte Philosoph und neue Direktor der Freiburger Universität Martin Heidegger war an der Vertreibung jüdischer Professoren und Dozenten von den Universitäten beteiligt. Der Staatsrechtler Carl Schmitt verteidigte die neuen Diskriminierungsgesetze gegen das Judentum, den »Todfeind jeder echten Produktivität bei jedem anderen Volk«. Sombart und Freyer repräsentierten auf internationalen Tagungen eine politisch korrekte Nazisoziologie.[88] Und Anthropologen und Biologen wie Eugen Fischer und Alfred Ploetz arbeiteten gleichfalls mit den neuen Herren zusammen.

Allerdings hatten diese Männer ihre Positionen zu schützen. Spengler konnte sich seine Unabhängigkeit leisten. Wegen seines »Pessimismus« – gemeint war in Wirklichkeit sein Unwillen, sich offen hinter das Naziregime zu stellen – geriet er jedoch zunehmend unter Beschuß, und im Sommer 1933 stimmte er unter dem Druck von Freunden und politischen Verbündeten einem Treffen mit Hitler zu, das passenderweise in Bayreuth stattfand. Es war ein merkwürdiger Augenblick, als der zum antisemitischen Demagogen gewordene Kriegsveteran und der zum politischen Vordenker avancierte Universitätsgelehrte auf dem Hügel zusammenkamen, den Wagner und Nietzsche rund sechzig Jahre zuvor bei der Grundsteinlegung des Festspielhauses hinaufgefahren waren. Sie standen am Zusammenfluß zweier breiter Ströme der kulturellen Landschaft Deutschlands, desjenigen, der von Gobineau, Wagner und Chamberlain herkam, und des anderen, der bei Nietzsche und seinen radikalnationalistischen Anhängern seinen Ausgang genommen hatte. Spengler und Hitler waren beide auf ihre Weise Propheten des Kulturpessimismus, und beide sahen erwartungsvoll der Götterdämmerung der alten europäischen Ordnung entgegen, dem Untergang der Götter des liberalen Westens, aus dem ein neues Zeitalter hervorgehen würde. Ihr Treffen verlief jedoch enttäuschend. Sie sprachen über die Politik gegenüber Frankreich und über die katholische Kirche. Hitler versuchte seinem Gegenüber zu schmeicheln, indem er von der Notwendigkeit sprach, Nichtparteimitglieder in die nationalsozialistische Bewegung einzubeziehen. Aber Spengler muß klargewesen sein, daß der »Führer« seine eigenen Pläne hatte, in die er und seinesgleichen nicht hineinpaßten.

Im Frühjahr 1933 war der erste und einzige Teil einer von düsterem Pessimismus erfüllten Schrift mit dem Titel *Jahre der Entscheidung* erschienen. Der Text war zum großen Teil schon vor Hitlers Machtergreifung entstanden, aber Spengler beschloß, nichts daran zu ändern, und schickte Hitler ein Exemplar. Wiederum beschrieb er Deutschland, vor allem aufgrund seiner Lage zwischen dem von Revolutionen (in Rußland und China) erschütterten Asien und dem im wirtschaftlichen Niedergang begriffenen Westeuropa, als »das *entscheidende* Land der Welt«. Zwischen dem Klassenkampf im Westen und den neuen farbigen Nationen und Reichen im Osten werde die Welt aufgerieben. Die Deutschen jedoch seien »noch jung genug ..., um die weltgeschichtlichen Probleme *in sich* zu erleben« und zu lösen. Aber der einfache Wunsch zu kämpfen reiche nicht aus. Den »ewigen Jünglingen« – den Nazis – fehle die Reife und Gedankentiefe, um die Krise des Westens überwinden zu können. Sie hätten die wahren, bewährten preußischen Traditionen von Militärorganisation und Aristokratie aufgegeben und strebten eine gefährliche, noch unerprobte Art des Sozialismus an: »Was ich schon in ›Preußentum und Sozialismus‹ beschrieben habe, und was beinahe immer mißverstanden worden ist, war der Sozialismus *als ethische Haltung*, nicht als materialistisches Wirtschaftsprinzip.«[89]

Die *Jahre der Entscheidung* waren keine Aufforderung zum Sturz Hitlers, sondern ein Ruf zu den Waffen nach dem Motto »Jetzt oder nie«, um im kommenden globalen Kampf zu bestehen, der die Niedergangsliteratur im Zeitalter der Massenpublikationen beherrschen und schließlich ganz real werden sollte. Im Dritten Reich indes galt alles außer rückhaltloser Zustimmung als Kritik. Zwar gelang es dem Verlag noch, die erste Auflage des Buchs auszuliefern, aber es wurde umgehend verboten und aus den Regalen der Buchhandlungen entfernt. Spengler wurde zunehmend zum Gegenstand von Presseangriffen, was sein Isolationsgefühl weiter verstärkte. Nach dem Verbot schrieb einer seiner Freunde an einen anderen: »Hier wird er nachgerade zur mythischen Figur gemacht: leidend, wochenlang sein einsames Zimmer nicht verlassend, mehr und mehr unfähig, Menschen und Menschliches zu ertragen.«[90]

Nachdem die Universitäten gleichgeschaltet waren, erließen die Nazis als nächstes im Februar 1934 gegen den Widerspruch vieler Generale arische Rassenvorschriften für das Militär. Vier Monate später wurden in der sogenannten Nacht der langen Messer die Spitze von Ernst Röhms SA und viele andere Mißliebige umgebracht, darunter führende Konservative und Generale sowie der einzige Nazi, den Spengler respektiert hatte: Gregor Strasser. Im Oktober 1935 gab Spengler seine Ehrenstelle beim Nietzsche-Archiv auf. Einen Monat darauf verstarb, neunundachtzigjährig, Elisabeth Förster-Nietzsche, die Hitler unterstützt hatte, seit sein Name in den Schlagzeilen aufgetaucht war. Bei seinem Machtantritt im Januar 1933 war sie »trunken vor Begeisterung« gewesen, wie sie einem Freund anvertraute. Sie verwandelte das Nietzsche-Archiv in einen Nazitempel, an dessen Zeremonien und Empfängen Hitler und andere Nazigrößen teilnahmen – nicht aber Spengler. Nach seinem Rückzug aus dem Nietzsche-Archiv schrieb sie ihm einen Brief, in dem sie ihr Erstaunen über seinen Schritt ausdrückte und seine mangelnde Unterstützung für Hitler kritisierte. Besaß der »große Führer« nicht dieselben Ideale, und strebte er nicht dieselben Ziele an, die Spengler in seinem *Preußentum und Sozialismus* ausgesprochen hatte? Spengler antwortete nicht darauf.

Beim Begräbnis Elisabeth Förster-Nietzsches war Hitler ebenso unter den Trauergästen wie acht Jahre vorher bei dem von Houston Chamberlain. Im folgenden Mai erlitt Spengler einen Herzschlag und starb in seiner Wohnung. Er war sechsundfünfzig Jahre alt geworden, und sein Ableben blieb in der Öffentlichkeit nahezu unbemerkt. Einer der wenigen, die Notiz davon nahmen, war Thomas Mann, der im Züricher Exil in sein Tagebuch schrieb, Spengler sei ihm gerade deshalb so widerwärtig gewesen, weil er »eine gewisse Verwandtschaft der Herkunft und der geistigen Neigungen« mit ihm empfunden habe: »Auch er hatte von Nietzsche hauptsächlich den Sinn für ›Verfall‹ übernommen – sein Interesse gilt tatsächlich vor allem dem Verfall seiner Kultur-Pflanzen«, doch seine »falsche Mißachtung der menschlichen Freiheit« habe ihn, Mann, abgestoßen. Der Tagebucheintrag endet mit den Worten: »Er ist früh gestorben, in Gram und Leid, wie ich glaube. Aber er hat gräßlich vorgearbeitet und stieß früh in das Horn, das heute tönt.«[91]

WILLKOMMENE NIEDERLAGE
Arnold Toynbee

Einer der ersten, der ein Exemplar des *Untergangs des Abendlandes* erwarb, als es in den Londoner Buchhandlungen auslag, war ein junger Historiker von der Londoner Universität namens Arnold Toynbee. Er fand das Buch so erfrischend wie erschreckend. Aus jeder Seite steige »gleichsam ein Feuerwerk überraschender geschichtlicher Einsichten in Fülle« auf, gerade über das Thema, das Toynbee selbst zu bearbeiten gedachte: den Aufstieg und Fall von Zivilisationen. Zunächst, so erinnerte er sich später, »hatte ich ... den Eindruck, daß Spengler meine ganze Untersuchung bereits vorweggenommen hatte, bevor noch die Fragen, geschweige denn die Antworten in meinem Inneren feste Gestalt gewonnen hatten«.[1] Doch dann wirkte Spenglers Werk eher als Anreiz zu eigener Arbeit. Noch im selben Sommer entwarf Toynbee das Grundgerüst des *Gangs der Weltgeschichte*, einer Gesamtdarstellung der Geschichte der Menschheit von Hammurabi bis Hitler in zwölf voluminösen Bänden (später kam eine leserfreundlich auf zwei Bände gekürzte Ausgabe heraus), die ähnliche Bekanntheit erlangen sollte wie Spenglers *Untergang des Abendlandes*.

Toynbee kam aus einer völlig anderen intellektuellen Tradition als Spengler, und zwar aus einer, die dieser verachtete: der des englischen Liberalismus des späten 19. Jahrhunderts. Das hinderte Toynbee jedoch nicht, viele Annahmen und Vorlieben seines deutschen Kollegen zu teilen. Wie dieser betrachtete er das britische Empire als Symbol des modernen Westens, und wie der *Untergang des Abendlandes* war der *Gang der Weltgeschichte* von der Überzeugung geprägt, die britische Rolle in dieser Geschichte sei zu Ende. Bei einem Besuch auf Kreta im Jahr 1912 war Toynbee auf einen prächtigen Barockpalast gestoßen, der von einem venezianischen Kaufmann gebaut worden war, kurz bevor die Türken die Insel eroberten. Beim Blick auf die Ruine traf ihn plötzlich ein Gedanke: »Wenn das venetianische Imperium untergegangen war, konnte das britische Empire nicht unsterblich sein.« Diese melancholische Einsicht in die Vergeblichkeit der menschlichen Hoffnungen und Erwartungen, einschließlich seiner eigenen, im Angesicht der Mächte von Zeit und Geschichte sollte einen Grundton seines gesamten Lebens bilden.

Toynbee gehörte der Generation desillusionierter Intellektueller an, die zwischen dem Ersten und Zweiten Weltkrieg die Szene in England beherrschte. Für diese Denker verkörperte das britische Empire die diskreditierten Werte des in ihren Augen selbstgefälligen und heuchlerischen Viktorianischen Zeitalters, weshalb sie seinen Untergang herbeisehnten. Dabei standen sie stärker in der viktorianischen Tradition, als sie zugeben wollten. Der liberale Optimismus der frühen Viktorianer war schon lange vor Toynbees Geburt verflogen, zum Teil wegen der Degenerationsfurcht, die ernste Zweifel an der Zukunft der zivilisierten Gesellschaft hervorgerufen hatte. Den Rest hatte das traumatische Erlebnis des Ersten Weltkriegs besorgt. Das Bild, das die britischen Intellektuellen der Zwischenkriegszeit vom modernen Westen hatten, entsprach dem Titel von T. S. Eliots berühmtem Gedicht *Das Wüste Land.*

Manche sahen im Marxismus das Instrument für die Schaffung einer neuen Welt, andere, wie der Schriftsteller und Maler Wyndham Lewis und der Romancier D. H. Lawrence, wandten sich einem an Faschismus grenzenden irrationalen Vitalismus zu. Toynbee und viele andere entschieden sich für eine dritte, im Neuen Liberalismus der späten Viktorianer und dessen postliberalen Annahmen wurzelnde Alternative. Statt den Westen zu zerstören, wollten sie ihn als Gemeinschaft mit gleichen moralischen oder, wie die Aufklärung gesagt hätte, »geselligen« Werten erneuern. Diese neue westliche Gesellschaft würde sich durch Toleranz, Mitleid, Humanität und vernünftige Kompromisse definieren. Ihre Tugenden würden eher geistiger als materieller Natur sein. Das britische Empire und in der Folge auch Kontinentaleuropa und der Westen insgesamt würden ihren politischen Niedergang akzeptieren, während bevölkerungsreiche nichtwestliche Nationen die Arena betreten würden. Auf diese Weise würde der freundlichere reformierte Westen letzten Endes ein neues, von Frieden und Harmonie beherrschtes Weltreich schaffen, in dem seine humanen, zivilisierten Werte einer Weltregierung und der Einigkeit aller Völker als Grundlage dienen könnten. Diese pazifistische Vision erwies sich nicht nur in England als immens einflußreich. Bis heute liegt sie den geopolitischen Vorstellungen moderner Liberaler zugrunde.

Eine intellektuelle Kluft hatte sich aufgetan. Jeder teilte zwar die Meinung, die westliche Zivilisation stecke in der Krise, doch während Kulturpessimisten wie Spengler den Westen mit Hilfe von Vitalismus und Militarismus regenerieren wollten, hofften Toynbee und andere Liberale der zwanziger und dreißiger Jahre auf das genaue Gegenteil. Zwang und Gewalt abzulehnen wurde für die Erben des liberalen Humanismus zu einem moralischen Imperativ, so wie auf der anderen Seite die Verherrlichung von Zwang und Gewalt selbstverständlich geworden war. Was Intellektuelle wie Toynbee und Virginia Woolf als Ausdruck zivilisierter Mäßigung ansahen, erschien auf der Gegenseite als neuerlicher Beweis für die Dekadenz und Feigheit des Westens. Vom Völkerbund bis zu den gegen die Raketenstationierung in Europa gerichteten Protesten der achtziger Jahre ermutigte der angelsächsische Liberalismus stets eher seine Feinde, als daß er jene schützte, die zu repräsentieren er vorgab. Toynbees im Verlauf von vierzig Jahren entstandener *Gang der Weltgeschichte* ist ein Denkmal dieses Liberalismus, das sowohl dessen Tugenden und Fehler als auch den ihm zugrundeliegenden tiefen historischen Pessimismus widerspiegelt.

Fortschritt und Niedergang im viktorianischen England

Das Fundament dieser pessimistischen Haltung legte Matthew Arnold 1869 mit seinem Buch *Culture and Anarchy*. Arnold war von der viktorianischen Kultur in ihrer energischsten und selbstsichersten Form geprägt worden. Sein Vater, Thomas Arnold, war Direktor von Rugby gewesen, einer Schule, in der Generationen von Jungen die rechtschaffenen Werte des englischen »christlichen Gentleman« eingeimpft bekamen, wie sie Thomas Hughes in seinem von Rugby erzählenden Roman *Tom Brown's School Days* (1857) feierte. Thomas Arnold hatte miterlebt, wie der neue Mittelstand des industrialisierten England diese traditionellen Werte bereitwillig übernahm. Sein Sohn sah dies etwas anders. Aus seiner Sicht fehlte den Händlern und Ratsherren von Liverpool, Manchester und Birmingham jedes Verständnis für Kultur: Sie »glauben, daß unsere Größe und unser Wohlergehen durch großen Reichtum bewiesen werden« und durch sonst nichts. Kurz, sie seien Philister, Spießbürger.[2]

Arnold befürchtete, ein nach oben mobiler Mittelstand könne die Quellen der Kultur verunreinigen. Sein Kulturbegriff orientierte sich stärker an den aufklärerischen Idealen von Geselligkeit und Bildung als am deutschen Kulturverständnis; Kultur bilde ein Reich von »Liebenswürdigkeit und Licht« mit »endlosem Wachstum von Weisheit und Schönheit« und der »Idee der Vervollkommnung als innerer Bedingung von Geist und Seele«. Die Feinde der Kultur waren jedoch dieselben: die »mechanische und materielle Zivilisation« mit ihrem blinden Glauben an die Technik. In einer industriellen Wohlstandsgesellschaft würde nach Arnolds Ansicht der Sinn für »Unterordnung und Ehrerbietung« gegenüber überlegenen Kulturmenschen verlorengehen. Neue demokratische Kräfte überfluteten das Boot, das der Laissez-faire-Liberalismus von Adam Smith und John Stewart Mill nicht mehr zu steuern vermochte. Wenn die Angehörigen des Mittelstands, warnte Arnold seine Zeitgenossen, nicht nach seelischer Erhebung suchten und fortfuhren, »den Geist des Individualismus zu übertreiben ..., wird es sie zwar nicht hindern, eine Zeitlang die Herrschaft über ihr Land zu erobern, aber sie werden es *amerikanisieren*«. Sie würden England »mit ihrer Energie regieren, aber durch ihre niedrigen Ideen und den Mangel an Kultur werden sie es verschlechtern«.[3] Trotz des bei englischen Romantikern verbreiteten Pessimismus, der bei Einzelgängern wie Thomas Carlyle Widerhall fand, war diese Haltung für liberale Geister in England etwas Neues, und tatsächlich begannen um 1870 die tatkräftigen Zirkel liberaler Intellektueller in London, Oxford und Cambridge auseinanderzufallen. Das Selbstvertrauen wich Furcht und Zweifel.

Außerdem verstarben in dieser Zeit die führenden Sprecher des klassischen englischen Liberalismus, und niemand nahm ihren Platz ein. Mill starb 1873. Vierzehn Jahre zuvor war der Historiker Thomas Macaulay verschieden. Der Politiker und Parlamentsreformer Henry Peter Brougham starb 1868, Charles Kingsley, der unermüdliche Verkünder des liberalen Optimismus und eines »muskulösen Christentums«, 1875. An ihrer Stelle verschafften sich Fortschritts- und Liberalismuskritiker wie John Henry Newman und Benjamin Disraeli Gehör.[4] Der Liberalismus selbst trat in eine neue, objektivere »wissenschaftliche« Phase ein, die von Männern wie Thomas Buckle und dem Nationalökonomen Walter Bagehot repräsentiert wurde. Charles Darwin mit seinem einflußreichen letzten Werk, *Die Abstammung des Menschen*, und Francis Galton hatten dem wissenschaftlichen Liberalismus bereits die Richtung gewiesen: Seine Themen waren die schwächenden Auswirkungen der Zivilisation auf den Menschen und die Furcht vor Degeneration.

Der Aufstieg des Sozialismus trug ebenfalls dazu bei, den alten Liberalismus zu zersplittern, indem er ihm viele Reformer aus der Arbeiterklasse abspenstig machte, die sich einst um das Banner von Fortschritt und Freihandel geschart hatten. Eine Reihe aufeinanderfolgender Gruppen, von den Chartisten mit ihrer Londoner Arbeiterorganisation in der ersten Jahrhunderthälfte über den Gewerkschaftskongreß (Trade Unions Congress, T. U. C.), der erstmals 1868 zusammentrat, bis zur Independent Labour Party (gegründet 1893) und zum Labour-Vertretungskomitee (1900), aus dem 1906 die Labour Party hervorging, hatten die britischen Arbeiter Schritt für Schritt von den liberalen Prinzipien abgebracht und kollektiven Grundsätzen zugeführt. Auch manche Liberale waren diesem Weg gefolgt und hatten 1883/84 die Fabian Society ins Leben gerufen, die Denkfabrik der späteren Labour Party und eine der Hauptstimmen in den intellektuellen Kreisen, in denen Toynbee aufwuchs und sich bewegte.

Als an den führenden Universitäten des Landes der religiöse Glaube schwand, trockneten auch die alten Quellen des Zukunftsoptimismus aus. Der Begriff »agnostisch« tauchte zum ersten Mal im Erscheinungsjahr von *Culture and Anarchy* auf. 1871 ließen sowohl Oxford als auch Cambridge die religiöse Eignungsprüfung fallen, so daß auch ausgewiesene Freidenker und sogar Atheisten Zugang zu akademischen Stellungen erhielten. Dennoch blieb unter den britischen Intellektuellen auch nach dem Verlust des Vertrauens in einen wohlmeinenden Gott die Überzeugung lebendig, die menschliche Existenz sei von grundlegender Sinnhaftigkeit. Von den traditionellen Auswegen abgeschnitten, suchte sich das calvinistische Gewissen neue Felder, auf denen es seine moralischen Ängste ausleben konnte.

Eines dieser Felder war die »Entdeckung« der modernen,

durch die Industrie geschaffenen Armut, welche die Hauptidee des englischen Liberalismus in Mißkredit brachte, die Annahme nämlich, der Fortschritt setze überall in der Gesellschaft die Kräfte des Wirtschaftswachstums und der Produktivität frei. Armut hatte es natürlich vorher schon gegeben, aber sie war auf ländliche Gebiete beschränkt gewesen und daher weitgehend unbemerkt geblieben. Doch jetzt entstanden in Industriestädten wie London, Liverpool und Manchester Elendsviertel, deren Anblick bei Besuchern aus der Mittelschicht, etwa dem jungen Friedrich Engels, Entsetzen und Ekel hervorrief. Mit diesen schockierenden Bildern vor Augen schlossen die Mittelstandsliberalen, die Armut *müsse* das Resultat der plötzlichen, alles in ihren Strudel ziehenden Umwandlung Englands von einer agrarischen in eine Industriegesellschaft sein. Tatsächlich wurde der Begriff der »Industriellen Revolution« von einem dieser Kritiker geprägt, um ihre verheerenden Folgen dramatisch ins Blickfeld zu rücken. Dieser Kritiker war Arnold Toynbee senior, Toynbees Onkel.

Als Tutor am Balliol College hatte der ältere Toynbee praktisch das Fach der britischen Wirtschaftsgeschichte erfunden. Wie die deutschen Kathedersozialisten glaubte er, das moderne Vertrauen in den Kapitalismus des freien Markts wirke der weiteren menschlichen Entwicklung entgegen. Jedenfalls habe er in kurzer Zeit bereits erheblichen Schaden angerichtet. Die Industrielle Revolution, führte Toynbee senior aus, sei »eine Periode, die katastrophaler und schrecklicher ist als jede andere, die eine Nation jemals durchlaufen hat«.[5] Das von ihm gezeichnete Bild der Industriellen Revolution als systematischer Ausbeutung von Männern, Frauen und Kindern zum Nutzen eines fabrikbesitzenden Bürgertums erlangte klassischen Status und ging in den Kanon des neuen pessimistischen Liberalismus ein.

In den siebziger und achtziger Jahren des 19. Jahrhunderts fürchteten die englischen Intellektuellen, die Industriegesellschaft würde das Land in zwei Nationen spalten: in Reiche und

Arme. Gleichzeitig vergrößerte die Schlußfolgerung, das industrielle Wachstum trage die Schuld an der Verelendung der Arbeiterklasse, die Degenerationsfurcht. Der Maler und Schriftsteller John Ruskin, Verfasser des einflußreichen Anti-Laissez-faire-Traktats *Unto This Last*, erklärte, der Industriekapitalismus mache die Menschen »krank, arm und todesanfällig«.[6] Aber nicht nur Sozialisten wie Ruskin und William Morris oder Konservative wie Disraeli, der als erster von den »zwei Nationen« sprach, wurden von Zukunftsängsten geplagt. Sie erschütterten die viktorianische Gesellschaft in ihren Grundfesten, einschließlich ihres Hofpoeten Alfred Tennyson, der 1842 in dem Gedicht »Locksley Hall« geschrieben hatte: »Vorwärts, vorwärts laßt uns gehen / Laßt die große Welt auf immer sich drehen in den klingenden Rinnen des Wandels.« Vierzig Jahre später kam er auf dieses Thema zurück, jedoch in völlig anderer Stimmung: »Vorwärts, vorwärts, ja, und rückwärts, / abwärts auch in den Abgrund!«

Im selben Jahr schrieb Toynbee senior in *The Industrial Revolution:* »Die Zeiten sind unruhig, alte politische Bekenntnisse erschüttert.«[7] In den achtziger Jahren begann das britische Parlament das klassische Prinzip des Laissez-faire mit einer Reihe von Wirtschaftsgesetzen zu beschneiden. Von Hegel angeregt, drängten die sogenannten britischen Idealisten – Toynbee, Thomas Hill Green, Richard B. Haldane und Bernard Bosanquet – darauf, die Macht des modernen Staates einzusetzen, um eine Wirtschaft zu schaffen, die sowohl »sozial« als auch »politisch« sein sollte. Wie amerikanische Progressive und deutsche Kathedersozialisten glaubten sie, die Zeit des freien Marktes sei vorüber. Der Liberalismus, so verkündeten sie, müsse für Britannien eine neue Zukunft aufbauen, die sich auf höhere moralische Werte stütze als den selbstbezogenen Individualismus und die Unantastbarkeit des Privateigentums. Ganz in der klassischen Bildung der höheren englischen Schulen befangen, sahen sie ihr Vorbild im Perikleischen Athen.

Die Athener hätten Selbstregierung mit großen Leistungen in bildender Kunst, Literatur und Theater verbunden und es geschafft, geschäftstüchtig zu sein, ohne zu Philistern zu werden. Vor allem aber hätten sie die Tugenden der Zivilisation gepflegt und ein starkes Gefühl für Einigkeit und Tradition bewahrt, was den modernen Gesellschaften nicht gelinge. Green und seine Schüler glaubten, England könne zu einer solchen aufgeklärten Gemeinschaft werden, wenn reich und arm durch den von Hegel beschworenen bürokratischen Staat – den späteren »Wohlfahrtsstaat« – vereint würden.

Das klassische ökonomische Modell des autonomen Individuums, dessen persönliche Rechte vor äußeren Eingriffen geschützt werden müßten und dessen Eigeninteresse als treibende Kraft der Zivilisation wirke, lehnten die britischen Idealisten ab. »Individuelle Freiheit«, bemerkte Green, »ist nur als Mittel zum Zweck wertvoll.« Statt dessen plädierte er für ein moralisches Modell, in dem die Menschen Zwecke wählen, die sie mit anderen teilen und die anderen ebenso nutzen wie ihnen selbst – wobei man stillschweigend voraussetzte, eine solche Handlungsweise sei von einem Geschäftsmann oder Industriellen nicht zu erwarten.[8] Der gute Staatsbürger, ein zentraler Begriff für Green und spätere Neue Liberale, der Platons *Politeia* und das Perikleische Athen evoziere, beteiligt sich aktiv an der Hilfestellung, welche die Gemeinschaft den weniger begünstigten Mitgliedern der Gesellschaft zuteil werden ließ. Mit den Worten eines Schülers von Green: »Die Macht des guten Staates stärkt den Staatsbürger, und die Macht des guten Staatsbürgers stärkt den Staat.«[9]

Allerdings ließen die Athener Bürger diese Hilfe sich selbst zukommen. In modernen Zeiten übernahm der Staat die moralische Verpflichtung des einzelnen, zur Wohlfahrt aller beizutragen, und weitete das Hilfsangebot auf die gesamte Gesellschaft aus. »Das Wesen der Gesellschaft ist die Moral«, schrieb Henry Jones. »Nur auf moralischer Grundlage sind wir in der

Lage, die Natur und ihre Grenzen zu bestimmen.«[10] Ein anderer führender Idealist forderte seine Leser auf, sich vorzustellen, »alle Menschen würden füreinander ständig und universell das fühlen, was sie jetzt gelegentlich für jene empfinden, die sie lieben«. Das Ergebnis wäre eine Gemeinschaft, »in der es keine Individuen geben wird«, sondern ein »universelles Wesen in- und füreinander ... ein gemeinsames Bewußtsein« – kurz, ein modernes Universalreich, das nicht auf Eroberung und Wettkampf, sondern auf Liebe und Kameradschaft aufgebaut ist.[11]

Greens hingebungsvollster Schüler war Arnold Toynbee senior, dessen historische Forschungen nicht nur von moralischem Kreuzzugsgeist befeuert wurden, sondern auch von einer starken Dosis dessen, was man liberales Schuldgefühl nennen könnte. 1883 gestand er vor einem Arbeiterpublikum in London zerknirscht ein: »Wir, die Mittelschicht – ich meine, nicht nur die Reichen –, haben Sie vernachlässigt ..., aber ich denke, wir sind dabei, uns zu verändern. Wenn Sie uns nur glauben und vertrauen wollen, dann würden, denke ich, viele von uns ihr Leben dem Dienst für Sie widmen. ... Sie müssen uns vergeben, denn wir haben Ihnen Unrecht getan. Wir haben schwer gegen Sie gesündigt.«[12] Auf dem Heimweg erlitt Toynbee einen Nervenzusammenbruch, und keine zwei Monate später war er tot.

Dieser spektakuläre Tod machte die britischen Idealisten berühmt. Herbert Spencer unternahm 1884 mit seinem Buch *The Man versus the State* einen letzten Versuch zur Rettung der alten individualistischen Ideale, doch da beherrschten die statistischen Annahmen des Neuen Liberalismus bereits die Szene. Dieser war nicht nur eine politische Haltung, sondern ein »neuer Glaube«, wie das *Oxford Magazine* schrieb, »mit Professor Green als Gründer und Arnold Toynbee als Märtyrer«. Sein führender Sprecher war Leonard Trelawny Hobhouse, der erste Professor der Soziologie an der Londoner Universität und einer der führenden Mitarbeiter des *Manchester Guardian*, dem Hausorgan des Neuen Liberalismus. Ein anderer Flügel der

Neuen Liberalen, die Fabian Society, prophezeite, die Verwaltungen des bürokratischen Wohlfahrtsstaates würden das kapitalistische System ersetzen. Der Sozialismus, so Sidney Webb, einer der Gründer der Gruppe, sei mehr als nur eine ökonomische und politische Lehre: »Er drückt die wahre Erkenntnis der Brüderlichkeit aus« und stehe in scharfem Gegensatz zu dem, was der Wirtschaftshistoriker Richard Henry Tawney die »Erwerbsgesellschaft« genannt hatte, die harte, kalte Welt gieriger Geschäftsleute, die das öffentliche Wohl dem individuellen Profit opferten.[13]

Von Fabianismus und Neuem Liberalismus ermutigt, wagte sich eine wachsende Zahl von Beamten und Sozialarbeitern in Bergwerke und Fabriken und auf die Straßen hinaus. Persönlichkeiten wie Henry Jones und Beatrice Potter, die spätere Frau von Sidney Webb, sprachen sich für die Verstaatlichung der Gas- und Stromerzeuger aus und hielten in der nach dem Märtyrer der Bewegung benannten Toynbee Hall in Manchester Vorträge vor Arbeitern und Arbeiterinnen, vermutlich mit dessen letztem Versprechen an die Arbeiterklasse im Ohr: »Wir arbeiten für Sie in der Hoffnung und dem Vertrauen, daß Sie, wenn sie die materielle Zivilisation bekommen, wenn Ihnen ein besseres Leben ermöglicht wird, wirklich ein besseres Leben führen.« Um die Jahrhundertwende warfen sich die Liberale Partei und die Vorläufer der Labour Party häufig gegenseitig vor, das Programm des jeweils anderen gestohlen zu haben. Später sollten sie sich auch mit dem Lob auf die Sowjetunion gegenseitig übertreffen.[14] Ein Thema allerdings trennte sie von Grund auf: das britische Empire.

1869 war nicht nur *Culture and Anarchy* erschienen, sondern auch der Sues-Kanal eröffnet und eine neue, beispiellose Phase der Ausweitung des britischen Kolonialreichs eingeleitet worden. 1890 sollte es fast ein Viertel der bewohnbaren Landfläche der Erde einnehmen. Der alte Liberalismus hatte dem Imperialismus bestenfalls ambivalent gegenübergestanden; immerhin war das britische Empire größtenteils die Schöpfung von Disraelis Konservativen. Die Haltung der Neuen Liberalen war eindeutiger. Nach Ansicht der Webbs und der sogenannten liberalen Imperialisten brachte das Empire einerseits Arbeitsplätze im Mutterland und andererseits Platz für die Arbeitslosen im Ausland. Welche Folgen es hatte, eine »imperiale Rasse« zu sein, wie Sidney Webb die Briten nannte, bereitete ihnen keine Sorgen. Die Vorstellung des britischen Empire als einer »die Tugend erneuernden Front«, an der die Probleme der Industriegesellschaft gelöst wurden, erhielt von unerwarteter Seite Zustimmung: Der Guru des »Gothic Revival«, John Ruskin, rief 1869 in seiner Einführungsvorlesung als Kunstprofessor in Oxford die Studenten auf, sich die große britische Mission zueigen zu machen, ihre Rasse über den Erdball zu verbreiten. Zumindest einer seiner Zuhörer ließ sich davon beeindrucken: Cecil Rhodes.

Die liberale Begeisterung für das Empire aktualisierte die ältere angelsächsische These, nach der die englischsprachigen Völker die »zivilisatorische Rasse« Europas waren. Mit der Herrschaft über so unterschiedliche Länder wie Indien, Ägypten, Südafrika, Hongkong und Australien hatten die Briten nun nicht nur eine Gelegenheit zum Profitmachen gewonnen, sondern auch die Pflicht auf sich genommen, »zurückgebliebene« Rassen und Völker emporzuheben. James Bryce, Politiker, Schriftsteller und 1907 bis 1913 überaus erfolgreicher Botschafter in Washington, betrachtete das Empire im Licht des Römischen Reichs, in dem ebenfalls verschiedene Religionen und Rassen, Reiche und Arme, Zivilisierte und Wilde unter einem einzigen Souverän vereint waren. »Die Menschheit wird rasch zu einem Volk«, erklärte er, und in der nächsten bedeutenden Phase der Zivilisation würde das britische Empire die Führung übernehmen. Gleichzeitig erkannte Bryce, daß ein solches Empire notwendigerweise instabil sein würde, da sich die westliche Idee des Nationalismus in den unter seiner

Obhut lebenden braunen, gelben und schwarzen Völkern verbreiten würde.[15]

Als 1899 der Burenkrieg ausbrach, sahen sich die Liberalen gezwungen, zwischen der zivilisatorischen und der imperialen Mission Britanniens zu wählen. Die einen unterstützten zusammen mit Konservativen wie Rudyard Kipling die Niederschlagung der weißen Farmer in Südafrika, andere – wie Bryce – stellten sich auf ihre Seite. Ironischerweise wurden dieselben weißen Afrikaner später im Kreuzzug gegen die Apartheid zu den Hauptschurken. Einer der schärfsten Gegner des Krieges war ein Journalist des *Manchester Guardian* namens J. A. Hobson, dessen mit Statistiken und Tabellen vollgestopfte Studie über den Imperialismus 1902 erschien, als der Burenkrieg beendet wurde. Er vertrat die Auffassung, einzig und allein die Habgier sei die Wurzel des britischen Empire. Britische und andere Kapitalisten suchten eine Anlage für ihr überschüssiges Kapital, das sie der chronischen Armut und dem geringen Konsumniveau in der Heimat verdankten. Dies habe zu einer Verschwörung von Finanziers und Industriellen geführt, welche die nationalistischen Gefühle aufgepeitscht hätten, um ein Überseeimperium zu schaffen, in dem ihr Reichtum sicher sein würde, für Hobson ein »Debakel der westlichen Zivilisation«. Seine Studie veränderte das Bild, das progressive Intellektuelle vom Empire hatten. Lenins Schrift *Der Imperialismus als höchstes Stadium des Kapitalismus* fußte auf ihr, und Du Bois wurde von ihr ebenso beeinflußt wie antiimperialistische amerikanische Intellektuelle wie Woodrow Wilson.[16] Imperialismus und Kolonialismus wurden – und blieben – Schimpfworte des progressiven Vokabulars.

Dennoch hatte Hobson umfangreiche Anleihen bei der Degenerationstheorie gemacht. Chauvinismus und Begeisterung für koloniale Abenteuer waren in seinen Augen, ähnlich wie Le Bons »Pöbelgeist«, eine Form von »atavistischer Begierde«. Jede weiße Siedlung unter den »niederen Rassen« trage »den

Stempel des Parasitismus«, warnte er. Bedeutende Träger dieses Parasitismus seien die Juden, die nach Hobsons Überzeugung sowohl die internationalen Finanzen als auch das britische Empire in der Hand hatten. Johannesburg, das Zentrum des südafrikanischen Kapitalismus, sei »im wesentlichen eine jüdische Stadt«, in der »jede Form privater Sünde ungehindert« blühe. Die Juden und ihre imperialistischen Verbündeten seien »ein Fremdkörper aus Besuchern ..., deren Ziel es ist, den Reichtum aus dem Land zu ziehen und sich dann zurückzuziehen, um ihn zu Hause zu genießen«. Aber ihre hektische Suche nach schnellem Profit verdamme sie zum Untergang, schloß Hobson, denn die Gesetze der Natur »verurteilen den Parasiten zu Auszehrung, Verfall und endgültiger Vernichtung«.[17]

Es gab also zu Beginn des 20. Jahrhunderts zwei unterschiedliche liberale Auffassungen des britischen Empire. Die eine, die von Hobson, war eine bittere Abrechnung mit dem Imperialismus als einem bösen, degenerativen System, das von der kapitalistischen Ausbeutung der kolonialisierten Völker und im Innern vom Wachstum der Armut und der Rüstungsindustrie lebte und wie die Erwerbsgesellschaft, die es geschaffen hatte, der Selbstzerstörung preisgegeben war. Die andere Haltung hat der Schriftsteller John Buchan in seinen Memoiren so zusammengefaßt: »Ich träumte von einer weltweiten Brüderschaft vor dem Hintergrund von gemeinsamer Rasse und gemeinsamem Glauben, die sich dem Dienst am Frieden verschrieben hat; von einem Britannien, das den Rest der Welt mit seiner Kultur und seinen Traditionen bereichert; und von einem Geist der Kolonien, der wie ein kräftiger Wind die Steifheit der alten Länder auflockert. ... Unser Glaube beruhte nicht auf dem Gegensatz zu anderen Völkern. Er war humanitär und international; wir glaubten die Fundamente für eine Weltföderation zu legen.«[18]

Toynbees verlorene Generation

Arnold Toynbee junior war nach Geburt und Ausbildung ein Geschöpf des Neuen Liberalismus. Sein College, das Balliol, die alte Wirkungsstätte seines Onkels, in die er 1907 eintrat, war dessen Epizentrum. Der berühmte Direktor des Balliol, Benjamin Jowett, hatte 1874 Thomas Hill Green an sein College geholt. Er sollte mithelfen, eine »Aristokratie des Talents« zu erziehen, welche die postliberale Tagesordnung ausführen würde. Zu den Absolventen des Balliol gehörten nicht nur Intellektuelle wie Bernard Bosanquet und L. T. Hobhouse, sondern auch Politiker wie der Schatzkanzler Herbert Henry Asquith, der 1908 zum Premierminister aufstieg, der Außenminister Edward Grey, der frühere indische Vizekönig Lord Curzon sowie Lord Milner, einer der Architekten der britischen Südafrikapolitik. Nachdem Toynbee 1911 sein Studium mit erstklassigen Noten abgeschlossen hatte, erhielt er ein Jahr später eine Stellung als Tutor in griechischer Geschichte am Balliol und heiratete die Tochter von Gilbert Murray, dem geachtetsten Altertumsgelehrten seiner Zeit. Seine Zukunft schien so sicher zu sein wie die Britanniens.

Es wurde »als selbstverständlich vorausgesetzt, daß die westliche Kultur das Gerüst der kommenden Weltordnung bilden werde. ... Andere Kulturen waren aufgeblüht und versunken, gekommen und gegangen; doch das Abendland zweifelte nicht an der Unverwundbarkeit seiner Kultur ...«[19] Diese Zuversicht wurde 1914 durch den Kriegsausbruch zerstört. In Zahlen ausgedrückt – Großbritannien hatte 702 410 Gefallene zu beklagen –, waren die britischen Kriegsverluste so groß gewesen wie die Italiens. Aber sie hatten in überproportionalem Ausmaß die Eliten getroffen: Ein Drittel der Oxford-Absolventen von 1913 war im Krieg ums Leben gekommen. Aus diesem Schock und dem Verlustgefühl, das der Tod so vieler junger Männer mit verheißungsvoller Zukunft hervorgerufen hatte, entstand der

Mythos der »verlorenen Generation«, der die britische intellektuelle Kultur der nächsten zwei Jahrzehnte beherrschen sollte.[20]

Der Erste Weltkrieg bedeutete für Großbritannien, was der Vietnamkrieg für die USA bedeuten sollte: den Zusammenbruch der Moral der politischen Führung. »Uns allen ist der Boden unter den Füßen weggezogen worden«, bemerkte eine von Aldous Huxleys Romanfiguren. Zu den Verunsicherten gehörte auch Toynbee: »… meine Illusion, privilegierter Bürger einer unveränderlichen Welt zu sein, wurde mit einem Donnerschlag zunichte« gemacht. Danach sah er seine eigene Gesellschaft wie den Westen insgesamt in einem anderen Licht.[21] Ihm selbst war es allerdings gelungen, die Prüfung unbeschadet zu überstehen. Obwohl er den »Krieg für die Zivilisation« begrüßt hatte, konnte er mit Hilfe einflußreicher Freunde der Familie die Einberufung zum Militär vermeiden. Während seine Kollegen in Flandern und Saloniki kämpften und starben, diskutierte Toynbee mit seinen Studenten bei Tee und Sherry über hellenistische Geschichte und verfaßte ein Pamphlet, in dem er die Aufnahme von Friedensverhandlungen forderte.[22] Das schlechte Gewissen wegen seiner bevorzugten Stellung sollte Toynbee den Rest seines Lebens plagen. Vielleicht war dies der tiefere Grund dafür, daß er zum leidenschaftlichen Pazifisten wurde, der alles verabscheute, was nach Militär, Heroismus, Patriotismus und anderen »antiquierten« Vorstellungen der viktorianischen Vergangenheit roch. »Die Ereignisse von 1914«, schrieb er im Rückblick, »überzeugten mich, daß der Krieg weder ehrenhaft noch eine läßliche Sünde ist, sondern ein Verbrechen.«[23] Daß seine Frau hingebungsvoll die Erinnerung an einen der Kriegshelden pflegte, ihren früheren Geliebten Rupert Brooke, war vermutlich nicht geeignet, seine Antipathie gegen alles Kriegerische zu mildern.

Nach einem Abendessen bei Virginia und Leonard Woolf im November 1918 notierte sich seine Gastgeberin über Toynbee: »Er kannte die aristokratischen Helden, die jetzt alle gefallen sind & gefeiert werden ..., und haßte sie ...«[24] Damit stand er nicht allein. Die Woolfs und ihre Freunde, die sogenannte Bloomsbury-Gruppe, gaben den neuen Ton in der intellektuellen Szene an, und der war in sozialer Hinsicht künstlerisch, in sexueller promiskuitiv, in politischer radikal und, was den Krieg betraf, entschieden pazifistisch. Viele Mitglieder der Gruppe hatten öffentlich gegen den Krieg protestiert, und einer von ihnen, Bertrand Russell, hatte deshalb sogar im Gefängnis gesessen. Für die alten, respektablen Werte der Vergangenheit hatten sie nur Verachtung übrig. Ihre Weltsicht ist in dem höhnischen Porträt des bürgerlichen England, das Lytton Strachey in *Eminent Victorians* gibt, zusammengefaßt. Markanter und ebenso kennzeichnend ist E. M. Forsters berühmter Ausspruch: »Wenn ich zu wählen hätte zwischen Betrug an meinem Land und Betrug an meinem Freund, dann hoffe ich, daß ich den Mut hätte, mein Land zu betrügen.«

Obwohl Toynbee nie Vollmitglied der Bloomsbury-Gruppe war, teilte er doch viele ihrer Vorlieben, eine Zeitlang auch die für den Sozialismus.[25] Jedenfalls schloß er sich aus ganzem Herzen der internationalistischen Strömung an, von der Europa nach dem Krieg erfaßt wurde. Er nahm 1919 an den Friedensverhandlungen von Versailles teil und wurde zum überzeugten Anhänger des Völkerbundes, dessen britische Mitorganisatoren, Walter Phillimore und Robert Cecil, ebenfalls Pazifisten waren. Die andere Institution, von der Toynbee ideologische Unterstützung erhoffte, war das Königliche Institut für Internationale Fragen in London. Dessen Gründer, Lionel Curtis, hatte sich schon vor dem Krieg nachdrücklich für die Idee eingesetzt, das britische Empire in ein freiwilliges »Commonwealth« unabhängiger Nationen umzuwandeln. Großbritannien sollte den Kolonien »freie und ordentliche Institutionen« gewähren und ihnen Frieden und Harmonie statt Ausbeutung und Leid bringen. Kurz, es sollte die guten Seiten des liberalen Empire beibehalten, die in den Schriften von Hobson und in

Joseph Conrads *Herz der Dunkelheit* (1902) beschriebenen Katastrophen und Schrecken aber vermeiden. Als die in den Völkerbund gesetzten Hoffnungen enttäuscht wurden, wandten sich die liberal gesonnenen Internationalisten als Ersatz Curtis' Commonwealth-Idee zu.[26]

Curtis und der Kreis um die von ihm begründete liberalimperialistische Zeitschrift *Round Table* (Runder Tisch), zu dem solch einflußreiche Männer wie der Herausgeber der Londoner *Times* gehörten, hatten Bryces römisches Modell der Souveränität einer Zentralregierung zugunsten eines anderen Modells aufgegeben, das sich wiederum an der Antike orientierte, diesmal jedoch an der griechischen. Erfunden hatte es Alfred Zimmern, Professor für alte Geschichte in Oxford, Mitglied der Round-Table-Gruppe und ein guter Freund Toynbees. In seinem Buch *Greek Commonwealth* hatte er dargestellt, wie das Perikleische Athen seine Hegemonie in der griechischen Welt genutzt hatte, um seine Werte von Freiheit und Zivilisation zu verbreiten. Diese Vision eines zivilisatorischen Commonwealth regte Curtis an, diesen Begriff für die Gegenwart zu übernehmen. 1915 schrieb Zimmern einen Aufsatz mit dem Titel »German Culture and the British Commonwealth«. Wie viele andere Oxforder Intellektuelle glaubte er, der Erste Weltkrieg sei mehr als nur ein Kampf um Reiche, wie es Du Bois, Lenin und andere Beobachter behaupteten. Für Zimmern und seinesgleichen ging es vielmehr darum, die liberale Zivilisation gegen die teutonische Barbarei und Tyrannei zu verteidigen. Er stellte dem deutschen Glauben an die im emphatischen Sinn verstandene Kultur die britische Überzeugung von der Rolle des Rechts und freier Institutionen gegenüber. Auf solche Ideale habe Britannien jedoch kein Monopol, versicherte Zimmern: »Sie gehören der zivilisierten Menschheit als Ganzer.« In einem britischen Commonwealth wäre die Verbreitung dieser Botschaft das Hauptziel.[27]

Curtis pflichtete ihm bei, faßte diese Aufgabe aber etwas

elitärer auf: »Das Schicksal hat diesem Commonwealth einen überwältigenden Teil der Europa auferlegten Pflicht aufgebürdet – jene der Kontrolle seiner Beziehungen zu Völkern, die weiter zurückgeblieben sind als seine eigenen.« Die englischsprachigen Völker würden eine besondere zivilisatorische Mission in der Welt behalten, jedoch mehr in der Rolle von Diplomaten und Bürokraten und weniger in der von Eroberern, Soldaten und Industriellen. Curtis richtete sogar in New York einen Ableger seines Londoner Instituts ein, den Rat für äußere Beziehungen, um seine aufgeklärten Ansichten zur Weltlage zu verbreiten. 1925 holte er Zimmerns jungen Oxforder Kollegen Arnold Toynbee, den Neffen seines großen Vorbilds, als Herausgeber des *Survey of International Affairs* ins Chatham House, den Sitz des Londoner Instituts, und in den nächsten zwanzig Jahren verfaßte Toynbee neben seinen historischen Schriften alljährlich einen dicken Band mit einem Überblick über die Weltereignisse.

Der neue Herausgeber des *Survey*, der Gründer des Instituts und der Rest der »Chatham-House-Clique« waren erbitterte Gegner der von Spengler, Hitler und den deutschen konservativen Revolutionären vertretenen Spielart von Nationalismus und Rassismus. In einem Punkt stimmten sie mit ihnen allerdings überein: daß der Erste Weltkrieg das Ende der alten europäischen Ordnung und die Heraufkunft einer neuen markierte. Im Vergleich mit den faschistischen Vorstellungen war die Vision von Chatham House jedoch eher gemütlich, man könnte fast sagen passiv. Ihren ersten Ausdruck hatte sie in Benjamin Kidds 1902 erschienenem Buch *Principles of Western Civilization* erhalten. Die westliche Zivilisation, so Kidd, habe Wissenschaft, wirtschaftlichen Wohlstand sowie Politik und kulturelle Freiheit auf ihren höchsten Stand gebracht. In den frühen Stadien habe sie wie alle großen Zivilisationen starke, selbstbewußte Züge gezeigt, in denen sich die Tugenden »ihrer virilen rassischen Vorhut«, Europas nordischer Erbmasse, ausdrückten.

Jetzt jedoch müßten diese kämpferischen Eigenschaften verschwinden, wenn die westliche Zivilisation erhalten bleiben solle. Der Individualismus müsse einer Ethik der sozialen Verantwortung weichen.[28]

Nach der Erfahrung des Ersten Weltkriegs war der Neue Liberalismus der Ansicht, nun müsse auch der Nationalstaat mit seinen kriegstreiberischen Kräften verschwinden. Von einem gewissen Zeitpunkt an, schrieb Toynbee später, hätten es sich die Nationalstaaten leisten können, sich gleichzeitig als Wohlfahrtsstaat und als Militärstaat zu entwickeln. Im 20. Jahrhundert sei dies nicht mehr möglich. Sie müßten sich entscheiden. Wenn sie ihre absurden nationalen Souveränitätsansprüche fallenließen und zusammen mit anderen Staaten den Frieden sicherten, könnten sie ihre Hauptaufgabe erfüllen: ihre Bürger zu nähren, zu kleiden und ihnen ein besseres Leben zu ermöglichen.[29] Toynbee glaubte, nur ein kleineres England, das sich seiner Kolonien und seines militärischen Establishments entledigt hatte, könne eine konstruktive Rolle in einer friedlichen Weltordnung spielen, deren Kern das Commonwealth und der Völkerbund bilden würden. Europa würde unvermeidlicherweise nicht mehr im Mittelpunkt stehen. Die Alte Welt, erklärte er 1926 in einem Vortrag vor der Fabian Society, sei »als Ganzes im Begriffe, neben der überseeischen Welt, die es selbst ins Leben gerufen hat, ganz klein zu werden«. Durch den Ersten Weltkrieg sei die unangefochtene Vormachtstellung der westlichen Zivilisation, die »ihresgleichen in der Geschichte nicht gehabt« hatte und auch noch »jungen Datums« gewesen sei, endgültig gestürzt worden.[30]

Auch die Erkenntnisse seines eigentlichen Fachs, der Alten Geschichte, legten den Schluß nahe, die westliche Vorherrschaft müsse zu Ende gehen. Toynbee erinnerte sich an Gibbons berühmte Voraussage, der zufolge die modernen Reiche im Gegensatz zu Griechenland, Rom und Assyrien eine Stufe des materiellen Fortschritts erreicht und ein System aus Kunst, Recht und Verhalten entwickelt hätten, daß ein Rückfall in die Barbarei ausgeschlossen sei. Vor dem August 1914 war es ihm »nicht eingefallen, Gibbons Urteil in Frage zu stellen«. Jetzt tat er es. In einem Privatbrief heißt es drastischer: »Auch wir werden ›Kanaken‹ sein, wenn der Mittelpunkt der Zivilisation in China liegt.«[31] Aus der von Eduard Meyers *Geschichte des Altertums* (1884–1902) angeregten komparativen Betrachtungsweise der antiken Zivilisationen ergab sich für Toynbee die Frage, ob diese Methode nicht auch auf die Geschichte des Westens insgesamt angewandt werden konnte. Wie ließ sie sich mit Zivilisationen wie der chinesischen oder der nahöstlichen vergleichen, welche die Orientalisten einst als dekadent und im Niedergang begriffen bezeichnet hatten?

Dann stieß er im Frühjahr 1920 auf Spengler. Den unerbittlichen Determinismus des *Untergangs des Abendlandes* konnte er zwar nicht nachvollziehen, aber das Buch rüttelte ihn auf und trieb ihn an, Spengler bei der Suche nach den »Gesetzen der Geschichte« und dem Geheimnis des europäischen Niedergangs zu übertreffen. Während er tagsüber im Chatham House seine Jahresübersichten verfaßte, vertiefte er sich abends in eine Vielzahl alter und neuer Bücher über China, Japan, das präkolumbianische Amerika, Rußland und Osteuropa sowie in die neuesten ethnologischen und anthropologischen Studien. Er war entschlossen, jene Gebiete der nichtwestlichen Geschichte zu erobern, die Spengler nur tangiert hatte, und versuchte sorgfältige gelehrte Unterscheidungen zu treffen, wo Spengler zu dogmatischen Verallgemeinerungen neigte.

Nach einem Jahrzehnt der Forschung hatte Toynbee einundzwanzig Gesellschaften oder Zivilisationen identifiziert – später wurden es sechsundzwanzig –, welche die Geschichte der Menschheit ausmachten und von denen fünf bis in die Gegenwart überlebt hatten: die hinduistische oder indische; die islamische in der iranischen und der arabischen Form; die ostasiatische, zu der China und Japan sowie deren kulturelle Ableger gehörten; die orthodox christliche in Rußland und Osteuropa und schließlich die westeuropäische. Afrika überging Toynbee völlig, was Anlaß für Kontroversen gab und was er später bedauerte. Der Grund waren allerdings keine rassischen oder ethnozentrischen Vorurteile; tatsächlich wollte Toynbee den nichtwestlichen Gesellschaften Gerechtigkeit widerfahren lassen, weshalb sein Werk auch sechsmal länger wurde als *Der Untergang des Abendlandes*. Doch wie Spengler hatte er sich vorgenommen, eine komparative Wissenschaft der Zivilisation zu schaffen, in welcher der Westen, wenn er überhaupt noch auftrat, nur eine geringfügige Rolle spielte. »Wir müssen die Geschichte mit neuen Augen betrachten«, erklärte er, und das bedeutete, die eurozentrische Perspektive aufzugeben, in der die westliche Zivilisation im Mittelpunkt des menschlichen Fortschritts stand.[32]

Gleichzeitig lehnte Toynbee die rassisch-vitalistischen Ideen Spenglers ab. Daß die westliche Zivilisation teutonischen Ursprungs sei, daß reine Rassen von Eroberern existiert hätten, deren Blut weiterwirke und ihre Nachfahren adele, sei, so Toynbee, von Archäologie und Sprachwissenschaft widerlegt worden. Gobineaus Theorien tat er als krassen Unsinn ab.[33] Ebensowenig goutierte er Spenglers nordische und antichristliche Vorurteile gegen den ethnischen Schmelztiegel des antiken Mittelmeerraums. Wie von einem klassischen Oxforder Gelehrten und dem Schwiegersohn von Gilbert Murray nicht anders zu erwarten, betonte Toynbee die von Spengler geleugnete klare kulturelle Verbindung zwischen dem modernen Europa und der Antike. Gesellschaften wie die afrikanischen lagen jenseits der Linie, die er zwischen menschlichen Kulturen im anthropologischen Sinn, von denen es zu jeder Zeit Hunderte gab, und Zivilisationen zog, die sich von anderen Gesellschaften durch ein einziges Merkmal unterscheiden: die Fähigkeit zu wachsen, und zwar nicht wirtschaftlich, sondern geistig. Das Wachstum einer Zivilisation brachte sie jener »Vollkommenheit als innerem Zustand des Geistes und der Seele« näher, die Matthew Arnold als bedeutendste Eigenschaft der westlichen Kultur bezeichnet hatte und die Toynbee zum Hauptgegenstand aller menschlichen Geschichte machte.

Materie, Geist und Zivilisation

Nach Toynbees Auffassung hatten sich alle großen Zivilisationen der Geschichte unbewußt auf ein einziges höheres Ziel zubewegt, das er Selbstbestimmung nannte. Das Ideal der Selbstbestimmung hatte er von seinen Vorgängern, den britischen Idealisten, übernommen. Es war weniger politisch als vielmehr kulturell und sozial gemeint und bedeutete, daß eine Zivilisation eine einzigartige, selbstbewußte Identität gewinnt, welche durch die in ihr Lebenden ausgedrückt wird, die wiederum auf diese Weise erst ihre volle Identität erlangen und ihren Zweck als bewußte Mitwirkende am Ganzen erfüllen. Angetrieben werde dieses Wachstum zur Selbstbestimmung durch einen »Elan«, der die jeweilige Zivilisation »von einer Herausforderung durch die Antwort zu weiterer Herausforderung« treibt und ihre grundsätzliche Orientierung bestimmt.[34] Die Idee des *élan vital* hatte Toynbee von dem französischen Philosophen Henri Bergson, dessen Vitalismus keine äußere Projektion des Willens zur Macht darstellte, sondern eine kontemplative Introspektion, durch die der Geist auf eine höhere Ebene gehoben wird. Dabei würden die »aufsteigenden geistigen Kräfte« des Individuums freigesetzt, und die Welt, wie sie in Wissenschaft und empirischer Realität erscheint, löse sich auf.

Toynbee transferierte diese aufwärts weisende Introspektion aus der individuellen in die kollektive Seele und legte dabei Spenglers germanische Sicht des Zivilisationsprozesses als Gefahr für die Vitalität der *Kultur* ad acta, indem er die Verfeinerung der Zivilisation als fortgeschrittenen Ausdruck des nach innen gewandten *élan vital* vorstellte. Das Ergebnis war verblüffend. War der zivilisierte Mensch in Gobineaus vitalistischer Geschichte zu einem minderwertigen Mischling und bei Spengler zu einem klinischen Degenerierten herabgesunken, so erschien er in Toynbees *Gang der Weltgeschichte* plötzlich als reinste Verkörperung von Vitalität und geistiger Gesundheit. Der ideale Mensch scheint einiges mit Toynbee selber gemeinsam zu haben: Er ist schüchtern, sensibel, religiös und scheut die Welt der Gewalt und der Barbarei, um die »Entstofflichung« seiner selbst und der Gesellschaft zu betreiben.

Die Geschichte der Zivilisation hat somit zwei Seiten. Zum einen beschreibt Toynbee eine zyklische Abfolge von äußeren politischen Formen, in der aus der Dunkelheit der Vorgeschichte die Politik zunächst in Form von »streitenden Staaten« erscheint. Diese würden vom ständigen Kampf zwischen Kriegsherrn und kleinen Fürsten geschüttelt, bis eine mächtige Gestalt – ein Cäsar Augustus zum Beispiel – die Bühne betrete und sie zu einem »Universalstaat« vereine. Dem folgten unvermeidlicherweise Invasionen und innere Zersplitterungen, wodurch die Zivilisation in den Zustand der Anarchie der streitenden Staaten zurückgeworfen werde. In dieser Hinsicht ist Toynbees *Gang der Weltgeschichte* eine weitere Version der Theorie der Reichsentwicklung: des sich wiederholenden Kreislaufs aus Eroberung, Herrschaft und Niedergang, für den Großbritannien nur das letzte Exempel war. Von gelegentlichen Ausbrüchen der Entrüstung abgesehen, rief die Geschichte auf dieser Ebene – der von politischen Institutionen, Herrschern, Staatsmännern und Kriegen – bei Toynbee kein Interesse hervor. In seinen Augen war der Aufstieg von Militarismus, von großen Armeen und Marinen ein untrügliches Zeichen für den Niedergang einer Zivilisation. Der militärische Geist sei selbstmörderisch und stelle in entwickelten Gesellschaften eine Verirrung dar. Er sei »bei weitem die allgemeinste Ursache des Niederbruchs von

Kulturen während der letzten vier oder fünf Jahrtausende«, erklärte Toynbee, den Ersten Weltkrieg noch frisch im Gedächtnis. »In diesem selbstmörderischen Prozeß wird das ganze soziale Gewebe Brennmaterial, um die unersättliche Flamme im ehernen Busen des Molochs zu nähren.« Auch die Demokratie, besonders in ihrer modernen Form, mußte sich ein gerüttelt Maß an Kritik gefallen lassen.[35]

Die eigentliche Geschichte der Zivilisation vollziehe sich jedoch auf einer höheren Ebene. Sie sei die Chronik des Menschen als geistiges Wesen. Deren erste Episode beschreibe die Konfrontation mit der unmittelbaren Umwelt. Durch schiere Willenskraft hätten die Begründer der Zivilisationen, die alten Ägypter, Sumerer oder Mayas, aus der Wildheit heraus eine menschliche Gemeinschaft geschaffen. Die Entscheidung, dies zu tun, sei nicht leicht gewesen: Toynbee vergleicht die Leiden, die dieser Prozeß hervorrufen kann, sogar mit denen der Vertreibung aus dem Paradies.[36] Die Fähigkeit, die physischen Hindernisse zu überwinden, sei das Unterscheidungsmerkmal, das eine Zivilisation von einer primitiven Gesellschaft wie jener der Eskimo oder der Pygmäen abhebe, die in der Falle ihrer Umwelt gefangen bleiben und nicht über die rohen Fakten der Natur hinausgelangen würden. Später ließ Toynbee diese Unterscheidung fallen, da sie zu sehr an den Sozialdarwinismus gemahnte.[37]

Umfangreiche Bewässerungsprojekte und der Bau großer Tempel hätten das Leben der Gründer der großen Zivilisationen beherrscht. Diese Herausforderungen, so vermutete Toynbee, lösten einen massiven Ausbruch des *élan vital* aus, der die Kultur verändere. Für die lebendigsten Zivilisationen gelte das Motto: »Je größer die Schwierigkeit, desto größer der Anreiz.« In den frühen Stadien der Zivilisation, während ein Volk seine Errungenschaften gegen die feindliche Umwelt stabilisiere, trügen allerdings auch Kriege und Eroberungen zum vitalen Wachstum bei. Später jedoch verlagere sich der Schwerpunkt der Selbstvergewisserung von äußeren Herausforderungen — seitens der Natur sowie anderer Völker und Nationen — auf innere, das heißt auf die rationale Ordnung der eigenen Gemeinschaft: »... wenn eine Reihe von Antworten auf Herausforderungen sich zu einem Wachstum ordnet, finden wir dem Fortschritt des Wachstums entsprechend das Feld der Handlung sich allemal von der äußeren Umwelt ins Innere des eigenen Sozialkörpers der Gesellschaft verlagern.«[38]

Mit anderen Worten, Toynbee stellte die grundlegende Unterscheidung zwischen Kultur und Zivilisation auf den Kopf. Aus seiner Sicht sind die vitalen Kräfte der Kultur, der Wille zur Macht und das selbstbewußte Streben, temporär und künstlich. Wahre Dauer und Stabilität werden demnach erreicht, wenn aufgeklärte, reflektive Werte angenommen werden. Deshalb gewinne eine Gesellschaft erst auf der zivilisierten Stufe wahre Selbstbestimmung. Durch die Vereinfachung von Aufgaben wie der Nahrungsmittelproduktion, der Organisation religiöser Kulte und dem Aufbau von Regierungssystemen, die viel Zeit und Kraft verschlungen hätten, würden Energien für andere Tätigkeiten freigesetzt. Die Folge dieses Vereinfachungsprozesses sei eine »konsequente Umsetzung von Energie ... von einer niederen Sphäre des Seins oder Handelns auf eine höhere«.[39] Toynbee nennt diese Umsetzung Selbstbestimmung; bei Adam Smith hieß sie Arbeitsteilung. Tatsächlich ist Toynbees wichtigstes Beispiel der Selbstbestimmung durch Vereinfachung der klassische Übergang der zivilisierten Gesellschaft von ländlicher zu städtischer Produktion und von handgefertigten zu industriell hergestellten Waren. Auch in anderen Bereichen soll sich dieser Prozeß abgespielt haben, etwa in der Entwicklung des Angehörigen des königlichen Haushalts zum Staatsbeamten, in der des reisenden Kaufmanns zum modernen Geschäftsmann und in der des Priesters zum Universitätsgelehrten.

Natürlich ist keine dieser Veränderungen zufällig gewesen. Wie seine Vorgänger glaubte Toynbee, der Fortschritt hänge von den Eliten und der Aristokratie einer Gesellschaft ab. Seine ideale Aristokratie war jedoch weder eine Militärkaste noch eine politische Klasse. Vielmehr seien die blühenden Gesellschaften im antiken Athen, im Florenz der Renaissance und im elisabethanischen England einer geistigen Elite zu verdanken gewesen, die er die »schöpferische Minderheit« einer Gesellschaft nennt: »Wachstum ist das Werk schöpferischer Persönlichkeiten; sie können sich nicht vorwärts bewegen, außer sie bringen es fertig, ... die unschöpferische große Masse der Menschheit, die immer die überwältigende Mehrheit ist«, mitzureißen. Sie täten dies durch ihr Vorbild, das von der Gesellschaft akzeptiert und befolgt werden muß. Wie ein guter Balliol-Schüler lebt die schöpferische Minderheit hier einen Kodex von Prinzipien vor – Ehre, Mut, Mitleid, Wahrhaftigkeit –, die den Rest der Gesellschaft inspirieren sollen: »Die Aufgabe des Führers ist, seine Genossen zu seinen Anhängern zu machen«, und zwar mehr durch Beispiel und Überredung als durch Zwang und Autorität. Eine schöpferische Minderheit treibe eine aufsteigende Gesellschaft durch Beeinflussung der politischen, intellektuellen und religiösen Führung voran, und »in einem wachsenden und gesunden Organismus wie in einem wachsenden und gesunden Gesellschaftskörper wird die Mehrheit dazu gedrillt, der Führung der Minderheit mechanisch zu folgen«.[40]

Dieser blinde Gehorsam birgt jedoch eine Gefahr. Toynbees Furcht vor dem Mechanischen betraf weit mehr als nur die industrielle Technik: Sie umfaßte alle Arten ständiger Wiederholung, bei denen die Routine die Schöpferkraft ersetzte. Wie die Bloomsbury-Gruppe sah auch er in allen etablierten Bräuchen und Traditionen Verkörperungen geistiger Sterilität. Sein Zivilisationsprozeß ist ein Sprung ins Unbekannte, während Traditionen Vorsicht und daher Stagnation bewirken. In ähnlicher Weise beschränkt die mechanische Wiederholung das Wachstum der Gesellschaft – von den rhythmischen Bewegungen der Maschinen über das von Max Weber beklagte Umsichgreifen der Routine in der politischen Herrschaft bis hin zu ständig wiederholten sozialen Rollenmodellen, Konventionen und Ritualen. Jetzt rächt sich die Abhängigkeit der Massen von der schöpferischen Minderheit. »Wenn der Führer darauf verzichtet zu führen«, warnte Toynbee, »wird der Besitz der Macht zum Mißbrauch.« Die schöpferische Minderheit wird zur herrschenden.[41]

Das Wachstum der Zivilisation ist laut Toynbee ein spiralförmiger Aufstiegsprozeß, in dem eine Herausforderung zum Erfolg führt, woraus wiederum eine Herausforderung hervorgeht. Der Niedergang vollziehe sich dagegen in einer abwärts weisenden Spirale durch den Zusammenbruch von Institutionen, welche die Fähigkeit verloren haben, auf Krisen zu reagieren, was wiederum neue Krisen verursache. Die erste sei der eigentliche Bruch, wenn die selbstbestimmende Macht durch einen mechanischen Geist ersetzt werde. An diesem Punkt hatte sich der Westen nach Toynbees Diagnose im 19. Jahrhundert befunden, als der geistige Fortschritt durch den modernen Mechanismus in seinen beiden Ausprägungen, Industrialisierung und Massendemokratie, ersetzt wurde, wovon die westliche Kultur nicht wiedergutzumachende Deformationen davongetragen habe: »Der Mensch hat mit der Technik einen entscheidenden Sieg über die Natur errungen; Sieger jedoch blieb die Technik und nicht der Mensch. Der Mensch vertauschte lediglich den einen Herren mit dem anderen ...«[42]

Die Industrialisierung habe eine tiefe Kluft aufgerissen, indem sie das schuf, was Toynbee wie Disraeli »zwei Nationen« nennt: eine des großen Reichtums und eine der großen Armut. Darüber hinaus habe sie neue Techniken des Massentodes verfügbar gemacht, welche die modernen Nationen für ihre kurzsichtigen Zwecke einsetzen könnten. »Krieg ist jetzt ›totaler Krieg‹ geworden«, klagt Toynbee, und zwar, »weil aus Territorialstaaten nationalistische Demokratien geworden sind«. Sein

Bild der modernen Demokratie läßt sich mit dem Begriff »Maschinenpolitik« zusammenfassen. Die modernen Demokratien hätten den gepeinigten Massen törichterweise das Versprechen gegeben, durch die Umverteilung des Gewinns, den der Kapitalismus ihnen nahm, »das Wunder der Brotvermehrung zu vollbringen«. Aus ihrem Scheitern habe sich jedoch bald ein rücksichtsloser und gewalttätiger Nationalismus der Territorialstaaten entwickelt, »von denen jeder verzweifelt nach wirtschaftlicher Autarkie strebte«. Außerdem hätten sie eine billige Massenkultur geschaffen, die sich in Rundfunk, Presse und Kino ausdrücke.[43]

Die Zivilisation habe jetzt ihr zweites Entwicklungsstadium erreicht: die Auflösung. Auf dieser Stufe polarisierten sich die zwei Nationen zu einer selbstsüchtigen und selbstzufriedenen Oberschicht auf der einen Seite und einem »inneren Proletariat«, das keinen Zugang zu den materiellen und geistigen Errungenschaften des Kapitalismus habe, auf der anderen. Die elitäre Minderheit gebe die geistigen Werte auf, an denen die Gesellschaft einst Halt gefunden habe, während das interne Proletariat rasch lerne, daß es nicht allein ist. Denn es gebe an den Rändern der Zivilisation noch ein »äußeres Proletariat«, das von dem anderen Symptom der sich auflösenden Zivilisation geschaffen werde: dem Wachstum der Reiche. Heftiger noch als Spengler und Du Bois griff Toynbee den expansiven Drang des Westens an. Imperiale Bestrebungen interpretierte er als den Versuch, die öffentliche Aufmerksamkeit vom inneren Verfall der Gesellschaft abzulenken. Seinem Geschichtsbild zufolge hatte die Zivilisation die »europäischen Barbaren einer Ausstrahlung von vernichtender Intensität« ausgesetzt.[44] Manche »Barbaren« wären völlig überwältigt worden und hätten sich bereitwillig in die zum Imperium gewordene Zivilisation eingliedern lassen, etwa die Kelten im römisch beherrschten Britannien und in Gallien. Andere, wie die germanischen Stämme jenseits des Rheins, hätten widerstanden, und wenn sie es lange genug taten, würden sie zum äußeren Proletariat, das wie das innere von den Vorteilen der Zivilisation ausgeschlossen bleibe, aber bereit sei, gegen sie loszuschlagen, sobald sie zu wanken beginne.

Bei der Konfrontation mit einem Imperium wie dem römischen oder dem des viktorianischen Großbritannien standen die primitiven Gesellschaften nach Toynbees Schema vor der Wahl, zu fressen oder gefressen zu werden. Aber auch die Zivilisation hatte eine schicksalhafte Entscheidung zu fällen: Entweder sie gab ihre imperialen Bestrebungen auf und riskierte den völligen inneren Zusammenbruch sowie Revolten der hungernden Unterschicht, oder sie verwandelte sich in einen alles umfassenden Universalstaat wie das Römische Reich. Damit sei das spektakulärste Stadium des Verfallsprozesses erreicht, in dem sich »eine zerfallende Kultur dadurch eine Atempause erkauft, daß sie sich der gewaltsamen politischen Einigung in einem Universalstaat fügt«. Aber sogar mit ihrem Kolonialreich und ihrem Anspruch auf Weltherrschaft bleibe die im Niedergang begriffene Zivilisation entlang einer inneren und einer äußeren Achse gespalten. Sie könne die inneren Spannungen nicht mehr auflösen und kein neues Gleichgewicht herstellen, was zum Ausbruch von Unruhen, Aufständen und Revolutionen führe. Die Angehörigen der herrschenden Minderheit würden durch den Kontakt mit den Rändern des Reichs barbarisiert; sie würden zu jamaikanischen Pflanzern oder nordamerikanischen Präriebewohnern, zu Personen »mit einem protestantisch-abendländisch-christlichen sozialen Erbe«, die bereit seien, in ihrem Kampf gegen das äußere Proletariat furchtbare Grausamkeiten zu begehen. Leicht zu erringender Reichtum korrumpiere den Rest.[45]

Die Abwärtsentwicklung der Imperien trägt bei Toynbee erkennbar modernistische Züge. Die herrschende Elite setzt sich am Ende aus lauter Oscar Wildes zusammen und vermengt dekadentes Verhalten mit sexueller Promiskuität; »entartete

Kunst« erhebt ihr häßliches Haupt; Sprache verkommt zu vulgärer Umgangssprache und Religion zu synkretistischen Geheimkulten und okkulter Magie. Kann es einen Zweifel daran geben, fragt Toynbee am Vorabend des Zweiten Weltkrieges, daß all dies hervorstechende Merkmale des modernen Westens sind? Nationalistische, für beide Seiten tödliche Kriegführung, antwortet er sich selbst, »verstärkt ... durch den kombinierten Antrieb der Energien, die durch die jüngst entfesselten Kräfte der Demokratie und des Industrialismus erzeugt worden sind«, habe die Mächte des Chaos freigesetzt. Seine »Überlegungen und Vergleiche legen nahe, daß wir bereits weit in unserer Zeit der Wirren fortgeschritten sind«. Damit trete der Westen in die letzte Phase des Niedergangs ein, den Zerfall. Zwar gebe es »kein bekanntes Gesetz historischer Zwangsläufigkeit«, das den Westen wie frühere Zivilisationen zwinge, »aus der Bratpfanne unserer Zeit der Wirren herauszuspringen in das langsame und stetige Feuer eines Universalstaates, wo wir zu gehöriger Zeit zu Staub und Asche werden«. Aber »in dem sinistren Licht unserer gegenwärtigen Situation« müßten »solche Präzedenzfälle aus der Geschichte anderer Kulturen und aus dem Lebenslauf der Natur ... furchtbar erscheinen«.[46] Dennoch läßt sich aus der Geschichte auch Ermutigendes ableiten. Obwohl der Imperialismus nur vorübergehende Sicherheit biete, hinterlasse er doch eine Universalkirche, eine geistige Bewegung, welche die höchsten Ideale der Reichsbildung – allgemeinen Frieden und Harmonie, einen kosmopolitischen Mangel an Diskriminierung zwischen den ehemaligen Reichsvölkern und das Bestreben nach ewiger Dauer – am Leben erhalte und in theologischer Gestalt weitergebe.

In China sei dies der Konfuzianismus, in Indien der Buddhismus, im Römischen Reich das Christentum. Diese Universalkirche vereine das innere Proletariat, das unbewußt die von den Eliten fallengelassenen geistigen Werte erhalten habe, mit dem äußeren zu einer einzigen geistigen Gemeinschaft. Aus dem auf diese Weise angeregten Selbstbewußtsein entstehe schließlich die Forderung nach Freiheit, bis das »Proletariat sich endlich von dem freimacht, was einmal seine geistige Heimat war, jetzt aber zum Gefängnis« geworden sei und sich erhebe, um die Institutionen des Reichs zu zerstören. Nur die Universalkirche überlebe. Sie sei das höchste Geschenk höherer Zivilisationen der Vergangenheit an ihre primitiven Nachfolger. In ähnlicher Weise bestehe das Geschenk des modernen Westens an die nichtwestlichen Völker nicht in materieller Technologie – die sich nach Toynbees Überzeugung auf dem Weg zur Selbstzerstörung befand, wie das Scheitern des Kommunismus in der Sowjetunion beweise –, sondern in seiner vergeistigten Humanität. Die Moral der Bergpredigt – Demut, Mitleid und die Bereitschaft, die andere Wange hinzuhalten – würde die geistige Brücke zwischen West und Ost, Nord und Süd schlagen.[47]

Dies war die große Hoffnungsbotschaft des *Gangs der Weltgeschichte*. Auf der einen Seite preist Toynbee den geselligen Fortschritt der Aufklärung als Teil der Zivilisation, auf der anderen behauptet er, der Fortschritt müsse, zumindest in seiner säkularen Form, gestoppt werden. Statt dessen würde ein universales Glaubensbekenntnis von Liebe, Menschlichkeit und Gemeinschaftlichkeit überleben, das alle politischen und kulturellen Grenzen überschreite. So könnte sich der unvermeidliche materielle Niedergang unserer »nachchristlichen westlichen säkularen Kultur« am Ende als geistiger Triumph herausstellen.

Die Räder des Triumphwagens

Der Erste Weltkrieg hatte nicht nur den konventionellen englischen Liberalismus erschüttert, sondern auch die Zunft der Historiker in arge Nöte gebracht. H. A. L. Fisher schrieb 1934 im Vorwort zu seiner *Geschichte Europas:* »Männer, die weiser und gelehrter sind als ich, haben in der Geschichte einen groß angelegten Plan, einen Rhythmus, ein Werk der Vorsehung erkennen wollen. Solche Harmonien haben sich meinem Blicke nicht enthüllt. Ich sehe ein Ereignis dem anderen folgen wie die Wellen des Meeres.«[48] Im selben Jahr erschien der erste Band des *Gangs der Weltgeschichte*. Er bot, was Fisher und andere verloren hatten: eine Idee vom Plan und Zweck der Geschichte. Die Reichweite und die Klarheit von Toynbees historischen Urteilen und deren Implikationen wurden bald mit Gibbons *Aufstieg und Fall des Römischen Reichs* verglichen.[49] Gibbons Werk indessen symbolisierte den Sieg des säkularen Geschichtsbildes der Aufklärung über dessen christlichen, von Gott gelenkten Vorgänger, während Toynbee diesen Prozeß erneut umkehrte. Nachdem er im 1939 erschienenen sechsten Band die düstere Lage beschrieben hatte, in der sich die moderne Welt befand, schloß er mit den verblüffenden Worten: »Und da ja nicht angenommen werden kann, daß Gottes Wesen weniger beständig ist als das des Menschen, können und müssen wir beten, daß eine Frist, die Gott unserem Gesellschaftskörper gewährt hat, einmal nicht verweigert werden wird, wenn wir wieder um sie bitten ›gebrochenen Herzens‹ und ›am Geiste geduckt‹.«[50]

Dieses Stoßgebet war durch die Unfähigkeit des Völkerbundes veranlaßt, Mussolini und Hitler zu beschwichtigen. Toynbee war wie viele seiner Kollegen im Chatham House ein entschiedener Anhänger der Appeasementpolitik gewesen. 1936 hatte er Gelegenheit gehabt, persönlich mit Hitler zu sprechen. Tief beeindruckt von dem Treffen, erklärte er seinen Zuhörern nach seiner Rückkehr, er sei überzeugt von Hitlers »ernsthaftem Verlangen nach Frieden in Europa und enger Freundschaft mit England«. Wie viele englische Liberale begriff er erst nach dem Münchner Abkommen, daß Hitlers Aggressivität nicht die Folge von zu starkem westlichem Druck war, sondern von zu viel Schwäche.[51]

Am Vorabend des Angriffs auf Polen kam Toynbee zu dem Schluß, das westliche Unvermögen, mit Hitler zu Rande zu kommen, habe nichts mit Pazifismus oder Appeasement zu tun, sondern sei in der Natur des modernen Westens selbst begründet. Im sechsten Band des *Gangs der Weltgeschichte*, dem letzten, der vor dem Krieg erschien, stellte er fest, Europa habe unter den Zivilisationen einen neuen, beispiellosen Weg beschritten, da es den Glauben an einen unsterblichen Gott und seine Gesetze aufgegeben und auf Kosten der geistigen nach materieller Befriedigung gestrebt habe: »Der menschliche Geist verabscheut das Vakuum, und wenn er Gott, wie er der Christenheit offenbart ist, aus den Augen verliert, wird er unvermeidlich in die Anbetung von Jagannath und Moloch zurückfallen«, die heute auf die Territorialstaaten gelenkt und Figuren wie Mussolini und Hitler zum Aufstieg verhelfen würde. »Die einzige konstruktive Sache, für die zu arbeiten lohnt«, meinte Toynbee, »wäre, über die nationale Souveränität hinauszugehen – und ich würde diesem Weg ziemlich weit folgen, selbst wenn er in rauhes Gebiet führte.« Angesichts eines drohenden weiteren Weltkriegs schien die einzige Hoffnung in einer grundlegenden geistigen Umorientierung des Westens zu bestehen, weg von Selbstvergötzung, materiellem Wohlstand und den geistigen Ungereimtheiten der Aufklärung – und hin zu Gott.[52]

Verstärkt wurde diese kosmische Verzweiflung durch persönliche Tragödien. Im Februar 1939 starb Toynbees Mutter, und einen Monat darauf nahm sich sein Sohn Tony das Leben. Als sich seine Frau 1942 entschloß, ihn zu verlassen, war das Maß an öffentlichen und privaten Enttäuschungen voll. Deprimiert und in sich gekehrt, nahm Toynbee den Beginn des Zweiten Weltkriegs kaum wahr. Statt dessen entdeckte er den Trost wieder, den der Glaube an einen transzendenten Gott bietet, und erwog kurzzeitig, zum Katholizismus überzutreten. 1940 hielt er in Oxford einen Vortrag, der später den Titel »Christentum und Kultur« erhielt. Darin verkündete er seine neue Erkenntnis, daß die Bedeutung der Geschichte nicht auf dem menschlichen, sondern auf dem religiösen Fortschritt beruhe. Um dies zu verdeutlichen, griff er zu einem Bild, das eines Augustinus wert gewesen wäre: »Stellen wir uns die Religion als einen Triumphwagen vor, so sind die Räder, auf denen er gen Himmel rollt, die immer wiederkehrenden Zusammenbrüche der Kulturen auf Erden. Es hat den Anschein, als bewegten sich die Kulturen immer im Kreise herum, während die Religion einen einzigen, stetigen Weg nach oben verfolgt.« In diesem Sinne könnte das Christentum gestärkt aus dem Untergang der westlichen Zivilisation hervorgehen.[53]

Das waren merkwürdige Äußerungen, während draußen die Schlacht um England tobte. Privat ging Toynbee sogar so weit zu überlegen, ob der weiteren Eskalation von Haß und Gewalt nicht die Kapitulation vorzuziehen wäre. »Man könnte argumentieren«, sagte er zu Freunden, »daß die Welt derart verzweifelt nach politischer Vereinigung verlangt ..., daß es den Preis, unter die schlimmste Tyrannei zu fallen, wert wäre.«[54] Als sich der Horizont aufhellte und Amerika und die Sowjetunion in den Krieg eintraten, kehrte Toynbees Zuversicht zurück. An der religiösen Vision vom Ende des Westens hielt er jedoch auch nach dem Krieg fest, als er plötzlich zu internationaler Berühmtheit gelangte. Seine Popularität beruhte allerdings auf einem Mißverständnis. Als nach Kriegsende Millionen von Lesern nach dem *Gang der Weltgeschichte* griffen, lasen sie nicht die zwölfbändige Fassung, sondern die von D. C. Somerville gekürzte Version, deren Schwerpunkt stärker auf dem Thema von »Herausforderung und Antwort« und dem unvermeidlichen Aufstieg eines Universalstaats lag. So nahmen viele Toynbees pessimistische Sicht des Westens nicht zur Kenntnis und glaubten, er prophezeie eine sich herausbildende neue Weltzivilisation mit den Vereinigten Staaten an der Spitze.

Toynbee war entsetzt. Wie viele europäische Intellektuelle hatte er eine gespaltene Meinung zur Nachkriegsrolle Amerikas. Für Rechte wie Linke waren die Vereinigten Staaten immer der übermächtige kapitalistische Koloß gewesen, der den absoluten Höhepunkt des westlichen Materialismus darstellte. Zudem hatten sie erkannt, daß seit dem 19. Jahrhundert eine Art *translatio imperii* von Europa nach Amerika im Gang gewesen war, die von den beiden Weltkriegen nur bestätigt worden war. Als die USA nach dem Zweiten Weltkrieg aber nicht nur zur dominanten Weltmacht wurden, sondern auch die Lage in Europa zu diktieren schienen, reagierten so verschiedene Persönlichkeiten wie Jean-Paul Sartre, Evelyn Waugh, Malcolm Muggeridge und Arnold Toynbee in gleicher Weise schockiert. Sie sahen den Kalten Krieg nicht als Kampf zwischen Kommunismus und Freiheit, sondern als geopolitischen Schraubstock, in dem Europa zwischen zwei unterschiedlichen Tyranneien eingeklemmt war. Die eine war Ausdruck asiatischer Barbarei und rücksichtsloser Wildheit, die andere verkörperte die dunklen Seiten des Westens: Kapitalismus und Spießertum.[55] Den Gedanken, daß der Kalte Krieg eine ideologische Auseinandersetzung sein könnte, wies Toynbee stets zurück. Aus seiner Sicht waren die Unterschiede zwischen der Sowjetunion und den Vereinigten Staaten gering. Tatsächlich scheint er nach dem Krieg der erste westliche liberale Denker gewesen zu sein, der den Kommunismus als »aus dem Neuen Testament herausgerissene Seite« und »westliche Häresie« bezeichnete, welche die meisten Aspekte des falschen westlichen Denkens in sich vereinigte, insbesondere die Verneinung Gottes. Die Zukunft der Sowjetunion schien begrenzt und unbedeutend zu sein, weil sie ihr Schicksal unauflösbar mit dem der materiellen Zivilisation verknüpft hatte.

In Toynbees Augen ging die größere Gefahr von den Vereinigten Staaten aus. Vor dem Krieg hatte er Amerikaner mit Vorliebe »Barbaren« genannt, und 1945 prophezeite er seinem Schwiegervater, bei einem neuen Krieg werde Amerika der Aggressor sein.[56] Obwohl sich seine Bücher nirgendwo besser verkauften als in den USA und seine Vortragsreisen nirgendwo erfolgreicher waren, repräsentierte Amerika für ihn alles, was er am modernen Westen verabscheute: technologisches Wissen, auftrumpfendes Selbstvertrauen und Kapitalismus. Wehmütig blickte er auf eine Zeit zurück, in der die USA Schuldner Europas gewesen waren.[57] Inzwischen waren sie jedoch zu *der* erzkonservativen Macht der Welt und zum Verteidiger der bankrotten westlichen Ordnung geworden. Darüber hinaus verkörperten sie eine andere tödliche Tendenz: die eines expansiven Imperiums. Amerika war in Toynbees neoaugustinischem Geschichtsbild das neue Rom, und zwar in einem ausschließlich negativen Sinn. Es würde im Kalten Krieg dasselbe tun wie einst das kaiserliche Rom, das »in allen ausländischen Gemeinschaften, die unter seine Herrschaft gerieten, stets die Reichen gegen die Armen unterstützte« und »Ungleichheit, Ungerechtigkeit und für die große Mehrheit das wenigste Glück« hervorbrachte. 1962 behauptete er sogar, »Amerikas Entscheidung, die Rolle Roms anzunehmen«, sei absichtlich erfolgt und würde zu demselben Ergebnis führen.[58]

Neben den USA gab es laut Toynbee eine zweite bösartige imperialistische Macht in der Nachkriegswelt: Israel. Die Vereinigten Staaten und Israel, schrieb er 1969, seien »heute die gefährlichsten unter den 125 Einzelstaaten …, die sich gegenwärtig in die Landoberfläche dieses Planeten teilen«. In den nur vierundzwanzig Jahren seiner Existenz habe Israel schon vier Kriege gegen seine Nachbarn geführt und gewonnen. Militärische Erfolge waren für Toynbee immer ein Zeichen mangelnder Moral. Einige verlorene Kriege, so spekulierte er, wären für die amerikanische und die israelische Seele möglicherweise besser gewesen als die ständigen Siege ihrer Armeen. Die israelische Besetzung von arabischem Territorium hielt er für ebenso inhuman und niederträchtig wie die deutsche Okkupation der Tschechoslowakei und Polens. Er ging sogar soweit, den Israelis zu unterstellen, sie seien schlimmer als die Nazis, denn »die Lehre, die die Zionisten aus den Leiden, die die Nazis den

Juden angetan, gelernt hatten, ... war, sich nicht der Begehung des Verbrechens zu enthalten, dessen Opfer sie gewesen«. Sie wußten, was ihre Opfer litten; die Nazis, so sei zu vermuten, wußten es nicht.[59]

Toynbees Äußerungen zum Judentum waren die umstrittensten unter allen seinen Kommentaren zu Schicksal und Bedeutung des modernen Westens. Er wiederholte den Vorwurf, den Schopenhauer über ein Jahrhundert zuvor erhoben hatte: Die schlimmsten Züge der westlichen Zivilisation seien jüdischen Ursprungs. Das Judentum, ein »versteinertes Überbleibsel einer Kultur, die in jeder anderen Gestalt untergegangen« sei, habe der Entwicklung des Westen eine fatale Richtung gegeben, indem es einerseits krassen Materialismus und »besondere Geschicklichkeit im Handel und anderen städtischen Gewerben« bewirkt und andererseits eine auf Gesetze und Tabus gestützte Moral befördert habe, statt die Tätigkeit des freien Geistes anzuregen.[60] Vor allem aber habe die jüdische Behauptung, das auserwählte Volk zu ein, westliche Arroganz gegenüber anderen Kulturen hervorgerufen; in dieser Arroganz sah Toynbee den wahren Ursprung des Holocaust. In einem Essay von 1948 schrieb er die gewalttätigen Verirrungen der modernen Welt, einschließlich des Kommunismus und des Nazismus, dem schädlichen jüdischen Einfluß zu. Auch Amerika sei von diesem Erbe gezeichnet, wie die Ausrottung der Indianer während der Expansion nach Westen und der Vietnamkrieg bewiesen hätten. In Übereinstimmung mit einem anderen alten Bloomsbury-Geist, Bertrand Russell, war Toynbee überzeugt, die USA verfolgten in Vietnam im wesentlichen kolonialistische und völkermörderische Ziele. »Es ist durchaus denkbar«, schrieb er 1969, »daß das Volk der Vietnamesen, wenn dieses Buch erscheint, bereits ausgerottet und das Land Vietnam unbewohnbar geworden ist.«[61]

Amerika und Israel galten ihm aber nicht nur deshalb als gefährlich, weil sie gewalttätige, militaristische Mächte waren.

Sie repräsentierten in einem umfassenderen Sinn die zerfallende, sterbende westliche Zivilisation. Ihr Vorgehen in Laos, Vietnam und Palästina war nicht nur ein Verbrechen, sondern »auch ein moralischer Anachronismus«. Nach Toynbees Ansicht mußte die Welt auf einer völlig anderen, nichtwestlichen Grundlage neu organisiert werden, wenn Frieden und Harmonie die Herrschaft antreten sollten. »Worin sollen wir nun unser Heil suchen?« fragte er 1948 und antwortete sich selbst: »Auf politischem Gebiet in der Errichtung einer gesetzmäßigen, auf Zusammenarbeit gegründeten Weltregierung. Auf wirtschaftlichem Gebiet in einer brauchbaren Synthese von Freiwirtschaft und Sozialismus ... Auf dem Gebiete des geistigen Lebens gilt es, den weltlichen Überbau wieder religiös zu untermauern.«[62]

Während zwischen 1954 und 1958 die Bände acht bis elf des *Gangs der Weltgeschichte* erschienen, ging Toynbee in die Offensive. Er stilisierte sich zum Propheten des Niedergangs der westlichen Zivilisation in ihrer modernen, amerikanisierten Form und eines geistigen Aufbruchs der nichtwestlichen Welt, der eine Zukunft in universalem Frieden und sozialer Gerechtigkeit versprach. Seine Hoffnung lag vor allem auf dem Nachfolger des Völkerbundes, den Vereinten Nationen. Ähnlich wie er in den USA das neue Rom erblickte – gewalttätig, ehrgeizig und expansiv –, betrachtete der Althistoriker Toynbee die UNO als modernes Äquivalent der prähellenistischen Bündnisse der griechischen Stadtstaaten, die sich zur gemeinsamen Verteidigung zusammengeschlossen hatten, um den Weltfrieden zu sichern, während sie gleichzeitig die Hegemonie einer einzelnen Macht verhinderten. Toynbee wußte natürlich, daß diese Allianzen nicht sehr erfolgreich gewesen waren. Sie brachen in kleinlichem Streit auseinander und waren stets anfällig für Übergriffe fremder Mächte, wie Mazedonien und Rom. Doch er war bereit, solche Einzelheiten zu übersehen, denn im Atomzeitalter bestehe das letzte Ziel in der Versöhnung, nicht in Konfrontation: »Die Menschheit muß eine Familie werden, oder sie vernichtet sich selbst.« Privat fügte er hinzu: »Man muß zugeben, die Geschichte ist gegen uns. ... Ich kenne keinen einzigen Fall, in dem die kooperative Methode ihren Zweck erfüllt hat.« Doch aus seiner Bloomsbury-Perspektive war es wichtiger, gut zu sein, als gut zu handeln. Was letztlich zählte, waren die Absichten, nicht die Ergebnisse. Während sich der Niedergang des Westens beschleunige, sei die Weltregierung eine Selbstverständlichkeit, erklärte Toynbee. Die einzige Alternative sei die atomare Katastrophe: »Die Menschheit hat die Wahl zwischen politischer Vereinigung und Massenselbstmord.«[63]

Unterdessen entfernte sich der von Toynbee vorgegebene Weg des geistigen Fortschritts von der westlichen Christenheit. Alle höheren Religionen – neben dem Christentum Hinduismus, Buddhismus und Islam – waren nur unterschiedliche Ausdrucksformen einer gemeinsamen Wahrheit, der spirituellen Macht der Liebe. In einer politisch geeinten Welt würden diese Glaubensbekenntnisse notwendigerweise zu einer einzigen ökumenischen Religion der Liebe verschmelzen, die Mitleid und Toleranz gegenüber dem Andersartigen lehren würde, Forderungen, die später von liberalen religiösen Gruppen wie dem Weltrat der Kirchen übernommen wurden.[64] Diese Haltung war zum Teil Toynbees brennendem Schuldgefühl zu verdanken. Die westliche Zivilisation befand sich, wie er es ausdrückte, »am Scheideweg«. In seinem 1953 auf dem Höhepunkt des Koreakriegs veröffentlichten Buch *Die Welt und der Westen* ging er lang und breit auf die historische Aggressivität des Westens gegenüber asiatischen, afrikanischen und anderen Völkern ein. Eine damals häufig verwendete Analogie aufgreifend, sprach er ähnlich wie schon im *Gang der Weltgeschichte*, wo von einer »Ausstrahlung von vernichtender Intensität« die Rede war, von einer »radio-aktiven Kultur«, deren Kontakt mit nichtwestlichen Gesellschaften durch Technologie, Religion und Politik »zu einer Vergiftung des Lebens der Gesellschaft« führe, »deren Sozialkörper von den verschiedenen Bestandteilen eines ... Kulturstrahls durchdrungen wird«.[65]

Das virulenteste dieser Gifte war nach Toynbees Ansicht der Nationalismus. Als er 1921 während des griechisch-türkischen Krieges im Auftrag des Völkerbundes auf Kreta weilte, hatte er die gräßlichen Folgen des Krieges mit eigenen Augen gesehen. Er war überzeugt, daß die Massaker keine alten, sondern moderne Ursachen hatten, die in nationalistischer Rivalität und Völkerhaß wurzelten. Schuld an den nationalistischen Kriegen in der Dritten Welt habe der Westen. Deshalb stellten die Aufgabe des einzelstaatlichen Nationalismus und die Einrichtung einer Weltregierung nicht nur die natürliche Tendenz der Weltgeschichte dar, sondern auch die natürlichen Ziele aller nichtwestlichen Völker. Da sie Europäern und Amerikanern an Zahl weit überlegen waren, schien ihre Fähigkeit, die Gestalt der Weltregierung zu bestimmen, eine ebenso ausgemachte Sache zu sein wie die Schaffung der Weltregierung selbst. Der Westen würde sich seiner neuen, reduzierten Rolle in der Welt anpassen müssen.

Europa und Amerika hatten nach Toynbees Verständnis die Rolle einer schöpferischen Minderheit anzunehmen, die dem Rest der Welt durch ihre Offenheit und Toleranz ein gutes Beispiel geben würde, so daß ein neues geistiges Zeitalter anbrechen könnte. Zweckgerichtetes Handeln, Selbstsicherheit und der voranschreitende Zyklus von Herausforderung und Antwort seien jetzt den Völkern der Dritten Welt vorbehalten. Tatsächlich, so erklärte Toynbee 1948, habe sich »eine Elite außerwestlicher Gesellschaften ... bis heute schon mit Erfolg umerzogen« und, indem sie sich der Realität einer globalen Welt anpaßte, ihren »alten, engbegrenzten und egozentrischen Standpunkt« zugunsten einer neuen Zukunft aufgegeben. Nur Europäer und Amerikaner hätten noch ein »Geschichtsbild ... aus der Zeit vor Vasco da Gama«, das von der einseitigen Ausrichtung auf Europa und der fadenscheinigen Illusion ihrer

Vorherrschaft und überragenden Bedeutung geprägt sei. Wir müßten begreifen, erklärte Toynbee seinen Zuhörern, daß unsere eigenen Nachkommen in der modernen globalen Umwelt keine Abendländer im traditionellen Sinn mehr sein würden. Die Zivilisation, die seine Generation kenne, werde »Schritt für Schritt auf den bescheidenen Platz verwiesen«, den ihr die Geschichte ursprünglich zugewiesen hatte.[66]

Toynbees Hinterlassenschaft

Auf den ersten Blick wirken diese Bemerkungen so überzeugend und ernüchternd, wie Toynbee sie meinte. Vor seinem Tod im Jahr 1975 hatte er die Entkolonialisierung und das Ende des britischen Empire miterlebt. In einem seiner letzten Lebensjahre sagte er zu einem Journalisten: »Ich würde gern glauben, nützliche Arbeit geleistet zu haben, indem ich die westlichen Völker davon überzeugte, die Welt als Ganzes zu betrachten«, das heißt ihre eigene relative Bedeutungslosigkeit zu akzeptieren. Doch diese quietistische Äußerung überdeckte die entscheidende Frage: Warum war der arrogante, wichtigtuerische und ethnozentrische Westen so mächtig geblieben, während frühere arrogante, ethnozentrische Zivilisationen wie das kaiserliche China und das Reich der Inka in Peru unter dem Ansturm äußerer Konkurrenten zusammengebrochen waren? Die Antwort auf diese Frage sollte einer von Toynbees Schülern geben, der amerikanische Historiker William L. McNeill. Als Student war McNeill vom geistigen Horizont und der Vision des *Gangs der Weltgeschichte* derart beeindruckt gewesen, daß er nach Kriegsende nach Oxford ging, um zu Füßen von dessen Autor zu studieren. 1963 legte er dann unter dem Titel *The Rise of the West* eine erweiterte und modifizierte Version von Toynbees Analyse der modernen Welt vor.

Wie sein intellektueller Vorgänger war auch McNeills Buch ein Bestseller. Inhaltlich unterschied es sich allerdings erheblich von ihm. Im Gegensatz zu Toynbee charakterisierte McNeill die westliche Zivilisation nicht als arrogant, sondern als offen und respektvoll gegenüber anderen Kulturen und Völkern. Durch diese Haltung war es ihr möglich gewesen, Dinge, die sie gebrauchen konnte, bei anderen zu entleihen – religiöse Institutionen beim Nahen Osten, griechische säkulare Gelehrsamkeit und Wissenschaft bei den Arabern, Techniken bei den Chinesen – und ihren eigenen Zwecken anzupassen. In gewisser Weise kehrte die vergleichende Geschichtsschreibung damit zu ihren Ursprüngen in der Theorie der zivilisierten Gesellschaft zurück. McNeill betrachtet die Geschichte der Zivilisation wie die Aufklärer nicht als Wachstum oder Verlust von kultureller geistiger Vitalität, sondern als ständig zunehmende Geselligkeit und Erweiterung des Horizonts, als einen kontinuierlichen Prozeß von Nachahmung, Erfindung, Besuchen und Kommunikation zwischen unterschiedlichen Orten und Völkern. Aus der von McNeill in den Vordergrund gerückten Anpassungsfähigkeit folgt darüber hinaus eine völlig andere Zukunftsperspektive als die von Toynbee entworfene. Danach steht der vielbeschworene Zusammenbruch des Westens keineswegs unmittelbar bevor. Statt unter seiner eigenen tödlichen Last einzuknicken, kann er vielmehr durch seine Flexibilität und die Fähigkeit, auf sich ändernde Bedingungen zu reagieren, einen Weg finden, den Aufstieg der Dritten Welt zum eigenen Vorteil zu nutzen und auf diese Weise sogar zu mehr Einfluß auf die Welt zu gelangen, als er auf dem Höhepunkt des Kolonialismus besessen hatte.

Toynbee war für solche Folgerungen unzugänglich.[67] Er blieb bei seiner Überzeugung, daß die Zivilisationen getrennte Einheiten mit eigenem Geist und Charakter, Niedergang und Schicksal bildeten. Dies war der Grund, warum er wie Du Bois und spätere Multikulturalisten einerseits den Wunsch nichtwestlicher Völker, im »seelenlosen westlichen Materialismus« zu leben, *unterschätzte* und andererseits das westliche Festhalten am imperialistischen Modell *überschätzte*. Für Toynbee bedeutete jeder Kompromiß mit dem industrialisierten Westen eine schändliche Kapitulation der »wahren« kulturellen und geistigen Werte vor jenen der luxuriösen New Yorker Madison Avenue.

Bis in die sechziger Jahre hinein trat eine ganze Reihe von Autoren mit Büchern über das Schicksal der Zivilisation und die abnehmende Rolle des Westens in der Welt in Toynbees Fußstapfen. »Wenn der westliche Mensch überleben will«, bemerkte einer dieser Autoren, der Wirtschaftswissenschaftler James P. Warburg, »wird er lernen müssen – und das sehr schnell –, in und mit einer Welt zu leben, die sich für immer seinem Griff entzogen hat.« Warburgs *The West in Crisis* (1959), J. G. de Beus *The Future of the West* (1953), Ernest Hockings *The Coming World Civilization* (1956), Bertrand Russells *Hat der Mensch noch eine Zukunft?* (1961) und John Nefs *Looking for Civilization* (1962) waren allesamt für den von Toynbees weltgeschichtlicher Zukunftsperspektive eröffneten Markt geschrieben worden, und ihre Schlußfolgerungen kreisten um ein und dasselbe Grundthema: die Notwendigkeit eines Wertewandels im Westen, um sich der neuen Gestalt der Welt anzupassen.

Ein früher, repräsentativer Vorläufer der gesamten Richtung war Albert Schweitzers *Kulturphilosophie* von 1923, deren erster Satz von Toynbee stammen könnte: »Wir stehen im Zeichen des Niedergangs der Kultur.« Die Ursache dieses Zustands war laut Schweitzer darin zu suchen, daß »die ethischen Vernunftideen, auf denen die Kultur beruht«, seit dem 19. Jahrhundert »obdachlos und arm« in der Welt umherirren. Der wirtschaftliche und technische Fortschritt des modernen Westens hätten den Menschen seiner wahren Freiheit beraubt und das geistige Leben der Gemeinschaft in ernste Gefahr gebracht: »Wir verloren uns in den äußeren Fortschritten und ließen die Verinnerlichung der Einzelnen zum Stillstand kommen.« Schweitzers Gegenmittel ähneln denen Toynbees. Um die gefährliche Richtung, welche die Zivilisation eingeschlagen habe, zu ändern, sei ein geistiges und ethisches Erwachen nötig. Zu der neuen Haltung würde eine »Ethik der leidenden Selbstvervollkommnung in dem innerlichen Freiwerden von der Welt (Resignation)« gehören, um ein Gegengewicht zur westlichen Betonung der aktiven Selbstvervollkommnung »im Verhalten von Mensch zu Mensch« zu schaffen. Wie Toynbee sah Schweitzer im ethischen Fortschritt das Fundament des zivilisierten Lebens. Durch den geistigen Fortschritt wurde ein Energiefluß ausgelöst, der von Politik und sozialen Institutionen wegführte und zur Affirmation des spirituellen Selbst – Toynbees Entstofflichung – hinfloß. »Der Fortschritt der Ethik besteht darin, daß wir uns entschließen, pessimistisch von der Ethik der Gesellschaft zu denken.«[68]

Resignation, leidende Selbstvervollkommnung und Entstofflichung waren die Komponenten des neuen westlichen Selbstverständnisses. Während die modernen Liberalen Ziele und Annahmen des Neuen Liberalismus des Wohlfahrtsstaates formulierten, gaben sie gleichzeitig ihr Selbstvertrauen und ihren Kampfgeist auf. Toynbees Schwiegervater Gilbert Murray war es, der den Begriff dafür prägte: »Nervenversagen«. Dessen Symptome waren die »Zunahme des Ästhetizismus, ein gewisser Mystizismus und Pessimismus, Verlust an Selbstvertrauen ... und dem Glauben an normale menschliche Bemühungen: eine Verzweiflung an geduldiger Untersuchung, ein Ruf nach unfehlbarer Offenbarung. Es ist eine Atmosphäre, in der das Ziel des guten Mannes nicht so sehr darin besteht, richtig zu leben, der Gesellschaft, der er angehört, zu helfen und die Wertschätzung seiner Mitgeschöpfe zu genießen, sondern vielmehr darin, ... Verzeihung für seine unaussprechliche Wertlosigkeit und seine unermeßlichen Sünden zu erlangen.«[69] Diese Äußerung des freidenkenden Oxforder Liberalen Murray bezog sich auf den Einfluß des Christentums auf die antike griechische Kultur. Noch besser paßte sie jedoch auf seinen Schwiegersohn und die

Welle der Passivität und Selbstbeschuldigungen, von der die liberale Vorstellungswelt des 20. Jahrhunderts erfaßt worden war. Deren Opponenten dagegen, die Kulturpessimisten, legten nach dem Zweiten Weltkrieg eine neue Kühnheit an den Tag.

TEIL III

DER TRIUMPH DES KULTURPESSIMISMUS

DIE KRITISCHE PERSÖNLICHKEIT
Die Frankfurter Schule

Am 6. Januar 1919 hatten bewaffnete Arbeiter und bolschewistische Aktivisten, die sich Spartakusbund nannten, den Versuch unternommen, in Berlin die Regierungsgewalt an sich zu reißen. Neun Tage lang hielten sie die Stadt in Schach. Dann marschierten reguläre Truppen und Freikorps ein und räumten die Straßen. Am 15. Januar fiel die letzte Barrikade. Karl Liebknecht und Rosa Luxemburg, die Führer der fehlgeschlagenen Revolution, mußten untertauchen. Ironischerweise hatten sie den Aufstand zuerst abgelehnt und sich ihm nur angeschlossen, um nicht von der revolutionären Flut fortgespült zu werden. Jetzt waren sie Opfer seiner Niederlage. Bis zur Nacht des 15. Januar konnten sie ihren Verfolgern entkommen, doch dann wurden sie in einer Wohnung in Berlin-Wilmersdorf von Soldaten der Gardekavallerie-Schützendivision aufgegriffen und in deren Hauptquartier, das Hotel Eden, gebracht, wo sie einem brutalen Verhör unterzogen wurden. Als sie anschließend, geschwächt und verletzt, zum Abtransport vor das Hotel geschleppt wurden, sprang ein Freikorpsmann namens Runge – die Art von Mann, die Spengler als Angehörigen der Herrenrasse verherrlichte – vor und schlug mit einem Gewehrkolben auf Liebknecht ein. Nachdem der Spartakusführer zu Boden gegangen war, wandte sich Runge Rosa Luxemburg zu und zertrümmerte ihr den Schädel. Dann wurden die beiden Körper hastig in zwei wartende Autos gezerrt. Man erschoß Rosa Luxemburg und warf ihre Leiche in den nahen Landwehrkanal. Liebknecht wurde kurz darauf im Tiergarten »auf der Flucht« erschossen. Der Aufstand der Spartakisten war vorüber.[1]

Der Tod von Liebknecht und Luxemburg und der Fehlschlag der Revolution lösten im deutschen marxistischen Denken eine Krise aus, die durch spätere Ereignisse noch verschärft wurde. Rosa Luxemburg war überzeugt gewesen, daß die deutschen Arbeiter von Natur aus revolutionär waren und nur darauf warteten, ihre Unterdrücker zu vertreiben. Jetzt waren sich führende marxistische Theoretiker nicht mehr so sicher. Die alte Vorstellung, der Sieg des Sozialismus über den Kapitalismus sei eine historische Notwendigkeit und selbst Teil der Geschichte des Fortschritts, war unter den Stiefelabsätzen eines schrecklicheren Gegners, der Revolutionäre von Rechts, zerbrochen. Sogar der Erfolg der russischen Oktoberrevolution konnte die Zweifel nicht zerstreuen, während die deutschen Kommunisten sich gleichzeitig in immer größere Abhängigkeit von Moskau und von Figuren wie Lenin und Stalin begaben, denen Rosa Luxemburg zutiefst mißtraut hatte.

In der Weimarer Zeit betrachteten junge linke Intellektuelle *jede* Institution mit Skepsis, einschließlich der Kommunistischen Partei und der sozialdemokratischen Republik. Im Laufe der Jahre wurde der von ihnen angeschlagene Ton immer kritischer und bitterer, wie in den Werken von Kurt Tucholsky und Heinrich Mann zu sehen ist. Viele, darunter George Grosz, Paul Klee, Walter Gropius, Kurt Weill und Bertolt Brecht, zogen sich aus der Politik in die Welt der Kunst und des Geistes zurück. Die deutschen Universitäten, einst Hochburgen eines altmodischen Konservatismus, öffneten sich den unterschiedlichsten Strömungen, einschließlich der marxistischen. An progressiven Hochschulen wie der Frankfurter Universität waren sogar ausgewiesene Kommunisten willkommen. Die Gründer der sogenannten Frankfurter Schule oder, um genauer zu sein, des Instituts für Sozialforschung, fanden dort ein günstiges Klima vor, in dem sie einer neuen marxistischen Form der Kulturkritik den Weg bereiten konnten, die sowohl alte Traditionen aufnahm als auch neue, wirkungsvollere ideologische Waffen einbezog.

1920 waren die Grundannahmen des historischen wie des kulturellen Pessimismus – daß die Massendemokratie die wahre politische Freiheit zersetze; daß Technik und positivistische Wissenschaft den menschlichen Geist systematisch herabwürdigten; daß der Industriekapitalismus das soziokulturelle Gewebe der Gemeinschaft zerstöre und daß alle diese Tendenzen eine Erosion der Vitalität und eine kulturelle Dekadenz erzeugten, welche die unmittelbaren Vorboten des Untergangs seien – derart in die Diskussion über die moderne Kultur und Gesellschaft eingedrungen, daß ihre Verleugnung Zweifel und Mißtrauen hervorgerufen hätte. Die Theoretiker der Frankfurter Schule waren mit dieser pessimistischen Grundstimmung aufgewachsen. Nach dem Ersten Weltkrieg und Spenglers *Untergang des Abendlandes* war die Rede vom Ende der westlichen Zivilisation so natürlich geworden wie das Atmen. Daß der moderne Westen zum Untergang verurteilt war, bezweifelte niemand. Umstritten war nur die Frage, warum.

Die Antwort der Denker der Frankfurter Schule – vor allem von Max Horkheimer, Theodor W. Adorno, Franz Neumann, Erich Fromm und Herbert Marcuse – bestand darin, den hergebrachten marxistischen Glauben an Fortschritt und wissenschaftliche Rationalität zugunsten eines verzweifelteren Zukunftsbildes fallenzulassen. Dennoch fanden sie im Marxismus die Grundlage für eine umfassende Kritik von bürgerlicher Kultur und »technologischer Rationalität« sowie für die Untermauerung der These, sogar eine kommunistische Revolution wäre nicht in der Lage, die Selbstzerstörung des Westens zu verhindern. Obwohl Marx selbst, insbesondere in den 1932 wiederentdeckten frühen Manuskripten, diesem neuen, pessimistischen »kritischen Marxismus« Munition geliefert hatte, berief sich die Frankfurter Schule mit ihren zentralen Aussagen im wesentlichen auf zwei nichtmarxistische Gelehrte.

Der eine war Sigmund Freud, dessen Theorie es den Frankfurtern ermöglichte, die verheerenden Auswirkungen des

»technokratischen Triumphs« nachzuvollziehen. Nach ihrer Ansicht erzeugte der westliche Kapitalismus in der liberalen bürgerlichen Gesellschaft wie unter deren Gegnern auf dem faschistischen Flügel einen neurotischen, dysfunktionalen Menschentyp. Fromm und Marcuse betonten später, die Hoffnung auf menschliche Freiheit könne nur verwirklicht werden, wenn sowohl die psychischen als auch die gesellschaftlichen Unterdrückungsmechanismen überwunden würden. Der andere Denker war Nietzsche, der von traditionellen Marxisten wegen seiner vitalistischen, elitären Lehre als »Philosoph des Kapitalismus« abgelehnt worden war. Ende des 19. Jahrhunderts hatten sich jedoch einige junge Linke der Nietzschewelle angeschlossen und verkündeten, in der künftigen egalitären Gesellschaft müsse die absolute Freiheit des schöpferischen Individuums gewährleistet sein. Die Frankfurter Theoretiker zog an Nietzsche allerdings nicht – wie später seine französischen Bewunderer – die Botschaft vom vitalen, erlösenden Nihilismus an, sondern die unerbittliche Kritik der bürgerlichen Werte. Adorno nannte Nietzsches Schriften eine »einzigartige Demonstration des repressiven Charakters abendländischer Kultur«; sie drückten »das Menschliche in einer Welt aus, in der Menschlichkeit zum Schein geworden war«. Mit seinen Angriffen auf westliche Logik und Vernunft hatte Nietzsche Adornos Idee der »negativen Dialektik« vorweggenommen, und Adorno sollte viele seiner Werke in der knappen, scharfen aphoristischen Form von *Menschliches, Allzumenschliches* und *Jenseits von Gut und Böse* verfassen. Gemeinsam mit Horkheimer machte er Nietzsche zu einer Zentralfigur im neuen marxistischen Pantheon, die fast an die Stelle von Marx rückte. Tatsächlich erklärte Horkheimer gegen Ende seines Lebens, Nietzsche sei höchstwahrscheinlich ein bedeutenderer Denker als Marx.[2]

Indem die Frankfurter Schule Freud und Nietzsche als Vorbilder wählte, gelangten unabsichtlich auch Vokabular und Bilder der Degenerationstheorie ins Zentrum ihres kritischen marxistischen Denkens. Alle Übel der modernen Gesellschaft, die als Folgen physiologischer Degeneration gegolten hatten – sozialer Verfall, Verbrechen, Geisteskrankheit und Neurosen, Selbstmord, Alkoholismus, Entartung der Kunst, atavistische massendemokratische Politik, sogar der Antisemitismus –, wurden jetzt dem Kapitalismus – und damit dem modernen Westen – angelastet. Grundprinzip der westlichen Zivilisation war nach Ansicht der Frankfurter Schule eine degenerative Strategie, die das Ziel verfolgte, die vitalen Instinkte des Menschen durch rationale Beherrschung der Natur, seiner selbst und anderer zu zerbrechen. Deshalb sei der moderne Westen vor allem durch Leblosigkeit gekennzeichnet. Wie Marcuse später schrieb, repräsentierte Nietzsches »vollständige Bestätigung des Lebenstriebs« ein Realitätsprinzip, »das dem der westlichen Kultur von Grund auf widerspricht«.[3]

Deshalb bedeutete Befreiung im Sinne der Frankfurter Schule, ein Weltbild aufzugeben, das die Fähigkeit des Menschen betonte, Logik und Vernunft zu benutzen, um zur Wahrheit zu gelangen, und das sein Bedürfnis aussprach, sich einer vernünftigen, natürlichen Sozialordnung anzupassen, um glücklich und frei zu sein. Statt dessen hatten die Menschen ein tieferes, negativeres, kurz ein Nietzscheanisches Bewußtsein zu entwickeln. Die Frankfurter Schule schuf einen neuen Kulturhelden, den kritischen Schriftsteller, Lehrer, Intellektuellen, einen direkten Nachfahren des romantischen Künstlers, der seine Schreibmaschine, das Klassenzimmer oder den Vorlesungssaal nutzte, um die Widersprüche und Übel der modernen westlichen Zivilisation aufzudecken und anzuprangern. Später sollten diese bewundernswerten Denker als Träger eines neuen Kulturpessimismus in Erscheinung treten, der diesmal nicht von der politischen Rechten stammte, sondern von der Linken.

Intellektuelle im Kapitalismus

Ironischerweise verdankte das Institut für Sozialforschung seine Existenz dem Reichtum eines Kapitalisten, durch den seine Aktivitäten fast vierzig Jahre lang abgesichert waren. Die 1923 erfolgte Gründung war die Idee von Felix Weil, der sich selbst als »Salonbolschewist« bezeichnete und seinen Vater, einen deutsch-jüdischen Geschäftsmann, der im Getreidehandel Millionen verdient hatte, überredete, ein an die Universität von Frankfurt angegliedertes sozialwissenschaftliches Institut zu finanzieren, das als Forum für die Verbreitung der kommunistischen Theorie dienen sollte. Von diesem Ziel wurde auch die Wahl des ersten Direktors bestimmt: Carl Grünberg war ein Marxist alter Schule, zu dessen Studenten einige der Sozialisten gehört hatten, die 1918 als Gründungsväter der österreichischen Republik hervorgetreten waren. Als er 1930 sein Amt krankheitsbedingt nicht mehr ausüben konnte, trat Max Horkheimer an seine Stelle, obwohl er nicht zum engeren kommunistischen Kreis des Instituts gehörte. Seine geistigen Fixsterne waren weniger Marx und Engels als vielmehr die führenden modernen Schriftsteller – Ibsen, Tolstoi, Zola – und Philosophen wie Nietzsche und Husserl. In seinem Institutsbüro hing kein Porträt von Marx, sondern eines von Schopenhauer.

Ein anderer Denker, der eine große Anziehung auf Horkheimer und seine Institutsmitarbeiter ausübte, war der ungarische Kommunist Georg Lukács, dessen Theorie zufolge der Sieg des Proletariats nicht nur die Widersprüche des Kapitalismus, sondern die der Moderne überhaupt lösen würde. Besonders beeindruckend fanden die Frankfurter Lukács' These, der bürgerliche Kapitalismus stelle eine Totalität dar, die Institutionen, Haltungen und Gewohnheiten ebenso umfasse wie die Produktionsmittel. Die »Kategorie der Totalität«, so behauptete Lukács, »die allseitige, bestimmende Herrschaft des Ganzen über die Teile« bilde das Wesen der sozialen und historischen Theorie des Marxismus. Aufgabe des marxistischen Denkers sei es, »die verführende Wirkung bürgerlicher Auffassungsformen auf das Denken des Proletariats« zu bekämpfen. Indem er den Arbeitern ihr gegenwärtiges Elend und ihre Macht, ihre Lage zu verändern, begreiflich mache und ihnen ihr »Klassenbewußtsein« nahebringe, leiste er seinen Genossen aus der Arbeiterklasse einen unentbehrlichen Dienst.[4]

Im Gegensatz zu Lukács war Horkheimer nicht daran interessiert, die Revolution auf den Straßen zu entfachen. Der Spartakusaufstand hatte die Sinnlosigkeit dieses Ansatzes aufgezeigt – und seine Gefahren für Leib und Leben. Eine Veränderung der Totalität erwartete Horkheimer nicht mehr vom Arbeiter, sondern vom Intellektuellen. »Die sozialistische Gesellschaftsordnung«, schrieb er 1934, »ist historisch möglich«; verwirklicht werde sie »von den an der Theorie geschulten, zum Besseren entschlossenen Menschen, oder überhaupt nicht«.[5] Der Glaube an die überragende Stellung der Kritischen Theorie bei der Überwindung der konkreten bürgerlichen Totalität war in der Frühzeit das vereinigende Band des Marxismus der Frankfurter Schule. Statt die Massen zum bewaffneten Kampf aufzuwiegeln, würden sich scharfsinnige Intellektuelle der Enthüllung und Entmystifizierung der falschen Beziehungen in der kapitalistischen Gesellschaft widmen, insbesondere der Degeneration von Vernunft und geistiger Ganzheit. Die Frankfurter Version der »wahren« Kultur vereinte den traditionellen akademischen Snobismus der deutschen Universitäten mit der von Schopenhauer und Nietzsche stammenden Idee einer »Genialen-Republik«. In der konventionellen bürgerlichen Kultur sah man das Produkt eines umfassenden historischen Prozesses: der Entfremdung des modernen Menschen, wie sie der junge Marx in den wiederentdeckten *Ökonomisch-philosophischen Manuskripten* beschrieben hatte.

Marx war sechsundzwanzig Jahre alt gewesen, als er sie verfaßte, und als sie 1932, knapp ein halbes Jahrhundert nach seinem Tod, zum ersten Mal veröffentlicht wurden, sahen sich die Marxisten gezwungen, ihr Bild von der Entwicklung seiner Ideen radikal zu revidieren. Dies betraf auch das Frankfurter Institut, wo sich Herbert Marcuse als erster mit den Manuskripten beschäftigte. 1844 stand Marx noch im Bann Hegels, und so führte er die Übel des Kapitalismus in seinen Notizen nicht nur auf wirtschaftliche Ausbeutung, auf Niedriglöhne, soziales Elend und chronische Arbeitslosigkeit zurück. Die wirklichen Gefahren des Kapitalismus waren vielmehr geistiger oder, wie man heute sagen würde, psychischer Natur. Aufgrund der Arbeitsteilung verwandele sich das Produkt der Arbeit in eine leblose Ware. Was der Arbeiter produziere, werde ihm genommen und verkauft, ohne daß er einen Nutzen davon habe, abgesehen von seinem Lohn, der nie dem vollen Wert seiner Arbeit entspreche. Zwischen ihm und seinem Produkt bestehe keine Beziehung mehr: Er sei seiner Arbeit »entfremdet«. Die Folge sei, daß der Arbeiter sich »erst außer der Arbeit bei sich und in der Arbeit außer sich« fühle. Seine Autonomie und Menschlichkeit habe er dem industriellen Prozeß geopfert, in dem er »leiblich zur Maschine herabgedrückt« werde, bis sie ihn schließlich ersetze. Im Kapitalismus bewirke die Arbeitsteilung eine Teilung der menschlichen Seele.[6]

Folglich könne auch die Ausdehnung der kapitalistischen Produktion dem Arbeiter nicht nutzen. Im Gegenteil: »Während die Teilung der Arbeit die produktive Kraft der Arbeit, den Reichtum und die Verfeinerung der Gesellschaft erhöht, verarmt sie den Arbeiter bis zur Maschine.« Die degenerative Dynamik des Kapitalismus ließ sich auf eine einfache dogmatische Formel reduzieren: Je mehr der Kapitalismus wuchs und expandierte, desto mehr mußte er, ungeachtet aller materiellen Beweise für das Gegenteil, die Arbeiter ausbeuten und verelenden. Darüber hinaus hörte die Entfremdung nicht bei der Arbeiterklasse auf. Da niemand der Arbeitsteilung und der von ihr hervorgerufenen Verwandlung von Dingen und Menschen in Waren entgehen konnte, schloß sie auch das Bürgertum ein. Im Kapitalismus war »ein Mensch dem andern, wie jeder von ihnen dem menschlichen Wesen entfremdet«.[7]

Über die Frage, welche Beziehungen zwischen den Ideen des jungen, hegelianischen Marx und jenen des älteren, materieller denkenden Verfassers des *Kapitals* bestanden, entbrannte unter Marxisten eine heftige Debatte. Ungeachtet dessen war Marx durch die Veröffentlichung der *Ökonomisch-philosophischen Manuskripte* zu einem Diagnostiker des modernen kulturellen Niedergangs geworden. Seine Idee der Entfremdung schien die Soziologie von Durkheim, Weber, Sombart und Simmel vorwegzunehmen, ganz zu schweigen von den Degenerationstheorien eines Benedict Augustin Morel oder eines Charles Féré. Gleichzeitig lieferte er einen Schuldigen für die moderne Degeneration: den Kapitalismus. Dessen Sieg bringe die Verkümmerung der vitalen menschlichen Seele mit sich. Von der Frankfurter Schule wurde die Marxsche Entfremdungstheorie rasch in die vertraute Sprache der deutschen Kulturkritik und der Gedankenwelt Nietzsches übersetzt.

Die Vernachlässigung der Kulturkritik durch den traditionellen Marxismus rief Adornos Unmut hervor: »Schließlich steht ... in Nietzsches Genealogie der Moral mehr von der einen Wahrheit als in Bucharins ABC.«[8] Indem der Kapitalismus Kunstwerke in eine Ware verwandle wie Seife und Autos, ereiferte er sich, zerstöre er die Kunst. Der wahre schöpferische Geist der Kunst »muß zergehen, wo er zum Kulturgut verfestigt und für Konsumzwecke ausgehändigt wird«. Wie Sombarts technische Kultur stelle die »Kulturindustrie« in Massenproduktion »gestriegelte Amüsements« her und »verdummt die Menschen«.[9] Adorno entwickelte eigens eine soziale Theorie der Musik, um zu beweisen, daß der Jazz den Sieg der Massenproduktion und des Mechanischen über die genuine künstlerische Kreativität darstelle, deren Paradigma Arnold Schönbergs Zwölftonmusik sei. Sogar das Pfeifen fiel seiner vernichtenden

Kritik zum Opfer, repräsentierte es doch die Deformation der musikalischen Formen für den allgemeinen Konsum und zerstörte auf diese Weise die ästhetische Integrität der Komposition.[10]

Im Grunde kehrten die Frankfurter Marxisten Nordaus Urteil über die Gegenwartskunst um. Als wahrhaft entartete Kunst galt nicht Schönbergs atonale Musik oder Picassos kubistische Malerei, sondern deren bürgerliches Pendant – John Philip Souza, Jazz, Mickymaus. Wie bei Nietzsches Abkehr von Wagner bewies bereits die Tatsache, daß diese Kunstformen einem »verdummten« Massenpublikum gefielen, ihre Korruptheit und Minderwertigkeit. Nach Ansicht der Frankfurter Schule konnten die Menschen erst nach dem Zusammenbruch des Kapitalismus zu selbstbewußten Subjekten und aktiven Gestaltern ihres Schicksals werden. Dann würden Kultur, bildende Kunst, Musik und Literatur ihre ursprüngliche Autonomie und lebenssteigernde Kraft wiedererlangen. 1932 sah es allerdings nicht danach aus, daß der Kapitalismus bald stürzen würde, jedenfalls nicht in Richtung einer marxistischen Gesellschaftsordnung. Statt dessen erzeugte er eine Revolution ganz anderer Art: die der militaristischen, vitalistischen Rechten.

Die Dialektik der Aufklärung

Fast die gesamte Linke wurde von Hitlers Aufstieg überrascht. Der Doktrin der KPD zufolge waren Mussolinis schwarze und Hitlers braune Hemden Erscheinungen der letzten Stufe des Spätkapitalismus. Das Bürgertum sehe sich angesichts der Wirtschaftskrise im Westen und des Aufschwungs in der Sowjetunion gezwungen, die Gewalt des Faschismus aufzubieten, um seine Herrschaft zu sichern. Laut Franz Neumann hatte der Faschismus die »blanken Tatsachen des autoritären Monopolkapitalismus« nicht nur akzeptiert, sondern auch gestützt und mitgeschaffen.[11] Aber man nahm allgemein an, daß er sich totlaufen würde, während die Arbeiterklasse sich hinter den Fahnen der KPD sammelte. Statt dessen gelangten die Nazis im Triumphzug an die Macht – mit Unterstützung von Teilen der Arbeiterklasse. Ihre Botschaft der rassischen Vitalität und nationalen Wiedergeburt hatte sich als erfolgreicher erwiesen als die der proletarischen Revolution und der Freiheit.

Den Mitgliedern des Instituts für Sozialforschung erschien die Machtübernahme der Nazis wie der endgültige Sieg von Nietzsches verdorbenem letzten Menschen. Adorno nannte sie später einen Sprung in den Abgrund. »Keiner, der die ersten Monate der nationalsozialistischen Herrschaft 1933 in Berlin beobachtete«, erinnerte er sich, »konnte das Moment tödlicher Traurigkeit, des halbwissend einem Unheilvollen sich Anvertrauens übersehen, das den angedrehten Rausch, die Fackelzüge und Trommeleien begleitete.«[12] Sechs Wochen nach Hitlers Ernennung zum Reichskanzler wurde das Institut von der Polizei durchsucht und geschlossen. Horkheimer und andere waren bereits nach Genf geflohen, wo sie Unterschlupf fanden, während sie auf die Visa für die USA warteten. Unterdessen begannen sie eine Theorie zu entwickeln, die erklären sollte, warum ein angeblich so zivilisiertes Land wie Deutschland derart widerstandslos einer irrationalen, gewalttätigen und rassistischen Ideologie erlegen war. Ihre These lautete, der liberale Kapitalismus habe »von Beginn an die Tendenz zum Nationalsozialismus in sich« getragen.[13]

Horkheimer und das Institut fanden schließlich Asyl in den Vereinigten Staaten, obwohl dessen administrativer Leiter, der Wirtschaftswissenschaftler Friedrich Pollock, die Politik des New Deal schon 1933 mit dem Staatskapitalismus in Deutschland und Italien verglichen hatte.[14] Jetzt wurden die Vereinigten Staaten sein Zufluchtsort. Nicholas Butler, der Präsident der Columbia-Universität in New York, war zwar ein Konservativer, aber auch ein Verfechter der akademischen Freiheit und Vielfalt, eine Haltung, die Marcuse später als »repressive Toleranz«

verunglimpfen sollte. Auf Drängen der soziologischen Fakultät stellte er der marxistischen Gruppe aus Deutschland ein Gebäude in der 117. Straße zur Verfügung, wo sich neben Horkheimer und Adorno bald auch Fromm und Marcuse einfanden. Umgeben vom ungewohnten amerikanischen Überfluß, verschanzte sich Horkheimers kleiner Hofstaat zur Abwehr der pulsierenden polyglotten Gesellschaft, die sie aufgenommen hatte, hinter verriegelten Toren. Aus Horkheimers Sicht war das Institut jetzt »die einzige Gruppe, ... welche den in Deutschland erreichten relativ hohen Stand der Theorie halten und weiter erhöhen kann«. In den nächsten fünfzehn Jahren fungierte das Institut an der Columbia-Universität als Transmissionsriemen, über den deutsche Soziologie und Philosophie, aber auch marxistische Theorie in das intellektuelle Leben Amerikas eingeführt wurde. An erster Stelle stand die Theorie: Horkheimer hatte immer eine starke Abneigung gegen die empirische Forschung gehegt und die Vorteile der theoretischen Vernunft gegenüber den bloßen Fakten – oder der empirischen Realität, wie andere sie genannt hätten – hervorgehoben.[15] Obwohl er auf beeindruckende Weise darüber sprechen konnte, daß sein Institut eine neue Einheit der Sozialwissenschaften erreicht habe, bestand diese Gemeinsamkeit unter den Institutsmitarbeitern doch nur in dem Wunsch, den Kapitalismus und seine spießbürgerlichen Werte zu überwinden.

Nach Ansicht Horkheimers und Adornos war der Alptraum, dem sie in Deutschland entkommen waren, kein Sonderfall von Massenhysterie. Vielmehr repräsentiere der Nationalsozialismus etwas Tieferes und noch schwerer zu Bewältigendes: die letzte Stufe der westlichen Zivilisation als totalitärem Prozeß. Die den modernen Westen charakterisierenden Formen des ökonomischen, sozialen, politischen und kulturellen Lebens strebten alle ein einziges Ziel an: die absolute Herrschaft. Verwirklicht werde dieses expansive Machtstreben durch den Drang nach »totaler Integration«. In der 1944 in mimeographierter Form erschienenen *Dialektik der Aufklärung* von Adorno und Horkheimer – als Buch kam sie 1947 heraus – wurde dieser faustische Geist, wie Spengler ihn genannt hatte, zur treibenden Kraft des Fortschritts der westlichen Zivilisation.

»Die Naturverfallenheit des Menschen heute« war aus ihrer Sicht »vom gesellschaftlichen Fortschritt nicht abzulösen. Die Steigerung der wirtschaftlichen Produktivität, die einerseits die Bedingungen für eine gerechtere Welt herstellt«, bewirke andererseits, daß der einzelne »gegenüber den ökonomischen Mächten vollends annulliert« und »die Gewalt der Gesellschaft über die Natur auf nie geahnte Höhe« getrieben werde. In der westlichen Kultur werde der einzelne völlig dem totalisierenden Ganzen untergeordnet. Nicht nur opfere er seine politische Freiheit dem Staat, er verliere auch die Fähigkeit des unabhängigen Handelns und Denkens. Die Krankheit der westlichen Kultur banne »den Geist in immer tiefere Blindheit«. Sogar gelegentlich auftauchende Dissidenten, etwa Karl Marx, könnten ihren Widerspruch nur noch »in abgegriffener Sprache« formulieren und »durch Übernahme des eingeschliffenen Kategorienapparats und der dahinter stehenden schlechten Philosophie die Macht des Bestehenden stärken, die [sie] brechen möchte[n]«.[16]

Deshalb müßten Revolutionen im Westen fehlschlagen, während der Faschismus triumphiere. Laut Horkheimer ist der Faschismus »die Wahrheit der modernen Gesellschaft, die von der Theorie von Anfang an getroffen war«.[17] Der gesamte kapitalistische Westen stehe an derselben Schwelle, über welche die Weimarer Republik in ihrer Ohnmacht gegenüber dem faschistischen Militärstaat und dem kollektiven Wahn gestolpert sei, so daß »die Menschheit, anstatt in einen wahrhaft menschlichen Zustand einzutreten, in eine neue Art von Barbarei« versunken sei. Horkheimer und Adorno wiesen über den Kapitalismus hinaus auf dessen philosophische Wurzeln im westlichen Kult von Rationalität und Vernunft. Schuld am »gegenwärtigen Zusammenbruch der bürgerlichen Zivilisation« hatte letzten Endes also die Aufklärung. Im Gegensatz zu deren Selbstverständnis sei das 18. Jahrhundert keineswegs ein Zeitalter der Vernunft gewesen, sondern eines, das die Beherrschung von Mensch und Natur angestrebt habe. Dieses Denken enthielt »schon den Keim zu jenem Rückschritt ..., der heute überall sich ereignet«.[18] Mit anderen Worten, für Adorno und Horkheimer war der Nationalsozialismus das Endergebnis der Aufklärung.

Diese Schlußfolgerung wird weniger verblüffend, wenn man bedenkt, daß die Frankfurter Schule einen deutlichen Unterschied zwischen einer guten und einer schlechten Aufklärung zog. Erstere habe die rationale humanistische Philosophie von Denkern wie Hume, Kant und Hegel und den kritischen Geist eines Voltaire hervorgebracht, der in Nietzsche wiedergeboren worden sei. Als letzte Erben dieser Art Aufklärung betrachteten sich Adorno und Horkheimer selbst. Die andere Aufklärung habe die moderne Besessenheit von Wissenschaft, Technik und Zahl geschaffen, durch welche die Vernunft verdinglicht und in ein bloßes Instrument verwandelt worden sei. Dies sei die Aufklärung Newtons, Condorcets, Benthams und Adam Smiths. Letztlich jedoch seien beide Arten der Aufklärung nicht voneinander zu trennen. Sie stünden in einer dialektischen Beziehung. Indem die Aufklärung selbst das, »was nicht eingeht, Unauflöslichkeit und Irrationalität«, formelhaft erfasse, glaube sie durch »vorwegnehmende Identifikation der zu Ende gedachten mathematischen Welt mit der Wahrheit ... vor der Rückkehr des Mythischen sicher zu sein«.[19] So ende der westliche Geist damit, den Menschen von der Natur und sich selbst zu entfremden.

Wie bei Nietzsche beginnt die Geschichte vom Niedergang des Westens auch bei Adorno und Horkheimer mit den alten Griechen. Hätten Mythologie und Magie noch die Einheit von

Mensch und Natur bewahrt, so sei sie durch das apollinische Projekt der griechischen Philosophie zerstört worden. Mythologischer Prototyp des wissenschaftlichen Menschen ist für Adorno und Horkheimer Odysseus, der seine übernatürlichen Feinde mit List besiegte und so das Urmodell rationaler Arbeit schuf, wie sie Wissenschaftler und Unternehmer ausübten. Auf diese Weise sei die Vernunft freigesetzt worden, doch der Mensch nutze sie, um alles zu beherrschen, was von ihm selbst und von der Vernunft abgetrennt zu sein scheint. Wissenschaft, Recht, Regierung, sogar die Sprache: Alles würde zum Instrument, um Verschiedenheit auf Gleichheit, Spontaneität auf Uniformität und Andersartiges auf ein beherrschbares Objekt zu reduzieren.

Die Aufklärung habe diesen Prozeß Zivilisierung oder Fortschritt genannt. Doch statt Zufriedenheit habe er Entfremdung gebracht: »Die Menschen bezahlen die Vermehrung ihrer Macht mit der Entfremdung von dem, worüber sie die Macht ausüben.« Was sie nach immer mehr Macht streben lasse – mit demselben negativen Ergebnis. Statt in einer linearen Aufwärtsbewegung vollziehe sich der Fortschritt in Wirklichkeit in einer nach innen drehenden *anakyklosis* von Illusion und Frustration. Er werde zur Falle, wie Max Webers »stahlhartes Gehäuse«, das der Mensch sich kraft seiner eigenen Rationalität errichte. Durch die Aufklärung sei dieser selbstzerstörerische Herrschaftsprozeß auf sein modernes Tempo beschleunigt worden. Sie habe der neuen herrschenden Klasse, dem Bürgertum, eine Rationalisierung – einen »Mythos« – für ihr wissenschaftliche Methode genanntes Streben nach immer mehr Macht verschafft. Alles werde zum Äquivalent, zur Zahl und zum System.[20] Aus dieser Entwicklung seien die Betonung von Fakten und empirischer Forschung in der modernen Wissenschaft sowie das quantitative Prinzip der liberalen Demokratie – ein Mann, eine Stimme – entstanden. Darunter bleibe jedoch das Verlangen der instrumentellen Vernunft nach Allmacht lebendig.

»Technische Rationalität ist heute die Rationalität der Herrschaft selbst«, woraus folge: »Aufklärung ist totalitär.« Ihr wahres Gesicht enthülle die Vernunft auf dem Papier, auf dem Marquis de Sade seine brutalen sexuellen Phantasien festgehalten hat, in Nietzsches Fin-de-siècle-Nihilismus – Nietzsche erscheint in Adornos und Horkheimers Darstellung sowohl in der Rolle des Helden als auch in der des Schurken –, in den Folterkellern der Nazis und den Gaskammern von Auschwitz. Nach Adorno und Horkheimer ist dies alles das logische Ergebnis einer geschichtlichen Tradition, die Fortschritt und Wissenschaft huldigt. In ihren eigenen eingängigen Worten: »Der Schluß, daß Schrecken und Zivilisation untrennbar sind, den die Konservativen gezogen haben, ist wohl begründet.«[21]

Man könnte einwenden, das angebliche Endprodukt der Aufklärung, der Faschismus, sei ein erklärter Feind des aufgeklärten Liberalismus und aller seiner Leistungen, ebenso, wie dieser die Kultur über die Zivilisation gestellt habe. Adorno und Horkheimer hielten dieses Argument jedoch nicht für stichhaltig. Ihrer Ansicht nach war für das Verständnis der Ursachen der Nazibewegung nicht entscheidend, was Hitler und seine Gefolgsleute zu tun behaupteten, sondern welche Rolle sie im Gesamtprozeß spielten. Nachdem die Rationalität alles Erreichbare usurpiert und versklavt hatte, war sie laut Adorno und Horkheimer im Spätstadium ihrer Entwicklung gezwungen, sich ihren Feinden – Gewalt und Barbarei – zuzuwenden, um ihren totalen Sieg endgültig zu sichern. Für die Rationalität galt in diesem Stadium dasselbe wie für den Faschismus, der auch darin totalitär sei, »daß er die Rebellion der unterdrückten Natur gegen die Herrschaft unmittelbar der Herrschaft nutzbar machte«.[22] So wurde sogar die Irrationalität zum dialektischen Instrument der Vernunft. Damit etablierten Adorno und Horkheimer eine rhetorische Figur, die nicht nur für die Frankfurter Schule, sondern auch für andere Kulturpessimisten charakteristisch werden sollte: Je gegensätzlicher zwei Phänomene zu sein scheinen – Liberalismus und Faschismus, Überfluß und Armut, freie Rede und Zensur –, desto mehr gleichen sie sich in Wirklichkeit.

Über die tatsächlichen politischen Ursachen des Aufstiegs des Nationalsozialismus hatten Adorno und Horkheimer wenig zu sagen. Politik nahmen sie nur als Funktion dessen wahr, was ihnen am meisten am Herzen lag: die Kultur. Sie glaubten, die moderne Technologie lasse Kunst und Kultur der Industriegesellschaften in Entsprechung zur totalitären Politik zu einer neutralisierten, vorgefertigten Massentäuschung verkommen. Zu sagen, daß sie diese Verkümmerung der Kultur durch den Kapitalismus problematisch fanden, wäre eine krasse Untertreibung. Die Grundlage dieser tiefgreifenden Kulturkritik war die Ästhetik des einzelgängerischen Walter Benjamin, vielleicht der originellste Kopf der Frankfurter Gruppe, der die Bedeutung der modernen Technik für die Veränderung der von ständigen Schocks gekennzeichneten Wahrnehmung hervorhob, wobei das »Bedürfnis, sich Chockwirkungen auszusetzen«, seiner Ansicht nach »eine Anpassung der Menschen an die sie bedrohenden Gefahren« darstellte. Den modernen Menschen sah er in den Romanfiguren Franz Kafkas verkörpert: verwirrt, verloren und verschreckt, eingeschlossen in passive Konformität und emotionale Taubheit – kurz, Archetypen der Entfremdung.[23] Gleichzeitig verändere die Technik die Kultur durch mechanische Reproduktion in Form von Fotografien, Filmen, Schallplatten und massenhaft gedruckten Büchern, worin sich erneut die universale Gleichheit der Dinge – ihre Äquivalenz – offenbare, denn jedes Exemplar einer bestimmten Fotografie oder Schallplatte gleiche exakt allen anderen.

Die Uniformität der Massenproduktion zerstörte das, was Benjamin die Aura eines Kunstwerks nannte, die Ehrfurcht vor der Einzigartigkeit eines Objekts, aus der erst die wahre künstlerische Schöpferkraft erwachse.[24] Aus Benjamins Sicht machte es eine Fotografie der Venus von Milo unmöglich, bei der Betrachtung der echten Venus von Milo ihre Einzigartigkeit wahrzunehmen, zumal der drastisch verengte Erfahrungshorizont in der modernen Gesellschaft die Fähigkeit verkümmere, echte Kunstwerke zu schaffen. Technik und Kapitalismus bedeuteten laut Benjamin das Ende von Kunst und Künstlertum. Wenn das schöpferische Individuum nicht zu einem Bestandteil dieses Systems ästhetischer Ausbeutung und zur »Hure« seiner korrupten Werte werden wollte, blieb ihm paradoxerweise nur der Ausweg, jeden Anspruch auf Kreativität und künstlerische Unabhängigkeit fallenzulassen, der ihm allenfalls den Respekt des Mittelstandes eingebracht hätte. Statt dessen sollte der Künstler sein Talent und die modernen Massenmedien nutzen, um das Proletariat beim Sturz der wirklichen Ursache ihrer beider Erniedrigung zu unterstützen – des Kapitalismus. Das war viel verlangt, und Benjamin blieb in den Einzelheiten vage. Daß der Künstler, indem er es vermied, zur Hure der bürgerlichen Kultur zu werden, zur Hure Stalins werden könnte, kam ihm offenbar nie in den Sinn.[25]

Der Sowjetdiktator stellte das Hauptproblem der Frankfurter Schule dar, das sie nie wirklich in den Griff bekam. Während der Marxismus eigentlich einen Schutz gegen den Aufstieg der totalitären Gesellschaft bilden sollte, hatte er in der Sowjetunion seine eigene Form des Totalitarismus hervorgebracht. Adorno, Horkheimer und ihre Kollegen verschwendeten nie einen Gedanken daran, daß gewalttätige Polizeistaaten wie Hitlers Deutschland und Stalins Sowjetunion mehr miteinander gemein haben könnten als mit den westlichen kapitalistischen Werten, die angeblich die Wurzel allen Übels waren. Statt dessen verschärften sie angesichts der unleugbaren Wirklichkeit des Stalinismus ihre pessimistische Schlußfolgerung: *Jede* Gesellschaft westlichen Zuschnitts entwickle sich, unabhängig von ihrer Ideologie oder dem Charakter ihrer Führer, unweigerlich zu jener Art von Totalitarismus, die George Orwell in seinem Roman *1984* dargestellt hatte. Wo seelenlose Vernunft herrsche, schlage unweigerlich die Tyrannei Wurzeln.

Diese Überzeugung führte die Frankfurter Schule zu Toynbees Theorie der Konvergenz der Supermächte, die sie allerdings nicht als hoffnungsvollen Trend betrachtete, sondern als parallele Entwicklung zweier »fortgeschrittener Industriegesellschaften« zu starren, austauschbaren totalitären Systemen. Liberale demokratische Prinzipien und marxistische Egalität dienten nur der Verschleierung der gesichtslosen bürokratischen Eliten, von denen beide überwacht würden. Der totale Polizeistaat war somit die natürliche Folge der Ökonomie nach westlichem Muster. Ohne einen geheimen Regierungsapparat und die mit diesem verbundenen Greuel konnte keine fortgeschrittene Industriegesellschaft ihre Macht aufrechterhalten.

In dieser pessimistischen Betrachtungsweise trafen sich die Frankfurter Theoretiker mit einem anderen an der Columbia-Universität lehrenden Marxisten, C. Wright Mills, neben Marcuse und Adorno einer der intellektuellen Mentoren der amerikanischen Neuen Linken. In seinem einflußreichsten Buch, *Die amerikanische Elite* (1958), wies er auf dieselben vom fortgeschrittenen Industriestaat ausgehenden Gefahren hin wie die Vertreter der Kritischen Theorie, nur mit einem spezifisch amerikanischen Unterton von Paranoia. Mills präsentierte die angelsächsische Aristokratie der Vereinigten Staaten als eine geschlossene, selbstbezogene Elite aus altem Geldadel, Managern, Technokraten und Kalten Kriegern. Im Kreis dieser eng verflochtenen Machtelite würden die wirtschaftlichen, politischen und militärischen Entscheidungen des Landes getroffen. Dieser »militärisch-industrielle Komplex« sei jedoch keine amerikanische Besonderheit. In ihm spiegele sich der industrielle und damit internationale Charakter der modernen Nation wider. Wie die Sünden von Stalins Sowjetunion gehörten jene von Eisenhowers Amerika in eine größere historische Totalität. »Wir erkennen dabei«, schrieb Mills, »daß die Geschichte der westlichen

Zivilisation« hinsichtlich der Entwicklung der Macht der herrschenden Männer und der ihnen zur Verfügung stehenden Herrschaftsmittel »verhältnismäßig geradlinig verlaufen ist; daß die Mittel der Unterdrückung und Ausbeutung, der Gewalt und Zerstörung ebenso wie die der Produktion und des Wiederaufbaus progressiv vermehrt und ständig weiter zentralisiert worden sind«. Mit Hilfe manipulativer Massenmedien sowie durch den »Niedergang der Politik als einer echten öffentlichen Debatte alternativer Entscheidungsmöglichkeiten«, den Verlust der persönlichen Autonomie und die Kommerzialisierung der Wünsche der Menschen habe die »Machtstruktur« jeden Aspekt der Gesellschaft so organisiert, daß ihre Machtausübung versteckt bleibe.[26]

Entscheidend für diese Verschleierung und damit für das Funktionieren der Totalität sei die Ideologie. Mills, die Frankfurter Schule und ihre Erben unter der Neuen Linken benutzten den Begriff »Ideologie« zur Bezeichnung der Vorstellungen, die sich die Menschen in fortgeschrittenen Industriegesellschaften von der Welt machen, im Gegensatz dazu, wie sie wirklich sei. Nach der Definition des Soziologen Karl Mannheim, der bis 1933 an der Frankfurter Universität lehrte, dient Ideologie in bürgerlichen Gesellschaften dazu, die wirklichen Beziehungen von Wirtschaft, Klassenkampf und Politik zu verbergen. Den Menschen werde der Glaube eingepflanzt, sie hätten größere Kontrolle über ihr Leben gewonnen, mit mehr Wohlstand, mehr Wahlmöglichkeiten beim Konsum und größerer sozialer und geographischer Mobilität, während sie in Wirklichkeit ständig von den Anforderungen des Kapitalismus versklavt würden. In der Tat betrachtete die Frankfurter Schule die Ideologie als das Netz, das die industrielle Massengesellschaft zusammenhält. »In dem Wort ›Ideologie‹«, schrieb Mannheim, »ist implizit die Einsicht enthalten, daß in bestimmten Situationen das kollektive Unbewußte gewisser Gruppen sowohl diesen selbst wie anderen die wirkliche

Lage der Gesellschaft verdunkelt und damit stabilisierend wirkt.«[27]

Mills und später Marcuse bezeichneten diese verschleiernde, stabilisierende Ideologie in Amerika als Konservatismus. Er galt vor allem als bürgerliche Ideologie. Konservativ zu sein bedeutete in den Augen der Neuen Linken das gleiche wie für die Nietzscheaner der deutschen Rechten der Liberalismus: eine willentliche Ignoranz gegenüber der Leere des modernen Lebens, die Nichtbeachtung der allgegenwärtigen Zeichen von Korruption und Niedergang.[28] Der stalinistische Kommunismus hatte die Fähigkeit verloren, diese falsche Ideologie zu demaskieren. Statt dessen hatte er selbst eine solche Ideologie entwickelt, die er einsetzte, um eine hinfällige Industriegesellschaft abzustützen, den »autoritären Sozialismus«.

Als einzige Alternative zum Totalitarismus blieb so nur die Kritische Theorie. Zu erwarten, daß der Totalisierungsprozeß der modernen Zivilisation unter ihren Angriffen plötzlich zusammenbrechen würde, wäre allerdings naiv gewesen. Doch das Scheitern des Kommunismus bedeutete der Logik der *Dialektik der Aufklärung* zufolge, daß es nicht möglich war, den Fortschritt weiter voranzutreiben, da jede Ausdehnung der systematischen Rationalität, sogar der Marxismus, nur zu einer neuen Form derselben tödlichen Falle von Rationalisierung und Totalisierung führte. Blieb nur der Ausweg des individuellen Nietzscheanischen Akts der Kritik, die »negative Dialektik«, um mit Adorno und Horkheimer zu reden, oder die »Große Weigerung«, wie Marcuse diese Haltung mit einem Begriff der französischen Surrealisten nannte. Der Intellektuelle mußte sich aus Protest gegen den totalitären Traum der Macht bewußt von den Wertvorstellungen und Konventionen der bürgerlichen Gesellschaft verabschieden.

Damit bewahrte das kritische Denken sogar im Spätkapitalismus, dem Vorspiel von Diktatur und Faschismus, in dem die verdummte Masse zu einem geistlosen Kollektiv zusammengetrieben werde, seine Unabhängigkeit. Die Haltung des Intellektuellen ist hier weder bodenständig noch abhängig, also weder dem politischen Regime wie die totalitären und faschistischen Ideologen noch, wie die Liberalen, dem kulturellen System ergeben. Statt dessen ist er »negativ«, das heißt ein Gegner des Status quo. Seine Angriffe sind keine vergeblichen oder bloß symbolischen Gesten. Der zentrale Lehrsatz der Frankfurter Schule und ihrer späterer Vertreter wie Jürgen Habermas lautet, die Worte des radikalen Kritikers seien nicht umsonst, sondern stellten eine signifikante Form gesellschaftlichen Handelns dar, da der Protest gegen die Totalität in den Köpfen der Menschen den Gedanken an die Möglichkeit einer Alternative lebendig erhalte.

So passend dieses Bild des heroischen einsamen Andersdenkenden in Nazideutschland gewesen sein mochte, zu den in den vierziger und fünfziger Jahren in den USA herrschenden Bedingungen paßte es ebensowenig wie zur »präfaschistischen« Weimarer Republik. Tatsächlich könnte eines der Probleme der Weimarer Zeit darin bestanden haben, daß es zu viele als »signifikante Rede« daherkommende kritische Worte gab. Die Worte und Taten der Frankfurter Schule gehörten jedenfalls in diesen Zusammenhang. Die bürgerliche Gesellschaft zu kritisieren, wurde nachgerade zu einer moralischen Pflicht, sogar – oder vorzugsweise – in der Sicherheit eines Hörsaals oder auf den Seiten einer gelehrten Zeitschrift. Da sich der negative Kritiker, wie Mills an der Columbia-Universität oder Marcuse an der Brandeis-Universität, von dem todgeweihten sozialen und kulturellen System losgesagt hatte, gehörte er ihm auch nicht mehr an, selbst wenn es seine Rechnungen bezahlte. In der Terminologie der Frankfurter Schule: Er erkannte seine Autorität nicht mehr an.

Freud in Frankfurt

Letzten Endes gründete der historische Pessimismus der Frankfurter Schule auf einem groben Vergleich zwischen Amerika und der Weimarer Republik. Aus der Sicht der Kritischen Theorie war die amerikanische Gesellschaft wie die präfaschistische in Deutschland eine geist- und seelenlose Erscheinungsform des Spätkapitalismus und stand wie sie am Rand der Diktatur. Hier erwies sich Sigmund Freud als ebenso nützlich wie Nietzsche. Auf den ersten Blick scheint sich Freud nicht als Eideshelfer für Attacken auf die westliche Rationalität und auf Mittelstandswerte zu eignen. Als liberaler jüdischer Intellektueller war Freud ein stolzer, vorbehaltloser Angehöriger des bürgerlichen Berufsstandes der Mediziner. Die psychoanalytische Theorie betrachtete er als Teil etablierter aufklärerischer Traditionen und als eine Form von Wissenschaft. Nach Ansicht der Frankfurter Schule gehörte sie jedoch keineswegs zur Wissenschaft. Sie sah in Freud einen gesellschaftskritischen Mitstreiter, der die Rolle des Unbewußten hervorhob und gleich Schriftstellern wie Dostojewski und Kafka die dunkle Seite der menschlichen Existenz erkundete. Insofern bereitete die Frankfurter Schule den Weg für Freuds spätere Popularität in der Literaturwissenschaft wie in der Psychologie.

Ende der zwanziger Jahre begann sich der Psychoanalytiker Erich Fromm mit der Verknüpfung von Psychoanalyse und Marxismus zu beschäftigen. Er war nicht der erste auf diesem Feld. Schon der Freud-Schüler Wilhelm Reich hatte diesen Versuch unternommen und damit den Unwillen seines Lehrers auf sich gezogen. Doch während Reich sich auf die Behauptung beschränkte, das Ende des Kapitalismus werde auch das Ende der Neurosen sein, gingen Fromm und seine Helfer am Institut für Sozialforschung analytischer an die Verschmelzung von Freud und Marx heran und versuchten eine Sozialpsychologie des Spätkapitalismus zu entwerfen, indem sie insbesondere unter Arbeitern dessen deformierende Auswirkungen auf den einzelnen und die Familie untersuchten. »Je stärker ... eine Gesellschaft ökonomisch, sozial und psychologisch zerfällt«, so Fromm 1932, »desto größer werden auch die Differenzen der psychischen Struktur der verschiedenen Klassen.«[29] Wie der Spätkapitalismus, so schlossen Fromm, Horkheimer und Marcuse in den 1936 publizierten *Studien über Autorität und Familie*, befand sich auch die Familie in der Krise. Dies habe weitreichende und speziell für das Individuum fatale Folgen. Die Menschen würden aus der modernen Familie als psychische Krüppel hervorgehen, besonders hinsichtlich ihrer Fähigkeit, mit Autorität umzugehen. In einer späteren Studie des Instituts stellt Adorno fest, in spätkapitalistischen Gesellschaften sei unbedingter Gehorsam gegenüber einer ganzen Reihe von Autoritätsfiguren verbreitet – »Eltern, älteren Personen, Führern, übernatürlichen Mächten und anderen« –, weil die Menschen darauf abgerichtet seien, die von den Machthabern zur Verschleierung ihrer Ausbeuterei benutzten Lügen zu glauben.[30]

Dank der Frankfurter Schule wurde der Begriff der Autorität für Marxisten und Progressive – wie der des Imperialismus – zu einem Schimpfwort. Dies hatte allerdings weniger mit Politik als vielmehr mit der Psychoanalyse zu tun – und sogar mit der Degenerationstheorie. Während die Aufklärung Abhängigkeit von Autoritäten als Kennzeichen primitiver Kulturen betrachtet hatte, erklärten Fromm und Horkheimer im Gegenteil, die Suche nach Autoritätsfiguren sei ein normaler Aspekt der Psyche des modernen Menschen. Da er seine Schwäche und Ohnmacht im Spätkapitalismus spüre, wende er sich instinktiv jenen zu, die Stärke und Macht verkörperten. Die Konditionierung beginne früh: »Indem das Kind in der väterlichen Stärke ein sittliches Verhältnis respektiert, und somit das, was es mit seinem Verstand als existierend feststellt, mit seinem Herzen lieben lernt, erfährt es die erste Ausbildung für das bürgerliche Autoritätsverhältnis.«[31]

In der typischen modernen Familie werde der »Ödipuskomplex auf sadomasochistische Weise« gelöst. Das Ergebnis sei ein psychischer Krüppel, der »autoritäre Charakter«, dessen Haß auf den Vater ungelöst bleibe und in das Streben transformiert werde, sich Autoritätsfiguren unterzuordnen. Dies sei wie die Degeneration eine Form des Atavismus – ein Begriff, den Adorno später selbst benutzt hat –, die besonders in der unteren Mittelschicht verbreitet sei.[32] Ähnlich wie Le Bons Massenmensch sucht der autoritäre Charakter Sinn und Orientierung, indem er sich Massenbewegungen und charismatischen Führern wie Hitler oder Mussolini anschließt. Und ebenfalls wie bei Le Bon ist diese atavistische Regression selbst ein Ergebnis des Fortschritts, soll heißen der sozioökonomischen Kräfte der entfesselten Demokratie und Modernität. Die bürgerliche Gesellschaft preist zwar die individuelle Autonomie, bringt aber das Gegenteil hervor.

Das masochistische Bürgertum und seine Arbeiterklassenklone erfüllen ebenso passiv die Forderungen ihrer sadistischen politischen Herren, wie sie sich in die Anforderungen der kapitalistischen Arbeitsteilung schicken. »Die subjektive Vernunft«, verkündete Horkheimer düster, verkomme zu einem »bloßen stumpfsinnigen Apparat zum Registrieren von Fakten« und »verliert alle Spontaneität, Produktivität, die Kraft, Inhalte zu entdecken und geltend zu machen – sie verliert, was ihre Subjektivität ausmacht«. Daraus folge unweigerlich, die »überwältigende Mehrheit der Menschen« in der kapitalistischen Gesellschaft habe »keine ›Persönlichkeit‹«.[33] Und diese Dynamik sei derart verbreitet, daß »die Mehrzahl der Menschen unserer Gesellschaft ... den Charakter der bürgerlichen Menschen für den ›normalen‹ und natürlichen halten«.[34]

Die entsprechenden Schlußfolgerungen zog Fromm in seinem 1941, kurz vor dem Kriegseintritt der USA, publizierten Buch *Flucht vor der Freiheit*. Dort heißt es, daß der moderne Mensch, indem er sich »von den Fesseln der vor-individualistischen Gesellschaft befreite« – oder von der Gemeinschaft, wie man emphatisch sagen könnte –, »noch nicht die Freiheit – verstanden als positive Verwirklichung seines individuellen Selbst – errungen hat«. Er ist, marxistisch gesprochen, entfremdet, und genau von diesem Gefühl der Entfremdung wurden die Massen in Deutschland und anderen Industriestaaten Bewegungen wie dem Nationalsozialismus in die Arme getrieben, statt sich von der ökonomischen Ausbeutung zu befreien, welche die wirkliche Ursache ihres Elends war. Auch »in unserer eigenen Gesellschaft«, warnte Fromm die Amerikaner, solle man nicht die Augen davor verschließen, »daß wir ... dem gleichen Phänomen gegenüberstehen, das überall auf der Welt ein fruchtbarer Nährboden für den Faschismus ist: der Bedeutungslosigkeit und Ohnmacht des Individuums«. In der modernen Gesellschaft bleibe dem einzelnen »nichts anderes übrig, als Schritt zu halten wie ein marschierender Soldat oder wie ein Arbeiter am Fließband. Er kann sich betätigen, aber er hat das Gefühl seiner Unabhängigkeit und Bedeutung eingebüßt.«[35]

Fromms Bild des von der Furcht vor der Freiheit erfüllten modernen Menschen lag auch dem ehrgeizigsten Projekt des Instituts zugrunde, den *Studien zum autoritären Charakter*. Während sich die früheren Erkenntnisse der Frankfurter Schule über die Psychologie des Spätkapitalismus auf deutsche Befragungen stützten, war die neue Studie ein rein amerikanisches Unternehmen. Vor allem beriefen sich die Autoren auf amerikanische Ideale, indem sie die autoritäre Persönlichkeit als Feind der demokratischen Zivilisation ausmachten, und das 1948 veröffentlichte Ergebnis der Untersuchung betraf die amerikanische Nachkriegswirklichkeit: Obwohl die USA den Faschismus im Krieg besiegt hätten, mahnten die Autoren, bleibe die Gefahr seiner Wiederkehr bestehen. Die Persönlichkeitsstörungen, die ihn verursacht hätten, seien nicht verschwunden. Im Gegenteil, sie seien allgegenwärtig. In diesem Sinne war die Botschaft der Studie implizit auch gegen den Kalten

Krieg gerichtet: Nicht der Kommunismus, sondern der Faschismus stellte in der Nachkriegswelt die größte Bedrohung der traditionellen amerikanischen Werte dar.[36]

Die Studie über den autoritären Charakter war 1939 im Rahmen einer umfangreicheren Untersuchung über den Antisemitismus geplant worden. Verwirklicht wurde sie mit Unterstützung des Amerikanischen Jüdischen Komitees ab 1943 in Zusammenarbeit mit einer Gruppe der Universität von Kalifornien. Im Mittelpunkt stand eine Reihe von Fragebögen, mit deren Hilfe ein Profil des »potentiell faschistischen Individuums« erstellt werden sollte; erstaunlicherweise wurde nicht versucht, ausgewiesene Faschisten zu interviewen. Die Antworten sollten, wie Adorno im Vorwort schrieb, »verhältnismäßig verborgene Züge in der Charakterstruktur« enthüllen und, falls vorhanden, eine Disposition deutlich machen, »faschistische Ideen – bei entsprechender Gelegenheit – spontan zu äußern oder sich von ihnen beeinflussen zu lassen«. Das Ergebnis war alarmierend. Wie sich herausstellte, war der Antisemitismus nur der sichtbare Teil einer dysfunktionalen Persönlichkeit, die sich in der Vielzahl von »ethnozentrischen« und »konventionellen« Ansichten des amerikanischen Bevölkerungsquerschnitts sowie einer beunruhigend unterwürfigen Haltung gegenüber Autoritäten aller Art offenbarte. Angesichts der angeblichen Aufgeklärtheit der westlichen Gesellschaft konstatierte Adorno mit einiger Verwunderung, wie weit rassische und ethnische Vorurteile verbreitet waren, seiner Ansicht nach ein Anzeichen dafür, daß der »unvereinbare Atavismus alter Völker« in der modernen Gesellschaft überlebt hatte. Die Überraschtheit ist kaum nachzuvollziehen, hatte Adorno in der *Dialektik der Aufklärung* doch gerade erst verkündet, Vorurteile seien ein wesentlicher Bestandteil der modernen Gesellschaft.[37]

Die wesentlichen Merkmale des potentiell faschistischen Charakters waren: eine starre Bindung an herrschende Werte, insbesondere hinsichtlich Moral und Religion; das Bestreben, in Verhalten und Erscheinung unauffällig zu bleiben; die Betonung von Tüchtigkeit, Sauberkeit und Erfolg – kurz, die Werte des typischen anständigen Amerikaners. Hinter diesen Charakterzügen verbargen sich eine menschenverachtende pessimistische Haltung – die sich in der Zustimmung zu dem Fragebogensatz »Es wird immer Kriege und Konflikte geben, die Menschen sind nun einmal so« ausdrücke –, eine abgrundtiefe Furcht vor Sexualität und Spontaneität, die Ablehnung von Außengruppen und Minderheiten sowie die Anfälligkeit für die Unterwerfung unter Autoritätsfiguren. Eine solche autoritäre Persönlichkeit beruft sich, mit den Worten des jüngsten Chronisten der Frankfurter Schule, »auf Demokratie, Moral, Rationalität nur im Dienste ihrer Zerstörung«.[38]

Für die Diagnose der dysfunktionalen Persönlichkeit griffen Adorno und seine Mitarbeiter auf Freud zurück. Alles resultierte aus einem schwachen Ich und einem externalisierten Über-Ich, beides zufälligerweise auch die Hauptmerkmale des in der industriellen Massengesellschaft lebenden Menschen. Die *Studien über den autoritären Charakter* gehörten zu einer Reihe nach dem Krieg erschienener Schriften, in denen die These vertreten wurde, Faschismus und Antisemitismus übten auf schwache und innerlich zerrissene fremdgesteuerte Persönlichkeiten eine besondere Anziehungskraft aus – darunter Jean-Paul Sartres *Überlegungen zur Judenfrage* (1946), David Riesmans *The Lonely Crowd* (1950) und Alberto Moravias *Der Konformist* (1951). Darüber hinaus arbeiteten Adorno und seine Mitarbeiter die Lombrosianische Sozialwissenschaft in einen modernen Kontext ein. Anormalität wurde durch bestimmte feststehende und quantifizierbare Merkmale definiert, die auf der sogenannten F-Skala – F wie Faschismus – gemessen und dann mit dem Profil der als normal oder gesund angenommenen Persönlichkeitsstruktur verglichen wurden. Aber trotz aller an Lombroso und Galton erinnernden »wissenschaftlichen« und »klinischen« Messungen und Grafiken war ernsthaften Kritikern bald klar, daß die Untersuchung aufgrund der Zahl der Antworten und der Auswahl der »Schlüsselgruppen« und der darauf zurückzuführenden unrepräsentativen Stichgruppe und verdrehten Daten zum großen Teil wertlos war.

Wie schon bei den kleineren Erhebungen Anfang der dreißiger Jahre in Deutschland, aus denen die *Studien über Autorität und Familie* hervorgegangen waren, wurden die Fragen so gestellt, daß jede Antwort, die auf traditionelle Werte verwies, als »autoritär«, das heißt als deformiert und daher potentiell faschistisch galt. Die Möglichkeit, daß jemand politisch progressiv eingestellt und gleichzeitig für Autoritätstypen anfällig sein könnte, schloß man von vornherein aus. Es wurde »bewiesen«, daß Linke sowohl im privaten als auch im öffentlichen Leben emotional ausgeglichener und *glücklicher* waren als Konservative. Dies äußere sich in Offenheit, Liebesfähigkeit, Mitgefühl und Erkenntnis der Realität – Eigenschaften, die ihre Träger zu Unterstützern progressiver oder sozialistischer Anliegen und unzugänglich für autoritäre politische Bewegungen machen würden. »Wenn Angst und Destruktivität die emotionalen Ursachen des Faschismus sind«, schrieb Adorno, »gehört Eros hauptsächlich zur Demokratie«, das heißt zum Sozialismus.[39]

Die *Studien über den autoritären Charakter* und ihre Annahmen wurden von anderen Sozialwissenschaftlern und Kritikern in der Luft zerfetzt. Aber der Begriff »autoritärer Charakter« blieb hängen und erwies sich immer dann von Nutzen, wenn Kritiker der marxistischen Linken zum Schweigen gebracht werden sollten. Er erlaubte Marxisten, ihren Gegnern, antikommunistischen Liberalen ebenso wie Konservativen, vorzuwerfen, sie seien anormal und unbewußt Faschisten – so wie Lombrosos Verbrecher in Wirklichkeit ein Degenerierter war, ein »kranker Mann«. Amerika, dem Totem der modernen demokratischen Kultur, wurde auf diese Weise »latenter« Faschismus unterstellt. Das Fehlen einer genuinen faschistischen Bewegung galt ebenso wie das des Antisemitismus als Anzeichen dafür, wie weit die Korruption und Verdorbenheit bereits fortgeschritten war. »Die Tatsache, daß wir hier keine SS oder SA haben«, erklärte Marcuse, »bedeutet einfach, daß sie in diesem Land nicht notwendig sind.«[40]

Im Gegensatz zum konformistischen autoritären Charakter stand die Offenheit der gesunden Persönlichkeit, deren Merkmal laut Fromm die Erkenntnis ist, daß es keine höheren Werte oder Autoritäten als das eigene Selbst gibt. Den Gedanken, diese selbstbezogene Existenz könnte zu kultureller Anarchie und Nihilismus führen, wies Fromm weit von sich. Wie Nietzsche gezeigt hatte, war Nihilismus die Folge der Einwirkung des eingeengten Verhaltens und der Gewohnheiten des Mittelstandes auf die menschliche Vitalität. Falle diese Beschränkung weg, könnten bisher ungenutzte Reservoirs von emotionaler Stärke und grenzenloser Selbstgestaltungskraft angezapft werden. Während Fromm also glaubte, dem westlichen Menschen stünden noch »Wege aus einer kranken Gesellschaft« offen – so der Titel der 1955 erschienenen Fortsetzung von *Furcht vor der Freiheit* –, machte sich Adorno keine Illusionen mehr. Er war förmlich besessen vom dunklen Untergrund der modernen Zivilisation, den er zusammen mit Horkheimer in der *Dialektik der Aufklärung* enthüllt hatte. Aus dem Zweiten Weltkrieg und dem Holocaust folgerte er, der Völkermord sei wie der Faschismus ein »tief eingeprägtes Muster« im Traum der westlichen Zivilisation von Vernunft und Macht.

Die systematische Ordnung des Unterschiedenen, des Nonkonformen durch die Rationalität führe unweigerlich zu dessen Vernichtung, etwa in Gestalt der Juden und anderer machtloser Randgruppen. Adornos bitterer Schluß lautete, die Pogrome seien die »wahren Ritualmorde« der Zivilisation. Im Pogrom wende sich die westliche Rationalität wie bei der Verfolgung der Frau gegen sich selbst: »Die Zeichen der Ohnmacht, die hastigen unkoordinierten Bewegungen, Angst der Kreatur, Gewimmel, fordern die Mordgier heraus.« Dies versetze den Starken, »der die Stärke mit der angespannten Distanzierung zur Natur bezahlt und ewig sich die Angst verbieten muß«, in irrationale Wut, die nur befriedigt werden könne durch das Opfer der Schwachen, bei dem er für einen Augenblick die Distanz zur Natur überwinde, »indem er den Schrei, den er selbst nicht ausstoßen darf, in seinem Opfer tausendfach erzeugt«.[41]

Die wahren Wurzeln dieser überhitzten Rhetorik lagen nicht im Marxismus, sondern im deutschen Expressionismus. Außerdem erinnert die eben zitierte Passage an Ortega y Gassets Formulierung von der Masse, die, wenn sie selbständig handle, es nur auf eine Art tue: »sie lyncht«.[42] Wie der Dschungel in Joseph Conrads *Herz der Dunkelheit* verdüsterte nun die industrielle Zivilisation den Horizont als undurchdringliches Schattenreich voller Schrecken und Ungeheuer, voller Skelette und Vampire wie Baudelaires von Gaslaternen erleuchtetes Paris oder Brechts Mahagonny. Doch das Fin-de-siècle-Bild, das Adorno und Horkheimer vom Antisemitismus zeichnen, hebt nicht das Grauen des Holocaust hervor; es reißt ihn vielmehr aus seinem Zusammenhang und nimmt ihm seine spezifische Bedeutung. Folgt man diesem Bild, dann war der nationalsozialistische Antisemitismus weder gegen die Juden gerichtet noch durch Ideologie oder irgendwelche charakteristischen Züge der deutschen Gesellschaft hervorgerufen worden. Hier wird also ignoriert, in welchem Ausmaß das Völkermordprogramm der Nazis die extreme Lösung einer als extrem empfundenen Krise darstellte: der Bedrohung durch angebliche jüdische Verunreinigung und rassische Katastrophe. Implizit war der Holocaust in jeder Theorie des rassischen Pessimismus enthalten. So hatte Gobineau beschrieben, wie der rassische Niedergang Roms durch die Diktatur des Lucius Cornelius Sulla vorübergehend aufgehalten worden war, weil der rachsüchtige Tyrann befahl, seine hochgeborenen Gegner zu ermorden und auf diese Weise zufälligerweise die schwächsten und verdorbensten Blutlinien der römischen Aristokratie unterbrach. Gobineau hatte die Ironie der Situation genußvoll ausgebreitet: Ein Verbrecher rettete durch einen rücksichtslosen Akt der Grausamkeit unwissentlich seine Stadt.[43] Heinrich Himmler und seine Helfershelfer meinten, bei ihrer Bemühung, die arische Rasse vor den zerstörerischen Kräften der Zivilisation zu retten, keine Wahl zu haben. Ihnen blieb aus ihrer Sicht nur, hart zu sein, wie es Spengler gefordert hatte.

Nach Auffassung der Frankfurter Schule war der Holocaust die Folge einer sterilen Industriegesellschaft und der von ihr hervorgebrachten atavistischen Menschen, die ihre sadistische Energie gegen jeden richten, der anders oder verletzlich ist. »Die Welt der Konzentrationslager«, zitierte Marcuse später den Dramatiker Eugène Ionesco, war »das Bild, in gewissem Sinne die Quintessenz der höllischen Gesellschaft, in der wir jeden Tag stecken«.[44] Adornos am häufigsten zitierte Bemerkung über den Holocaust war die Feststellung, nach Auschwitz könnten keine Gedichte mehr geschrieben werden. In Wirklichkeit hatte er diese Schlußfolgerung schon lange vor Auschwitz gezogen. Letzten Endes waren die Schrecken von Auschwitz für ihn nicht das Werk der Nazis oder des Antisemitismus, nicht einmal des autoritären Charakters. In ihrem Epizentrum befand sich vielmehr die kranke westliche Zivilisation, die mit ihrer tödlichen Umarmung alles korrumpierte oder zerstörte.

Das Versprechen
von Utopia

Die *Dialektik der Aufklärung* war etwa zum Zeitpunkt der Invasion Nordfrankreichs erschienen, die den Anfang vom Ende des Hitlerreichs einläutete. Ein Jahr später hatten die kapitalistischen Mächte des Westens den europäischen Faschismus ausgemerzt, und die konservative Revolution verzog sich hinter den kulturellen Horizont. 1949 kehrte Adorno nach Deutschland zurück. Horkheimer, der vorher bereits eine Erkundungsreise nach Europa unternommen hatte, folgte ihm ein Jahr später. Trotz ihres vorgeblichen Marxismus ließen sie sich nicht im kommunistischen Osten nieder, sondern begannen an der Universität von Frankfurt mit dem Neuaufbau des Instituts für Sozialforschung.

Adornos pessimistische Sicht der Zukunft hatte auch das Ende des Nazialptraums nicht ändern können. Die 1951 erschienene Nietzscheanische Aphorismensammlung *Minima Moralia* verwies bereits im Untertitel – »Reflexionen aus dem beschädigten Leben« – auf misanthropische Verbitterung. Seine Verzweiflung ging weit über die Erinnerung an den Holocaust oder die Gefahr der atomaren Katastrophe hinaus. In seinen Augen hatte die moderne Gesellschaft jede Bedeutung und jeden Wert verloren. Alle Gefühle und Eigenschaften des Menschen seien durch dessen Zugehörigkeit zur kapitalistischen Totalität deformiert: »Alles Mitmachen, alle Menschlichkeit von Umgang und Teilhabe ist bloß Maske fürs stillschweigende Akzeptieren des Unmenschlichen.« Angesichts dessen dachte Adorno beinahe nostalgisch an die bürgerliche Zeit vor dem Aufkommen der Massentechnologie und des Fernsehen zurück: »Was immer am Bürgerlichen einmal gut und anständig war, ... ist verdorben bis ins Innerste.« Sogar der klassische liberale Sinn fürs Privateigentum gehe in der Flut der Massengüter unter. Statt dessen liege schon in den Bewegungen, »welche die Maschinen von den sie Bedienenden verlangen, ... das Gewaltsame, Zuschlagende, stoßweis Unaufhörliche der faschistischen Mißhandlungen«. Kühlschranktüren müßten *zugeworfen*, Fenster *grob aufgeschoben* werden, kurz, die moderne Technik brutalisiere den menschlichen Charakter. Welche Autofahrer, klagte Adorno, »hätten nicht schon die Kräfte seines Motors in Versuchung geführt, das Ungeziefer der Straße, Passanten, Kinder, Radfahrer, zuschanden zu fahren«?[45]

Herbert Marcuse nahm einen weniger verzweifelten Standpunkt ein. Zwar sagte auch er das Ende des Westens voraus, obwohl er dessen Totengräber weniger im Totalitarismus sah – den er nichtsdestotrotz für wichtig und unvermeidlich hielt – als vielmehr in der selbstverschuldeten Übersättigung durch materiellen Wohlstand. Aber er prophezeite auch, was danach kommen würde: eine neue kulturelle Ordnung, die auf dem aufbauen würde, was die Frankfurter Schule einst die Revolte der Natur genannt hatte. Mit diesem Zukunftsbild wurde Marcuse zu einem der einflußreichsten Gurus der radikalen Bewegung der sechziger Jahre sowie der Neuen Linken und darüber hinaus der erste vollgültige Kulturpessimist der Frankfurter Schule.

Die Revolte der Natur sei der Preis, den die Zivilisation für die ständige Unterdrückung der Lebensinstinkte zu zahlen habe. »Der Sieg der Zivilisation«, so hatte Horkheimer verkündet, »ist zu vollständig, um wahr zu sein. Deshalb schließt Anpassung in unserer Zeit ein Element des Ressentiments und unterdrückter Wut ein.«[46] Daraus folgten sporadische Ausbrüche des Irrationalismus, wofür der Antisemitismus das beste Beispiel abgebe, aber auch Kriminalität und Gewalt aller Art gehörten in diesen Zusammenhang. Die Revolte der Natur fungiere als das Tor, durch das sich die rationalisierende Zivilisation ihrem Gegenteil öffne und daher ebenso kurz wie unabsichtlich ihrer Alternative. Dies war die Chance, die für Marcuse zum Ausgangspunkt der neuen Kultur wurde. Seine Philosophie stützte sich stark auf deutsche Denker, von Hegel und Marx bis zu Freud und Heidegger. Aber sein eigentliches Interesse galt dem Aufstand der Söhne gegen die Väter, den die Jugend von vor 1914 beschworen hatte. Obwohl seine bedeutendsten Werke erst nach dem Zweiten Weltkrieg entstanden, behielten sie die verwegene, ikonoklastische Geste der expressionistischen Rebellion eines Hasenclever oder Georg Heym oder eines Bertolt Brecht bei.

Marcuse entnahm dem Fundus der Frankfurter Schule bestimmte Themen und trieb sie auf die Spitze. Eines davon war der Verlust des revolutionären Proletariats an die geistlose bürgerliche Kultur. In seinem meistgelesenen Buch, *Der eindimensionale Mensch* (1964), führte er die in der *Dialektik der Aufklärung* entworfene düstere Darstellung des Spätkapitalismus fort, der nun Wohlstandsgesellschaft oder fortgeschrittene industrielle Zivilisation genannt wurde. Die seelenzerstörende Zivilisation hatte sich in die »Konsumgesellschaft« verwandelt, die ihre wahre repressive Natur hinter einem Überfluß an Waren und Dienstleistungen verbarg. Wie in dem von Adorno und Horkheimer beschriebenen totalisierenden Spätkapitalismus war das, was die persönliche Freiheit zu erweitern schien, in Wirklichkeit ihr Gegenteil. Mittelstand und Arbeiterklasse lebten in zufriedener Ignoranz ihres Unglücks. Doch »die Realität, die sich hinter der Fassade der Konsumgesellschaft verbirgt«, sei die »auf einen größeren Teil der Bevölkerung erweiterte Ausbeutung bei gleichzeitiger Anhebung des Lebensstandards«.[47] »In der Überflußgesellschaft«, so Marcuse weiter, »kommt der Kapitalismus zu sich selbst.«[48] Ihr degeneriertes Opfer sei der gesichts- und gefühllose Konsument, von dem Fromm zwanzig Jahre zuvor geschrieben hatte, daß er »in der Illusion lebt, er wisse, was er wolle, während er in Wirklichkeit nur das will, was er *nach Ansicht der anderen* wollen sollte«.[49] Von Waren umgeben, die ihn »durchdringen und manipulieren«, erliege er einem »falschen Bewußtsein, das gegen seine Falschheit immun ist«, und zwar vor allem deshalb, weil es sich gut anfühle und sein Opfer gegen tiefere Gedanken immunisiere.[50] Wie Horkheimers Bürgertum sei der Konsument darauf gedrillt, nur künstliche Fakten und Erscheinungen zu erkennen und die ihnen zugrundeliegende Realität zu übersehen.

So entsteht laut Marcuse »ein Muster *eindimensionalen Denkens und Verhaltens*«, das für den modernen Westen typisch sei: »Die Menschen erkennen sich in ihren Waren wieder; sie finden ihre Seele in ihrem Auto, ihrem Hi-Fi-Empfänger, ihrem

Küchengerät. Der Mechanismus selbst, der das Individuum an seine Gesellschaft fesselt, hat sich geändert, und die soziale Kontrolle ist in den neuen Bedürfnissen verankert, die sie hervorgebracht hat.«[51] Diese ausbeuterische soziale Kontrolle nimmt unerwartete Formen an. Eine ist der Wohlfahrtsstaat, der die Armen nährt, während sie hungrig sein und sich in vorrevolutionärer Unruhe befinden sollten. Eine andere ist die »repressive Toleranz« gegenüber Andersdenkenden. Durch diese weitet die liberale Gesellschaft die zivilisierten Freiheiten auf ihre Kritiker aus, um deren Negation des Bestehenden zu neutralisieren. Der liberalen Gesellschaft gelingt es zum Beispiel, einem Todfeind wie Marcuse die Luft aus den Segeln zu nehmen, indem sie seine Werke an die Öffentlichkeit bringt. Damit entzieht sie seinen Ideen die Wirkung, während er zum Märtyrer würde, wenn man ihn zensierte und verhaftete. Sartre, der stets Zugang zum staatlichen Rundfunk und Fernsehen hatte, um die französische Regierung anzugreifen, stand vor demselben Problem.

Im Zeitalter der Massenkommunikation verschleiere Toleranz gegenüber anderen Meinungen die politische Tyrannei auf eine neue Weise, die »sich mit einem ›Pluralismus‹ von Parteien, Zeitungen, ›ausgleichenden Mächten‹ etc. durchaus verträgt«. Möglich sei dies, weil die sogenannte liberale Gesellschaft in Wirklichkeit eine neue Form des totalitären Staats darstelle, denn »›totalitär‹ ist nicht nur eine terroristische politische Gleichschaltung der Gesellschaft, sondern auch eine nicht terroristische ökonomisch-technische Gleichschaltung, die sich in der Manipulation von Bedürfnissen durch althergebrachte Interessen geltend macht.« Auf diesem Weg schaffe die Konsumgesellschaft ihr eigenes System der totalen Kontrolle, mit dem Ergebnis, daß in der fortgeschrittenen industriellen Zivilisation eine »komfortable, reibungslose, vernünftige, demokratische Unfreiheit« herrsche, »ein Zeichen technischen Fortschritts«.[52] Diese paradoxe Natur der modernen Gesellschaft trieb alle Vertreter der Frankfurter Schule zur Verzweiflung, ließ sie doch die Tyrannei wie Freiheit aussehen und Armut wie Wohlstand, obwohl sie ebenso totalitär war wie ihr stalinistisches Gegenstück.

Hatte Marcuse in *Der eindimensionale Mensch* den Pessimismus Adornos und Horkheimers aufgegriffen, so schloß er mit *Triebstruktur und Gesellschaft* (1955) an die von Fromm und aus den *Studien über Autorität und Familie* bekannte Mixtur aus Freud und Marx an. Anknüpfungspunkt war die Doppelbedeutung des Begriffs »Unterdrückung«, der zum einen politisch benutzt werden kann, zum anderen aber auch den zentralen psychischen Vorgang in Freuds Theorie der Persönlichkeit – die Verdrängung – anspricht. Marcuse behauptete nun, beide Bedeutungen seien ein und dasselbe. Daß die Zivilisation auf Unterdrückung aufgebaut ist, hatte schon Freud in *Das Unbehagen in der Kultur* behauptet. Sein Fehler war nach Marcuses Ansicht nur gewesen, daß er geglaubt hatte, die besondere Form der westlichen Zivilisation mit ihrer Sublimation des Lebensinstinkts durch »stetige und methodische Arbeit« und »unlustvolle Verzögerung der Befriedigung« sei die einzige Form zivilisierten Lebens. Freud sei entgangen, daß die Unterdrückung das Charakteristikum der *kapitalistischen* Zivilisation war. Im Unbewußten verberge sich aber das Bild einer anderen, nicht repressiven Zivilisation, in welcher der Lebensinstinkt – Eros – von seinen Fesseln befreit werden würde. Die moderne Automation zum Beispiel ließe eine »schmerzlose Bedürfnisbefriedigung« und die Verkürzung der Arbeitszeit auf ein Minimum zu, so daß »die menschliche Entwicklung nicht mehr behindert« wäre. Diese »Befreiung des Eros könnte neue, dauerhafte Werkbeziehungen schaffen«.[53]

Kurz gesagt, die Technik könnte auf ihren Herrn zurückfallen und den Kapitalismus auslöschen – eine Schlußfolgerung, die gar nicht so weit entfernt ist vom Denken von Marcuses Seelenverwandtem auf dem rechten Flügel, Oswald Spengler.

»Die technologischen Prozesse der Mechanisierung und Standardisierung«, schreibt Marcuse, »könnten individuelle Energie für ein noch unbekanntes Reich der Freiheit jenseits der Notwendigkeit freigeben.« Die menschliche Existenz würde sich grundlegend ändern: »... das Individuum würde von den fremden Bedürfnissen und Möglichkeiten befreit, die die Arbeitswelt ihm auferlegt.«[54] Dank der Technik würde der Marxsche entfremdete Arbeiter verschwinden und ein neuer Mensch an seine Stelle treten: ein »allseitiges Individuum«, das eine verblüffende Ähnlichkeit mit Friedrich Ratzels nicht spezialisiertem Bauern und Du Bois' Schwarzem aufweist. Als Vorbedingung müßten »Wissenschaft und Technologie ihre gegenwärtige Richtung und ihre gegenwärtigen Ziele ändern«, um »zu Vehikeln des Friedens zu werden«. Statt einfach nur Waren zu erzeugen, müßten sie »im Einklang mit einer neuen Sensibilität rekonstruiert werden«.[55] In der nicht repressiven Zivilisation würde so nichts anderes produziert als ein endloser Kreislauf von vergnüglichen Selbstbestätigungen.

Darin mag man eine ziemlich weit hergeholte Utopie sehen, eine Art sozialistischer Nintendowelt. In Marcuses Verständnis jedoch war der Begriff »Utopie« positiv besetzt. Sie war keine illusionäre Phantasie, sondern die Demontage einer todgeweihten Gesellschaftsordnung durch den kritischen Geist auf der Grundlage einer tieferen und nicht bloß empirischen Wahrheit.[56] Um das »Versprechen von Utopia« zu verwirklichen, müßten vor allem die ökonomischen Verhältnisse und politischen Institutionen der fortgeschrittenen Industriegesellschaft gestürzt und die Ideologie, die sie abstützte, überwunden werden. Wie die gesamte Frankfurter Schule setzte auch Marcuse, was die Revolution betraf, keine Hoffnung in die Arbeiterklasse. Statt dessen richtete er seinen Blick auf Randgruppen, die aus der Konsumgesellschaft ausgeschlossen und daher gegen ihre Verlockungen immun waren, auf das »Substrat der Geächteten und Außenseiter: die Ausgebeuteten und Verfolgten anderer Rassen und anderer Farben, die Arbeitslosen und die Arbeitsunfähigen«.[57] Dieser Bodensatz der Gesellschaft, den Marx verächtlich »Lumpenproletariat« genannt und als willfähriges Instrument von Demagogen betrachtet hatte, wurde Marcuses letzte Hoffnung. Was ihm vorschwebte, war ein Bündnis von Jugendlichen, Intelligenz, Schwarzen, Sozialhilfeempfängern, Revolutionären der Dritten Welt und linken Studenten, das »das geschichtliche Kontinuum von Ungerechtigkeit, Grausamkeit und Stillschweigen« durchbrechen sollte.[58] »Der bewaffnete Klassenkampf findet draußen statt«, außerhalb der Zentren der westlichen Gesellschaft, auf den Straßen und in den Ghettos, auf den Reisfeldern Asiens und in den Gebirgen Südamerikas. »Die Kubanische Revolution und der Vietkong« hatten aus Marcuses Sicht »bewiesen, daß es zu schaffen ist; es gibt eine Moral, eine Humanität, einen Willen und eine Überzeugung, die der riesigen technischen und ökonomischen Macht der kapitalistischen Expansion widerstehen und sie aufhalten können«.[59]

Die Studentenrevolte der sechziger Jahre ließ das Institut für Sozialforschung kalt. Als Studenten an der Frankfurter Universität Seminare störten, zögerte Adorno nicht, sie festnehmen zu lassen, und Horkheimer beschimpfte sie als »linke Faschisten«. Bei Marcuse dagegen kamen die Instinkte aus der von Nietzsche inspirierten Jugendbewegung hervor. Er suchte die Nähe der Demonstranten, die gegen den Vietnamkrieg protestierten, und versuchte, sie für seine eigene kulturelle Sache zu gewinnen. Nach seiner Meinung bewiesen sie eine neue Sensibilität, die verhindere, daß sie auf die falschen Versprechungen der kranken Konsumgesellschaft hereinfielen. »Eine Gesellschaft ist krank«, erklärte er einem Interviewer, »wenn ihre grundlegenden Institutionen und Beziehungen nicht ... die optimale Entwicklung der individuellen Bedürfnisse erlauben.«[60] 1970 mußten Marcuse und seine jungen revolutionären Kader jedoch einsehen, daß der dekadente und seelenlose Kapitalismus nicht beim ersten Luftzug zusammenbrach. Sie erkannten, wie einer seiner Biographen schreibt, daß sie »einen langen und schwierigen Kampf vor sich hatten, wollten sie die bestehende Gesellschaft transformieren«. Eine der Schwierigkeiten war, daß es seinen vermeintlichen revolutionären Verbündeten an Manieren fehlte. Als er einmal auf der Konferenz Sozialistischer Gelehrter in New York unter dem Obertitel »Radikale und Hippies« über »Jugendliche Antworten auf die Industriegesellschaft« sprach, stürzte der als Cowboy gekleidete Abbie Hoffman in den Saal und marschierte zum Podium, wo er sich einen Joint anzündete und den Guru des Eros aufforderte, die Rede abzubrechen und den Joint mit ihm zu rauchen.[61]

Eine andere Schwierigkeit ergab sich aus Marcuses eigenen kompromißlosen politischen Ansichten, deren Haltung ohne weiteres als autoritär bezeichnet werden kann. Wie Spengler hatte er für die normalen politischen Abläufe in der Demokratie nur Verachtung übrig. Sein neues Utopia ließ keine Zeit für endlose Debatten. Die amerikanische Gesellschaft stand, wie er 1968 diagnostizierte, an der Schwelle zum offenen Faschismus und steckte in einer derart ernsten Krise, daß die totale Zerstörung nur einen Raketenstart entfernt zu sein schien. Amerika und der Westen insgesamt befanden sich in einer »Notsituation«, in der die »extreme Einschränkung des Rechts auf freie Rede und freie Versammlung gerechtfertigt« sei. 1968 erklärte er einem Reporter der BBC, die Zeit sei reif für den »Entzug der Rede- und Versammlungsfreiheit von Gruppen und Bewegungen, die aggressive Politik, Rüstung, Chauvinismus, Diskriminierung aus Gründen der Rasse oder der Religion fördern oder gegen die Ausdehnung von öffentlichem Dienst, sozialer Sicherheit, Gesundheitsfürsorge etc. kämpfen«. Entgegen dem »geheiligten liberalistischen Prinzip«, in einer politischen Debatte der anderen Seite dieselbe Redezeit einzuräumen, »gibt es Fragen, bei denen es keine ›andere Seite‹ gibt ..., wo die

›andere Seite‹ nachweislich ›regressiv‹ ist und eine mögliche Verbesserung der menschlichen Verhältnisse behindert«.[62] Diese Definition einer Notsituation weist eine peinliche Ähnlichkeit mit der Rechtfertigung von Hitlers Ermächtigungsgesetz auf, und das nicht zufällig. Wie seine kulturpessimistischen Gegenüber auf seiten der konservativen Revolution erwartete Marcuse ungeduldig den Augenblick, in dem die neue kulturelle Ordnung aus den Trümmern des alten liberalen, kapitalistischen Abendlandes aufsteigen würde.

Insbesondere für Kulturpessimisten trifft zu, daß hinter jeder Niedergangsvision ein Fortschrittsbild lauert. Im Fall Marcuses und seiner ideologischen Verbündeten aus der »Gegenkultur« stellte der Fortschritt ein umfassendes Programm der menschlichen Selbstverwirklichung dar, das über alle Grenzen und Tabuisierungen dessen hinausging, was in der als unheilbar krank erkannten westlichen Gesellschaft bezüglich Geschlecht, Klasse, Alter, Rasse und sexueller Neigung als normal angesehen wurde. Wahre menschliche Befreiung würde nicht nur das Ende der Konsumgesellschaft mit sich bringen, sondern auch das von C. Wright Mills' Machtstruktur und damit aller falschen Ideologien, Institutionen und Identitäten, die der moderne Westen seinen hilflosen Opfern aufzwinge. Das etablierte Universum von Diskurs und Verhalten, wie Marcuse es nannte, mußte ebenso radikal negiert und umgestaltet werden wie die repräsentative Demokratie und der Kapitalismus, denn sie waren Bestandteile derselben Totalität.

Bei Marcuses Tod im Jahr 1979 hatte sich die westliche Gesellschaft nicht in dem Maße verändert, wie er und andere Vertreter der Neuen Linken es gehofft hatten. In seinen letzten Lebensjahren hatte er jedoch eine neue Möglichkeit der Negation innerhalb des Systems entdeckt, die Universität in der amerikanischen Überflußgesellschaft der Zeit nach den sechziger Jahren. Lehrstätten wie Berkeley, Brandeis und Columbia hatten ihm selbst als Operationsbasis gedient, und er hoffte, sie würden in Zukunft den sicheren Hafen einer gegenkulturellen Linken bilden, die sich, um mit Rudi Dutschke zu reden, auf dem »langen Marsch durch die Institutionen« befanden. Außerdem interessierte sich Marcuse am Ende seines Lebens besonders für den Feminismus und setzte sich ebenso für die Anstellung feministischer Theoretiker wie für die politischer Radikaler an den Universitäten ein. Als er 1974 nach Watergate und dem amerikanischen Rückzug aus Vietnam gefragt wurde, ob die Neue Linke nicht tot sei, antwortete er: »Ich glaube nicht, daß sie tot ist, und sie wird sich wieder erholen« – an den Universitäten.[63] Zumindest diese Voraussage erwies sich als richtig.

DIE FRANZÖSISCHEN PROPHETEN
Sartre, Foucault, Fanon

Die Frankfurter Schule prägte durch ihre Negation der totalisierenden westlichen Vernunft eine neue Generation von Kulturkritikern. Allerdings war nicht Deutschland, sondern Frankreich die eigentliche Heimat des neuen Kulturpessimismus. Dessen Wurzeln reichen zurück ins Jahr 1900, als am Pariser Collège de France ein neuer Professor der Philosophie eintraf, ein junger Mann namens Henri Bergson. Seit Beginn des 19. Jahrhunderts hatte stets ein charismatischer Führer, eine intellektuelle Leitfigur, im Mittelpunkt des Pariser akademischen Lebens gestanden, und Bergson eignete sich perfekt für diese Rolle. Seine philosophischen Werke waren so packend geschrieben, daß ihm 1927 der Nobelpreis für Literatur zuerkannt wurde, und seine Vorlesungen im Collège de France zogen nicht nur viele Studenten und Kollegen an, sondern auch Touristen, Staatsmänner und Damen der Gesellschaft. Sie alle kamen in dem Bewußtsein, einem Epochenwechsel in der französischen Philosophie und im intellektuellen Leben Frankreichs beizuwohnen.

Das rebellische, romantische Paris Gobineaus und Gautiers hatte sich im späten 19. Jahrhundert dem Einfluß von Denkern und Schriftstellern wie Comte, Durkheim, Taine und Zola ergeben, die dem Positivismus und der Wissenschaftlichkeit das Wort redeten. Doch das positivistische Frankreich wurde von den Zwillingsgespenstern der Degeneration und der Dekadenz heimgesucht. Erstere beunruhigte die Sozialwissenschaftler und Mediziner, während letztere auf die literarischen Erben Baudelaires, darunter Paul Valéry und die symbolistischen

Dichter, eine verführerische Anziehungskraft ausübte. Die Bezeichnung Fin de siècle war geprägt worden, um die Stimmung des Jahrzehnts vor der Jahrhundertwende zu beschreiben, die »ohnmächtige Verzweiflung eines kranken Mannes« inmitten von Fülle und Reichtum.

Mit dieser Stimmung und der vorherrschenden Orthodoxie der französischen Philosophie und Wissenschaft brach Bergson und machte sich zum Vordenker eines neuen, »höheren« Verständnisses der Welt, das auf Intuition, Spontaneität und Instinkten beruhte, kurz, auf dem *élan vital*. Der analytische Verstand sei Diener der Instinkte, nicht, wie es sich ein Wissenschaftler vorstellen mochte, ihr Herr. Das solide, aber leblose Reich des *mécanisme* – die Industriegesellschaft und Wissenschaft des 19. Jahrhunderts – bedürfe der bewegenden Kraft des ewigen *élan vital* der Natur. Wie eine »ungeheure, von einem Zentrum her sich ausbreitende Woge« durchströme dieser das Leben und eröffne ein Universum von Möglichkeiten: »... im Durchfluten der Körper, die er nach und nach organisierte, im Überwandern von Generation auf Generation hat dieser Strom von Leben sich verteilt an die Arten, sich versprüht an die Individuen«. Bergsons Vitalismus feierte das scharfe, lebendige Erlebnis der Geschichte als »Dauer« in einem »ununterbrochenen Fortschreiten der Vergangenheit, die an der Zukunft nagt und im Vorrücken anschwillt«. In Gestalt der so definierten Dauer folge uns die Vergangenheit »jeden Augenblick nach: was wir von frühester Kindheit an gefühlt, gedacht, gewollt haben, ist da; hingesenkt zur Gegenwart, die ihm zuwächst, angestemmt gegen das Tor des Bewußtseins, das er aufsperren möchte«.[1] Aus Bergsons Perspektive besaß die Geschichte keine objektive Bedeutung, die von der reflektiven Intelligenz erfaßt werden sollte. Vielmehr habe die Vergangenheit nur dann einen Sinn, wenn sie zum Bestandteil des individuellen Bewußtseins werde. Diese Haltung spiegelt sich in Jean-Paul Sartres Bemerkung vom Dezember 1939 wider, es sei zwar auch bisher »kein Augenblick vergangen, in dem wir nicht historisch waren, aber der Krieg macht jedem seine Geschichtlichkeit spürbar«.²

Für jene, die wie Sartre Bergsons Anziehungskraft erlegen waren, hallten Vergangenheit, Gegenwart und Zukunft von dieser Lebenskraft wider, die im Erleben geweckt werde, im politischen oder religiösen – Religion war für Bergson das gleiche wie für Nietzsche die Hingabe an Werte –, im sexuellen, künstlerischen oder kriegerischen, und die jedem einzelnen die gesamte Menschheit und Natur nahebringe. »Ich erlebe, also bin ich«, hätte das Motto der Bergsonschen Bewegung lauten können. »Alle Lebewesen tragen einander«, schrieb ihr Begründer, »alle überwältigt der gleiche furchtbare Drang. Das Tier nimmt seinen Stützpunkt auf der Pflanze, der Mensch schwingt sich auf die Tierheit, und die gesamte Menschheit in Raum und Zeit wird zum ungeheuren, neben jedem von uns hingaloppierenden Heere; vor uns und hinter uns in hinreißendem Vorstoß, fähig, alle Hindernisse zu überreiten und die größten Widerstände zu überwinden – vielleicht selbst den Tod.«³

Am Vorabend des Zweiten Weltkriegs war Bergson der gefeierte Lehrer einer Generation französischer Studenten, die sich bald im Krieg mit ihren deutschen Kommilitonen befinden sollten. Die Schriftsteller Charles Péguy und Henri Alain-Fournier, der Philosoph Jacques Maritain, der Journalist Henri Massis und viele andere fanden in Bergsons Vitalismus ein Mittel, mit dem sich die bürgerliche Langeweile und der Pessimismus angesichts von Degeneration und Kulturzerfall vertreiben ließen. Diese »Generation von 1912«, wie Massis sie nannte, habe »den Selbstzweifel verbannt«. Im Gegensatz zu den dekadenten Älteren war der Angehörige dieser Generation ein ergebener Katholik und leidenschaftlicher Patriot, da er die Bedeutung des Glaubens, der Disziplin und der Hingabe erkannt hatte. Vor allem aber war er ein Mann der Tat: »In jeder Hinsicht ist es sein Unterscheidungsmerkmal, daß er Ordnung und Harmonie schafft, wo die Älteren Unordnung und Trümmer schufen.« Sein Vorbild, Bergson, erklärte das Auftreten dieses Zeitgenossen öffentlich für ein Wunder der Evolution und eine beispiellose Mutation des menschlichen Charakters. Wie Bergson schien er allem, was er berührte, Optimismus, Energie und Hoffnung einzuhauchen.

Doch diese Stimmung wurde kurz nach Beginn des Krieges grausam zerstört. Schon in den ersten beiden Monaten fielen viele Vertreter der von Massis angesprochenen optimistischen Generation, darunter Charles Péguy. Bergsons Vorstellung von der überwältigenden Verantwortung, die jeden Widerstand niederschlägt, löste sich in sinnlosen Infanterieangriffen unter deutschem Maschinengewehrfeuer, im Grauen von Verdun und 1917 schließlich in Meuterei auf. Zwischen 1914 und 1918 verlor Frankreich zehn Prozent der erwachsenen männlichen Bevölkerung. Die Überlebenden fanden zu Hause eine von Frustration und vom Gefühl des Scheiterns erfüllte kulturelle Atmosphäre vor und eine zerrüttete intellektuelle Schicht, die in Dadaismus, Surrealismus – dessen Anführer, André Breton, Kriegsteilnehmer gewesen war – und verbittertem Rückzug ins Private Zuflucht suchte. Einer dieser verbitterten Intellektuellen, Pierre Drieu La Rochelle, sagte nach seiner Rückkehr von der Front: »Wir haben noch nicht unser letztes Wort gesagt. Mehr als ein Volk wird vergehen, bevor wir es tun.«[4]

Gefühlslagen wie diese brachen der französischen Version des Kulturpessimismus Bahn. In den zwanziger und dreißiger Jahren war das intellektuelle Leben von Paris von derselben Ernüchterung über das 19. Jahrhundert und den Fortschritt gekennzeichnet, die auch die Fundamente des Bloomsbury-England und der Weimarer Republik zerfraß. »Wir sind Europas Defätisten«, verkündete Louis Aragon 1925. »Abendland, du bist dazu verurteilt zu sterben.« Obwohl Bergsons Einfluß in dieser Zeit abflaute, hatte er die Bühne für das bereitet, was folgte. Seine Bevorzugung des Instinkts vor dem Verstand und des vitalen Erlebnisses vor sozialem Konformismus war zur gemeinsamen Grundlage von Linken wie Rechten geworden. Letztendlich war es Bergsons vitalistisches Streben, das sie alle vereinte, von Sartre und Camus bis zu Michel Foucault und Frantz Fanon.

Für die Intellektuellen der zwanziger und dreißiger Jahre stellten die alten politischen Alternativen keine Lösung mehr dar. Wie der Schriftsteller Georges Bernanos, ein Überlebender der Generation von 1912, verlauten ließ, war der Liberalismus mit dem ersten Schuß des Ersten Weltkriegs gestorben.[5] Auf der Rechten fochten die Schriftsteller Maurice Barrès und Charles Maurras immer noch in der ein Vierteljahrhundert alten Arena der Dreyfusaffäre und wüteten gegen die dekadente dritte Republik. Jüngere Konservative wie Drieu La Rochelle und der Dichter Robert Brasillach wandten sich vom Monarchismus ab und dem Faschismus zu, der, wie sie glaubten, die Fäulnis des modernen Frankreich ausmerzen würde. »Der einzige Weg, Frankreich heute zu lieben«, erklärte Drieu La Rochelle in den dreißiger Jahren, »ist, es in seiner gegenwärtigen Form zu hassen.« Später sollten er und Brasillach zusammen mit anderen Konservativen das intellektuelle Reservoir des Vichy-Regimes bilden.[6]

Die französische Linke war unterdessen in den erschöpfenden Kampf zwischen Sozialismus und Kommunismus verstrickt. Kommunistische Intellektuelle hatten in den beiden Jahrzehnten vor dem Zweiten Weltkrieg keinerlei Einfluß, während sich ihre sozialistischen Gegner den illusorischen Hoffnungen des Pazifismus hingaben. Nur die unmittelbare Bedrohung durch den deutschen Faschismus vermochte die beiden Lager zur Volksfront zu vereinen, die 1936 bis 1938 kurzzeitig die Regierung stellte, dann aber inmitten von Arbeitskämpfen, während in Spanien der Bürgerkrieg tobte, auseinanderbrach und beide Lager in noch erbitterterer Feindschaft zurückließ.

Aber ob links oder rechts, alle politisch Denkenden und Handelnden waren, mit den Worten von Arthur Koestler, von einer »enormen Sehnsucht nach einer neuen menschlichen Ordnung« erfüllt. Wie überall im postliberalen Europa wurde auch in Frankreich die Grenze zwischen Links und Rechts durchlässig, und die Anhänger beider Lager wechselten mit bemerkenswerter Leichtigkeit von einer Seite zur anderen über. Der Vorsitzende der Jungen Kommunisten, Jacques Doriot, lief 1934 zur Rechten über und gründete 1936 die Französische Volkspartei, die zur Vorhut der faschistischen Bewegung Frankreichs wurde. 1933 verließ Marcel Déat die Sozialistische Partei, um eine eigene nationalsozialistische Bewegung aufzubauen, die schließlich ebenfalls zu einer Stütze der radikalen Rechten des Vichy-Regimes wurde.[7] Ein später berühmter Fall war der des jungen François Mitterrand, der Kontakte zum Umkreis der Action Française und zu den französischen Monarchisten hatte und dem Vichy-Regime diente, aber als sozialistisches Mitglied der Résistance aus dem Krieg hervorging.[8]

Diese Seitenwechsel waren möglich, weil die französischen Intellektuellen zwar sehr genau wußten, wogegen sie waren, aber nicht, wofür. Darin bestand die »Dekadenz von Frankreich«, wie der Titel einer populären linken Schmähschrift von 1931 lautete. »Ich bin Faschist«, betonte Drieu La Rochelle 1943, »weil ich den Fortschritt der Dekadenz in Europa ermessen habe.« Dekadenz, das bedeutete bürgerlichen Kapitalismus, parlamentarische Demokratie und eine technologische Gesellschaft nach amerikanischem Vorbild. Bernanos hatte schon 1931 ein abschreckendes Bild des Menschen gezeichnet, den die westliche Zivilisation hervorbingen würde: »Irgendein kleiner Yankee-Schuhputzer, ein Kind mit einem Rattengesicht, halb angelsächsisch, halb jüdisch, mit einer Spur von Negererbschaft in seinen verrückten Knochen ..., der zukünftige Herr eines standardisierten Planeten«. 1936 vertraute der Schriftsteller Denis de Rougemont, der einen weniger dramatischen

Wandel vom Sozialisten zum Anhänger der politischen Mitte durchmachen sollte, seinem Tagebuch an, der wirkliche Feind sei nicht die totalitäre Gefahr von seiten Hitlers oder des Bolschewismus, sondern die »Art von Denken, aus der sowohl Faschismus als auch Stalinismus notwendigerweise erwachsen. Und das ist liberales Denken.«[9]

In dieser düsteren und unsicheren Atmosphäre schlug die neue deutsche Philosophie wie eine Bombe ein. Zuerst kam der Marxismus in der »westlichen« Form des jungen Marx und der Schriften von Georg Lukács. Dann hielt ein russischer Emigrant namens Alexandre Kojève in den dreißiger Jahren an der Sorbonne ein Seminar ab, das eine ganze Generation französischer Intellektueller mit Hegel bekannt machte, darunter Raymond Aron, Maurice Merleau-Ponty, Georges Bataille, Jacques Lacan und André Breton. Kojève gab eine sarkastische Interpretation von Hegels Universalgeschichte des Fortschritts, die gut zu der französischen Ernüchterung nach Verdun paßte. Der westliche Kapitalismus und die demokratischen Institutionen, verkündete er fast genüßlich, hätten über ihre Alternativen gesiegt. Eine marxistische Revolution, die den Erniedrigten Gerechtigkeit bringen könnte, sei nicht mehr möglich – was die deutschen Marxisten schon 1919 gelernt hatten – und nicht einmal wünschenswert. Statt dessen werde die moderne Industriegesellschaft den Menschen immer mehr Wohlstand und den freien, gleichberechtigten Status bringen, nach dem sie stets verlangt hätten.

Laut Kojève würde jeder zum Bürger werden und sich bereitwillig der immer homogener werdenden Kultur am »Ende der Geschichte« anpassen. Der von dieser letzten Stufe der Zivilisation geschaffene Mensch werde allerdings etwas Niedrigeres sein, als es sich Hegel und seine liberalen, fortschrittsgläubigen Nachfolger hätten träumen lassen. Der moderne Mensch sei bereits Nietzsches letzter Mensch, beschränkt, gleichgültig und leblos. Als hoffnungsloser Konformist habe er seinem gesellschaftlichen Leben Charakter und Vitalität geopfert und seine Fähigkeit verloren, zu lieben und zu hassen, zu erschaffen und zu zerstören. Am Ende der Geschichte werde die ganze Welt Amerika geworden sein – in französischen Ohren eine erschreckende Vorhersage.[10] Auch Kojèves zweites Vorbild, Nietzsche, hatte in Frankreich seine Anhänger, ebenso wie Edmund Husserl und Martin Heidegger. Im Paris der zwanziger und dreißiger Jahre war das Denken, soweit es als modern und avantgardistisch galt, deutsch und nicht französisch.

Dem jungen Jean-Paul Sartre lagen solche Gedanken zunächst fern. 1905 in Paris geboren, wuchs er in wohlhabender, kultivierter Umgebung auf, von einer Mutter behütet, die ihn anbetete, und in einer Familie mit starken Neigungen für bildende Kunst, Literatur und Musik; sein Großvater, bei dem er und seine Mutter nach dem Tod seines Vaters lebten, war ein Onkel von Albert Schweitzer. Sartre erhielt auf dem Pariser Lycée Henri IV und später an der Sorbonne die der *haute bourgeoisie* jener Zeit vorbehaltene Elitebildung. Damals wollte er Dichter in der Art der französischen Vorkriegsavantgardisten wie Baudelaire, Valéry und der Symbolisten werden. Sein Denken war ebenso von Marcel Proust beeinflußt wie von Bergson. Letzterer, so erinnerte er sich später, habe beschrieben, »wie wir die Zeit in unserem Bewußtsein empfinden. Ich erkannte an mir selbst, wie richtig diese These war.« Wie Toynbee fand Sartre bei Bergson eine Rechtfertigung für ein von den groben materiellen Sorgen der Außenwelt abgeschirmtes inneres Leben der Kunst und geistigen Aufklärung. Das Motto des jungen Sartre war dasselbe, das die französische Literatur in Gobineaus Tagen dominiert hatte: *l'art pour l'art*.[11]

Daß er seinen ästhetischen Elfenbeinturm verließ, war Raymon Aron zu verdanken, einem Klassenkameraden vom Lycée. Aron war 1931 aus Berlin, wo er bei Husserl studiert hatte, nach Paris zurückgekehrt und erklärte dem erstaunten Sartre, als sie eines Tages in einem Straßencafé saßen, daß *dieses* Glas und *dieser* Tisch jetzt Gegenstand der Philosophie seien. Husserl lehrte seine Studenten, das übliche formale Drumherum der philosophischen Theorie beiseite zu lassen und statt dessen das wahre Wissen anzustreben, das der unmittelbaren Intuition im Angesicht der Dinge entspringe. Deren äußere Beschränkungen würden in sogenannten Grenzsituationen auf die Probe gestellt, in jenen plötzlich eintretenden extremen Momenten, wenn ein Fußgänger vom Bordstein vor ein heranfahrendes Auto trete oder eine Handgranate ins Schützenloch eines Soldaten rolle. In diesen Momenten der »unerwarteten Existenz« werde der Vorhang der künstlichen Rationalität weggerissen, mit deren Hilfe wir die Phänomene des gewöhnlichen Lebens bewältigten und die uns zur Entscheidung und zum Handeln zwinge.

Diese nüchterne Existenzphilosophie besaß alles, um eine Generation zu beeindrucken, die nicht direkt den Schrecken des Ersten Weltkriegs ausgesetzt gewesen war, aber dasselbe modernistische Verlangen nach »absoluter Erfahrung« und Kontakt mit der Wirklichkeit verspürte wie anfangs die Kriegsgeneration – ein Verlangen, das, so hatte man sie gelehrt, in einer restaurierten bürgerlichen Nachkriegswelt nicht gestillt werden konnte. Der Krieg hatte die Nerven des älteren intellektuellen Establishments erschüttert. Bei der jungen Avantgarde jedoch, dem traditionellen Träger des Modernismus, hatte der Krieg nur die Faszination des Irrationalen und Gewalttätigen als vitaler Gegenpole des zivilisierten Lebens verstärkt. Nietzscheaner wie Nichtnietzscheaner unterstrichen die Neigung des Menschen zum Töten und zur Aggression als wichtigem Bestandteil des Erlebens. Nietzsche hatte einst auf eine »wachsende Vergeistigung und ›Vergöttlichung‹ der Grausamkeit« hingewiesen, »welche sich durch die ganze Geschichte der höheren Cultur hindurchzieht«.[12] In England ließen sich Schriftsteller wie D. H. Lawrence und Wyndham Lewis von aggressiver Gewalt faszinieren, während in Deutschland sowohl Linke wie Brecht als auch Rechte wie Spengler deren kreatives Potential zu erkunden versuchten. Kojève hob die Notwendigkeit des Blutvergießens und der Revolte im historischen Prozeß hervor, und zwar nicht als Aspekte eines darwinistischen Kampfs ums Dasein, sondern als Ausdruck der vitalen menschlichen Natur. Für ihn war Geschichte ähnlich wie für Bergson ein Feld der Aktion, nicht der Kontemplation – nicht zuletzt deshalb zeige das Vorhandensein einer trägen, selbstzufriedenen Bourgeoisie das Ende der Geschichte an.

In Deutschland vollendete ein weiterer einflußreicher Nietzscheaner, Martin Heidegger, diese Neuorientierung auf Aktion und Erlebnis. 1889 geboren, hatte er Theologie und Philosophie studiert, aber gegen die herrschenden philosophischen Strömungen aufbegehrt. Statt sie weiterzuführen, wurde er zutiefst vom *Willen zur Macht* beeinflußt, den er am Vorabend des Ersten Weltkriegs las. Seine große Leistung bestand darin, Nietzsches Nihilismus und die modernistische Ablehnung des bürgerlichen Geschmacks – er war ein Bewunderer von van Gogh – mit der akademischen Tradition versöhnt zu haben. In seinem Denken, so schrieb einer seiner Schüler, »schien sich die seit einem Jahrhundert aufgerissene Kluft zwischen der akademischen Philosophie und dem ›weltanschaulichen‹ Bedürfnis zu schließen«.[13]

In seinem bedeutendsten Werk, der 1927 erschienenen Schrift *Sein und Zeit,* predigte er wie in seinen Freiburger Vorlesungen eine Lehre, die Flucht und Bindung vereinte, insbesondere die Flucht aus der hoffnungslos in ihre eigene sterile Rationalität verstrickten westlichen Modernität. Der bürgerliche Westen hatte sich seiner Ansicht nach selbst von der durch Nietzsches dionysische Griechen eröffneten reichen »Lebenswelt« abgeschnitten.[14] Eine Vermittlung der Realität – des Seins – durch herkömmliche Institutionen und analytischen Verstand wies Heidegger zurück. Statt die Welt zu analysieren, habe sich der Mensch in sie zu begeben. Einer seiner Lieblingsbegriffe war der der Geworfenheit in Zeit und Raum. »In den Strom der Zeit geworfen zu sein« ist, mit Ernst Cassirers Worten, »ein fundamentaler und unabänderlicher Zug unserer menschlichen Situation«.[15] Die menschliche Geschichte habe an sich weder eine Bedeutung noch einen Zweck, den man unterstützen könnte. Wie Heraklits – und Spenglers – rastlose Veränderung sei sie einfach ein Fluß, in dem man schwimmt oder untergeht.

Nach Heideggers Auffassung besteht das Hauptziel des Menschen nicht darin, Ereignisse zu verstehen und zu beherrschen. Vielmehr habe der Mensch Werte wiederzubeleben, die es ihm ermöglichen, innerhalb dieser Ereignisse zu handeln und auf diese Weise seine Echtheit wiederzuerlangen, die, wie Heidegger in Übereinstimmung mit Kojève meinte, gänzlich aus der modernen Welt verschwunden sei. In Frankreich traf diese Philosophie dank Bergsons Inthronisierung des *élan vital* auf eine empfängliche intellektuelle Stimmung. Bei Heidegger diente das Erlebnis der Welt allerdings nicht, wie bei Bergson, der Bestätigung des Selbst; es stellte vielmehr aufgrund des Zustands des modernen Westens eine Quelle von Negation und Entfremdung dar.

Heidegger hatte Spenglers *Untergang des Abendlandes* mit großem Interesse gelesen. Obwohl er vielen Annahmen Spenglers kritisch gegenüberstand, berührte ihn das Buch tief und wurde in vieler Hinsicht auch zu seiner Geschichte des Abendlandes.[16] Die Katastrophen oder, aus Heideggers Sicht, die »Begebenheiten der Weltgeschichte dieses Jahrhunderts« seien das Ergebnis des westlichen »Willens zum Willen« und der »unbedingten Objektivierung alles Gegenwärtigen«. Wie seine Zeitgenossen von der Frankfurter Schule sah er diesen ruhelosen Willen zum Willen in der modernen Wissenschaft verkörpert. Die Folgen waren schreckenerregend: »... auf der Erde ... geschieht eine Weltverdüsterung ...: die Flucht der Götter, die Zerstörung der Erde, die Vermassung des Menschen, der Vorrang des Mittelmäßigen«, kurz die »*Verdüsterung* der Welt der Stärker-Gerathenen«, um mit Nietzsche zu sprechen. Heideggers pessimistisches Fazit: »Der geistige Verfall der Erde ist so weit fortgeschritten, daß die Völker die letzte geistige Kraft zu verlieren drohen, die es ermöglicht, den Verfall auch nur zu sehen und als solchen abzuschätzen.«[17]

Laut Heidegger hatte sich das westliche rationale Tier in ein mechanisch arbeitendes verwandelt. Mensch und Natur würden von der Technik gezwungen, nach demselben rationalistischen Zeitplan zu funktionieren und dieselben »unvernünftigen Anforderungen« zu erfüllen, die der moderne Mensch sich selbst stelle. Die Erde, einst geheiligte Quelle des Sinns des Seins, würde als Ware behandelt. Dem heiligen Erdboden würden Erz und Kohle entnommen, die Wälder würden zu Nutzholz und Zellstoff für den Lesestoff geistloser Massen. Sogar der »Rheinstrom«, das hehre Symbol der germanischen und Wagnerianischen Mythen, würde durch Wasserkraftwerke entweiht, um Strom für die kapitalistischen Fabriken zu erzeugen. Diese rationale Zivilisation, warnte Heidegger, zerstöre den Platz des Menschen in der Natur und sein Selbstgefühl und gebe ihn »in heilloser Verblendung« der »trostlosen Raserei der entfesselten Technik und der bodenlosen Organisation des Normalmenschen« anheim.[18]

Das apokalyptische Bild der Moderne als einer »Weltverdüsterung« und die Attacke auf die »metaphysische Vernunft« als dem Feind des Seins erschütterte Sartres Denken in den Grundfesten. Im Vergleich zu Heideggers kantigem elementaren Dasein von Mensch und Natur, dieser Feier der Existenz an sich, mußte Bergsons spiritualisierter *élan vital* kraftlos wirken. Sartre sollte dieser Philosophie schließlich den Namen Existentialismus geben. Nach seinem Abstecher an die Berliner Universität schrieb er 1936 begeistert, Husserl und Heidegger hätten »den Menschen wieder in die Welt eingetaucht, sie haben seinen Ängsten und seinen Leiden, auch seinen Revolten ihr ganzes Gewicht wiedergegeben«. Die wichtigste Lehre bestand für ihn in der Erkenntnis, »daß die Welt das ist, aus dem her das Dasein sich ankündigen läßt, was es ist«. Was er gesucht habe, war eine Philosophie, »die nicht nur Kontemplation war, sondern Weisheit, Heroismus, Heiligkeit, irgend etwas, was mir helfen konnte, durchzuhalten«. Diese neue existentialistische Philosophie sollte im Gegensatz zur vom modernen Frankreich verkörperten »negativen« bürgerlichen Welt eine »absolut positive Moral und Politik« begründen.[19]

Mit politischem Tun im üblichen Sinn hatte diese neue positive Politik nichts zu tun. Als sich Sartre 1933/34 in Berlin aufhielt, hatte er die brutale Herrschaft der Nazis kaum wahrgenommen. Existentialismus ist die Bestätigung des Ich, wie es ist, mit Heidegger gesprochen: des nackten Seins-in-sich. Der Mensch sei selbstverständlich *in* der Welt und, weil es weder einen Gott noch eine andere transzendente Realität gebe, auch *von* der Welt, aber in keinem sozialen oder moralischen Sinn *für* sie. Den zivilisierten Menschen charakterisiert Sartre durch das Sein für andere, da er gesellschaftlichen Beziehungen und konventionellen Institutionen erlaube, ihn zu definieren, statt im Sein-für-sich-selbst frei seinen eigenen Werten zu folgen. Die einzigen Hindernisse, denen er in diesem Sein begegne, seien jene, die aufzurichten er anderen gestatte, die von Natur aus seine Existenz und sein wahres Selbst verneinten. Mit dieser Idee der Freiheit löschte Sartre die letzten Spuren des von der Aufklärung geprägten Bildes des Menschen als eines sozialen Wesens aus und negierte die von der Modernität konstituierte Welt von Grund auf.

Das Leben in dieser Welt ist »absurd« – ein Wort, das durch Sartre berühmt wurde –, weil der moderne Mensch sie zu dem gemacht habe, was sie ist. Seine Vernunft habe Gott und alle inneren Zwecke vernichtet, genau wie Nietzsche, ein anderer Fixstern Sartres, es vorhergesagt hatte. In dieser leeren Absurdität zu leben erzeuge Ekel, um den Titel von Sartres 1938 erschienenem Roman zu zitieren, der viele Grundzüge seines Denkens vorwegnahm. Dieser Ekel erinnert an Heideggers »trostlose Raserei« und natürlich an Zarathustras Ausruf: »Nicht mein Hass, sondern mein Ekel frass mir hungrig am Leben!« – »Ach, Ekel! Ekel! Ekel!«[20] Aber auch Gautier und die französische Romantik mit ihrer Klage über den vom modernen Leben hervorgerufenen *ennui* klingt darin nach. Die große Sünde der modernen Zivilisation ist nicht, daß zuviel geschieht, wie angewiderte historische Pessimisten wie Burckhardt und Adorno fanden, sondern zuwenig. Die Hauptfigur von Sartres *Ekel* lebt in einer provinziellen bürgerlichen Welt, in der Langeweile und Mittelmaß das Leben bestimmen. Es ist eine Welt der »Philanthropen, Stadträte, Ärzte, Ökonomen, Reeder«, der »hervorragenden Staatsbürger, ... mächtig durch [ihre] Tugenden, die Achtung der ordentlichen Leute und der Gemeinplätze, das Sparen, die guten Manieren«.[21]

Hinter dieser polierten Fassade entdeckt Sartre jedoch eine noch schrecklichere Wahrheit, denn trotz des gegenteiligen Anscheins in Religion, Politik, Beruf und Familie seien die Menschen letztlich allein in der Welt. Wie die Helden seiner Romane hätten sie keine anderen Stützen als sich selbst. Der Mensch sei, um eine berühmte Phrase Sartres zu benutzen, »verurteilt, frei zu sein«, weil er zugleich dazu verurteilt sei, allein zu sein. An diesem Punkt übernahm Sartre einen weiteren Begriff von Husserl und Heidegger, den der Angst, um das verstörende Gefühl der Beklemmung zu benennen, das die Einsamkeit der totalen Freiheit im modernen Menschen erzeuge. Um der Angst zu entkommen, gebe er wie Freuds Massenmensch vor, nicht frei zu sein. Er baue sich ein Reich der Unwahrhaftigkeit, in dem die Negation des anderen, das Fundament der Freiheit, sich nach innen gegen sich selbst und nach außen gegen andere richte. Unwahrhaftigkeit schränke die menschliche Vitalität ein und bilde wie Freuds Verdrängung die Grundlage des modernen zivilisierten Lebens. Doch während Freud diese Einschränkung für notwendig hielt, um die wilde Natur und Selbstentwürdigung des Menschen im Zaum zu halten, bedeuteten Verdrängung beziehungsweise Unterdrückung für Sartre nichts als Lüge und Heuchelei, den Sieg des Bürgers über das Schöpferische und Authentische. Bezeichnenderweise erscheint Unwahrhaftigkeit in Sartres Philosophie stets im Zusammenhang mit bürgerlichem Eigentum und der Kluft zwischen öffentlichen und privaten Gefühlen und Taten.[22]

Im Grunde werden in Sartres Existentialismus Heidegger und Nietzsche dazu benutzt, die spätromantische Verachtung des Bürgertums in eine Lebensphilosophie umzuwandeln. Für das freie Individuum besteht das Leben aus dem Kampf gegen die bürgerlichen Beschränkungen, gegen moralische Kritik und soziale Rollen. In seinem autobiographischen Buch *Die Wörter* (1964) hat Sartre von den Ursprüngen seines eigenen unablässigen Kampfs gegen bürgerliche Heuchelei und die angebliche Unwahrhaftigkeit seiner Familie berichtet. Der Mittelstandsbürger ist in Sartres Augen ein billiger Hochstapler, ein Schauspieler fremder Rollen. »Man hatte mir beigebracht«, erinnerte er sich, »wir seien auf der Welt, um voreinander Theater zu spielen.«[23] In dem mürrischen Kellner, der davon träumt, Schauspieler zu werden, und weiß, daß er seine Zeit verschwendet, sehen wir das Bild unseres eigenen Dilemmas: Sein Unmut ist unsere Wut darüber, von einer Welt, die sich um die falschen Bedürfnisse anderer dreht, in eine Zwangsjacke gesteckt worden zu sein. Kellner waren eines von Sartres Lieblingsbeispielen für die Mechanismen der Unwahrhaftigkeit. Ein anderes war die Frau, die in seinen philosophischen Romanen als Harpyie oder Sirene auftritt, die unwillige Männer zu ihrem Verderben in sterile Beziehungen und Ehen lockt. Tatsächlich verstand Sartre die Werte des zivilisierten Lebens – Geselligkeit, komplexe soziale Rollen, Höflichkeit und sogar Liebe – nur noch als Fallen, in denen die menschliche Freiheit zerstört wird. *Im Räderwerk* lautete sinnfällig der Titel eines Drehbuchs, das er 1948 schrieb. Sartres Existentialismus enthält die Feststellung, in der modernen Gesellschaft sei das Zusammensein mit anderen, vor allem die Unterordnung unter ihre Maßstäbe und Überzeugungen, eine Form der Selbstopferung. Wie eine der Figuren in *Bei geschlossenen Türen* bemerkt:»... die Hölle, das sind die anderen«.[24] Unerträglich macht sie ihr Mangel an Echtheit und Vitalität als Gefangene einer unwahrhaftigen Welt. Freiheit ist daher nicht zu erreichen, wenn man nach den Maßstäben des Bestehenden zu überleben suche, sondern nur, indem man mit ihnen bricht. Albert Camus hat mit dem Mythos von Sisyphus, über den er 1942 seinen berühmten Essay schrieb, das Symbol der Bedeutungslosigkeit des normalen bürgerlichen Alltags gefunden:»Aufstehen, Straßenbahn, vier Stunden Büro oder Fabrik, Essen, Straßenbahn, vier Stunden Arbeit, Essen, Schlafen, Montag, Dienstag, Mittwoch, Donnerstag, Freitag, Samstag, immer derselbe Rhythmus ...« Doch dann stehe eines Tages »das ›Warum‹ da, und mit diesem Überdruß, in den sich Erstaunen mischt, fängt alles an. ... Er weckt das Bewußtsein und bereitet den nächsten Schritt vor.«[25] Dieser sei die existentielle Rebellion, die Camus 1951 in *Der Mensch in der Revolte* umriß. Das erwachte Bewußtsein stoße sich an der Absurdität der modernen bürgerlichen Existenz, und indem es sich von ihr löse, entzünde es wieder das Gefühl des Menschen als Sein-für-sich, wodurch ihm die Möglichkeit eröffnet werde, seinem Leben neuerlich Sinn und Bedeutung zu geben. Aus dem Menschen in der Revolte werde der in der Welt engagierte Mensch. Da die eigene Bedeutung jedoch einen radikalen Bruch erfordere, müsse das Wahre vom Falschen getrennt werden. Niemand verändere die Welt, wenn er in der Straßenbahn bleibe und seinen Achtstundentag absolviere.

Wenn aber alle Werte, welche die Menschen miteinander verbinden, als falsch abgelehnt werden, woher soll dann dieser neue Sinn kommen? Dies war die entscheidende Schwachstelle des existentialistischen Programms, und schon Heidegger hatte ihre Gefährlichkeit aufgezeigt. Nach seiner Auffassung drückte sich das echte Sein auf politischer Ebene nur als Moment der Vision aus, als Blick über die selbstbegrenzte verdorbene Natur des modernen Menschen hinaus. Legitimität, ordentlicher Prozeß, konstitutionelle Formen und andere nicht authentische Beschränkungen fielen weg, wenn der Mensch beschließe, daß der Augenblick gekommen sei zu handeln, ohne auf die Konsequenzen zu achten. Heidegger sah ihn 1933 gekommen, und er sah in Hitler den Mann, der ihn ergreifen sollte. Er glaubte, der Nationalsozialismus würde den modernen Mangel an Tiefe und Werten beheben und »den Anfang unseres geschichtlich-geistigen Daseins *wiederholen*, um ihn in den anderen Anfang zu verwandeln«. Diese Formulierung stammt zwar ebenso wie die folgende aus der Nachkriegszeit, dürfte aber auch für Heideggers Hoffnung und Haltung angesichts des Aufstiegs der Nazis kennzeichnend sein, deren Brutalität ihn keineswegs abschreckte, denn einen Anfang zu wiederholen bedeute, daß er »*ursprünglicher* wiederangefangen wird und zwar mit all dem Befremdlichen, Dunklen, Ungesicherten, das ein wahrhafter Anfang bei sich führt«.[26]

Als Rektor der Universität Freiburg schloß sich Heidegger der nationalsozialistischen Revolution begeistert an. Seine Aktivitäten zugunsten des Naziregimes, von denen er sich selbst nach 1945 nicht distanzieren mochte, sind heute gut dokumentiert. Nach dem Krieg kosteten sie ihn nicht nur das Rektorat und akademische Ehren, sondern auch die Freundschaft und den Respekt vieler Kollegen und Studenten, darunter auch Herbert Marcuse. Es sagt einiges über Sartres politische Naivität aus, daß er keine Konsequenzen daraus zog, obwohl 1938, als er sich ernsthafter mit Heideggers Schriften zu beschäftigen begann, dessen Verstrickung mit dem Nationalsozialismus bereits bekannt war. Dennoch empfand er seine Begegnung mit

Heideggers Denken weiterhin als »schicksalhaft« und vertraute seinem Tagebuch an, Heideggers Bestimmung der Politik als persönlicher Verpflichtung helfe ihm,»mein Schicksal als Franzose im Frankreich von 40 auf mich zu nehmen«.[27]

Existentialismus und Kommunismus: Sartre und Merleau-Ponty

Nach 1945 wurde die intellektuelle Kultur Frankreichs von einer bitteren, verzweifelten Kraft gespeist; man stand unter Druck. So wie die Frankfurter Schule die Weimarer Republik zum Symbol aller Übel der westlichen Zivilisation erklärt hatte, machten Sartre und seine Nachfolger Vichy zum Prüfstein der Kritik am modernen Westen. Der Krieg hatte das politische Gleichgewicht des französischen intellektuellen Lebens auf Dauer verändert und damit auch das ideologische Schwergewicht des antimodernistischen Denkens verlagert. Die rechten Vichy-Intellektuellen waren durch die Kollaboration mit den Deutschen diskreditiert. Manche, wie der Schriftsteller Louis-Ferdinand Céline, flohen ins Ausland; andere, wie Maurras und Brasillach, wurden vor Gericht gestellt und als Verräter verurteilt. Drieu La Rochelle beging Selbstmord. Wer Kapitalismus, Industriegesellschaft und Demokratie kritisieren wollte, mußte es von links tun, denn die konservative Revolution hatte jede Glaubwürdigkeit verloren.

Außerdem hatte die deutsche Besetzung Schriftsteller und Gelehrte zu politischen Entscheidungen gezwungen, denen sie bislang ausgewichen waren. Auch Sartre.»Der Krieg hat mein Leben regelrecht in zwei Teile geteilt«, erklärte er Jahrzehnte später. Durch seine kurze Dienstzeit bei der französischen Armee, die Gefangenschaft in Deutschland und die anschließende Arbeit als Journalist für die Résistance war er zum ersten Mal mit der Welt des praktischen Handelns in Kontakt gekommen. Das ingrimmige, eisige Gefühl der Isoliertheit war verflogen.

»Plötzlich begriff ich, daß ich ein gesellschaftliches Wesen war«, bekannte er später, »ich hatte die Verneinung meiner eigenen Freiheit durch die Mobilmachung erleben müssen, um mir des Gewichts der Welt und der Bande zwischen mir und den anderen bewußt zu werden«.[28] Bestärkt wurde er in dieser Erkenntnis durch die Tätigkeit in der Résistance, obwohl sie weder so bedeutsam noch so riskant war, wie er später behaupten sollte. Er erlebte, wie einfache Menschen sich zusammenschlossen, um ein gemeinsames Ziel zu erreichen, und nach dem Krieg begann er, sein philosophisches Denken aufgrund dieser Entdeckung zu revidieren. Die anderen, begriff er, waren keineswegs die Hölle, sondern eine Form der Erlösung. Deshalb wies er dem Schriftsteller und Intellektuellen jetzt eine andere Rolle zu. Das Ideal des *l'art pour l'art* sei ein Widerspruch in sich: »Da der Schriftsteller keine Möglichkeit hat, sich davonzustehlen, wollen wir, daß er sich seiner Epoche voll und ganz verschreibt ... Der Schriftsteller ist in seiner Epoche *situiert*.« Sartre tastete sich in Richtung einer Definition der existentiellen Freiheit vor, die ihm die Wiedervereinigung mit dem Leben anderer menschlicher Wesen erlaubte, so daß er mit Recht sagen könnte: »... indem ich mich wähle, wähle ich den Menschen.«[29]

Im Oktober 1945 kehrte Sartre von seiner ersten Amerikareise in ein ödes graues Paris zurück. Amerika hatte ihn mit seiner Energie und seinem Überfluß vorübergehend in Bann geschlagen. Ein Vortrag zu der Frage »Ist der Existentialismus ein Humanismus?« war zu halten. Als Sartre im Pariser »Maintenant«-Club eintraf, war das Gedränge so groß, daß er nur mit Mühe hineinkam und der Vortrag eine Stunde verspätet begann. Er sprach ohne Notizen und ohne Unterbrechung zwei Stunden lang zu einem atemlos lauschenden Publikum und verteidigte seine früheren Arbeiten. Der Existentialismus, verkündete er, sei keine Philosophie der Verzweiflung, sondern »ein Optimismus, eine Lehre der Tat«. Mit einem unmittelbar nach der Befreiung von der deutschen Besatzung erstaunlichen Hinweis auf Heidegger konstatierte er, »daß die Existenz der Essenz vorausgeht«, was bedeute, »daß der Mensch zuerst existiert, sich begegnet, in der Welt auftaucht und sich *danach* definiert. Wenn der Mensch, wie ihn der Existentialist begreift, nicht definierbar ist, so darum, weil er anfangs überhaupt nichts ist. Er wird erst in der weiteren Folge sein, und er wird so sein, wie er sich geschaffen haben wird.« Der Mensch könne sich nicht länger auf falsche Ideale wie Gott oder die menschliche Natur berufen. Das neue Glaubensbekenntnis der »Europäer von 1945« sei der Existentialismus, der sie nur lehre, was sie aus eigener Erfahrung wüßten: »Ein Mensch bindet sich in seinem Leben, zeichnet sein Gesicht, und außerhalb dieses Gesichts ist nichts vorhanden.«[30]

Der Vortrag machte Sartre über Nacht berühmt. Seine Maximen – »Der Mensch ist verurteilt, frei zu sein« und »Wir sind allein, ohne Entschuldigungen« – wurden zu journalistischen Schlagworten, und er selbst gewann ein intellektuelles Gewicht, wie es seit Bergson niemand mehr besessen hatte. Er wurde zum Sprecher und Vorbild einer Generation, die sich nicht im klaren war, welche Richtung Frankreich und Europa nach dem Zweiten Weltkrieg einschlagen sollten, und die befürchtete, die Welt würde von der Sowjetunion und den Vereinigten Staaten dominiert werden. Vom Existentialismus versprachen sich seine neuen Bewunderer nicht weniger als einen neuen liberalen Humanismus ohne die Heuchelei und die leeren Phrasen des 19. Jahrhunderts. Als Sartre gemeinsam mit Simone de Beauvoir und Maurice Merleau-Ponty eine neue politisch-literarische Zeitschrift gründete, die nach Chaplins Film *Moderne Zeiten* den Titel *Les Temps Modernes* erhielt, stand sie unter dem Motto: »Das ist der Mensch, wie wir ihn begreifen: der totale Mensch. Total engagiert und total frei.« Diese Freiheit gegen Feinde jeder politischen Couleur zu verteidigen, sei die Pflicht des Schriftstellers im neuen, postindustriellen Zeitalter.[31]

In seiner Vorstellung der *Temps Modernes* machte Sartre deutlich, daß er am Endziel der Entmachtung der Bourgeoisie festhielt.³² Das Hauptmerkmal der modernen Zivilisation, so führte er aus, sei ihr falscher Glaube an die Macht der analytischen Vernunft. Seit der Aufklärung und dem 19. Jahrhundert sei »der analytische Geist ... die offizielle Doktrin der bürgerlichen Demokratie«. Wie die Frankfurter Schule betrachtete er die Rationalität als Instrument der Zerstörung. Unter ihrem Ansturm sei das organische soziale Ganze verschwunden und die Gesellschaft »auf die Summe der Individuen, aus denen sie besteht«, reduziert worden. Das Solidaritätsgefühl des Menschen sei verkümmert und er selbst als einsames Individuum zurückgeblieben, »eine Erbse in der Erbsendose« mit einem Bündel abstrakter Rechte und Pflichten. Dieser falsche Individualismus fuße wie die Idee der zivilisierten Gesellschaft überhaupt auf der Annahme, die menschliche Natur sei universell und besitze definierbare universelle Eigenschaften, etwa den Wunsch, voranzukommen oder die Neigung, als rationales Wesen zu handeln, die Familie zu lieben und Inzest und Mord zu verabscheuen. Die liberale bürgerliche Doktrin der Freiheit beharrt laut Sartre darauf, »die Identität der menschlichen Natur in allen Situationen zu verkünden« und »nach dem analytischen Geist zu denken, der die Individuen außerhalb ihrer wirklichen Existenzbedingungen betrachtet ... und ihre Solidarität nicht wahrhaben will«. Der größte Fehler der modernen Gesellschaft sei, daß sie alle gleich, nämlich zum Bürger machen wolle, und tatsächlich *»konstituiert man sich als Bürger*, indem man ein für allemal eine bestimmte analytische Weltanschauung wählt, die man allen Menschen aufzwingen will«, Kapitalisten wie Kommunisten, Schwarzen wie Weißen.

Statt dessen solle der Mensch des postmodernen Zeitalters einen wahren Individualismus anstreben, der ein Produkt dessen ist, was Sartre eine totale Situation nennt. Denn der Mensch sei »nur eine Situation«, eine Zusammenfassung seiner Erlebnisse, Gefühle und Wünsche zum jeweils konkreten Zeitpunkt. Der analytische Geist habe ausgedient und erfülle nur noch die Funktion, »das revolutionäre Bewußtsein zu trüben und die Menschen zum Nutzen der privilegierten Klassen zu vereinzeln«. Deshalb müsse sich der Mensch »total befreien, das heißt, er muß *anders* werden, indem er auf seine biologische Konstitution ebenso einwirkt wie auf seine ökonomische Bedingtheit und auf seine sexuellen Komplexe ebenso wie auf die politischen Gegebenheiten seiner Situation«. Bei dieser Wiedererweckung der Fülle des menschlichen Daseins und der Verwirklichung des »Fernziels, das wir uns setzen«, der totalen Befreiung von der bürgerlichen Rationalität, komme den Intellektuellen eine Schlüsselrolle zu, die bei Sartre wie bei Marcuse sowohl Negation als auch positive Bestimmung umfaßt. Indem Intellektuelle und Schriftsteller in politischen Konflikten »Partei ergreifen«, würden sie sich in ihre totale Situation stellen. Sie würden Kontemplation in Aktion und Macht verwandeln, und während sie den Menschen »die ewigen Werte ... verdeutlichen, die diesen sozialen und politischen Kämpfen zugrunde liegen«, stießen sie »auf das Ewige«.

Kurzzeitig schien es so, als würde Sartre in unbekanntes Gebiet vordringen und eine modernistische Version des Humanismus entwickeln. Doch dann trieb ihn sein Abscheu vor der unechten bürgerlichen Welt 1952 in die Arme der Kommunistischen Partei. Später behauptete er wie andere auch, die *volte face* sei die Wahrheit des Marxismus selbst. »Es ist nicht unsere Schuld, wenn die Wahrheit marxistisch ist«, zitierte er später achselzuckend eine Bemerkung, die Che Guevara 1960 ihm gegenüber gemacht hatte.[33] Tatsächlich hat er Marx nie intensiv gelesen. Seine Vorstellung vom Kommunismus hatte weniger mit der Befreiung durch den Klassenkampf zu tun als vielmehr mit einem persönlichen heroischen Ideal. Obwohl ihm sein einstiges Vorbild Heidegger nach dem Vortrag vom Oktober 1945 wütend vorgeworfen hatte, er habe die Existenzphilosophie an die Massen verraten, blieb dessen Einfluß immer lebendig, und von seinem Mitstreiter Merleau-Ponty lernte er, wie sich der Einsatz für den Kommunismus mit den Bedingungen vereinbaren ließ, die Heidegger für die politische Betätigung als Form geistiger Freiheit aufgestellt hatte.

Merleau-Ponty hatte die übliche Reise durch das intellektuelle Terrain der dreißiger Jahre hinter sich, von Husserl und Nietzsche bis zu Kojève und Heidegger. Viel gebracht hatte es ihm nicht. Dann lernte er während des Krieges Sartre kennen. Der Sohn aus gutem Haus schloß sich Sartres Kreis aus linken Bohemiens an und wurde als Mitherausgeber von *Les Temps Modernes* so etwas wie deren intellektueller Sekretär. 1947 versuchte er in einer Studie über *Humanismus und Terror* den Weg zu der ungleichen Hochzeit von Stalinismus und Existentialismus zu weisen. Sein Ausgangspunkt war von schlagender Einfachheit. Es sei nicht möglich, die Zukunft vorauszusehen, erklärte er, auch nicht mit Hilfe des Marxismus, denn sie resultiere aus individuellen Entscheidungen und Handlungen des Augenblicks. In bestimmten Zeiten, in denen »der traditionelle Boden einer Nation oder einer Gesellschaft zusammenbricht und ... der Mensch, ob gern oder ungern, selber die menschlichen Beziehungen wieder aufbauen muß«, sei er jedoch gezwungen, zwischen zwei Extremen zu wählen. Wie Merleau-Ponty andeutet, hatte die Politik des Kalten Krieges eine jener klassischen Grenzsituationen hervorgebracht, die »grundlegende Entscheidungen vom Menschen verlangen« und in denen »das Risiko vollkommen ist«.

Auf alle Fälle sei Politik eine Art Glücksspiel. Wenn eine Politik oder Ideologie scheitere, würden ihre Vertreter geschmäht. Sei sie erfolgreich, werde die Grausamkeit, mit der sie ausgeführt wurde, vergessen, und ein Ereignis wie der Sturm auf die Bastille werde mit einem Feiertag begangen. Aber Gewalt sei die »allen Regimen gemeinsame Ausgangssituation«, und »alle Revolutionen zusammen haben nicht mehr Blut vergossen als die Imperien. Es gibt nichts als Gewalt, und der revolutionären Gewalt gebührt der Vorzug, weil sie eine Zukunft von Humanismus hat.« Der stalinistische Terror sei nur eine ehrlichere und ehrenhaftere Form des dem liberalen Kapitalismus zugrundeliegenden Terrors: »Die Reinheit des Prinzips duldet nicht nur Gewalttaten, sie erheischt sie auch. ... Und es könnte sein, daß ein Regime, das seine Gewalt auf sich nimmt, mehr wahre Humanität besitzt« als der bürgerliche Westen, der sie durch die Betonung des Rechts zu kaschieren versuche.[34] In diesem Lob der »humanistischen« Gewalt im Dienst des Kommunismus verbarg sich mehr als die alte Maxime, der Zweck heilige die Mittel. Es bereitete die Bühne für die weitere Entwicklung des französischen Kulturpessimismus, einschließlich desjenigen von Sartre. Nach Merleau-Pontys Argumentation bewiesen Institutionen, Individuen und politische Regime, welche die westlichen Normen ignorierten oder verletzten, allein schon dadurch ihre Überlegenheit über ihre westlichen Gegenstücke. Dieses Prinzip reflektierte sowohl Nietzsches vitalistischen Nihilismus, dem das Fehlen moralischer Skrupel als Zeichen geistiger Gesundheit galt, als auch Heideggers Überzeugung, der individuelle Akt der Wertewahl sei das Entscheidende, nicht die Art der Werte oder die Konsequenzen für andere Menschen.

Am Ende des Krieges lehnte Sartre den Kommunismus ab, während umgekehrt kommunistische Journalisten den Existentialismus als bürgerliche Ideologie verurteilten und giftige Angriffe gegen den Kreis um die *Temps Modernes* richteten. 1945 gründete Sartre eine nichtkommunistische Linkspartei, das »Rassemblement Démocratique Révolutionnaire« (RDR), um den progressiven europäischen Intellektuellen jenseits der Konflikte des Kalten Krieges eine Orientierung auf eine »erneuerte und in der sozialen Gerechtigkeit verankerte Freiheit« zu geben. Doch dann bewegte er sich auf eine anti-antikommunistische Position zu, das heißt, er wetterte zwar weiter gegen die

Heuchelei der modernen kapitalistischen Institutionen, vermied aber jede direkte Kritik der Sowjetunion. Als sich 1949 führende Antikommunisten bis hin zu US-Gewerkschaften und amerikanischen Intellektuellen wie Sydney Hook an den Aktivitäten der RDR beteiligten, distanzierte er sich von ihr. Seiner Ansicht nach ging die eigentliche Gefahr für Europa nicht von der Sowjetunion aus, sondern von der Amerikanisierung als Endstadium der Entwicklung der bürgerlichen westlichen Werte. Dann veröffentlichte er 1952 die ersten beiden Teile eines Essays mit dem Titel »Die Kommunisten und der Frieden«, in denen er sich Merleau-Pontys Feststellung anschloß, moralische Authentizität verlange, die Politik der Kommunistischen Partei zu unterstützen.[35]

Seit 1952 waren die *Temps Modernes* buchstäblich ein Parteiorgan. Wer wie Arthur Koestler die Berichte über sowjetische Arbeitslager und Greuel aufgriff, wurde als Lügner gebrandmarkt, und wenn unwiderlegbare Beweise vorgelegt wurden, erwiderten sowohl Merleau-Ponty als auch Sartre, der sowjetische Versuch, diese Dinge zu verhehlen, zeuge zumindest davon, daß man sich schäme, auf Geheimpolizei und Gefängnisse angewiesen zu sein, während diese im Westen integrale Bestandteile des Systems seien. Sartres Flirt mit dem Stalinismus entsprang indes weniger der Bewunderung für die Sowjetunion – wenngleich er dafür genügend Beweise gab und 1954, nach seiner ersten Reise in die UdSSR, zum Beispiel erklärte, dort herrsche eine »totale Freiheit der Kritik«[36] –, sondern mehr der Verachtung ihrer westlichen Feinde, insbesondere der Vereinigten Staaten.

Amerika wurde nun zum Ziel aller kritischen Ausfälle, die bisher der bürgerlichen Gesellschaft Europas gegolten hatten, verkörperte es doch, nach einer Formulierung des Philosophen Henri Lefebvre, die bürokratische Gesellschaft des gesteuerten Konsums. In einem Leitartikel der prokommunistischen Zeitschrift *Esprit* wurde nicht nur Sartres Haltung, sondern auch die vieler anderer französischer Intellektueller zusammengefaßt: »Was kann man von einer Zivilisation erwarten, die die geistigen Traditionen des Westens verhöhnt und karikiert und die Menschheit in eine horizontale Existenz ohne Transzendenz und Tiefe treibt?«[37] Auch nach dem Bruch mit Moskau einige Jahre später beharrte Sartre darauf, daß der moderne industrialisierte Westen keinen Ersatz für die Sowjetunion zu bieten hatte. 1975 erklärte er im Rückblick, er sei »immer noch der Meinung ..., daß in den Jahren des Kalten Krieges die Kommunisten recht hatten. Die UdSSR – mit all den Fehlern, die sie hatte und die wir kennen – war immerhin bedroht, sie war noch nicht stark genug, den Vereinigten Staaten in einem Krieg standhalten zu können, und sie wollte den Frieden. Deshalb konnten wir uns mit der Haltung der Kommunisten identifizieren: im wesentlichen warfen sie den USA dasselbe vor, was wir ihnen vorwarfen.«[38]

Da die »Fehler« der Sowjetunion – etwa der Mord an zwanzig Millionen ihrer Bürger – ihre Chancen ruiniert hatten, der Hafen der existentialistischen Politik zu werden, sah sich Sartre gezwungen, es allein mit dem amerikanischen Moloch aufzunehmen. Das amerikanische Weltreich, so warnte er, sei durch die Kontrolle über die globale Massenkommunikation, über technische Netzwerke und die Weltwirtschaft entstanden. Diese *»one world«*, wie er sie auf englisch nannte, wäre der Alptraum der amerikanischen politischen und kulturellen Hegemonie, die es sechs Prozent der Weltbevölkerung ermögliche, die übrigen vierundneunzig Prozent zu beherrschen. Er begann sich verzweifelt nach einer humanistischen Alternative umzusehen und wandte sich anderen sozialistischen Ländern zu, Titos Jugoslawien, Castros Kuba, Ho Chi-minhs Vietnam – über den Vietnamkrieg sollte er 1967 sagen: »So kämpfen die Vietnamesen für alle Menschen und die amerikanischen Truppen gegen alle Menschen« – und später Maos China.[39] Außerdem schloß er sich anderen antiwestlichen Kreuzzügen an, stand zum Beispiel an der Spitze der linken Intellektuellen, die gegen den französischen Krieg in Algerien protestierten und sich für die Sache der Rebellen von der marxistischen algerischen Befreiungsfront FLN einsetzten, ein Engagement, bei dem er unter anderem Frantz Fanon kennenlernte.

Dann begannen im Mai 1968 in Paris und anderen Städten die Studenten zu streiken und in einer Reihe von Demonstrationen gegen die Regierung zu protestieren. Als Automobilarbeiter sich der Protestwelle anschlossen, rückte die Möglichkeit eines Generalstreiks und einer Revolution, die das bürgerliche Establishment hinwegfegen würde, in greifbare Nähe, zumindest aus der Perspektive linker Intellektueller. Sartre war begeistert und begab sich zu den Studenten, die den bald dreiundsechzigjährigen Autor verehrten. Sogar ihre Slogans und Poster wirkten wie Echos auf seine Philosophie. Einer von ihnen lautete: »Wir wollen nichts mit einer Welt zu tun haben, in der Hunger nur durch Langeweile vertrieben werden kann.« Als sich die Demonstrationen zu Unruhen ausweiteten, verteidigte Sartre die Studenten im Rundfunk. »In unseren erschlafften westlichen Ländern bilden allein die Studenten und, ich hoffe, bald die ganze Jugend, das linke Protestpotential«, behauptete er. »Diese jungen Leute wollen nicht die Zukunft ihrer Eltern, das heißt unsere, ... eine Zukunft, die bewiesen hat, daß wir feige, erschöpfte, ermüdete, vom blinden Gehorsam erschlaffte Menschen sind ...« Die Studenten, so schrieb er später, hätten begriffen, »daß die alte bürgerliche Gesellschaft im Eimer war und sich nur noch durch den Schlagstock der Bullen am Leben erhielt«.[40]

Enttäuschenderweise ebbte die Krise ab, und der Aufruhr verlief sich. Die Renault-Arbeiter brachen den Streik ab, die Studenten kehrten in die Hörsäle zurück, und die alte, »im Eimer« befindliche Gesellschaft bewies ihre Zähigkeit, indem sie weitermachte wie bisher. Sartre war verwirrt. »Ich selbst«, erklärte er später, »war fast zwei Jahre nach dem Mai 68 noch damit beschäftigt, über das Geschehene nachzudenken ...« Am Ende kam er zu dem Schluß, die Revolution sei nicht wirklich gescheitert. Was die Studenten angestrebt hatten, war nicht die Macht im herkömmlichen revolutionären Sinn von 1789 oder 1917 gewesen, sondern ihre Abschaffung, das heißt, moderner gesprochen, die Beseitigung aller bürgerlichen Beschränkungen und sozioökonomischen Beziehungen, »denn für sie – wie heute für uns – ging es darum, die die Machtausübung ermöglichende Gesellschaftsstruktur selbst zu beseitigen«. Deshalb wollte sich Sartre, wie er 1975 sagte, auch nicht dem Pessimismus hingeben. Er war sicher, daß eine größere Revolution, »in der alle Macht abgeschafft sein wird, weil jedes Individuum im vollen Besitz seiner selbst sein wird«, und ein tieferer Neuanfang kommen würden, als er oder Heidegger oder sonst irgend jemand vorausgesehen hatte.[41]

Vernunft, Macht und das Ende des Menschen: Foucault

Eine der radikalen Studentengruppen, die Sartres Aufmerksamkeit erregt hatten, war eine selbsternannte maoistische revolutionäre Zelle, die »Proletarische Linke«. Als ihr Propagandablatt, *La Cause du Peuple* – neben deren Titel ein Porträt von Mao prangte –, verboten werden sollte, stellte Sartre bereitwillig seinen guten Namen zur Verfügung. Er wurde Herausgeber der Zeitung und verteilte sie sogar, von Fernsehkameras umgeben, auf der Straße. Ihn zog das revolutionäre Motto der Gruppe an: »Gewalt, Spontaneität, Moralität«, wobei die *»moralische* Gesellschaft« für die französischen Maoisten eine gewesen wäre, in welcher der »entfremdete Mensch sich selbst innerhalb seiner wirklichen Beziehungen zur Gruppe finden kann«.[42]

Bei einem jüngeren radikalen Intellektuellen, Michel Foucault, hatten die Maoisten ebenfalls Interesse hervorgerufen.

Mit rasiertem Kopf, rahmenloser Brille, Lederjacke und weißem Rolli bildete Foucault einen merkwürdigen Gegensatz zu den langhaarigen Maoisten und dem kleinen, schlecht gekleideten Sartre. Auch für ihn war 1968 eine Erweckung gewesen. Aber seine Vorstellung vom Neuanfang für den modernen Menschen war radikaler und Nietzscheanischer als Sartres. Ihm schwebte nichts Geringeres vor als eine völlige Umkehrung der Begriffe von Vernunft und Unvernunft, Wahrheit und Falschheit und sogar des Menschen als spirituellem und geistigem Wesen. In seinen Augen war sogar Sartres Bild vom total engagierten und total freien Menschen wie die bürgerliche Vorstellung der Individualität eine »junge Erfindung« und illusionär. Das gesamte westliche Menschenbild, schrieb er zwei Jahre vor der Explosion von 1968, würde verschwinden »wie am Meeresufer ein Gesicht im Sand«.[43]

1945, als Sartre den Vortrag über den Existentialismus als Humanismus hielt, war der neunzehnjährige Foucault soeben in dessen alte Schule, das Pariser Lycée Henri IV, eingetreten, um sich aufs Studium vorzubereiten. Seine Ausbildung dort und später an der Universität fiel in die Zeit, als sich Sartres Einfluß auf dem Höhepunkt befand: Foucaults Mentor, Jean Hippolyte, war ein Anhänger Sartres, und seine Mitschüler Gilles Deleuze und Michel Tournier hatten es beide geschafft, sich in den Vortragssaal zu drängen, in dem Sartre seinen berühmten Vortrag hielt. Er selbst fühlte sich mehr zu der strengeren Lehre von Sartres deutschen Vorgängern hingezogen. 1947 ritt der inzwischen in Ungnade gefallene Heidegger eine wütende Attacke gegen Sartres existentialistischen Humanismus, dem er vorwarf, er vermöge gegen die Krise des von Technik und Massenkultur eingeschnürten modernen Menschen nichts auszurichten. Da er ein menschliches Wesen mit einer festen rationalen Natur voraussetze, führe jeder Humanismus unweigerlich zur Metaphysik. Statt den Menschen zu befreien, reduziere die humanistische Sicht die unbegrenzten

Möglichkeiten des Seins auf das blasse, verkümmerte Geschöpf des modernen Zeitalters.

In Samuel Becketts gefeiertem Theaterstück *Warten auf Godot*, das im Januar 1953 in Paris uraufgeführt wurde und das neue Nachkriegstheater prägen sollte, sah Foucault das wahre Gesicht dieses Geschöpfs enthüllt. Becketts Figuren würden die von Nietzsche wie von Heidegger beschriebenen letzten Menschen der Moderne verkörpern, die auf eine metaphysische Gegenwart – ob Godot oder Gott – warten, die nie kommt. In der Zwischenzeit wüßten sie weder etwas zu tun noch etwas zu sagen und übertönten ihre Angst durch eine Flut von wichtigtuerischem, sinnlosem Geschwätz, während sie vergeblich hofften, daß ihnen das Geheimnis des Lebens offenbart wird. Das Stück öffnete Foucault die Augen. Es veranlaßte ihn, mit einer intellektuellen Szene zu brechen, die einen »Horizont vor Augen hatte und durch ihn begrenzt wurde, der aus Marxismus, Phänomenologie und Existentialismus bestand«,[44] und regte ihn an, eine völlig andere intellektuelle Richtung einzuschlagen und Sartres Denken hinter sich zu lassen, nicht weil es pro-stalinistisch oder antiwestlich war, sondern weil es immer noch auf den alten hinfälligen Annahmen über den Menschen als einem auf sich selbst achtenden Wesen beruhte. Das westliche Menschenbild war für ihn keine zu verteidigende Gegebenheit, sondern nur ein Produkt des »sozialhistorischen Prozesses«, das heißt der kapitalistischen Zivilisation.

In seiner 1966 unter dem Titel *Die Ordnung der Dinge* erschienenen »Archäologie der Humanwissenschaften«, wie er sein Vorhaben im Untertitel näher bestimmte, breitete Foucault in Form eines historischen Essays seine Version des Kulturpessimismus aus. Der westliche Mensch mit seiner verinnerlichten selbstbezogenen moralischen Natur war die Schöpfung dessen, was Foucault das »klassische Zeitalter« nannte: des säkularisierten und säkularisierenden 17. Jahrhunderts und der Aufklärung. Wie die Frankfurter Schule, mit der es später eine gegenseitige Annäherung gab, betrachtete Foucault die aufgeklärte Vernunft als ein gnadenloses Instrument der selbstzerstörerischen Zersplitterung und Analyse, das sich schließlich gegen das von ihm Geschaffene wendet und es zugrunde richtet, einschließlich der eigenen Geschichte als der »Geschichte des Menschen«, also jener der zivilisierten Gesellschaft.

Die in Persönlichkeiten wie Hegel, Ranke und Burckhardt personifizierte Geschichtsbegeisterung des 19. Jahrhunderts hatte gezeigt, daß alle menschlichen Aktivitäten – Arbeit, Kunst und Politik, sogar Denken, Sprechen und Schreiben – nur aufeinanderfolgende Stufen eines zeitlichen Prozesses waren, über den der einzelne keine Kontrolle hatte. In der westlichen Suche nach den Ursprüngen offenbarte sich die Relativität ihrer Konzepte und Werte: Da das »menschliche Wesen durch und durch historisch geworden ist, kann keiner der von den Humanwissenschaften analysierten Inhalte in sich selbst stabil bleiben und der Bewegung der Geschichte entgehen«. Deshalb, fährt Foucault fort, bestimme Geschichte »die kulturelle Fläche – die chronologische Episode, die geographische Einreihung –« der Erkenntnisse von Anthropologie, Soziologie und anderer Humanwissenschaften. Gleichzeitig aber schließe sie diese auch »mit einer Grenze ein und zerstört von Anfang an ihren Anspruch, in dem Element der Universalität zu gelten«. Alle Geschichte ist somit Nietzscheanische Geschichte. Das historizistische Streben zerstöre den Gedanken einer privilegierten Stellung des westlichen Menschen, indem es die Zeitpunkte aufspüre, an denen seine Vorstellungen, Glaubenssätze und Werte ihren Ursprung genommen haben – und die implizit auf das Ende all dessen verweisen. Foucaults Schluß lautet: »Der Mensch hat keine Geschichte mehr oder vielmehr: da er spricht, arbeitet und lebt, findet er sich in seinem eigentlichen Sein völlig mit Geschichten verflochten, die ihm weder völlig homogen noch untergeordnet sind.«[45] Nach seiner Ansicht ist der Mensch Objekt einer neuen Form von Entfremdung, die tiefer reiche, als es sich Marx und die Frankfurter Schule jemals vorgestellt hätten. Entfremdet sei der Mensch von dem Augenblick an, in dem er in *irgendeine* Beziehung oder institutionelle Struktur eintritt, die in historischen Begriffen analysiert oder erklärt werden kann, einschließlich seines Wissens von sich selbst.

Teil der Geschichte zu sein bedeutete für Foucault, in einer künstlichen Endlichkeit gefangen zu sein, worin ihm sowohl Platon als auch Augustinus beigepflichtet hätten. »Jede Erkenntnis«, so sein Argument, »wurzelt in einem Leben, in einer Gesellschaft, einer Sprache, die eine Geschichte haben«, weshalb alles, was wir wüßten, Teil derselben Falle sei. Freiheit sei also nur jenseits der Vorstellung vom Menschen als einem rationalen Wesen zu finden, da diese von denselben totalisierenden Strukturen geschaffen worden sei, denen man angeblich entkommen wollte. »Seltsamerweise«, so Foucault, »ist der Mensch ... wahrscheinlich nichts anderes als ein bestimmter Riß in der Ordnung der Dinge«. Es gebe aber »eine Stärkung und tiefe Beruhigung, wenn man bedenkt, daß der Mensch lediglich eine junge Erfindung ist, eine Gestalt, die noch nicht zwei Jahrhunderte zählt, eine einfache Falte in unserem Wissen und daß er verschwinden wird, sobald unser Wissen eine neue Form gefunden haben wird«.[46] Auf der existentialistischen Linken rief diese Aussage einen Aufschrei der Empörung hervor. Dabei zog Foucault nur den logischen Schluß aus den Annahmen des Existentialismus: Die Freiheit vom bürgerlichen Westen erfordere die Freiheit von seinem repräsentativsten Produkt, dem westlichen Menschen. Wie Sartre und die Existentialisten glaubte auch Foucault, aus dem Zusammenbruch der westlichen Modernität könne das freie Individuum hervorgehen – nachdem es seine falsche Humanität abgestreift hat.

Als Alternative wandte sich Foucault zwei früheren Surrealisten zu: Georges Bataille und Antonin Artaud. Sie verbanden Nietzsches ikonoklastischen Nihilismus mit den Bildern von Tod und Gewalt, die in den Gedichten Baudelaires und seiner »dekadenten« Schüler zu finden waren, und lehnten jede Form von Vernunft und Moralität als untragbare Einschränkung der schöpferischen Freiheit des Individuums ab. Nach ihrer Ansicht besaßen Sadismus, Sexualität, Gewalt und sogar Verrücktheit einen fundamentalen Wert: als rohe Ausdrucksformen der vitalen Instinkte des Menschen, die von der bürgerlichen Gesellschaft eingegrenzt und unterdrückt würden. Nietzsches Unwertung aller Werte wurde für sie und schließlich auch für Foucault zu einem endlosen Programm der »Überschreitung«, einer Kriegserklärung an die Gesellschaft in Form der Lobpreisung von Verbrechen und sexueller Abweichung. Aus Sicht der französischen Nietzscheaner verwandelte der Mensch die Welt in ein »Theater der Grausamkeit«, um Artauds Formel einmal beim Wort zu nehmen.

»… schon seit langem«, gestand Artaud 1947, »gebiete ich nicht mehr meinem Geist, und mein ganzes Unbewußtes gebietet mir mit Impulsen, die aus der Tiefe meiner nervösen Wut und den Strudeln meines Blutes kommen.« Für Artaud enthält das Unbewußte nicht nur wie für Freud die tiefsten vitalen Kräfte des Menschen; er sieht in ihm das wahre, nicht nur das primitive ungeformte Selbst. Lombrosos geborener Verbrecher ist insofern der Mensch im Vollbesitz seiner vitalen Energie, die sich entlädt »wie Messerstiche oder Blitze an einem verstopften Himmel«. Taten, die von der zivilisierten Gesellschaft böse genannt würden, seien in Wirklichkeit, wie Artaud in Nietzsches Manier erklärt, höchster Ausdruck des Lebens: »Etwas wie uranfängliche Bosheit herrscht im Lebensfeuer … In der geoffenbarten Welt ist, metaphysisch gesprochen, das Böse dauerndes Gesetz, und was gut ist, ist Mühsal und bereits eine Grausamkeit, die auf eine andere aufgepfropft ist.« Held oder besser Antiheld der französischen Nietzscheaner war der Marquis de Sade, dessen Phantasien von sexuellen Grausamkeiten und Wahnsinnstaten als epische Beispiele des Kampfs gegen die rationalisierenden und selbstbegrenzenden Kräfte der Zivilisation gefeiert wurden.⁴⁷

Daß der Wahnsinn eine Form der Freiheit sei, ist die Grundthese von Foucaults meistgelesenem Werk, der 1961 erschienenen Studie *Wahnsinn und Gesellschaft*. Die Dichotomie ist signifikant: Im vorkapitalistischen Westen des Mittelalters und der Renaissance, so behauptet Foucault, habe man den Wahnsinn noch als Teil der menschlichen Natur verstanden, sogar als ironischen Kommentar zum menschlichen Streben nach Autonomie und Macht. Im klassischen Zeitalter sei er dann als Feind der Vernunft und daher als Feind der Menschheit definiert worden, der in Asylen und Krankenhäusern abgesondert werden müßte. Dieser Prozeß der »Gefangennahme«, der Kategorisierung, Absonderung und Ausschließung dessen, was fremd und daher gefährlich für die Rationalität zu sein scheint, bildet laut Foucault das Wesen der Aufklärung und der gesamten modernen Zivilisation. Die moderne Gesellschaft ist für ihn ein einziges Gefängnis, und der Insasse ist der moderne Mensch.

Die »großen massiven Strukturen der bürgerlichen Gesellschaft und ihrer Werte ...: die Beziehungen zwischen Familie und Kindern, rund um das Thema der väterlichen Autorität; die Beziehungen zwischen Verfehlung und Bestrafung, rund um das Thema der unmittelbaren Justiz; die Beziehungen zwischen Wahnsinn und Unordnung, rund um das Thema der gesellschaftlichen und moralischen Ordnung«, sind nach Foucault allesamt Schöpfungen der entfesselten Macht der kategorisierenden, diskriminierenden, abspaltenden Vernunft der westlichen Gesellschaft.⁴⁸ Er gelangte also zu demselben Urteil über die analytische Vernunft des Westens wie seine Vorgänger: Sie sei ein totalisierender Prozeß, der allem und jedem seinen unmißverständlichen Stempel aufdrücke. Nur goß er seine Ansichten nicht in die strenge Form philosophischer Abhandlungen, sondern legte sie in einer Reihe Nietzscheanischer Geschichtswerke oder »Genealogien« dar, in denen er eine nach der andern die historischen Quellen der »strukturierten Normen der Existenz« des modernen Lebens untersuchte.

Foucaults philosophisches Projekt bestand in dem, was Heidegger »Abbau« genannt hatte, in Zerstörung oder »Dekonstruktion«. Dabei sparte er niemanden aus, nicht einmal Marx, von dem sich herausstellte, daß er im Wasser des bürgerlichen Denkens des 19. Jahrhunderts auch nur ein Fisch unter vielen gewesen war. Die Geschichte reproduziert Foucaults Ansicht nach ein ums anderemal die Herrschaftsmuster der westlichen Vernunft, von der Sprache bis zum Wertekatalog. Diese kulturellen Normen erlaubten keine Ausnahmen und zermalmten alles, was auf ihrem Weg liege, am Ende auch ihren angeblichen Nutznießer, das Individuum. 1979 bemerkte Foucault im Gespräch, daß die disziplinierende Macht der Vernunft in der westlichen Gesellschaft »bis in die letzte Faser des Individuums reicht, seinen Körper berührt, seine Gesten beeinflußt, sein Verhalten, seinen Diskurs, seine Entwicklungsjahre, sein tägliches Leben«.[49] Im Grunde genommen betrieb Foucault vitalistische Geschichtsschreibung in der Tradition Nietzsches und Gobineaus. Treibende Kraft hinter der totalisierenden westlichen Vernunft ist dann der Wille zur Macht. Wie Gobineaus arische Zivilisation wird die bürgerliche Gesellschaft von den Starken für die Starken geschaffen. Foucault sieht in dieser Rolle allerdings keine rassische Elite und noch nicht einmal ein menschliches Wesen, sondern den Instinkt für Ordnung und Disziplin selbst. In »dieser Hypothese hätte die politische Macht die Aufgabe, dieses Kräfteverhältnis mittels einer Art stillen Krieges beständig von neuem in die Institutionen, die ökonomischen Ungleichheiten, in die Sprache und bis hinein in die Körper der Einzelnen einzumeißeln«.[50]

Aus Foucaults Sicht war das konventionelle Menschenbild des Westens gerade deshalb angreifbar, weil es den persönlichen Willen zur Macht dem Willen anderer unterordnete. »Kurz, der Humanismus ist all das, wodurch man im Abendland *dem Verlangen nach der Macht einen Riegel vorgeschoben hat«,* das heißt dem persönlichen Willen zur Macht.[51] Durch Foucaults Bücher zieht sich eine zweigleisige Bewegung: einerseits die der Vernunft als Wille zur Macht, andererseits die der Überschreitung als deren vitalistische Herausforderung durch den einzelnen. Nach der *Ordnung der Dinge* erweiterte er das Feld seines dekonstruktivistischen Projekts und machte sich daran, die Fundamente des rationalen wissenschaftlichen Diskurses in Psychiatrie, Geschichtsschreibung, Justiz und der Sprache selbst zu sprengen. Dabei offenbarte sich, daß jedes Streben nach Wissen in der westlichen Gesellschaft eine Konstruktion von Diskursen der Macht oder die Ausübung von Disziplin und Dominanz über nichtsahnende Opfer darstellt.

Foucaults Bücher überwältigen den Leser mit dem Anschein von Gelehrtheit und sorgfältiger Forschung, obwohl diese Gelehrtheit in entscheidenden Punkten lückenhaft, wenn nicht gar vorgetäuscht war. Dennoch schufen sie ein neues, faszinierendes Genre, das Kulturpessimisten allerorten fortführen konnten. »Man muß ... eine *aufsteigende* Analyse der Macht machen«, erklärte Foucault später, das heißt »von den unendlich kleinen Mechanismen ausgehen« – einschließlich solch scheinbar harmloser wie der westlichen Familie, ihren Möbeln, Eßgewohnheiten und persönlichen Hygiene –, »die ihre Geschichte, ihren Ablauf, ihre Technik und Taktik haben und dann ergründen, wie diese Machtmechanismen von immer allgemeineren Machtmechanismen und von Formen globaler Herrschaft besetzt, kolonisiert, umgebogen, transformiert, verlagert, ausgedehnt usw. wurden und werden«. Sogar die Idee der Wahrheit ist ein Trick der Macht: »Wir sind der Produktion der Wahrheit durch die Macht unterworfen und können die Macht nur über die Produktion der Wahrheit ausüben.« Dies gelte für jede Gesellschaft, fügte Foucault hinzu, nehme aber im modernen Westen besonders systematische und totalitäre Formen an. »Die Macht hört nicht auf, uns zu fragen, hört nicht auf, zu forschen, zu registrieren ... Im Grunde müssen wir die Wahrheit produzieren, wie wir Reichtümer produzieren müssen ...« Auf jeden Fall sei die Macht allgegenwärtig, »weil sie sich in jedem Augenblick und an jedem Punkt – oder vielmehr in jeder Beziehung zwischen Punkt und Punkt – erzeugt. Nicht weil sie alles umfaßt, sondern weil sie von überall kommt, ist die Macht überall«.[52] Wenngleich Foucaults Bild von der unermüdlich totalisierenden westlichen Gesellschaft und ihrer Rationalität Berührungspunkte mit dem Denken Adornos und Marcuses aufwies, wagte er sich doch weiter in die Nietzscheanische Wildnis hinaus. Der Überwachungskultur der Zivilisation und ihren Beschränkungen könne man nicht entfliehen. Wie eine Ratte im Laborkäfig werde der Mensch »im Rahmen der Schule, der Kaserne, des Spitals oder der Werkstätte« zum Objekt der »Kontrolle über die kleinsten Parzellen des Lebens und des Körpers«.[53] Sartres Traum der Freiheit, das Selbstsein, ist in Foucaults Augen nur eine weitere Sackgasse, und seine Helden, die ihre totale Situation erkannt haben, sind so nichts anderes als Ratten, die unter dem beständigen Druck der Macht in blinde Wut geraten. Noch in ihrer Rebellion würden sie wie alle anderen im Käfig feststecken.

In seinem letzten Vorhaben, der Studie *Sexualität und Wahrheit*, vertrat Foucault die These, das sexuelle Verlangen stelle nur die tiefste Ebene der Tyrannei dar, welche die Herrschaft als Wille zur Macht mittels einer rigiden Hierarchie akzeptabler körperlicher Vergnügen über den Menschen ausübe. Dabei lasse sich die repressive bürgerliche Haltung zur Sexualität nicht einfach durch einen Akt der persönlichen Befreiung überwinden, wie es sich Marcuse vorgestellt hatte, denn alle Formen des »normalen« sexuellen Verlangens, von den Wonnen der Ehe über die Heterosexualität bis zur Masturbation und sogar zu Foucaults eigener Homosexualität, stellten nur Variationen der Komplizenschaft mit den auferlegten Einschränkungen dar.

Doch da Sexualität den Willen zur Macht an seiner letzten und tiefsten Grenze repräsentiere, biete sie auch einen Ausweg. Man könne das Einstiegsloch in eine neue Realität öffnen und hinabsteigen.

Als Foucault Ende der siebziger Jahre Amerika besuchte, faszinierte ihn die Schwulenszene von San Francisco mit ihren Saunen, Lederbars, »glory holes« und sadomasochistischen Ritualen. Insbesondere sadomasochistischer Sex stellte für ihn eine Grenzerfahrung dar, in der die vitalistischen Kräfte des Selbst durch genital zentrierten Sex von der Falschheit des Vergnügens gelöst werden konnten. Foucault hielt den menschlichen Körper wie Artaud für »ein Elektrizitätswerk, / bei dem man die Entladungen kastriert und verdrängt hat«.[54] Das schloß das Zufügen und Ertragen von Schmerz in einem sexuellen Ritual ein, von dem ein anderer Fan der schwulen S/M-Szene gesagt hat: »... die Erfahrung von extremem Schmerz verweist auf die Grenzen menschlichen Verhaltens«.[55] Unter der Peitsche oder in Handschellen wurde der ganze Körper zum energiegeladenen Spielfeld eines Nietzscheanischen »Spiels der Wahrheit«. Für Foucault sind alle Beziehungen, auch die zum eigenen Körper, Teil dieses Machtkampfs. Einen Standpunkt außerhalb gebe es ebensowenig wie moralische Einschränkungen der nach Macht und nach der »endlos wiederholten Nichtexistenz der Gratifikation« greifenden *libido dominandi*. Als Foucault erfuhr, daß er sich mit AIDS angesteckt hatte, wurde auch dies in seinem Kopf zu einer weiteren Grenzerfahrung: Sexualität als Form des Todes wie der Macht, anderen durch Sex den Tod zu bringen. Mindestens zwei Jahre nach der Ansteckung – von 1982 bis 1984 – besuchte Foucault weiterhin die Orgienstätten der schwulen Szene, wo er die Krankheit wissentlich an seine anonymen Sexpartner weitergab. »Wir entdecken neue Vergnügen jenseits des Sex«, teilte er einem Interviewer mit – in diesem Fall den Sex als Mord.[56]

Foucaults Geschichte mag bedrückend sein, doch sie ist es

nur, weil er seine eigene Philosophie bis an ihr logisches Ende trieb. Er nahm »Nietzsches Aufforderung, zu werden, ›was man ist‹, sehr ernst«, wie einer seiner Biographen schrieb, womit gemeint war, er wollte jemand werden, dessen Kern der eigene Wille zur Macht war.[57] Foucaults Nihilismus verlangt, jeden von anderen geformten Aspekt der eigenen Persönlichkeit zu vernichten: Die politische, kulturelle und sexuelle Identität, die Auffassungen von Recht und Unrecht, von Gesundheit und Wahnsinn, Wahr und Falsch, das alles muß verschwinden und schließlich sogar die Person selbst, so daß nur der rastlose, sprunghafte Wille zur Macht übrigbleibt und – wie bei Gobineaus arischem Krieger und Artauds bösem Grenzgänger – seine Existenz seine einzige Rechtfertigung ist. »Ich bin unerreichbar«, schrieb Artaud, »die Wesen sind nicht in *meiner* Welt, / und dort bin ich / *integral*.«[58]

Weiße Masken, schwarze Gewalt:
Fanon

Eine gewisse Vorliebe für Gewalt und Aktion als Mittel gegen die kulturelle Malaise wurde zum integralen Bestandteil des französischen Kulturpessimismus und prägte dessen Haltung zur Politik, womit in der Nachkriegszeit die der Linken gemeint war. Sartre wandte sich sowohl gegen die Sozialistische als auch gegen die Kommunistische Partei, weil beide nicht mehr an dem, wie er fand, »gesunden Prinzip« der revolutionären Gewalt festhielten. »Von Gewalt redete niemand mehr« in den sechziger Jahren, beklagte er sich, während er ständig darüber redete. Vor seinen Studenten sowie im Rundfunk und Fernsehen verbreitete er die Vorstellung einer »notwendigen Gewalt«. Von unterdrückten Menschen begangene Morde und andere Verbrechen waren in seinen Augen gar keine Gewalt, sondern gerechtfertigte Reaktionen auf ihre totale Situation in der bürgerlichen Gesellschaft.[59]

Genau aus diesem Grund – weil sie den Terrorismus als »Volksjustiz« verteidigte – fühlte sich Foucault, der den modernen Westen als Krieg mit anderen Mitteln brandmarkte, von der Proletarischen Linken angezogen. Er drängte sie, nach dem Zufallsprinzip Gewaltakte gegen ihre bürgerlichen Unterdrücker zu begehen, gleich, ob sie schuldig oder unschuldig waren. Die Vorstellungen von Schuld und Unschuld, so führte er aus, seien Teil des bürgerlichen Systems der »Gefangenschaft«. Als Beispiele für Volksjustiz nannte er die Hinrichtungen im September 1792 und die »alte germanische Sitte, den Kopf des ... getöteten Feindes auf einen Pfahl zu spießen und öffentlich auszustellen«.[60]

Engagiertester Fürsprecher der befreienden Macht der Gewalt war jedoch Frantz Fanon. Als Freund und Bewunderer Sartres stand er voll und ganz hinter den französischen Attakken gegen die westliche Rationalität. Er identifizierte den korrupten westlichen Totalisierungsprozeß allerdings vor allem mit Kolonialismus und Imperialismus und rief zu einem vom entwurzelten, verelendeten Lumpenproletariat der Dritten Welt angeführten Ansturm »heiliger Gewalt« gegen den europäischen Kolonialismus auf. Die Rituale dieser Gewalt – Revolutionen, Mordanschläge, Flugzeugentführungen, Autobomben und das Abfackeln von Reifenhalsketten – galten ihm als Akte existentieller Authentizität, die das westliche Reich der Unwahrhaftigkeit auslöschen würden.

1925 auf Martinique geboren, gehörte Fanon dem an, was Du Bois das begabte Zehntel der französischsprechenden schwarzen Mittelschicht der westindischen Inseln genannt hätte. Im Zweiten Weltkrieg erwies er sich als tapferer Soldat der Streitkräfte des Freien Frankreich. Anschließend studierte er an der Sorbonne in Paris Philosophie und Medizin und wurde schließlich Arzt an einem führenden Krankenhaus im französischen Algerien. Wie bei Du Bois verhinderte jedoch seine Hautfarbe die volle Anerkennung durch die von ihm bewunderten Europäer, was ihn zutiefst verbitterte. Dies erklärt auch, warum sich die Zurückweisung, die er erfuhr, in eine verzehrende Leidenschaft verwandelte. Die Rasse wurde zum bestimmenden Thema seines Lebens, und der Grund dafür, fand er, lag nicht in ihm, sondern in der westlichen Kultur. In seinem ersten Buch – *Schwarze Haut, weiße Masken* (1952) – entwickelte er die These, die westliche Gesellschaft unterdrücke nicht nur ihre eigenen Leidenschaften, wie Freud gelehrt hatte, sondern auch jene der Völker, die sie kolonisierte. Weiße Europäer, schrieb er, spürten die Vitalität und kulturelle Gesundheit der nichtweißen Rassen, insbesondere von Schwarzen, und wiesen ihnen deshalb eine untergeordnete Rolle zu, um dann die nichtweißen Intellektuellen dazu zu bringen, ihre eigene Kultur als minderwertig zu betrachten und ihr die Zivilisiertheit abzusprechen. Indem sie diese Herabwürdigung ihrer Kultur akzeptierten, verleugneten sie ihre eigene Menschlichkeit. Sie würden zu Neurotikern und ließen es zu, daß die unbewußte Angst der Weißen vor der Vitalität ihre Lebensentscheidungen diktiere.

Fanons ehemaliger Französischlehrer, der Dichter Aimé Césaire, hatte dieses Thema bereits in den existentialistischen Begriffen Sartres behandelt. Nichtweiße Intellektuelle sahen sich demselben Dilemma gegenüber wie Sartres schauspielernde Bürger: Sie mußten vorgeben, jemand anders zu sein, um der Absurdität der weißen Kolonialherrschaft zu entkommen. Statt dessen, so forderte Césaire, sollten sie sich ihrer genuinen, authentischen Identität erinnern, der *négritude*, wie er selbst und der senegalesische Präsident und Dichter Léopold Senghor sie genannt hatten. Die Negritude-Bewegung war in den zwanziger Jahren in Paris von westafrikanischen und karibischen schwarzen Intellektuellen in Gang gesetzt worden. Aus der gemeinsamen schwarzafrikanischen Abstammung sollte eine kulturelle Identität abgeleitet und eine der imperialistischen westlichen Zivilisation gegenüberstehende vitalistische schwarze *Kultur* aufgebaut werden. Senghor zum Beispiel sprach von vitalen

Kräften, die allen präkolonialen afrikanischen Gesellschaften zugrunde gelegen hätten. In Césaires Augen war der Westen wegen seiner Klassenteilung und ausbeuterischen Kolonialreiche dekadent und hinfällig: »Eine Zivilisation, die ihren Prinzipien untreu ist, ist eine auf den Tod kranke Zivilisation.« Für beide, Senghor wie Césaire, besaß die Negritude dieselbe rassisch vereinigende Kraft wie der arisch-teutonische Germanismus. Wie Du Bois' »schwarze Seele« war die Rasse hier jedoch keine biologische Erscheinung, sondern die heilige spirituelle Kraft, die ihren Feind, die weiße *Zivilisation*, letztendlich besiegen würde.[61]

»Ich habe nicht nur meine Situation, ich habe *mich selbst* gefunden«, schrieb Fanon über die Entdeckung von Césaires Gedichten. »Ich fühle eine Seele in mir so groß wie die Welt, eine Seele so tief wie die tiefsten Flüsse, meine Brust schwillt ins Unendliche. Und dann«, fügte er bitter hinzu, »empfehlen sie [die Weißen] mir die Bescheidenheit eines kranken Mannes.«[62] Da war der Prozeß der Entkolonialisierung bereits im Gange. Im Mai 1945 kamen bei einem Massaker in Sétif in Algerien sechstausend Muslime ums Leben; 1947 forderte die blutige Niederschlagung eines Aufstands auf Madagaskar achttausend Menschenleben. 1946 begann in Indochina der offene Kampf gegen die französische Kolonialherrschaft. Damit trat für Césaire und die anderen Künstler der Negritude-Bewegung der antikoloniale Revolutionär an die Stelle von Sartres existentiellem Rebell.

Als Sartre 1948 zu einer Anthologie der Negritude-Dichter mit dem Titel *Orphée noir* das Vorwort schrieb, lenkte er die Aufmerksamkeit der Öffentlichkeit auf die antikoloniale Bewegung. Wie sich herausstellte, war die Negritude in Wirklichkeit Heideggers von Kreativität und Authentizität strotzendes Selbstsein. Wie zu erwarten, besaß der schwarze, das heißt nichtweiße Mensch alle Tugenden, die der beschränkte industrialisierte Westen verloren hatte: das Einssein mit der Natur und eine intuitive Sympathie für andere im Gegensatz zur rationalen Selbstsucht. Darüber hinaus äußerte Sartre zum ersten Mal öffentlich einen Gedanken, der erheblichen Einfluß gewinnen sollte: Der Imperialismus bedeute nicht nur die ökonomische und politische, sondern auch die kulturelle Unterdrückung von Farbigen. Simone de Beauvoir sollte den Frauen ein Jahr später mit ihrem Buch *Das andere Geschlecht* denselben Dienst erweisen. Die europäische Kultur legte den arglosen Nichtweißen – oder Frauen – eine Reihe von Fallen institutioneller, intellektueller und linguistischer Art, die allesamt Vehikel der weißen Unwahrhaftigkeit seien.[63]

Fanon wurde durch die Lektüre des Vorworts zum Bewunderer Sartres, lernte ihn aber erst 1961 kennen. Zu diesem Zeitpunkt litt Fanon bereits unter der Krankheit, an der er noch im selben Jahr starb. Als er sein politisches Testament, *Die Verdammten dieser Erde*, vollendet hatte, instruierte er seinen Verleger: »Bitten Sie Sartre, ein Vorwort zu schreiben. Sagen Sie ihm, daß ich jedesmal, wenn ich mich an meinen Schreibtisch setze, an ihn denke als jemanden, der solche für die Zukunft wichtigen Dinge schreibt, bis jetzt aber keine Leser gefunden hat« – zumindest nicht die wahren Leser von der Art eines Frantz Fanon. In seinem eigenen Buch machte er Sartres Sein-für-sich zur Grundlage einer revolutionären Apokalypse. Die Geschichte des Westens habe das Stadium der endgültigen Auflösung erreicht. »Los, Genossen«, rief er aus, »Europa hat endgültig ausgespielt, es muß etwas anderes gefunden werden.« Undenkbar, daß die neuen Nationen in Afrika und Asien das westliche Modell der »Modernisierung« nachahmten. »Ganze Jahrhunderte lang hat Europa ... im Namen eines angeblichen ›geistigen Abenteuers‹ fast die gesamte Menschheit erstickt.« Es habe »ein derart wahnsinniges ... Tempo erreicht, daß es ... sich in einem entsetzlichen Taumel auf Abgründe hin bewegt, von denen man sich lieber so schnell wie möglich entfernen sollte«.[64]

Fanon sah in der Entkolonialisierung die letzte Wirklichkeit der Geschichte. Das Ende der europäischen Kolonialreiche sei »das Zusammentreffen zweier von Geburt an antagonistischer Kräfte«, das »die Ordnung der Welt ... verändern« werde. Im Zentrum dieser Revolution, daran läßt Fanon keinen Zweifel aufkommen, stand nicht die Klasse, sondern die Rasse. Ob Bürger oder Arbeiter, in der Unterdrückung der nichtweißen Völker sei die weiße Welt vereint. Die schwarze Welt dagegen sei geteilt. Es gebe ein koloniales schwarzes Bürgertum, eine Parasitenklasse aus Lakaien, die sich mit der weißen Kultur und Wirtschaft – mit Sartres Sein-für-andere – verbunden hätten. Sie seien Befürworter von Gewaltlosigkeit und friedlichem Kompromiß und damit Verräter an der wahren Freiheit. Die befreiende Kraft der Revolution gehe von den Bauern und Besitzlosen aus, den Verdammten dieser Erde, die für Fanon das Volk im emphatischen Sinn sind, die Garanten von *Kultur* und Revolution. Bewaffnete Bauern, weniger ein industrielles Proletariat, würden die Basis einer permanent politisierten Gesellschaft bilden, weil sie am weitesten vom korrumpierenden Einfluß der westlichen Institutionen und Ideen entfernt und deshalb immun gegen sie seien. Dies sei das wahre, vitale Gesicht der Dritten Welt. »Die Dekolonisation«, verkündete Fanon, »ist wahrhaft eine Schöpfung neuer Menschen.« Sie »ersetzt ganz einfach eine bestimmte ›Art‹ von Menschen durch eine andere ›Art‹ von Menschen«. Das heißt, an die Stelle des von der Gesellschaft geprägten Menschen – ob Kolonialherr oder Eingeborener – tritt der von der Befreiung geschaffene.[65]

Politische und wirtschaftliche Unabhängigkeit vom Westen ist aber laut Fanon nicht genug. Wahre Entkolonialisierung erweise sich in der vollständigen Vernichtung der von den ehemaligen weißen Herren aufgezwungenen Kultur, einschließlich ihrer politischen Ziele und Institutionen: Nationalität, Demokratie und Rechtsstaatlichkeit. Entkolonialisierung erfordere Gewalt, um sich aus dem totalisierenden Bann lösen zu können. Freiheit sei die »Folge eines entscheidenden und tödlichen Zusammenstoßes«, und jene, die »entschlossen sind, dem Kolonialismus das Kreuz zu brechen, haben die historische Mission, alle Aufstände, alle Verzweiflungstaten, alle gescheiterten oder im Blut ertränkten Versuche zusammenzufassen«. Das daraus folgende Blutvergießen sei nur die Kompensation für die Gewalt der Kolonialzeit: »Auf die Formel ›Alle Eingeborenen sind gleich‹ antwortet der Kolonisierte: ›Alle Kolonialherren sind gleich.‹« Im komplizenhaften imperialistischen System des Westens seien alle schuldig; keiner könne ausgespart werden. Zur Veranschaulichung seines Modells der reinigenden Macht der revolutionären Gewalt zitiert Fanon aus einem Drama von Aimé Césaire: »Wir rannten wie Wahnsinnige; Schüsse ertönten ... Wir schlugen zu. Der Schweiß und das Blut erfrischten uns. ... Dann kam der Sturm auf das Herrenhaus. ... Wir traten die Türen ein. ... Das Zimmer des Herrn war hell erleuchtet, und der Herr saß da, ganz ruhig ... Du bist es, sagte er ganz ruhig zu mir ... Ich war es, gerade ich, sagte ich ihm, der gute Sklave, der treue Sklave, der sklavische Sklave, und plötzlich waren seine Augen zwei verängstigte Schaben zur Regenzeit ... Ich schlug zu, das Blut spritzte: das ist die einzige Taufe, an die ich mich heute erinnern kann.«[66]

In seinem Vorwort bezeigte Sartre diesem Versprechen der Rache seine Referenz, indem er erklärte, der politische Terrorist der Dritten Welt sei »nichts weiter als der sich neu schaffende Mensch«, und hinzufügte: Die »Waffe des Kämpfers ist seine Menschlichkeit. Denn in der ersten Zeit des Aufstands muß getötet werden: einen Europäer erschlagen heißt zwei Fliegen auf einmal treffen, nämlich gleichzeitig einen Unterdrücker und einen Unterdrückten aus der Welt schaffen.« Die weißen Europäer seien »Menschen auf seine Kosten, er macht sich zum Menschen auf unsere Kosten. Zu einem neuen Menschen – von besserer Qualität.«[67] Fanons *Verdammte dieser Erde* boten einer ganzen Generation von Anhängern des Dritte-Welt-Sozialismus eine intellektuelle Grundlage – auch Sartre selbst. Revolutionäre Gewalt in fernen Ländern diente als Mittel sowohl der politischen Befreiung als auch der kulturellen Erneuerung. Kuba, Vietnam, China – insbesondere während der Kulturrevolution – und das Kambodscha der Roten Khmer versprachen, die Politik in die gleiche reinigende, zusammenschließende Kraft zu verwandeln, die auf der Rechten die Nationalsozialisten verkündet hatten: eine spontane, vitale und unwiderstehliche Bewegung zur Befreiung vom sterbenden Westen.

»Losmarschieren, einen Keil hineintreiben genügt«, notierte Fanon 1960. Ihm schwebte eine panafrikanische Legion vor, eine Armee schwarzer Sturmtruppen, die quer über den Kontinent den europäischen Einfluß hinwegfegen würden. »Es dreht sich nicht einmal um Strategie. ... Afrika ist mit uns. ... Ein Kontinent gerät in Bewegung, und Europa sinkt in Schlaf.«[68] Aus der Legion wurde nichts, und der Kampf um die Vertreibung der Europäer aus Afrika sollte nach Fanons Tod noch über ein Jahrzehnt andauern. Darüber hinaus brachte die Unabhängigkeit nicht den Triumph der Freiheit, sondern blutige Bürgerkriege, Staatsstreiche und Diktaturen. 1975 herrschte in mehr als der Hälfte der afrikanischen Staaten das Militär. Fanons Botschaft verdankte sich allerdings weniger der afrikanischen Wirklichkeit als vielmehr Sartres Kulturpessimismus. Die Unterordnung unter westliche Werte, ganz gleich, wieviel »falsche« persönliche Freiheit man damit gewinne, sei für Schwarze wie für Weiße eine Form von Sklaverei und Selbstauslöschung. »Unsere teuren Werte verlieren ihre Flügel«, schrieb Sartre im Vorwort zu *Die Verdammten dieser Erde*, »von nahem betrachtet wird man nicht einen einzigen finden, der nicht mit Blut befleckt ist. ... das Parthenon, Chartres, die Menschenrechte, das Sonnenrad. Heute weiß man, was sie wert sind.«[69]

Doch nachdem sie den Westen aufgegeben hatten, mußten Sartre und seine Anhänger feststellen, daß es keinen anderen Ort für sie gab. Mit den Worten des Historikers H. Stuart

Hughes: »Wenn die Franzosen der Generation vor Sartre ... ein zu gutes Gewissen gehabt hatten, um ihre Werte in Frage zu stellen, ist es in diesem Fall umgekehrt; er war so besessen von der Idee der Unwahrhaftigkeit und hatte sich ihr so vollständig ausgeliefert, daß er, wie jeder andere bürgerliche Intellektuelle, am Ende keine Norm mehr fand, nach der zu leben war.«[70] Keine außer dem in Foucaults Nihilismus und Fanons revolutionärem Terror ausgedrückten puren Vitalismus.

ÖKOPESSIMISMUS
Der letzte Vorhang

Die jüngste Erscheinungsform der Niedergangsidee ist die moderne Ökologie. Als Ideologie hat sie komplexe Ursprünge und erscheint in der Form sowohl des historischen als auch des kulturellen Pessimismus. Auf der einen Seite finden sich im ökologischen Denken die Technik- und Degenerationsfurcht sowie die liberalen Selbstzweifel des 19. Jahrhunderts wieder, auf der anderen fußt es auf der Annahme, Luftverschmutzung, Raubbau an den Ressourcen und Umweltschäden seien spezifisch westliche Probleme und kennzeichneten das Endstadium des modernen Westens. »Die Industriegesellschaft ist schließlich so barmherzig, an ihrem eigenen Misthaufen zu ersticken«, wie es ein Umweltaktivist ausdrückte.[1] In den siebziger Jahren ging aus bekannten Quellen — Marcuse, Heidegger und Foucault — eine kräftige Dosis Kulturpessimismus in das ökologische Denken ein. Wie ihre Vorgänger in den zwanziger und dreißiger Jahren wollten auch die Ökopessimisten von der Analyse zur Aktion übergehen. Dennoch hatte Foucault, als er voraussagte, der westliche Mensch werde verschwinden »wie am Meeresufer ein Gesicht im Sand«, vielleicht nicht damit gerechnet, daß ihn einige radikale Umweltschützer beim Wort nehmen würden.

Technopolis im Niedergang

In der Aufklärung hatte sich der Mensch — als Ausdruck einer grundlegenden Harmonie mit den Naturgesetzen — der Wissenschaft und den mechanischen Künsten hingegeben. Diderots *Enzyklopädie*, die Bibel der französischen Aufklärung, war voller Illustrationen zu Technik und Industrie, die als vernünftige Ausdrucksmöglichkeiten des Fortschritts der zivilisierten Gesellschaft galten. Das änderte sich mit der romantischen Ablehnung einer von Gesetzen rational geordneten Natur. Mary Shelleys *Frankenstein* (1818) ist der Vorläufer sowohl der Science-fiction- als auch der Horrorliteratur. Mit diesem Roman trat das neue, romantische Menschenbild in den Vordergrund, das den Menschen als Teil einer irrationalen Natur betrachtete und zugleich die ersten Elemente dessen enthielt, was schließlich zur vitalistischen Lehre der Ökologen werden sollte.

Der Roman ist geradezu durchtränkt vom Vitalismus und von der Lebensphilosophie der deutschen Romantiker. Wie Baron Frankenstein zugibt, war ihm die Welt »ein Rätsel, das ich zu lösen wünschte«. Die Lebenskräfte der Natur zu begreifen, wird zu seiner Obsession, und die Suche nach den »Geheimnissen des Himmels und der Erde« bringt ihn dazu, die positive Wissenschaft abzulehnen und sich der mittelalterlichen Magie und Alchimie zu widmen – den okkulten Ursprüngen des Vitalismus. Als neuen Prometheus sieht er sich, der gelernt hat, das »Prinzip des Lebens« zu beherrschen und Leben zu schaffen.[2] Aber er muß feststellen, daß er eine Büchse der Pandora geöffnet hat. Statt sich mit den Lebenskräften der Natur in Einklang zu bringen, erreicht er nur, daß sie sich gegen ihn wenden. Wie beim Ausbrüten von Dinosauriern in Steven Spielbergs *Jurassic Park* übertreffen die Produkte der modernen Wissenschaft auf katastrophale Art und Weise alle Erwartungen. Frankensteins Geschöpf ist wie der Mensch ein Abbild seines Schöpfers. Doch das Abbild ist ein Ungeheuer, das sein Schicksal erfüllt, indem es sich selbst und seinen Schöpfer vernichtet.

Das nachhaltigste Symbol der negativen romantischen Sicht der Wissenschaft und des Widerspruchs von rationalem Menschen und vitaler Natur ist das der Maschine. Von Francis Bacon bis Saint-Simon wurde die Technik gerade deshalb als wesentlicher Aspekt des Fortschritts verstanden, weil sie das Gegenteil der destruktiven Tendenzen des Menschen zu sein schien. Maschinen versetzten ihn in die Lage, unendlichen Reichtum zu schaffen, ohne zu den Mitteln von Eroberung und Ausbeutung greifen zu müssen. Unter dem Einfluß des romantischen Vitalismus verschwand diese Einstellung. Von da an galt Technik als ein vollkommen mechanischer Prozeß ohne menschlichen Wert und spirituelle Obertöne. Darüber hinaus wurde sie zum Verbindungsglied zwischen der Wissenschaft und der entmenschlichenden kapitalistischen Arbeitsteilung. Nach Auffassung von Spengler, Sombart und anderen deutschen technikfeindlichen Kulturkritikern stand die Maschine für Kapitalismus und *Zivilisation*, die Feinde der organischen *Kultur*. In der zweiten Hälfte des 19. Jahrhunderts begann der technische Fortschritt für manche Bewunderer sogar den Anschein einer vorbestimmten, unpersönlichen und beinahe repressiven Ordnung anzunehmen. Wie Frankensteins Monster schienen die Apparate ein Eigenleben zu gewinnen. Die Metaphorisierung von Wissenschaft und Technologie als »Zauberlehrlinge« des Fortschritts kam genau zur selben Zeit und am selben Ort auf wie die ersten kritischen Äußerungen über den Niedergang des Abendlandes: in Paris um die Mitte des 19. Jahrhunderts.

Dieser Zwiespalt schlug sich in den Science-fiction-Romanen Jules Vernes nieder. Nachdem er zunächst historische Romane im Stil von Walter Scott und Alexandre Dumas geschrieben hatte, wandte sich seine überbordende Vorstellungskraft den technischen Errungenschaften seiner Zeit zu. Die berühmteste seiner Romanfiguren wurde Kapitän Nemo, der zum ersten Mal 1870 in *Zwanzigtausend Meilen unter den Meeren* eine Rolle spielte. Nemo verkörpert den zum verrückten Wissenschaftler mutierten desillusionierten romantischen Künstler. Wie er seinen Besuchern erklärt, hat er alle Brücken zur Menschheit und zu ihrer Zivilisation hinter sich abgebrochen: »Mein Herr Professor, ich bin kein zivilisierter Mensch ... Ich habe mich von der Gesellschaft der Menschen losgesagt. Die Gründe dafür kann nur ich beurteilen. Die Regeln, die bei Ihnen gelten, sind mir völlig gleichgültig, deshalb unterlassen Sie es, sich darauf zu berufen.« In seinem U-Boot *Nautilus* verfügt er über eine Bibliothek voller wissenschaftlicher Bücher, während »Werke der politischen Ökonomie« völlig fehlen. Nemos Welt ist das Meer: »Das Meer ist alles. Es bedeckt sieben Zehntel der Erdoberfläche. Der Seewind ist gesund und rein. Es ist eine unermeßliche Einöde, in der der Mensch doch niemals allein ist, denn er fühlt, wie das Leben um ihn herum pulst. Das Meer ... besteht nur aus Bewegung und Liebe, es ist die lebendige Unendlichkeit. ... Hier allein ist Unabhängigkeit! Hier kenn ich keine Herren. Hier bin ich frei!«[3]

Auf einer U-Boot-Reise um die Welt lernt der Erzähler von Vernes Roman die vitale Kraft der Unterwasserwelt kennen. Es wimmelt von exotischen Pflanzen und Tieren, riesige Wälder erstrecken sich auf dem Meeresboden, atemberaubende Gebirgslandschaften aus Korallen und Teppiche aus Algen und Weichtieren werden sichtbar. Am Ende erscheint das Meer im Vergleich mit den Verhältnissen an Land als überlegene Lebenswelt. Als Nemo und seine Gäste die Ruinen des versunkenen Atlantis finden, wird der Erzähler angesichts der Kräfte einer brutalen, sich ständig verändernden Natur an die Winzigkeit des Menschen erinnert. Nemo seinerseits ist überzeugt, daß die Macht des Menschen schon zu weit angewachsen ist. In dem 1870 erschienenen Roman *Die geheimnisvolle Insel* wird er zum Racheengel der Natur, der über die Weltmeere kreuzt und in einem ewigen Feldzug gegen den Stolz und die Hybris des modernen Menschen Kriegsschiffe der europäischen Großmächte versenkt. Die Gefahr kommt hier jedoch nicht von der Wissenschaft selbst, sondern von jenen, die sie in ihren Dienst stellen. »Neue Kontinente braucht die Erde nicht«, sagt er in *Zwanzigtausend Meilen unter den Meeren*, »sie braucht nur neue Menschen.«[4]

Nach Nemos Ansicht grenzt die Rücksichtslosigkeit der progressiven Vertreter der Wissenschaft an misanthropische Gewalt. Ganz in diesem Sinn wird der Wissenschaftler in *Robur* (1881), einem von Vernes letzten Romanen, zum cäsaristischen Reichsgründer, der seine mechanische Erfindung – einen Flugapparat, der schwerer ist als Luft – bedenkenlos einsetzt, um seine weniger fortgeschrittenen, unwissenschaftlichen Rivalen – die europäischen Ballonfahrer – auszuschalten. Als Zeichen der Entfremdung von der Natur und der Verknüpfung mit der mechanischen Welt hat Verne Robur metallisch schimmernde Haare, einen dreieckigen Torso, starke Kaumuskeln und blasebalgähnliche Lungen mit auf den Weg gegeben. Das wissenschaftliche Genie, das Lombroso über dessen »Abnormität« mit Wahnsinn und Degeneration in Verbindung gebracht hatte, treibt den Menschen hier über seine zivilisierten Grenzen hinaus: In der Rolle des Gesetzgebers wird der Wissenschaftler zum Gesetzesbrecher.

Doch der Fortschritt läßt sich nicht bremsen. In *Die geheimnisvolle Insel* wird Nemo vorgehalten: »Kapitän, Ihr Unrecht liegt darin, daß Sie geglaubt haben, man könne das Rad der Geschichte zurückdrehen; Sie haben gegen den notwendigen Fortschritt gekämpft!«[5] Der vom Fortschritt eröffnete Ausblick ist allerdings nicht unbedingt angenehm. In den Werken eines anderen Pioniers der Science-fiction, H. G. Wells, wird diese Ambivalenz ebenfalls deutlich. Für seine zeitgenössischen Kritiker – darunter Toynbee – war er, die Zukunft von Wissenschaft und Fortschritt betreffend, ein lächerlicher Optimist. Aus seinen Romanen ergibt sich jedoch ein anderes Bild. In *Der Krieg der Welten* (1897/98) erweist sich die technologische Hybris des Menschen gegenüber einer überlegenen Rasse von Eroberern vom Mars als kümmerliche Verteidigungsgrundlage. In *Die Riesen kommen!* (1904) führt die wissenschaftliche Suche nach einem Hormon für Superwachstum zu katastrophalen Ergebnissen. Und in *Die Zeitmaschine* (erste Fassung 1888 veröffentlicht, 1895 in Buchform) und *Die Insel des Dr. Moreau* (1896) schließlich kombiniert Wells die Ambivalenz gegenüber dem wissenschaftlichen Fortschritt mit einem anderen vertrauten Thema, dem der Degeneration.

Der Zeitreisende, wie er vom Erzähler der Einfachheit halber genannt wird, katapultiert sich in die ferne Zukunft, ins Jahr 802 701, um genau zu sein, wo er eine Gesellschaft vorfindet, die eine an die Degenerationstheorie gemahnende Parabel der Überzivilisation darstellt. Die Eloi, die verweichlichte herrschende Klasse, leben in Angst und Schrecken vor ihren atavistischen Untergebenen, den Morlocks, Geschöpfen mit »bleichen, kinnlosen Gesichtern« und »großen, lidlosen, rötlichgrauen Augen«, mit denen sie im Dunkel der unterirdischen Höhlen, in denen sie hausen und arbeiten, sehen können. Sie sind die unglücklichen Sklaven der Eloi und stellen alles her, was ihre Herren für ein bequemes Leben benötigen. Obwohl der Zeitreisende eine gewisse Sympathie für sie empfindet – Wells war immerhin Sozialist –, bemerkt er doch »etwas Unmenschliches und Bösartiges« an ihnen und gesteht: »Instinktiv verabscheute ich sie.« Die Morlocks sind keine Sklavenrasse, die darauf wartet, ihre Ketten loszuwerden. Sie sind eine auf Dauer degenerierte Rasse, für die die Freiheit keine Bedeutung mehr hat.

Der Zeitreisende begreift bald, daß die soziale Teilung der Industriegesellschaft in Kapital und Arbeit über Tausende von Jahren verewigt worden ist und zwei verschiedene Menschenarten geschaffen hat: »über der Erde die Besitzenden ..., die sich dem Genuß, der Bequemlichkeit und der Schönheit hingeben«, und »unter der Erde die Habenichtse ..., die Arbeiter«. Das erschüttert sein Vertrauen in den Fortschritt: »Der große Triumph der Menschheit, von dem ich geträumt hatte, nahm in meinem Geist eine andere Gestalt an.« Plötzlich sah er das »Bild einer echten Aristokratie« vor sich, »bewaffnet mit einer perfektionierten Wissenschaft, die das industrielle System von heute zu einem logischen Abschluß ausgearbeitet hatte«, und ihr Triumph war nicht lediglich einer »über die Natur gewesen, sondern ein Sieg über die Natur und den Mitmenschen«. Wie in Disraelis und Toynbees Theorie von den zwei Nationen und später in Murrays und Herrnsteins *Bell Curve* ist die Menschheit der Zukunft aufgeteilt in eine permanente Unterklasse und eine »kognitive Elite«. In Wells' Version haben Technik und Evolution sogar einen doppelten Degenerationsprozeß ausgelöst. Während die Morlocks für immer in Schinderei und Ignoranz existieren, hat die Elite der Eloi infolge ihrer Abhängigkeit von der Technik jede Motivation und Kreativität verloren, so daß sie langsam degeneriert und »ihre Intelligenz und Körpergröße ... im Laufe der Zeit allgemein zurückgegangen« ist.[6]

Die Insel des Dr. Moreau zielt in die gleiche Richtung. Moreaus gottähnliche Experimente, in denen er Tiere durch chirurgische Eingriffe in menschliche Wesen verwandelt, den Atavismus also gewissermaßen umkehrt, schlagen auf schreckliche Weise fehl, denn nicht Menschen, sondern leidende, haßerfüllte Ungeheuer gehen aus ihnen hervor, die »Tiermenschen« – als die übrigens Taine, von Lombroso zustimmend zitiert, die geborenen Verbrecher bezeichnet hatte.[7] »Das Studium der Natur«, so meint Doktor Moreau, »macht den Menschen schließlich so gewissenlos, wie die Natur selbst ist.« Nachdem der Erzähler nach London zurückgekehrt ist, wird er derart von den Erinnerungen an Moreaus Insel geplagt, daß ihm beim Anblick der »leeren, ausdruckslosen Gesichter der Leute in Zügen und Omnibussen« der Gedanke kommt, auch sie seien wie Moreaus monströse Menagerie »nur Angehörige eines anderen, noch erträglichen menschlichen Tiervolks, ... Tiere, die ... alsbald zurückgleiten müßten« in ihr Tiersein. »Und ich gehe in Furcht einher«, gesteht er. »Ich habe die Empfindung, als steige das Tier in ihnen empor, deutlicher noch als bei den Bewohnern der Insel.«[8]

Wells sah in Wissenschaft und Technik eine neue Art der Revolte gegen die Natur, nicht mehr, wie bei Verne, als romantische Eroberung, sondern als Angriff auf die biologischen Imperative der Evolution selbst, der sich irgendwann rächen mußte. Wie viele seiner Zeitgenossen fürchtete er, daß Evolution und Fortschritt nicht parallel verlaufen, sondern in entgegengesetzte Richtungen weisen und der moderne Mensch in seiner immer künstlicheren Umwelt eines Tages dem »unbekannten Unerbittlichen« – den latenten destruktiven Kräften der Natur, deren ganze verborgene Macht er im *Krieg der Welten* beschrieb – schutzlos ausgeliefert sein würde.

Nach zwei Weltkriegen war Wells' Pessimismus zu einer apokalyptischen Schwermut angewachsen, die sich in seinem letzten bedeutenden Werk, der 1945 erschienenen Schrift *Der Geist am Ende seiner Möglichkeiten*, niederschlug. Sie gehört in den Umkreis von Wortmeldungen wie Adornos und Horkheimers *Dialektik der Aufklärung* und Heideggers Vortrag über »Die Frage der Technik« (1949/55). In allen drei Schriften erscheint der Sieg über den Faschismus nicht als Ende eines langen Alptraums, sondern als Beginn eines neuen. »Diese Welt ist am Ende ihrer Möglichkeiten«, teilte Wells seinen Lesern mit. »Das Ende von allem, was wir Leben nennen, steht unmittelbar bevor und kann nicht umgangen werden.« Vielleicht, so spekulierte Wells, werden nach dem Aussterben der Menschen neue Arten auftauchen, die dem Plan der Natur besser angepaßt sind. Aber das Ende des Homo sapiens sei unvermeidlich: »Es gibt keinen Ausweg ... Unser Universum ist nicht nur bankrott; es verbleiben keinerlei Dividenden mehr; es ist nicht einfach nur liquidiert; es hört schlicht auf zu existieren.« In ihrem Pessimismus bestärkt sahen sich Wells und viele seiner Zeitgenossen durch die Atombombenabwürfe auf Hiroshima und Nagasaki.[9]

Für andere Kritiker wurde die Technik selbst zur letzten Form der Barbarei. Als Henry Adams 1900 auf der Chicago Exposition vor einem gigantischen Dynamo stand, sah er nicht nur eine Maschine, sondern einen »okkulten Mechanismus«, der den menschlichen Urinstinkt anzusprechen schien, sich vor der »stummen, unendlichen Kraft« zu verbeugen, wie es mittelalterliche Bauern vor Statuen der Jungfrau Maria und primitive Völker vor Totems getan hatten. Wells selbst veröffentlichte eine Erzählung über »Die Herren der Dynamos«, in der ein farbiger Eingeborener einen großen brummenden Generator für eine Gottheit hält. Als sein Herr bei einem Unfall ums Leben kommt – von ihr durch die Maschine getötet wird –, sieht der Eingeborene darin ein rituelles Menschenopfer: »Nie hatte Azuma-zi einen Mann so rasch und erbarmungslos töten sehen. Die riesige dröhnende Maschine hatte ihr Opfer erschlagen, ohne auch nur eine Sekunde lang in ihrem gleichmäßigen Pulsieren zu stocken. Wahrlich, es war ein gewaltiger Gott!«[10]

In der modernistischen Version des technologischen Pessimismus zerstört die Maschine das Humane, indem sie den Menschen in eine künstliche, von Leuchtstoffröhren erleuchtete kulturelle Dunkelheit einhüllt. Diese barbarische Rückentwicklung liegt der technikfeindlichen Haltung des modernen Westens zugrunde, die von Denkern wie Walter Benjamin, Lewis Mumford oder Jacques Ellul ausgedrückt wird. »Der Mensch lebt heute unter Bedingungen, die weniger als human sind«, schreibt Ellul. »Man denke an die Konzentration unserer Großstädte, an die Slums, den Mangel an Raum, Luft, Zeit, die düsteren Straßen und fahlen Lichter, die Tag und Nacht ineinander übergehen lassen. Man denke an unsere entmenschlichten Fabriken, unsere unbefriedigten Sinne, unsere arbeitenden Frauen, unsere Entfremdung von der Natur. Das Leben in einer solchen Umgebung hat keine Bedeutung. ... Dennoch nennen wir dies Fortschritt.«[11] Der moderne Westen ist, mit Roberto Vacca gesprochen, in ein neues, technologisches Mittelalter eingetreten, das die Menschheit in Ignoranz und Unfähigkeit gefangenhält.

Ellul unterscheidet allerdings zwischen der Maschine, die

kulturell neutral ist, und der Technologie, welche die Maschine in eine Gesellschaftsordnung integriert. Die Technologie und ihre Zukunft seien untrennbar mit dem Schicksal der Gesellschaft verbunden, die sie entwickle und benutze, das heißt mit dem des industrialisierten Westens. Nach Ansicht der Theoretiker der sechziger und siebziger Jahre waren Technik, Computer und Massenkommunikation Aspekte des Kapitalismus und seiner Ausbeutungsmechanismen und gehörten wie die Atomraketen zum Arsenal seiner materiellen Vernichtungsfähigkeit. Kurz, die Technologie wurde zum Synonym des modernen Westens: Sie besaß dieselben häßlichen Eigenschaften, dieselbe Bösartigkeit – und dieselbe Neigung zum Untergang. Laut Adorno erhoffte Spengler »vom Untergang des Abendlandes das Goldene Zeitalter der Ingenieure. Als dessen Perspektive aber wird der Untergang selbst der Technik absehbar.«[12] Um einen der Direktoren der Umweltorganisation Worldwatch zu zitieren: »Es ist nur die Frage, was zuerst zusammenbrechen wird, die Weltwirtschaft oder ihr ökologisches Zuliefersystem.«[13]

So wie westlicher Kapitalismus, Technik und selbstbezogener Liberalismus einst eine Gefahr für die Kultur im emphatischen Sinn darstellten, seien sie es jetzt für die vitale Natur. Es sind zwei ideologische Lager entstanden, die beide die alten Feindbilder auf neue Weise verarbeiten. Das erste spielt Fortschritt und Wissenschaft gegen die Technik aus, das heißt gegen die »normalen« westlich-kapitalistischen Werte, die entweder auf den Müll gehörten oder in eine neue, höhere Vision der Menschheit einbezogen werden müßten. Wie andere Spätliberale suchen diese Ökologen ihr Heil in einer postkapitalistischen Weltordnung, in der erwerbsorientierte und zerstörerische westliche Werte durch humanere ersetzt werden. Das zweite Lager vertritt die ökologische Variante des Kulturpessimismus. Für diese Erben Nietzsches, Heideggers und der Frankfurter Schule sind die normative westliche Wissenschaft und der westliche Mensch selbst die Wurzeln des Problems, nicht dessen Lösung.

Apokalypse und neue grüne Ordnung

Zum Wesen des Begriffs der Zivilisation gehört die Zurückweisung des apokalyptischen Geschichtsbildes. Die Denker der Aufklärung hielten apokalyptische Propheten ebenso für Feinde der humanen zivilisierten Werte wie religiöse Fanatiker. Beide waren bereit, funktionierende Institutionen zugunsten einer persönlichen und daher nicht nachprüfbaren Vision von Gottes Absichten zu zerstören. Das 18. Jahrhundert betonte die Bedeutung der Vernunft für die menschlichen Angelegenheiten, weil der Mensch ohne eine feste rationale Grundlage seiner Überzeugungen zum Opfer seiner Ängste zu werden droht. »Der Geist des Menschen ist gewissen, unberechenbaren Schrecken und Vorahnungen ausgesetzt«, schrieb David Hume, »die entweder durch die unglückliche Situation privater oder öffentlicher Angelegenheiten, durch Krankheit, durch eine schwermütige und melancholische Sinnesart oder durch das Zusammentreffen all dieser Umstände verursacht werden. In einem solchen Geisteszustand werden unzählige Übel von unbekannter Seite gefürchtet, und wo reale Objekte des Schreckens fehlen, folgt die Seele dem eigenen Vorurteil und findet eingebildete, deren Macht und Bösartigkeit sie keine Grenzen setzt.«[14]

Paul Ehrlichs *Bevölkerungsbombe* schlug 1968 einen neuen Ton an. Obwohl vorher schon Bücher wie Rachel Carsons *Silent Spring* (1963) und Ehrlichs eigene Schrift *Science and Survival* erschienen waren, in denen davor gewarnt wurde, daß der moderne technische Fortschritt das Leben nicht rette, sondern gefährde, hatte noch niemand die Zukunft derart radikal und umfassend mit düsteren, um nicht zu sagen apokalyptischen Begriffen geschildert. Wenn das Bevölkerungswachstum nicht gebremst werde, prophezeite Ehrlich, werde es in den siebziger Jahren zu Massenhungersnöten kommen: »Der Kampf um die Welternährung ist entschieden. ... Hunderte von Millionen Menschen werden trotz aller sofort eingeleiteter Hilfsprogramme verhungern.« In Amerika und Europa würde möglicherweise eine »milde« Lebensmittelrationierung ausreichen, aber Asien, Lateinamerika, Afrika und die arabischen Länder würden von Hungersnöten und Aufruhr heimgesucht werden. Im schlimmsten Fall könnte die hungernde Dritte Welt eine Reihe internationaler Krisen auslösen, an deren Ende der Atomkrieg stehen würde.[15]

Aufgrund des Bevölkerungswachstums stehe der Beginn dieser Weltkrise unmittelbar bevor, warnte Ehrlich. Die Fortschritte der Medizin, die grüne Revolution in der Landwirtschaft und das weltumspannende Transport- und Kommunikationswesen hätten ein Bevölkerungswachstum ermöglicht, das die Ressourcen der Erde in unerträglichem Ausmaß belaste. Das gelte nicht nur in bezug auf Ernährung und Umweltverschmutzung, sondern auch im Hinblick auf die Forderung nach immer mehr Technik, um den Lebensstandard zu erhöhen, was wiederum einen Anstieg der Bevölkerungszahlen nach sich ziehe. Ehrlich verwandelte die technologische Zukunft in eine klassische *anakyklosis* – oder einen »sich schließenden Kreis«, um Barry Commoners Begriff zu verwenden. Außerdem sagte er voraus, das Bevölkerungswachstum werde einen unerträglichen Druck auf die neuen Nationen der postkolonialen Welt erzeugen. »Eines steht jedoch fest«, verkündete er, »mit einer weiteren Bevölkerungszunahme nimmt auch die Kriegsgefahr hochgradig zu.« Während der Kampf um Ressourcen die größte Gefahr für die Dritte Welt darstellte, forderte Ehrlich paradoxerweise, mit der Geburtenkontrolle in der Ersten zu beginnen, obwohl sich das Problem dort nicht so ernst stelle. Zur Begründung erklärte er, der Westen müsse den Entwicklungsländern ein Vorbild für zivilisatorische Einschränkung und Selbstlosigkeit geben. Denn die »›selbstlosen‹ Aktionen, die notwendig sind, um der übrigen Welt zu helfen und die Bevölkerung zu stabilisieren, sind unsere einzige Überlebenschance«.[16] An Toynbee anschließend, führte er weiter aus: »Die Lösung des Problems liegt meines Erachtens bei den Vereinigten Staaten. Sie sind die einflußreichste Großmacht, sie sind die reichste Nation der Erde. Zugleich sind sie aber auch nur ein einzelnes Land auf einem immer kleiner werdenden Planeten.« Man müsse Mittel und Wege finden, »alle Amerikaner und schließlich alle Bewohner hochindustrialisierter Länder davon zu überzeugen, daß ihre Lebensweise – ja ihr Leben bedroht ist«. Ehrlich schlug die Besteuerung von Kinderbetten, Windeln und Spielzeug vor, um die Menschen von ihrem selbstsüchtigen Wunsch nach Kindern abzubringen. Ein Amt für Bevölkerungsfragen und Umwelt sollte eingerichtet und der Sexualkundeunterricht in den Schulen sowie die generelle Möglichkeit der Abtreibung gesetzlich verankert werden. Ehrlich war sich im klaren darüber, daß kein existierendes politisches System eine derart radikale Umkehr der eurozentrischen Prioritätensetzung herbeiführen konnte. Doch wenn man die Zukunft der Menschheit sichern wolle, müsse ein grundlegender Wechsel vom »wachstumsorientierten, auf Ausbeutung basierenden System« zu einer Ordnung vollzogen werden, die »sich um Stabilität und deren Erhaltung bemüht«. Dies erfordere unter anderem den Sturz von Institutionen, die das alte selbstzerstörerische System perpetuierten – von der katholischen Kirche über die jüdisch-christliche Ethik bis zu internationalen Konzernen. Ehrlich schwebte ähnlich wie Toynbee ein »allgemeines Weltprogramm« vor, wobei die UNO als internationale Agentur für Bevölkerungsfragen und Umweltressourcen fungieren sollte, deren Aufgabe es wäre, die Vorhaben zur massenhaften Zwangssterilisation institutionell abzusichern und Länder der Dritten Welt notfalls in ökologisch sinnvolle kleinere Einheiten aufzuteilen.[17]

Erscheinen Ehrlichs Pläne schon ehrgeizig, so sind die Vorstellungen, die Barry Commoner in *The Closing Circle* (1971) entwickelt, geradezu allumfassend. Commoner sagte voraus, am Ende des Jahrhunderts wären die weltweiten Reserven an Erzen und fossilen Brennstoffen erschöpft. Die »Plünderung des Planeten« sei zum Imperativ der westlichen Zivilisation geworden, deren Dynamik von Wirtschaftswachstum und Fortschritt unweigerlich zu katastrophaler Umweltverschmutzung und zum Raubbau an den Ressourcen führe. Während der Kapitalismus für den Marxismus ein System der Ausbeutung der Arbeiter ist, sehen ihn die Ökologen als System der Ausbeutung der Erde. »Die Erde«, so Commoner, »ist nicht verschmutzt, weil der Mensch ein besonders dreckiges Tier ist, und auch nicht, weil es zu viele von uns gibt. Die Schuld liegt bei der menschlichen Gesellschaft [der westlichen Zivilisation] – in der Art und Weise, in welcher sie den Reichtum gewinnt, verteilt und nutzt, der durch menschliche Arbeit geschaffen wird ...« Für Commoner war die Umverteilung der Ressourcen in einer neuen Weltordnung mehr noch als für Ehrlich sowohl eine moralische als auch eine praktische Notwendigkeit, deren wirtschaftliche Last zum großen Teil die postindustriellen technologischen Gesellschaften wie die Vereinigten Staaten zu tragen hätten. Aber darin lag laut Commoner eine »gewisse Gerechtigkeit«, schließlich sei der ökonomische Fortschritt dieser Gesellschaften auf Kosten anderer erreicht worden.[18]

Commoners und Ehrlichs Auffassungen deckten sich mit den Aussagen des Club of Rome, der 1972 in einem Bericht über *Die Grenzen des Wachstums* für das 21. Jahrhundert das Ende des Wachstums voraussagte. Die *raison d'être* der westlich orientierten Länder – wie zum Beispiel Japan – würde bald mit unvorhersehbaren Folgen verschwinden, warnten die Autoren des Berichts. Im selben Jahr meldeten sich zwei führende Stimmen der Nord-Süd-Debatte, René Dubos und Barbara Ward, mit ihrer Antwort auf die Frage *Wie retten wir unsere Erde?* zu

Wort. Wie der Originaltitel ihres Buchs – *Only One Earth* – andeutete, warfen sie den westlichen Industrieländern vor, sie verhielten sich, als gäbe es mehr als eine Erde. Der technische Fortschritt des Menschen, so erläuterten sie, habe zu einem derart »sprunghaften Anstieg des Verbrauchs an Energie und Rohstoffen« und zu einer solchen »Zunahme der Verstädterung, der Verschwendungssucht und der damit verbundenen Umweltverschmutzung« geführt, daß »das natürliche System des Planeten, von dem seine Überlebenschance abhängt, gefährlich und vielleicht unwiderruflich verändert« werde.[19]

Ehrlich, Dubos, Ward und dem Club of Rome ging es um mehr, als die Umwelt zu schützen oder den westlichen Einfluß auf die Dritte Welt zu beschränken. Sie strebten nach einer »weltpolitischen Ordnung..., die moralisch, sozial wie physisch verantwortungsbewußt ist«,[20] das heißt nach der Beendigung des wirtschaftlichen und technologischen Wandels gemäß dem bisherigen westlichen Modell. Erreicht werden sollte dieses Ziel durch die Schaffung neuer internationaler Institutionen, die der unvorhersehbaren postmodernen technokapitalistischen *anakyklosis*, welche sich wie das Schicksalsrad der menschlichen Kontrolle entzog, eine rationale Ordnung aufzwingen sollten. Einem 1980 veröffentlichten Bericht zufolge beinhaltet die ökonomische Entwicklung eine »tiefgreifende Transformation der gesamten Wirtschafts- und Sozialstruktur« einer Gesellschaft – für gewöhnlich zum Schlechteren. Ihre Auswirkungen seien verheerend; »kulturelle Identitäten« würden zerschmettert, und menschliche Opfer markierten ihren Weg. Alvin Toffler prägte einen Begriff für die neue Phase traumatischer Folgen: »Zukunftsschock«.

Es bedurfte eines neuen Entwicklungsmodells, das nicht ins Chaos führte, das heißt die wirtschaftliche Entwicklung nicht aus dem Ruder laufen ließ, sondern Stabilität schuf. 1980 beriefen Weltbankpräsident Robert McNamara und der frühere deutsche Bundeskanzler Willy Brandt im Auftrag von UN-Generalsekretär Kurt Waldheim Persönlichkeiten aus aller Welt, darunter der frühere schwedische Ministerpräsident Olof Palme und der ehemalige britische Premierminister Edward Heath, in eine unabhängige Kommission für internationale Entwicklungsfragen. Daß Ehrlichs zwölf Jahre alte Voraussagen nicht eingetroffen waren, konnte die Stimmung der Nord-Süd-Kommission, wie sie genannt wurde, nicht heben. »Am Anfang der achtziger Jahre«, heißt es in ihrem Bericht, »sieht sich die Weltgemeinschaft größeren Problemen gegenüber als je zuvor seit dem Zweiten Weltkrieg. Es ist offenkundig: Die Weltwirtschaft funktioniert gegenwärtig so schlecht, daß sie sowohl den unmittelbaren wie den langfristigen Interessen aller Nationen schadet.« Armut und Hunger nähmen zu, und die Zahl der absolut Armen steige ständig weiter an. »Engpässe bei Getreide und anderen Nahrungsmitteln erhöhen die Aussicht auf Hungersnot und Hungertod. Das rasche Anwachsen der Weltbevölkerung ... wird die Nahrungsmittel- und Rohstofflage in der Welt noch um ein erhebliches anspannen.« Es bestehe die ernste Gefahr, so Brandt in seiner Einleitung, daß im Jahr 2000 Hunger, Überbevölkerung und Verstädterung das Bild der Welt bestimmen würden, »falls nicht ein neuer großer Krieg bereits die Grundlage dessen zerstört hat, was wir Welt-Zivilisation nennen«.[21]

Ein Teil der Lösung bestand nach Auffassung der Nord-Süd-Kommission darin, daß die neuen Nationen aufhörten, den reichen westlichen Staaten nachzueifern. »Es gilt«, schrieb Brandt in der Einleitung, »von der ständigen Verwechslung zwischen Wachstum und Entwicklung loszukommen.« Statt dessen sollte »das eigentliche Ziel der Entwicklung eines Landes« stärker betont werden, das »in dessen Selbsterfüllung und schöpferischer Partnerschaft« liege. Nur dann könnten seine »produktiven Möglichkeiten und sein menschliches Potential ... zur Entfaltung kommen«. Der andere Teil der Lösung war ein weltweites »Aktionsprogramm« für die achtziger Jahre, das einzelne Programme für die Versorgung mit Nahrungsmitteln und Energie sowie »wirksame nationale Gesetze und internationale Verhaltensrichtlinien« umfaßte, um den Technologietransfer von den reichen zu den armen Staaten zu steuern und die Aktivitäten internationaler Unternehmen zu kontrollieren. Wie die postliberalen Intellektuellen am Ende des 19. Jahrhunderts befürchteten die modernen Liberalen nicht, daß der ungebremste Kapitalismus keinen Reichtum mehr produzieren würde. Das Problem bestand für sie vielmehr darin, daß er zuviel Reichtum hervorbrachte und ihn in den falschen Händen konzentrierte, in diesem Fall in denen des industrialisierten Nordens. Die Industrieländer hatten einzusehen, daß sie ihre Leitvorstellung revidieren mußten, »die vorwiegend materialistisch ist, die sich auf den Glauben stützt, das Bruttosozialprodukt und das, was man für Lebensstandard hält, werde automatisch wachsen«. Sie mußten begreifen, daß die Welt ein System im Sinne des klassischen organizistischen Modells war und sich »aus vielen, aufeinander einwirkenden Komponenten« zusammensetzte. Die Nord-Süd-Kommission und andere forderten daher eine »neue internationale Ordnung«, die mit ihren Steuerungsagenturen und multilateralen Institutionen als »ein ständiger Wandlungsprozeß begriffen werden« könne, »in dem Vorausschau und Verhandlung darauf hinwirken, ein allgemeines Gleichgewicht zwischen all ihren Elementen, ob im individuellen oder kollektiven Bereich, herzustellen«.[22]

So wie die historischen Pessimisten geglaubt hatten, der Kapitalismus würde die Quellen der menschlichen Schöpferkraft und des Denkens austrocknen lassen, waren die Verfechter einer ökologisch verträglichen Entwicklung überzeugt, der Kapitalismus werde die natürlichen Rohstoffquellen erschöpfen. Aus dieser Sorge heraus entstand die Idee einer ökologisch verträglichen Wirtschaftsentwicklung, welche die vorhandenen Ressourcen nicht über Gebühr beansprucht. Nach den Vorstellungen des Worldwatch-Instituts verfügt eine solche Wirtschaft

»über eine stabile Bevölkerung, die sich mit den natürlichen Lebensgrundlagen im Gleichgewicht befindet, ein Energiesystem, das weder den Pegel der Treibhausgase anhebt noch das Klima beeinträchtigt, sowie ein Niveau der materiellen Nachfrage, das weder den langfristigen Ertrag der Wälder, Grasländer und Fischereigebiete übersteigt noch systematisch die anderen Arten vernichtet, mit denen wir den Planeten teilen«. Sie überschreite die »enge ökonomische Sichtweise« von Geschäftsleuten und Ökonomen, welche die Welt im abstrakten Rahmen »der Tendenz der Ersparnisse, der Investitionen und des Wachstums« analysieren würden. Ökologen untersuchten dagegen die »komplizierten und stets wechselnden Beziehungen zwischen Lebewesen und ihrer Umwelt«. Ihnen seien die »natürlichen Begrenzungen der Wirtschaftsaktivität« klar, und sie würden erkennen, daß »Wachstum durch die Bedingungen der Biosphäre begrenzt« ist. Der Aufbau der ökologisch verträglichen Wirtschaft, räumt Worldwatch ein, »könnte fast jede Facette menschlicher Existenz revolutionieren«. Natürlich wäre für den »Übergang in eine ökologisch sichere Welt« die ganze Macht nicht nur des Staates, sondern auch internationaler Institutionen wie der UNO aufzubieten. Denn auf »dem Spiel steht, ob wir kollektiv zur Mühe bereit sind, den erforderlichen Kampf um die Gestaltung einer neuen Welt aufzunehmen«.[23]

Unterdessen würden die bösartigen Auswirkungen der westlichen Zivilisation weiterwuchern wie giftige Pilze. Die Bedrohung durch industriell produzierte krebserzeugende Substanzen – auf deren Konto allerdings nur acht Prozent der Krebserkrankungen gehen – sowie durch atomare und toxische Abfallstoffe, durch sauren Regen, die Zerstörung der Ozonschicht und schließlich den Treibhauseffekt: All dies stelle nicht nur eine fühlbare Bedrohung von Gesundheit und Sicherheit dar, sondern sei das Resultat älterer kultureller Muster und Annahmen, die überdacht oder fallengelassen werden müßten. Aus dieser Perspektive untersuchte Jonathan Schell in seinem 1982 erschienenen Buch *Das Schicksal der Erde* das Problem der Atomwaffen. Ihm ging es in diesem Zusammenhang nicht nur um die politische und diplomatische Frage der atomaren Abrüstung, sondern auch um die Gesundheit der Zivilisation, die diese Waffen hervorgebracht hatte: »Eine Gesellschaft, die sich systematisch weigert, zu erkennen, daß ihr physisches Überleben unmittelbar in Frage steht, und die keinen Schritt zu ihrer Rettung unternimmt, kann nicht als psychisch gesund bezeichnet werden.« Das Vorhandensein von Atomwaffen macht Schell zufolge sowohl buchstäblich als auch in einem Nietzscheanischen Sinn krank, da sie den Menschen einer kulturellen Dekadenz aussetze, die ihn an den Rand der Selbstauslöschung bringe.[24]

In Form der Atomkraft sei die westliche Wissenschaft mit der Grenze des Fortschritts konfrontiert. »Wissenschaftler, die an der Konstruktion des ständig größer werdenden Gebäudes wissenschaftlicher Erkenntnis arbeiten«, sehen laut Schell »keinen Grund zur Trauer oder moralischer Betrübnis angesichts der Vergänglichkeit, die vermutlich alle menschlichen Errungenschaften zunichte macht«. Statt dessen bilde der technische Fortschritt eine »unerschütterliche, vom Menschen unabhängige Ordnung, die in unsere wandelbare und vergängliche Menschenwelt hineinragt«. Wie Gobineaus Inkas, Volneys Einwohner von Ninive oder Augustinus' Römer sei der moderne Mensch von seiner Unsterblichkeit überzeugt gewesen – bis zur Erfindung der Atomwaffen. »Die rapide anwachsende Herrschaft des Menschen über die Natur«, so meint Schell, »hat zu einem erheblichen Machtgewinn des Todes auf der Erde geführt.« Mit der ungeahnten Steigerung seiner Macht über das Leben bedrohe der Mensch das »Gleichgewicht des gesamten Lebenssystems auf dem Planeten«. Doch die herkömmlichen politischen Institutionen versäumten es, sich der Gefahr zu stellen, und verteidigten statt dessen als »Parteigänger des Status quo die anachronistische Struktur ihres Denkens und versuchen die für ein Weiterleben der Menschheit notwendige Revolution im Denken und Handeln aufzuhalten«.[25]

Nach Schells Auffassung setzt die Ausschaltung der Gefahr des atomaren Holocaust das Ende des Nationalismus voraus: »Wir müssen unsere Waffen niederlegen, auf Souveränität verzichten und ein politisches System finden, mit dessen Hilfe sich internationale Konflikte friedlich beilegen lassen.« Um das Überleben der Menschheit zu gewährleisten, müsse das »ökologische Prinzip« beachtet werden, die Erkenntnis der »Unteilbarkeit der Erde als Trägersystem des Lebens«. Unsere »bescheidene Rolle« bestehe »nicht darin, irgend etwas zu erschaffen, sondern nur darin, uns selbst zu erhalten«. Andernfalls, warnt Schell in unheilvollem Ton, hätten wir nur die Wahl, »uns der absoluten und ewigen Finsternis auszuliefern: einer Finsternis, in der es keine Nation, keine Gesellschaft, keine Ideologie, keine Zivilisation mehr geben wird; in der nie wieder ein Kind geboren wird, nie wieder Menschen auf der Erde erscheinen werden und sich niemand mehr daran erinnern wird, daß es sie je gab«.[26]

Wie weit sich diese neue apokalyptische Perspektive verbreitete, zeigt die Tatsache, daß selbst Politiker wie US-Senator George Mitchell publizistisch in die Diskussion eingriffen. In seinem Buch *The World on Fire* besprach er die den Planeten bedrohenden »vier Reiter« der Umweltkatastrophe – nachdem David Fisher bereits von einem unheiligen Reitertrio gesprochen hatte –, und befürwortete massive staatliche Maßnahmen, um die Wirtschaft auf eine ökologisch verträgliche Grundlage zu stellen. Die USA und die anderen Industriestaaten, so verlangte Mitchell, sollten sich einem ökologisch verträglichen Modell der globalen Entwicklung anpassen. Schell pflichtete ihm bei: »Früher wurde die Idee einer Weltordnung als utopische Vision betrachtet. Heute erkennen wir, daß sie in vieler Hinsicht eine höllische Notwendigkeit ist.«[27]

Kein Wunder, daß das Worldwatch-Institut die Erde 1991 mit

der sinkenden *Titanic* und die Menschen im Westen mit selbstgefälligen Passagieren verglich, die offenbar unfähig seien,»das Ausmaß der im Gang befindlichen Schändung des Planeten und deren Auswirkungen auf [ihre] Zukunft zu erkennen«. Zu diesem Zeitpunkt war der Gedanke, eine Wirtschaftsentwicklung und nationale Selbstbestimmung nach westlichem Modell gefährdeten das Überleben der Erde, bereits zum Gemeingut liberaler Kreise geworden, was frühe Pessimisten wie Ehrlich dazu brachte, zu noch düstereren Formulierungen zu greifen.»Das Wachstum der physischen Ökonomien in reichen Nationen«, schrieb er 1991,»muß jetzt als die Krankheit erkannt werden, nicht als die Kur.« Dieses Wachstum werde allerdings »in der entwickelten Welt bald zum Halt kommen«, weil die internationalen Märkte die Produktion von immer mehr Waren nicht mehr absorbieren würden.

Für die nichtwestliche Welt sei die Entwicklung selbst in der bescheidenen, ökologisch verträglichen Form zu einem westlichen Fluch geworden. Nach Ehrlichs Ansicht gehörte zu einer ökologisch gesunden Gesellschaft die entschiedene Zurückweisung alles dessen, was er für die Grundwerte des Westens hielt: Wachstum, Überfluß, privates Unternehmertum sowie »Rassismus, Sexismus, religiöses Vorurteil und Xenophobie«. Wenn diesen »trennenden Zügen« der westlichen Gesellschaft nicht entgegengewirkt würde,»könnten sie die Versuche zunichte machen, die für den Aufbau einer neuen Zivilisation nötige globale Kooperation zu schaffen«.[28] In diesem Ruf nach einer neuen Zivilisation spiegelte sich die Forderung der Ökologie wider, die alte, todkranke kulturelle Ordnung durch eine neue zu ersetzen. Das Hinscheiden des Westens, so verkündeten in den siebziger und achtziger Jahren die Vertreter einer radikaleren Ökologie, werde das Tor zu einer vitalen, holistischen, in einem »neuen« organischen Naturverständnis wurzelnden menschlichen Gemeinschaft öffnen. Diese radikale Revision des ökologischen Denkens kulminierte in der tiefenökologischen Bewegung, die von sich selbst sagte, sie begebe sich »über die Ebene der sogenannten faktischen Wissenschaft hinaus auf die Ebene der Weisheit des Selbst und der Erde«.[29]

Diese Vorstellung einer anderen, besseren Ordnung war nicht neu. In der Hoffnung der modernen Ökologie, das alte westliche Selbst, die künstliche Schöpfung der *Zivilisation*, durch ein neues ersetzen zu können, schwang derselbe Enthusiasmus mit, der seit der deutschen Romantik jede moderne Bewegung für die Erneuerung der Kultur beseelt hat. Tatsächlich bestehen zwischen der Lebensphilosophie, die sowohl Gobineaus Ariermythos als auch Nietzsches Übermenschen zugrunde lag, und der heutigen Ökologiebewegung mehr als nur zufällige Ähnlichkeiten. Die Ökologen haben die Debatten wiederbelebt, die Nietzscheanische und andere Kulturpessimisten im Deutschland der Zwischenkriegszeit entzweiten und die sich allesamt um das Schlagwort »Zurück zum Boden« drehten.

Deutscher Kulturpessimismus und Ökologiebewegung

Der Begriff »Ökologie« ist 1866 von Ernst Haeckel eingeführt worden, um ein Teilgebiet seines vitalistischen biologischen Monismus zu bezeichnen: die »gesamte Wissenschaft von den Beziehungen des Organismus zur umgebenden Außenwelt«, die seiner Ansicht nach das Netzwerk des Lebens bildeten. In seinem evolutionären Holismus stellte die Natur trotz aller Vielfalt eine einzige Totalität dar, eine unendliche Substanz ohne Anfang und Ende, in der alles, einschließlich des Menschen, von derselben Lebenskraft erfüllt sei. Er glaubte die Idee, über Natur oder Mensch gebe es ein höheres göttliches Wesen, ein für allemal widerlegt zu haben. Statt dessen sei der gesamte Kosmos in einem universalen Prozeß ohne Ziel und Zweck begriffen. Durch das sogenannte Substanzgesetz, das diese monistische Grundanschauung verkörperte, wurde laut Haeckel »nicht nur *positiv* die prinzipielle Einheit des Kosmos und der kausale Zusammenhang aller uns erkennbaren Erscheinungen bewiesen, sondern ... zugleich *negativ* der höchste intellektuelle Fortschritt erzielt, der definitive Sturz der *drei Zentraldogmen der Metaphysik:* ›Gott, Freiheit und Unsterblichkeit‹«.[30] Nach Haeckels Vorstellung sollte die monistische Philosophie die christliche Anbetung Gottes durch die Verehrung der Natur ersetzen. Der selbstsüchtige Individualismus sollte einem neuen ethischen Monismus weichen, der allen vor Augen führt, daß ihre persönlichen Interessen mit denen der Gemeinschaft identisch seien. Das Christentum hatte »nicht allein zu einer höchst schädlichen Entfremdung von unserer herrlichen Mutter ›Natur‹ beigetragen, sondern auch zu einer bedauernswerten Verachtung der übrigen Organismen«. Haeckel vertrat sogar die Ansicht, aus monistischer Sicht müsse den Tieren als fühlenden, sozialen und – im Falle der höheren Wirbeltiere – auch rationalen Mitgeschöpfen derselbe Status zuerkannt werden wie den Menschen. Das Eintreten für die »Tierrechte« gehörte zu seiner Kampagne gegen das anthropozentrische Naturverständnis, jene »grenzenlose Selbstüberhebung des eitlen Menschen«, die ihn dazu verführt habe, sich als »Ebenbild Gottes« zu betrachten.[31]

Haeckels Monismus war populär und einflußreich. Seine Ansichten über eine ökologische Haltung gegenüber der Natur und über die Eugenik fanden vor dem Ersten Weltkrieg nicht nur in Deutschland weite Verbreitung. Eine ganze Reihe von Naturwissenschaftlern und Intellektuellen nahm seine vitalistische Lehre auf, darunter der Chemienobelpreisträger Wilhelm Ostwald, der den Vorsitz des Monistenbundes übernahm, sowie der Heidelberger Philosophieprofessor Hans Driesch, zu dessen Schülern zwei prominente Figuren der Nietzscheanischen Rechten gehörten: Ernst Jünger und José Ortega y Gasset, sowie der Zoologe Konrad Lorenz, der mit seinen Forschungen über das Verhalten der Tiere Haeckels These untermauerte, die

Tiere und ihre Umgebung – den Menschen und seine Umwelt eingeschlossen – bildeten eine Einheit. Auch Spenglers Gedanke der in den Weltkulturen wirkenden Lebenskraft ging auf Haeckels Vitalismus zurück. Ein englischer Vertreter der radikalen Rechten war ebenso von dem deutschen Philosophen beeinflußt: D. H. Lawrence. Zur gleichen Zeit fand die deutsche Jugendbewegung im Anschluß an den starken technikfeindlichen Zug der Romantik ebenfalls einen Weg zurück zur Natur. Haeckel selbst hatte die mechanische und die organische Natur als Aspekte derselben evolutionären Lebenskraft miteinander verschweißt, was ein Liebhaber der militärischen Technik wie Ernst Jünger zu schätzen wußte, von anderen Adepten der vitalistischen Ökologie aber in anderer Richtung weiterentwickelt wurde. Nach dem Treffen der deutschen Jugendbewegung auf dem Hohen Meißner 1913 verfaßte einer ihrer Sprecher, der junge Nietzscheaner Ludwig Klages, eine einflußreiche Abhandlung mit dem Titel »Mensch und Erde«, in dem er darlegte, der Fortschritt sei als rationales Projekt des Menschen am Ende angelangt: »Wie ein fressendes Feuer fegte er über die Erde hin, und wo er die Stätte einmal gründlich kahl gebrannt, da gedeiht nichts mehr, solange es noch Menschen gibt.« Der Mensch als *»Träger des rechenverständigen Aneignungswillens«* – oder Willens zur Macht – verheere »in blinder Wut die eigene Mutter, die Erde, ... bis alles Leben und schließlich [er] selbst dem Nichts überliefert ist«. Für Klages sind der Wille zur Macht und die westliche Rationalität Aspekte ein und derselben bösartigen Kraft oder Unwahrhaftigkeit. Ersterer sei nicht das Produkt der organischen Vitalität des Menschen, sondern das des Geistes und des Verlangens zu töten, »die bildernde Vielgestalt und unerschöpfliche Fülle des *Lebens* hinzuopfern für das heimatlose *Darüberstehen* einer weltabscheidenden *Geistigkeit«.* Der Mensch als rationales, von der Natur getrenntes Wesen habe sich gegen Nietzsches dionysisches Leben entschieden und »sich zerworfen mit dem Planeten, der ihn gebar und nährt, ja mit dem Werdekreislauf aller Gestirne«.[32]

Aus diesem Gedankengut ging in Deutschland nach dem Ersten Weltkrieg unter dem Motto »Zurück zur Natur« eine Reihe von Bewegungen hervor, die unvermeidlich politische Züge annahmen oder in politische Vereinigungen wie die NSDAP einmündeten. Eine dieser Bewegungen war die »organische« Landwirtschaft, die chemische Düngemittel als Bestandteil der leblosen technologischen Gesellschaft ablehnte. In den zwanziger Jahren entwickelte Rudolf Steiner, der Begründer der Anthroposophie, die »biologisch-dynamische Wirtschaftsweise«, welche die Landwirtschaft in an Haeckel erinnernden Begriffen als holistisches Unternehmen zwischen Mensch, Pflanze und Erde verstand. Als Alfred Rosenberg und die faschistischen Nordisten dem Christentum »falsche« Geistigkeit vorwarfen und eine Rückkehr zur ursprünglichen arischen Naturverehrung forderten, sahen Vertreter der Zurück-zur-Natur-Bewegungen den nationalsozialistischen Arier plötzlich als Herold eines neuen, Rasse, Boden und Umwelt verpflichteten organischen Menschen. Eugen Diederichs, einer der Organisatoren des Jugendtreffens auf dem Hohen Meißner, schloß sich schon früh den Nazis an. Klages versuchte es ebenfalls, wurde aber abgewiesen, weil er – wie Haeckel – Pazifist war. Eine radikale Gruppe, die Artamanen oder »Wächter des Bodens«, trug sogar Banner, die auf einer Seite Bilder von Gandhi und Tolstoi – als Fürsprecher der Bauern – und auf der anderen das Hakenkreuz zeigten.[33]

Das Zusammenspiel der technikfeindlichen Gruppen war ähnlich wie das der heutigen Ökologiebewegung kompliziert und häufig verdeckt. Völkische Denker wie Houston Chamberlain hatten Haeckel wegen seines evolutionären Naturverständnisses abgelehnt. Hitler selbst vertrat ebenfalls diesen Standpunkt, doch sein Landwirtschaftsminister, Walter Darré, griff den organischen Landbau als Teil des »Blut und Boden«-Ariertums auf. »Der Bauer«, hatte Spengler geschrieben, »ist der ewige Mensch.«³⁴ Und so wie der rechtschaffene deutsche Bauer im Dritten Reich das Modell des neuen Menschen abgab, sollte – wie Darré glaubte – auch die deutsche Landwirtschaft dessen organische Verbundenheit mit dem Boden reflektieren. Sein Hauptverbündeter in Hitlers engstem Kreis war Rudolf Hess, ein Vegetarier, Anhänger der Homöopathie und passionierter Vertreter des biologisch-dynamischen Landbaus. Dies war nicht das einzige Lieblingsthema der Nazis, das in den siebziger und achtziger Jahren wieder auftauchte. Heinrich Himmler, der eine Hühnerzucht betrieben hatte, bevor er zum Chef der SS avancierte, experimentierte mit organischen Anbaumethoden und förderte Kräutergärten zur Versorgung der SS. Deren Rekruten wurde eine »Ehrfurcht vor dem Tierleben« gelehrt, die nach Ansicht eines Historikers »nahezu buddhistische Ausmaße« erreichte.³⁵ Darüber hinaus sorgte Himmler dafür, daß ein Gesetz gegen die Vivisektion erlassen wurde, während »nutzlose Münder« unter den Menschen der Euthanasie zum Opfer fielen. Schließlich hatte er unter Anspielung auf die regenerative Kraft der Natur das Eichenblatt als Symbol der SS ausgewählt.

Die verschiedenen Strömungen der deutschen Umweltbewegung der Zwischenkriegszeit unterschieden sich durch ihr Naturverständnis – die einen hingen einem monistischen Materialismus an, andere einem dionysischen Eros und wieder andere einem biologisch-dynamischen Vitalismus –, aber sie hatten alle denselben Hauptfeind: den modernen technologischen kapitalistischen Westen. Unabhängig von der politischen Ausrichtung hätte jede dieser Bewegungen dem Nationalbolschewiken Ernst Niekisch zugestimmt, der 1931 verkündete: »*Technik ist Vergewaltigung der Natur;* sie setzt sich über die Natur hinweg. Fortschritt der Technik besteht darin, dem freien Walten der Natur ein Stück Boden nach dem anderen abzulisten; was für sie Triumph ist, ist für die Natur Schändung und Verwüstung. Indem die Technik Schritt für Schritt die Grenzen, die die Natur gesetzt hat, niederlegt, mordet sie das Leben.«[36] Selbst jene, die wie Spengler und Jünger die Technik als Teil der neuen deutschen Kulturordnung feierten, verlangten, sie in neuer, vitalistischer Form umzugestalten. Andere bauten wie Heidegger die Technikkritik des »Zurück zum Boden« in das Fundament des antimodernistischen Denkens ein.

Über den Philosophen Max Scheler, einen Anhänger von Klages, vermittelt, war Heidegger stark von Klages' Nietzscheanischer Attacke auf den technologischen Kapitalismus beeinflußt worden. In seinen Augen war der Verlust der Verbundenheit mit der Natur ein Aspekt des Seinsverlusts des modernen Menschen, der von der Technik verkörpert wurde: »An die Stelle dessen, was der einst gewahrte Weltgehalt der Dinge aus sich verschenkte, schiebt sich immer schneller, rücksichtsloser und vollständiger das Gegenständige der technischen Herrschaft über die Erde.« Heidegger beklagte, daß die Technologie des Westens »nicht nur alles Seiende als ein Herstellbares im Prozeß der Produktion« erscheinen lasse, sondern auch »die Produkte der Produktion durch den Markt« verteile. Der technologische Kapitalismus löse das »Menschliche des Menschen und das Dinghafte der Dinge ... innerhalb des sich durchsetzenden Herstellens in den gerechneten Marktwert eines Marktes« auf, der »als Weltmarkt die Erde umspannt«. Heidegger betonte, daß der Mensch der Verwalter, nicht der Herr der Natur zu sein habe. Durch Dichtung und Kunst könne der moderne Mensch seinen Sinn für die Einfachheit von Erde und Himmel, Heiligkeit und Sterblichkeit wiederherstellen. Der neue Mensch müsse lernen, Technologie und Konsumdenken aufzugeben und seine bescheidene Stellung innerhalb der Einheit der Natur einzunehmen. »Der sichdurchsetzende Mensch ist«, so schrieb er 1946, »ob er es als einzelner weiß und will oder nicht, der Funktionär der Technik.«[37]

In seinem Werk *Der eindimensionale Mensch* brachte Heideggers Student Herbert Marcuse diese Thesen in eine Analyse einer Gesellschaft ohne Mangel ein. Mit Marcuses plakativem Bild eines die vitalen Kräfte sowohl des Menschen als auch der Natur unterjochenden technologischen Kapitalismus nahm die amerikanische Neue Linke zugleich eine kräftige Dosis deutschen Kulturpessimismus in sich auf. Marcuse rief auf der Linken umweltschützerische Gefühle wach, die Denker wie Henry David Thoreau und John Muir vorbereitet hatten. Zu den Mängeln des Kapitalismus gehörte fortan die Erniedrigung des Natürlichen, ob in sexueller Hinsicht – ein Lieblingsthema Haeckels, der ein eifriger Verfechter der freien Liebe war – oder in bezug auf die Umwelt. 1969 legten Studenten in Berkeley einen sogenannten Volkspark an, um eine »Verschwörung des Bodens« zu schaffen, die das Land aus den kapitalistischen Eigentumsverhältnissen befreien sollte. Ein Radikaler behauptete sogar, die Bäume glichen den anderen ausgebeuteten Minderheiten der USA, zu denen er Schwarze, Vietnamesen und Hippies zählte.[38]

Das eklatanteste Beispiel der völkischen Ökologie der sechziger Jahre, Charles Reichs *The Greening of America*, beruhte in vieler Hinsicht auf Marcuses Ideen. Das industrialisierte kapitalistische Amerika, so konstatierte der Yale-Professor in seinem 1971 erschienenen Buch, stehe vor der Selbstzerstörung. Unordnung, Korruption, das »Fehlen der Gemeinschaft«, eine sinnentleerte Kultur, unkontrollierte Technik und Umweltzerstörung hätten in der Bevölkerung ein Gefühl der Ohnmacht hervorgerufen. Die Schwarzen hätten »schon lange einen Verlust an Identität und Lebensmöglichkeiten« verspürt; jetzt habe diese Erfahrung auch die Mittelschicht erfaßt. »Man fahre mit einem Vorortzug«, schrieb Reich, eine bevorzugte Metapher der Kulturpessimisten aufgreifend, »und betrachte die leeren, hohlen Gesichter. Wir schauen uns nicht oft ins Gesicht in Amerika, noch weniger schauen wir auf ruinierte Flüsse und verwüstete Berge.« Es komme jedoch eine Revolution, versprach Reich seinen Lesern, die eine »erneuerte Beziehung des Menschen zu sich selbst, zu anderen Menschen, zur Gesellschaft, zur Natur und zum Land« mit sich bringen werde. In echt Nietzscheanischer Weise sollte diese Revolution von der Jugend ausgehen. Als Träger der unbeschädigten Vitalität würde sie mit ihrer Rockmusik, ihrer Kleidung und ihren Frisuren, mit ihrer sexuellen Freizügigkeit und ihrem Naturgefühl die künstlichen Bindungen der technologischen Gesellschaft zersetzen. Wie die deutsche Jugendbewegung oder Heidegger würden die »Angehörigen der neuen Generation die Strände, Wälder und Gebirge« aufsuchen. Ein altes arisches Thema variierend, fügte Reich hinzu: »Der Wald ist der Ort, von dem sie herkommen, und der Ort, an dem sie sich ihrem Selbst und ihrer Erneuerung am nächsten fühlen. Die Natur ist kein fremdes Element. Die Natur sind sie.«[39]

Der Denker, der den Ökopessimismus schließlich von den Blut-und-Boden-Assoziationen reinigte und ihn zu einem Grundpfeiler der Weltanschauung der Neuen Linken machte, war Murray Bookchin. Als Bewunderer der anarchistischen Tradition des 19. Jahrhunderts und Schüler früherer Technikkritiker wie Lewis Mumford und Paul Goodman griff Bookchin Marcuses Idee auf, eine Gesellschaft ohne Mangel stelle eine völlig neue, gefährliche Entwicklung der Zivilisation dar. 1966 sagte er in *Crisis of the Cities* voraus, die amerikanischen Industriestädte würden sich wie ein »wucherndes Krebsgeschwür« ins Hinterland ausbreiten und unberührtes Land ebenso zerstören wie Felder und Wasserläufe. Die technologische Zivilisation lege der Umwelt oder der Biosphäre, wie Mumford sie genannt hatte, eine unerträgliche Last auf. Wie Marcuse glaubte Bookchin jedoch, neue Technologien wie die Nutzung der Windkraft würden die Gesellschaft in ein rationales, ökologisches Gleichgewicht bringen. Für ihn und seine Nachfolger hat die Technik zwei Seiten: eine, welche die Umwelt zerstört und den Motor des industriellen Kapitalismus antreibt, und eine zweite, die nicht nur die natürlichen Ressourcen bewahrt, sondern auch die Kräfte des konzentrierten Großkapitals aushöhlt. Zur ökologischen Technologie gehören vorindustrielle Techniken aller Art, Sonnen- und Windkraft und für einige Ökologen aus jüngster Zeit auch der PC.

Von allen Ablegern der Neuen Linken erwies sich die Umweltschutzbewegung als der erfolgreichste. Am 22. April 1970 nahm sie durch die Feier des Tags der Erde gewissermaßen amtlichen Charakter an. In Szenen, die dem Jugendtreffen auf dem Hohen Meißner glichen, kamen Tausende von Studenten, Hippies und Teenager zu Teach-ins und Demonstrationen zusammen. Die Welle der öffentlichen Begeisterung zog Naturschutzgruppen an und beförderte Repräsentanten der Umweltschutzbewegung wie Commoner, Ehrlich und Dubos auf Dauer ins Rampenlicht der Öffentlichkeit. Auch das politische Establishment begrüßte den Tag der Erde, bis hinauf zu Präsident Richard Nixon. Einer seiner Organisatoren, Senator Gaylord Nelson, erklärte, der Tag der Erde könnte »ein Wendepunkt in der amerikanischen Geschichte sein. Er könnte die Geburt einer neuen amerikanischen Ethik sein, die die Grenzbewohnerphilosophie zurückweist, daß der Planet dafür da sei, von uns ausgeplündert zu werden.«[40]

Ab 1970 verabschiedete der amerikanische Kongreß, angefangen mit einem Luftreinhaltungsgesetz, eine Reihe weitreichender Umweltschutzvorschriften. Nur sieben Monate nach dem Tag der Erde rief Präsident Nixon das Amt für Umweltschutz ins Leben, das den Auftrag erhielt, »Luftverschmutzung, Wasserverschmutzung und feste Abfallstoffe als Teile eines einzigen Problems« zu behandeln. Gleichzeitig erhielt die Umweltschutzbewegung großen Zulauf von der Neuen Linken. Gruppen wie das 1970 gegründete Komitee zur Verteidigung der Naturressourcen und der Fonds zur Verteidigung der Umwelt übernahmen die Führung, indem sie im Stil der Anwälte der Bürgerrechtsbewegung der sechziger Jahre aggressive Werbung für ihre Sache machten. Traditionelle Naturschutzorganisationen nahmen neue radikale Mitglieder auf, die in den nächsten zwei Jahrzehnten deren Umweltschutzaktivitäten bestimmen sollten.

Andere Gruppen wie Greenpeace (gegründet 1971) bezogen sich offen auf militante linke Politik, indem sie zur direkten Aktion gegen »Umweltfeinde« wie Robbenjäger und Atomingenieure übergingen. Wie ihre deutschen Vorläufer aus der Zwischenkriegszeit lehnten die Mitglieder von Greenpeace sowohl die kapitalistische Gesellschaft als auch die geltenden politischen Kategorien ab. Am erfolgreichsten war diese Haltung bei jungen Linken in Deutschland, wo sich 1978 die ersten Kandidaten sogenannter Grüner Listen, Vorläufer der zwei Jahre später gegründeten Partei Die Grünen, zur Wahl stellten. Andere wandten sich Bookchins Anarchismus zu. Mit der technikfeindlichen Forderung nach einer Rückkehr zum Boden im Hintergrund entstanden experimentelle Kommunen, von denen einige ihre Ablehnung der modernen Gesellschaft in unerwartete Extreme treiben sollten, wie Charles Mansons mörderische »Familie« in Kalifornien, Jim Jones' Jonestown in Guyana und David Koreshs Davidianer in Waco, Texas. Am Anfang jedoch schienen sie Charles Reichs Meinung zu bestätigen, die Jugend sei bereit, dem entfremdenden westlichen Kapitalismus und der technologischen Gesellschaft zugunsten einer natürlicheren, reineren Existenz abzuschwören.[41]

Als 1990 der zweite Tag der Erde begangen wurde, war die kulturpessimistische Kritik des technologischen Kapitalismus in der amerikanischen Gesellschaft weithin akzeptiert. Dennoch waren viele Umweltschutzgruppen angesichts des Ausbleibens radikaler Veränderungen immer noch unzufrieden. Dennis Hayes, einer der Organisatoren des ersten Tags der Erde, lamentierte: »Wie ist es möglich, daß wir so hart kämpften und so viele Schlachten gewannen, bloß um uns an der Schwelle der endgültigen Niederlage im Krieg zu finden?«[42]

Andere kamen zu dem Schluß, die Grundannahmen der Hauptströmung der Umweltschutzbewegung gehörten nicht zur Lösung, sondern zum Problem. Seit Jahren hatten Ökologen wie Bookchin und der norwegische Philosoph Arne Naess eine neue Ausrichtung der Umweltschutzbewegung gefordert. »Es gibt ein politisches Potential in dieser Bewegung«, schrieb Naess 1973, »das nicht übersehen werden sollte und das wenig mit der Luftverschmutzung und dem Raubbau an den Ressourcen zu tun hat.« Die Hauptströmung der Umweltschutzbewegung stelle jedoch nicht die Frage, »welche Art von Gesellschaft für die Erhaltung eines bestimmten Ökosystems die beste wäre«. Deshalb forderte Naess ein Umdenken, um die kulturellen Voraussetzungen zu korrigieren, welche die Umweltverschmutzung ermöglichten. Wie Haeckels Monismus verlangte die Tiefenökologie, wie Naess sein neues Denkmodell nannte, die Abkehr von der anthropozentrischen Perspektive zugunsten einer »biozentrischen«. Dazu sei – wie in Heideggers Existenzphilosophie – nicht nur die Transformation der Gesellschaft, sondern auch die des Menschen erforderlich. »Das moderne westliche Selbst«, erläuterte Naess, »ist als isoliertes Ich definiert, das engstirnig nach hedonistischen Gratifikationen oder ... individueller Erlösung in diesem oder dem nächsten Leben strebt.« Dieses falsche Selbstbild »beraubt uns der Suche nach unserer einzigartigen spirituellen/biologischen Persönlichkeit« im Einssein mit der Natur.[43]

Bookchin betonte 1987 die Aufgabe, die »Marktgesellschaft und die bösartige Mentalität, die sie hervorbringt«, zu überwinden. Luftverschmutzung, industrielle Zerstörung der Natur, saurer Regen, globale Erwärmung und atomarer Militarismus seien die ungeheuerlichen Produkte des westlichen Kapitalismus: »Der Kapitalismus, könnte man sagen, ist der Krebs der Gesellschaft.« In der Nachfolge Heideggers versicherte Bookchin, der Kapitalismus reduziere alle Beziehungen zwischen den Menschen und zwischen Mensch und Erde zu Waren. Er

»schmarotzt von jedem sozialen Bereich, der Züge von gegenseitiger Hilfe und kollektiver Sorge besitzt, und droht ihn auszulöschen«. Kultur und Umwelt würden durch ihn massiv geschädigt. Unbewußt an Gobineaus Darstellung Frankreichs in der Mitte des 19. Jahrhunderts anknüpfend, schreibt Bookchin: »Das alltägliche Leben nimmt in zunehmendem Ausmaß stupide Züge an. Die Gesellschaft ist wenig mehr als eine Weide und das Volk eine grasende Herde, die sich von Trivialitäten und kleinlichen Zwecken ernährt.« Auch die »sogenannten sozialistischen Gesellschaften wie die Sowjetunion und China« gehörten in diese Kategorie, weil sie das Bild des Menschen als eines Wirtschaftswesens übernommen hatten. Das Überleben des Menschen erfordere statt dessen eine neue ethische Haltung, eine »Sozialökologie«, welche die »Partizipation« unterstreiche, durch die »Tiere und Pflanzen gegenseitig ihr Überleben, ihre Fruchtbarkeit und ihr Wohlergehen fördern«, und dies ohne Konkurrenzverhalten. Anzustreben sei eine »Differenzierung« der Arten und der natürlichen Vielfalt, »ohne die Unterschiede zu einer hierarchischen Ordnung zu strukturieren«.[44]

Bookchins Sozialökologie besitzt fast alle Merkmale von Haeckels monistischer Evolution. Aus ihrer Perspektive ist das Leben »aktiv, interaktiv, fruchtbar, beziehungsreich und kontextuell«. Der Wandel ist kein mechanischer oder linearer, sondern ein organischer Prozeß, bei dem »jede Form aus ihrem Vorläufer hervorgeht – wobei die spätere und komplexere in der Regel die frühere und einfachere in sich aufnimmt, entweder innerlich« – wie bei einem von Haeckels Lieblingsbeispielen, der Entwicklung von Embryos – »oder als Teil der Gemeinschaft«. Im Mittelpunkt dieser Sozialökologie steht das Ideal einer egalitären Gemeinschaft, deren Angehörige, Männer wie Frauen, Wohlhabende wie Arme, Weiße wie Nichtweiße, vom selben Gemeinschaftsgeist erfüllt sind. Diese harmonische Biogemeinschaft steht in scharfem Gegensatz zur Dynamik der zivilisierten Gesellschaft, die Bookchin zufolge trotz der Behauptung der Aufklärer, sie befolge die Naturgesetze, zutiefst antinatürlich eingestellt ist. An ihrer Stelle werden primitive und vorkapitalistische Gesellschaften zum Modell für die Zukunft.

Diese Gesellschaften haben laut Bookchin einen reichen Nährboden von »Fruchtbarkeit und Wohlergehen« geschaffen. Männer und Frauen seien einander gleichgestellt gewesen und hätten bei der Entscheidungsfindung eine wahrhaft partizipatorische Rolle gespielt. Sie hätten die Gefahren des konkurrierenden Individualismus verstanden, den Handel gemieden und Profitstreben als Sünde betrachtet.[45] In einer Hinsicht bewunderte Bookchin jedoch die Aufklärung, und zwar aus demselben Grund wie Haeckel: weil sie »den menschlichen Geist aus dem Himmel auf die Erde, aus dem Reich des Übernatürlichen in das des Natürlichen geholt« und »einen klaren säkularen Blick auf die dunkle mythische Welt gefördert« habe, »die in Feudalismus, Religion und herrschaftlichem Despotismus schwärte«. Der Kapitalismus habe diese Entwicklung jedoch verzerrt, indem er »die Vernunft in einen groben industriellen Rationalismus« verwandelt habe, »der auf Effizienz aus sei und nicht auf hochgeistige Intellektualität ...; er benutzte die Wissenschaft, um die Welt zu quantifizieren und Denken und Sein zu einem Dualismus zu machen ...; er benutzte die Technik, um die Natur, einschließlich der menschlichen, auszubeuten.«[46] Mit Adornos Worten: »Keine Universalgeschichte führt vom Wilden zur Humanität, sehr wohl eine von der Steinschleuder zur Megabombe.«[47]

Die größte unmittelbare Gefahr sah Bookchin jedoch darin, daß der wirtschaftliche und technologische Wandel das Leben der Menschen verbessern könnte, ohne sie zu einer grundlegenden kulturellen Veränderung zu veranlassen. Denn was not tue, sei eine echte Revolution der Werte und Gewohnheiten, die »jede Faser des sozialen Gewebes verändert, einschließlich der

Art, wie wir die Wirklichkeit wahrnehmen«. Bookchin hoffte auf eine zukünftige »ökologische Gesellschaft, die durch eine konföderale Kommune der Kommunen strukturiert wird, die alle dem Ökosystem und der Bioregion angepaßt sind, in denen sie sich befinden«. Organische Landwirtschaft und die Nutzung von Sonnen- und Windenergie würden in dieser Gesellschaft selbstverständlich sein. Neue Technologien würden in »künstlerischer Weise« eingesetzt werden, so daß Zeit für andere Aktivitäten frei werde: »Gartenbau, die Herstellung von Gegenständen, Lesen, Rezitationen« und experimenteller gemischter Ackerbau, um die biologische Vielfalt zu erhalten. Der Gedanke von Eigentum, auch kollektivem, werde verschwinden und durch eine »holistische Herangehensweise an eine ökologisch orientierte Wirtschaft« ersetzt werden. Statt dessen werde »jeder als Staatsbürger handeln, nicht als selbstbezogenes Ego«, und in einem Gefühl des Einsseins mit der Gemeinschaft und der Natur leben.[48]

Bookchins Ideen entstammten zu einem guten Teil der Tradition des utopischen Sozialismus, aber über seinem bioregionalen Kommunismus liegt auch der Schatten von Ratzels vielseitiger Bauernpersönlichkeit und der ekstatischen Ziele der deutschen Jugendbewegung. Außerdem gibt es ein Verbindungsglied zu den organischen Wurzeln des Menschen: die rund um die Welt existierenden primitiven Gesellschaften. Für den ökologischen Schriftsteller Edward Abbey ist eine »höhere Rasse« jene menschliche Gemeinschaft, die »der Erde, anderen Formen des Lebens, den Menschen und sich selbst den wenigsten Schaden zugefügt hat«. Nach diesem Maßstab, so seine Schlußfolgerung, »wären die australischen Aborigines, die afrikanischen Buschmänner und vielleicht die Hopi in Arizona die einzigen höheren Rassen«.[49]

Der technologische Pessimismus der Ökologiebewegung kehrt die von Toynbee definierte Beziehung zwischen Gesellschaft und Umwelt um und geht mindestens bis zu Thomas

Buckle und Hegel zurück, die den Kampf um die Beherrschung der Natur als Kennzeichen der frühen Entwicklungsstufen der Zivilisation betrachtet hatten; später würde ein größerer Teil, wenn nicht die Gesamtheit der menschlichen Anstrengungen darauf gerichtet sein, die eigenen Kräfte zu vervollkommnen. Und nun erklärten Bookchin und andere, die westliche Geschichte sei »kein linearer Fortschritt von einer Stufe auf die nächste« und kein »ungestörter Aufstieg zu immer größerer Beherrschung« der Natur gewesen. Im Gegenteil, die »Prähistorie mag vor dem Auftauchen der patriarchalen Kriegergesellschaften Alternativen zugelassen haben ..., die als eine zuträglichere gesellschaftliche Entwicklung angesehen werden können als jene, die unsere eigene Geschichte geformt hat«.[50]

In den Augen des Ökologen ist die Zivilisation eher ein gewollter und weniger ein notwendiger Kampf gegen die Natur. Ein anderer Anhänger Haeckels, Spengler, hatte geschrieben, die Zivilisation folge »dem Leben als der Tod« und »dem Lande und der seelischen Kindheit ... als das geistige Greisentum und die steinerne, versteinerte Weltstadt«.[51] Auch dies ging in den Kanon der Ökologie ein. Die entfernten Vorfahren des modernen Menschen hatten in einer »organischen Beziehung zur Natur« gestanden, die durch die Zivilisation zerbrochen worden sei. Der moderne Mensch ist ein Spätling, dessen zivilisierter Blüte die Vitalität fehlt. So wie Kolumbus' Entdeckung der neuen Welt für Spengler die Geburt des faustischen Willens nach Ausdehnung symbolisierte, so markiert sein Eindringen in die Welt der nordamerikanischen Völker für die Ökologen den Beginn der westlichen Geschichte der Plünderung des Planeten. Der weiße Mensch ist demnach ein unerwünschter Störenfried, und was er stört ist der Frieden des Paradieses.

In Kirkpatrick Sales Kolumbus-Buch *Das verlorene Paradies* (1990) bleibt dieser Bezug zu Spengler unerwähnt, obwohl Kolumbus ausdrücklich als faustischer Mensch charakterisiert wird. Immerhin begründete er »das Erbe der europäischen Zivilisation in der amerikanischen Welt; diese Zivilisation beherrschte unsere Kultur fünf Jahrhunderte lang, und ihre Auswirkungen stellen heute unser Überleben in Frage«. 1492 habe insofern der durch Erniedrigung und Ausbeutung erreichte europäische Siegeszug über die Natur begonnen. Das präkolumbianische Amerika sei zum »größten Schlachtfeld aller Zeiten« geworden, auf dem weniger der Krieg zwischen Europäern und Indianern tobte als vielmehr der zwischen Mensch und Natur. In den Händen der Europäer hätten sich die Produkte der Erde – Gold, Silber, Zucker, Holz, Tabak, Baumwolle – in Handelsgüter verwandelt. Die Ausbreitung des Westens habe sich zu einer einzigen langen Umweltkatastrophe entwickelt. »Der Sieg über die Natur war das Fundament Amerikas«, konstatiert Sale. Und sein Nutznießer sei die europäische Zivilisation, deren überseeische Reiche die Europäer in die Lage versetzt hätten, sich zu vermehren, zu bereichern und die Erde zu beherrschen »wie keine andere Art zuvor«. In Sales Beschreibung sind sie jedoch keine Naturhasser, sondern vom Leben abgeschnittene Wesen. Die von ihnen unterworfenen Völker andererseits besäßen eine höhere kulturelle Vitalität, und zwar nicht nur in ihren künstlerischen Äußerungen, sondern auch in Gestalt der sozialen und moralischen Institutionen.[52]

Das ist eine erstaunliche Wende des Kulturpessimismus, aber typisch für die Ansichten der radikalen Ökologen: Der Hauptvorzug des primitiven Menschen besteht nicht mehr in seiner Ursprünglichkeit und Vitalität, sondern in Verfeinerung und Fortschrittlichkeit – zumindest im Umgang mit der Erde. Sales Indianer entsprechen diesem Stereotyp: Sie sind gutgenährt, gesellschaftlich und geschlechtlich gleichberechtigt und besitzen ausgezeichnete Ackerbaumethoden, ein hervorragendes medizinisches Wissen und sogar Technologien, die den europäischen überlegen sind. Wenn es einmal zum Krieg kommt, ist er gemäßigt und kurz. Die von Sale dargestellten amerikanischen Ureinwohner sind wirklich edle Wilde: Sie besitzen sogar die

Voraussicht, sparsam mit Energie umzugehen. Vor allem aber wird ihr Leben von einer Religion bestimmt, die Harmonie mit der Natur und der Biosphäre vorschreibt und keine destruktiven Ideen wie die des Fortschritts oder auch nur der Verbesserung enthält. Damit sind sie die wahren Antipoden der barbarischen, dreckigen, stinkenden, gewalttätigen, heuchlerischen weißen Neuankömmlinge, die aus einer Kultur kommen, »die die Erde nicht für lebendig und die Biber nicht für Brüder hält«.[53]

Den Gedanken, daß die Zivilisation eine Folgeerscheinung oder unvermeidliche Transformation einer früheren primitiven Kultur sein könnte, weist Sale wie Bookchin zurück. Die primitive Gesellschaft besitze eine *Kultur*, die keine inhaltlichen Anknüpfungspunkte zur *Zivilisation* aufweise und daher nicht von deren künstlichen Werten vergiftet werden könne. Mehr noch, jeder Instinkt, der einen solchen destruktiven Impuls hervorrufen könnte, werde von einer Spiritualität abgewehrt, die wiederum nicht anthropo-, sondern biozentrisch sei, das heißt den Menschen als das unbedeutende Geschöpf betrachte, das er in Wirklichkeit ist. Radikale Umweltschützer erklären die Idee eines humanen Fortschritts und des Menschen als gesellschaftlichem Wesen – als Individuum mit bestimmten Bedürfnissen physischer, moralischer und kultureller Art, die in Zusammenarbeit mit anderen erfüllt werden müssen – nicht einfach nur für hinfällig. Das hatte der Kulturpessimismus bereits getan, wie ein Blick auf Nietzsche, Sartre und schon Rousseau verdeutlicht.

Die radikalen Umweltschützer gehen weiter. Sie behaupten, daß es, selbst wenn die Menschen diese Bedürfnisse haben sollten, *keine Rolle spiele*. Der Tiefenökologie zufolge sind die »lebenswichtigen materiellen Bedürfnisse des Menschen« in Wirklichkeit viel geringer, als die »technokratische Industriegesellschaft« glauben machen will. Wir könnten alle ohne Schwierigkeiten weniger essen, trinken, tun – und vermutlich auch weniger denken und wünschen. Für Bookchin verkörpert der Bienenstock die ideale Gemeinschaft, in der das Individuum völlig im Leben des organischen Ganzen aufgeht. Statt dessen werde der Mensch auf die Beziehung zu einer nichthumanen Natur festgelegt. Und da die Eigenschaften, die für ein zivilisiertes Leben befähigen – Achtung des Privateigentums, in kommerziellem Tausch ausgedrücktes rationales Eigeninteresse, Verlangen nach kulturellen Aktivitäten als Ventile der Leidenschaften –, den Menschen auf die niedrigste Stufe von Commoners sich schließendem Kreis setzten, müßten sie unterdrückt werden, wie es in den »organischen Gesellschaften« der primitiven Völker der Fall zu sein scheint, in denen Handeln eine Sünde und Anmaßung etwas Böses sei.[54]

Wenn die Ökologen dazu neigen, den Hopi-Indianern, den Penan auf Borneo oder den Kung-San-Buschmännern mehr Interesse entgegenzubringen als den großen nichtwestlichen Zivilisationen, welche die früheren Orientalisten und afrozentrischen Denker faszinierten, dann liegt das daran, daß diese Überlebenden der Steinzeit als Alternative zum »Zivilisationskomplex« verstanden werden. Völker wie die Chinesen, die Zulu, die Azteken und die Maya haben allesamt den schicksalhaften Schritt hinein in den zivilisatorischen Kreislauf der Selbstzerstörung getan. In gewisser Hinsicht haben sie die Erniedrigung, die sie durch die Weißen erlitten, selbst provoziert. Dagegen haben sich die Eingeborenenvölker in den Regenwäldern und Savannen ihre primitive Unschuld bewahrt. Damit dienen sie einem bedeutenden politischen Zweck: als Modelle der technikfeindlichen, wachstumslosen Gesellschaft der Zukunft. »Der Weg zu ökologischer Bescheidenheit ist keine Utopie«, erklärt der radikale Aktivist Chris Manes, »sie wird in dieser Minute rund um die Welt von Millionen von Stammesmenschen gelebt.«[55]

Laut Stanley Diamond ist die »Sehnsucht nach einer primitiven Daseinsform« nicht auf Umweltschützer und romantische Ökotouristen beschränkt, denn »sie stimmt überein mit grundlegenden menschlichen Bedürfnissen«. Die Zivilisation sei aus dem Gleichgewicht geraten, »die Technik oder die Ideologie oder die Gesellschaftsordnung sind immer ungleichzeitig zueinander – und genau das ist es, was das System auf seiner vorgezeichneten Bahn vorwärtstreibt. Unser Gefühl der Bewegung, der *Unvollständigkeit*, trägt zur Idee des Fortschritts bei.« Daher, stellt Diamond fest, »gehört die Idee des Fortschritts wesensmäßig zur Zivilisation«.[56]

Aus diesen Ideen zog Jerry Mander in seinem Buch *In the Absence of the Sacred* (1991) die Schlußfolgerung, das Stammesleben sei nicht das Ergebnis von Ignoranz, sondern einer bewußten Entscheidung gegen Technik, Wissenschaft und ihre kulturellen Voraussetzungen, also Produktivität, Arbeitsethos und Unterdrückung der Natur. Mit anderen Worten, es ist nicht so, daß die Irokesen oder Uruburu keine Flughäfen oder Atomreaktoren bauen können, sie haben sich vielmehr dafür entschieden, es *nicht* zu tun. Manders zufriedene, anspruchslose amerikanische Eingeborene, die »mit Leichtigkeit auf dem Planeten leben« und auf der Grundlage einer »älteren, alternativen, naturbezogenen Philosophie« die Großzügigkeit der Natur teilen, weisen den Weg in die Zukunft des Menschen: »Die eingeborenen Gesellschaften, nicht unsere eigene, halten den Schlüssel zum Überleben in der Hand.«[57]

Sogar für Rousseau war die primitive Harmonie mit der Natur nur ein Traum gewesen, bestenfalls ein Ideal. Doch die ökologischen Kulturpessimisten versichern nun, die Prozesse der zivilisierten Gesellschaft würden aufgrund des selbstzerstörerischen Charakters der Technik und der unvermeidbaren Rückkehr zu primitiven Bedingungen selbst dafür sorgen, daß sie kein Traum bleibt. Der Schriftsteller Edward Abbey sagte 1980 in *Good News* voraus, der »militärisch-industrielle Staat« werde »innerhalb von fünfzig Jahren von der Erdoberfläche verschwinden«, was den »Triumph von Liebe, Leben und Rebellion« zur Folge haben werde. Mit dem 1975 erschienenen Roman *The Monkey Wrench Gang*, in dem eine Gruppe von Umweltschützern den Bau einer Autobahn durch die Wildnis verhindert, indem sie Lastkraftwagen, Bulldozer und andere Ausrüstungsgegenstände beschädigt, trug Abbey nicht unwesentlich zur Entstehung der Bewegung *Earth First!* bei. Die Schraubenschlüssler *(monkeywrenchers)* ahmten bewußt die Guerillamethoden des Vietcong nach, bis hin zum Feuerschutz, um der Gefangennahme zu entkommen. Abbey tat keine Abbitte, als *Earth First!* seine Botschaft in die direkte Aktion umsetzte. Im Gegenteil verfaßte er sogar ihr offizielles Handbuch der ökologischen Sabotage, *Eco-Defense*. In einem tieferen Sinn könnte man ihn als intellektuellen Zwilling des Unabombers bezeichnen. Was Abbey in seinen Romanen phantasierte, übersetzte der Unabomber in Taten. Abbey forderte eine radikale Abkehr von dem, was er »Syphilisierung« nannte. Das Bild, das er von der modernen Gesellschaft entwirft, handelt von Leblosigkeit und Tod. In Manhattan erlebte er im Jahr 1956 »kalte, frostige, grabähnliche Größe: ein furchterregender und unmenschlicher Anblick, mehr wie der eines Todestals oder einer Schädelschlucht als der von menschlichen Wohnungen«. Daraus zog er den Schluß: »... unsere Zivilisation ist offenbar in die Tiberianische Phase eingetreten – die barbarische Masse im Osten [die Sowjetunion und China] wartet bloß darauf.«[58]

Wie Kapitän Nemo spürte Abbey die vitale Kraft der organischen Natur, die durch die Anwesenheit des Menschen gestört und verletzt wird. Seiner Verbindungen zur Tradition des Kulturpessimismus war er sich im übrigen durchaus bewußt: »Heidegger in seiner Alpenhütte. Zarathustra in seiner Höhle. Nietzsche allein in seinem Wahnsinn.« Den sentimentalen humanitären Anspruch anderer Ökologen lehnte er ab – »man kann die menschliche Natur nicht ändern, ohne die menschlichen Wesen zu demütigen« –, und den Wohlfahrtsstaat schmähte er mit einem Wortspiel – *welfare* (Wohlfahrt) / *warfare* (Kriegführung) – als »Kriegführungsstaat«. Auch Phantasien über einen Gegenschlag gingen ihm durch den Kopf. Als er 1959 den Glen Canyon besuchte, der wenig später von einem Stausee überschwemmt werden sollte, überlegte er: »Wieviel Dynamit, fragten wir uns laut, wäre nötig, um den Damm zu zerstören? Wie erfreulich und gerecht, stellten wir uns vor, wenn wir unser Dynamit so im Kabelsystem des Damms untergebracht hätten, daß es, wenn der Präsident oder der Innenminister und der Gouverneur zusammen mit einem Schwarm von Untergebenen, der Presse und Horden von Touristen da wären, der weiße fette Finger des höchsten hohen Tiers wäre, der den kleinen schwarzen Knopf drückte ..., der den Chef selbst, seine Gäste, die Touristen, die Brücke und den Glen-Canyon-Damm in die Luft jagen würde.«[59]

Kurz vor seinem Tod schrieb Abbey eine an Volney erinnernde Vision einer neuen postmodernen Zivilisation nieder, die sich aus den Trümmern der alten erheben werde. Bestehen würde sie aus »verstreuten Menschengruppen von bescheidener Größe, die von Fischfang, Jagd, dem Sammeln von Eßbarem sowie von Getreideanbau und Tierzucht von geringen Ausmaßen leben« und »sich alljährlich in den Ruinen der Großstädte zu Festspielen der moralischen, spirituellen, künstlerischen und intellektuellen Erneuerung zusammenfinden«.[60] Zuvor hatte vermutlich eine nicht genannte Katastrophe den übervollen Planeten entvölkert, um dieses arkadische Paradies zu ermöglichen. Doch für den Kulturpessimisten ist die Katastrophe, insbesondere die selbst herbeigeführte, nichts Schlechtes. Denn paradoxerweise eröffnet sie gemäß der apokalyptischen Tradition des Pessimismus eine neue Chance – und damit die Zukunft.

Grüne Universalgeschichten

Der ökologische Pessimismus konfrontiert uns mit einer gegen die Zivilisation gerichteten Universalgeschichte. Jeremy Rifkins *Imperium der Rinder* (1992) ist eine solche, nur daß sie den

Verlauf umkehrt. Nicht die Ackerbaugesellschaften hätten die älteren nomadischen Kulturen verdrängt und durch ihre Gier nach Ackerland das Schicksal des Planeten besiegelt – sie hätten vielmehr friedlich als vegetarische Gemeinschaft gelebt und das Leben verehrt, nicht es genommen. Der Eindringling, der diesen Garten Eden betrat, war Rifkin zufolge der nomadische Rinderhirte mit seinen wandernden Herden. Auf die »Technologie« des Pferdes gestützt, habe er der Rinder wegen seine Nachbarn geplündert; die Erde sei ihm offengestanden, sei sein »Reich der Freiheit« gewesen: »Die Geschichte des Westens liest sich streckenweise wie der Bericht eines fortgesetzten Kampfes zwischen Hirtenkulturen und Ackerbaugesellschaften«, der zugunsten der letzteren ausging.[61]

Als um 4400 v. Chr. Invasoren aus den zentralasiatischen Steppen »in Richtung Europa, Indien und Persion ausschwärmten«, hätten sie dem Land, das sie eroberten, ihren Stempel aufgedrückt. In »hohem Maße mobil, kriegerisch und auf territoriale Ausdehnung bedacht«, seien sie die »mächtigen Eroberer, die gefürchteten Reiterstämme« gewesen. Außerdem seien sie prototypische Kapitalisten gewesen, die das Land als etwas ansahen, »das es zu erobern, zu besitzen und auszubeuten galt«.[62] Und wer waren diese Nomaden? Die Indoeuropäer: Germanen, Römer, Griechen, Hindu-Brahminen und Perser – kurz, Gobineaus Arier. So erschien der arische Krieger noch einmal auf der Bühne, diesmal nicht als Verfechter der *Kultur*, sondern in der ungewohnten Rolle des Vorreiters der *Zivilisation*.

In Rifkins Geschichte schufen diese rinderzüchtenden arischen Eroberer die »ökonomischen Voraussetzungen für den modernen Kapitalismus und das Kolonialzeitalter«. Sie bereiteten den Boden »für ein völlig neues Wirtschaftssystem ..., das auf skrupelloser Besitzaneignung gründete und später durch das nackte Eigeninteresse legitimiert wurde«. Von Attila über die spanischen Konquistadoren bis zu der Rindfleisch verzehrenden Kultur des kommerziell geprägten England des 18. Jahrhunderts seien Tierhaltung und militärische Tapferkeit als kulturelles Erbe weitergegeben worden, was schließlich zur westlichen Herrschaft über den Erdball geführt habe. Wie eine Fleischpest hätten sich Rinderherden über die gesamte eurasische Landmasse und die beiden Amerikas ausgebreitet. Sogar die Fleischfabriken des 19. Jahrhunderts finden als Vorläufer des »profitorientierten, utilitaristischen Systems« des modernen industriellen »Rinderkomplexes« ihren Platz in der Weltgeschichte. Heute, so klagt Rifkin, stehen die Menschen »in allen Großstädten der Welt Schlange bei McDonald's, und der utilitaristische Geist erstickt alle Bedenken, die sie angesichts des Faustschen Handels, auf den sie sich einlassen, vielleicht beschleichen könnten«. Und er zitiert einen japanischen McDonald's-Manager mit den Worten: »Wenn wir tausend Jahre Hamburger essen, werden wir blond. Und wenn wir blond sind, können wir die Welt erobern.«[63]

Den Preis würden der Mensch und die Erde zahlen – in Form von Entwaldung, globaler Erwärmung, eines hohen Cholesterinanteils bei gleichzeitigen großen Hungersnöten, ganz zu schweigen von der Verherrlichung der Gewalttätigkeit der Rinderhirten, womit Rifkins Rinderimperium übergeht in die Grenzlandvisionen eines Gary Nash oder Richard Slotkin. Kurz gesagt, die technischen Leistungen des Westens erweisen sich als Funktionen einer verdorbenen Kultur, und nicht umgekehrt, wie bei älteren Kulturpessimisten, etwa Nietzsche und Marcuse. Dies ermöglicht es dem Ökopessimisten, die kulturellen Bemühungen nicht nur des Westens, sondern der gesamten Gattung für hinfällig zu erklären. Genau das hat Albert Gore in *Wege zum Gleichgewicht* getan.

Wie Senator Mitchells *World in Fire* verdeutlicht auch Gores Buch, daß die Thesen des Umweltpessimismus sowohl in spätliberaler als auch in radikalerer Form inzwischen weit verbreitet sind. Darüber hinaus hat Gores Schrift philosophische Ansprüche: Sie behandelt ebensosehr die Natur und die Ursprünge der westlichen Kultur wie die Umwelt. Obwohl nur Benjamin und Merleau-Ponty namentlich erwähnt werden,[64] ist die Gegenwart von Nietzsche, Heidegger, Fromm, Adorno und Sartre deutlich zu spüren. Ihrer pessimistischen Sicht der westlichen Kultur fügt Gore seine eigene hinzu, der zufolge nicht nur der westliche Mensch, sondern der Mensch als rationales Wesen überhaupt schuldig ist: *Auf jeder Entwicklungsstufe* würden seine Triebkräfte als soziales Geschöpf und Kulturträger die Selbstzerstörung garantieren. In diesem langwierigen Rückzug führe die Furcht vor dem Untergang des Westens unvermeidlich zur Abkehr von dem Prozeß, den einst die Idee der Zivilisation ausdrückte.

Gore spricht ständig von der Zivilisation, die für ihn im Grunde identisch ist mit der Technologie. Der Zivilisationsprozeß bewirke die zunehmende Entfremdung der Menschen von ihrer natürlichen Umwelt bis hin zum verzweifelten Zustand der Gegenwart: »In ihrer heutigen Form kollidiert die moderne industrielle Zivilisation aufs heftigste mit dem Ökosystem unseres Planeten.« Ihre enorme technologische Macht habe einen »atemberaubenden« gewalttätigen Angriff auf die Erde und ihre Ressourcen ausgelöst. Die alten Fundamente, auf denen der Aufstieg der modernen Zivilisation vonstatten gegangen sei, hätten sich als hohl erwiesen, und die Zerstörung alles Lebendigen könne nur durch einen Wertewandel verhindert werden.[65]

So weit, so bekannt. Doch Gores moderne Zivilisation ist auch die von Nietzsche. Sie verfälsche und zerstöre den menschlichen Geist und das Gefühl für die Heiligkeit der Welt, die uns umgebe. Sie sei hohl. Das Streben nach Glück und Bequemlichkeit steht laut Gore »an oberster Stelle, und der Konsum eines endlosen Stromes glitzernder neuer Produkte« gelte als Erfüllung dieses Strebens. Dies sei »so verführerisch, daß wir sogar mit Erleichterung bereit sind zu vergessen, was wir wirklich empfinden, und die Suche nach echtem Sinn und wahrer Bedeutung in unserem Leben aufgeben«. Die gesamte Zivilisation sei im Heidegger-Sartreschen Sinn unecht, in der »wütenden Zerstörung der natürlichen Welt« und der »Besessenheit von falschem Ersatz für die unmittelbare Erfahrung des wirklichen Lebens« befangen. Wie bei Bookchin sind die modernen Geschlechterrollen eine Folge der Naturferne des westlichen Menschen. Gore vergleicht den modernen Westen sogar mit einer dysfunktionalen Familie, deren verzogene Kinder – wir selbst – sich nicht von ihren falschen Gratifikationen zu trennen vermögen: »Die Lebensmittel in den Regalen des Supermarkts, das Wasser, das zu Hause aus dem Hahn fließt, Wohnung und Auskommen, Kleidung und sinnvolle Arbeit, unsere Konversation, sogar unsere Identität – sie alle werden von unserer Zivilisation bereitgestellt, und wir wagen nicht einmal daran zu denken, uns von ihr zu emanzipieren.« Dysfunktional oder krank – der Nietzscheanische Anklang ist nicht zu überhören. Die Moralität der dysfunktionalen Familie – »die ungeschriebenen Gesetze, die unser Verhältnis zur Umwelt bestimmen« – sei seit Descartes und der wissenschaftlichen Revolution seiner Zeit »von einer Generation zur nächsten weitergegeben« worden. Die wahren Ursprünge gingen aber noch weiter zurück: auf Platon und die antiken Griechen, deren fatales rationales Erbe die westliche Metaphysik und Wissenschaft geprägt habe.[66]

Von Platons Beispiel angeregt, wies der moderne Mensch laut Gore »mit Entschiedenheit aufwärts – weg von der Natur, weg von der Erde«. Mit dieser Selbstvergessenheit des Seins, wie Heidegger es ausgedrückt hätte, habe sich eine »fundamentale Verschiebung im westlichen Denken« vollzogen, »die in einem ganz realen Sinne den Beginn moderner Geschichte kennzeichnet«. Indem sie dem Menschen in zunehmendem Maße die Herrschaft über Natur und Materie ermöglicht habe, zerstörte die spirituell tote Zivilisation, wie Gore in Bergsonschem Tonfall schreibt, die »unmittelbare Erfahrung der Lebendigkeit und Intensität der Reste an Natur« und trennte den

Geist vom Körper und die einzelnen Individuen voneinander, so daß der westliche Mensch geworden sei, wofür Descartes ihn gehalten hatte: ein »Geist in der Maschine«.[67] Um die geistige Leere zu kompensieren, beginne der Mensch einen wütenden Angriff auf die Erde. Dies erinnert an die Darstellung des Antisemitismus in Adornos und Horkheimers *Dialektik der Aufklärung*, der zufolge der Starke die Entwicklung seiner Kraft mit der »angespannten Distanzierung zur Natur« bezahlen muß und Erleichterung nur in der Opferung der Schwachen findet, in diesem Fall der Natur selbst.[68] Die Luftverschmutzung, die globale Erwärmung und das Ozonloch seien die schrecklichen Folgen.

Auch in Gores Buch macht sich ein altmodischer romantischer Vitalismus bemerkbar, allerdings in spezifisch ökologischer Aufmachung: in Gestalt der sogenannten Gaia-These, die den Autor offensichtlich tief beeindruckt hat. Nach dieser auf James Lovelock zurückgehenden Theorie ist der Planet Erde im Wortsinne lebendig; die Biosphäre bildet einen zusammenhängenden Organismus mit eigenem Lebensprinzip und Selbstregulierungsmechanismen, die seine Ökologie ausmachen. Die vereinigte und vereinigende Lebenskraft der Erde habe es schon dreieinhalb Milliarden Jahre vor der Entstehung des Menschen gegeben, und angesichts der ungeheuerlichen Erfolge der Menschheit bei der »Verunreinigung und Bedrohung des gesamten Lebens auf dem Planeten« sieht sich der Gaia-Theoretiker zu der Frage gedrängt: »Hat der Mensch einen Platz auf dem Planeten?« Nach gründlicher Überlegung bejaht Lovelock diese Frage. Aber der Mensch sei ein Nachkömmling, ein später Eindringling wie Sales Kolumbus, dessen Zweck in Gaias Leben ungewiß sei, das wachse und gedeihe, ohne sich viel um ihn zu scheren: »Jede Art, die nachteilig auf die Umwelt einwirkt, ist zum Untergang verurteilt, aber das Leben geht weiter.«[69]

Für Gore bot die Vision der vitalistischen Gaia eine »spirituelle Antwort« auf die Frage nach der tieferen Bedeutung des Umweltkreuzzuges. Sie führte ihn zu einem an Haeckel erinnernden Pantheismus: »Durch die Erfahrung der Fülle der Natur mit unseren Sinnen und mit unserer spirituellen Vorstellungskraft können wir ein unendliches Bild Gottes erblicken ...« In allen Weltreligionen sei diese vitalistische Wahrheit enthalten, außer, versteht sich, im Christentum. Ansonsten verweist Gore in der Regel auf die Religion als Quelle der wahren Einsicht in die vitalistische Natur, nicht auf die Wissenschaft. Sogar die alte Festung des Vitalismus, die Kultur im emphatischen Sinn, versagt in dieser Hinsicht; mehr noch, die Kultur entpuppt sich als größter Feind der Natur. Gores Vitalismus ist wie der Haeckels vollkommen biologisch. *Alle* Kultur, nicht nur die westliche Zivilisation, sondern sogar Rousseaus edler Wilder, stehe der natürlichen Ordnung mehr oder weniger feindlich gegenüber. In Gores ökologischer Anthropologie beginnt der kulturelle Aufstieg des Menschen mit der Herstellung symbolischer Verkörperungen der Welt in Mythen, Höhlenzeichnungen und Steinwerkzeugen, mit deren Hilfe er lerne, »die Welt zu manipulieren«. Kultur sei Naturbeherrschung, ganz gleich, ob wir eine Pfeilspitze anfertigen oder zum Mond fliegen würden: »Wann immer eine Technologie verwendet wird, um unsere Erfahrung von der Welt zu vermitteln, gewinnen wir Macht, aber wir verlieren dabei auch etwas« – die Unmittelbarkeit des Seins.[70]

Die moderne Technik sei nur die extreme Ausformung der Kultur, ihrer primitivsten, eigentümlichsten Tendenz, die Umwelt zu beherrschen. Darin stimmt Gore mit der radikalen Vision des *Self-Made Man* (1993) des britischen Zoologen Jonathan Kingdon überein, der zufolge die gesamte biologische Evolution des Menschen von seiner »Lust auf neue Werkzeuge« und Techniken vorangetrieben wurde. Seit er sich von den Primaten abgespalten hatte, ist der Homo sapiens, wie Kingdon traurig feststellt, eine faustische Natur. Ob als Buschmann der Steinzeit, urzeitlicher Korbflechter oder robbenjagender Eskimo, er sei immer der geborene Zerstörer der Umwelt, dessen unersättlicher Drang nach Veränderung der Natur im postmodernen Zeitalter die Gefahr der Selbstauslöschung mit sich gebracht habe. Gore zieht denselben Schluß: An der Gefährdung des Planeten sei nicht allein die westliche Zivilisation schuld, sondern die Kultur überhaupt.[71] Mit der Aussage, die Menschheit sei von Anfang an zum Untergang verurteilt gewesen, treibt Gore den Kulturpessimismus auf die Spitze. Die Weltgeschichte besteht ihm zufolge aus dem Kampf zwischen Mensch und Natur, doch heute bestimme nicht mehr der Mensch, sondern die Natur das Tempo. Sie – und nicht irgendeine menschliche Tugend – gilt nun als treibende Kraft des Zusammenbruchs vergangener und gegenwärtiger Zivilisationen.

Historiker von Klima und Geographie haben diese These in jüngster Zeit wieder aufgegriffen. In seinem 1987 erschienenen Buch *The First Eden* spekuliert der Ökobiologe David Attenborough, die wirkliche Ursache des Untergangs des Römischen Reichs sei nicht moralischer oder politischer Natur gewesen, sondern die Entwaldung. Gore führte als Parabel auf die moderne Zeit das Schicksal der Maya an: einer hochentwickelten, urbanisierten Kultur mit mathematischen und astronomischen Kenntnissen, deren landwirtschaftliche Revolution im 11. Jahrhundert einer globalen Erwärmung zum Opfer fiel, die das Klima veränderte und den Boden erodieren ließ. Derselbe Klimawechsel, so mutmaßt Gore, könnte auch die Eispfropfen in den skandinavischen Fjorden abgeschmolzen und den Wikingern damit die Gelegenheit eröffnet haben, nach Island und Nordamerika zu gelangen. Die Wikinger, die germanischen Eroberungen, der Aufstieg Ägyptens sowie der Untergang der mykenischen Kultur und des Römischen Reichs: die großen weltgeschichtlichen Umbrüche der romantischen Geschichtsschreibung konnten, wie es scheint, allesamt nur mit Gaias Erlaubnis geschehen – und bei günstigem Wetter. Auch einen aufschlußreichen Blick auf die indoeuropäischen Völker gewährt uns diese grüne Universalgeschichte: Nicht innere Vitalität oder rassische Unruhe sei der Grund für ihre große Wanderung gewesen, sondern eine lang anhaltende Dürre in der zentralasiatischen Steppe.[72]

Das Ende des Menschen

Damit war das Wechselspiel von Herausforderung und Antwort – um Toynbees Begriffspaar zu benutzen – von innen nach außen gekehrt. Ob man die rücksichtslose Abholzung bei den Römern, den Mißbrauch des Flußsystems im alten China oder die Zerstörung des Regenwaldes heute betrachtet: immer ist es die menschliche Gesellschaft, welche die Natur vor eine Herausforderung stellt, und der *élan vital* der Natur, der die Antwort gibt. Überschwemmungen, Taifune, die globale Erwärmung – Gaia schlägt zurück. Foucaults Metapher vom Ende des Menschen als einem Gesicht, das im Sand des Strandes verschwindet, scheint in den Bereich des Realen zu rücken.

Die Tiefenökologie hat den Gedanken, der Mensch könne höhere Rechte besitzen als alle anderen auf der Erde lebenden Arten, ausdrücklich abgelehnt. Da die Zivilisation auf diesem Gedanken fuße, verletze der Mensch ständig die Rechte der Erde. »Seit Tausenden von Jahren ist die westliche Zivilisation in zunehmendem Maß von der Idee der *Herrschaft* besessen«, stellen die Autoren William Devall und George Sessions fest – der Herrschaft der Reichen über die Armen, der Männer über die Frauen, des Westens über nichtwestliche Kulturen und des Menschen über die Natur. Die Tiefenökologie versuche diese Illusion der Herrschaft aufzulösen und das Bewußtsein von »Ganzheiten, die mehr sind als die Summe ihrer Teile«, an ihre Stelle zu setzen, einschließlich der Ganzheit der Erde. Thoreau zitierend und unwissentlich an Foucault anknüpfend, versichern sie, die Welt sei »kein Ort für die Anbetung des Menschen«.[73]

Die Prinzipien der Tiefenökologie weisen auf Haeckel zurück. Zwischen der menschlichen und der nichtmenschlichen Hälfte des Lebens gebe es keine grundsätzlichen Unterschiede. In biozentrischer Gleichheit seien »alle Organismen und alles Sein in der Ökosphäre ... als Teile des zusammenhängenden Ganzen gleich an innerem Wert«. Menschen, Affen, Wale, Schildkröten, Bienen und Insekten bilden eine einzige Ökogemeinschaft. Das Gleichgewicht zwischen menschlicher und nichtmenschlicher Lebenswelt hat sich laut Arne Naess »lange zugunsten des Menschen geneigt. Jetzt müssen wir es zurückverlagern, um die Umwelt anderer Arten zu schützen.«

Die Idee, der Mensch solle seine Ansprüche auf den Planeten aufgeben, begeisterte die Gründer von *Earth First!* »Es reicht nicht, die vorhandenen 10% der Wildnis zu erhalten«, verkündete David Foreman, der Herausgeber der Zeitung von *Earth First!*, auf einer Ökologiekonferenz. »Es ist an der Zeit, sie wiederherzustellen, sie zurückzunehmen.« Er verlangte sogar nach einer Art neogobinianischer Elite, »einer Kriegergesellschaft, die sich von der Erde erhebt und sich dem Moloch der Zerstörung entgegenwirft«, der den Planeten seit Urzeiten verunstalte. Wie ihre Mitstreiter in der radikalen Tierschutzbewegung betrachtet *Earth First!* die Vertreibung der Menschen aus Wildnisgebieten als ein im Grunde moralisches Anliegen. Der Radikalökologe Bill Devall hat das Fällen von Bäumen sogar mit der Verschleppung von Juden nach Auschwitz verglichen. Traditionellen Umweltschutzgruppen wird vorgeworfen, sie machten sich mit ihrem »Ökohumanismus«, der eine der »letzten bläkenden Kerzen der Aufklärung« sei, zu Komplizen solcher kriminellen Praktiken.[74]

Akte des zivilen Ungehorsams – ökologische Sabotage wie die Befreiung von Versuchstieren aus Laboren – werden so zu »Widerstandspunkten«, die zusammen »zur Dekonstruktion der Werte« führen, »die von der Zivilisation bevorzugt werden«, etwa der des Fortschritts. Radikale Vertreter von *Earth First!* wie Christopher Manes stellen ihr Programm explizit neben Foucaults Dezentrierung des westlichen Humanismus. Auch ihrer Langzeitwirkung sind sie sich bewußt. »Ich denke«, sagte David Foreman, »daß es die Aufgabe einer Avantgardegruppe ist, Ideen zu verbreiten, die anfangs als absurd oder lächerlich abgetan werden, am Ende aber in den Hauptstrom einsickern und im Lauf der Zeit zunehmend akzeptiert werden.« Ein Beispiel ist die Gaia-These, die von Radikalen inzwischen als zu menschenfreundlich abgelehnt wird.[75]

Bei friedlicheren Naturen wie Murray Bookchin, der *Earth First!* bezichtigt hat, in »Ökofaschismus« abzugleiten, hat dieser Extremismus Unwillen hervorgerufen.[76] Auf der anderen Seite haben die deutschen Grünen Gewalt gegen Sachen – etwa wenn Tierschutzgruppen Pelzmäntel mit Farbbeuteln bewerfen – als Ausdruck zivilen Ungehorsams gebilligt. 1990 haben Aktivisten von *Earth First!*, als Teil ihres »Schraubenschlüssel«-Protests gegen den Tag der Erde – das Symbol des Ökohumanismus – in Kalifornien Strommasten niedergerissen und die Stromversorgung von hundertvierzigtausend Menschen unterbrochen. Andere Aktivisten schlugen einen Guerillakrieg gegen Holzfäller vor. Die Huldigung der Gewalt ist bei politischen Bewegungen, die auf dem Kulturpessimus fußen, nichts Neues; man denke nur an die deutschen Nietzscheaner und an Frantz Fanon. Aber die Ökopessimisten von *Earth First!* sind weit von den bekannten kulturellen oder rassischen Kategorisierungen abgekommen. Der Mensch ist für sie das einzige Geschöpf, das *nicht* auf dem Planeten verwurzelt ist. Am Ende lebt er, mit Jerry Manders Worten, »leicht auf dem Land«, weil er als biologische Art ein ungewollter Nachzügler ist. Manche glauben sogar, seine anormale Anwesenheit habe die normale biologische Evolution der Arten zum Stillstand gebracht.

Der Mensch ist also letztlich ein Fremder, »traditionslos«, ein »Tatsachenmensch, irreligiös, intelligent, unfruchtbar« – so beschrieb Spengler den degenerierten Bewohner der Weltstädte.[77] Der Homo sapiens, wie ihn die Tiefenökologen sehen, ähnelt Werner Sombarts Händler: Er ist ein Parasit, dessen Existenz sich in der Verwüstung des Planeten äußert. Und Gaias Antwort auf diese Herausforderung? »Man spricht vom Tod der Natur«, meint Mike Roselle von *Earth First!*, »und es ist wahr, aber die Natur wird in der Lage sein, sich zu regenerieren, sobald das obere Ende der Nahrungskette abgeschnitten wird – nämlich wir.«[78] Seine Mitkämpferin Judi Bari zog den Schluß: »Ich glaube, die Erde wird sich erheben und uns abwerfen ... Da es der Erde nicht mehr gelingt, sie auszuhalten, wird diese Art von Leben ihren Zusammenbruch verursachen. Ich bin sicher, das Leben wird das überstehen, aber ich weiß nicht«, fügte sie hinzu, »ob das auch für die Menschen zutrifft. Ich weiß auch nicht, ob wir das verdient haben.«[79]

Manche Radikale haben ernstlich behauptet, die Menschheit sei ein Biosphärenvirus, der einen Gegenvirus erforderlich mache, und AIDS sei dieser Gegenvirus. Christopher Manes hat AIDS 1987 als die »notwendige Lösung« bezeichnet, um die Zerstörung des Planeten zu stoppen. »Um Voltaire zu paraphrasieren«, sagte er, »wenn es die AIDS-Epidemie nicht gäbe, müßte man sie erfinden.«[80] In einem Bestseller aus jüngster Zeit, der durchaus keine extremistische Propagandaschrift ist, wird angedeutet, supergefährliche Viren wie Ebola oder Marburg seien Teil der Reaktion der Biosphäre auf den menschlichen Parasiten und die sich »wie ein Krebsgeschwür verbreitenden menschlichen Siedlungen«; diese Viren würden den ganzen Planeten verseuchen, wenn es nicht gelinge, sie aufzuhalten.[81] In dieser ultimativen Niedergangsvision geht also nicht nur die menschliche Gesellschaft, sondern auch der Mensch selbst seinem Ende entgegen. Die rasende Zerstörung der Umwelt, die Plünderung des Planeten: all dies ist dann zu

Ende; das sinnlose Treiben der Zivilisation hört auf. Mit den Worten von D. H. Lawrence:

> Birkin sah hinaus in das abendliche Land und sann: »Ja, wenn die Menschheit untergeht, wenn unser Geschlecht ausgerottet wird wie die Leute von Sodom und es bleibt der schöne Abend, die lichten Felder und die Bäume, dann bin ich zufrieden. ... Was ist denn die Menschheit mehr als ein Ausdruck des Unfaßlichen, einer von vielen. ... Laß die Menschen dahinfahren – es wird Zeit. ... Die Menschen sind kein Ausdruck des Unfaßlichen mehr, Menschheit ist ein toter Buchstabe. ... Mag die Menschheit so bald wie möglich verschwinden.«[82]

NACHWORT

Robert Samuelson hat in seinem Buch *The Good Society* darauf hingewiesen, daß die Amerikaner in einem merkwürdigen Paradox leben. Einerseits hat sich ihr materieller Wohlstand seit dem Ende des Zweiten Weltkriegs dramatisch verbessert. Die Lebenserwartung betrug 1930 für Männer 58 und für Frauen 61 Jahre; 1990 waren es 71 beziehungsweise 79 Jahre. Das durchschnittliche Familieneinkommen lag 1940, auf den Dollarwert von 1993 umgerechnet, bei 18 000 Dollar; 1990 waren es über 39 000. Heute wachsen die Wirtschaften der Vereinigten Staaten und anderer Industriestaaten im Durchschnitt zwei- bis dreimal so schnell wie im 19. Jahrhundert. Bedenkt man darüber hinaus den doppelten Sieg über den Faschismus im Zweiten Weltkrieg und den Kommunismus im Kalten Krieg, dann stellt der demokratische Kapitalismus ein äußerst erfolgreiches Kapitel in der Geschichte der Zivilisation dar. Auf der anderen Seite steht die allgemeine Stimmung in scharfem Gegensatz zu dieser Realität. Den »unberechtigten Pessimismus« der Amerikaner, wie ihn Samuelson nennt, auf traumatische Ereignisse wie den Vietnamkrieg, Watergate oder die Ermordung von John F. Kennedy zurückzuführen, ist nicht mehr möglich. Die Zukunftsangst aber ist geblieben, obwohl diese Geschehnisse seit langem in die Geschichte eingegangen sind und obwohl die unmittelbare Gefahr der atomaren Vernichtung mit dem Kalten Krieg abgeklungen ist. Samuelson gibt der modernen »Anspruchsgesellschaft« die Schuld daran, daß sie ihre eigenen utopischen Versprechen nicht zu erfüllen vermag. »Unsere allgemeine Enttäuschung«, schreibt er, »entstammt der Kluft zwischen unserer idealisierten Gesellschaft und jener, die wir tatsächlich erleben.«[1]

Samuelson mag richtig sehen, wenn er die verbreitete Stimmung beobachtet, Scheitern und Enttäuschung seien vorbestimmt, aber diese resultiert nicht aus enttäuschten Erwartungen. Die Gründe liegen tiefer. Tatsächlich ist das Selbstgefühl der Amerikaner seit den siebziger Jahren von tiefen Zweifeln und von den antiwestlichen Stimmungen des Kulturpessimismus geprägt. Die radikale Ökologie, die den Unabomber hervorgebracht hat, ist nur das grellste Beispiel dafür. Der aktuellen Haltung dem modernen korporativen Kapitalismus gegenüber liegen ähnliche Überzeugungen zugrunde; man malt Schreckgespenster von Tabak-, Atomkraft- und Rüstungslobbys an die Wand, die angeblich dazu neigen, die Öffentlichkeit zu benutzen, zu betrügen und zu vergiften. Der radikale Multikulturalismus unterstellt, daß die amerikanische Gesellschaft systematisch Rassenhaß und soziale Ungleichheit schafft, während Kulturpessimisten verschiedener Couleur darauf beharren, die westliche Gesellschaft sei unheilbar rassistisch, sexistisch, imperialistisch, homophob, phallozentrisch, habgierig und prototalitär oder – für die politische Rechte – korrupt, dekadent, geistlos, hedonistisch, apathisch, moralisch bankrott und ebenfalls prototalitär.

Kurz gesagt, was die moderne westliche Gesellschaft am besten kann – die Sicherung von zunehmendem Wohlstand, Chancengleichheit sowie sozialer und geographischer Mobilität –, wird von den unmittelbaren Nutznießern dieser Vorteile systematisch verunglimpft und für nichtig erklärt. Doch nichts davon ist neu oder auch nur überraschend. Wenn heutige Schlagzeilen verkünden, die Computerrevolution werde »zwei Nationen« von Armen und Reichen schaffen, wärmen sie nur eine Debatte über die Industriegesellschaft auf, die weit ins 19. Jahrhundert zurückreicht. Ganz ähnlich reaktiviert die Furcht vor Zuwanderung in Amerika wie in Europa nur die pessimistischen Ängste von Degenerationstheoretikern des Fin de siècle. Die angeblichen Mißstände der modernen Gesellschaft sind in Wirklichkeit die Mißstände, die Intellektuelle des 19. Jahrhunderts an der Industriegesellschaft bemängelt haben. Der entscheidende Unterschied besteht darin, daß diese Kritik jetzt in den Zusammenhang einer Massenkultur eingebettet ist. Wir leben im Zeitalter eines Pop-Pessimismus, mit all den Problemen und Einschränkungen, welche die kulturelle Perspektive mit sich bringt.

Der Pessimismus taucht heute nicht nur in düsteren Traktaten wie Allan Blooms *The Closing of the American Mind* (1987) und Robert Borks *Slouching Toward Gommorrah* (1996) auf. Auch futuristische Filme wie *Die Klapperschlange* (1981), *The Road Warrior, Die totale Erinnerung – Total Recall* (1990) und *Waterworld* (1994) verbreiten implizit die Botschaft des Kulturpessimismus, indem sie eine Zukunft präsentieren, in der die traditionellen Definitionen von Barbarei und Zivilisation ins Gegenteil verkehrt worden sind. Die »normale« zivilisierte Gesellschaft ist demnach repressiv, dekadent, unschöpferisch und zutiefst unnatürlich, und ihre Technik hat sie an den Rand des Untergangs geführt, wenn nicht gar schon zerstört wie in *Terminator* (1984) und *The Road Warrior*. Jene, die stark und vital genug sind, um sich der Selbstzerstörung der modernen Gesellschaft entgegenstemmen zu können, leben diesen Phantasien zufolge an ihrem Rand: Es sind Kleinkriminelle, aus der Art geschlagene Polizisten und Vagabunden, jene kulturelle Unterschicht also, die Nietzsche als Immoralisten bezeichnet hat.

Der moderne Actionheld ist, um einen beliebten Ausdruck aus der Zeit der Weimarer Republik zu benutzen, ein »Wanderer zwischen beiden Welten«, jener der Dekadenz und jener der dahinterliegenden höheren Wirklichkeit. Zum Beweis seiner unversehrten Vitalität ist er zumeist grobschlächtig und schweigsam, während die Schurken unweigerlich eine flüssige, zivilisierte Ausdrucksweise haben. Im Grunde sind die heutigen

Actionhelden allesamt aus Nietzsches Büchern herausgeschnittene plakative Poster. Ihr dynamischer Wille zur Macht steht der verdorbenen zivilisierten Umwelt entgegen und zerstört sie am Ende. Um ihre Vitalität zu betonen, haben ihre Schöpfer sie mit viel Sexappeal, Gewalttätigkeit und obszöner Sprache ausgestattet, während die normale Gesellschaft in Abertausende Fragmente von zersplitterndem Glas, explodierenden Autos und Flugzeugen und berstenden Häusern zerfällt.

In der Rockmusik und dem Videokanal MTV begegnen einem dieselben pessimistischen Themen. Camille Paglia hat auf die Ähnlichkeiten zwischen dem aristokratischen Dandy der dreißiger Jahre des 19. Jahrhunderts – der Welt Gobineaus und Gautiers – und dem modernen Rockstar hingewiesen. Tatsächlich ist der Rockstar in der Rolle des bösen Jungen ein direkter Nachfahre von Baudelaires Kulturrebell, der seine Vitalität beweist, indem er eine abweichende Art der Dekadenz zur Schau stellt. Er betrachtet seine Umwelt wie der Ästhet des Fin de siècle als hoffnungslos dekadent und nicht achtenswert. Doch ihre materiellen Möglichkeiten dienen ihm als Voraussetzung und Sprungbrett seiner künstlerischen Kreativität. In ähnlicher Weise benutzen Musiker wie Madonna dekadente Bilder der Sexualität und des Sadomasochismus, um ein antibürgerliches, vitales Selbst aufzubauen, während Performer wie Howard Stern dasselbe mit Bildern des Grotesken und Perversen erreichen. Im Fall des »gangsta rap« wird sogar die Grenze zur Nietzscheanischen Wildnis der nihilistischen Gewalt und Vitalität »jenseits von Gut und Böse« überschritten. Und neonazistische Heavy-Metal-Bands erinnern an die ursprüngliche Affinität zwischen Nietzsche und Gobineau, zwischen Kultur- und Rassenpessimismus.

In dem Actionfilm *Broken Arrow* sagt eine Figur: »Du bist irre.« Worauf der Angesprochene erwidert: »Ja, ist das nicht cool?« Das ist der heutige Nietzscheanische Geist. Aber es scheint, als hätte er sich erschöpft. Die Klagen über den Verfall der Massenkultur nehmen zu, obwohl die Bildungseinrichtungen sowie die Unterhaltungs- und Nachrichtenmedien fast gegen ihren Willen immer wieder auf die gleichen Themen zurückkommen. Dazu gehören nicht nur Gewalt und Sex als Ausdruck von Vitalität, sondern auch sämtliche Thesen des historischen Pessimismus, die dem kulturellen zugrunde liegen: das Scheitern der modernen Demokratie, der Identitätsverlust in der Massengesellschaft, die Bedrohung durch den korporativen Kapitalismus und den computergestützten Polizeistaat, die lebensbedrohliche Gefahr von zuviel (in der Wirtschaft) oder zuwenig Technik und Wissenschaft (in der Medizin) sowie eine ständig »verschwindende« Mittelschicht. Von den Universitäten über die öffentlichen Einrichtungen bis zu den Talk-Shows: überall wird mit der Medaille der modernen Niedergangsidee und ihren zwei Seiten gespielt.

Der Kulturpessimismus ist die Kehrseite des historischen Pessimismus, so wie die Idee des Niedergangs die Kehrseite der Fortschrittsidee ist. Aus der Perspektive des historischen Pessimisten sind die Tugenden der Zivilisation dem Angriff bösartiger, destruktiver Kräfte ausgesetzt, derer sie nicht Herr zu werden vermögen; aus der des Kulturpessimisten haben diese Kräfte den Zivilisationsprozeß von Anfang an geformt. Während der historische Pessimist befürchtet, daß die Gesellschaft dabei ist, sich selbst zu zerstören, erklärt der Kulturpessimist, daß sie es verdient hat. Der historische Pessimist betrachtet die Katastrophe als unvermeidlich, der Kulturpessimist ersehnt sie, weil er glaubt, aus ihrer Asche werde etwas Besseres aufsteigen. Der enorme Aufschwung dieses Kulturpessimismus nicht nur im Reich der Ideen, sondern auch unmittelbar in Kultur und Politik ist vielleicht das auffallendste Charakteristikum des 20. Jahrhunderts. Vor dem Zweiten Weltkrieg war sein politischer Ort die extreme Rechte, und er faszinierte Persönlichkeiten wie Georges Sorel, der seinerseits großen Einfluß auf den italienischen Faschismus ausübte. In Frankreich regte er eine Reihe von faschistischen Schriftstellern und Intellektuellen an, die unter dem Vichy-Regime Gelegenheit bekamen, ihre Ideen in die Tat umzusetzen. In Deutschland demonstrierten die konservative Revolution und der Aufstieg des Nationalsozialismus die Wirksamkeit des Kulturpessimismus. Sogar in den beiden Zentren der zivilisierten liberalen Werte, in England und den Vereinigten Staaten, traten Schriftsteller wie Wyndham Lewis und Ezra Pound und politische Akteure wie Oswald Mosley und Gerald L. K. Smith auf. Mit den blutigen Imperativen des rassischen Pessimismus aufgeladen, gehörte der Kulturpessimismus schließlich zu den Kräften, die den totalitären Alptraum Nazideutschlands ermöglichten.

Zweiter Weltkrieg und Holocaust hätten für den Kulturpessimismus das Ende bedeuten müssen, und für kurze Zeit, als das Interesse an der westlichen Geschichte und ihrem humanistischen Erbe neu belebt wurde, sah es tatsächlich danach aus. Doch die Wurzeln des Kulturpessimismus waren geblieben. Existentialismus, kritischer Marxismus und andere avantgardistische Bewegungen hielten ihr theoretisches Fundament von kritischer Überprüfung frei. Dann erschütterten der Vietnamkrieg und die wirtschaftliche Rezession der siebziger Jahre das Vertrauen in die moderne Gesellschaft und ihre Werte in ähnlicher Weise wie ein halbes Jahrhundert zuvor der Erste Weltkrieg und die Weltwirtschaftskrise. Damit war einer neuen Kulturkritik der Weg geebnet, die diesmal jedoch von der Linken kam. Wie sein rechter Vorläufer erklärte auch der linke Kulturpessimismus, der moderne Westen befinde sich in der Krise und sei dabei, sich selbst zu zerstören, was die Möglichkeit eröffne, etwas Neues an seine Stelle zu setzen. 1933 hatte Martin Heidegger in seiner Rektoratsrede Hitlers Machtantritt mit der Feststellung kommentiert: »Der Anfang ist noch. Er liegt nicht *hinter uns* als das längst Gewesene, sondern er steht *vor* uns.«[2]

Trotz der Unterschiede überwiegen jedoch die Ähnlichkeiten zwischen beiden Bewegungen. Kritischer Marxismus, Multikulturalismus, Postmodernismus und radikaler Umweltschutz haben nicht nur viele Helden der konservativen Revolution – Nietzsche, Sorel, Heidegger, Schopenhauer – zu den ihren gemacht, sondern auch ihre Verachtung für die liberalen, rationalen Traditionen des nachaufklärerischen Europa übernommen. Den Gedanken eines »normalen« sozialen Prozesses nach westlichem Modell weisen sie verächtlich zurück. Wie ihre rechten Vorläufer halten sie den Glauben an das autonome Individuum, an das Privateigentum als fundamentalem Naturrecht, an Wissenschaft und Technik als dem menschlichen Glück eher für förderlich denn hinderlich. Den Glauben an das Streben nach Glück als einer im wesentlichen *rationalen* Aktivität halten sie indes für eine Quelle von Verderbnis, Ausbeutung und Tod. Ihren Bewunderern mögen Herbert Marcuse, Toni Morrison, Ronald Takaki, Michel Foucault, Noam Chomsky, Edward Said und Murray Bookchin verblüffend neu und radikal erscheinen, anderen sind ihre Aussagen sattsam bekannt.

Überraschend war allenfalls die vom linken Kulturpessimismus vorgenommene analytische Umpolung der Kritik. Imperialismus und Militarismus dienen danach nicht als Mittel gegen die Entkräftung der liberalen Zivilisation, sondern sind, wie schon Du Bois vermutete, deren normale Ausdrucksmittel. Anstelle der nordischen Weißen übernehmen die nichtweißen Völker der Dritten Welt hier die Rolle des Trägers von kultureller und rassischer Vitalität. Statt die moderne Technik als Antithese zur arischen Kulturtradition zu präsentieren, vertreten Autoren wie Jeremy Rifkin die These, sie sei ihr charakteristisches Produkt und ihr Verbündeter. Physische Degeneration und sexuelle Abweichung schließlich, die der rechte Kulturpessimismus als Produkte des dekadenten Westens brandmarkte, werden von seinem linken Nachfolger gepriesen.

Dies ist das Gesicht des heutigen Kulturpessimismus. Anhänger besitzt er vor allem unter Intellektuellen und denen, die gelegentlich als »neue Klasse« apostrophiert werden: Lehrer, Studenten, Künstler, Schriftsteller und Mitarbeiter der Medien. Eine Massenbewegung ist er nicht. Das war auch sein rechter Vorgänger nicht, jedenfalls nicht am Anfang, als er am Vorabend des Ersten Weltkriegs die Vorstellungswelt von Intellektuellen, Künstlern, Universitätsprofessoren und Studenten beeinflußte. Doch dann schwächte der Krieg das Selbstvertrauen der anderen Seite, wodurch die Rechte die Gelegenheit erhielt, die Politik mit Hilfe von Braunhemden, Schwarzhemden und anderen faschistischen Organisationen im Sinne ihrer radikalen Ziele umzugestalten. Heute tritt die häßliche Seite des Kulturpessimismus als Massenbewegung im Afrozentrismus und in den Aktivitäten radikaler Umweltschützer wie dem Unabomber und den Ökokriegern von *Earth First!* zutage. Das soll nicht heißen, daß diese Bewegungen so gefährlich sind, wie es Faschismus und Nationalsozialismus waren. Wer eine solche Voraussetzung macht, tappt in dieselbe Falle, in der Niedergangstheoretiker und andere Schwarzseher unweigerlich enden. Dennoch sollte man sich einen wichtigen Punkt vor Augen halten: Kulturpessimisten benutzen den historischen Pessimismus, um einen Fuß in die Tür zur Popularkultur zu bekommen. Ohne Burckhardts düstere Vision der europäischen Zukunft hätte Nietzsches nihilistischer Vitalismus lächerlich gewirkt. Ohne Spenglers Prophezeiung des Untergangs des bürgerlichen Abendlandes hätte der konservativen Revolution der Anschein der historischen Unvermeidbarkeit gefehlt. Während Arnold Toynbee, Paul Kennedy, Kevin Phillips oder Robert Bork einen Nachruf auf die westliche Zivilisation verfassen, versammeln sich die Kulturpessimisten zur Totenwache.

Soll man daraus den Schluß ziehen, daß jeder, der etwas an der modernen Gesellschaft auszusetzen hat, den Mund zu halten hat, oder daß ihre Mängel eingebildet sind? Sicherlich nicht. Die schnelle Industrialisierung hatte in der Tat verheerende Auswirkungen, die vielen Menschen Leid brachten. Gewiß waren die Überlebenden des Ersten Weltkriegs von ihren Erlebnissen erschüttert und stellten mit Recht die Frage, ob die Gesellschaft, die sie auf die Schlachtfelder geschickt hatte, Loyalität verdiene. Angesichts des Holocaust schließlich und der großen Anzahl von Menschen, die an seiner Durchführung beteiligt waren oder ihn zumindest zuließen, können einem die Worte »europäische Zivilisation« auf den Lippen ersterben.

Es ist legitim, gewisse Trends und Entwicklungen als bösartig oder zerstörerisch abzulehnen. Eine andere Sache ist es jedoch, ein Bild zu malen oder hinzunehmen, das unterstellt, diese Probleme seien so tief in der Gesellschaft verwurzelt, daß sie unlösbar sind, oder hätten derart weitreichende Implikationen, daß ihnen nur durch eine tiefgreifende Transformation der Gesellschaft oder Kultur *als Ganzer* begegnet werden könne. Doch genau diese Haltung nahmen viele westliche Intellektuelle Ende des 19. Jahrhunderts und erneut im folgenden Jahrhundert ein, und zwar Optimisten wie Pessimisten. Denn die Annahme, die moderne westliche Zivilisation stelle ein Ganzes dar, und ihre Probleme erforderten keine Einzellösungen, sondern holistische Antworten, liegt sowohl der negativen Weltsicht als auch ihrem Gegenteil, dem blinden Fortschrittsglauben, zugrunde. Das 19. Jahrhundert war geradezu süchtig nach dem Gedanken, die Gesellschaft bilde eine Totalität, in der jedes Teil eine nützliche Funktion besitze. Von Philosophen, Soziologen und Historikern wurde die Gesellschaft in mechanischen oder organischen Begriffen beschrieben: Sie funktionierte entweder wie eine Maschine oder wie ein lebendiger Organismus oder – so bei Herbert Spencer – wie beides zusammen. Die soziale Gruppe, die Nation oder Zivilisation war mehr als nur eine Summe von Individuen: Sie existierte unabhängig, besaß einen eigenen Lebenszyklus und wurde von eigenen Gesetzen beherrscht. Untersucht wurden diese Sozialkörper, da die Gesetze von sozialer Entwicklung und Veränderung analog zu physikalischen Gesetzen aufgefaßt wurden, von sogenannten Sozial*wissenschaften*. Auf der Grundlage dieser deterministischen Annahmen entstand eine Vielzahl großer Geschichtsentwürfe, von denen der marxistische nur der bekannteste ist. Jedes Ereignis in Vergangenheit, Gegenwart und Zukunft mußte eine bestimmte Rolle in einem größeren Ganzen spielen, das sich unabhängig von den Wünschen und Neigungen der Individuen nach seinen eigenen Gesetzen entwickelte. Deshalb waren der Erste Weltkrieg und die Weltwirtschaftskrise keine isolierten Ereignisse, die separate Ursachen hatten, sondern erwuchsen aus dem Beziehungsgeflecht einer systematischen Totalität wie der »Krise des Spätkapitalismus« oder den »Todeszuckungen des europäischen Imperialismus«. In ähnlicher Weise wurde von Aspekten des Gesellschaftslebens wie der populären Kultur, den intellektuellen und künstlerischen Aktivitäten und den moralischen Haltungen angenommen, sie spiegelten den Gesundheitszustand der Gesamtheit wider. Begriffe wie Gesundheit, Wachstum und Krankheit – sogar das Verständnis von Krisen, sofern sie als Fieberanfälle eines Gesellschaftskörpers interpretiert wurden – drückten diese organizistische Perspektive aus.

Das Niedergangsdenken stützte sich auf diese holistische Tradition und führte sie weiter, indem es dazu anregte, bei der Beschreibung unerwünschter gesellschaftlicher Veränderungen Metaphern wie die vom Parasiten, von Krankheit oder gar vom Krebsgeschwür zu verwenden. Von Gobineau über Nietzsche und die Afrozentriker zu den heutigen Kulturpessimisten findet sich diese Sprache in allen Versionen des romantischen Vitalismus und rassischen Pessimismus wieder. Sartes Existentialismus, Heideggers Seinsphilosophie, Foucaults Analyse des Willens zur Macht: Sie alle fußen auf der Annahme, die moderne westliche Gesellschaft bilde ein zusammenhängendes Ganzes, einen totalen Prozeß, der nicht durch die Untersuchung von

Einzelaspekten verstanden werden kann, sondern nur durch einen radikalen »Bruch«.

Dem Ökopessimismus liegt dieselbe Annahme in bezug auf die Biosphäre zugrunde: Die organisch-holistische Herangehensweise ist der Schlüssel zum radikalökologischen Menschenbild und Naturverständnis. In gleicher Weise hat im Multikulturalismus der historische Determinismus des 19. Jahrhunderts Unterschlupf gefunden. Der Gedanke, daß soziale Gruppen nie bloß die Summe ihrer Mitglieder sind und »daß wir die Geschichte der Gruppe, ihre Traditionen und Institutionen studieren müssen, wenn wir ihren gegenwärtigen Zustand verstehen und erklären wollen«,[3] hat schon die romantisch-nationalistische Geschichtsschreibung und die Universalgeschichten der Zivilisation von Hegel bis Toynbee geprägt. Heute ist es zum Dogma von Verfechtern des Feminismus, der afroamerikanischen Studien und anderer Minderheitenidentitäten geworden. Ohne diese Klammer würde der Multikulturalismus unter seinem eigenen Gewicht zusammenbrechen.

Wie sich herausstellt, sind die gegenwärtigen Radikalen und sogenannten Progressiven also gar nicht so radikal und progressiv. Das Gedankengut des Unabomber, Albert Gores, Noam Chomskys, Toni Morrisons geht auf die Auffassung des 19. Jahrhunderts zurück, der zufolge der moderne Westen ein vorbestimmtes, von unpersönlichen Kräften wie Rasse, Klasse, Geschlecht und Nation geschaffenes Ganzes ist. Ein alternatives Verständnis von Gesellschaft und sozialem Handeln, das sich auf die Aufklärung und die vorherige humanistische Tradition beriefe, ist dieser Tage nicht sehr *en vogue*.

In diesem Buch ging es hauptsächlich um die Idee des zivilisatorischen Niedergangs und den Aufstieg des Kulturpessimismus. In mancher Hinsicht ist es ironischerweise aber auch eine Darstellung einer anderen Art von Niedergang geworden – dem des liberalen humanistischen Bildes von Mensch und Gesellschaft und ihrer moralischen Maßstäbe und Werte angesichts einer Vielzahl von Feinden. »Niedergang« ist vielleicht nicht das richtige Wort. Eine bessere Metapher wäre die eines großen Finales, in dem die aufgeklärten Verfechter der Tradition des liberalen Westens einer nach dem anderen die Bühne verlassen, während Eugeniker, Rassisten und rassische Pessimisten, Faschisten, Modernisten und Multikulturalisten an ihre Stelle treten. Diese ältere Tradition beinhaltete mehr als nur blindes Vertrauen in den Fortschritt und die Überlegenheit der westlichen Zivilisation über jede Alternative. Der liberale Humanist begreift, daß die zivilisierte Gesellschaft wie jede menschliche Institution errichtet wurde, um verschiedenen Zwecken zu genügen, die durch das konzertierte Handeln von Individuen erfüllt werden. Rasse, Klasse und Geschlecht determinieren durchaus nicht die Ausrichtung von Gesellschaft und Geschichte: Sie bewegen sich vielmehr an der Oberfläche der Dinge. Die wirklichen Kräfte der Veränderung liegen in den Entscheidungen der Individuen, in ihren Handlungen und deren Konsequenzen für andere. Charakteristischstes Produkt der westlichen humanistischen Tradition ist das freie, autonome Individuum, das gleichzeitig der schlimmste Feind des Kulturpessimisten ist.

Für diesen ist die Dauerhaftigkeit der »atomisierenden« westlichen Institutionen – Kapitalismus, Technik, demokratische Politik, Herrschaft der Grundregeln von Recht und Moral – eine ständige Quelle der Frustration. Wie kann ein repressiver, künstlicher, betrügerischer Moloch, der so offensichtlich zum Untergang verurteilt ist, weiterhin gedeihen und seinen Einfluß sogar noch vergrößern? Dauerhaftigkeit und unverminderte Anziehungskraft dieser untergangsreifen Gesellschaft haben mit ihrem individualistischen Grundzug zu tun, aus dem ihr nicht Schwäche, sondern Stärke zufließt. Dem Humanismus zufolge sind die Menschen, da auf sie die Konflikte und Probleme der Gesellschaft zurückgehen, auch in der Lage, sie zu lösen, und er konzentriert sich darauf, ihnen das Material, die Ethik und die kulturellen Werkzeuge dafür an die Hand zu geben.

Tocqueville bemerkte nach der Lektüre der *Ungleichheit der Menschenrassen* zu Gobineau: »Ja, ich verzweifle manchmal an der Menschheit. Wer nicht. Ich habe immer gesagt, daß es in unseren demokratischen Gesellschaften schwieriger ist, zu stabilisieren und die Freiheit zu erhalten, als in gewissen aristokratischen Gesellschaften der Vergangenheit. Aber ich werde mich hüten zu denken, es sei unmöglich. Und ich bete zu Gott, Er möge mir nicht die Idee eingeben, daß man ebenso gut aufgeben könnte, es zu versuchen.«[4] Tocquevilles Liberalismus kann in mancher Hinsicht als Höhepunkt dieser humanistischen Tradition angesehen werden, die unbestritten ihrerseits in Orthodoxie und Selbstgefälligkeit verfiel und damit heftige Gegenreaktionen auslöste. Was Tocqueville 1853 in Gobineaus Gedanken spürte, ist in der Zwischenzeit auf die Spitze getrieben worden. Der moderne Pessimismus hat den übermäßigen Optimismus für die Zukunft mehr als ausgeglichen und es sogar geschafft, das Vertrauen in die Idee der Zivilisation selbst zu zerstören. Das Problem, dem wir uns heute gegenübersehen, besteht nicht darin, daß die populäre Kultur voller Obszönitäten und Trivialem ist, sondern darin, daß niemand mehr in der Lage zu sein scheint, die intellektuellen Gründe für eine Alternative zu formulieren.

Im Grunde stellt uns die ganze Debatte über den Untergang des Abendlandes vor falsche Entscheidungen. Die Alternative zum historischen Pessimismus hinsichtlich der Zukunft der modernen Gesellschaft ist *nicht* optimistische Selbstgefälligkeit: Die ist nur die andere Seite derselben holistischen Idee. Was den Kulturpessimismus betrifft, besteht die Alternative nicht in irgendwelchen Megatrends oder den futurologischen Abenteuern von Autoren wie Warren Wagar und Alvin Toffler. Die klassische liberale Haltung entstand gerade aus der Erkenntnis ihrer Verfechter, wie gefährlich es ist, dem Individuum nur insofern eine Bedeutung beizumessen, als es Teil eines größeren Ganzen ist. In früheren Zeiten war dieses holistische Modell die »große Kette der Wesen«, in welcher der Status eines Menschen durch Gott und Natur gegeben und von den politischen Autoritäten erzwungen wurde.[5] Gegen diese Art von sozialem Determinismus lehnte sich die Aufklärung auf. John Locke bezeichnete den Zustand, in dem der einzelne »der Entscheidung eines anderen als ihm selbst unterworfen« ist, als eine Form der Tyrannei. Eine der großen Errungenschaften der Zivilisation bestand in den Augen der Aufklärer darin, daß sie die Menschen über die Knechtschaft hinaushob, indem sie ihnen ihre persönlichen Rechte und Kräfte bewußtmachte und sie von irrationalen Anwandlungen zu befreien versuchte.[6]

Das Mittelalter hatte die furchtbare Macht, das Schicksal des Individuums zu lenken, Gott und seinen Vertretern auf Erden – dem Papst und den Königen – anvertraut. Im 19. Jahrhundert hatte die Geschichte diese Rolle übernommen, zuerst als Fortschritts-, dann als Niedergangsgeschichte. Die wirklich revolutionäre Frage hatte jedoch die Aufklärung gestellt: Was wäre, wenn die Gesellschaft kein Organismus mit einer vorbestimmten Entwicklung und Lebensdauer ist, sondern aus einzelnen Organismen besteht, von denen jeder mehr oder weniger die Macht besitzt, sein Schicksal selbst zu bestimmen? Dann ist die Zukunft nicht das Produkt der unabwendbaren Gesetze von Fortschritt oder Verfall, sondern das, was die Angehörigen der Gesellschaft zu tun beschließen. Damit ist mit einem Schlag die *anakyklosis* unterbrochen. Der Kreislauf von Enttäuschung und Verzweiflung löst sich auf, nicht draußen in der Welt, sondern dort, wo er immer nur existiert hatte: in den Köpfen der Menschen.

ANMERKUNGEN

Einführung

1 Lasch, *Das Zeitalter des Narzißmus*, S. 11–13.
2 Kennedy, *Aufstieg und Fall der Großmächte*, S. 759, 785 f.
3 Phillips, *Arrogant Capital*, S. XII f.
4 West, *Race Matters*, S. 6, 18.
5 Kennedy/Connelly, »Must It Be the West?«.
6 Murray/Herrnstein, *Bell Curve*, S. 509 f., 526.
7 Gore, *Wege zum Gleichgewicht*, S. 25, 267, 373.
8 Ebd., S. 12, 182, 372–374.
9 *Washington Post*, 19. September 1995, Sonderteil: »The Unabomber: Industrial Society and Its Future«, S. 1–5.
10 Nietzsche, *Nachgelassene Fragmente*, Bd. 11, S. 496.
11 Marcuse, *Der eindimensionale Mensch*, S. 21.
12 Spengler, *Der Untergang des Abendlandes*, Bd. 1, S. 53.
13 Der Historiker Ernest Tuveson hat in *Millenium and Utopia* sogar behauptet, der moderne Fortschrittsgedanke habe seinen Ursprung in den christlichen Vorstellungen vom Tausendjährigen Reich und der Wiederkunft Jesu; noch in marxistischer Interpretation sei der Fortschritt eine säkularisierte Form der Offenbarung des Johannes.

Fortschritt, Niedergang, Dekadenz

1 Homer, *Ilias* (12. Gesang), S. 227 f.
2 Zimmer, *Philosophie und Religion Indiens*, S. 105; Levin, *The Myth of the Golden Age*, S. 9 f.
3 Sophokles, *Ödipus auf Kolonos*, S. 42.
4 Horaz, *An Maecenas (Oden*, Buch 3, Ode 29), S. 91.
5 Polybios, *Geschichte*, S. 527 f.
6 Ezell, *Fortune's Merry Wheel*; Patch, *Goddess Fortune*.

7 Galinsky, *The Heracles Theme;* Patch, *Goddess Fortune;* Pocock, *Machiavellian Moment.*
8 Machiavelli, *Der Fürst,* S. 95.
9 Vergil, »Deutung des neuen Weltjahres«, S. 15 f.
10 Thukydides, *Der peloponnesische Krieg,* Buch 1, Kapitel 1; Edelstein, *The Idea of Progress.*
11 Yates, *Astrae;* P. Burke, *Images of the Sun King.*
12 Tuveson, *Millenium and Utopia.*
13 Luther, »An den christlichen Adel deutscher Nation«, S. 37, 78.
14 Hume, »Über Verfeinerung in den Künsten«, S. 194.
15 Zit. in Pocock, *Virtue, Commerce, and Liberty,* S. 49.
16 Vgl. E. Burke, *Betrachtungen über die französische Revolution,* S. 158–162; Muller, *Adam Smith,* S. 126–130.
17 Shaftesbury, »Sensus Communis«, S. 326.
18 Robertson, *The Progress in Society,* S. 67.
19 Burrow/Collini/Winch, *That Noble Science of Politics,* S. 54 f.
20 A. Smith, *Der Wohlstand der Nationen,* S. 335.
21 Zit. in Laffey, *Civilization and Its Discontended,* S. 22.
22 Condorcet, *Darstellung der Fortschritte des menschlichen Geistes,* S. 355.
23 Holbach, *Sociales System,* S. 50.
24 Fichte, *Die Bestimmung des Menschen,* S. 102.
25 Zit. in Meek, *Turgot on Progress, Sociology and Economics,* S. 55–59.
26 Vgl. Becker, *Der Gottesstaat.*
27 Gibbon, *Verfall und Untergangs des Römischen Reiches,* S. 557.
28 Vgl. Pocock, *Virtue, Commerce, and Liberty,* S. 125–141.
29 Volney, *Die Ruinen,* S. 10 f.
30 Schoeps, *Vorläufer Spenglers,* S. 15.
31 Malthus, *Das Bevölkerungsgesetz,* S. 13.
32 Rousseau, *Vom Gesellschaftsvertrag,* S. 5.
33 Rousseau, »Abhandlung über den Ursprung und die Grundlagen der Ungleichheit«, S. 170, 178.
34 Rousseau, »Abhandlung über die Wissenschaften und Künste«, S. 59.
35 Hegel, *Philosophie der Weltgeschichte,* Bd. 1, S. 55, 75, 77.
36 Ebd., S. 62, 156, 243–253; Bd. 4, S. 937.
37 Popper, *Die offene Gesellschaft,* Bd. 2, S. 74 f.
38 Hegel, *Phänomenologie des Geistes,* S. 355.
39 Hegel, *Grundlinien der Philosophie des Rechts,* S. 304.

40 Engels, *Die Entwicklung des Sozialismus*, S.139f.
41 Marx/Engels, *Manifest der Kommunistischen Partei*, S.57.
42 Zit. in Sullivan, *Prophets of the West*, S.64f.
43 Vgl. Nisbet, *The History of the Idea of Progress*, S.255.
44 Zit. in ebd., S.235.
45 Zit. in ebd., S.230.
46 Bury, *The Idea of Progress*, S.310.
47 Newman, *Vom Wesen der Universität*, S.233.
48 Spencer an John Tyndall, zit. in Pick, *Faces of Degeneration*, S.178, Anm. 5.
49 Zit. in Fleming, *John William Draper*.
50 Wordsworth, »Präludium«, S.292, 304, 306.
51 Vgl. K. Clark, *Zivilisation*, S.317, 340f.
52 Schiller, »An ***«, S.497.
53 Schenk, *Geist der Europäischen Romantik*, S.31.
54 Jennings, *Pandemonium*.
55 Blake, »London«, in: *Ein Ding von Schönheit*, S.113.
56 Wordsworth, »London, 1802«, in: *Ein Ding von Schönheit*, S.203.
57 Zit. in Mendilow, *Romantic Tradition*, S.61, 69.
58 Zit. in Buckley, *The Triumph of Time*, S.71.
59 Zit. in Swart, *The Sense of Decadence*, S.48.
60 Juvenal, *Satiren*, S.111.
61 Rousseau, »Abhandlung über die Wissenschaften und Künste«, S.50f.
62 Nietzsche, *Der Fall Wagner*, S.27.
63 Zit. in Beckson, *Aesthetes and Decadents*; Hansen, *Disaffections and Decadence*, S.4f.
64 Baudelaire, *Raketen*, S.338f.; »Zur Weltausstellung 1855«, S.234.

Auf einem schwimmenden Wrack

1 *Memoires de Louis de Gobineau*, zit. in Bidiss, *Father of Racist Ideology*, S.11f.
2 Boissel, *Gobineau*, S.54.
3 Poggioli, *The Theory of the Avant Garde*.
4 Schamber, *The Artist as Politician*, S.135.
5 Hölderlin, *Hyperion*, S.552.
6 Baudelaire, *Mein entblößtes Herz*, S.355.
7 Vgl. Graña, *Modernity and Its Discontents*, S.92f.

8   Gautier, *Mademoiselle de Maupin*, Vorwort.
9   Schlegel, »Gespräch über die Poesie«, S. 306.
10 Baudelaire, *Mein entblößtes Herz*, S. 348, 352.
11 Bidiss, *Father of Racist Ideology*, S. 17.
12 Tocqueville, *European Revolution*, S. 193.
13 Ebd., S. 202f.; Gobineau, *Die Ungleichheit der Menschenrassen*, S. 50.
14 Barrot, *Memoires*, zit. in Namier, *1848*, S. 2.
15 Marx/Engels, *Manifest der Kommunistischen Partei*, S. 57.
16 Zit. in Buenzod, *La Formation de la Pensée de Gobineau*, S. 270.
17 Zit. in Bidiss, *Father of Racist Ideology*, S. 100.
18 Vgl. Mosse, *Die Geschichte des Rassismus in Europa*, S. 52f.; Voegelin, *Die Rassenidee in der Geistesgeschichte*.
19 Bainton, *Racial Theories*, S. 19–22.
20 Buenzod, *La Formation de la Pensée de Gobineau*, S. 234.
21 Gobineau, *Die Ungleichheit der Menschenrassen*, S. 152–155; vgl. Spring, *The Vitalism of Count de Gobineau*.
22 Schwab, *The Oriental Renaissance*, S. 35f.
23 Levitine, *The Dawn of Bohemianism*.
24 Pott, *Etymologische Forschungen*, zit. in Poliakov, *Der arische Mythos*, S. 225.
25 Gobineau, *Die Ungleichheit der Menschenrassen*, S. 155–157.
26 Ebd., S. 155, 357.
27 Ebd., S. 752f., 755.
28 Ebd., S. 24, 131; vgl. Nietzsche, *Zur Genealogie der Moral*, S. 258–277.
29 Gobineau, *Die Ungleichheit der Menschenrassen*, S. 125–132.
30 Ebd., S. 743.
31 Ebd., S. 74f.
32 Ebd., S. 570.
33 Gobineau, »Einleitungen«, S. XXIf.
34 Gobineau, *Die Ungleichheit der Menschenrassen*, S. 121.
35 Ebd., S. 753, 755f.
36 Vgl. Pott, *Die Ungleichheit menschlicher Rassen*.
37 Lémonon, »La diffusion en Allemagne des idées de Gobineau sur les races«, S. 12; Boissel, *Gobineau*, S. 126.
38 Gobineau, *Die Ungleichheit der Menschenrassen*, S. 744.
39 Tocqueville, *European Revolution*, S. 309f.
40 Ebd., S. 228, Brief vom 7. November 1853.

41 Ebd., S. 291 f., Brief vom 30. Juli 1856.
42 Gobineau, *Die Ungleichheit der Menschenrassen*, S. 742 f.
43 Tocqueville, *European Revolution*.
44 Gobineau in Tocqueville, *European Revolution*, S. 285, Brief vom 20. März 1856.
45 Gobineau, *Die Ungleichheit der Menschenrassen*, S. 743.
46 Gobineau, *Die Renaissance*, S. 94.
47 Zit. in Boissel, *Gobineau*, S. 321.
48 Zit. in ebd., S. 320.
49 Zit. in Stern, *Kulturpessimismus als politische Gefahr*, S. 52–57.
50 Cickering, *We Men Who Feel Most German*, S. 239–241.
51 Zit. in Mosse, *Die Geschichte des Rassismus in Europa*, S. 127.
52 Vgl. Tocqueville, *European Revolution*, S. 186.
53 Field, *Evangelist of Race*, S. 210; R. Hankins, *The Racial Basis of Civilization*, S. 55–57.
54 Chamberlain, *Die Grundlagen des XIX. Jahrhunderts*, Bd. 1, S. 528 f.
55 Ebd., S. 516.
56 Ebd., S. 222 f., 348–371, 374.
57 Gobineau, *Die Ungleichheit der Menschenrassen*, S. 743.
58 Chamberlain, *Die Grundlagen des XIX. Jahrhunderts*, Bd. 1, Ebd., S. 329, 457, 531.
59 Wenngleich nicht bekannt ist, ob Hitler ein Exemplar erhalten hat. Vgl. Mosse, *Die Geschichte des Rassismus in Europa*, S. 80.
60 Hitler, *Mein Kampf*, S. 316 f.
61 Chamberlain, *Briefe*, S. 126.

Historischer und kultureller Pessimismus

1 Gossman, *Orpheus Philologus*, S. 8 f.
2 Burckhardt, *Briefe*, Bd. 1, S. 131.
3 Gooch, *Geschichte und Geschichtsschreiber*, S. 145 f.
4 Burckhardt, *Weltgeschichtliche Betrachtungen*, S. 20.
5 Ranke, *Die großen Mächte*, S. 60.
6 Burckhardt, *Weltgeschichtliche Betrachtungen*, S. 23.
7 Ranke, »Politisches Gespräch«, S. 35 f.
8 Ebd., 19.
9 Vgl. White, *Metahistory*, S. 222 f.

10 Burckhardt, *Briefe*, Bd. 2, S. 198, 208.
11 Ebd., Bd. 3, S. 112.
12 Ebd., Bd. 5, S. 162.
13 Burckhardt, *Weltgeschichtliche Betrachtungen*, S. 39.
14 Ebd., S. 41, 66, 163.
15 Ebd., S. 188, 196.
16 Ebd., S. 132–134, 175, 190f., 197; *Historische Fragmente*, S. 481.
17 Burckhardt, *Historische Fragmente*, S. 480, 491.
18 Ebd., S. 480, 553.
19 Burckhardt, *Weltgeschichtliche Betrachtungen*, S. 157.
20 Burckhardt, *Die Kultur der Renaissance in Italien*, S. 28f., 161, 487.
21 Gobineau, *Die Renaissance*, S. 94.
22 Burckhardt, *Weltgeschichtliche Betrachtungen*, S. 73f.
23 Pletsch, *Young Nietzsche*, S. 104f.
24 Nietzsche, *Ecce homo*, S. 324–326.
25 Burckhardt, *Historische Fragmente*, S. 282, 288, 479, 486, 496.
26 Ebd., S. 484, 492–494.
27 Nietzsche, *Briefwechsel*, Bd. II/1, S. 155.
28 Vgl. Burckhardt, *Historische Fragmente*, S. 323f., 497f.
29 Nietzsche, *Also sprach Zarathustra*, S. 125.
30 Nietzsche, *Die fröhliche Wissenschaft*, S. 408.
31 Nietzsche, *Briefwechsel*, Bd. I/2, S. 332, 337–341; vgl. Pletsch, *Young Nietzsche*, S. 97.
32 Schopenhauer, *Parerga und Paralipomena*, Bd. 2, S. 333–336; vgl. Schwab, *The Oriental Renaissance*, S. 430.
33 Burckhardt, *Briefe*, Bd. 5, S. 112.
34 Hollinrake, *Nietzsche, Wagner, and the Philosophy of Pessimism*, S. 59.
35 Nietzsche, *Unzeitgemäße Betrachtungen III*, S. 366.
36 Ebd., S. 378f.
37 Heller, *Studies on Nietzsche*, S. 172.
38 Nietzsche, *Unzeitgemäße Betrachtungen II*, S. 269f.
39 Ebd., S. 264, 268, 273.
40 Ebd., S. 317; *III*, S. 376–383.
41 Vgl. Schlechta, »The German ›Classicist‹ Goethe as Reflected in Nietzsche's Works«, S. 151.
42 Nietzsche, *Die Geburt der Tragödie*, S. 115f.; *Unzeitgemäße Betrachtungen II*, S. 306f.

43 Nietzsche, *Die Geburt der Tragödie*, S.117; vgl. Del Caro, *Nietzsche contra Nietzsche*, S.47–49, 131f.
44 Nietzsche, *Unzeitgemäße Betrachtungen II*, S.295.
45 Eduard Schelle, zit. in Gregor-Dellin, *Wagner*, S.658.
46 Nietzsche, *Unzeitgemäße Betrachtungen IV*, S.434.
47 Ebd., *III*, S.385.
48 Nietzsche, *Nachgelassene Fragmente*, Bd. 7, S.746, 756, 759, 761.
49 Nietzsche, Variante zum *Ecce homo*-Kapitel »Menschliches, Allzumenschliches«, in *Sämtliche Werke*, Bd. 14, S.489f.; vgl. *Menschliches, Allzumenschliches*, S.323–325.
50 Burckhardt an Nietzsche, 5. April 1879, in Nietzsche, *Briefwechsel*, Bd. II/6.2, S.1071; Burckhardt, *Briefe*, Bd. 6, S.293.
51 Nietzsche, *Der Fall Wagner*, S.27.
52 Nietzsche, *Unzeitgemäße Betrachtungen II*, S.280.
53 Nietzsche, *Der Fall Wagner*, S.37f.
54 Burckhardt an Nietzsche, 13. September 1882, in Nietzsche, *Briefwechsel*, Bd. III/2, S.288f.
55 Nietzsche, *Ecce homo*, S.329.
56 Schacht, *Nietzsche*, S.220.
57 Nietzsche, *Nachgelassene Fragmente*, Bd. 12, S.555.
58 Nietzsche, *Der Fall Wagner*, S.27; *Nachgelassene Fragmente*, Bd. 12, S.351; *Der Antichrist*, S.183.
59 Nietzsche, *Nachgelassene Fragmente*, Bd. 13, S.252.
60 Nietzsche, *Jenseits von Gut und Böse*, S.206.
61 Ebd., S.205; vgl. Boissel, *Gobineau*, S.259; Williams, *Nietzsche and the French*, S.140. Daß Nietzsche die arisch-indoeuropäische Theorie der Zivilisierung akzeptierte, die entsprechenden arisch-germanischen Vorstellungen aber ablehnte, deutet darauf hin, daß seine Quelle Gobineau selbst war und nicht dessen deutschnationale Adepten.
62 Nietzsche, *Jenseits von Gut und Böse*, S.207f.; *Zur Genealogie der Moral*, S.275.
63 Nietzsche, *Zur Genealogie der Moral*, S.275.
64 Ebd., S.266, 276, 278; *Jenseits von Gut und Böse*, S.209, 211.
65 Nietzsche, *Jenseits von Gut und Böse*, S.120, 123, 207, 211.
66 Nietzsche, *Götzen-Dämmerung*, S.101.
67 Nietzsche, *Die fröhliche Wissenschaft*, S.485.
68 Ebd.; *Nachgelassene Fragmente*, Bd. 12, S.431.

69 Nietzsche, *Nachgelassene Fragmente*, Bd. 13, S. 319.
70 Nietzsche, *Zur Genealogie der Moral*, S. 270, 278.
71 Nietzsche, *Nachgelassene Fragmente*, Bd. 13, S. 189; *Die fröhliche Wissenschaft*, S. 483.
72 Nietzsche, *Nachgelassene Fragmente*, Bd. 12, S. 353f., Bd. 13, S. 438.
73 Nietzsche, *Also sprach Zarathustra*, S. 14.
74 Ebd., S. 19 f, 317–319.
75 Ebd., S. 19, 300, 356f.
76 Nietzsche, *Götzen-Dämmmerung*, S. 151f.
77 Kaufmann, *Nietzsche*, S. 383 (mit Zitat aus Shakespeare, *Macbeth*, 5. Akt, 5. Szene); vgl. Nietzsche, *Nachgelassene Fragmente*, Bd. 12, S. 213.
78 Nietzsche, *Also sprach Zarathustra*, S. 276.
79 Nietzsche, *Die fröhliche Wissenschaft*, S. 570.
80 Nietzsche, *Briefwechsel*, Bd. III/5, S. 452f.; vgl. Verrecchia, *La Catastrofe di Nietzsche*, S. 60f.
81 Nietzsche, *Der Antichrist*, S. 252f.; *Ecce homo*, S. 302; *Briefwechsel*, Bd. III/5, S. 522.
82 Nietzsche, *Briefwechsel*, Bd. III/5, S. 454, 561.
83 Ebd., S. 421, 574.
84 Burckhardt, *Weltgeschichtliche Betrachtungen*, S. 46.
85 Burckhardt an Nietzsche, 13. September 1882, in Nietzsche, *Briefwechsel*, Bd. III/2, S. 289; Nietzsche, *Die fröhliche Wissenschaft*, S. 553.
86 Burckhardt, *Briefe*, Bd. 8, S. 202; *Historische Fragmente*, S. 418.

Degeneration

1 Zit. in Gould, *Der falsch vermessene Mensch*, S. 130f.
2 Nordau, *Entartung*, Bd. 1, S. 28.
3 Zit. in Pick, *Faces of Degeneration*, S. 178.
4 Vgl. ebd., S. 198, Anm. 49; G. Jones, *Social Darwinism*, S. 7.
5 Maudsley, *Body and Mind*, S. 52.
6 Villa, *Il deviante et i suòi segni*, S. 144f.
7 Zit. in Gould, *Der falsch vermessene Mensch*, S. 131.
8 Vgl. Lombroso-Ferrera, *The Criminal Man*, S. 222–225, 231–249.
9 Zit. in Pick, *Faces of Degeneration*, S. 126.
10 A. Bordier, »Etude anthropologique sur une série de crânes d'assassins«, zit. in Gould, *Der falsch vermessene Mensch*, S. 132.

11 Lombroso-Ferrera, *The Criminal Man*, S.245.
12 Nye, *Crime, Madness, and Politics*, S.100–121.
13 Pick, *Faces of Degeneration*, S.114f.
14 Lombroso, *Die Ursachen und Bekämpfung des Verbrechens*, S.381, 399.
15 Pick, *Faces of Degeneration*, S.146f.
16 Zit. in Nye, *Crime, Madness, and Politics*, S.105.
17 Chevalier, *Laboring Classes and Dangerous Classes*.
18 Swart, *The Sense of Decadence*, S.124.
19 Vgl. Pick, *Faces of Degeneration*, S.71f.
20 Fréré, *Dégénéresçence et criminalité*, S.70, 94–96.
21 Zola, *Der Zusammenbruch*, S.257f.
22 Stevenson, *Dr. Jekyll und Mr. Hyde*, S.23, 86, 97.
23 Doyle, »Der kriechende Mann«, S.237.
24 Stoker, *Dracula*, S.26.
25 Ebd., S.290f., 330, 471.
26 Zit. in Pick, *Faces of Degeneration*, S.223.
27 Nordau, *Entartung*, Bd. 1, S. VII, 34, Bd.2, S.6, 522.
28 Nordau, *Die conventionellen Lügen der Kulturmenschheit*, S.271, 350.
29 Nordau, »Psycho-Physiologie«, S.118.
30 Nordau, »Muskeljudentum«; vgl. Mosse, *Confronting the Nation*, S. 165f.
31 Le Bon, *L'homme et les sociétés*, zit. in Durkheim, *Über soziale Arbeitsteilung*, S.104.
32 Le Bon, *Psychologie der Massen*, S.5, 19, 183.
33 M. Weber, »Die protestantische Ethik«, S.188; Horowitz/Maely, *The Barbarism of Reason*.
34 Durkheim, »Suicide et natalité«, zit. in Nye, *Crime, Madness, and Politics*, S.147.
35 Durkheim, *Der Selbstmord*, S.56, 377, 433f.; vgl. Nye, »Sociology and Degeneration«, S.60–63.
36 Durkheim, *Über soziale Arbeitsteilung*, S.97, 402.
37 Nordau, *Die conventionellen Lügen der Kulturmenschheit*, S.346.
38 Comte, *Soziologie*, zit. in Durkheim, *Über soziale Arbeitsteilung*, S.427.
39 Zit. in Pick, *Faces of Degeneration*, S.223.
40 G. Jones, *Social Darwinism*, S.99; Kelly, *The Descent of Darwin*; Pickens, *Eugenics and the Progressives*.
41 Galton, *Genie und Vererbung*.

42 Ebd., S.367.
43 Vgl. G. Jones, *Social Darwinism*, S.6–9, 102f.
44 Lankester, *Degeneration*, zit. in Pick, *Faces of Degeneration*, S.218.
45 Zit. in. Pickens, *Eugenics and the Progressives*, 27; Solway, *Demography and Degeneration*, S.21.
46 G. Jones, *Social Darwinism*, S.106; Gould, *Der falsch vermessene Mensch*, S.75–77; Pick, *Faces of Degeneration*, S.165.
47 W. R. Greg, »On the Failure of Natural Selection in Man« (1868), zit. in G. Jones, *Social Darwinism*, S.102.
48 L. Clark, *Social Darwinism in France*, S.154–158.
49 Mosse, *Die Geschichte des Rassismus in Europa*, S.82–86.
50 Gilman, *Freud, Race, and Gender*, S.20, 101.
51 Haeckel, *Die Welträtsel*, S.13, 20, 24, 26.
52 Gasman, *The Scientific Origins of National Socialism*; Kelly, *The Descent of Darwin*. Haeckels Einfluß reichte bis nach China (Dikötter, *Discourse of Race in Modern China*, S.138–140).
53 Proctor, *Racial Hygiene*, S.14f.; Mosse, *Die Geschichte des Rassismus in Europa*, S.103–105.
54 Ploetz, »Sozialanthropologie«, S.645.
55 Goodrick-Clarke, *The Occult Roots of Nazism*, S.51, 90–96; Hillel/Henry, *Lebensborn*.
56 Proctor, *Racial Hygiene*, S.41f.; Weindling, *Health, Race and German Politics*, S.503.
57 Zit. in Pick, *Faces of Degeneration*, S.91.
58 Freud, *Vorlesungen*, S.261.
59 Freud, *Das Ich und das Es*, S.293f.
60 Freud, »Zeitgemäßes über Krieg und Tod«, S.45.
61 Vgl. Freeman, *Liebe ohne Aggression*.
62 Freud, *Das Unbehagen in der Kultur*, S.202f.
63 Ebd., S.225, 227f.
64 Ebd., S.270.

Schwarz vor Weiß

1 Du Bois, »Dusk of Dawn«, S.582.
2 Rousseau, *Émile*, S.112.
3 Lewis, *W. E. B. Du Bois*, S.55–63; Du Bois, »Dusk of Dawn«, S.577.

4 McPherson, *The Abolitionist Legacy*, S. 308 f.
5 Zit. in Lewis, *W. E. B. Du Bois*, S. 134.
6 Ringer, *Die Gelehrten*, S. 137–142.
7 Rodbertus-Jagetzow, *Zur Beleuchtung der Socialen Frage*, S. 394.
8 Ringer, *Die Gelehrten*, S. 138 f.
9 Schmoller, *Studien über die wirtschaftliche Politik Friedrichs des Großen*, S. 17; ders., *Zur Geschichte der deutschen Kleingewerbe*, S. 662.
10 W. Smith, *Politics and the Science of Culture*, S. 182.
11 Simmel, »Der Konflikt der modernen Kultur«, S. 148.
12 Simmel, »Die Krisis der Kultur«, S. 235.
13 W. Smith, *Politics and the Science of Culture*, S. 138.
14 Zit. in Appiah, »The Uncompleted Argument«, S. 23 f.
15 Moses, *Alexander Crummell*, S. 294–296.
16 Turner, *Respect Black*, S. 74 f.
17 Moses, *Alexander Crummell*, S. 263.
18 Zit. in Lewis, *W. E. B. Du Bois*, S. 170.
19 Du Bois, *Du Bois Speaks*, S. 49.
20 Du Bois, »Conversation of Races«, S. 817, 821, 825.
21 Zit. in Lewis, *W. E. B. Du Bois*, S. 263.
22 Du Bois, »Conservatism of the Races«, S. 24.
23 W. Smith, *Politics and the Science of Culture*, S. 126–128, 189.
24 Williamson, *The Crucible of Race*, S. 411; Du Bois, »Dusk of Dawn«, S. 662.
25 Du Bois, *The Negro*, S. 9, 14, 18, 21–24.
26 Ebd., S. 29, 242 (Hervorhebung von mir – A. H.).
27 Du Bois, *Darkwater*, S. 49 f.; Lewis, *W. E. B. Du Bois*, S. 565.
28 Du Bois, *Darkwater*, S. 49; *Du Bois Speaks*, S. 51; »Dusk of Dawn«, S. 658 f.
29 Du Bois, *Darkwater*, S. 41.
30 Appiah, »The Uncompleted Argument«.
31 Du Bois, »Jefferson Davis«, S. 811.
32 Du Bois, *Black Reconstruction*, S. 15 f.
33 Du Bois, *Darkwater*, S. 39, 49.
34 Rampersad, *The Art and Imagination of W. E. B. Du Bois*, S. 203.
35 Zit. in Bainton, *The Idea of Race*, S. 155.
36 Du Bois, »Dusk of Dawn«, S. 648, 662.
37 Du Bois, *The World and Africa*, S. 1.
38 Zit. in Horne, *Black and Red*, S. 317.

39 Du Bois, *Writings by W. E. B. Du Bois in Periodicals*, S.181.
40 Ebd., S.236f.
41 Nkrumah, *Afrika muß eins werden*, S.17.
42 Rampersad, *The Art and Imagination of W. E. B. Du Bois*, S.256.
43 Hollander, *Political Pilgrims*, S.126, 166.

Der Abschluß des deutschen Geistes

1 Nietzsche, *Also sprach Zarathustra*, S.98.
2 Peters, *Zarathustras Schwester*.
3 Aschheim, *Nietzsche und die Deutschen*, S.23, 26f.
4 Kessler, *Gesichter und Zeiten*, zit. in Aschheim, *Nietzsche und die Deutschen*, S.23.
5 Spengler, *Briefe*, S.64; *Der Untergang des Abendlandes*, Bd. 1, S.469, 472–474.
6 Wohl, *The Generation of 1914*, S.126–129.
7 Pannwitz, *Einführung in Nietzsche* (1920), zit. in Aschheim, *Nietzsche und die Deutschen*, S.77.
8 Spengler, *Briefe*, S.115.
9 Koktanek, *Oswald Spengler in seiner Zeit*, S.55, 62f.
10 Nietzsche, *Der Wille zur Macht*, S.583, 689; *Nachgelassene Fragmente*, Bd. 11, S.69, 547.
11 Simmel, »Der Konflikt der modernen Kultur«, S.161.
12 Nietzsche, *Unzeitgemäße Betrachtungen II*, S.331, 329; Stern, *Kulturpessimismus als politische Gefahr*, S.270f.
13 Ringer, *Die Gelehrten*, S.40f.; Barnouw, *Weimar Intellectuals*.
14 Vgl. Elias, *Über den Prozeß der Zivilisation*, Bd. 1, S.1–42.
15 Nietzsche, *Der Wille zur Macht*, S.88f.; *Nachgelassene Fragmente*, Bd. 13, S.485f.
16 Sombart, *Der Bourgeois*, S.416; *Händler und Helden*, S.145; »Technik und Kultur«, S.343; vgl. Herf, *Reactionary Modernism*, S.133–151.
17 Spengler, *Der Mensch und die Technik*, S.79.
18 Sombart, *Der Bourgeois*, S.424.
19 Vgl. Simmel, »Der Begriff und die Tragödie der Kultur«, S. 141–147.
20 Moeller van den Bruck, *Das Dritte Reich*, S.98, 100.
21 Vgl. Spengler, *Jahre der Entscheidung*, S.39f., 100.
22 Sombart, *Händler und Helden*, S.64.

23 Nietzsche, *Morgenröthe*, S. 155 f., 225; *Nachgelassene Fragmente*, Bd. 13, S. 85.
24 Spengler, *Der Untergang des Abendlandes*, Bd. 2, S. 538.
25 Sombart, *Deutscher Sozialismus*, S. 32.
26 Mann, *Betrachtungen eines Unpolitischen*, S. 16 f.
27 Cecil, *The Myth of the Master Race*, S. 23–25.
28 Chickering, *We Man Who Feel Most German*, S. 95–97.
29 Troeltsch, »Naturrecht und Humanität in der Weltpolitik«, S. 15.
30 Spengler, *Der Untergang des Abendlandes*, Bd. 2, S. 545.
31 Mann, *Betrachtungen eines Unpolitischen*, S. 14.
32 Nietzsche, *Die fröhliche Wissenschaft*, S. 362; *Nachgelassene Fragmente*, Bd. 11, S. 263.
33 Chickering, *We Man Who Feel Most German*, S. 285–288.
34 Spengler, *Der Untergang des Abendlandes*, Bd. 1, S. 64; vgl. ders., »Pessimismus?«, S. 73.
35 Heym, *Tagebücher*, S. 138 f.
36 Arthur Moeller van den Bruck, zit. in Stern, *Kulturpessimismus als politische Gefahr*, S. 229.
37 Spengler, *Briefe*, S. 31.
38 Mann, *Briefe*, S. 112.
39 Wohl, *The Generation of 1914*, S. 42.
40 Zit. in Stern, »Bethmann Hollweg«, S. 19.
41 Plenge, *1789 und 1914*, S. 20.
42 Simmel, »Deutschlands innere Wandlung«, S. 20.
43 Spengler, *Der Untergang des Abendlandes*, Bd. 1, S. VIII, X.
44 Ebd., S. 3, 27.
45 Ebd., S. 23.
46 Ebd., S. 28, 141–143.
47 Ebd., S. 225; Bd. 2, S. 140, 197.
48 Ebd., Bd. 2, S. 111, 118.
49 Ebd., Bd. 1, S. 42, 143 f.
50 Ebd., S. 41, 446–449, 455.
51 Ebd., S. 42 f., 48, 53 f.
52 Ebd., S. 42, 59, 174, 447, Bd. 2, S. 54.
53 Ebd., Bd. 1, S. 48.
54 Mann, *Betrachtungen eines Unpolitischen*, S. 14.
55 Spengler, *Der Untergang des Abendlandes*, Bd. 1, S. 49–51.

56 Ebd., S. 53, Bd. 2, S. 59.
57 Spengler, *Briefe*, S. 32; »Pessimismus?«, S. 79
58 Hitler, *Mein Kampf*, S. 179.
59 Spengler, *Briefe*, S. 29.
60 Ebd., S. 111 f., 127.
61 Jünger, *Der Kampf als inneres Erlebnis*, S. 11.
62 Carl Schmitt, »Der bürgerliche Rechtsstaat«, zit. in Holmes, *Die Anatomie des Antiliberalismus*, S. 76.
63 Spengler, *Briefe*, S. 54.
64 Mann, *Tagebücher 1918–1921*, S. 276, 283; *Briefe*, S. 165.
65 Monk, *Ludwig Wittgenstein*, S. 320, 323 f.
66 Hughes, »Introduction«, S. XVI.
67 Spengler, *Briefe*, S. 112 f., 115, 160.
68 Spengler, *Preußentum und Sozialismus*, S. 43.
69 Ebd., S. 4, 15, 32, 39; *Briefe*, S. 112.
70 Spengler, *Briefe*, S. 160.
71 Spengler, *Der Untergang des Abendlandes*, Bd. 2, S. 542 ff., 569, 577 f., 628 f.
72 Meyer, *Spenglers Untergang des Abendlandes*, S. 23.
73 Mann, *Briefe*, S. 202.
74 Spengler, *Briefe*, S. 114.
75 Spengler, *Preußentum und Sozialismus*, S. 10; Herf, *Reactionary Modernism*, S. 65–67.
76 Spengler, *Preußentum und Sozialismus*, S. 104 f.
77 Strasser an Spengler, in Spengler, *Briefe*, S. 399 f.
78 Spengler, »Vorwort«, S. X.
79 Struve, *Elites Against Democracy*, S. 273.
80 Seldte auf dem 4. Reichsfrontsoldatentag in Magdedeburg, 15. Januar 1922, zit. in Kurt Finker, *Die militärischen Wehrverbände in der Weimarer Republik*, S. 362.
81 Rauschning, *Gespräche mit Hitler*, S. 78.
82 Spengler, »Politische Pflichten der deutschen Jugend«, S. 148, 151.
83 Sombart, *Deutscher Sozialismus*, S. 3.
84 Hitler, *Mein Kampf*, S. 279.
85 Zit. in Koktanek, *Oswald Spengler in seiner Zeit*, S. 427.
86 Spengler, *Briefe*, S. 690–692.
87 Spranger, »Mein Konflikt mit der nationalsozialistischen Regierung 1933«, S. 457.

88 Ott, *Martin Heidegger;* Holmes, *Die Anatomie des Antiliberalismus,* S. 78; Muller, *The Other God That Failed,* S. 261 f.
89 Spengler, *Jahre der Entscheidung,* S. XI f., 7 f., 101 Anm. 2.
90 Heinrich Schaeder an August Albers, in Spengler, *Briefe,* S. 718.
91 Mann, *Tagebücher 1935–1936,* S. 343.

Willkommene Niederlage

1 Toynbee, *Kultur am Scheideweg,* S. 15.
2 Arnold, *Selected Prose,* S. 211.
3 Arnold, »Popular Education of France« (1861), in: *Selected Prose,* S. 121.
4 Himmelfarb, *The Idea of Poverty,* Kap. 20; Young, *Portrait of an Age.*
5 Toynbee, *Lectures on the Industrial Revolution of the Eighteenth Century in England,* zit. in Himmelfarb, *Poverty and Compassion,* S. 276.
6 Zit. in Buckley, *The Triumph of Time,* S. 72.
7 Plant/Vincent, *Philosophy, Politics, and Citizenship,* S. 35.
8 Green, *Lectures,* S. 194–212, 200.
9 Zit. in Himmelfarb, *Poverty and Compassion,* S. 250 f.; Plant/Vincent, *Philosophy, Politics, and Citizenship,* S. 26.
10 H. Jones, *The Working Faith of a Social Reformer,* S. 114.
11 Zit. in Plant/Vincent, *Philosophy, Politics, and Citizenship,* S. 119.
12 Toynbee sen., *Progress and Poverty,* S. 53.
13 Collini, *Liberalism and Socialism,* S. 55; Himmelfarb, *Poverty and Compassion,* S. 362; Tawney, *The Acquisitive Society,* S. 30 f.
14 Vgl. Laski, *Law and Justice;* Muggeridge, *Chronicles of Wasted Time,* S. 172–174.
15 Rich, *Race and Empire,* S. 21.
16 Townsend, *J. A. Hobson,* S. 144.
17 Feuer, *Imperialism and the Anti-Imperialist Mind,* S. 10, 74 f.
18 Buchan, *Pilgrim's Way,* S. 120 f.
19 Toynbee, *Erlebnisse und Erfahrungen,* S. 207.
20 Wohl, *The Generation of 1914,* S. 111–113.
21 Toynbee, *Erlebnisse und Erfahrungen,* S. 210.
22 McNeil, *Arnold Toynbee,* S. 65–68, 73–75.
23 Toynbee, *Erlebnisse und Erfahrungen,* S. 215.
24 Woolfe, *Tagebücher,* S. 185.
25 Toynbee, *Acquaintances,* S. 114.

26 Kendle, *The Round-Table Movement*, S. 18; Curtis, *The Commonwealth of Nations*, Teil 1.
27 Zit. in Rich, *Race and Empire*, S. 61.
28 Kidd, *Principles of Western Civilization*, S. 161.
29 Toynbee, *Erlebnisse und Erfahrungen*, S. 273 f.
30 Toynbee, »Europa ist klein geworden«, in ders., *Kultur am Scheideweg*, S. 107, 124.
31 Toynbee, *Erlebnisse und Erfahrungen*, S. 208; McNeil, *Arnold Toynbee*, S. 41.
32 Toynbee, »The Study of History«, S. 5.
33 Toynbee, *Der Gang der Weltgeschichte*, Bd. 1, S. 53.
34 Ebd., S. 188.
35 Ebd., S. 186, 189.
36 Ebd., S. 66 f.
37 Toynbee, *Reconsiderations*, S. 553 f.
38 Toynbee, *Der Gang der Weltgeschichte*, Bd. 1, S. 99, 198, 200.
39 Ebd., S. 197.
40 Ebd., S. 212 f., 272 f.
41 Ebd., S. 274 f.
42 Toynbee, *Erlebnisse und Erfahrungen*, S. 330.
43 Toynbee, *Der Gang der Weltgeschichte*, Bd. 1, S. 282, 284, 288 f.
44 Ebd., S. 151.
45 Ebd., S. 141, 241, 454–458.
46 Ebd., S. 544 f.
47 Ebd., S. 78, 202 f.
48 H. A. L. Fisher, *Die Geschichte Europas*, S. 5.
49 McNeil, *Arnold Toynbee*, S. 177.
50 Toynbee, *Der Gang der Weltgeschichte*, Bd. 1, S. 546.
51 Rowse, *All Souls and Appeasement*, S. 38; McNeil, *Arnold Toynbee*, S. 173 f.
52 Toynbee an den Herausgeber des *Manchester Guardian*, April 1935, und an Veronica Boulter, 8. September 1938, zit. in McNeil, *Arnold Toynbee*, S. 174, 185.
53 Toynbee, *Kultur am Scheideweg*, S. 243.
54 Zit. in McNeil, *Arnold Toynbee*, S. 174.
55 Muggeridge, *Like It Was*, S. 222.
56 McNeil, *Arnold Toynbee*, S. 199.

57 Toynbee, *Erlebnisse und Erfahrungen*, S.264.
58 Toynbee, *America and the World Revolution*, S.92f.
59 Toynbee, *Erlebnisse und Erfahrungen*, S.238–241, 250; *Der Gang der Weltgeschichte*, Bd. 2, S.176; F. Schweitzer, »Toynbee and the Jewish History«, S.208f.
60 Toynbee, *Der Gang der Weltgeschichte*, Bd. 2, S.170f.
61 Toynbee, *Erlebnisse und Erfahrungen*, S.270.
62 Ebd., S.272; *Kultur am Scheideweg*, S.45f.
63 Ashley-Montagu, *Toynbee and History*, S.11; McNeil, *Arnold Toynbee*, S.199; Toynbee, *Change and Habit*, S.138.
64 Macintire/Marvin, *Toynbee. Reappraisals*, S.135.
65 Toynbee, *Die Welt und der Westen*, S.69.
66 Toynbee, *Kultur am Scheideweg*, S.69, 90, 166f.
67 McNeil, *Arnold Toynbee*, S.194f.
68 A. Schweitzer, *Kultur und Ethik*, S.15, 18, 107, 314f.
69 Murray, *Five Stages of Greek Religion*, S.119.

Die kritische Persönlichkeit

1 Watts, *The Kings Depart*, S.271f.
2 Adorno, Rezension der Wagner-Biographie von Franz Neumann; Horkheimer, Interview mit *L'Espresso*, zit. in Aschheim, *Nietzsche und die Deutschen*, S.189f.
3 Marcuse, *Triebstruktur und Gesellschaft*, S.121f.
4 Lukács, *Geschichte und Klassenbewußtsein*, S.93f.
5 Horkheimer, *Dämmerung*, zit. in Wiggershaus, *Die Frankfurter Schule*, S.63.
6 Marx, *Ökonomisch-philosophische Manuskripte*, S.473f., 514.
7 Ebd., S.476f., 518.
8 Adorno an Walter Benjamin, 10. November 1938, zit. in Aschheim, *Nietzsche und die Deutschen*, S.190.
9 Adorno/Horkheimer, *Dialektik der Aufklärung*, S.4.
10 Wiggershaus, *Die Frankfurter Schule*, S.275f., 338–341.
11 Neumann, *Behemoth*, S.547.
12 Adorno, *Minima Moralia*, S.132.
13 Horkheimer, »Die Juden und Europa«, S.324; vgl. Wiggershaus, *Die Frankfurter Schule*, S.163f., 314, 325f.

14 Wiggershaus, *Die Frankfurter Schule*, S.171; Wolin, *The Terms of Cultural Criticism*, S.47.
15 Horkheimer an Adorno, 16. November 1934, zit. in Wiggershaus, *Die Frankfurter Schule*, S.181, vgl. auch S.140, 388; Wolin, *The Terms of Cultural Criticism*, S.117f., 158, 383.
16 Adorno/Horkheimer, *Dialektik der Aufklärung*, S.4.
17 Horkheimer, »Die Juden und Europa«, S.309.
18 Adorno/Horkheimer, *Dialektik der Aufklärung*, S.1, 3.
19 Ebd., S.25f.
20 Ebd., S.11f.
21 Ebd., S.10, 109, 194.
22 Ebd., S.166.
23 Benjamin, »Das Kunstwerk im Zeitalter seiner technischen Reproduzierbarkeit«, S.503; »Franz Kafka«, S.436.
24 Benjamin, ebd., S.438–440.
25 Vgl. Barnouw, *Weimar Intellectuals*, S.172–193.
26 Mills, *Die amerikanische Elite*, S.38, 306, 358f.
27 Mannheim, *Ideologie und Utopie*, S.36.
28 Mills, *Die amerikanische Elite*, S.390f.
29 Fromm, »Über Methode und Aufgabe einer Analytischen Sozialpsychologie«, S.43, Anm. 6.
30 Adorno, *Studien zum autoritären Charakter*, S.49.
31 Horkheimer, »Autorität und Familie«, S.391.
32 Adorno, *Studien zum autoritären Charakter*, S.323f.
33 Horkheimer, *Zur Kritik der instrumentellen Vernunft*, S.72, 128.
34 Fromm, *Studien über Autorität und Familie*, S.170.
35 Fromm, *Die Furcht vor der Freiheit*, S.217f., 294f., 357.
36 Adorno, *Studien zum autoritären Charakter*, S.1.
37 Ebd., S.1, 11f., 20.
38 Ebd., S.45, 69; *The Authoritarian Character*, S.249; Wiggershaus, *Die Frankfurter Schule*, S.461.
39 Adorno, *The Authoritarian Character*, S.976; vgl. Wiggershaus, *Die Frankfurter Schule*, S.472.
40 Marcuse, »The Movement in a New Era of Repression«, S.8.
41 Adorno/Horkheimer, *Dialektik der Aufklärung*, S.101, 153.
42 Ortega, *Der Aufstand der Massen*, S.86.
43 Gobineau, *Die Ungleichheit der Menschenrassen*, S.534–536.

44 Marcuse, *Der eindimensionale Mensch*, S.99.
45 Adorno, *Minima Moralia*, S.22, 34, 42f.
46 Horkheimer, *Zur Kritik der instrumentellen Vernunft*, S.112.
47 Marcuse, *Konterrevolution und Revolte*, S.23.
48 Marcuse, *Versuch über die Befreiung*, S.21.
49 Fromm, *Die Furcht vor der Freiheit*, S.364.
50 Marcuse, *Der eindimensionale Mensch*, S.32.
51 Ebd., S.29, 32.
52 Ebd., S.21, 23.
53 Marcuse, *Triebstruktur und Gesellschaft*, S.152–154.
54 Marcuse, *Der eindimensionale Mensch*, S.22.
55 Marcuse, *Versuch über die Befreiung*, S.37f.
56 Vgl. Kolakowski, *Hauptströmungen des Marxismus*, S.434, 443.
57 Marcuse, *Der eindimensionale Mensch*, S.267.
58 Marcuse, »Repressive Toleranz«, S.118.
59 Marcuse, *Versuch über die Befreiung*, S.21, 120.
60 Marcuse, *Negations*, S.251.
61 Kellner, *Herbert Marcuse*, S.299; Radosh, »On Hanging Up the Old Red Flag«, S.224.
62 Marcuse, »Nachschrift 1968«, S.164.
63 Zit. in Kellner, *Herbert Marcuse*, S.292, 300f.

Die französischen Propheten

1 Bergson, *Schöpferische Entwicklung*, S.51f., 70, 270.
2 Sartre, *Tagebücher*, S.370.
3 Bergson, *Schöpferische Entwicklung*, S.274.
4 Wohl, *The Generation of 1914*, S.8f., 27.
5 Bernanos, *Die großen Friedhöfe unter dem Mond*, S.84.
6 Paxton, *Vichy France*, S.146.
7 Ebd., S.253–256.
8 Péan, *Eine französische Jugend*; Giesbert, *François Mitterrand*, 38–56, 590–598.
9 Paxton, *Vichy France*, S.146; Judt, *Past Imperfect*, S.16, 20.
10 Roth, *Knowing and History*.
11 Sartre, »Playboy-Interview 1965«, S.147; vgl. Pilkington, *Bergson and His Influence*.

12 Nietzsche, *Zur Genealogie der Moral*, S. 301.
13 Gadamer, »Martin Heidegger«, S. 205.
14 Vgl. Wiggerhaus, *Die Frankfurter Schule*, S. 114–119, 657–660.
15 Cassirer, *Der Mythus des Staates*, S. 383.
16 Barash, *Martin Heidegger*, S. 146–160.
17 Heidegger, *Einführung in die Metaphysik*, S. 29, 34; *Überwindung der Metaphysik*, zit. in Wolin, *Seinspolitik*, S. 177 f.; Nietzsche, *Nachgelassene Fragmente*, Bd. 12, S. 280.
18 Heidegger, *Einführung in die Metaphysik*, S. 28; »Die Frage nach der Technik«, S. 15 f.; vgl. Holmes, *Die Anatomie des Antiliberalismus*, S. 219 f.
19 Sartre, »Die Transzendenz des Ego«, S. 91 f.; Sartre, *Tagebücher*, S. 222, 395.
20 Nietzsche, *Also sprach Zarathustra*, S. 125, 271, 275, 358.
21 Sartre, *Der Ekel*, S. 308.
22 Vgl. Charmé, *Vulgarity and Authenticity*, S. 54.
23 Sartre, *Die Wörter*, S. 67.
24 Sartre, *Bei geschlossenen Türen*, S. 97.
25 Camus, *Der Mythos von Sisyphos*, S. 16.
26 Heidegger, *Einführung in die Metaphysik*, S. 29 f.
27 Sartre, *Tagebücher*, S. 392, 398.
28 Sartre, »Selbstporträt mit siebzig Jahren«, S. 239.
29 Sartre, »Vorstellung von *Les Temps Modernes*«, S. 158; »Ist der Existentialismus ein Humanismus?«, S. 13.
30 Sartre, »Ist der Existenzialismus ein Humanismus?«, S. 11, 23, 27, 35 f.; vgl. Cohen-Solal, *Sartre*, S. 391–393.
31 Sartre, »Ist der Existenzialismus ein Humanismus?«, S. 16; »Vorstellung von *Les Temps Modernes*«, S. 168.
32 Zum Folgenden siehe Sartre, »Vorstellung von *Les Temps Modernes*«, S. 160–166, 168.
33 Sartre, »Die Maoisten in Frankreich«, S. 455.
34 Merleau-Ponty, *Humanismus und Terror*, Bd. 1, S. 7 f., 10 f., Bd. 2, S. 13, 15.
35 Sartre u. a., »Aufruf des Komitees für das Rassemblement Démocratique Révolutionaire«, S. 11; »Die Kommunisten und der Frieden«, S. 183; vgl. Hayman, *Writing Against*, S. 229.
36 Sartre in *Libération*, 15. Juli 1954, zit. in Cohen-Solal, S. 537.
37 Zit. in Judt, *Past Imperfect*, S. 196.

38 Sartre, »Selbstporträt mit siebzig Jahren«, S. 241.
39 Sartre, »Der Völkermord«, S. 290, 299.
40 Zit. in Cohen-Solal, *Sartre*, S. 692, 729.
41 Sartre, »Selbstporträt mit siebzig Jahren«, S. 243, 270; Cohen-Solal, *Sartre*, S. 729.
42 Sartre, »Die Maoisten in Frankreich«, S. 456; vgl. Cohen-Solal, *Sartre*, S. 728 f.
43 Foucault, *Die Ordnung der Dinge*, S. 462.
44 Zit. in Miller, *Die Leidenschaften des Michel Foucault*, S. 94.
45 Foucault, *Die Ordnung der Dinge*, S. 441, 444.
46 Ebd., S. 26 f., 446.
47 Artaud, »Fragmente eines Höllentagebuchs«, S. 107; »Briefe über die Grausamkeit«, S. 111 f.; vgl. Bataille, *Die Literatur und das Böse*, S. 91–114.
48 Foucault, *Wahnsinn und Gesellschaft*, S. 532.
49 Foucault, *Die Ordnung der Dinge*, S. 320; im Interview mit Millicent Dillon, 1979, zit. in Miller, *Die Leidenschaft des Michel Foucault*, S. 441.
50 Foucault, »Historisches Wissen«, S. 72.
51 Foucault, »Jenseits von Gut und Böse«, S. 114.
52 Foucault, »Recht der Souveränität«, S. 76, 83; *Sexualität und Wahrheit*, Bd. 1, S. 114.
53 Foucault, *Überwachen und Strafen*, S. 180.
54 Artaud, *Das Theater der Grausamkeit*, S. 34.
55 Stoller, *Pain and Passion*, S. 24.
56 Miller, *Die Leidenschaft des Michel Foucault*, S. 430, 556–561.
57 Ebd., S. 563.
58 Artaud, »Notizen für einen ›Brief an die Balinesen‹«, S. 105.
59 Sartre, »Die Maoisten in Frankreich«, S. 449.
60 Foucault, »Über die Volksjustiz«, S. 115, 119; vgl. Miller, *Die Leidenschaft des Michel Foucault*, S. 299 f., 420.
61 Césaire, »Discours sur le colonialisme«, zit. in von Grunebaum, *French African Literature*, S. 13; Ba, *The Concept of Negritude*, S. 45–48.
62 Zit. in Moikobu, *Blood and Flesh*, S. 82.
63 Sartre, »Schwarzer Orpheus«, S. 47 f., 65, 67.
64 Fanon, *Die Verdammten dieser Erde*, S. 239 f.
65 Ebd., S. 27 f.
66 Ebd., S. 28, 70 f., 158; Césaires *Et les chiens se taisaient* (deutsche Bearbeitung: *Und die Hunde schwiegen)* ist zitiert auf S. 66–68.

67 Sartre, »Vorwort«, S. 18–20.
68 Fanon, »Afrika im Werden«, S. 191 f.
69 Sartre, »Vorwort«, S. 22.
70 Hughes, *Obstructed Path*, S. 221.

Ökopessimismus

1 Zit. in Manes, *Green Rage*, S. 42.
2 Shelley, *Frankenstein*, S. 50 f., 70 f.
3 Verne, *Zwanzigtausend Meilen unter den Meeren*, S. 44, 48–50.
4 Ebd., S. 84.
5 Verne, *Die geheimnisvolle Insel*, S. 433.
6 Wells, *Die Zeitmaschine*, S. 59 f., 66, 68.
7 Zit. in Lombroso, *Die Ursachen und Bekämpfung des Verbrechens*, S. 381.
8 Wells, *Die Insel des Dr. Moreau*, S. 102, 109, 180–182.
9 Wells, *Der Geist am Ende seiner Möglichkeiten*.
10 Wells, »Die Herren der Dynamos«, S. 220.
11 Ellul, *The Technological Society*, S. 4 f.
12 Adorno, *Minima Moralia*, S. 137.
13 Zit. in D. Fisher, *Fire and Ice*, S. 152.
14 Hume, »Über Aberglauben und Enthusiasmus«, S. 77.
15 Ehrlich, *The Population Bomb*, S. 13.
16 Ebd., S. 105 f., 152.
17 Ebd., S. 103, 106, 131, 133.
18 Commoner, *The Closing Circle*, S. 283 f.
19 Dubos/Ward, *Wie retten wir unsere Erde?*, S. 35.
20 Ebd., S. 54.
21 *Das Überleben sichern*, S. 17, 333.
22 Ebd., S. 33 f., 334, 352, 358.
23 Brown, *Zur Rettung des Planeten Erde*, S. 9, 18 f., 171, 188.
24 Schell, *Das Schicksal der Erde*, S. 14.
25 Ebd., S. 121, 130, 184.
26 Ebd., S. 200 f., 255.
27 Zit. in Schwartz, *Century's End*, S. 287.
28 Ehrlich, *Healing the Planet*, S. 12, 242 f.
29 Devall/Sessions, *Deep Ecology*, S. 65.
30 Haeckel, *Die Welträtsel*, S. 293.

31 Ebd., S. 26, 451.
32 Klages, »Mensch und Erde«, S. 28, 36–39; vgl. Aschheim, *Nietzsche und die Deutschen*, S. 81–84.
33 Bramwell, *Ecology in the 20th Century*, S. 177–180; Mosse, *Die völkische Revolution*, S. 128–132.
34 Spengler, *Der Untergang des Abendlandes*, Bd. 2, S. 113.
35 Bramwell, *Ecology in the 20th Century*, S. 204.
36 Niekisch, »Menschenfresser Technik«, S. 58.
37 Heidegger, »Wozu Dichter?«, S. 288–290.
38 Gottlieb, *Forcing the Spring*, S. 102.
39 Reich, *The Greening of America*, S. 2–8, 165, 284.
40 Zit. in Manes, *Green Rage*, S. 46 f.
41 Reich, *The Greening of America*, S. 3 f., 165, 284.
42 Zit. in Brown, *Zur Rettung des Planeten Erde*, S. 17.
43 Zit. in Devall/Sessions, *Deep Ecology*, S. 66.
44 Bookchin, *The Modern Crisis*, S. 6, 25, 30.
45 Ebd., S. 29.
46 Bookchin, *Remaking Society*, S. 166.
47 Adorno, *Negative Dialektik*, S. 312.
48 Bookchin, *The Modern Crisis*, S. 22 f.; *Remaking Society*, S. 194 f.
49 Abbey, *Confessions of a Barberian*, S. 337.
50 Bookchin, *Remaking Society*, S. 22.
51 Spengler, *Der Untergang des Abendlandes*, Bd. 1, S. 41.
52 Sale, *Das verlorene Paradies*, S. 10 f., 345–347.
53 Ebd., S. 358–363, 368–376, 383.
54 Devall/Sessions, *Deep Ecology*, S. 6; Bookchin, *Ökologie der Freiheit*, S. 67–94.
55 Manes, *Green Rage*, S. 123, 238.
56 Diamond, *Kritik der Zivilisation*, S. 59.
57 Mander, *In the Absence of the Sacred*, S. 387.
58 Abbey, *Confessions of a Barbarian*, S. 138.
59 Ebd., S. 152, 307.
60 Abbey, »Response to a Schmookler on Anarchy«, zit. in Manes, *Green Rage*, S. 241.
61 Rifkin, *Das Imperium der Rinder*, S. 36.
62 Ebd., S. 35, 37 f.
63 Ebd., S. 39 f., 82 f., 235; den Japaner zitiert Rifkin aus Boas/Chain, *Big Mac*.

64 Gore, *Wege zum Gleichgewicht*, S. 202, 380.
65 Ebd., S. 267.
66 Ebd., S. 223, 231 f.; *Earth in the Balance*, S. 232.
67 Ebd., S. 221 , 253 f.
68 Adorno/Horkheimer, *Dialektik der Aufklärung*, S. 101.
69 Allaby, *Guide to Gaia*, zit. in Dobson, *Green Political Thought*, S. 43.
70 Gore, *Wege zum Gleichgewicht*, S. 197, 202, 261–263.
71 Ebd., S. 50.
72 Gore, *Earth in the Balance*, S. 64–67.
73 Devall/Sessions, *Deep Ecology*, S. 66.
74 Manes, *Green Rage*, S. 75, 84, 162, 176.
75 Vgl. Devall/Sessions, *Deep Ecology*, S. 6; Dobson, *Green Political Thought*, S. 45–47.
76 Bookchin/Foreman, *Defending the Earth*, S. 39.
77 Spengler, *Der Untergang des Abendlandes*, Bd. 1, S. 43.
78 Zit. in Gore, *Wege zum Gleichgewicht*, S. 217.
79 Zit. in Scarce, *Ecowarriors*, S. 266.
80 Bookchin/Foreman, *Defending the Earth*, S. 80.
81 Preston, *Hot Zone*, S. 334 f.
82 Lawrence, *Liebende Frauen*, S. 47 f.

Nachwort

1 Samuelson, *The Good Society*, S. 49.
2 Heidegger, »Selbstbehauptung der deutschen Universität«, S. 11.
3 Popper, *Das Elend des Historizismus*, S. 15.
4 Tocqueville, *European Revolution*, S. 309 f.
5 Lovejoy, *Die große Kette der Wesen*.
6 Locke, *Versuch über den menschlichen Verstand*, S. 316 f.

BIBLIOGRAPHIE

Abbey, Edward: *Confessions of a Barbarian. Selections from the Journals of Edward Abbey*, Boston, Massachusetts, 1994

Adorno, Theodor W.: *The Authoritarian Personality*, New York 1949 (dt.: *Studien zum autoritären Charakter*, Frankfurt am Main 1973)

—: *Minima Moralia. Reflexionen aus dem beschädigten Leben*, Frankfurt am Main 1979

—/Horkheimer, Max: *Dialektik der Aufklärung. Philosophische Fragmente*, Frankfurt am Main 1971

Appiah, A.: »The Uncompleted Argument. Du Bois and the Illusion of Race«, in H. L. Gates (Hg.), *»Race«, Writing, and Difference*, Chicago, Illinois, 1986

Arnold, Matthew: *Selected Prose*, Harmondsworth 1980

Artaud, Antonin: »Briefe über die Grausamkeit«, in ders., *Das Theater und sein Double. Das Théâtre de Séraphin*, Frankfurt am Main 1983

—: »Fragmente eines Höllentagebuchs«, in ders., *Frühe Schriften*, hg. von Bernd Mattheus, München 1983

—: »Notizen für einen ›Brief an die Balinesen‹«, in ders., *Schluß mit dem Gottesgericht*

—: *Schluß mit dem Gottesgericht. Das Theater der Grausamkeit. Letzte Schriften zum Theater*, München 1980

—: *Das Theater der Grausamkeit*, in ders., *Schluß mit dem Gottesgericht*

Aschheim, Steven E.: *Nietzsche und die Deutschen. Karriere eines Kults*, Stuttgart/Weimar 1996

Ba, S. W.: *The Concept of Negritude in the Poetry of Leopold Sedar Senghor*, Princeton, New Jersey, 1973

Bainton, Michael: *The Idea of Race and Race Theory*, Cambridge 1985

—: *Racial Theories*, Cambridge 1987

Barash, Jefffey A.: *Martin Heidegger and the Problem of Historical Meaning*, Dordrecht 1988

Barnouw, Dagmar: *Weimar Intellectuals and the Threat of Modernity*, Bloomington, Indiana, 1988

Bataille, Georges: *Die Literatur und das Böse. Emily Brontë – Michelet – Blake – Sade – Proust – Kafka – Genet*, München 1987

Baudelaire, *Mein entblößtes Herz*, in ders., *Ausgewählte Werke*, hg. von Franz Blei, Bd. 3: *Kritische und nachgelassene Schriften*, München o. J.

–: *Raketen*, ebd.

–: »Zur Weltausstellung 1855«, ebd.

Becker, Carl L.: *Der Gottesstaat der Philosophen des 18. Jahrhunderts*, Würzburg 1946

Beckson, Karl (Hg.): *Aesthetes and Decadents of the 1890's*, Chicago, Illinois, 1981

Benjamin, Walter: *Gesammelte Schriften*, hg. von Rolf Tiedemann und Hermann Schweppenhäuser, Frankfurt am Main:

»Franz Kafka. Zur zehnten Wiederkehr seines Todestages«, Bd. 2.2, 1977

»Das Kunstwerk im Zeitalter seiner technischen Reproduzierbarkeit«, Bd. 1.2, [2]1978

Bergson, Henri: *Schöpferische Entwicklung*, Zürich 1967

Bernanos, Georges: *Die großen Friedhöfe unter dem Mond*, München 1949

Bidiss, Michael: *Father of Racist Ideology. The Social and Political Thought of Count Gobineau*, New York 1970

Boas/Chain, *Big Mac. The Unauthorized Story of McDonald's*, New York 1976

Boissel, Jean: *Gobineau, 1816–1882. Un Don Quixote tragique*, Paris 1982

Bookchin, Murray: *Die Ökologie der Freiheit. Wir brauchen keine Hierarchien*, Weinheim/Basel 1985

–: *The Modern Crisis*, Montreal 1987

–: *Remaking Society*, Montreal 1989

–/Foreman, David: *Defending the Earth. A Dialogue*, Boston, 1991

Bramwell, Anna: *Ecology in the 20th Century. A History*, New Haven, Connecticut, 1989

Brandt, Willy: »Wandel tut not: Frieden, Ausgleich, Arbeitsplätze«, Einleitung in: *Das Überleben sichern*

Brown, Lester R./Flavin, Christopher/Postel, Sandra: *Zur Rettung des Planeten Erde. Strategien für eine ökologisch nachhaltige Weltwirtschaft. Eine Publikation des Worldwatch Instituts*, Frankfurt am Main 1992

Buchan, John: *Pilgrim's Way. An Essay in Recollection*, Boston, Massachusetts, 1940

Buckley, J. H.: *The Triumph of Time*, Cambridge, Massachusetts, 1967

Buenzod, Janine: *La Formation de la Pensée de Gobineau et L'Essai sur l'inégalité des races humaines*, Paris 1967

Burckhardt, Jacob: *Briefe. Zehn Bände. Kritische Ausgabe*, hg. von Max Burckhardt, Basel 1949–1986

–: *Die Kultur der Renaissance in Italien. Ein Versuch*, hg. von Walther Rehm, Stuttgart 1994

–: *Weltgeschichtliche Betrachtungen. Über geschichtliches Studium / Historische Fragmente. Aus dem Nachlaß gesammelt von Emil Dürr*, hg. von Johannes Wenzel, Leipzig 1985

Burke, Edmund: *Betrachtungen über die Französische Revolution*, hg. von Ulrich Frank-Planitz, Zürich 1987

Burke, Peter: *Images of the Sun King*, New Haven, Connecticut, 1990

Burrow, John/Collini, Stefan/Winch, Donald: *That Noble Science of Politics. A Study in Nineteenth-Century Intellectual History*, Cambridge 1983

Bury, John B.: *The Idea of Progress. An Inquiry into Its Origins and Growth*, New York 1955

Camus, Albert: *Der Mythos von Sisyphos. Ein Versuch über das Absurde*, Reinbek 1959

Cassirer, Ernst: *Der Mythus des Staates. Philosophische Grundlagen politischen Verhaltens*, Frankfurt am Main 1985

Cecil, Robert: *The Myth of the Master Race. Alfred Rosenberg and Nazi Ideology*, New York 1972

Chamberlain, Houston Stewart: *Briefe, 1882–1924, und Briefwechsel mit Kaiser Wilhelm II.*, Bd. 2: *Die Briefe II. 1916–1924*, München 1928

–: *Die Grundlagen des XIX. Jahrhunderts*, 2 Bde., München 1899

Charmé, Stuart: *Vulgarity and Authenticity. Dimensions of Otherness in the World of Jean-Paul Sartre*, Amherst, Massachusetts, 1991

Chevalier, Louis: *Laboring Classes and Dangerous Classes in Paris During the First Half of the Nineteenth Century*, New York 1973

Chickering, Roger: *We Men Who Feel Most German. The Pan-German League 1891–1902*, Princeton, New Jersey, 1980

Clark, Kenneth: *Zivilisation. Von den Gedanken, Bauten, Büchern, Kunstwerken und Genies, die den Glanz des Abendlandes schufen*, Reinbek 1970

Clark, Linda: *Social Darwinism in France*, Montgomery, Alabama, 1984

Cohen-Solal, Annie: *Sartre, 1905–1980*, Reinbek 1988
Collini, Stefan: *Liberalism and Socialism. L. T. Hobhouse and Political Argument in England 1880–1915*, Cambridge, Massachusetts, 1979
Commoner, Barry: *The Closing Circle*, New York 1971
Condorcet, Antoine Caritat, Marquis de: *Entwurf einer historischen Darstellung der Fortschritte des menschlichen Geistes*, hg. von Wilhelm Alff, Frankfurt am Main 1963
Curtis, Lionel: *The Commonwealth of Nations*, Teil 1, London 1916
Del Caro, Adrian: *Nietzsche Contra Nietzsche*, Baton Rouge, Louisiana, 1989
Devall, Bill/Sessions, George: *Deep Ecology*, Salt Lake City, Utah, 1985
Diamond, Stanley: *Kritik der Zivilisation. Anthropologie und die Wiederentdeckung des Primitiven*, Frankfurt am Main/New York 1976
Dikötter, Frank: *Discourse of Race in Modern China*, Stanford, Kalifornien, 1992
Dobson, Andrew: *Green Political Thought. An Introduction*, London 1990
Doyle, Arthur Conan: »Der kriechende Mann«, in ders., *Das Notizbuch von Sherlock Holmes. Sämtliche Sherlock-Holmes-Erzählungen*, hg. von Alice und Karl Heinz Berger, Bd. 5, Leipzig/Weimar 1985
Du Bois, Willim Edward B.: *Black Reconstruction in America*, New York 1966
—: »Conversation of Races«, in: *W. E. B. Du Bois. A Reader*
—: »Conservatism of the Races«, in ebd.
—: *Darkwater*, New York 1969
—: *Du Bois Speaks*, hg. von P. Foner, New York 1970
—: »Dusk of Dawn«, in ders., *Writings*, New York 1986
—: »Jefferson Davis as a Representative of Civilization«, in: *W. E. B. Du Bois. A Reader*
—: *The Negro*, New York 1975
—: *W. E. B. Du Bois. A Reader*, hg. von D. L. Lewis und Henry Holt, New York 1995
—: *The World and Africa*, New York 1965
—: *Writings by W. E. B. Du Bois in Periodicals and Newspapers*, hg. von Herbert Aptheker, Bd. 4, Millwood, New York, 1982
Dubos, René/Ward, Barbara: *Wie retten wir unsere Erde? Umweltschutz: Bilanz und Prognose*, Basel/Wien 1972
Durkheim, Emile: *Über soziale Arbeitsteilung. Studie über die Organisation höherer Gesellschaften*, Frankfurt am Main 1988

—: *Der Selbstmord*, Frankfurt am Main 1983
Edelstein, Ludwig: *The Idea of Progress in Classical Antiquity*, Baltimore, Maryland, 1967
Ehrlich, Paul: *Die Bevölkerungsbombe*, München 1971
—/Ehrlich, Barbara: *Healing the Planet*, Reading, Massachusetts, 1991
Ein Ding von Schönheit ist ein Glück auf immer. Gedichte der englischen und schottischen Romantik, hg. von Horst Höhne, Leipzig 1983
Elias, Norbert: *Über den Prozeß der Zivilisation. Soziogenetische und psychogenetische Untersuchungen*, Bd. 1: *Wandlungen des Verhaltens in den weltlichen Oberschichten des Abendlandes*, Bern 1969
Ellul, Jacques: *The Technological Society*, New York 1964
Engels, Friedrich: *Die Entwicklung des Sozialismus von der Utopie zur Wissenschaft*, in Marx/Engels, *Ausgewählte Schriften*, Bd. 2
Ezell, J.: *Fortune's Merry Wheel. The Lottery in America*, Cambridge, Massachusetts, 1960
Fanon, Frantz: »Afrika im Werden«, in ders., *Für eine afrikanische Revolution. Politische Schriften*, Frankfurt am Main 1972
—: *Schwarze Haut, weiße Masken*, Frankfurt am Main 1985
—: *Die Verdammten dieser Erde*, Frankfurt am Main 1968
Féré, Charles: *Dégénérescence et criminalité*, 1888
Feuer, Lewis: *Imperialism and the Anti-Imperialist Mind*, New Brunswick, New Jersey, 1989
Fichte, Johann Gottlieb: *Die Bestimmung des Menschen*, hg. von Werner Röhr, Leipzig 1976
Field, Geoffrey G.: *Evangelist of Race. The Germanic Vision of Houston Stewart Chamberlain*, New York 1981
Finker, Kurt: »Die militärischen Wehrverbände in der Weimarer Republik. Ein Beitrag zur Strategie und Taktik der deutschen Großbourgeoisie«, in: *Zeitschrift für Geisteswissenschaft*, 14. Jg. (1966)
Fisher, David: *Fire and Ice*, New York 1990
Fisher, Herbert Albert Laurens: *Die Geschichte Europas*, 2 Bde., Stuttgart 1951
Fleming, Donald: *John William Draper and the Religion of Science*, Philadelphia, Pennsylvania, 1972
Foucault, Michel: *Dispositive der Macht. Über Sexualität, Wissen und Wahrheit*, Berlin 1978
—: »Historisches Wissen der Kämpfe und Macht«, in ders., *Dispositive der Macht*

—: »Jenseits von Gut und Böse«. Gespräch zwischen Michel Foucault und Studenten, in ders., *Von der Subversion des Wissens*, hg. von Walter Seitter, Frankfurt am Main/Berlin/Wien 1978
—: »Nein zum König Sex«. Ein Gespräch mit Bernard-Henri Lévy, in ders., *Dispositive der Macht*
—: *Die Ordnung der Dinge. Eine Archäologie der Humanwissenschaften*, Frankfurt am Main 1971
—: »Recht der Souveränität/Mechanismus der Disziplin«, in ders., *Dispositive der Macht*
—: *Sexualität und Wahrheit*, Bd. 1: *Der Wille zum Wissen*, Frankfurt am Main 1983
—: »Über die Volksjustiz«. Eine Diskussion mit maoistischen Genossen, in ders. u. a., *Neuer Faschismus, neue Demokratie. Über die Legalität des Faschismus im Rechtsstaat*, Berlin 1972
—: *Überwachen und Strafen. Die Geburt des Gefängnisses*, Frankfurt am Main 1976
—: *Wahnsinn und Gesellschaft. Eine Geschichte des Wahns im Zeitalter der Vernunft*, Frankfurt am Main 1969
Freeman, Derek: *Liebe ohne Aggression. Margaret Meads Legende von der Friedfertigkeit der Naturvölker*, München 1983
Freud, Sigmund: *Studiensausgabe*, hg. von Alexander Mitscherlich, Angela Richards und James Strachey, 10 Bde., Ergänzungsband und Konkordanz, Frankfurt am Main 1982:
Das Ich und das Es, Bd. 3
Das Unbehagen in der Kultur, Bd. 9
Vorlesungen zur Einführung in die Psychoanalyse, Bd. 1
»Zeitgemäßes über Krieg und Tod«, Bd. 9
Fromm, Erich: *Gesamtausgabe*, hg. von Rainer Funk, 10 Bde., München 1980/81:
Die Furcht vor der Freiheit, Bd. 1
»Nachwort zu George Orwell ›1984‹«, Bd. 5
Studien über Autorität und Familie. Sozialpsychologischer Teil, Bd. 1
»Über Methode und Aufgabe einer Analytischen Sozialpsychologie«, Bd. 1
Wege aus einer kranken Gesellschaft, Bd. 5
Gadamer, »Martin Heidegger«, in ders., *Kleine Schriften*, Bd. 3, Tübingen 1972

Galinsky, G. Karl: *The Heracles Theme. The Adaptions of the Hero in the Literature from Homer to the Twentieth Century*, Totowa, New Jersey, 1972

Galton, Francis: *Genie und Vererbung*, Leipzig 1910

Gasman, Daniel: *The Scientific Origins of National Socialism*, London 1971

Gibbon, Edward: *Verfall und Untergang des Römischen Reiches*, hg. von Dero A. Saunders, Frankfurt am Main 1992

Giesbert, Franz-Olivier: *François Mitterrand. Die Biographie*, Berlin 1997

Gilman, Sander: *Freud, Race, and Gender*, Princeton, New Jersey, 1993

Gobineau, Joseph Arthur Comte de: *Die Renaissance. Historische Szenen*, Berlin 1924

—: »Einleitungen« [zu den vier Szenen des Buchs], in ders., *Die Renaissance. Historische Szenen. Ausgabe letzter Hand mit den aus der Handschrift erstmalig übertragenen Originaleinleitungen Gobineaus*, Straßburg 1912

—: *Die Ungleichheit der Menschenrassen*, Berlin 1935

Gooch, G. P.: *Geschichte und Geschichtsschreiber im 19. Jahrhundert*, Frankfurt am Main 1964

Goodrick-Clarke, Nicolas: *The Occult Roots of Nazism. Secret Aryan Cults and their Influence on Nazi Ideology*, Cambridge 1992

Gore, Albert: *Earth in the Balance. Ecology and the Human Spirit*, Boston/New York/London 1992 (gekürzte deutsche Fassung: *Wege zum Gleichgewicht. Ein Marshallplan für die Erde*, Frankfurt am Main 1992)

Gossman, Lionel: *Orpheus Philologus. Bachofen versus Mommsen on the Study of Antiquity*, Philadelphia, Pennsylvania, 1983

Gottlieb, Robert: *Forcing the Spring*, Washington, D. C., 1993

Gould, Stephen Jay: *Der falsch vermessene Mensch*, Basel/Boston/Stuttgart 1983

Green, Thomas Hill: *Lectures on the Principles of Political Obligation*, hg. von P. Harris und J. Morrow, Cambridge 1986

Gregor-Dellin, Martin: *Wagner. Sein Leben. Sein Werk. Sein Jahrhundert*, München/Zürich 1980

Grunebaum, G. E. von: *French African Literature. Some Cultural Implications*, Den Haag 1964

Haeckel, Ernst: *Die Welträtsel. Gemeinverständliche Studien über monistische Philosophie*, Berlin 1960 (= Leipzig ^{11}1919)

Hankins, R.: *The Racial Basis of Civilization. A Critique of the Nordic Doctrine*, New York 1926

Hansen, Eric: *Disaffections and Decadence. A Crisis in French Intellectual Thought 1848–1898*, Washington, D. C., 1979

Hayman, Ronald: *Writing Against. A Biography of Sartre*, London 1986

Hegel, Georg Wilhelm Friedrich: *Grundlinien der Philosophie des Rechts oder Naturrecht und Staatswissenschaft im Grundrisse. Mit Hegels eigenhändigen Notizen und den mündlichen Zusätzen*, in ders., *Werke*, Redaktion Eva Moldenhauer und Karl Markus Michel, Bd. 7, Frankfurt am Main 1986

—: *Phänomenologie des Geistes. Nach dem Texte der Originalausgabe*, hg. von Johannes Hoffmeister, Berlin 1971

—: *Vorlesungen über die Philosophie der Weltgeschichte*, Bd. 1: *Die Vernunft in der Geschichte*, hg. von Johannes Hoffmeister, Berlin 1966; Bd. 4: *Die germanische Welt*, hg. von Georg Lasson, Berlin 1970

Heidegger, Martin: *Einführung in die Metaphysik*, Tübingen ^{5}1987

—: »Die Frage nach der Technik«, in ders., *Die Technik und die Kehre*, Pfullingen ^{8}1991

—: *Sein und Zeit*, Tübingen ^{15}1979

—: *Die Selbstbehauptung der deutschen Universität. Rede, gehalten bei der feierlichen Übernahme des Rektorats der Universität Freiburg i. Br. am 27.5.1933*, Breslau 1933

—: »Wozu Dichter?«, in ders.: *Holzwege*, Frankfurt am Main ^{6}1980

Heller, Peter: *Studies on Nietzsche*, Bonn 1980

Herf, Jeffrey: *Reactionary Modernism. Technology, Culture, and Politics*, Cambridge 1984

Heym, Georg: *Tagebücher*, in ders., *Dichtungen und Schriften. Gesamtausgabe*, hg. von Karl Ludwig Schneider, Bd. 3: *Tagebücher, Träume, Briefe*, Hamburg/München 1960

Hillel, Marc/Henry, Clarissa: *Lebensborn e. V. Im Namen der Rasse*, Wien/Hamburg 1975

Himmelfarb, Gertrude: *The Idea of Poverty. England in the Early Industrial Age*, New York 1983

—: *Poverty and Compassion. The Moral Imagination of the Late Victorians*, New York 1991

Hitler, Adolf: *Mein Kampf. Zwei Bände in einem Band*, München 1933

Holbach, Paul Thiry d': *Sociales System oder Natürliche Principien der Moral und der Politik mit einer Untersuchung über den Einfluss der Regierung auf die Sitten*, Leipzig 1898

Hölderlin, Friedrich: *Hyperion*, in ders., *Werke*, hg. von Paul Stapf, Bd. 1, Wiesbaden o. J.
Hollander, Paul: *Political Pilgrims*, Lanham, Maryland, 1990
Hollinrake, Roger: *Nietzsche, Wagner, and the Philosophy of Pessimism*, Boston, Massachusetts/London 1982
Holmes, Stephen: *Die Anatomie des Antiliberalismus*, Hamburg 1995
Homer, *Ilias*, in ders.: *Werke in zwei Bänden*, Bd. 1, Berlin/Weimar 1983
Horaz: *Oden*, in ders.: *Werke in einem Band*, Berlin/Weimar 1972
Horkheimer, Max: *Gesammelte Schriften*, hg. von Alfred Schmidt und Gunzelin Schmid Noerr, Frankfurt am Main:
»Autorität und Familie«, Bd. 3, 1988
»Die Juden und Europa«, Bd. 4, 1988
Zur Kritik der instrumentellen Vernunft, Bd. 6, 1991
Horne, G.: *Black and Red*, New York 1983
Horowitz, A./Maely, T. (Hg.), *The Barbarism of Reason. Max Weber and the Twilight of Enlightenment*, Toronto 1994
Hughes, Henry Stuart: »Introduction«, in Oswald Spengler, *The Decline of the West*, Oxford 1991
–: *The Obstructed Path. French Social Thought in the Years of Desperation 1930–1960*, New York 1968
Hume, David: »Über Aberglauben und Enthusiasmus«, in ders., *Politische und ökonomische Essays*, hg. von Udo Bermbach, Bd. 1, Hamburg 1988
–: »Über Verfeinerung in den Künsten«, in ebd., Bd. 2
Jennings, Hugh: *Pandemonium. The Coming of the Machine as Seen by Contemporary Observers 1660–1886*, New York 1985
Jones, Greta: *Social Darwinism and English Thought*, Brighton 1980
Jones, Henry: *The Working Faith of a Social Reformer*, London 1910
Judt, Tony: *Past Imperfect. French Intellectuals 1944–1956*, Berkeley 1992
Jünger, Ernst: *Der Kampf als inneres Erlebnis*, in ders., *Sämtliche Werke*, Bd. 7, Stuttgart 1980
Juvenal: *Satiren*, hg. von Joachim Adamietz, München/Zürich 1993
Kaufmann, Walter: *Nietzsche. Philosoph – Psychologe – Antichrist*, Darmstadt 1982
Kellner, Douglas: *Herbert Marcuse and the Crisis of Marxism*, Berkeley, Kalifornien, 1984
Kelly, Alfred: *The Descent of Darwin. The Popularization of Darwin in Germany 1860–1914*, Chapel Hill, North Carolina, 1981

Kendle, J.: *The Round-Table Movement and Imperial Union*, Toronto 1975

Kennedy, Paul: *Aufstieg und Fall der Großmächte. Ökonomischer Wandel und militärischer Konflikt von 1500 bis 2000*, Frankfurt am Main 1991

—/Connelly, Patrick: »Must It Be the West?«, in: *Atlantic Monthly*, Dezember 1994

Klages, Ludwig: »Mensch und Erde«, in ders., *Mensch und Erde. Sieben Abhandlungen*, Jena ⁴1933

Koktanek, Anton M.: *Oswald Spengler in seiner Zeit*, München 1968

Kolakowski, Lezek: *Die Hauptströmungen des Marxismus. Entstehung – Entwicklung – Zerfall*, Bd. 3, München/Zürich ²1981

Laffey, John: *Civilization and Its Discontended*, Montreal 1993

Lasch, Christopher: *Das Zeitalter des Narzißmus*, Hamburg 1995

Laski, Harold Joseph: *Law and Justice in Soviet Russia*, London 1935

Lawrence, David Herbert: *Liebende Frauen*, Reinbek 1967

Le Bon, Gustave: *Psychologie der Massen*, Stuttgart 1938

Lémonon, M.: »La diffusion en Allemagne des idées de Gobineau sur les races«, in Crouzet (Hg.), *Arthur de Gobineau, Cents Ans Après. Coloque du Centenaire*, Paris 1990

Levin, Henry: *The Myth of the Golden Age in the Renaissance*, Bloomington, Indiana, 1969

Levitine, George: *The Dawn of Bohemianism. The Barbu Rebellion and Primitivism in Neoclassical France*, University Park/London 1978

Lewis, Daniel L.: *W. E. B. Du Bois. Biography of a Race 1868–1919*, New York 1993

Locke, John: *Versuch über den menschlichen Verstand*, Bd. 1, Hamburg 1981

Lombroso, Cesare: *Die Ursachen und Bekämpfung des Verbrechens*, Berlin 1902

Lombroso-Ferrera, Gina: *The Criminal Man, According to the Classification of Cesare Lombroso*, Monclair, New Jersey, 1972

Lovejoy, Arthur O.: *Die große Kette der Wesen. Geschichte eines Gedankens*, Frankfurt am Main 1993

Lukács, *Geschichte und Klassenbewußtsein. Studien über marxistische Dialektik*, Neuwied 1970

Luther, Martin: »An den christlichen Adel deutscher Nation von des christlichen Standes Besserung«, in Hutten/Müntzer/Luther, *Werke in zwei Bänden*, Bd. 2: *Luther*, Berlin/Weimar ²1975

Machiavelli, Niccolò: *Der Fürst*, hg. von Werner Bahner, Leipzig 1976

Macintire, C. T./Perry, Marvin (Hg.), *Toynbee. Reappraisals*, Toronto 1989
Malthus, Thomas Robert: *Das Bevölkerungsgesetz*, hg. von Christian M. Barth, München 1977
Mander, Jerry: *In the Absence of the Sacred*, San Francisco 1991
Manes, Christopher: *Green Rage. Radical Environmentalism and the Unmakimng of Civilization*, Boston, Massachusetts, 1990
Mann, Thomas: *Betrachtungen eines Unpolitischen*, in ders.: *Gesammelte Werke*, Berlin 1922
—: *Briefe 1889–1936*, hg. von Erika Mann, Frankfurt am Main 1979
—: *Tagebücher*, hg. von Peter de Mendelssohn, Frankfurt am Main: *1918– 1921*, 1979; *1935–1936*, 1978
Mannheim, Karl: *Ideologie und Utopie*, Frankfurt am Main [6]1978
Marcuse, Herbert: *Der eindimensionale Mensch. Studien zur Ideologie der fortgeschrittenen Industriegesellschaft*, Neuwied [10]1978
—: *Konterrevolution und Revolte*, Frankfurt am Main 1973
—: »The Movement in a New Era of Repression«, in: *Berkeley Journal of Sociology*, Bd. 16 (1971/72)
—: »Nachschrift 1968« zu »Repressive Toleranz«, in ders., *Schriften*, Bd. 8: *Aufsätze und Vorlesungen 1948–1969 – Versuch über die Befreiung*, Frankfurt am Main 1984
—: *Negations. Essays in Critical Theory*, London 1988
—: »Repressive Toleranz«, in Robert Paul Wolff/Barrington Moore/Herbert Marcuse, *Kritik der reinen Toleranz*, Frankfurt am Main [8]1973
—: *Triebstruktur und Gesellschaft. Ein philosophischer Beitrag zu Sigmund Freud*, Frankfurt am Main 1978
—: *Versuch über die Befreiung*, Frankfurt am Main [3]1972
Marx, Karl: *Ökonomisch-philosophische Manuskripte aus dem Jahre 1844*, in Marx/Engels, *Werke*, hg. vom Institut für Marxismus-Leninismus beim ZK der SED, Ergänzungsband: *Schriften, Manuskripte, Briefe bis 1844*, Erster Teil, Berlin 1981
—/Engels, Friedrich: *Ausgewählte Schriften in zwei Bänden*, hg. vom Institut für Marxismus-Leninismus beim ZK der SED, 2 Bde., Berlin 1951/1952
—/Engels, Friedrich: *Manifest der Kommunistischen Partei*, in dies., *Ausgewählte Schriften*, Bd. 1
Maudsley, Henry: *Body and Mind. An Inquiry into their Connection and Mutual Influence*, New York 1886
McNeil, William: *Arnold Toynbee. A Life*, New York 1989

McPherson, James: *The Abolitionist Legacy*, Princeton, New Jersey, 1975
Meek, Ronald (Hg.): *Turgot on Progress, Sociology and Economics*, Cambridge 1973
Mendilow, J.: *The Romantic Tradition in British Political Thought*, London 1986
Merleau-Ponty, Maurice: *Humanismus und Terror*, 2 Bde., Frankfurt am Main 1966
Meyer, Eduard: *Spenglers Untergang des Abendlandes*, Berlin 1925
Miller, James: *Die Leidenschaft des Michel Foucault*, Köln 1995
Mills, C. Wright: *Die amerikanische Elite. Gesellschaft und Macht in den Vereinigten Staaten*, Hamburg 1962
Moeller van den Bruck, Arthur: *Das Dritte Reich*, Hamburg ³1931
Moikobu, Josephine M.: *Blood and Flesh. Black Americans and African Identification*, Westport, Connecticut, 1982
Monk, Raymond: *Wittgenstein. Das Handwerk des Genies*, Stuttgart 1992
Moses, Wilson: *Alexander Crummell*, New York/Oxford 1989
Mosse, George L.: *Confronting the Nation. Jewish and Western Nationalism*, Hanover, New Hampshire/London 1993
—: *Die völkische Revolution. Über die geistigen Wurzeln des Nationalsozialismus*, Frankfurt am Main 1991
—: *Die Geschichte des Rassismus in Europa*, Frankfurt am Main 1990
Muggeridge, Malcolm: *Chronicles of Wasted Time. The Green Stick*, New York 1973
—: *Like It Was. The Diaries of Malcolm Muggeridge*, hg. von J. Bright-Holmes, New York 1981
Muller, Jerry: *Adam Smith in His Time and Ours*, New York 1992
—: *The Other God That Failed*, Princeton, New Jersey, 1987
Murray, Charles/Herrnstein, Richard: *The Bell Curve*, New York 1994
Murray, Gilbert: *Five Stages of Greek Religion*, New York 1955
Namier, Lewis: *1848. The Revolution of the Intellectuals*, Oxford 1944
Neumann, Franz: *Behemoth. Struktur und Praxis des Nationalsozialismus 1933–1944*, hg. von Gert Schäfer, Köln/Frankfurt am Main 1977
Newman, John Henry: *Vom Wesen der Universität. Ihr Bildungsziel in Gehalt und Gestalt*, Mainz 1960
Niekisch, Ernst: »Menschenfresser Technik«, in ders.: *Widerstand. Ausgewählte Aufsätze aus seinen »Blättern für sozialistische nationalrevolutionäre Politik«*, hg. von Uwe Sauermann, Krefeld 1982

Nietzsche, Friedrich: *Briefwechsel. Kritische Gesamtausgabe*, hg. von Giorgio Colli und Mazzino Montinari, Berlin/New York:
Abteilung I, Bd. 2: *Briefe. September 1864-April 1869*, 1975
Abteilung II, Bd. 1: *Briefe. April 1869-Mai 1872*, 1977
Abteilung II, Bd. 6.2: *Briefe an Nietzsche. Januar 1875-Dezember 1879*, 1980
Abteilung III, Bd. 2: *Briefe an Nietzsche. Januar 1880-Dezember 1884*, 1981
Abteilung III, Bd. 5: *Briefe. Januar 1887-Januar 1889*, 1984
—: *Sämtliche Werke. Kritische Studienausgabe*, 15 Bde., hg. von Giorgio Colli und Mazzino Montinari, München/Berlin/New York 1980:
Also sprach Zarathustra, Bd. 4
Der Antichrist, Bd. 6
Ecce homo, Bd. 6
Der Fall Wagner, Bd. 6
Die Fröhliche Wissenschaft, Bd. 3
Die Geburt der Tragödie, Bd. 1
Götzen-Dämmerung, Bd. 6
Jenseits von Gut und Böse, Bd. 5
Morgenröthe, Bd 3
Nachgelassene Fragmente, Herbst 1869 bis Ende 1874, Bd. 7
Nachgelassene Fragmente, Juli 1882 bis Herbst 1885, 2. Teil: *Frühjahr 1884 bis Herbst 1885*, Bd. 11
Nachgelassene Fragmente, Herbst 1885 bis Januar 1889, 1. Teil: *Herbst 1885 bis Herbst 1887*, Bd. 12
Nachgelassene Fragmente, Herbst 1885 bis Anfang Januar 1889, 2. Teil: *November 1887 bis Anfang Januar 1889*, Bd. 13
Unzeitgemäße Betrachtungen I-IV, Bd. 1
II: »Vom Nutzen und Nachtheil der Historie für das Leben«
III: »Schopenhauer als Erzieher«
IV: »Richard Wagner in Bayreuth«
Zur Genealogie der Moral, Bd. 5
Bd. 14: *Einführung, Siglenverzeichnis, Kommentar zu Band 1-13*
—: *Der Wille zur Macht*, Stuttgart 1964
Nisbet, Robert: *History of the Idea of Progress*, New York 1980
Nkrumah, Kwame: *Afrika muß eins werden*, Leipzig 1965
Nordau, Max: *Die conventionellen Lügen der Kulturmenschheit*, Leipzig ^{12}1886

—: *Entartung*, 2 Bde., Berlin 1892
—: »Muskeljudentum«, in ders., *Zionistische Schriften*, Berlin ²1923
—: »Psycho-Physiologie des Genies und Talents«, in ders., *Paradoxe*, Chicago, Illinois, 1885
Nye, Robert S.: *Crime, Madness, and Politics in Modern France. The Medical Concept of National Decline*, Princeton, New Jersey, 1984
—: »Sociology and Degeneration. The Irony of Progress«, in Chamberlain, John/Gilman, Richard: *Degeneration*, New York 1985
Ortega y Gasset, José: *Der Aufstand der Massen*, Reinbek 1956
Ott, Hugo: *Martin Heidegger. Unterwegs zu einer Biographie*, Frankfurt am Main/New York 1988
Patch, Howard: *Goddess Fortune in medieval Literature*, New York 1967
Paxton, Robert: *Vichy France. Old Guard and New Order*, New York 1972
Péan, Pierre: *Eine französische Jugend. François Mitterrand 1934–1947*, München 1995
Peters, H. F.: *Zarathustras Schwester. Fritz und Lieschen Nietzsche – ein deutsches Trauerspiel*, München 1983
Phillips, Kevin: *Arrogant Capital. Washington, Wall Street, and the Frustration of American Politics*, Boston, Massachusetts, 1994
Pick, Daniel: *Faces of Degeneration. A European Disorder c. 1848-c. 1918*, Cambridge 1989
Pickens, Donald: *Eugenics and the Progressives*, Nashville, Tennessee, 1968
Pilkington, A. E.: *Bergson and His Influence. A Reassessment*, Cembridge 1976
Plant, Raymond/Vincent, Andrew: *Philosophy, Politics, and Citizenship. The Life and Thought of the British Idealists*, Oxford 1984
Plenge, Johann: *1789 und 1914. Die symbolischen Jahre in der Geschichte*, Berlin 1916
Pletsch, Carl: *Young Nietzsche. Becoming a Genius*, New York 1992
Ploetz, Alfred: *Sozialanthropologie. Sonderdruck aus »Kultur und Gegenwart« III, Bd. »Anthropologie«*, hg. von Gustav Schwalbe, Berlin/Leipzig 1913
Pocock, J. G. A.: *Machiavellian Moment. Florentine Political Thought and the Atlantic Republican Tradition*, Princeton, New Jersey, 1975
—: *Virtue, Commerce, and Liberty*, Cambridge 1985
Poggioli, Renato: *The Theory of the Avant Garde*, Cambridge, Massachusetts, 1968

Poliakov, Leon: *Der arische Mythos. Zu den Quellen von Rassismus und Nationalismus*, Hamburg 1993

Polybios: *Geschichte. Gesamtausgabe in zwei Bänden*, Zürich/Stuttgart 1961

Popper, Karl R.: *Die offene Gesellschaft und ihre Feinde*, Bd. 2: *Falsche Propheten. Hegel, Marx und die Folgen*, Bern/München 1958

–: *Das Elend des Historizismus*, Tübingen ^{5}1979

Pott, August Friedrich: *Die Ungleichheit menschlicher Rassen, hauptsächlich vom sprachwissenschaftlichen Standpunkte ... von des Grafen von Gobineau gleichnämigen Werke*, Berlin 1856

Preston, Richard, *Hot Zone. Tödliche Viren aus dem Regenwald. Ein Tatsache-Thriller*, München 1995

Proctor, Richard: *Racial Hygiene. Medicine under the Nazis*, Cambridge, Massachusetts, 1988

Radosh, Ronald: »On Hanging Up the Old Red Flag«, in J. Bunzel (Hg.), *Political Passages*, New York 1988

Rampersad, A.: *The Art and Imagination of W. E. B. Du Bois*, Cambridge, Massachusetts, 1976

Ranke, Leopold von: *Die großen Mächte*, hg. von Friedrich Meinecke, Leipzig 1916

–: »Politisches Gespräch«, in ders., *Das politische Gespräch und andere Schriften zur Wissenschaftslehre*, Halle/Saale 1925

Rauschning, Hermann: *Gespräche mit Hitler*, Wien 1988

Reich, Charles: *The Greening of America*, New York 1971

Rich, Paul: *Race and Empire in British Politics*, Cambridge ^{2}1990

Rifkin, Jeremy: *Das Imperium der Rinder*, Frankfurt am Main/New York 1994

Ringer, Fritz: *Die Gelehrten. Der Niedergang der deutschen Mandarine 1890–1933*, München 1987

Robertson, William: *The Progress of Society in Europe*, Chicago 1972

Rodbertus-Jagetzow, Johann Karl: *Zur Beleuchtung der Socialen Frage*, in ders., *Gesammelte Werke und Briefe*, hg. von Th. Ramm, Bd. 1, Osnabrück 1972

Roth, Michael: *Knowing and History. Appropriations of Hegel in Twentieth-Century France*, Ithaca, New Jersey, 1967

Rousseau, Jean-Jacques: »Abhandlung über den Ursprung und die Grundlagen der Ungleichheit unter den Menschen«, in ders., *Frühe Schriften*, hg. von Winfried Schröder, Leipzig 1970

—: »Abhandlung über die Frage: Hat das Wiederaufleben der Wissenschaften und Künste zur Besserung der Sitten beigetragen?«, ebd.
—: *Emile oder Über die Erziehung*, hg. von Martin Rang, Stuttgart 1980
—: *Vom Gesellschaftsvertrag oder Grundsätze des Staatsrechts*, hg. von Hans Brockard, Stuttgart 1986
Rowse, Alfred Leslie: *All Souls and Appeasement*, London 1961
Sale, Kirkpatrick: *Das verlorene Paradies. Christoph Kolumbus und die Folgen*, München/Leipzig 1991
Samuelson, Robert: *The Good Society*, New York 1995
Sartre, Jean-Paul: *Bei geschlossenen Türen*, in ders., *Gesammelte Dramen*, Reinbek 1980
—: »Betrachtungen zur Judenfrage«, in ders., *Drei Essays*
—: *Drei Essays*, Frankfurt am Main/Berlin 1962
—: *Der Ekel*, Reinbek 1981
—: »Ist der Existentialismus ein Humanismus?«, in ders., *Drei Essays*
—: »Die Kommunisten und der Frieden«, in ders., *Krieg im Frieden 1*
—: *Krieg im Frieden 1. Artikel, Aufrufe, Pamphlete, 1948–1954*, hg. von Traugott König, Reinbek 1982
—: »Die Maoisten in Frankreich«, in ders., *Plädoyer für die Intellektuellen. Interviews, Artikel, Reden 1950–1973*, hg. von Vincent von Wroblewsky, Reinbek 1995
—: »Playboy-Interview 1965«, in ders., *Sartre über Sartre*
—: *Sartre über Sartre. Aufsätze und Interviews 1940–1976*, hg. von Traugott König, Reinbek 1988
—: »Schwarzer Orpheus«, Vorwort zu Léopold Sédar Senghor, *Anthologie de la nouvelle poésie nègre et malgache de langue française*, in ders., *Schwarze und weiße Literatur. Aufsätze zur Literatur 1946–1960*, Reinbek 1984
—: »Selbstporträt mit siebzig Jahren«, in ders., *Sartre über Sartre*
—: *Tagebücher. Le carnets de la drôle de guerre, September 1939-März 1940. Neue, um ein bisher unveröffentlichtes Heft erweiterte Ausgabe*, Reinbek 1996
—: »Die Transzendenz des Ego«, in ders., *Die Transzendenz des Ego. Philosophische Essays 1931–1939*, Reinbek 1982
—: »Der Völkermord«, in ders., *Wir sind alle Mörder. Der Kolonialismus ist ein System. Artikel, Reden, Interviews 1947–1967*, hg. von Traugott König, Reinbek 1988
—: »Vorstellung von *Les Temps Modernes*«, in ders., *Der Mensch und die Dinge*.

Aufsätze zur Literatur, 1938–1946, hg. von Lothar Baier, Reinbek 1986

—: »Vorwort« zu Fanon, *Die Verdammten dieser Erde*

—: *Die Wörter,* Berlin/Weimar ²1966

— u.a.: »Aufruf des Komitees für das Rassemblement Démocratique Révolutionaire«, in ders., *Krieg im Frieden 1*

Scarce, Rik: *Ecowarriors,* Chicago 1990

Schacht, Richard: *Nietzsche,* London 1983

Schamber, E. N.: *The Artist as Politician. The Relationship Between the Art and the Politics of the French Romantics,* Lanham, Maryland, 1984

Schell, Jonathan: *Das Schicksal der Erde. Gefahr und Folgen eines Atomkriegs,* München/Zürich 1982

Schenk, Hans Georg: *Geist der europäischen Romantik. Ein kulturhistorischer Versuch,* Frankfurt am Main 1970

Schiller, Friedrich von: »An ***«, in ders., *Sämtliche Werke. Berliner Ausgabe,* hg. von Hans-Günther Thalheim, Bd. 1: *Gedichte,* Berlin 1980

Schlechta, K.: »The German ›Classicist‹ Goethe as Reflected in Nietzsche's Works«, in O'Flaherty, J./Sellner, T./Helm, E. (Hg.), *Studies in Nietzsche and the Classical Tradition,* Chapel Hill, North Carolina, 1976

Schlegel, Friedrich: »Gespräch über die Poesie«, in ders., *Schriften zur Literatur,* hg. von Wolfdietrich Rasch, München 1985

Schmoller, Gustav von: *Studien über die wirtschaftliche Politik Friedrichs des Großen und Preußens überhaupt von 1860–1786,* Leipzig 1884–1887

—: *Zur Geschichte der deutschen Kleingewerbe im 19. Jahrhundert,* Hildesheim/New York 1975

Schoeps, Hans Joachim: *Vorläufer Spenglers. Studien zum Geschichtspessimismus im 19. Jahrhundert,* Leiden/Köln 1953

Schopenhauer, Arthur: *Parerga und Paralipomena. Kleine philosophische Schriften,* 2 Bde., in ders., *Werke in fünf Bänden. Nach den Ausgaben letzter Hand,* hg. von Ludger Lütkehaus, Bde. 4 und 5, Zürich 1988

Schwab, Raymond: *The Oriental Renaissance. Europe's Rediscovery of India and the East, 1680–1880,* New York 1984

Schwartz, Hillel: *Century's End. A Cultural History of the Fin de Siècle from the 1890's to the 1990's,* New York 1990

Schweitzer, Albert: *Kultur und Ethik (= Kulturphilosophie, Erster und zweiter Teil),* München 1972

Schweitzer, F.: »Toynbee and the Jewish History«, in Macintire/Perry, *Toynbee. Reappraisals*

Shaftesbury, Anthony Ashley Cooper, Earl of: »Sensus Communis. Ein Versuch über die Freiheit des Witzes und der Laune«, in ders.: *Der gesellige Enthusiast. Philosophische Essays*, hg. von Karl-Heinz Schwabe, München/Leipzig/Weimar 1990

Shelley, Mary: *Frankenstein oder Der moderne Prometheus*, Frankfurt am Main 1988

Simmel, Georg: »Der Begriff und die Tragödie der Kultur«, in ders., *Das individuelle Gesetz*

—: »Deutschlands innere Wandlung«. Rede, gehalten in Straßburg, November 1914, in ders., *Der Krieg und die geistigen Entscheidungen. Reden und Aufsätze*, München/Leipzig 1917

—: »Der Fremde«, in ders., *Das individuelle Gesetz*

—: *Das individuelle Gesetz. Philosophische Exkurse*, hg. von Michael Landmann, Frankfurt am Main 1987

—: »Der Konflikt der modernen Kultur«, in ders., *Das individuelle Gesetz*

—: »Die Krisis der Kultur« (Auszug), in ders.: *Das individuelle Gesetz*

Smith, Adam: *Der Wohlstand der Nationen. Eine Untersuchung seiner Natur und seiner Ursachen*, hg. von Horst Claus Recktenwald, München 1978

Smith, Woodruff H.: *Politics and the Science of Culture in Germany*, Oxford 1991

Solway, R. A.: *Demography and Degeneration*, Chapel Hill, North Carolina, 1990

Sombart, Werner: *Der Bourgeois. Zur Geistesgeschichte des modernen Wirtschaftsmenschen*, München/Leipzig 1913

—: *Deutscher Sozialismus*, Berlin 1934

—: *Händler und Helden. Patriotische Besinnungen*, München/Leipzig 1915

—: »Technik und Kultur«, in: *Archiv für Sozialwissenschaft und Sozialpolitik*, 33. Jg. (1911)

Sophokles, *Ödipus auf Kolonos*, hg. von Hellmut Flashar, Frankfurt am Main/Leipzig 1996

Spengler, Oswald: *Briefe. 1913–1936*, hg. von Anton M. Koktanek, München 1963

—: *Jahre der Entscheidung. Erster Teil: Deutschland und die weltgeschichtliche Entwicklung*, München 1933

—: *Der Mensch und die Technik*, München 1931

—: »Pessimismus?«, in: *Reden und Aufsätze*, München ^{3}1951

–: »Politische Pflichten der deutschen Jugend«, in: *Politische Schriften*
–: *Politische Schriften. Volksausgabe*, München 1933
–: *Preußentum und Sozialismus*, in: *Politische Schriften*
–: *Der Untergang des Abendlandes. Umrisse einer Morphologie der Weltgeschichte*, 2 Bde., München 1924
–: »Vorwort«, in: *Politische Schriften*
Spranger, Eduard: »Mein Konflikt mit der nationalsozialistischen Regierung 1933«, in: *Universitas*, 10. Jg. (1955)
Spring, Gerald: *Vitalism of Count de Gobineau*, New York 1932
Stern, Fritz: »Bethmann Hollweg und der Krieg. Die Grenzen der Verantwortung«, in: *Recht und Staat in Geschichte und Gegenwart*, Heft 351/352, Tübingen 1968
–: *Kulturpessimismus als politische Gefahr. Eine Analyse nationaler Ideologie in Deutschland*, Bern/Stuttgart/Wien 1963
Stevenson, Robert Louis: *Dr. Jekyll und Mr. Hyde*, Leipzig 1968
Stolle, Robert J.: *Pain and Passion. A Psychoanalyst Explores the World of S&M*, New York 1991
Sullivan, J. E.: *Prophets of the West. An Introduction to the Philosophy of History*, New York 1970
Swart, K. W.: *The Sense of Decadence in Nineteenth-Century France*, Den Haag 1964
Taine, Hippolyte: *Die Entstehung des modernen Frankreich*, 3 Bde. Leipzig 1911–1925
Tawney, Richard Henry: *The Acquisitive Society*, New York 1920
Toffler, Alvin: *Der Zukunftsschock*, Bern/München/Wien 1970
Townsend, Jules: *J. A. Hobson*, London/Manchester 1990
Toynbee sen., Arnold: *Progress and Poverty. A Criticism of Mr. Henry George ... by the late Arnold Toynbee*, London 1883
Toynbee, Arnold: *Acquaintances*, London 1967
–: *America and the World Revolution*, Oxford/London 1962
–: *Erlebnisse und Erfahrungen*, München 1970
–: *Der Gang der Weltgeschichte*, 2 Bde, Bd. 1: *Aufstieg und Verfall der Kulturen*, Bd. 2: *Kulturen im Übergang*, Zürich/Stuttgart/Wien ^{5}1961
–: *Kultur am Scheideweg*, Wien/Zürich 1949
–: *Reconsiderations. Vol. 12 of a Study of History*, London 1961
–: »The Study of History. What I Am Trying to Do«, in *Toynbee and History*, hg. von M. Ashley-Montagu, Boston, Massachusetts, 1956

—: *Die Welt und der Westen*, Stuttgart 1953
Troeltsch, Ernst: »Naturrecht und Humanität in der Weltpolitik«. Vortrag in der deutschen Hochschule für Politk, in ders., *Deutscher Geist und Westeuropa. Gesammelte kulturpolitische Aufsätze und Reden*, hg. von Hans Baron, Aalen 1966
Turner, Henry M.: *Respect Black. Writings and Speeches of Henry McNeal Turner*, hg. von E. S. Redkey, New York 1971
Tuveson, Ernest: *Millenium and Utopia. A Study in the Background of the Idea of Progress*, Berkeley, Kalifornien, 1949
Das Überleben sichern. Bericht der Nord-Süd-Kommission. Mit einer Einleitung des Vorsitzenden Willy Brandt, Köln 1980
Vergil, *Sämtliche Werke*, hg. von Johannes und Maria Götte, München 1972
Verne, Jules: *Die geheimnisvolle Insel*, Würzburg 1990
—: *Zwanzigtausend Meilen unter den Meeren*, Frankfurt am Main 1968
Verrecchia, A.: *La Catastrofe di Nietzsche a Torino*, Turin 1978
Vico, Giambattista: *Die Neue Wissenschaft über die gemeinschaftliche Natur der Völker*, München 1924
Villa, R.: *Il deviante et i suòi segni. Lombroso e la nàscita dell'antropologica criminale*, Mailand 1985
Voegelin, Eric: *Die Rassenidee in der Geistesgeschichte von Ray bis Carus*, Berlin 1933
Volney, Constantin François de Chasseboeuf, Comte de: *Die Ruinen oder Betrachtungen über die Revolutionen der Reiche und das natürliche Gesetz*, Braunschweig [11]1860
Watts, Richard: *The Kings Depart*, New York 1968
Weber, Eugen (Hg.): *France. Fin de Siècle*, Cambridge, Massachusetts, 1986
Weber, Max: »Die protestantische Ethik und der Geist des Kapitalismus«, in ders., *Die protestantische Ethik. Eine Aufsatzsammlung*, hg. von Johannes Winckelmann, Bd. 1, Gütersloh [6]1981
Weindling, Paul Julian: *Health, Race and German Politics*, Cambridge 1989
Wells, Herbert George: *Der Geist am Ende seiner Möglichkeiten*, o. O. 1946
—: »Der Herr der Dynamos«, in ders., *Das Kristall-Ei. Erzählungen*, Frankfurt am Main/Berlin/Wien 1981
—: *Die Insel des Dr. Moreau*, München 1996
—: *Die Riesen kommen!*, Wien/Hamburg 1979
—: *Die Zeitmaschine. Eine Erfindung*, Zürich 1974
West, Cornel: *Race Matters*, Boston, Massachusetts, 1993

White, Hayden: *Metahistory. Die historische Einbildungskraft im 19. Jahrhundert in Europa*, Frankfurt am Main 1991

Wiggershaus, Rolf: *Die Frankfurter Schule. Geschichte – Theoretische Entwicklung – Politische Bedeutung*, München 1986

Williams, W. D.: *Nietzsche and the French*, Oxford 1952

Williamson, Joel: *The Crucible of Race*, Oxford 1964

Wohl, Robert: *The Generation of 1914*, Cambridge, Massachusetts, 1979

Wolin, Richard: *Seinspolitik. Das politische Denken Martin Heideggers*, Wien 1991

Woolf, Virginia: *Tagebücher 1, 1915–1919*, Frankfurt am Main 1990

Wordsworth, William: *Präludium oder Das Reifen eines Dichtergeistes. Ein autobiographisches Gedicht*, hg. von Hermann Fischer, Stuttgart 1974

Yates, Frances A.: *Astraea. The Imperial Theme in the Sixteenth Century*, London 1974

Young, G. M.: *Portrait of an Age. Victorian England*, London/New York 1977

Zimmer, Henry: *Philosophie und Religion Indiens*, Frankfurt am Main 1973

Zola, Émile: *Der Zusammenbruch*, in ders., *Die Rougon-Macquart. Natur- und Sozialgeschichte einer Familie unter dem Zweiten Kaiserreich*, Bd. 19, München 1977

PERSONENREGISTER

Abbey, Edward 428, 433 ff.
Adams, Brooks 186, 216, 226
Adams, Henry 10, 186, 226, 401
Adorno, Theodor W. 53, 307 f.,
   313, 315–323, 325, 328 f., 331–
   337, 339, 341, 343, 360, 383,
   401, 403, 427, 438, 440
Alain-Fournier, Henri 349
Alarich 248
Alexander der Große 77, 248
Alkibiades 78
Aragon, Louis 350
Aristoteles 106
Arnold, Matthew 97, 260 f., 279
Arnold, Thomas 260
Aron, Raymond 353 f.
Artaud, Antonin 378 f., 384 f.
Ashley-Cooper, Anthony 32
Asquith, Herbert Henry 271
Attenborough, David 442
Attila 436
Augustinus, Aurelius 27, 36 f.,
   291, 378, 412
Augustus 25, 280

Bacon, Francis 395
Bagehot, Walter 261
Balfour, Arthur 35, 56
Balzac, Honoré de 64

Bari, Judi 446
Barrès, Maurice 351
Barrot, Odilon 66
Bataille, Georges 353, 378
Baudelaire, Charles 59, 62, 64,
   67, 156, 225, 335, 347, 354, 379,
   451
Beauvoir, Simone de 366, 389
Beckett, Samuel 376
Benedict, Ruth 178
Benjamin, Walter 321 f., 402, 438
Benn, Gottfried 218
Bentham, Jeremy 47, 65, 318
Bergson, Henri 279, 347–351,
   354, 356 ff., 366
Bernanos, Georges 351 f.
Bethmann Hollweg, Theobald
   von 232
Beu, J. G. de 300
Bismarck, Otto von 113, 185, 192,
   214 f.
Blake, William 52, 54
Bloom, Allan 450
Blumenbach, Johann Friedrich
   69, 150
Boas, Franz 178, 202
Bookchin, Murray 422, 424–429,
   431 f., 439, 445, 454
Bordier, A. 145

509

Borgia, Cesare 86, 126
Bork, Robert 450, 455
Bosanquet, Bernard 264, 271
Bötticher, Paul Anton s. Paul de Lagarde
Brandt, Willy 408 f.
Brasillach, Robert 351, 364
Brecht, Bertolt 306, 335, 338, 365
Breton, André 350, 353
Breysig, Kurt 216
Brontë, Emily 142
Brooke, Rupert 272
Brougham, Henry Peter 261
Bryce, James 268 f., 274
Buchan, John 270
Bucharin, Nikolaj I. 313
Buckle, Henry Thomas 49 f., 52, 120, 261, 428 f.
Buddha, Gautama 116, 216
Bülow, Cosima von s. Cosima Wagner
Bülow, Hans von 113
Burckhardt, Jacob 96, 98 f., 101–114, 116, 118 f., 122, 124, 129, 134 ff., 159, 165, 196, 226, 251, 360, 377, 455
Burke, Edmund 32, 52, 82, 96
Butler, Nicholas 315
Byron, Lord George Gordon Noel 41

Cäsar, Julius 82, 239, 248
Calleo, David 10
Camus, Albert 351, 362
Caprivi, Georg Leo Graf von 192
Carlyle, Thomas 261
Carnarvon, Lord 50

Carson, Rachel 404
Carus, Carl Gustav 69 ff., 81, 150
Cassirer, Ernst 357
Castro, Fidel 372
Cayla, Herzogin von 61
Cecil, Robert 273
Céline, Louis-Ferdinand 364
Césaire, Aimé 387 f., 391
Chamberlain, Houston Stewart 87, 89–95, 122, 143, 172, 177, 209, 228, 247, 253, 256, 418
Champollion, Jean-François 63
Chaplin, Charles 366
Charcot, Jean-Martin 159
Chateaubriand, François René Vicomte de 61, 63
Chomsky, Noam 14, 454, 458
Christie, Agatha 153
Christus, Jesus 25 f., 93, 216
Chruschtschow, Nikita 211
Churchill, Winston 168
Claß, Heinrich 230
Commoner, Barry 405, 407, 423, 432
Comte, Auguste 41, 47 ff., 52, 58, 120, 163, 237, 347
Condorcet, Marie Jean Antoine 35, 318
Conrad, Joseph 207, 274, 335
Couture, Thomas 56, 59, 64, 123
Crow, Jim 188, 191 f.
Crummell, Alexander 198 f., 207
Curtis, Lionel 273 ff.
Curzon, Lord George Nathaniel 271
Cuvier, Georges 69

Dante Alighieri 93
Darré, Walter 418f.
Darwin, Charles 48, 69, 140ff., 164, 168, 170f., 244, 261
Darwin, Leonard 168
Déat, Marcel 352
Delacroix, Eugène 63
Delaroche, Paul 58
Deleuze, Gilles 375
Descartes, René 439f.
Devall, William 443f.
Diamond, Stanley 432f.
Diderot, Denis 394f.
Diederichs, Eugen 418
Dilthey, Wilhelm 97
Disraeli, Benjamin 261, 264, 268, 284, 400
Dixon, Thomas 191
Donald, David H. 8
Doriot, Jacques 352
Dostojewski, Fjodor M. 327
Doyle, Arthur Conan 153
Draper, John W. 52, 58
Dreyfus, Alfred 169, 351
Driesch, Hans 416
Drieu La Rochelle, Pierre 350ff., 364
Droysen, Johann Gustav 98
Du Bois, Alexander 188
Du Bois, William Edward Burghardt 185–188, 191–195, 197–213, 216, 219, 222f., 234f., 238, 250, 269, 274, 285, 299, 342, 386, 388, 454
Dubos, René 407f., 423
Dumas, Alexandre 54, 396

Durkheim, Emile 97f., 144, 159–165, 177, 186, 313, 347
Dutschke, Rudi 346

Eckart, Dietrich 94, 228f., 247
Ehrlich, Paul 404–409, 414, 423
Einstein, Albert 93
Eisenhower, Dwight D. 323
Eliot, Thomas Stearns 15, 258
Elisabeth I. von England 26
Ellis, Havelock 167
Ellul, Jacques 402
Engels, Friedrich 45f., 66, 263, 310
Evans, Arthur 50

Fanon, Frantz 16, 351, 373, 386–393, 445
Faulkner, William 15
Féré, Charles 151, 154, 156, 313
Ferri, Enrico 148
Fichte, Johann Gottlieb 36, 65, 87, 109
Fiore, Joachim von 27
Fischer, Eugen 172, 174, 253
Fisher, David 413
Fisher, H. A. L. 288f.
Flaubert, Gustave 62
Foreman, David 444f.
Förster, Bernhard 122, 214f.
Forster, E. M. 273
Förster-Nietzsche, Elisabeth 214–217, 244, 255f.
Foucault, Michel 351, 374–386, 393f., 443, 445, 454, 457
Fourier, Charles 65
Frazer, James 178

Freud, Sigmund 116, 153, 159, 176–181, 307f., 327, 332, 338, 341, 360f., 379, 387
Freyer, Hans 242f., 245, 252f.
Fried, Ferdinand 251
Friedrich Wilhelm I. 245
Frobenius, Leo 197
Fromm, Erich 307f., 316, 327–330, 334, 339, 341, 438
Froude, James Anthony 38

Galbraith, John Kenneth 8
Galton, Francis 164–168, 186, 261, 332
Gama, Vasco da 297
Gandhi, Mahatma 187, 418
Garvey, Marcus 187
Gauguin, Paul 64
Gautier, Théophile 58f., 61–64, 347, 360, 451
George, Stefan 217f., 228
Gibbon, Edward 37, 46, 276f., 289
Glidden, George 189
Gobineau, Joseph Arthur Comte de 59–65, 67ff., 71f., 74–95, 100, 102f., 108, 124ff., 128, 133, 135, 137f., 143f., 150, 154f., 157, 163, 168, 170, 173, 189f., 202, 209, 215, 219, 235, 247, 253, 278, 280, 335, 347, 354, 381, 385, 412, 415, 426, 436, 451, 457, 460
Gobineau, Louis de 60f.
Godwin, William 36ff., 65
Goebbels, Joseph 95, 249
Goethe, Johann Wolfgang 56, 61, 114, 132, 215, 222, 237, 239

Gogh, Vincent van 356
Goodman, Paul 422
Gore, Albert 11, 13f., 16, 437–442, 458
Gray, Thomas 54
Green, Thomas H. 164, 264ff., 271
Grey, Edward 271
Griffith, David W. 191
Grimm, Brüder 87
Gropius, Walter 306
Grosz, George 306
Grotius, Hugo 29
Grünberg, Carl 310
Guevara, Ernesto 368
Guizot, François 34f.

Habermas, Jürgen 326
Haeckel, Ernst 139, 170ff., 177, 220, 229, 415–418, 421, 425ff., 429, 441, 444
Haldane, Richard B. 264
Hammurabi 257
Hartmann, Eduard von 111, 116
Hartnacke, Wilhelm 252
Hasenclever, Walter 221, 338
Hayes, Dennis 424
Heath, Edward 409
Hegel, Georg Wilhelm Friedrich 41, 43–47, 65, 97f., 115, 264f., 312, 318, 338, 353, 377, 429, 458
Heidegger, Martin 14f., 97, 242, 253, 338, 354, 356–361, 363f., 366, 368ff., 374ff., 381, 388, 394, 401, 403, 420ff., 425, 434, 438f., 453f., 457
Heraklit 22, 230, 357
Herder, Johann Gottfried 87, 196

Herrnstein, Richard 10f., 400
Herskovitz, Melville 202
Herzog, Werner 215
Hesiod 21f.
Hess, Rudolf 419
Hesse, Hermann 217
Heym, Georg 231, 338
Himmler, Heinrich 174, 336, 419
Hippolyte, Jean 375
Hitler, Adolf 15f., 94f., 164, 181, 211, 213, 228f., 240, 244, 247, 250–257, 275, 289f., 314f., 320, 322, 329, 336, 345, 353, 363, 418f., 453
Ho Chi-minh 372
Hobbes, Thomas 30
Hobhouse, Leonard Trelawny 266, 271
Hobson, John Atkins 238, 269f., 273
Hocking, Ernest 300
Hoffman, Abbie 344
Holbach, Paul Heinrich Dietrich Baron von 36
Hölderlin, Friedrich 61f.
Homer 21, 73
Hook, Sydney 371
Horkheimer, Max 307f., 310f., 315–322, 325, 328f., 334ff., 338f., 341, 401, 440
Hosmer, Frank 191
Hughes, H. Stuart 392f.
Hughes, Thomas 260
Hugo, Victor 54, 58, 61
Hume, David 30, 32, 318, 404
Hunt, James 189
Hus, Jan 27

Husserl, Edmund 310, 354f., 358, 360, 369
Hutcheson, Francis 30
Huxley, Aldous 272
Huxley, Thomas 141, 165

Ibsen, Henrik 156, 220, 228, 310
Inge, William Ralph 167
Ionesco, Eugène 336

Jack the Ripper 137, 155
Jeffrey, Francis 34
Johannes der Evangelist 26
Jones, Henry 265, 267
Jones, Jim 424
Jones, William 72
Jowett, Benjamin 271
Jung, Carl Gustav 177
Jünger, Ernst 242, 246, 416f., 420
Justinian 25
Juvenal 57

Kafka, Franz 321, 327
Kant, Immanuel 65, 97, 222, 318
Karl der Große 26, 75
Kaufmann, Walter 133
Kennedy, John f. 448
Kennedy, Paul 8ff., 13, 455
Kennon, Patrick 10
Kessler, Harry Graf 217
Kidd, Benjamin 10, 186, 275
Kierkegaard, Søren 97
King, Martin Luther 185, 213
Kingdon, Jonathan 441
Kingsley, Charles 261
Kinkel, Gottfried 101
Kipling, Rudyard 269

513

Klages, Ludwig 417f., 420
Klee, Paul 228, 306
Klemm, Gustav Friedrich 70f., 74, 144
Klopstock, Friedrich Gottlieb 109
Klöres, Hans 231, 240, 243
Knox, Robert 189
Koestler, Arthur 352, 371
Kojève, Alexandre 353f., 356f., 369
Kolumbus, Christoph 429, 440
Kopernikus, Nikolaus 81, 216
Koresh, David 424
Krupp, Alfred 172

Lacan, Jacques 353
Lagarde, Paul de 87–90, 92, 196, 243
Lamartine, Alphonse de 67
Lang, Fritz 224
Lankester, Edwin 166
Lanz von Liebenfels, Jörg 173f.
Lasaulx, Ernst von 103
Lasch, Christopher 8, 14
Lassen, Christian 71, 73f.
Lawrence, David Herbert 258, 355, 417, 447
Layard, Austen Henry 50
Le Bon, Gustave 159f., 175, 186, 269, 329
Lecky, William Edward H. 47
Lefebvre, Henri 371
Lenin, Wladimir I. 209, 238, 269, 274, 306
Leonardo da Vinci 86
Lewis, Wyndham 258, 355, 453
Liebknecht, Karl 305f.

Locke, John 29, 461
Lombroso, Cesare 137, 139, 142–154, 156, 158f., 161f., 166, 169f., 177, 332f., 379, 398, 400
Lorenz, Konrad 416
Louis Napoléon s. Napoleon III.
Louis Philippe 66
Lovelock, James 440
Loyola, Ignatius von 93
Ludendorff, Erich 240
Ludwig XIV. 26
Ludwig XV. 60
Lukács, Georg 310f., 353
Luther, Martin 28, 93, 223
Luxemburg, Rosa 305f.

Macaulay, Thomas B. 47, 261
Machiavelli, Niccolò 24, 85f., 108
Mackintosh, James 52
Madonna 16, 451
Mahler, Gustav 217
Mailer, Norman 14
Malthus, Thomas Robert 39, 44
Mander, Jerry 433, 445
Manes, Christopher 432, 445f.
Manet, Édouard 156
Mann, Heinrich 232, 306
Mann, Thomas 220, 223, 226, 228f., 232, 238, 243, 248, 256
Mannheim, Karl 324
Manson, Charles 424
Mao Tse-tung 211, 372, 374
Marc, Franz 228
Marcuse, Herbert 14ff., 307ff., 312, 315f., 323, 325f., 328, 334, 336–346, 363, 368, 383, 394, 421f., 437, 454

Maritain, Jacques 349
Mark Twain 7
Marx, Karl 35, 45f., 49, 66, 81, 97, 150, 204, 209, 218, 237, 245, 307f., 310–313, 317, 327, 338, 341ff., 353, 368, 378, 381
Massis, Henri 349f.
Maudsley, Henry 142
Maurras, Charles 351, 364
Mazzini, Giuseppe 41
McNamara, Robert 408
McNeill, William L. 298
Mead, Margaret 178f.
Mencken, Henry Louis 218
Mendel, Gregor 141f.
Merleau-Ponty, Maurice 353, 366, 369ff., 438
Meyer, Eduard 248, 277
Michelangelo 58, 86, 102, 108
Michelet, Jules 67
Mill, John Stuart 47, 224, 261
Mills, C. Wright 323–326, 345
Milner, Lord Alfred 271
Mitchell, George 413, 437
Mitterrand, François 352
Moeller van den Bruck, Arthur 224, 242, 244, 246, 250
Molnar, Thomas 15
Moravia, Alberto 332
Morel, Benedict Augustin 149ff., 313
Morris, William 226, 264
Morrison, Toni 454, 458
Morselli, E. 142
Mosley, Oswald 453
Muggeridge, Malcolm 15, 292
Muir, John 421

Mumford, Lewis 422
Mumford, Walter 402
Murray, Charles 10f., 14, 400
Murray, Gilbert 12, 271, 278, 301
Mussolini, Benito 148, 218, 289f., 314, 329

Naess, Arne 425, 444
Napoleon I. 38, 41, 52, 60, 63, 66, 96, 239, 248
Napoleon III. 66, 105, 152
Nash, Gary 437
Nasser, Gamal Abd el 212
Nef, John 300
Nehru, Jawaharlal 212
Nelson, Gaylord 423
Nero 26
Nerval, Gérard de 63
Neumann, Franz 307, 314
Newman, John Henry 50, 261
Newton, Isaac 238, 318
Niekisch, Ernst 419
Nietzsche, Friedrich Wilhelm 14ff., 57, 76, 85, 90, 98, 109–114, 116–128, 130–136, 138, 156f., 163, 178, 205, 214–222, 225, 228–231, 233, 236f., 243f., 248f., 251, 253, 255f., 308–311, 313ff., 318, 320, 327, 334, 343, 349, 353–357, 359, 361, 369f., 376, 378f., 381, 385, 403, 415, 417, 431, 434, 437f., 451, 454f., 457
Nisard, Desiré 56, 124
Nixon, Richard 423
Nkrumah, Kwame 211ff.

Nordau, Max 138f., 154, 156ff., 162, 167, 176, 217, 232, 314
Nott, Josiah 189
Novalis 61

Ortega y Gasset, José 218, 335, 416
Orwell, George 322
Ostwald, Wilhelm 416
Otto-Jarl 76

Paglia, Camille 451
Palme, Olof 409
Pannwitz, Rudolf 218
Pearson, Karl 139, 168, 175
Péguy, Charles 349f.
Perikles 42, 264f., 274
Petrarca, Francesco 28
Phillimore, Walter 273
Phillips, Kevin 9f., 14, 455
Picasso, Pablo 314
Platon 23f., 58, 106, 120, 265, 378, 439
Plenge, Johann 232
Ploetz, Alfred 172ff., 253
Polanski, Roman 142
Pollock, Friedrich 315
Polybios 23
Pott, August 81
Potter, Beatrice 267f.
Pound, Ezra 453
Powell, Adam Clayton (jr.) 212
Priestley, Joseph 65
Proust, Marcel 354
Pufendorf, Samuel 29

Raffael 58, 86, 102
Ranke, Leopold von 98–102, 109, 134, 377
Ratzel, Friedrich 196f., 342, 428
Reagan, Ronald 10
Reich, Charles 421f., 424
Reich, Wilhelm 327
Rhodes, Cecil 238, 268
Ricardo, David 47
Riesman, David 332
Riezler, Kurt 232
Rifkin, Jeremy 435ff., 454
Robertson, William 33
Robespierre, Maximilien de 41
Rodbertus-Jagetzow, Johann Karl 194
Röhm, Ernst 255
Roselle, Mike 446
Rosenberg, Alfred 94, 174, 228f., 247, 250, 418
Rougemont, Denis de 352
Rousseau, Jean-Jacques 39–46, 52, 57, 73f., 108, 118, 190, 431, 433, 441
Runge, Otto 305
Ruskin, John 264, 268
Russell, Bertrand 273, 294, 300

Sachs, Hans 223
Sade, Donatien-Alphonse-François, Marquis de 320, 379
Said, Edward 454
Saint-Simon, Henri de 46f., 395
Sale, Kirkpatrick 429ff., 440
Samuelson, Robert 448f.
Sand, George 61
Sanger, Margaret 167

Santayana, George 192
Sartre, Jean-Paul 292, 332, 340, 348f., 351, 354, 358–375, 378, 383, 385–393, 431, 438f., 457
Savonarola, Girolamo 27
Schacht, Richard 124
Scheler, Max 420
Schell, Jonathan 411ff.
Schemann, Ludwig 87–90, 95, 122, 172f., 195
Schiller, Friedrich 53
Schlegel, Friedrich 53, 63, 72f.
Schliemann, Heinrich 50
Schlosser, Friedrich Christoph 136
Schmitt, Carl 242, 253
Schmoller, Gustav von 164, 186, 193–197, 224
Schönberg, Arnold 313f.
Schopenhauer, Arthur 114–120, 125, 128, 131, 134, 156, 237, 243, 294, 310f., 454
Schröder, Leopold 89
Schweitzer, Albert 300f., 354
Scott, Walter 54, 396
Sebaldt von Werth, Max 173
Seldte, Franz 250
Senghor, Léopold 387f.
Senior, Nassau W. 47
Sessions, George 443
Shaftesbury, 3. Earl of s. Anthony Ashley-Cooper
Shakespeare, William 22, 24, 114
Shaw, George Bernard 167, 218
Shelley, Mary 395
Shelley, Percy Bysshe 41
Sihanouk, Norodom 212

Simmel, Georg 196, 216, 221, 224f., 232, 313
Slotkin, Richard 437
Smith, Adam 30, 33f., 41, 52, 200, 261, 282, 318
Smith, Gerald L. K. 453
Sokrates 120
Solschenizyn, Alexander 15
Sombart, Werner 223–226, 251ff., 313, 396, 446
Somerville, D. C. 291
Sontag, Susan 14
Sophokles 22
Sorel, Georges 218, 452, 454
Southey, Robert 54f.
Souza, John Philipp 314
Spencer, Herbert 41, 47ff., 51, 58, 224, 237, 266, 456
Spengler, Oswald 10, 14f., 195, 202, 206f., 218ff., 225, 227–235, 237–257, 259, 275, 277–280, 285, 305, 307, 317, 336, 341, 344, 356f., 396, 403, 417, 419f., 429, 446, 455
Spielberg, Steven 395
Spranger, Eduard 252
Stalin, Jossif W. 53, 207, 211, 213, 306, 322f.
Steiner, Rudolf 418
Stendhal 62
Stephen, Leslie 226
Stern, Howard 451
Stevenson, Robert Louis 152, 177
Stoker, Bram 154f., 177
Strachey, Lytton 273
Strasser, Gregor 249, 255
Strauss, Richard 217, 219

517

Strauß, David Friedrich 97
Sukarno 212
Sulla, Lucius Cornelius 335

Taine, Hippolyte 151, 347, 400
Takaki, Ronald 454
Tawney, Richard Henry 267
Tennyson, Alfred 264
Theoderich 248
Thierry, Augustin 79
Thoreau, Henry David 421, 443
Thukydides 24
Tillman, Benjamin 192
Tito, Josip Broz 372
Tizian 102
Tocqueville, Alexis de 65–68, 80–85, 87, 103, 108, 136, 156, 224, 460
Toffler, Alvin 408, 460
Tolstoi, Leo 156, 310, 418
Tönnies, Ferdinand 196f., 228
Tournier, Michel 375
Toynbee, Arnold (jun.) 10, 13, 257ff., 262, 264, 271–301, 323, 354, 398, 400, 406, 428, 443, 455, 458
Toynbee, Arnold (sen.) 263f., 266f.
Toynbee, Tony 290
Troeltsch, Ernst 196, 225, 228f.
Trotzki, Leo 248
Truman, Harry 213
Tucholsky, Kurt 306
Turgot, Anne Robert Jacques 35f.
Turner, Henry 199
Turner, William 52

Unabomber (Aliasname von Theodore Kaczynski) 12ff., 16, 434, 449, 455, 458
Unamuno, Miguel 218

Vacca, Roberto 402
Vacher de Lapouge, Georges 92, 168
Valéry, Paul 347, 354
Vergil 25
Verne, Jules 54, 396ff., 401
Vico, Giambattista 29, 58
Vigny, Alfred de 61
Villela 137, 143
Virchow, Rudolf 169ff.
Vollgraff, Karl 39
Volney, Constantin-François 38f., 412, 435
Voltaire 32, 318, 446

Wagar, Warren 460
Wagner, Adolph 186, 193–196, 224
Wagner, Cosima 87, 113f., 216
Wagner, Richard 67, 86f., 89, 91f., 113f., 116f., 120–124, 130f., 134, 156, 214ff., 220, 237, 253, 314
Waldheim, Kurt 409
Warburg, James P. 300
Ward, Barbara 407f.
Washington, Booker T. 200f., 204
Watson, Tom 192
Waugh, Evelyn 15, 292
Webb, Beatrice 167
Webb, Sidney 167, 267f.

Weber, Max 159f., 162, 243, 284, 313, 319
Weil, Felix 310
Weill, Kurt 306
Wells, Herbert George 167, 398–402
West, Cornel 9f.
Wilde, Oscar 156, 167, 286
Wilhelm der Eroberer 60
Wilhelm I. 122
Wilhelm II. 192f., 229
Wilson, Woodrow 269
Wittgenstein, Ludwig 243
Woltmann, Ludwig 168, 173
Woolf, Leonard 272f.
Woolf, Virginia 259, 272f.
Wordsworth, William 52, 55
Wundt, Wilhelm 197, 201
Wycliffe, John von 27

Zimmern, Alfred 274f.
Zola, Émile 152, 156, 216, 310, 347
Zoroaster 22, 130